城市季风 _上

杨东平

著

团结出版社

·北京·

© 团结出版社，2024 年

图书在版编目（ＣＩＰ）数据

城市季风 / 杨东平著 . -- 北京 : 团结出版社，
2025.1
ISBN 978-7-5234-0852-0

Ⅰ.①城… Ⅱ.①杨… Ⅲ.①城市文化 - 文化研究 -
北京②城市文化 - 文化研究 - 上海 Ⅳ.① G127.1
② G127.51

中国国家版本馆 CIP 数据核字 (2024) 第 055320 号

责任编辑：张　阳
封面设计：阳洪燕

出　　版：团结出版社
　　　　　（北京市东城区东皇城根南街 84 号　邮编：100006）
电　　话：（010）65228880　65244790（出版社）
　　　　　（010）65238766　85113874　65133603（发行部）
　　　　　（010）65133603（邮购）
网　　址：http://www.tjpress.com
E-mail：zb65244790@vip.163.com
　　　　　tjcbsfxb@163.com（发行部邮购）
经　　销：全国新华书店
印　　装：三河市东方印刷有限公司

开　　本：170mm×240mm　　16 开
印　　张：43.75　　　　　　　字　数：564 千字
版　　次：2025 年 1 月 第 1 版　　印　次：2025 年 1 月 第 1 次印刷

书　　号：978-7-5234-0852-0
定　　价：138.00 元（全两册）
　　　　　（版权所属，盗版必究）

目录

现代中国的双城记

1953 年，美国学者罗兹·墨菲写了一本关于上海近代史的专著《上海——现代中国的钥匙》。33 年之后，1986 年，这本书的中译本得以在上海出版，于是又引起一番至今未有国人写的"上海史"的感慨。

当时，上海文化界正在大张旗鼓地进行"文化发展战略"和"海派文化"的讨论，学者们认真地探讨关于"海派"的定义、特征、正负面的影响，写出许多美文。商人们则不失时机地将每一种商品都贴上"海派"的标签。于是，在海派文化、海派小说、海派影视之外，不仅有海派家庭、海派丈夫之类，也有海派住宅、海派家具、海派袜子等。"重振大上海雄风"成为一时流行的新口号。

这使人想起了 1930 年代初文坛上那场"京派"与"海派"的著名论战。那一次是由"京派"发难的，"海派"文人锋芒毕露，面对"京派大师"的奚落，"小小的回敬了几手"（鲁迅语）。这一次，只是上海人自己在讨论，并没有与之对峙相望的"京派"参与。

北京人正在关心更为重大和宏观的问题。他们沉浸在关于传统文化和现代化的"文化热"中。在各种官方和民间的会议上，他们对中国的经济、政治、改革和文化重建面红耳赤地争论不休；高墙之后和大院之中，无数个拜访、谈判、聚会和家庭沙龙，当代和未来的政治家、思想家、理论家和艺术家在神情严肃地运筹策划或觥筹交错，交换着最新的小道消息、外国录像和政治笑话。许多重大的历史事件、政治风云、新锐思想和文化灵感，便在这种散漫无形的交流聚集中，不为人知地悄悄诞生了。

中心便是重心，是平衡点，是交汇点。南国水乡的富饶、婉丽，北方草原的粗犷、豪放，西部大漠的苍凉、凄郁，东部沿海的热情、繁华，都各有特色，别张一面，但唯有它们的集中交汇点——北京，才能整个浑然地代表中华民族的个性和文化。

在中国，有哪个城市，哪个地方，能像北京这样把戈壁滩如云马队的剽悍与苏杭丝绸鱼米之乡的温情，最悠古的文明与最现代的气氛都凝聚于一身呢？

几千年的文明史，一百多年的近代史，近在眼前的现代史，敏感的当代史，都正在这个京都中冶炼着。[①]

大约在公元前三千年，首先产生于美索不达米亚的城市，开始了被考古学家和人类学家称为"城市革命"的历史。稍后，在埃及、印度河流域以及中国的华北地区都出现了城市。

哲学家说：人类是擅长制造城市的动物，人类所有的伟大文化都是从城市产生的；世界史就是人类的城市时代史。

然而，我们甚至难以准确地定义：城市是什么？

城市是一个自然和地理单元；城市是人类的一种聚居方式；城市是一片经济区域；城市是一种文化空间；城市是一部用石块和钢筋水泥建构的历史；城市是一部打开的书，记载着一代又一代人的光荣和梦想、期冀和抱负；城

市是一种生活方式；城市是一种群体人格；城市是一种氛围；城市是一种特征……城市正像文化一样，是一种很难定义"是什么"的现实。

人造城市，城市造人，人和城市造就着城市文化。城市盛衰兴亡的历史命运，便构成了社会变迁和文化变迁的宏观轨迹。正是在这个意义上，近百年来，以北京和上海为中心的南北文化的对峙冲突，城市地位的消长沉浮，城市文化和城市人格的逆转嬗变，成为中国现代史上激动人心而发人深省的一页。

如果说，城市的出现是人类生存方式的一场革命，那么大城市的崛起，则是一种奇迹。集中了最多的物质财富，人口密集，从事着规模巨大的经济活动、信息交流和人际交往的超级大都市，成为现代社会政治、经济、科技、文化等多种革命性变革的中心。正如恩格斯当年评价法国的巴黎："在这个城市里，欧洲的文明达到了登峰造极的地步，在这里汇集了整个欧洲历史的神经纤维，每隔一定的时间，从这里发出震动世界的电击。"[①]

北京，正是当代中国这样一个沸腾的中心。

这个中心曾经是在上海。早在半个多世纪之前，它便享有"东方巴黎"的美誉。

墨菲选择上海作为理解现代中国的钥匙，是有理由的：

上海，连同它在近百年来成长发展的格局，一直是现代中国的缩影。就在这个城市，中国第一次接受和吸取了19世纪欧洲的治外法权、炮舰外交、外国租界和侵略精神的经验教训。就在这个城市，胜于任何其他地方，理性的、重视法规的、科学的、工业发达的、效率高的、扩张正义的西方和因袭传统的、全凭直觉的、人文主义的、以农业为

---

① 《马克思恩格斯全集》，第 5 卷，人民出版社 1975 年版，第 550 页。

主的、效率低的、闭关自守的中国——两种文明走到一起来了。两者接触的结果和中国的反应，首先在上海开始出现，现代中国就在这里诞生。[①]

然而，面对殿宇巍峨的八百年古都，太平洋西岸这个五方杂处、光怪陆离的现代"魔都""千面女郎"仍只不过是个历史肤浅、出身暧昧的小混血儿。

当北京的先民越太行山东迁，在辽阔的华北大平原北端聚居之时，上海的大部分地区仍浸泡在海水之中。公元 938 年，这个唐代被称为"幽州"的地方，成为辽代四个陪都之一的"南京"——北京由此开始了它作为封建王朝都城的辉煌历史——时，今上海地区虽已设华亭县，但上海市区的土地只是县境东北渔人出没的地区。在北京成为元大都后的第 14 年，1291 年，上海正式设县，为上海建城之始。然而，直到明末清初，上海县城只是仅有 10 条小巷的"蕞尔小邑"，因其经济繁荣，则有"小苏州"之名——那时的上海人以说苏州话为荣耀。直到 19 世纪 40 年代，上海开埠之前，在城市林立的富饶的长江三角洲，上海仍只是个默默无闻的小弟弟。

1843 年 11 月 7 日，上海正式开埠，开始了它充满苦难和屈辱、雄心和梦想的历史。江南的名城迅速陨落了。新的一轮竞争是在上海与南方的口岸城市之间展开的。到 19 世纪 60 年代，上海的外贸出口便超过了它的对手——中国最早的通商口岸广州。上海将这一荣誉整整保持了 120 余年。1986 年，广东的外贸出口超过了上海，居全国第一。而曾经被称为"小上海"的香港，至少部分地取代了上海曾作为远东最大的金融、贸易、工商业和运输中心的功能。

20 世纪上半叶的中国历史是惊心动魄的。大约在 19 世纪 40 年代启动

---

　① 罗兹·墨菲:《上海——现代中国的钥匙》，上海人民出版社 1986 年版，第 5 页。

的现代化进程终于引发了火山地震。这是由南至北的一次又一次军事征伐和文化推进，是晚清风雨飘摇的最后岁月和帝制崩解之后，长达38年的军阀混战、民族战争和国内战争。正是在革命的南方和保守的北方对抗冲突的混乱格局之中，上海成为与北方相抗衡的崭新的社会中心和文化中心。

这是被称为中国的文艺复兴的十分特殊的历史时期：南北征战的硝烟烈火之中，新文化星河灿烂。

在新文化运动的第二个十年，中国的文化中心历史性地转移到了上海。这个自晚清始新兴市民文化的大本营，风云际会，诞生了不同凡响的"海派文化"。这个移民化程度最高的国际大都会，也成为中国知识分子集中程度最高的城市。这里汇聚了中国各种信仰和主义的政党、组织、团体；出版了反映各种学说、理论、思潮和观念的报刊；发展了不同风格、流派的文学、美术、音乐、戏曲；哺育并向中国贡献了整整一代的政治精英、工商业精英、文化精英和艺术精英——直到今天，我们仍生活在他们所缔造的历史之中。

面对龙吟虎啸、群星璀璨的二三十年代海上文坛、画坛、剧坛，我们几乎难以指认海派的"正宗"，而令人不禁感到：海派，难道首先不就是这么一种巨大恢弘的文化气象吗？

时过境迁，风流云散。海派终于成为封存于档案馆和博物馆的一个历史片段，成为专家学者众说纷纭的文化概念。

显然，要真正认识中国，仅有钥匙是不够的。这便是"不到长城非好汉"的意味。

与以上海为代表的沿海口岸城市和南方的中心城市的拥挤稠密、繁华喧嚣不同，在中国的北方，我们看到了另一种城市。它们往往具有值得骄傲的悠久历史，不是帝王之都，便是圣人之邦；仅仅几十年前，它们仍保留着气势非凡的城墙和城门——中国的"城市"之谓由此而产生。没有墙的城是不能算城的，只是市或镇；疏落、空旷的建筑和街道布局，围墙多于店肆；低矮灰暗的四合院民居中，间或露出殿宇的红墙黄瓦或寺塔的身影……北京正是中国的古都和古城当之无愧的杰出代表。明清重建的北京城，以其布局宏大、富丽整肃而被专家誉为"地球表面上，人类最伟大的个体工程"。

在千年不变的稳定格局中，在这个天朝大国坐北朝南的统治中心，凝聚着黄河流域发源的古老文明。巨大的官场和众多的学术机构，一代代士大夫和知识分子薪尽火传，使北京成为知识分子精英文化的渊薮。它的现代转换，是在20世纪初帝制崩溃之后。王气黯然的古都，敦厚宽容、和平幽默的民气上升。五四新文化的精神则为萧散悠远的古都韵致注入了新鲜的活力。北京大学以古旧学府之身而施牛津式自由教育，开创博大精深、兼容并蓄、自由民主的文化新风，正可视为五四精神与古都文化完美结合的典范。在一个特定的历史间隙，北平空前绝后地成为一个文化本位的城市。京派知识分子文化与京味民间民俗文化相得益彰，营造着具有浓厚的人文气息、淳朴温馨、情趣盎然的北平生活——它也成为存留于一代人心中的正在消逝的梦境。

大城市成为文化中心的关键，是它吸收、聚合知识分子的能力。这有赖于相应的文化生长机制和文化生态环境。在传统社会的政治、行政或宗教中心，它们是围绕政治或宗教权力而产生的；在以经济立国的现代社会，这种文化生态环境是指繁荣的经济生活造就的富足充裕的物质生活条件，发达的文化、教育、新闻、出版事业和先进的文化设施，成熟的文化市场，思想、言论自由的制度保障，等等。因而，文化中心往往不是与政治中心相叠就是与经济中心相叠。前者的典型如北京、罗马、莫斯科、巴格达等，后者的典型是纽约，以及20世纪二三十年代的上海。另一些大城市则集政治、经济、文化中心于一身，它们或者是传统的政治文化中心在工业革命之后发展为工商业中心，如巴黎、伦敦、柏林、开罗；或者是为适应现代国家的发展，将传统的政治文化中心迁移至新兴的工商业中心，如日本的东京。

现代国家城市规划的特征之一，是政治中心与经济、文化中心的疏离，如美国首都华盛顿、加拿大首都渥太华、澳大利亚首都堪培拉、巴西首都巴西利亚等。正是在 1930 年代，中国出现了大城市功能的有序分离：北平作为传统的文化中心，保持着知识分子精英文化的价值和品位；南京成为新的政治中心——它们分别得到近在咫尺的经济中心天津和上海的支持。上海则同时崛起为具有与北平不同的价值和趣味、以工商业文化和市民文化为主的新兴文化中心。

时至今日，我们尚能在少数省份见到这种堪称优化的城市功能组合。在"天府之国"的巴蜀之地，成都作为传统的行政和文化中心，就像北京一样，那里学府林立，名园荟萃，民性柔顺，在大街小巷众多的茶馆里，人们像旗人一样独钟花茶。在工业和经济中心的山城重庆——它一度也成为战时的政治中心"陪都"——民风爽直，崇尚时髦，他们看不惯成都人的缓慢节奏和讲究虚礼，他们习饮浓烈的沱茶。

北平和上海不同的城市性质、文化机制和生态环境，使两地文化具有不同的价值、功能和趣味。我们通常用"京派"和"京味"这两个不同的语词来描述北京文化的上下两层。京派知识分子精英文化与京味民间民俗文化构成大雅大俗的强烈对比和反差。我们却只有"海派"这样一个词汇指称上海文化。不同社会阶层、职业角色的上海人，生活在由高度社会化和一体化的城市社会造就的大致相仿的方式之中，被笼罩在由市场和大众趣味导向的市民文化的氛围中——它造成了一种雅俗共赏的高品位的通俗文化。

京派与海派的对峙冲突，于是具有了超越文学的深刻意义和复杂内涵。形容京派的是这样一些语词：贵族的、高雅的、严肃的、传统的、学院派的（士大夫的）、官的；形容海派的是另一些语词：通俗的、大众的、白相的、功利的、商业化的、摩登的、殖民地的，等等。知识分子精英文化与大众文化、通俗文化的冲突，是现代社会最基本的文化矛盾之一。今天，我们也许比以往更清楚地认识在社会现代化——它必然意味着社会生活的世俗化——过程中，市民文化和大众通俗文化不可替代的价值和作用；同时，也更能理解在新文化建设的初期，面对市民文化、通俗文化的冲击、腐蚀和严肃文化在商业社会中的生存危机，五四知识分子忧心忡忡的目光。

20 世纪的中国历史，被 1949 年的革命成功均匀地一分为二。在各种意义上，后 40 年的风云激荡并不稍逊于前 50 年，就社会变迁的剧烈和深刻程度而言，则更甚于前。大时代的律令如此深刻地改变了城市的命运，世纪末回眸，难免令人惊奇不已。

曾经为辛亥革命所中断的北京的历史光荣，又因中国共产党革命的胜利而重新恢复。没有比北京更能满足民族文化心理的稳定性和连续性要求，以及千年沉积的文化归属感了。北京被称为"红太阳升起的地方"，又被称为"伟大的首都"，而上海只能称为"大上海"，却与伟大无缘——这不仅是因为北京成为不断刮起的红色风暴并不平静的中心，而且还因为它确实"大"而无比。继辽代燕京、金中都、元大都和明清北京的四次大规模重建之后，新中国对首都的第五次重建，使它彻底脱胎换骨，成为集政治、军事、经济、文化、科技、交通、通讯等各种中心于一身的气象非凡的全能型城市。1988 年 10 月，北京市常住人口突破 1000 万，提前 12 年实现了规划在 20 世纪末达到的人口规模，成为继上海之后中国第二个千万人口的特大城市。这个 1949 年初辖地 707 平方公里、人口 156 万的古都，目前辖地 16808 平方公里，是上海的 2.7 倍；市区已建成面积 360 平方公里，是上海的 1.5 倍。

尽管北京为它稠密的摩天高楼，纵横交错的立交桥和首钢、燕山石化等经济成就自豪不已，朝圣者们仍然冥顽不化地在胡同陋巷之中艰难地搜寻八百年古都的流风遗韵，凭吊着在我们眼前和身边日新月异地消逝着的最后的古都……

正像城墙和牌楼、茶馆和庙会退出了我们的视野和日常生活，曾经谦逊而多礼、温良恭俭让的老北京人也退隐到历史的背景之中。今天，我们所遇到的北京人，四分之三是建国以后才进入北京的新北京人及其后代。曾经作为老北京城市文化载体的胡同、四合院及其所孕育出的京味文化，正像在地理空间上一样，退缩到了城市社会的边缘。当代北京的政治风云和文化思潮不再从胡同中升起，以干部和知识分子为主体的新北京人——他们主要生活在大院之中，因而，大院和胡同的分立，构成了新北京的两层文化和两种文化——蕴含着巨大的政治和文化能量，登上舞台中心，成为当代北京城市文化和社会生活的真正主角。

1978 年以来，中国几乎所有重要的思想、文化、理论都从这里发源，所有新锐的艺术探索和文化创造首先在这里澎湃——从朦胧诗直至摇滚乐。它对应了整整一代人的崛起——他们是 1950 年代的红领巾、1960 年代的红卫兵、1970 年代的知识青年。他们中的佼佼者后来被称为第三代学者、第四代画家、第五代导演，等等。他们是共和国的"第三代人"。1980 年代，令人瞩目的青年知识分子文化，可以回溯十年，从 1960 年代末的"红卫兵文化"到 1970 年代的"知青文化"中，可以找到其潜行的轨迹。这种一代人共同的精神文化历程，正是在首都表现得最为集中和显著。在一批批才华横溢、气势不凡的风云人物稍纵即逝、"各领风骚没几天"之后，是连续的积累和创造。每一朵浪花都粉碎了，波动却传到了岸边。

这是一个古老而年轻、保守而激进、大雅而大俗的城市。从全国各地源源不断吸纳优秀人才的"文化特权"，使北京成为当代中国移民化程度最高和知识分子最为集中的城市，这使得首都保持着旺盛的文化活力和创造力。它不仅是革命文化和体制文化强有力的中心，也是知识分子精英文化的中心。当更为年轻的一代以自由松弛的心态"玩弄"文化时，它庶几也成为青年流行文化的中心。"新京味文化"成为北京文化的创造活力和个性的最新证明。一些城市"新人类"似乎不经意的挥洒和调侃，撞开了沟通新老"京味文化"的旁门左道，从而使气息奄奄的老京味在青年流行文化的包装中神奇地复活。

森严的体制文化之外，是活泼的民间文化空间。这里聚集了最多的民办科技企业，民间教育、学术和文化机构，以及文化个体户和流浪艺术家。昔日到上海滩去"闯世界"的冒险家，今天正涌向他们的新乐园——北京来打天下。

和北京相比，上海的命运更富于戏剧性。"文革"前后，尽管上海由雄视太平洋的国际大都市而变为封闭的内陆大国边缘的工业基地，它仍然保持着传统的荣耀。在遥远的西部和北部边陲，从漠河到石河子，到处都可以听到"阿拉上海人"的声音——他们只要凑在一起，就旁若无人地用上海话大声喧哗，引来当地人妒羡交加的复杂目光。上海服装和奶油蛋糕马上普及了他们移居的那些城镇，全国各地偏远边陲出现了许多"小上海"。而大城市中，那些最繁华的地段被命名为上海街或上海路。不管到没到过上海，人们都这样说：南京路上的风都是香的。

与此同时，充满"香风毒雾"的十里洋场被称为"资产阶级大染缸"，而"海派"则成为令人闻之色变、避之唯恐不及的骇人词汇，它成为资产阶级作风、个人主义等种种不良行为的同义语。在"以阶级斗争为纲"的年代，上海作为"革命对象"，成为"兴无灭资"的阶级斗争的"前哨阵地"，是顺理成章的；值得注意的是，在持续不断的社会改造和政治运动中，上海出乎意料地由"革命对象"一举转变为新制度下最模范的守法户、"计划经济的排头兵"，并进而成为"左"倾文化的大本营。新的一轮"南北冲突"在"文化大革命"前夕达到了高潮。曾被当作资本主义象征的上海，焕然一新地出落成为"无产阶级文化大革命"的策源地，而"资产阶级司令部"则奇怪地转移到了北京。

1977 年，在历史的转折点上，上海率先推出要求为"天安门事件"平反的话剧《于无声处》和表现"文革"苦难的短篇小说《伤痕》，不失时机地踏上新时期文化变革的起点。这似乎只是上海文化传统光荣的又一次证明。谁也没有想到，它并没有成为又一个辉煌壮丽的开始。在 1980 年代蔚为壮观的文化演进之中，上海似乎再也未能张出独树一帜的大旗，发出振聋发聩的巨响，产生纪念碑式的巨作，失去了它曾经有过的雄健恢弘的气象、蓬勃生动的活力和领导潮流的力量。

1980 年代中期，这个曾经风华绝代的摩登女郎终于难以掩饰陈旧落伍的窘态，上海被喻为"衰弱的巨人"和"褪色照片"。旧地重游的"老上海"感到了最大的欣慰，他们看到了与离开这座城市时几无二致的旧貌——与老北京重返故都时的抑郁失落恰成对照。电影导演们蜂拥而至：只须挂几幅"仁丹"广告和"大减价"的布招，便能重现昔日"东方好莱坞"的光彩。旅游界的有识之士恍然大悟：怀旧，正是上海最重要的旅游资源。

冒险家的后代被称为"围裙丈夫"，他们悄悄地藏"私房钱"，在菜场上内行地讨价还价，同时不遗余力地将拥挤的陋室装饰成微型的宫殿。大致与上海城市人格的逆转同步，中国的舞台和电视屏幕上出现了一种新的艺术形象：他们操着一口上海普通话，尖声尖气地嚷嚷；他们或者循规蹈矩，迂腐可笑；或者斤斤计较，弄巧成拙。曾经以嘲笑"外地人"为能事的上海人，终于成为"外地人"共同嘲笑的对象。

一位青年学者洞悉了 1980 年代"海派文化热"的文化心理：

> 为什么是在 80 年代，为什么又独独在上海本地，才有这种"海派文化"的哄谈。这其实在原初本不是个学术问题，而是交织着这个城市里这一代人的理想、愿望，以及看来不甚健康的愤懑、孤独、自惭

自怜和自尊，是心态问题……①

一首新民谣流行起来："要看中国的两千年，请到西安；要看中国的五百年，请到北京；要看中国的一百年，请到上海；要看中国的近十年，请到广东。"

这句话的好处，是在时间和空间两个维度将中国城市的面貌深化了，并且在北京和上海之外，引进了广东这个新的参照点。这样，我们看到了中国城市更为接近实际的全貌：一个倒立的三角。顶边是分布于黄河流域的北方城市西宁、兰州、银川、西安、郑州、洛阳、太原、天津、唐山、济南、北京；中线是长江流域的中心城市成都、重庆、武汉、长沙、九江、南昌、安庆、芜湖、南京、杭州、上海；三角形的支点是珠江三角洲，那里聚集着广州、香港、澳门以及新兴的深圳、珠海、东莞、中山等明星城市。

当我们再推敲一下这句话，便不难发现其中暗含的挑衅意味：将北京、上海逼退到历史的范畴中——久远的和晚近的历史；而生猛鲜活的广东，则是"现在时"的。

由黄河、长江、珠江三条大河所孕育承载的社会文明，以及为这三条大河所划断的南北空间位序，呈现出在不同时期文明领先的时序：在近千年来由北至南的文化演进中，温润富庶的长江流域终于取代了华北，并将文明播至岭南；在 20 世纪下半叶的特殊境遇中，珠江三角洲则取江南而代之，成为改革开放的带头地区。南风劲吹，世纪末的中国，呈现出和世纪初十分相似的发展态势。广东文化作为当代中国最强势的地域文化，当之无愧地与北京、上海鼎足而立，打破了双峰对峙的陈旧格局。

在中国的政治年表上，1990 年代是从 1992 年春天开始的。随着中国全方位的开放和上海的浦东开发，一轮新的竞争开始了。上海，能够重演 19

---

① 《上海文化艺术报》，1989 年 10 月 20 日。

世纪末后来居上、超越广东的历史吗？在中国走向现代化的社会转型和文化重建中，北京和上海还能像半个世纪之前那样，砥柱中流，大放异彩吗？

迄今为止众多领域的历史，包括城市的历史，都极早地在一道时间的门槛前止步。1984 年出版的《北京史》——似乎是建国后唯一的一部——只写到 1919 年；1989 年上海出版的《上海史》——建国后的第一部——勇敢地写到 1949 年。

当我们在典籍中艰难地搜检百年前的旧京风俗或海上奇观时，却对正在我们身边发生的变化失去了敏感，任凭它迅速变为后人无从下手的学术课题。写当代之难，固然有众所周知的原因；除此而外，似乎还有治学态度上的原因，有人归纳为"舍近而求远，弃小而贪大"两个弊端。

1936 年，铢庵在《宇宙风》上发表的一篇文章，表达了这种遗憾：

> 中国的人情，往往详远而忽近，越是现代史料，愈无人保存。庚子到现在还不到四十年，以区区幼年之记忆，还可略得一二。然而文字上之证据，就不容易找了。再过若干年，老成凋谢，便连口头的传说，脑底的记忆也都不容易得了。漫说庚子，就是戊辰到今日不到十年之中，北平所经过的市容之改观，重器之迁殊，古迹之修理，市政禁令之迭兴迭废，以及新输入之风俗等等，假使不赶快记载，以后也要为难了。①

1930 年，胡适在为《上海小志》所作的序中写道：

> "贤者识其大者，不贤者识其小者"，这两句话真是中国史学的大仇敌。什么是大的，什么是小的，很少人能够正确回答这两个问题。

---

① 《宇宙风》，1936 年第 19 期。

朝代的兴亡，君主的废立，经年的战事，这些"大事"在我们眼里渐渐变成了"小事"，或者一句女子"蹑利屐"这种事实，在我们的眼里比楚汉战事重要的多了。……然而，古代文人往往不屑记载这种刮刮叫的大事，故一部二十四史的绝大部分只是废话而已，将来的史家还得靠那"识小"的不贤者一时高兴记下来的一点点材料。①

要写这样一本书——以上海和北京这样两个伟大的城市为对象，从城市、文化、人三个维度，在大约一个世纪的时间跨度内，以当代为主，识大而又识小——对于我显然是不自量力的。我之所以写，是因为深信这段历史是值得写的，是应该有人写的。我所凭借的主要资源之一，是我作为这两座城市的新移民的经历。40年前，我随南下的大军从山东来到上海，在黄浦江畔度过了青少年时代；20岁时，作为上海知青奔赴北大荒；而后，又成为"革命中心"的新移民。

正是在辽阔粗犷的北方，我才渐渐体味了年少气盛时所轻蔑的上海生活的价值，领悟了她旧日情人般温柔细腻的种种好处。作为新北京人的一员，我则有幸成为这个沸腾的中心伟大历史进程的参与者，而不仅仅是"前排观众"，得以逐渐触到新北京的脉动，领会北京生活的旨趣。同时，在千里之外，更强烈地感受了江南那座国际大都市"美人迟暮"的苍凉和雄风犹存的悲壮。

此外，我相信，这本芜杂的书中所涉及的许多题目，都有可能成为具有高度价值的学术研究的课题；因而，我的粗糙的写作或许可以成为一系列重要著作的引玉之砖。这便是对于哺育我生长的这两座伟大城市我所能作的微薄奉献了。

---

① 《上海小志》，1936年第19期，第3页。

第一章

城市之风：

中国的南与北

中国文明演进史上的"南北问题"，为上海和北京提供了宏阔深远的历史背景。发源于中原的北方文明，其政治经济中心在东西轴线上长达千年的移动，最终东进至黄河下游的北京。与此同时，先进的北方文化南下，开发了长江和珠江三角洲。地域特色构成城市文化基本的底色，形成城市文化最初的积淀。

　　近世以来的南北格局和南北冲突却有全新的涵义。繁荣富庶的南方，不仅成为新的经济中心，也成为西方文明率先登陆的地区。正是在这里，诞生了作为与乡村同构的传统城市相对立的现代都市。它们成为新的社会革命的策源地。"革命的南方"与"保守的北方"的抗衡冲突，贯穿了20世纪的中国历史。

　　城市的秘密：大城市的崛起和城市的命运，城市社区、城市文化和城市人，城市的魅力，等等，遂成为诱人的课题。

一、从东西到南北

1980 年代"海派文化热"的一个具体成果，是查清了上海的家底和身世，专家们确认上海建城于元代至元二十八年（1291），已有七百年历史，从而把人们印象中"十里洋场"类似美国那样肤浅的历史忽然推前了五百年。增添上海历史荣耀的努力并不止于此。由于在青浦县（现为"区"）福泉山和金山县（现为"区"）亭林墓出土了一批属于新石器时代良渚文化的珍贵文物，上海具有四千年历史的说法也出现了。重写上海史的呼声不绝于耳，"吴楚文化的孑遗""上海已有 6000 年历史"这样的标题频繁出现于上海的报章。上海人对自己城市强烈的荣誉感和归属感跃然纸上。然而，正如谭其骧教授正确指出的，包括青浦、金山在内的 10 个县，是 1958 年由江苏划归上海的。至于上海市区的这片土地，一千几百年之前尚未成陆，浸泡在海水之中。

对自己家乡的尊崇和偏爱这种乡土感情，恐怕是人类最基本、最久远的情愫之一。在不同的城市，我们都可以听到"中国唯有此地可居"之类的赞誉。一位河南的朋友则郑重地告诉我：不懂豫剧就不懂得中国文化，因为豫剧是中国文化的最高峰。但是，北京、上海的市民对自己城市所怀的自豪和倨傲，似乎是别处难以比拟的。在上海执着地推进自己的历史之时，北京也并不满足于已有的悠久历史。考古学家在对京郊房山县（区）琉璃河商周遗址进行研究后认为，这里正是西周燕国的都城，因而宣布北京"有文字可考的建都史为 3035 年"。①

显然，这种对历史的追溯，这种"城市寻根热"并不是无意义的。在城

---

① 《北京日报》，1990 年 4 月 22 日。

市人的优越感和虚荣心之中，不是可以辨析出对自身独特的城市文化的认同，以及对它们分别源自华北文化和吴越文化的地域属性的重视和强调吗？

城市作为人类生活聚落的形态，伴随着文明的演进而发展。正是地域赋予了城市文化基本的底色，形成城市文化最初的积淀。地理，从不单是方位和地区的概念，它的气候、物产、土壤、植被、资源等自然环境条件，深刻地影响和塑造了人类的生存方式，以及按最宽泛和最狭窄的定义的所谓文化。由于南北方截然不同的自然环境所构成的不同国家和民族显著的南北差异和南北问题，远远大于东西之间的差异和冲突。北方，往往意味着干旱、寒冷、贫瘠、强悍和壮阔；南方则成为温暖、湿润、富庶、发达、柔婉和清丽的同义词。即便在朝鲜、越南、日本这样疆域狭小的国家，也造成南北方在经济、政治、文化和人格气质上明显的差异。与南北差异相伴的，还有南北冲突、侵犯和占领、革命和战争、人口迁移和文化融合等，则构成许多国家基本的历史线索。这正是人文地理学、地缘政治学、地域文化理论以及人类生态学、城市生态学等多种生态学理论存在的根由。

然而，在文明之初，干旱的北方却是首先开发和开化之地。"古代文明恰如事先约定一般，都以这一干旱地带的正中或者其边缘的热带干旱草原作为建立的基地。不用说尼罗河、美索不达米亚、印度河等河谷，黄河流域以至地中海地区，实质上也是如此。"[①] 原因之一可能是原始森林覆盖、虎豹出没、瘴疠流布的南方，无先进的技术手段，更不利于生存。

近几十年来我国考古研究的成果，似乎越来越趋于否定黄河流域的中原作为中华民族文化的单一源头，已经在 24 个省、市、自治区发现的旧石器时代的遗址，展示了华夏远古文化"满天星斗"般的起源图式。另一个不争的事实是，千百年来，绝大多数中国人又密集地聚居在有限的几个地域，这就是华北大平原、四川盆地、长江中下游和珠江三角洲。源自黄河

---

① 梅棹忠夫:《文明的生态史观——梅棹忠夫文集》，上海三联书店 1988 年版，第 91 页。

流域的华北文化，奠定了汉文化的基本面貌并覆盖整个北部中国。相互毗邻的巴蜀文化、荆楚文化和源自古百越文化的吴越文化，则由长江连接贯通，成为长江流域三朵瑰丽的文化之花。自周代以后以楚文化而闻名的长江流域文化的形成和勃兴，使华夏文化出现了南北分流的两支："北支为中原文化，雄浑如触砥柱而下的黄河；南支即楚文化，清奇如穿波而出的长江。这北南两支华夏文化是上古中国灿烂文化的表率，而与时代大致相当的古希腊和古罗马的文化遥相辉映。"①

正像作为西方文化之源的古希腊文化，几乎包含了尔后西方文化各种发展的胚芽，春秋战国时期，中国南北文化的差异和对峙、冲突和融合也初露端倪。

收集了黄河流域诗作的《诗经》，尚收集不到长江流域楚和吴越之地的歌谣。在《诗经》产生的周初至春秋中期，南人尚为"断发文身""南蛮舌之人"。南蛮、北狄、东夷、西戎，都还是"化外"之人。及至楚文化的兴起，一种风格姿态、精神气质、人文理想与北方迥异的新的文化形态从它的文化母体中脱胎而出。楚辞的出现，开辟了文学的新风，从而形成了两种基本的风格：北方的厚重、严谨、豪放，南方的浪漫、活泼、细腻。金克木教授更认为，楚辞的兴起，定下了诗的三种形态：风（风、谣）、雅（雅、颂）、骚分别对应民间、庙堂和个人三个系统，形成三分天下的模式。②儒家成为北方文化的主流和哲学代表，而道家则反映了南方文化的精神气质。追求逍遥、自由、超拔飘逸的老庄和屈子，与崇尚礼乐教化、仁和中庸的孔孟确实形成鲜明的对照。孔子也曾论及南北差异，所谓南方之强与北方之强："宽柔以教，不报无道，南方之强也，君子居之。衽金革，死而不厌，北方之强也，而强者居之。"（《中庸》）

梁启超在《中国学术思想变迁之大势》中，将春秋战国时代的百家争

---

① 张正明：《楚文化史》，上海人民出版社 1987 年版。
② 《读书》，1986 年第 5 期。

鸣和众多学派简化为"南老北孔"的斗争，认为："北学务实际，南学探玄理；北学切人事，南学出世界；北学贵力行，南学齐物我；北学重家族，系亲爱，南学轻私爱，平阶级；北学重礼文，南学厌繁文；北学守法律，南学明自然；北学畏天命，南学顺本性；北学敬老年、重经验、尊先祖、守古之念重、保守之情厚、排外之力强，南学不崇先王、不拘于经验、不屑于实际、达观于世界之外，乃至轻世、玩世既而厌世。"梁启超还披露南学"对于北方学派，有吐弃之意，有破坏之心"。

也有人认为，"楚虽三户能亡秦"，崇尚"血亲复仇"、兼有"白云黄鹤"和"九头鸟"两种品性的楚人和楚文化，包藏了儒家正统所乏的尊崇自我、个人本位的萌芽。我们以后将会看到，地广两湖的湘楚地区及其文化在中国文化发展中的独特地位。

明清之际的王夫之称"吴、楚、浙、闽，汉以前夷也，而今为文教之薮"，并指明了由北而南的文化发展和演化：

> 三代以上，淑气聚于北，而南为蛮夷。汉高祖起于丰、沛，因楚以定天下，而天气移于南。郡县封建易于人，而南北移于天，天人合符之几也。大气南徙，而匈奴始强，渐与幽、并、冀、雍之地气相得。故三代以上，华夷之分在燕山，三代以后在大河。[①]

但在一个相当漫长的时期内，中国的政治、经济、文化中心始终在北方。中国的政治、经济轴心基本在今陇海线的中原一带，古代都城分布在长安、洛阳、开封的政治轴线上。"秦中自古帝王州"，从西周的镐京至唐末（包括秦代的咸阳），长安为国都长达 954 年；从东汉到后唐的 900 年间，共有五个朝代建都开封，合计达 206 年。这一政治、文化中心并非固

---

① 王夫之：《读通鉴论》卷十二。

定不变，而呈现由西向东移动的明显趋势。东周时，将首都由西周的镐京（西安）东迁至洛阳；东汉时，首都再次从西汉的长安（西安）东迁至洛阳，有国防和经济的双重原因。由于黄河下游流域的自然条件较中游为佳，农耕区渐次向东扩充，首都东移，既更为安全，且能较近便地接受东部粮食的接济。而当时的南方，如司马迁在《史记》中所言"江南卑湿，丈夫早夭。……楚越之地，地广人稀，饭稻羹鱼，或火耕而水耨"。

从西晋末年起，汉文化开始了具有宏观规模的由北至南的迁移。这是由西晋末年的"永嘉之乱"和晋室南迁、唐代中期的"安史之乱"、北宋末年的"靖康之难"和宋室南渡这三次大的历史变局所造就并为人所识的。三次大规模的人口迁移，深刻地改变了中国的南北格局。北方异族的侵扰、北部中国长期处于战乱纷争之中固然是这种迁移的直接动因，而南方地广人稀，且有淮河、长江天堑的防护，社会比较安定，以及具有优越的发展经济的自然资源条件，不能不说是吸引北人南下的重要因素。

从公元221年三国时的蜀和东吴分别在南方建立政权起，打破了自夏以来二十来个世纪政权中心独处北方的传统态势。然而，直到317年东晋建都建康（南京），继而出现170余年大分裂的南北朝，才初次造成南北割裂抗衡的局面。大量北方知识分子和劳动力南迁，使南方得以迅速开发。到东晋末年，如《晋书·食货志》记载，东南地区已达"天下无事，时和年丰，百姓乐业，穀帛殷阜，几乎家给人足矣"。然而在文化水平上，北方仍居传统的优势。

隋唐之际，重要的政治军事活动，仍限于北方，但在经济，尤其是粮食供应上，已开始靠东南接济。唐中叶的"安史之乱"掀起了汉文化向东南转移的第二个高潮。黄河中下游广大地区饱经浩劫，田园荒废，藩镇割据。几年的动乱，使盛唐人口由755年的5291.9万锐减至760年的1699万。[①] 南方州郡人口骤增，此后，南方的经济发展水平已超过北方，北方对

---

① 何清涟：《人口：中国的悬剑》，四川人民出版社1988年版，第36页。

南方的经济依赖日益殷切，有所谓"辇越而衣，漕吴而食"之言。至唐宪宗时期，"军国费用，取资江淮"，"赋出天下而江南居十九"（韩愈）；杜牧则指出"今天下以江淮为国命"。商业和交通的发达，使扬州和成都成为空前繁荣的城市。唐末和五代的大部分时间，北部中国仍在战乱之中，民生日趋凋敝萧条。偏安江南的小国，则兴水利，奖农业，经济文化进一步发展繁荣。

社会政治、经济形势和国防军事、情势的变化，致使作为"帝王之州"的关中一带失去了传统的优势，五代以后，中国的首都历史性地东移至开封、洛阳一带，再无逆转，谭其骧教授论道：

> 五代以后，黄河流域益形衰落，江南的经济地位和河朔的军事地位逐步上升，中原王朝内部便不再是东西对峙的问题，变成了南北争胜之局；主要外患也不再来自西北，改为来自东北的契丹、女真和蒙古，从而长安丧失了它在军事上的制内御外的作用，所以首都一经撤离，就再也不可能搬回来了。①

至北宋一朝，全国的经济重心虽已偏在东南，政治和文化中心仍在黄河下游开封、洛阳的东西轴线上。京师由唐代的长安东移至开封，以靠近漕运的运河干道。北宋的统治者采取"竭二吴以奉西北"的政策，并竭力排斥南人参政，维持着传统的南北格局。北宋的重臣几乎全是北人。真宗的重臣寇准力阻南人参政，称"南方下国，不宜冠多士"；司马光则奏神宗："闽人狭险，楚人轻易。……充塞朝廷，风俗何以更得淳厚？"

然而，经济与文化自有一种相生相长的复杂关系。到北宋末年，文化中心事实上已趋于"苏湖熟，天下足"的东南。柳永在《望海潮》词中尽

---

① 《历史教学问题》，1982 年第 3 期。

情摹写了有"东南第一州"之称的杭州的富丽繁华：

> 东南形胜，三吴都会，钱塘自古繁华。烟柳画桥，风帘翠幕，参差十万人家。云树绕堤沙，怒涛卷霜雪，天堑无涯。市列珠玑，户盈罗绮，竞豪奢。
>
> 重湖叠巘清嘉，有三秋桂子，十里荷花。羌管弄晴，菱歌泛夜，嬉嬉钓叟莲娃。千骑拥高牙，乘醉听箫鼓，吟赏烟霞。异日图将好景，归去凤池夸。

由于金人的入侵，"靖康之难"致使统一的北宋王朝崩溃，建都北京的金王朝与建都临安（杭州）的南宋政权相对立，被公认为是中国文化中心南迁的真正分野。文化中心从中原的开封、洛阳东西向轴心，跳越至江南的杭州、苏州南北向轴心。至此，中国的经济中心与文化中心重合，"东南财赋地，江浙人文薮"，而淮河和秦岭一线，成为当时划分南北的天然界限。中国人口分布的南北消长，至此为一大转折。1085 年，全国总户数 1485 万户，江南包括四川共 985 万户，占三分之二；北宋后期人口超过 20 万的州郡，北方 11 处，南方 44 处（其中江浙占 23 处）。[①] 其时，学校教育虽见衰退，但私家讲学之风日盛，书院林立。有宋一代，共有书院 203 所，北宋占 24%，南宋占 75%；其中长江流域占 74%，珠江流域占 21%，黄河流域仅占 3.5%。江西书院最多，为 80 所；浙江 34 所，湖南 24 所[②]，足见北方文化之遭摧残、长江文化之占优势和岭南文化的发展。

科举取士、为官入相的统计，是地域文化和政治发展的测度之一。据陈正祥调查，唐代宰相 369 人，属 98 族，十分之九为北人。北宋中叶以后，南人为相渐多，但南人参政困难。至宋室南渡后，南人在政治权力上终于

① 陈正祥：《中国文化地理》，三联书店 1983 年版，第 9 页。
② 章柳泉：《中国书院史话》，教育科学出版社 1989 年版，第 37 页。

占了优势。宋代宰相共 134 人（北宋 72 人，南宋 62 人），其中 24 名浙江籍宰相中，在北宋为相的仅 4 人，在南宋为相的达 20 人。到明代，189 名宰相中，南方人占三分之二以上。明代自洪武四年（1371）至万历四十四年（1616）的 245 年间，各科状元、榜眼、探花和会元共计 244 人，其中南方 215 人，占 88%；北方 29 人，仅占 12%。有清一代 114 名状元中，南方各省 99 人，占 87%；江浙二省 69 人，占全国的 69%。清乾隆元年招举博学鸿词，先后选举者 267 人，其中江、浙、赣、皖四省共 201 人，占 75%；而江浙二省 146 人，超过全国的半数。①

至明清时，南北的天然分界线已由淮河移为长江，大致已形成了如今日的南北经济文化的面貌和格局。在数百年间大规模的文化迁移和交融中，形成了南北二宗不同的文化风格、民俗风情、物产品类等。南宋之后，珠江三角洲的岭南文化在诸多方面与长江三角洲的江南文化迥异，别具优势、特色。在黄河、长江、珠江三大江河所孕育的中原文化（北方文化）、江南文化、岭南文化三分天下的格局中，千姿百态的地域文化成熟而绚丽。它的主要的类型包括：齐鲁文化、燕赵文化、巴蜀文化、关东文化、三秦文化、三晋文化、吴越文化、青藏文化、西域文化、荆楚文化、草原文化、桂文化、台湾文化，等等。尽管如此，这并不妨碍我们大致以长江为界，区别、感受和讨论南北文化。

事实上，南北之别几乎存在于社会生活的各个方面和戏曲、诗词、小说、园林、棋艺、书法、绘画、盆景等文化艺术的各个领域。所谓"南柔北刚""南甜北咸""南船北马""南拳北腿"之类，连豆腐亦分"南豆腐"和"北豆腐"，剪刀亦有张小泉和王麻子，以及"古道西风冀北，杏花春雨江南"这样区分壮烈的阳刚之美和婉约的阴柔之美的审美情趣。既有荆轲

---

① 陈正祥：《中国文化地理》，三联书店 1983 年版。

"风萧萧兮易水寒，壮士一去兮不复还"的烈士情怀，继有陈子昂幽州登临，"前不见古人，后不见来者，念天地之悠悠，独怆然而涕下"的千古绝唱，燕赵之地遂成为慷慨悲歌、壮士辈出的渊薮。陈子昂在另一首"感遇诗"中进一步描绘燕人的行径："自言幽燕客，结发事远游。赤丸杀公吏，白刃报私仇。"俨然梁山好汉的先驱。清末则有人称"北人之敢死喜乱，不啻活演一《水浒传》；南人之醉生梦死，不啻实做一《石头记》"。清人魏善伯比较南曲与北曲，称"南曲如抽丝，北曲如抡枪；……南曲柳颤花摇，北曲水落石出；南曲如珠玉落盘，北曲如金戈铁马"。南北文化和人格气质的差异一直引起人探究的兴趣。

　　早在《汉书·地理志》中，便已提出"域分"的概念，并写道："凡民函五常之性，而其刚柔缓急，音声不同，系水土之风气，……好恶取舍，动静之常，随君上之情欲。"将地域文化和民俗民风的差异归因于不同的自然环境和王侯的引导教化。古人早已注意到了水土气候对文化民俗的影响，并多有论述。如"潇湘间无土山，无浊水，民乘是气，往往清慧而文"（刘禹锡《送周鲁儒序》）；"邹人东近沂泗，多质实；南近滕鱼，多豪侠；西近济宁，多浮华；北近滋曲，多俭啬"（《邹县志》）。"浙东多山，故刚劲而邻于亢；浙西近泽，故文秀而失之靡"（《旧浙江通志》）。清末民初的刘师培，著《南北文学不同论》认为："大抵北方之地，土厚水深，民生其间，多尚实际。南方之地，水势浩洋，民生其际，多尚虚无。民崇实际，故所著之文，不外记事、析理二端；民尚虚无，故所作之文，或为言志、抒情之体。"是典型的"环境决定论"。

　　近代"南北论"的首提者被认为是梁启超。他在 1902 年的《中国地理大势论》中提出，中国大河流域皆东西向，造成南北的划分，各异其俗，并造成不同的文化、艺术传统。他首倡"多元文明"说，将中国文化划分为黄河、长江、珠江三个主要的地区文明。对地理环境的重视，并导致他提出关于中国文化的"地理决定论"。他在《地理与文明之关系》等一系列文章中，认为西方属海洋国，人富进取心，加之内地山岭交错华离，便于分治，故趋民主立国；中国为平原陆居国，人多怀土重迁，自易趋于专制立国。

另一些人则比较重视社会变动和文化传统对南北差异的作用。顾炎武在《日知录》中称："江南士大夫多失之于轻薄奢淫，这是梁、陈诸帝之'遗风'；河北之人大致失之于斗狠劫杀，这是安史之乱的'余化'。"王国维在《屈子文学之精神》中论及：南方人性冷而遁世，北方人性热而入世；南方人善玄想，北方人重实行。故前者创作了富于幻想色彩的庄子散文，后者则导致了"诗三百"的抒情短制。他更重视人文背景的不同："前者贵族派，后者平民派也；前者近古派，后者远古派也；前者国家派，后者个人派也。"

这一思路在近代的发扬，是强调历史动乱和人口迁移所造成的南强北弱和南北人品性的变异，其代表人物是潘光旦和张君俊。潘光旦在《自然淘汰与中华民族性》书中认为，华北干旱缺水的荒年及异族入侵使之成为一个天灾人祸不断的大灾区，每一次灾难都是对人口的一次"自然淘汰"，无能者先被消灭，生存下的适者虽然耐劳吃苦，却也积累了保守短视的品性。而淘汰过程的最大受害者是身心两方面最为健全的女性：在荒年她们率先被卖掉，卖入城市或妓院，使农村乃至民族损失这些"做母亲的最好原料"。各种原因相加，导致"中国北方人一天比一天蠢；中国北方很少好看的女人"。另一方面，具有积极品性的人或南迁或北上出关，能抵达目的地的皆强健机智者，因而，南方和北方的东三省成为较先进的地区。历经数次"民族大迁移"的客家人，被认为特别具备这种优良品性。

张君俊根据 1930 年代初对 1.3 万名大学生的体格调查，认为华北人的身高、体格、寿命、婴儿死亡率均优于华南人。他认为北方人有体格、缺智力，南方人则相反。两者无法结合，降低了民族的总体素质。他又回到了"地理决定论"：北方异族的侵略和黄河的灾害摧残了民族的体力与智力；而北纬 33 度以南的次热带气候，则不利于民族之生机和健康，久居必流为"饶具女性的民族"。

林语堂则在他著名的《吾国与吾民》一书中，对北人和南人作了文学化的描写：

> ……北方的中国人，习惯于简单质朴的思维和艰苦的生活，身材高大健壮，性格热情幽默，吃大葱，爱开玩笑。他们是自然之子。从各方面来讲更像蒙古人，与上海及江浙一带人相比则更为保守，他们没有失掉自己的种族活力。他们致使中国产生了一代又一代的地方割据王国。他们也为描写中国战争与冒险的小说提供了人物素材。
>
> 在东南边疆，长江以南，人们会看到另一种人。他们习惯于安逸，勤于修养，老于世故，头脑发达，身体退化，喜爱诗歌，喜欢舒适。他们是圆滑但发育不全的男人，苗条但神经衰弱的女人。他们喝燕窝汤，吃莲子。他们是精明的商人，出色的文学家，战场上的胆小鬼，随时准备在伸出的拳头落在自己头上之前就翻滚在地，哭爹喊娘。他们是晋代末年带着自己的书籍和绘画渡江南下的有教养的中国大家族的后代。那时，中国北方被野蛮部落所侵犯。[1]

中国的南北差异、南北对峙和南北冲突构成近千年文明演进的基本主题之一，它同样埋伏于中国城市和城市文化演进变化的命运之中。

---

[1]　林语堂著，郝志东、沈益洪译：《中国人》，浙江人民出版社 1988 年版，第 4 页。

二、中国的古城和古都

城市的定义恰如文化一样，几乎难以界定和统一。然而，在城市起源之初，问题却不复杂。作为人类群体聚居栖息的需要，它只需满足有限的几个条件：有效的防御地形、充足的粮食供给和便利的淡水资源。

于是，当北京的先民沿着黄土高坡向东迁移，越太行山而发现宽阔的华北大平原后，便在其北端聚居起来，这里西北两面为连绵的崇山峻岭，东临渤海，南面是可供农耕的开阔富庶的平原，具有温带的大陆性季风气候，由永定河、潮白河等构成发达的海河水系。自古以来，这里又是沟通长城内外，华北与辽东、蒙古、热河山地的交通枢纽，所谓山川环卫，形势雄伟，水甘土厚，物产丰富，确实是栖息生存的好地方。

传说在黄帝时代，黄帝部落就在涿鹿建立了都邑，黄帝的第三代继承者颛顼就曾到"幽陵"祭祀。"幽陵"即幽州，是北京地区最早的名称。比较确定的历史，可以上溯到2200多年前，即战国时代燕国的国都蓟城。从公元前226年秦始皇灭燕，到唐末的1100多年间，蓟城虽降为郡治，称幽州、幽燕、蓟县等，仍是中国北方区域性的政治和商业中心，并发展为军事和交通的重镇。直至公元938年辽太宗将幽州升为南京（亦称燕京），作为四个陪都之一，从战国时的燕国至后唐沿用1400余年的蓟县名称始废弃。此时，汉文化的中心在中原的长安、洛阳、开封的东西轴心徘徊往返之后，终于历史性地东移。金贞元元年（1153），北京被正式定为国都，而成为与南宋对峙的北部中国的政治中心。再过了100多年，当统一中国的元朝统治者于1272年2月将北京定为京都，北京才终于跨入了它漫长历史中最辉煌的一章，由地区性的小国都邑（蓟、燕）、统一的中原王朝的军事重镇（秦、汉、魏、晋）、北部中国的大国都城（辽、金），第一次成为全中国的政治文化中心。由此开始，北京连续 640 余年成为元、明、清三代的都城，终于成为中外闻名的伟大城市。也正是以建都北京为起点，建都位势打破了东西向的传统格局，实现了"坐北朝南"的转变。

正如清人徐元文言："卜都定鼎，计及万世，必相天下之势而厚集之"，"天下之势，自西而东，自北而南，建瓴之喻，据古如兹，于今为烈矣。"①

大城市的崛起和盛衰始终是个令人惊讶困惑的谜。无数繁华一时的大都市而后销声匿迹，或沦为地方性的小城市（如苏州、扬州）；而另一些貌不惊人的小城镇却奇迹般地忽然崛起，注定要在未来的历史中大放异彩。这里决定性的因素是什么呢？

像中国古代大多数城市一样，蓟县首先是一个政治和行政单位，政治和军事是城市的主要职能。而一个区域性的中心最终成为全国性的中心，固然借助于汉文化东移之势，但其成为帝王之都的决定性因素却是地理环境，正与当时尚默默无闻的江边渔村、700 年后崛起的上海形势类似；虽然，二者的动因完全不同。

自古以来，都城地址的选择大有讲究，并成为"古都文化"的重要内容。其基本的原则如："古之王者，择天下之中而立国"（《吕氏春秋》）；"凡立国都，非于大山之下，必于广川之上；高毋近旱，而水用足，下毋近水，而沟防省"（《管子·立政篇》）。此外，要具有制内御外的位势，以便于内制外拓，这是社会控制、军事国防的考虑。其他的因素包括，要接近富庶地区，以便有充足的财赋和供应；要接近王朝建立者的根据地和文化圈，从而有政治和文化上的稳定性和安全感，所谓故地人和的原则，等等。

北京独特的地理位置、山川形势使它成为极其理想的帝都。随着经济区域的拓展，"天下之中"的地点从长安移至洛阳，终于移到北京。这里可以兼顾大漠南北，俯视中原，遥控东北大平原，既为交通要冲，且又山势

---

① 顾炎武：《历代宅京记·序》。

险峻、物产丰饶，并接近蒙、满等民族的发祥地。《日下旧闻考》对此绘声绘色地描写：

> 幽州之地，左环沧海，右拥太行，北枕居庸，南襟河济，诚天府之国。而太行之山自平阳之绛西来，北为居庸，东入于海，龙飞凤舞，绵亘千里。重关峻口，一可当万。独开南面，以朝万国，非天造此形胜也哉！

又曰：

> 若失万里河山而都城位北，南向以收其朝拱之势，梯航车马，络绎奔赴，皆自南而北以奉神京，岂非古今第一形胜哉！

模仿北宋都城汴梁（开封）的规制建造的规模宏大的金中都，形成了北京作为都城的最初面貌。至元八年（1271），元世祖忽必烈改中都为大都，在被蒙古骑兵焚掠一空的金中都废墟附近，开始了北京城第二次大规模的建设。这就是令马可·波罗叹为观止的当时世界上最宏伟壮丽的城市元大都。它随即成为元朝最繁华的商业中心。黄仲文的《大都赋》尽述其繁华景况：

> 论其市廛，则通衢交错，列巷纷纭。大可以并百蹄，小可以方八轮。街东之望街西，仿而见，佛而闻。城南之走城北，出而晨，归而昏。华区锦市，聚四海之珍异；歌棚舞榭，选九州之秾芬。……天生地产，鬼宝神爱，人造物化，山奇海怪，不求而自至，不集而自萃。是以吾都之人，室无白丁，巷无浪辈。……若夫歌馆吹台，侯园相苑，长袖轻裾，危弦急管。结春柳以牵愁，伫秋月而流盼，临翠池而暑消，袭绣幌而云暖。一笑金千，一食钱万。此则他方巨贾，远土谒宦，乐以

销忧，流而忘返。吾都人往往面谀而背讪之也。

明初对北京城第三次大规模的规划重建，形成了大致保存至今的城市面貌、营造格局、建筑风格。数千年中原文化和华北文化的滋养积淀，八百年帝王之都的浩然王气，以及近世风云激荡的社会变迁和文化交融，终于孕育酿成凝重醇厚、况味独特的北京文化。

北京城作为中国城市的一类典型，在于它既是具有共性特征的中国古城，又是中国历史上著名的古都。前者代表了众多产生于农耕文明中的中国古代城市，后者则代表了西安、洛阳、开封、南京、邯郸、郑州、杭州、苏州、扬州等一大批古代都城。北京"古都文化"的性质正是由这两种属性构成的。

帝国的统治中心是封建文化的空间组合和立体形态，充分体现了发端于周代的中国礼文化的规则：均衡，对称，威仪，尊卑有序，等级森严。帝王的尊贵和威仪是城市建设的灵魂和主宰。从远古时代，城池的规模、设置便有严格的规定和限制。《左传》中称："天子之城方九里，诸侯礼为降杀，则知公七里，侯伯五里，子男三里。"京城自然最宏大壮阔，然而它的理想格局也是既定的。《周礼·考工记》的记载成为而后历代都城建设的规矩："匠人营国，方九里，旁三门；国中九经九纬，径涂九轨，左祖右社，面朝后市。"意为都城的营造，要作正方形，每边长九里，各有三门；城中有纵横垂直交错的大道各九条；城市的左方（东部）为太庙，右方（西部）为社稷坛。前方（南部）是朝廷，后方（北部）是商市，皇宫则在全市的中心。中国的古都建设，虽有各种变化发展，但大抵遵循这一模式。其影响甚至远及东邻，日本历史名城平安京（京都）就是仿效唐长安城设计营建的。

明清的北京共分为三层，各有城墙所隔，宫城（紫禁城）居全城中央，周围3公里，前为朝廷，后为寝宫。第二层为皇城，周围约9公里，为内府官员的住宅区和各衙署所在的行政区。最外层为京城，周围约23公里，城墙高 12 米，开有 9 门。京城分内城、外城。1553 年兴筑的外城城墙，原欲环围内城，终因财政困难仅筑南城一方，从而成"凸"字形。设计中的城墙原为四重，加上城外岭上绵延的长城，可谓是"固若金汤"了。宫城左为宗庙，右为社稷，后方鼓楼一带为街市。

北京城最突出的营造特点，便是以外城永定门为起点、景山后的钟鼓楼为终点，以五门三朝为主而形成长约八公里的南北中轴线。祖社里坊郊坛等基本沿此主轴对称安排，棋盘式的道路网，环绕宫城对称布置。在京城的制高点景山俯瞰全城，巍峨辉煌的宫殿楼阁、气象万千的皇家园林与矮小简陋、灰蒙蒙的一片片民居形成强烈的对比。这正是精心制造的效果，绝对君权的体现。唐代的骆宾王便曾有这样的诗咏："山河千里国，城阙九重门"，"未观皇居壮，安知天子尊！"不仅对民间建筑实行畸形的抑制，王府宅第的建筑，其规模、质料、颜色、图案都有极严格的限制，"违制"将受到全家抄斩的严厉处罚。

明清北京城和皇宫的建筑，其规划之严整、气势之宏大，足令中外游人叹服。然而，它却不过是封建王朝后期的"缩微品"。在封建时代鼎盛期的盛唐，其恢弘的帝王气概更达极致。据建筑专家考察，明清紫禁城午门东西阙楼的宽度仅为唐代大明宫含元殿两翼阙楼间宽度的二分之一；故宫太和殿的面积仅及唐朝皇帝饮宴群臣、观看乐舞的大明宫麟德殿面积的三分之一；而紫禁城（宫城）的面积亦仅及唐代长安宫城之一人极宫的六分之一！①

宏大的帝王气概，森严的制度等级，方正严谨的城市布局，成为古都建筑文化的基本特点。它构造了一个王公贵族、将相官吏与市民百姓严格分层的社会。社会生活、文化的各个方面分为反差极大、互不沟通的上下二层，而形成诸如宫廷文化、官文化、士大夫文化、正统制度文化等与

---

① 参见刘敦桢主编：《中国古代建筑史》，中国建筑工业出版社 1980 年版；萧默：《唐代建筑风貌》，《文艺研究》1983 年第 4 期。

世俗社会的市民文化的强烈对比，这正是我们认识和理解北京文化的关键之一。

封闭自大的中央帝国的都城，因其政治中心的地位，而成为国内各民族文化、南北文化乃至中外文化交流荟萃的中心，当是京都的另一特点。这种附加的文化功能终于成为城市的真正魅力。皇朝的自信和开明时期，首都便成为国际都会。外域的商人、传教士、旅行家、政府官员带来了宗教、器物、文化、习俗、技艺等种种新的营养。元代的大都，住有大批中亚各族人民，景教徒据称超过了三万。与华盛顿同时代的盛世皇帝乾隆在其著名的致乔治三世的诏书中称："天朝国威远被，万国来宾，种种贵重之物梯航比集，无奇不有……并无需尔国制办物件。"不论其妄自尊大的倨傲，诏书反映与外国交流的盛况，当是部分的事实。作为中央政府所在地，首都聚集了众多各地的官员、学子、商贾，旧京南城集中了一百多所外省、外县的会馆，促进了文化的多样化和交流融合。至清代，北京的婚丧礼俗、衣饰玩物、饮食烹饪等生活文化的许多方面，不仅有满汉之分，而且在汉俗中也分出了南礼、南帮等特色，孕育了北京文化博大、宽厚的品性。

将中国与西方的古城作一些比较，是饶有趣味的。

中外古代城市都是农业文明的产物。城市社会学家的研究表明，在这种"前工业社会的城市模式"中，城市主要是行政和宗教的中心，作为商业中心的功能倒是比较次要的。城市大多坐落在有利于农业、防御和贸易的地方，有城墙环绕。世袭的统治阶级掌握政治和宗教的权力，扩大式的家族和先赋地位在社会组织中起举足轻重的作用。城市大多有中央广场，四周是宗教和政府建筑物。城中心地带住着政治和宗教首脑，以及富有的人；商人和工匠住在他们工作的地方，称为"市"。商业的基本形式是定期或不定期的集市。靠近城墙的地方和城外住着下等人、妓女、外国人、不可接近的人等。

中国的古城既有与上述城市模式的类同处，又具有鲜明独特的自身文化特征。

中国的古城，主要具有军事和行政的职能，而少有宗教中心的性质，与欧洲的城堡以教堂为中心、宗教建筑成为重要的城市建筑不同，中国的名寺古刹，大多躲入了远离尘嚣的深山名川。城市所具的商业功能也更少。但是，真正深刻的区别，则在于城乡之间的不同关系。古代西方城市更多地在商业贸易和商品经济的基础上生长，而造就了城市人的新的身份。德国的古老谚语"城市的空气使人自由"，便是指那时的法律规定，逃亡的农奴若能在城市中生活一年零一天，他就可以成为自由民。中国的城市，正如陈正祥教授深刻指出的："主要是行政和文化的象征，城和乡基本上没有多大区别，城内城外人民的利害是协调的，并未因城墙的存在而被分割。"①在中国封建社会的政治、经济结构中，城市作为中央政府派出的大一统官僚政治结构的行政中心，组成巨大的统治管理网络，将幅员辽阔的农业社会组织起来。城市和乡村基本是同质的，城市居民并不具有那种从农民中分化出的市民身份。总之，城市并非乡村社会的对立物，而是它的共同体和派生物。

研究中国现代化的西方学者注意到，中国的城市只在很少几个方面有别于农村，它没有变成既吸引穷人又吸引富人的磁石。19 世纪初，拥有3000 以上人口的 1400 个城市中，至少有 80％ 是县衙所在地；而人数超过一万的城市中，大约有一半是府或省治的所在地。巍峨的城墙，成为体现帝国政府尊严和权威的象征。②

因为城市的这种性质和状况，和西方相比，中国的城市不但更多，而且面积更大。《说文》中对"城"作了这样通俗明白的解说："城以盛民也。"城中不但包括民居，还有农田、园圃、山林以及水利设施。一旦有敌人侵

---

① 陈正祥：《中国文化地理》，三联书店 1983 年版，第 59 页。

② 吉尔伯特·罗兹曼：《中国的现代化》，江苏人民出版社 1988 年版，第 209 页。

扰，封闭的城池不但可以自给自足，且具有显著的防御功能。高大的城墙、宽阔的壕堑，对抵抗骑射尤为有效。"小乱避乡，大乱避城"，遂成为国人的生存经验。

城虽然包括了"市"，但"城市"的形成则是较晚的事实。城是农产品的集散地，通过市来进行交换。但市的功能始终受重农抑商传统的限制。据《周礼》记载，周朝的市场有三种：贵族参加的大市在下午进行，商人参加的朝市在早晨进行，小贩参加的夕市在傍晚进行。商业活动被严格限定在划定的区域内。唐朝实行坊市制度，将居民区（坊）与市场严格分开，并严禁夜市。北宋的市场分有日市、夜市、早市、季节市、定期市等。宋代以后，商品经济的发展逐渐打破了坊市制度，拓展了城市的商业功能，一批城市发展为商业贸易中心。

可见，中国城市的发展，"受政治的影响最大；军事防御次之；商业和交通等的需要，都只是陪衬的"。[①] 某地一旦被择为行政中心，便可由政府拨款筑城。而城市作为权力象征和行政中心，便成为连绵不断的王朝战乱之地和外敌入侵的首要打击目标。王朝的更迭和崩溃总是伴随着城市的焚毁，这就是中国古城和古建筑留存者寥寥无几的制度性内因。与古罗马同期的古城新郑已数度化为废墟，而罗马城仍在；10世纪北宋在开封的宫殿，现在仅剩一砖砌的高台；14世纪明朝在南京的宫殿，也只剩下几块石基石兽。像所有中国古都的命运一样，北京城也几度毁于兵燹战火。金中都、元大都均成几不可察的历史。15世纪后重建的明清北京能保存至今，不能不说是一种历史的侥幸，因而，这份遗产弥足珍贵。

我们可以从古希腊的城市进一步认识西方城市的典型形态，以及中西古代城市的差异。

希腊城邦可视为西方城市的源头，正是在这些城邦中，孕育了源远流

---

① 陈正祥：《中国文化地理》，三联书店1983年版，第72页。

长的古希腊文化。今天，当我们谈起城邦制度时，首先是指一种新型的政治制度。城市在希腊文中称"波里斯"（polis），系指城堡或卫城。后世才把卫城、市区和乡郊统称为一个"波里斯"，综合土地、人民及政治生活，城市被赋予"邦"或"国"的意义。所谓城邦，就是"以一个城市为中心的独立主权国家"。它领土往往很小，是在部落或氏族农村公社的基础上，随着日益增长的防卫需要，在高地筑起城堡或卫城，其周围零散的居地逐渐聚拢，成为一个城市国家。城邦与中国历史上小国林立、各自为政的春秋时代不同，后者只是中国统一王权暂时衰落的混乱时期，此前此后，都有强大的、统一的中央王权。因而春秋列国没有也不可能发育生长出一种新的社会政治。而当希腊城邦出现时，统一的神授王权的英雄时代已经逝去。城邦作为独立的社会政治单元，具有充分的自治和主权，并发展出了公民直接参与城邦管理的"直接民主制"。亚里士多德这样描述这种制度："凡享有政治权利的公民的多数决议，无论在寡头、贵族或平民政体中，总是最后的裁断，具有最高的权威。"[1] 而"公民"（polites）的原意，即"属于城邦的人"。实际上，并非城邦的全体居民都是公民，须去除奴隶、农奴、妇女、外邦人等。本城的成年男子取得公民权利，在不同时期、不同城邦也各有资格。这样，我们看到亚里士多德作出的关于公民和城邦的定义对中国而言是何其陌生：

（一）凡有权参加议事和审判职能的人，我们就可以说他是那一城邦的公民；

（二）城邦的一般涵义，就是为了要维持自给生活而具有足够人数的一个公民团体。[2]

---

[1]　亚里士多德：《政治学》，商务印书馆1965年版，第199页。
[2]　亚里士多德：《政治学》，商务印书馆1965年版，第113页。

如前所述，公民、自治、主权、民主，这些概念与中国古代城市是无缘的。城市和乡村皆为"王土"，市民和农民同为"草民"。中国传统社会是一个典型的东方专制社会。在这种社会结构中，"国家"集中垄断了大部分社会资源，而凌驾于社会之上；真正意义上的"社会"——在国家机器、政府权力之外的活动空间，建立在多元、自发、独立原则上的市民社会，则缺乏自主生长的活力。

与之相反，西方近世资本主义的发展，在打破了封建贵族的统治之后，由于城市居民的自治、城市中产阶级对公共事务的热心参与和自由结社，对公共生活领域的关心，基于个人主义的对个人权利的尊重与执着，而发育出市民社会（civil society），并且从中发展出不同于国家机器的思想和政治理念，而萌生出民主政治。

这里，令人惊讶的是古希腊人何以能在乡村社会中发展出这一通往现代文明的城邦制度。顾准的研究认为，希腊人的泛海殖民活动造成的海外殖民城市是城邦制度的发源之地。不同种族、体系混合的跨海迁移导致原始社会制度的萎缩。因为海上同舟共济的冒险和登陆后对付共同敌人的需要，使"同伴""战友"的感情超越了氏族、血缘的联系。险恶的环境迫使这一新的共同体必须选择强有力的、忠实可靠的领袖来领导，"神授王权"的先赋身份和世袭统治便没落了。一种以契约为基础的政体出现了，贵族政治代替了王权，又发展出民主政治。从公元前 7 世纪起，源于小亚细亚的希腊殖民城邦制度反馈回希腊本土，终于在雅典的伯里克里斯时代达到极盛。[①] 这里，我们又一次看到了地缘的作用：中国城市借以产生的不仅是农耕文明，而且是一种内陆文明；海洋和海岸线永远具有超越地理、自然和经济资源的深义。正如黑格尔在《历史哲学》中所说："大海挟着人类超越了那些思想和行动的有限的圈子。这种超越土地限制、渡过大海的活动，

---

① 参见顾准：《希腊城邦制度》，中国社会科学出版社 1986 年版。

是亚细亚各国所没有的。"

后来的罗马帝国虽然征服并统一了希腊城邦，但城市自治的传统仍保留下来。每个城市都有自己的议事会、人民大会，选举出执政官，负责处理各种行政事务。"城市生活是在罗马统治范围内一切地方社会组织的主要特征"①，城市自治制度成为罗马帝国的基本支柱之一。

如果说从希腊城邦中产生了西方城市的政治制度和传统，那么欧洲中世纪的城市奠定了西方城市的商业和经济属性。西欧中世纪的城市是在封建社会基本形成后才慢慢出现的。它既非源自伯爵的城堡，也非产生于大教区的中心，而是在封建统治最薄弱的地带、在商业贸易的交结点上逐渐发育形成的。在西欧庄园领土经济和贵族政治的社会结构中，它从一开始就是封建社会的对立物，是夹杂在旧机体中的异质体。这些城市虽小，无法与东方封建帝国的城市相比，却使资本主义结构的潜组织因素很好地结合起来。这些城市具有三个共同的要素：贸易、市民和市政府。正因为如此，当旧的社会结构瓦解之时，随着阶级力量和各种组织因素的消长，西欧城市不仅可以单独存在，还能作为新社会的容器，伴随着封建社会的衰落而发展壮大。②

距亚里士多德两千年后，马克斯·韦伯以中世纪欧洲的城市社区为理想，提出了一个"完全城市社区"的定义：

一个聚居区要成为完全城市社区，它就必须在贸易——商业关系中占有相对优势。这个聚居地作为整体需要具有下列特征：

（1）防卫力量；

（2）市场；

（3）有自己的法院；

---

① 汤普逊：《中世纪经济社会史》，商务印书馆 1961 年版，第 69 页。

② 参见康少邦：《西方社会结构的演变》，四川人民出版社 1985 年版。

（4）相关的团体；

（5）至少享有部分的城市自治……①

具有上述功能和特征的这种近现代城市在中国何时才出现呢？

三、明星城市："旧长袍的新花边"

从 19 世纪中叶起，西方列强的坚船利炮迫使清政府接受的通商口岸制度，在中国沿海造就了一批近代城市，开始了城市发展史的一个重要的新阶段。然而，远远在此之前，一场传统内的近代化过程以及与此相伴的城市化发展已在悄悄地进行。

刘石吉的研究②认为，在中国城市发展过程中，宋代是市镇机能转变的过渡时代。城市中坊市制度的破坏、邻近乡村地区迁移的方便，乡村的草市逐渐演变形成商业性聚落，具有固定地名、固定居处的"市"因此形成。另一方面，原先以行政及军事职能为主的城镇，也渐次发展了商业的职能，甚至转变为商业贸易的重要据点。市、镇名称内容的变化便反映了这种发展。按市、镇的原意，"市因商贾辏集而成，镇必经前代设官而立，名义各有所取"（乾隆《杭州府志》）。宋代明令，设立官监的为镇；明清之际，这种界限逐渐模糊，市镇的称呼日多，如镇市、邑镇、村镇、沙镇、镇埠、乡镇、镇保、集镇、庄镇等。市镇的名称脱离原始含义，开始有了商业性质的转变，明清两代的江南方志多有记载："商贾聚集之处，今皆为市镇"；"邑有乡村，农聚焉；邑有镇，商贾集焉"；"市者事也，民各事其事；镇者民之望也。商贾贸迁，舟车辐辏，财赋生焉"。《太仓州志》更明白记载：

---

① 马克斯·韦伯：《城市社会学》，浙江人民出版社 1986 年版，第 10 页。

② 参见刘石吉：《明清时代江南市镇研究》，中国社会科学出版社 1987 年版。

"诸镇有贸易而无官将。"明清时代一般镇大于市,村可上升为市,市可上升为镇;但也有市大于镇,镇市不分的。到了清末,两者几乎已无法区别。许多全国性的市场并不在大城市,而在小城镇中,如芜湖的米市,南浔镇、盛泽镇的丝市等。

清代以来,中国人口迅速增加,江浙两省人口密度高居全国之首,作为高度开发区的江南农业几乎达到了饱和。沉重的人口压力和重税负担促进了江南农村经济结构的转变。随着当时各地区商品流通和全国性市场的形成,经济利润的诱因使越来越多的农民从事蚕桑、棉花等经济作物的种植,从而在太湖周边和长江三角洲一带,兴起了因棉花、蚕桑等重要经济作物的种植、加工、贸易而形成的专业化市镇。这些专业市镇的富庶程度在许多方面超过了传统行政中心的县城甚至府城。清末,上海附近的宝山、嘉定、江阴等各县,万人以上的镇占了多数,并且几乎所有县境大镇的人口均超过了县城。城市的"非行政性功能"渐次强化,商业功能逐渐凌驾行政功能,成为中国近代都市化过程的重要现象。

这是一种"小市镇越来越多,大市镇越来越大"的过程。清代在江南的江宁、苏州、杭州分别设立织造局,从事官方的丝织业经营,织机动辄数千张,雇工数千人,达到相当大的规模。江宁的缎业在乾嘉年间有织机 3 万张,织工更达 20 万人。向称"东南胜会"的苏州成为这类新兴城市的翘楚,在 18 世纪近代海运交通兴起之前,苏州成为全国性米粮市场贸易中心。至 19 世纪中期,苏州人口已逾百万,堪称当时世界最大城市之一,极为繁华,明人莫照作《苏州赋》吟咏之:

> 苏州拱京师以直隶,据江浙之上游,擅田土之膏腴,饶户口之富稠;文物萃东南之佳丽,诗书衍邹鲁之源流,实东南之大郡。……至于治雄三寝,城连万雉,列巷通衢,华区锦肆;坊市綦列,桥梁栉比,梵宫连宇,高门甲地。货财所居,珍奇所聚,歌台舞榭,春船夜市;远士

巨商，它方流妓，千金一笑，万钱一箸。所谓海内繁华，江南佳丽者。

在江南东部沿上海附近及长江三角洲杭州湾地区，星罗棋布的繁庶的商业市镇簇拥着一批发达的商业中心，近代化的气氛比中国的其他任何地方都更显著，被史学家称为"镶饰在老式长袍四周的新式花边"。富庶忙碌的三角洲上，载满货船的密布的河网像血脉一样向长江入海口集结。在那里，占尽了地利但并不出众的上海县城，暂时只被称作"小苏州"。

然而，在此之前的漫长岁月里，上海甚至更不动人，几乎可以说是默默无闻。

在大自然沧海桑田的运动中，曾经是海鲸乐园的长江口变成了大陆架。六千年前的海岸线，约在今上海市的中部，在那里形成一条高出原地面的海岸遗址"冈身"。崧泽、查山等古文化遗址的发现，说明上海的第一代居民已在那里落户。海岸线继续向东推移，至唐初，长江口的两个沙洲露出了水面，它们形成了后来的崇明岛。至宋代，今日上海市区的大部分已经成陆地。南宋时修建的海塘，位置已在今天川沙、南汇、奉贤一带。上海的古代史似乎是一些浪漫的传说，诸如春秋吴越的古战场；楚相黄歇封为春申君，开凿了黄浦江，故有黄歇浦、春申江之别称，以及上海"申城"的别号。较真的学者撰文说，处于冈身以东的黄浦江下游战国时根本不存在，春申君似不可能在海水中去开凿黄浦江。另一则著名的传说是晋室南迁时，佛教僧众南渡。在松江入海口的沪渎，人们盛况空前地迎取海上二佛。上海地区的古称"沪渎"遂首次被文字记录。

上海的真正命运却是与水运和开放相连的。唐天宝十年（751）华亭县（今上海市松江故道以南）的设置是上海政区形成的第一块里程碑。当时松江东北的通商大镇青龙镇为重要的贸易港口，后因河道淤塞，难以通航，沪渎的上海浦终于取而代之，成为装船出海的开放港口和贸易中心。上海镇于是出现。上海历史上的第一次开放形成了"上海"的名称。南宋咸淳三年（1267），上海镇设立镇治，派镇将驻守，并兴建官署、学校、佛庙、店馆等。上海镇成为华亭县最大的市镇，有所谓"人烟浩穰，海舶辐辏，番商云集"的面貌。元代至元二十八年（1291），上海正式设县，范围包括今上海市区和上海、青浦、南汇、川沙四县，属松江府辖。此为上海建城之始，是上海政区形成的第二块里程碑。

在元建县后 260 余年间，上海并没有筑城，这和大多数古代城市不同。由于明代屡受倭寇侵扰，明嘉靖三十二年（1553）上海筑城御倭。与北京和大多数中国城市方正的形状不同，上海城是圆形的。据说是由于经费的困难，却留下了文化的回味。

上海再度发展，伴随着它历史上的第二次开放。在明代二百余年的禁海锁国之后，清康熙二十三年（1684）解除海禁，开海贸易，在上海城设立江海关。港口重新活跃，城市日渐繁荣。乾隆年间，聚集上海港的船舶已达 3000 多号。但上海港仍居广州、厦门、宁波之后。1753 年，上海海关的岁入税款仅为广州的 15%。然而，这一次对外开放的时间很短，仅 73 年。乾隆二十二年（1757），清廷重申全面禁海，闭关自守。至嘉庆、道光年间，随着海运漕粮之路重开，沙船运输业空前发展，上海因为南北方和海内外贸易的关键地位迅速成为颇具规模的通商城市，人称"江海之涌津，东南之都会"。

但是，与周边地区那些历史悠久的城市相比，上海仍只是个小弟弟。明末清初，上海县城是个仅有 10 条小巷的"蕞尔小邑"，清中叶的嘉庆年间，城内有大小街巷 60 多条。据 19 世纪 40 年代两次抵沪的英国植物学家福钧估计，当时上海人口约为 27 万；而杭州为 100 万，苏州、南京、宁波为 50 万；长江三角洲地带的松江、嘉定、常熟、嘉兴、无锡等拥有与上海相似的人口。清代上海的地位远不如苏州，《松江府志》等均有"府城视上海为轻，视姑苏为重"的记载。

1832 年 6 月 20 日晨，英国东印度公司广州分行的商船"阿美士德"号抵达吴淞口，成为历史上第一艘驶入上海的欧洲商船。英国职员林赛向上海道台递交了事实上是英国对上海最早的通商宣言，其效果只是与虚骄的道台进行了一场可笑的"夷夏之辩"。其后的历史是尽人皆知的：西方帝国主义的坚船利炮轰开了昏沉颟顸的中央"帝国之门"，从而划断了中国的古代史和近现代史。鸦片战争败后，根据1842年8月29日签订的《南京条约》，取消了只准在广州进行中外贸易和由广州特许的公行垄断商进行中外贸易的限制，广州、厦门、福州、宁波、上海5个通商口岸对外开放。1843年11月7日，上海正式开埠。上海历史上别具深义的第三次开放，造就了现代上海。

带着"天朝大国"的屈辱和困惑，上海向太平洋敞开了胸怀，开始了它最为惊心动魄、充满血污和苦难、雄心和梦想的历程。

正如罗兹·墨菲正确指出的："大城市既不会偶然地出现，也不会为一时的狂想所毁灭。世界上大都市的兴起，主要依靠两个因素：一个大帝国或政治单位，将其行政机构集中在一个杰出的中心地点（罗马、伦敦、北京）；一个高度整体化和专业化的经济体制，将其建立在拥有成本低、容量大的运载工具的基础上的贸易和工业制造，集中在一个显著的都市化的地点（纽约、鹿特丹、大阪）。"[1]

上海和北京正是这两种城市的典型。

前工业化的中国，在创建新的经济制度、工业文明和现代都市的历史进程中，历史性地选择上海作为这一运动的中心。在这次抉择中，优越的地理位置再一次主宰了城市的命运。

19世纪中叶，中国对外贸易的三大产品是茶叶、蚕丝和鸦片。以对外贸易作为早期支柱产业和资本原始积累的上海居于比任何口岸都有利的地

---

[1] 罗兹·墨菲：《上海——现代中国的钥匙》，上海人民出版社1986年版，第2页。

位。拥有近两亿人口的长江流域深入中国的腹地，在其富饶的三角洲，养育着约四千万人口。长江的下游地带是中国主要的产丝区，而两岸的丘陵地带盛产优质茶叶；鸦片则可以通过长江方便地销往内地。在大规模对外贸易这一新的经济情势下，三角洲最繁华的都市杭州、苏州、南京相继失去了传统的光荣。作为省会所在地的苏州仅具内河商港的功能，从而与经济和金融中心的地位绝缘。到民国初年，"其势力范围不过为当地附近四乡八镇及常熟、无锡、常州、丹阳等而已"，甚至居于新兴的工业城市无锡之后。深藏杭州湾内的杭州市，因众多的沙洲和钱塘江的狭窄，难以供远洋货船通行。而南京离海岸远达三百多公里，滚滚江流、泥沙沉积等造成航运的诸多不便。唯有上海占尽了地利天时。1846年，即上海开埠后的第三年，中国出口贸易的16%经由上海；到1861年，上海的出口份额已占全国出口贸易总额的50%。[①] 也是在这一年，上海在对外贸易总额上超过了与它最旗鼓相当的广州。到1870年，这种对比已足以使中国最早的通商口岸广州羞愧。这一年，上海承担了对外贸易总额的63%，而广州仅占13%。马克思1858年就曾正确地指出当时开放口岸的增多并未与贸易的增长成正比："让出5个新口岸来开放，并没有造成5个新的商业中心，而是使贸易逐步由广州移到上海。"[②]

随着广州独揽中外贸易制度的瓦解，外贸中心自然地转移到长江流域的天然焦点，香港优势地位也随之消失。从1865年起，上海在国内外贸易中的首要地位已牢固地确立，直到1937年抗日战争爆发，从未受到严重的威胁。上海始终占有中国对外贸易总额的将近半数。诚如所言："上海成为中国对外贸易的心脏，其他口岸不过是血管罢了。"1876年，葛元煦在《沪游杂记》中称："迨道光季年，五口通商，中外互市，遂成巨观，近则轮船愈多，外海、长江四通八达，人物之至止者，中国则十有八省，外洋则廿

① 罗兹·墨菲：《上海——现代中国的钥匙》，上海人民出版社1986年版，第2页。
② 《马克思恩格斯全集》，第12卷，第624页。

有四国。猗欤盛哉，自生民以来未有若是之美备者也！向称天下繁华有四大镇：曰朱仙，曰佛山，曰汉口，曰景德。自香港兴而四镇逊焉，自上海兴而香港又逊焉。"

当大上海抖擞出最初的经济声威之时，一种具有更大辐射力和穿透力的城市文明也在痛苦和惊诧中成形。从1846年英国人首先占据外滩以西的一片土地，建立英租界起，在二十年左右的时间里，上海形成了中国城市历史中特有的租界制度。作为中外共管、文化混杂的中心城市，上海畸形地繁荣和增长，孕育发展着中国前所未见的一种新文明。有《洋泾竹枝词》云："香车宝马日纷纷，如此繁华古未闻，一入夷场官不禁，楼头有女尽如云。"人们遣造各种词句来表达自己的兴奋和震惊："水陆辐辏，工商集合"，"海天富艳，景物饶人"，"孤冢荒郊，尽变繁华之地；层楼高阁，大开歌舞之场"；"华屋连苑，高厦入云，灯火辉煌，城开不夜"；"沪北弹丸蕞尔之地，而富丽繁华甲天下"……文人的佳句艳词实不足形容如此剧烈的社会变迁和文化引进。江海关、赛马场、博物馆、礼拜堂、招商局、申报馆、工部局、巡捕房、洋火轮、八音琴、显微镜、小菜场、洒水车、柠檬水、吕宋烟、自鸣钟、自来水，以及电灯、电话、煤气、铁路、马路、阴沟、西菜、舞会、油画、律师纷至沓来，更遑论秦楼楚馆、烟馆戏园，正所谓"十里洋场"之洋洋大观。1856年郭嵩焘路过上海租界，1882年康有为乡试归途经过上海，1883年日后成为"戊戌六君子"之一的刘光第经过上海，均无不惊诧于上海之繁华而深受刺激。目睹"上海之繁盛，益知西人治之有本"（康有为语）；感叹"快心终是伤心地，懒做繁华梦一场"（刘光第诗）！

虽然上海遥遥领先，它却仍然是一类新型城市的代表。它们是天津、汉口、广州、厦门、福州、宁波、南京、香港，以及大连、青岛等。这些遍布于古老中国的明星城市，在社会政治结构中就像其地理位置所象征的那样处于边缘的地位，但是它们预示着一轮新的城市革命的到来。在随之到来的挑战和应战的激烈进程中，它们将成为主要的焦点。

后面我们还会看到，1980年代中国掀起的又一次现代化浪潮，依然是从沿海开放的"花边"地带和明星城市开始的。

四、南北冲突的现代涵义

自鸦片战争开始，外国列强的侵占凌辱和中国大陆持续的动乱交织，构成了千年帝国崩溃解体之前风雨飘摇、危机四伏的可怕图景。1850年至1864年的15年间，深刻地撼动了清王朝、波及中国16个行省、占领城镇600余座的太平天国运动，有"世界史上最大的内战"之称。几乎同时，1853年至1868年捻军起义使华北大平原陷于战乱之中。然后在1867年至1877年的近十年间，左宗棠率新湘军西靖陕甘，并收复被俄国侵占的新疆。19世纪末，则是京津一带的义和团起义，江南的哥老会、广西的天地会起义等。据杨庆堃对《大清历朝实录》的汇载，从1846年至1911年清朝灭亡，全国共发生5526起骚乱和动乱事件，这是个明显低于实际情况的数字。虽然动乱遍及各省，但华北（尤其是直隶省）被认为是动乱的主要地区。[①]

社会变迁以两种不同的方式同时进行：急剧的社会革命和渐进的社会演化。它们同时影响着城市的发展。由洋务派官员发动的洋务运动、一些中心城市资本主义工商业和文化的发展、长江和珠江流域及其三角洲地带出现的"都市聚集"现象等，构成了帝国晚期的另一幅图景。这种近代化的气氛，在上海及其周围地区显得格外动人和浓烈。

江南作为太平天国革命的主战场遭受巨大破坏，仅人口就减少了近2000万！然而战争对江南区域经济发展的影响，却是相当复杂的。刘石吉认为，就对江南的城市化进程而言，太平天国革命似乎没有形成阻碍作用，

---

① 刘石吉：《明清时代江南市镇研究》，中国社会科学出版社1987年版。

反而起到了助推的效果。战事造成的人口大迁移，成为近代上海发展的直接推动力，大量难民涌入上海，导致租界"华洋分居"状态的结束。华洋混居，五方杂处，成为上海文化的最大特征，为城市发展注入了新的活力，并进而使上海成为全国乃至全世界移民程度最高、文化混杂最剧的城市。传统与现代的迎拒衔接是一个双向的过程。大批到通商口岸避难的内地士绅商贾濡染了西方文明，得风气之先。《南浔志》记载："自兵燹时，富商大贾避地上海，习染繁华，尚利忘义。而于平等自由之新学理，又复窃其似而昧其真，因无惑乎礼教之防一转瞬而溃败至此也。"

太平天国战乱后，江南的经济得以迅速恢复，市镇繁荣发展，保持了较长时间的稳定。19世纪90年代义和团起义和八国联军入侵，京津地区战火纷飞、尸横遍野之际，以上海为中心的东南地区却因盛宣怀与各国驻沪领事签订的《东南保护约款》阻止了义和团的南进。北方的战乱，致使大批文人和绅商南下，并吸引了一大批资本在此建厂。上海的租界人口，1855年仅数万人，1865年已增至13万人。1855年至1865年间，流寓上海的难民一度达50万人。1895年签订的《马关条约》，使外商取得了在中国投资设厂的特权。甲午战争后，上海进入所谓"外人兴业时期"。外商大规模地开设工厂，民族资本主义的长足进步，使上海的金融、机器制造、交通运输、邮电通讯等行业迅速发展，上海一跃而成为全国的经济中心。

19世纪最后的二三十年，凋敝动乱的北方和欣欣向荣的南方形成了鲜明的对照。这不过是巨变前夕的图景。它的下一页，便是从世纪之交开始、长达半个世纪"革命的南方"与"保守的北方"对峙较量、激烈冲突的时代。

大致在150年前开始的中国的现代化，是在世界范围内资本主义列强海外扩张和殖民化的阶段进行的。于是，后发展国家这一痛苦的抗拒和应战过程，传统社会的解体，民族主义的兴起，以及资本主义或社会主义的各种社会运动，"无论在其范围和取向上均属国际性的"①。在这场"千古未有之大变局"中，中国事实上被纳入了一场世界性的社会变革之中。

作为"后发外生型"的现代化类型，当中国的国门被炮火轰开，被迫变革图存之时，已经面对一个具有强大的示范效应的西方文明。尽管"老师"对学生的态度是不友好的，此后的社会变革却不能不以西方文明为导向。体用之争贯穿了变革的全过程，剧烈的中西冲突背后，不能不说是传统与现代化的冲突较量。

正是从这一刻起，古老中华坐北朝南、统治天下的政治传统被深刻地动摇了。曾经由先进的北方文化所开发、所教化的繁庶的南方，成为一场新的社会革命的策源地，开始了一场由南向北的军事征伐和文化推进。20世纪上半叶的中国历史，是一次次政治北伐和军事北伐的记录。南北方政治、军事势力的激烈对抗被赋予了现代的意义：中西冲突。当北方仍上演着末代帝王、遗老遗少、复辟派、保皇党、下野官僚、封建军阀串演的传统剧目时，南方的口岸城市，受西方文化熏陶和启蒙的维新派、革命党、留学生、华侨、绅商、买办、资产阶级和工人阶级，正在聚集力量和组织队伍。伴随着千年帝国的崩溃，是连续38年的军阀混战、民族战争和国内战争。北上南下，东征西进，逐鹿中原。连天烽火之中，《红楼梦》式的"南北恋爱情"遂被一幕幕惨烈惊心的"南北乱世情"所取代。林语堂的《京华烟云》、包柏漪的《春月》，也正是此类作品。

1911年首先在武昌发动的辛亥革命，以及此前在北京发动的变法维新，都昭示了现代历史的另一个重要特点：新的社会变革是以城市为中心展开的。多少世代持续，直至太平天国、义和团运动那样"农村包围城市"的社会革命模式第一次遇到了挑战。这正是一个合乎逻辑的城市化演进的过程：城市由传统的行政中心逐渐发展为经济中心，最后，产生了作为社会

---

① 艾森斯塔德：《现代化：抗拒与变迁》，中国人民大学出版社1988年版，第40页。

变革中心的政治功能。城市终于变成了传统的乡村社会的对立物。这在中国这样具有悠久历史传统的农业大国具有特殊重要的意义。传统与现代化、西化和民族化、大一统和多样化等这些 20 世纪基本的文化冲突和文化运动，正是在城乡对立的新的情势下，以城市为中心展开的。农村和城市的紧张对立，包围和反包围，改造和反改造，教育和反教育，农村取向还是城市取向，成为此后一系列军事斗争和政治斗争的主题。"农村包围城市"作为中国共产党领导的成功的革命的军事战略，在此后漫长的岁月中，不断被赋予新意并产生新的魅力。

城市终于登上了中国的政治舞台，或者说，城市成为中国政治舞台的中心。如前所述，这指的是南方的那些开放城市和中心城市。

西方列强和西方文明首先登陆的广州，因为远离北京，理所当然地成为传播新的思想文化的重要基地。这可以清楚地从它熏陶造就的这批广东籍的风云人物中看出：康有为、梁启超、郑观应、孙中山、唐景星、徐润、容闳……在广州爆发的鸦片战争成为中国历史的转折点。然而，19 世纪末变法维新的三大基地，却是北京、两湖和上海，虽然，它的主要发动者是广东人。

1895 年和 1898 年，康有为两次联合在京应试的举人上书，揭开了变法维新悲剧的帷幕。公车上书被视为中国具有现代意义的知识分子和青年学生运动的起点。此后的五四运动，更使在京城以学生为主发起的政治变革运动，成为影响整个 20 世纪历史的典型的政治行为模式。

京师作为政治变革不变的中心，是由首都的特殊地位决定的。一是因为首都中外人士云集，举国举世瞩目，各种事态易产生重大影响。二是在大一统的封建帝国，任何有所作为的政治变革，都要争取上层统治者的支持，或影响他们的行为和决策。三是由于京城政治中心地位所造成的文化优势和文化态势。朝廷内外的各种政治机构和学术机构集中了全国的文化精英，在变局之中，他们不能不成为最敏锐的传感器和有意识的操作者。

京师作为各种政治力量和政治人物活动的中心，是它的客观属性，但它往往是变革的终端。

两湖之成为新政的活跃基地，固然得益于湖广总督张之洞，以及吴大澂、陈宝箴、黄遵宪等一批具有务实主义和新思想的南方官僚、新派知识分子的支持帮助，但两湖在此后长期的社会剧变中所扮演的激进角色，也可以从地域角度得到恰当的解释。作为长江中游的富庶省份，介于革命的南方与保守的北方的对峙冲突之间，传统与现代化的风云际会，正是在两湖形成了类似气象学那样的复杂多变的"锋面"，那里成为新政的重要基地，崛起了仅次于上海的工商业基地，成为辛亥革命的首义之区，成为大革命的心脏地带和国内战争的主要战场。这也可以从壮观的人才群中展示：曾国藩（在他死前，几乎所有的中国总督都出自其门下）、左宗棠、胡林翼；谭嗣同、黄兴、宋教仁、蔡锷、陈天华；毛泽东、刘少奇、彭德怀、林彪……冯天瑜这样描绘中国社会的变革图式："发难于东南沿海，而收实于华中腹地，进而又推向华北、西北，又由华北、西北推及全国。呈现一种东方不亮西方亮，此起彼伏的不平衡发展状态。"[1]

上海成为20世纪初资产阶级革命的策源地之一，更是势所必然。

五、从上海到北京

在大城市生长发展的过程中，其经济地位、文化地位和政治地位之间存在着怎样的对应关系，是个复杂而有趣的问题。对于上海而言，历史的事实是，当它在19世纪下半叶迅速发展为中国首屈一指的工商业中心之时，同时形成重要的新文化的中心。

---

① 《武汉学刊》，1990年第3期。

19世纪下半叶，上海成为中国西学传播的最主要的基地。当时国内三个介绍西学的官方机构（京师同文馆、江南制造局翻译馆、广学会），上海占两个，且规模远比京师同文馆大。据统计，1899年前的半个世纪，译成中文的西书共556种，其中上海翻译出版的473种，占85%以上，而北京、广州、天津、长沙、杭州等地加在一起，仅占不到15%。[①] 由于上海在中外通讯、新闻传递、印刷出版等方面的技术手段、设备先进程度均居全国前列，从而具有优越的文化传播条件和文化生成环境。1898年，上海已与伦敦、旧金山、长崎、新加坡等东西方大城市都有电报线相通，与国内所有重要城市建立了电报通讯联系。当时上海先后有13种西文报纸、14种中文报纸和35种中文杂志。另据不完全统计，从1895年至1898年，维新派在全国创办近40种报纸，其中27种在上海，包括影响最大、梁启超主笔的《时务报》；在全国办有50个学会，上海有8个。影响和作用巨大的中国最早的两大出版公司商务印书馆和中华书局分别于1897年和1912年创办于上海。加之众多的教会学校、私立学校、女子学校等新式学校，崇慕和学习西学在上海早已深入人心，蔚然成风，从而在上海形成了阵容宏大的新型知识分子群体，这是其他城市所不具备的。

风气所致，如清末民初讽刺小说中描摹的："上海地方几乎做了维新党的巢穴：有本钱有本事的办报，没本钱有本事的译书，没本钱没本事的全靠带着维新派的幌子，到处煽骗。"[②] 即便是冶游公子、洋场恶少，亦自命维新党，名"李平等""陈铁血""沈自由""王开化"；纵然吃花酒、逛妓院，却着西服，戴拿破仑帽或卢梭帽，并以"同志"相称；开口"五大洲全球"、闭口"四万万同胞"，且以习念"拍拉玛"（Prime English）"福斯特礼特"（First Reader）"色根特礼特"（Second Reader）为炫耀。此辈风气，今日上海人亦不会感到陌生。时人感叹"报馆实有转移风气之力，当时报馆提倡

①　唐振常主编：《上海史》，上海人民出版社1989年版，第11页。
②　遽园：《负曝闲谈》，吉林文史出版社1987年版。

词章，故上海遍地名士，年末报馆提倡民气，上海又遍地志士。昔日驵侩皆名士，今日屠沽皆志士"①。海上文人吴趼人更在 1908 年出版的《新石头记》中，将怡红公子宝玉也摇身一变，成为满口经济学问、勉力学习英文的"新学人物"，旷世情种亦随时代潮流也！

上海之成为功效卓著的新学基地并终成为政治革命的基地，除上述文化设施、技术手段等"硬件"的领先，以及民风、民气、舆论时尚之类软环境的形成，具决定意义的却是一种制度环境，即租界作为清廷"治外之地"的特殊优势。维新派、革命党的言论出版、策划组织，得到别地所不能有的方便自由。西方帝国主义对中国的侵略和占领，强加给中国的不平等条约，并不仅仅意味着奴役和耻辱；它在大一统的封建帝国制造的这块"化外之地"和"治外之地"，终究要长出新的花木以及这一制度的对立物。这正是文明以恶的形式为自己开辟道路这一普遍现象的内在逻辑。

在维新变法失败后，为清廷追捕的康有为、黄遵宪在上海租界分别为英、日领事保护放行，使国人大受教育。蔡元培有言：

> 盖自戊戌政变后，黄遵宪逗留上海，北京政府欲逮之，而租界议会以保护国事犯自任，不果逮。自是人人视上海为北京政府权力所不能及之地。演说会之所以成立，《革命军》《驳康有为政见书》之所以能出版，皆由于此。②

20 世纪初，上海成为资产阶级革命派活动的大本营，与千里之外、重重城围之中的北京清政府相对抗。酝酿于上海，并以上海为活动中心的南社，其取名便公然成为"反对北庭"的标帜。1911 年 10 月 10 日武昌起义

---

① 遽园：《负曝闲谈》，吉林文史出版社 1987 年版。
② 蔡元培：《蔡元培全集》第 1 卷，中华书局 1984 年版，第 400 页。

后，上海成为辛亥革命的关键地区。设在上海的同盟会中部总会"联络商团，媾通士绅"，于11月3日发动上海起义并成功，从而奠定东南之大局，进而为引发江浙的连锁起义、攻克南京奠定基础。孙中山评价"对响应之最有力而影响于全国最大者，厥为上海……革命之大局，因以益振"。

如果我们注意到上海光复工商界的重要作用，注意到早在1868年上海就出现了第一次工人罢工（是由广州工人所组织的），而在1900年至1910年初，全国有案可查的47次罢工，有36次发生在上海[1]；注意到1902年便成立了资本家的组织上海总商会，1905年在华界建立了中国第一个选举产生的市政委员会，并组织了地方性的民兵组织——华商体操会，以及从1905年起，由绅商各界所发动的历时十年之久的地方自治运动（要求扩大地方自主权，以地方之人，用地方之力，为地方办事），便不难对当时上海社会已产生的具有实质性的社会变迁有着深刻印象。

辛亥革命后，上海作为与北方政府对峙而立的另一个中心的地位业已确立，形成"南北两方遥遥相对之不相上下"的格局，虽然上海从未像广州、武汉、南京那样成为新的政治军事力量的首都。1917年，海上文人姚公鹤精辟地论述了上海与北京作为两个中心的状态和旨趣：

> 上海与北京，一为社会中心点，一为政治中心点，各有其挟持之具，恒处对峙地位。唯北京为吾国首都五六百年，故根深蒂固，历史上已取得政治资格，及前清规划全国路线，以北京偏在行省之东北隅，殊与宅中图治之义不符，乃强以干线总汇处所属之，则地理上亦复取政治资格矣。此政治之所以为北京增重也。抑专制之世代，有政治而不认有社会，盖视社会为政治卵翼品，不使政治中心点之外，复发现第二有势力之地点，防其不利于政治也。唯上海之所以得成为社会中

---

[1]　费正清、崔瑞德：《剑桥中国晚清史》下卷，中国社会科学出版社1985年版，第635、637页。

心点，其始也，因天然之地理，为外人涎美。……其继也，又同外人经营之有效，中经吾国太平战事……而工商及流寓，乃相率而集此。而其最大原因，是以确立社会中心点之基础，与政治中心点之北京有并恃之资格者，则实以租界为国内政令不及之故。①

在以后的十几年中，上海迅速崛起为东亚首屈一指的国际大都会，成为中国最大的工商业、贸易、金融、航运等行业的中心。1927年4月，南京国民政府成立后，即于1927年7月，因上海"绾毂南北""屏蔽首都"的特殊重要性而被定为特别市。由此，上海成为一个完全意义上的城市型社区，与县称和省治告别。这是继唐代设华亭县、元代设上海县后，上海政区沿革演变的第三块里程碑。蒋介石在上海特别市成立大会上训词，称"上海特别市乃东亚第一特别市，无论中国军事、经济、交通等问题无不以上海特别市为根据。若上海特别市不能整理，则中国军事、经济、交通等则不能有头绪……上海之进步退步，关系全国盛衰，本党成败"。②

蒋介石这样重视上海是有原因的，因为上海也是他发迹起家之地。正像广州革命政府和北伐军的财政主要仰仗珠江三角洲，南京国民政府的经济则主要依赖于长江三角洲和上海。

抗日战争前，除东三省外，外国资本主义对华进出口贸易和商业总额的81.2%集中在上海，银行业投资的79.2%、工业投资的67.1%、房地产的76.8%均集中在上海。中国的民族资本主义经济利用上海良好的投资环境（诸如技术、设备、资金、电力、交通、通讯、保险、教育、劳动力素质等）得到较好的发展。1932年至1933年，在中国的2435个现代工厂中，有1200个开设在上海。在制造业中，无论是资本投资总额还是使用现代新式机器及劳动力规模方面，上海都占有了将近全国总和的一半。1933年，上

---

① 姚公鹤：《上海闲话》，上海古籍出版社1989年版，第50页。

② 同上。

海工业资本总额占全国的 40%，工人总数占全国的 43%，工业生产总值占全国的 50%。长期以来，上海直接对外贸易总值占全国的一半以上，1936年，占 55.56%。这一年，上海相较于全国各通商口岸，贸易总值占全国的75.2%。上海同时成为全国的金融中心。1932 年，有 67 个中国现代银行的总行设在上海，它们占除香港和东三省外全国银行全部投资额的 63.8%；就总资产而言，上海银行业公会的 26 个会员银行占所有中国现代银行总资产的四分之三以上。1935 年，全国共有 164 家银行，上海占 35%；有 29 家外国银行，其中 27 家设在上海。[①] 上海的人口，由 1842 年约 20 万人，增至1895 年的约 50 万人，而到 1920 年代末已骤增为 300 万人。

上海成为名副其实的社会中心，成为北京、南京之外的另一个社会大舞台。这里崛起了中国历史上著名的四大家族和江浙财团，也诞生了中国共产党及其几任总书记和负责人（陈独秀、瞿秋白、李立三、向忠发）。中共中央机关在 1933 年迁往江西苏区之前，设在上海租界达十年之久。上海养育和造就的各类精英更是蜚声海内外：王韬、盛宣怀、丁文江、任伯年、吴昌硕、章太炎、黄炎培、朱葆三、虞洽卿、荣宗敬、刘鸿生、鲁迅、巴金、茅盾、夏衍、陶行知、聂耳、叶圣陶、周信芳、盖叫天……他们为上海增添了大都市的魅力和光彩。

当世纪交替之际，上海经历翻天覆地的变化，在几十年中出落成为“东方巴黎”之时，北方仍笼罩在封建保守势力的黑暗中。

北京在频仍的动乱侵扰下，在传统的节奏中缓慢地生息。据光绪三十四年（1908）的统计，北京 70.5 万人口中，不事生产的八旗人口和士绅官员

---

① 唐振常主编：《上海史》，第 9 页；科布尔著，杨希孟译，《上海资本家与国民政府（1927—1937）》，中国社会科学出版社 1988 年版，第 18 页；罗兹·墨菲：《上海——现代中国的钥匙》，第200 页。

等共约 28 万，约占总人口的 40%①。王朝末日，官僚、士大夫阶层日趋腐化颓唐。徐珂在《清稗类钞》中称："晚近士大夫习于声色，群以酒食征逐为乐，而京师尤甚。有好事者赋诗以记之曰：'六街如砥电灯红，彻夜轮蹄西复东；天乐听完听庆乐，惠丰吃完吃同丰。街头尽是郎员主，谈助无非白发中。除却早衙迟画到，闲来只是逛胡同。'盖天乐、庆乐为戏园名；惠丰、同丰为京馆名，而胡同又为妓院所在地也。"1890 年，樊增祥禀张之洞书中描述："都门近事，江河日下。枢府惟以观剧为乐，酒醴笙簧，月必数数相会。……长夜将半，则于筵次入朝。贿赂公行，不知纪极。投金暮夜，亦有等差。"②梁启超也描绘 19 世纪 90 年代末北京的官员和知识分子"饱食以待升转，终日无所事。既不读书，又不办事，堂堂岁月，无法消遣。乃相率自湛于看化饮酒，诗钟射覆，弹棋六博，征歌选舞，以为度日之计"③。

延续数百年，北京作为首都的地位受到挑战。作为大一统的封建帝国中央政府所在地，在来自北方外族的侵略威胁消失之前，屹立在北方长城之侧的首都，始终具有一种面对挑战的强悍姿态。然到清代，首都早已失去了这种进取性的位势和象征。偏在 18 行省东北一隅的北京，远离富饶的南方经济区和重要的工商业中心，成为内忧外患的"天朝大国"相对较安全的后方。只要看看 18 世纪清朝官吏的标准行程日期，从北京到广州驿站要 56 天（加急为 27 天）④，便可理解"后方"的意味，以及清廷对处理危急紧迫的南方商务和外交事务的困难。"满清统治者缔造了一个头重脚轻的政府"，然而，事情还不止如此，清廷统治者"不是去适应中国广阔而分散的资源现状，而是抑制地区和省级政府的正当发展"，"限制强大的省级政府的出现"，从而"破坏了中央和县之间的联系"，为而后中央控制削弱后地

---

① 北京大学历史系：《北京史》，北京出版社 1985 年版，第 356 页。
② 北京大学历史系：《北京史》，北京出版社 1985 年版，第 294 页。
③ 同上。
④ 柏杨：《中国人史纲》上卷，时代文艺出版社 1987 年版，第 8 页。

方的分裂埋下了祸根。^①

20 世纪上半叶的历史，被清晰地分为四段：清末的最后十年；1911 年辛亥革命至 1927 年国民政府定都南京，南北政府对峙；1927 年至 1937 年，南京政府名义上统一了中国；1937 年开始的抗日战争和而后的解放战争，至 1949 年中华人民共和国成立，定都北京。

这是中国的首都不断转移变换，政治中心在南北轴线上急速跳跃的轨迹。

1912 年 1 月在南京成立的中华民国临时政府，使北京失去了长达八个世纪的威严。然而，南京只当了四个月的首都。辛亥革命并没有深刻触动北京的官僚政治结构和社会生活，城市人口也没有减少。因为袁世凯发动的"北京兵变"成功地破坏了国民党革命派要求首都南迁，以将袁世凯置于南方革命势力监督之下的计划。从 1912 年 4 月起，北京成为北洋军阀政权机关的所在地。南北分裂交战、分庭抗礼，长达十几年之久。新的革命中心被确立在广州。这里成为朝气蓬勃的南方革命势力和国民党的根据地，成为护国运动、护法运动、大革命、北伐战争和工农运动的策源地。随着军事和政治前进的步伐，1927 年 1 月，广州国民政府迁都武汉；其后，1927 年 4 月，蒋介石在南京成立国民政府，从而使南京在 500 年之后，再次成为中国的政治中心。这一次，它承当首都的时间为 22 年。在此期间，由于国民党内的分裂，以及抗日战争的影响，武汉、洛阳、重庆也曾短暂地充当过战时首都。

中国的政治中心在中国的南方移动。但是，这并非全部的事实。在上海诞生，在广州与国民党携过手，又在湖南、江西活跃生长的中国共产党，经 1935 年的长征迁移到西北的延安后，在那里建立了一个生机勃勃的新的政治中心，与南京相对峙，开始了又一场"农村包围城市"的革命。被

---

① 罗兹曼：《中国的现代化》，江苏人民出版社 1988 年版，第 649 页。

毛泽东称之为"两个中国的决战"，在 1949 年春天，似乎又一次戏剧性地出现了划江而治的"南北朝"的可能性。历史作出了抉择：20 世纪上半叶动荡不已的历史是以中国共产党统一大陆、定都北京而结束的。

我们不得不再次讨论定都的问题。

众所周知，中国首都的频繁迁徙移动，是世界各国所少有的，从而构成独特的中国文化现象。古罗马帝国和现代意大利首都，一直在罗马；巴黎自 5 世纪起即是法兰西王国的首都，也是今日法国的首都；英国自中世纪七国战争之后，定都伦敦至今。莫斯科自 15 世纪中期成为统一的俄罗斯国家的首都，仅在 1712 年至 1922 年这 200 年以圣彼得堡为都；京都在明治维新前作为日本的首都长达 1000 多年，明治维新后，自 1868 年起以东京为首都至今。

今天，在大多数人看来，定都北京似乎是别无选择、不言而喻的；但在当时，确实经过了慎重的选择。现代社会首都的选址，对于地理中心、交通要冲、接近富庶地区等因素的考虑，与古代类似，只是无需"虎踞龙盘"的帝王气象和紫气冲天的宝地风水；凭借高山大河等险峻地形以防卫的因素也不再似古时突出。但是，作为首都，要求城市有较好的市政设施条件和较大的发展余地；对于 1949 年建立的新政权，还要求有较现成的可资利用的办公条件，如大会场、机关用房、外交使馆用房等。同样重要的是城市的文化传统、政治象征，以及它在国内政治格局中所处的位势——这正是1712 年彼得大帝将首都由故都莫斯科迁往圣彼得堡、1868 年日本将首都由故都京都迁往东京，以及 1912 年孙中山将首都由故都北京迁至南京的原因。基于上述考虑，武汉、郑州、南京和北京都曾在新首都的候选之列。南京由于它与国民党统治的深刻联系不宜承当红色中国的心脏，具有其他良好条件的武汉、郑州最终也未能当选。

历史已经作出了选择，但历史并非只有唯一的选择。中国的政治中心在南方徘徊了 38 年之后，又重新回到北京。不能不说，这深刻地反映了民族的历史、文化和心理的稳定性和连续性。不仅在领袖心中，而且在大多数老百姓看来，北京比其他任何中国城市都更像首都——怎能想象中国的首都能没有金碧辉煌的天安门，没有红墙黄瓦的建筑？北京满足了中国人文化心理中稳定、连续、凝聚和向心的强烈要求。

随着一种崭新的社会制度和意识形态在中国的确立，一个强大的中央政府在北京确立，此前一个世纪左右伴随着西学东渐、中西冲突而由南向北的社会改革和文化辐射过程由此发生逆转，南北格局发生重大变化。北京和上海，中国最重要的两个城市的地位、功能、性质、面貌——城市的命运被重新塑造。这正是本书以后各章的主题。

六、城市的秘密：关于城市的文化理论

现在，我们必须对至今尚未加以解释的"城市文化"进行讨论，作为对上述城市历史与社会变迁的总结，以及对后继各章的理论铺垫。

施本格勒在《西方的没落》中说："人类所有伟大文化都是由城市产生的，第二代优秀人类是擅长建造城市的动物。这是世界史的实际标准，这个标准不同于人类史的标准；世界史就是人类的城市时代史。国家、政府、政治、宗教，等等，无不是从人类生存的这一基本形式——城市——中发展起来并附着其上的。"

从上述北京、上海两大城市的形成和崛起，我们不难认识城市的文化功能。城市，作为人类在社会发展中创造出的一种聚居方式，起初是农耕文明的产物。植根于土壤中的城市，被恰当地认为是农舍和村庄的放大。然而，城市一旦出现，就造成了一种新的文化情境，就包藏并开始孕育一种新的文明。这就是城市的出现被考古学家和人类学家称为"城市革命"的原因。

城市革命大约在公元前 3000 年首先发生于美索不达米亚，稍后，在埃及、印度河流域，以及中国华北地区都出现了城市。[①]

城市革命是指由以亲属关系为基础的无文字的小型农村发展为社会结构复杂、进入文明的大型城市中心的人类社会进化过程。澳大利亚学者蔡尔德提出了表明城市文明到来的十条鉴别标准：大型居住区，财富集中，大规模公共建筑，出版物，表演艺术，科学知识，对外贸易，从事非生产劳动的专业人员，阶级社会，以居住区而不是以亲属关系为基础的政治组织。

不管因什么样的动力，城市一旦出现便成为地区的和乡村社会实际的文化中心。正是在城市，通过人员大量频繁地接触交流，许多民族和不同时代的音乐、舞蹈、礼仪、传统、各种行业技术等得以传播、保存、移植和提高。人类社会的知识、思想、经验、技能在城市逐渐累积，并整理加工为一种约定俗成的生活秩序。从周围吸收、聚集的文化能量通过在城市的整合、提炼，再向周围地区辐射、扩散，成为城市天然的属性和功能。

正因为如此，因军事、政治等其他功能而建立的古代城市，获得了更为久远的生命力。美国城市社会学家芒福德认为，城市形成的原动力是由于权力在时间和空间上的相对集中，而不是什么"渗透"的结果。城市通过在时间和空间上扩大人类联系的范围，在有限的地区内叠加多种社会功能，为社会协作、交往、交流、控制提供了良好的基础，从而具有凝聚、加工、整合文化的功能。这种文化副产品，才是城市长久存在的最好的解释。"如果说，在过去许多世纪中，某些著名的首都城市，如巴比伦、罗马、雅典、巴格达、北京、巴黎和伦敦，成功地支配了各自国家的历史的话，那只是因为这些城市始终能够代表它们民族的传统文化，并把其中大部分

① 《简明大不列颠百科全书》第 2 卷，中国大百科出版社 1985 年版，第 271 页。

传给后代。"① 作为封建统治中心的京师，又有文化和道德上"首善之区"的地位，正是一个恰当的注脚。

城市的属性，从上古时代的政治城市、消费城市演化为中世纪商人、手工业者占多数，具有"村落共同体"性质的生产者的城市；在现代，城市已经成为产业社会的固有特性：现代化、产业化、城市化合而为一的一体化特征。它被称为"城市主义"（urbanism），其定义是人口规模、人口密度、居民的异质性三个度量都极高。②

日本学者铃木荣太郎从社会生态学的角度，解释城市区别于乡村的特性和功能，是因为它是"社会交流的结节机关"。他举出了九种"社会文化交流"，即商品流布、国民治安、国民统治、技术文化流布、国民信仰、交通、通信、教育、娱乐。与之相对应的机关和人员是商贩、销售部门，军队、警察，政府机关、官设机构，技术人员、匠人、工厂，神社、寺院、教会，车站、旅馆、机场，邮局、电报电话局，学校及其他教育机构，电影院、游乐场所等。它们构成了这一特殊社区的城市性。

这样，我们发现了城市的秘密。

城市的魅力究竟是什么？人们忍受远远劣于乡间的生存环境，在污染、拥挤、嘈杂和紧张的节奏中奔忙，是为了什么？从功能的角度而言，城市和农村的区别究竟何在，尤其当农民也能方便地享有曾被认为是城市人的奢侈品的高档消费品之后？城市文明，它究竟是由什么和怎样构成的呢？答案是两个字：交往。"交往是引起现代化的关键因素。正是交往的压力带来了传统社会的土崩瓦解。"③ 城市凝聚、整合、加工和辐射文化的功能，同样是由频繁的人际交往引起的。而人口流动、大众传媒、公共设施、市民公共生活等，便是测量城市活力和文化状态的重要指标。交往、对话和沟

---

① 芒福德：《城市化与城市社会学》，光明日报出版社 1986 年版，第 54 页。
② 富永健一：《社会结构与社会变迁》，云南人民出版社 1988 年版，第 64、70 页。
③ 罗吉斯·伯德格：《乡村社会的变迁》，浙江人民出版社 1988 年版，第 309 页。

通，是城市生活方式的本质和精髓。还是芒福德说的：

> 对话是城市生活的最高表现形式之一，是长久的青藤上的一朵花。城市这个演戏场内包括的人物的多样性使对话成为可能……城市发展的一个关键因素在于社交圈子的扩大，以至最终使所有人都能参加对话。不止一座历史名城在一次决定其全部生活经验的对话中达到了自己发展的极顶。[①]

在不同文化圈中生长的城市获得了各异的城市面貌、人文历史、精神气质。在某个特定的时刻，因某些特定的原因，大都市出现了。由于大都市的出现，人类社会和城市的历史进入了一个新阶段。城市作为一个具有组织能力、功能齐全、能量巨大的有机体，超越了地理、行政区域，或经济单位的概念，超越了凝聚、积累、组织周边地区文化的被动状态，而成为融化、更新、创造新的思想文化、科学技术，造就优秀人物和新的生活方式的大熔炉，成为民族的、国家的，甚至国际社会的中心，以及社会各个领域所有革命性变革的中心。

由大城市反哺和带动周边地区和中小城市，以大城市为中心，日益密集的大小城市组成城市圈和城市带，它们最终将吸引全部人口并覆盖整个乡村。这正是这句名言的力量："农业革命使城市诞生于世界，工业革命则使城市主宰了世界。"

我们仍需对"城市文化"的概念本身作一些介绍和把握。

"城市"在社会科学中虽不像"文化"的概念那样纷繁复杂，却同样众说不一，难以确切定义。而把城市和文化连在一起，乃至城市文化和地域

---

① 芒福德：《城市发展史》，中国建筑工业出版社 1985 年版，第 88、89 页。

文化、社区文化这些词汇一起流行起来，更是晚近的事。

最早将城市视作一个整体研究的是社会学。它导致了城市社会学和芝加哥学派的诞生，正是在社会学的视野中，城市、社区和地域这三个概念建立了密不可分的联系。用社区（community）的概念来说明城市（city，town）是十分恰当而有益的。虽然"社区"在社会学中有 90 多种不同定义，但它基本可以被视为"地域、宗教、民族、种族、职业或活动的同义词"。① 社，指明了人类群体的共生关系；区，则指明了地点、区域的空间关系。简而言之，社区是具有地域界限的社会群体，是在一定区域内的社会生活方式或多种社会制度相互关系的结构。如果以境界为划分标准，那么人类社会有三种主要的社区类型：乡村、城市和国家。如前所述，韦伯以欧洲中世纪城市为理想，认为作为"完全城市社区"应具备贸易、军事、法律、社交和政治等多方面的功能。而根据沃思的定义，城市是"大量异质性居民聚居的永久性居住点"。② 众多、居住密集和异质性，是城市居民的三个基本特征，由此产生了所谓城市生活方式——它是以交往为基础而产生的。城市是一种典型的社区。当然，社区研究的对象也可以是城市中的一个区域、一条街道，农村中的一个村庄或原始丛林中的一个部落。生活环境对人类行为和文化的影响，则是社区研究的中心问题。

今天，"文化"已成为使用频度最高的词汇之一，大到经济政治、饮食男女，小至西瓜啤酒、茶壶蟋蟀，皆成文化。另一方面，我们又经常听到对"无文化"的批评。其典型如高雅之士对劳动阶层的批评；北京、上海人对香港和深圳的批评；欧洲人对美国人也有类似的不屑。由于文化被极宽泛地定义为"人类在社会发展过程中创造的物质财富和精神财富的总和"，并没有人会真的视中国香港和美国为未开发的荒漠。在文化学的词义中，也即按文化的狭义，它专指人类社会的意识形态，如精神文化、观念文化和

---

① 芒福德：《城市社会学》，浙江人民出版社 1986 年版，第 120 页。

② 芒福德：《城市化与城市社会学》，光明日报出版社 1986 年版，第 72 页。

艺术文化，它通常通过某种符号系统来保存、传递。显然，对所谓"文化沙漠"的批评，固然是指某地高品位的精神产品产出的匮乏，但更主要的，似乎是指城市所造就的一种人的生存状态、生活方式、价值准则。它们同时也塑造了城市的精神气质、文化面貌。

这正是在文化人类学意义上对文化的解释：如果说文明（civilization）是人类或一个民族有意识地适应、改造环境取得的总成绩和能力，那么文化（culture）就是一种文明所形成的群体的行为模式和生活方式。文化人类学的创始人泰勒认为，文化是一个综合的整体，包括知识、信仰、艺术、法律、道德、习惯以及作为社会成员所获得的任何一种能力。许烺光教授认为，每个社会中的人们看待过去、现实、未来与界定和解决自己问题的基本而独特的方式，这种社会的一般特征往往被称为"社会特征""文化主题""生活方式""民族精神""基本人格""生活哲学"等等，而他愿意称其为"生活方式"。它包括了文化习俗、社会结构、亲属关系、宗教信仰、工艺技术、符号系统等各个方面。正是用这样的方法和角度，我们可以毫不困难地将城市的历史文化、发展变迁、功能地位，城市的社会结构、人口构成、文化产品、精神气质，以及城市人的生活方式、人格类型、行为方式、价值准则等进行概括。总之，将城市、社会和人以及它们之间的交互作用概括到一个概念下，这就是城市文化。

我们可对城市文化进一步梳理和分类。

由于城市的地域—空间特征，地域文化为城市文化铺上了第一层底色，对北京和上海而言，这分别是粗犷豪放的华北文化和柔婉细腻的江南文化。城市文化既是由一定的地域文化哺育的，又有可能在一种主动的、富有特色的文化建设中，作为地区的文化中心，而成为地域文化的标帜和典范。

城市文化自然还有时间的维度，这就是城市的人文传统和历史背景。这正是历史名城、古都与新兴工业城市（如大庆市、攀枝花市）的区别所在。对中国（和众多发展中国家）的城市而言，历史的影响不仅来自封建时代，更由于近世以来受西方侵略和濡染西方文化而产生的不同命运。东三省沦为殖民地的经历使城市烙有日本统治的印记；通商口岸城市和东南沿海城市可察见"半殖民地"文化的影响。

由于经济生活是现代城市的基本内容，古代那种作为行政中心、宗教中心的纯消费性城市已缺乏典型性，城市的经济特征便成为城市文化的基本要素。作为两个极端，一端是以农产品集散地、农副产品加工业为主，面向邻近地区农村、具有传统意味的城镇；另一端则是以现代工商业为主、活动范围极大的现代城市。经济发展的不同阶段导致与之相应的不同文化形态。因而，我们可以看到前工业化的、准工业化的和建立在发达的商品经济、现代大工业基础上的现代工商业的城市文化——后者正是以成熟、发达的工商业文化为主要特征的。自然，这是一种理想化的描述。在两端之间，还有多种城市经济和城市类型。例如，大型、中型、小型的工业城镇，以采矿业、运输业、渔业、盐业等单一产业为主的城市，主要作为商业贸易中心的城市，以旅游业为主的旅游和度假城市，等等，它们都具有各不相同的文化形态。

此外，还须认识城市的社区特征。这是由于城市社区人口的数量、质量、分布、密度、流动、职业、阶层、种族、信仰等因素所构成的社区环境对城市文化品质的塑造和影响。例如，人口众多、居住密集的大城市造成具有共性的生活方式、社会心理、群体行为，所以世界上不同国家大城市中人们的相似之处要大于同一国家中大城市和中小城市之间人们的差别。很多外国人都注意到，上海人与东京人、纽约人显著的共同之处，是他们走路的快速度。又如，一个多民族混居的城市，和单一成分居民组成的城市，显然会产生不同的文化。于是我们注意到，在上海和北京城市文化形成的过程中，都有"五方杂处"的社区特征。对上海而言，这主要是中外人口和文化的混杂；对北京，则主要是汉族与满、蒙、回、藏等少数民族及国内各地人口的混杂。

这种社区特征突出地表现为人口的职业和阶层的构成。这种不同构成使我们称呼某些城市为文化城、科学城或工业城、商业城。这导致不同的城市产出不同的文化种类。例如，尽管每个社会都有自己的上层文化（精英文化）和大众文化（通俗文化），但它在不同城市的成分并不相同。在等级、阶层明晰，集中了全国的政治精英和文化精英的首都，往往是精英文化的大本营，具有更为发达的精神文化、政治文化、艺术文化；而远离政治中心，更为生活化和世俗化，社会也较为均质化的工商业城镇，则是市民文化、生活文化、通俗文化生长的沃土。这并不是说，这两种文化不能在一个城市共存，恰恰相反，每个城市都有自己的精英、大众和各个阶层；这只是说，不同的城市文化具有各自的主要功能以及不同的核心价值。正因为如此，我们对香港和北京才会产生完全不同的文化期望和文化评价。

抛开器物层面的物质生产、行业技能等不谈，我们可以较为具体地从五个方面去认识城市文化：

1. 城市的历史传统和社会发展。城市社会的变迁本身是一个文化的大题目。它的外在表现，是城市建设和人文景观。"城市是一本打开的书"，城市的规划、布局、生态环境、市政设施、建筑文化等所构成的人文景观，是城市的面貌和仪容，从中展示了城市的历史和现状、城市的抱负和理想、城市的光荣和骄傲，以及城市的困惑和失落。

2. 城市的制度组织和社会结构。这是在制度文化层面上对城市现代化程度的观测。城市的权力结构、自主程度、决策和管理、政治生活和公共生活、社会分工和专业分化、社会团体和组织程度等，反映出城市是充满活力的、高效和有机的、以人为中心的，还是僵硬而低效的、非理性的、见物不见人的两种不同的管理和制度。

3. 城市的文化建设和文化产品。包括学校、学术机构、图书馆、博物馆、体育场、公园、剧院、公共娱乐场所等文化设施的建设；文化艺术活动、新闻出版、广播电视、文化团体的建设，以及各类文化产品的数量和质量、价值和功能、风格和特色、品位和层次等。这是按文化的狭义或常义所反映的城市的文化状态。

4. 城市的人口构成和文化素质。城市人口在民族、年龄、职业、信仰、健康状况、教育程度、流动情况等方面的状态，既是城市文化形成和发展最活跃的动因，也是城市文化的有机组成部分和重要指标。

5. 市民的生活方式和生活质量。城市人的风俗民情、人际关系、人格心理、行为特征、价值观念、婚姻家庭、闲暇生活，对生活的不同态度等市民的世俗生活和日常表现，是城市文化的深层基础，也是最令人感兴趣的部分。

显然，对城市文化的分类和分解几乎是无限的。更具体地，可以按功能、性质、对象的不同，分出众多的子系统或亚文化，如历史文化、民俗文化、生活文化、教育文化、科学文化、政治文化、商业文化、管理文化、闲暇文化、消费文化、饮食文化、旅游文化、建筑文化、园林文化、企业文化、校园文化、街区文化、青年文化、老年文化等，以及按物种品类再分出诸如茶文化、酒文化、电视文化、时装文化、鞋文化、风筝文化、西瓜文化等，则不在此赘述。

我们还应认识作为一种生态系统的城市文化结构。以城市、文化和人为顶点的三角形，构成了城市的文化生态系统，一种有机动态结构。这是一个人造城市、城市造人，人造文化、文化造人，城市造文化、文化造城市的双向互动过程。由人所建造的城市社会作为空间和时间的组合，是城市人的生存环境和活动舞台。对人而言，城市首先是一种物的存在。人造城市，是人类适应、改变环境的活动，它重视城市与自然条件的相互关系——城市生态问题，以最有效地利用自然资源，改善生存环境，减少和避免各种城市问题和城市病态。人所制造的城市，又是一种文化观念的产物，如"匠人营国"对中国古代城市的规定。城市则巩固和强化了它赖以产生的那种文化，如中国古代民居、城池与国家的同构性质，和它们所支持的"家国"的观念。城市不仅在塑造着文化，也对它的居民加以改造或塑造。"大染缸"或"大熔炉"的比喻，说的都是城市对人的重塑。在人与人、人与城市的互动中，产生的是人类生态学。作为城市社会学的分支，它关心城市社区中人的相互关系、城市环境对人类群体行为的作用和影响。城市社会作为文化的载体，城市人作为文化活动的主体，创造着相应的城市文化；反过来，既往的城市文化又规范和制约着城市社会和城市人。在这一组关系中，出现的是文化生态学。它关心文化与城市社会的相互关系，试图解释"具有地域性差别的一些特别文化特征及文化模式的来源"。传统的观点，强调环境对文化的决定作用；新的文化生态学者则重视文化在决定人类行为中的重要作用。

这个形似闭合的三角形，实际是个开放系统——没有一个城市能不与外界环境进行大量的能量、物质、资源、信息的交换而生存。城市作为一个极为复杂和敏感的生态系统，包括人口流动、战争和革命、交通和通讯、资源和经济等许多环境条件的变化都会破坏它原有的平衡状态。对环境的适应和改变，构成了曲折跌宕的城市命运。这告诉我们，上述城市文化的结构，终究不过是一种属于文化上的"小传统"的"次生文明"。状态和水平各异的城市，都处在一种更为广大的"原生文明"的包围和作用之中。这种文化上的"大传统"，就是民族的传统文化和统一国家的制度文化，它从根本上决定和制约着城市文化的面貌。因而，中国封建时代大一统的意识形态和社会政治，曾经造成众多城市雷同的规格形状和社会生活；伴随着每一次朝代更迭的"改正朝，易服色"之举，甚至统一了中国人的日常生活面貌和许多习俗（例如清代对社会生活的强制性改造）。这一"大传统"的内容固然随时代和社会而变，但它对作为一种地域文化的城市文化的巨大作用仍然不容置疑。这可以直观地从这一事实中感受到：越是偏远的地区，其民族的、民俗的、地域的特色和生活方式越容易得以保持。国家文化、制度文化与城市文化的相互关系，反映在制度结构上，便是中央和地方的关系，如前所述，在一个疆域辽阔的大国，对这一关系的恰当处置自古以来就是国家兴衰治乱的关键之一。

还应看到，不仅封建社会大一统的制度制约着地域文化的生长，建立在大工业和商品经济上的新文明，所谓第二次浪潮的冲击照样可以轻而易举地取消地域的、民族的特色（我们经常可以听到牧马人穿上了牛仔裤、戴蛤蟆镜、喝啤酒之类过上幸福生活的报道）。在民族国家的"大传统"之外，还有一个更大的时代的和世界文化的"大传统"在冲击激荡。

城市文化作为一种地域文化，其生长发展的基本矛盾就是地域的独特文化与时代和社会的普遍文化的冲突。在国家的界限内，表现为地方文化与中央文化（国家的制度文化）的矛盾；如果将地域的界限扩大为世界，民族国家的文化也是一种地方性文化。城市文化的建设则隐含着另一个更深刻的矛盾：现代的世界性文化与特色的地方性文化的冲突。这正是19世纪以来，在文化重建和文化整合的现代化过程中，中国文化面临的基本问题。如果我们认为，那种与社会现代化相容、面向世界而又具有中国特色的民族的新文化有可能建立，那么，它的生长点只可能是丰富多彩的地域文化。没有地域文化的活力和个性，就不可能有民族文化的生命和色彩。在现代社会，有能力作为地域文化的中心和源泉的，正是城市文化。

此外，如我们在前面所看到的，中国城市文化的建设是在城乡对立的特殊背景中展开的。城乡差别和对立非中国独有，如马克思认为，城乡对立"贯穿着全部文明的历史并一直延续到今天"①。但在中国这样具有农业文明的深刻传统，城市化水平极低的农业大国，持续至今的"农村包围城市"的基本格局和文化意义非同寻常。马克思进一步指出："古典古代的历史是城市的历史，不过这是以土地财产和农业为基础的城市；亚细亚的历史是城

---

① 《马克思恩格斯全集》第3卷，第57页。

市和乡村无差别的统一（真正的大城市在这里只能干脆看作是王公的营垒，看作是真正的经济结构上的赘疣）；中世纪（日耳曼时代）是从乡村这个历史舞台出发的；现代的历史是乡村城市化，而不是像古代那样，是城市乡村化。"[①] 如前所述，在中国，作为乡村社会对立物的近代城市的出现，只是近百年的事。中国 20 世纪的军事、政治和文化冲突，本质上是围绕着城市和农村两极展开的。城市并不必然意味着现代化，现代化则必须建立明确的"城市导向"。城市于是承担了双重的责任。对城市发展和城市文化建设而言，这样的诘问始终具有现实意义：乡村化，还是现代化？正是在这一背景下，我们看到了北京和上海在它们过去的和今后的发展中，所各具的耐人寻味的文化价值和文化意蕴。

---

① 《马克思恩格斯全集》第 46 卷上册，第 480 页。

第二章

京派和海派：

风格的形成

京海之别，首先是作为文学艺术的不同流派，这正是"京派"或"海派"的狭义和原义。

从 19 世纪下半叶起，在中国走向现代化的社会变迁中，作为政治中心的北京和首屈一指的新兴经济中心上海成为中国最重要的两个文化中心，双峰并立，南北对峙。更确切地说，是传统的文化中心北京的正统地位，受到一种新兴的城市文化的挑战。北京文化不仅早已有之，而且超越了地域的概念，是大一统社会的主流文化，是国粹。京剧被尊为国剧即是一例。新兴上海文化，不但打破了这种大一统，而且输入了一种异质文化，提供了一种新的参照。传播造成变异，变异产生对比（有的是对立），对比和对立进一步突出强化了各自文化的品性，促进了变异和发展。诚如专家所言，北京的皮黄戏是被外省人冠以"京调""京二黄"，以至"京朝派"或"京派"的；京戏之名，首先是从上海叫起的。而"外江派"和"海派"，则是京派人士对有别于己的文化变种的蔑称。

一般认为，京海之别肇始于传统绘画；海派名声之大振，则由于民国时期盛极一时的海派京剧。1930年代初，发生于文坛的京海之争，却远远超越了文学流派的论争，正可视为对两地文化半个世纪发展的理论探讨和总结，从而成为一场真正的文化讨论。绘画、京剧和文化，不过为认识这两种文化提供了鲜明的个案。正是在这次讨论中，京海之争甚至也超越了狭义的文化层面，而涉及城市社会、城市属性、城市人格，城市所形成的不同的文化生态、文化机制和文化价值。

正如当时的大多数论争一样，这也是一场没有深入展开的讨论，以至于半个世纪后，人们依然情绪激动地重提旧话，围绕"京派""海派"的话语众说纷纭，在新的文化变迁和文化境遇中，作出新的解说和阐释，乃至新的发现和重建。

一、海上画派：海派文化的滥觞

今天，要弄清"海派"一词之出典，当是一门学问。如陈旭麓教授言："海派是与京派相对而言。海派一词最初出于何人何种文书，待考。"[①] 一般认为，清末民初被称为"海上画派"的阵容强大的上海画家群，或是"海派文化"的缘起。

中国画和画家的流派分类，又是一专门学问，或按地理地域、绘画体裁，或按风格师承，或按宗旨意趣等。按地理或地域分类，在黄河流域和长江流域形成两种截然不同的风格。中原一带高山大河，长桥巨木，孕育出荆浩、关同、范宽等擅画雄壮山水的画家，以壮美为号召。平沙浅渚、奇峰秀峦的江南山水，造就了董源、巨然、米芾、倪云林等擅画开阔平远的锦绣山水的画家，以秀美为特征。最通常的，是按画家活动地区和师承关系分类，如明清的扬州画派、吴门画派、松江派、江西派、苏松派、岭南派等。然而，被认为是海上画派精神领袖的明代画家董其昌，提出按宗旨意趣和审美理想将中国画分为南北二宗，也许是最有价值的。这虽然是百年来画坛争论不休的题目，却为绘画提供了一种真正的文化解释，从而恰当地为海上画派续上了"文脉"。

毕生致力于文人山水画的董其昌，以佛教禅门分临济、曹洞南北二宗为譬，将唐以来的山水画分为南北二宗。青绿重色山水为北宗，水墨澹淡为南宗；习用笔触硬峻的斧劈皴法为北宗，而柔和的披麻皴法为南宗。自然，多数画家和技法往往融合诸家，难以生硬划分。在技法体裁背后未曾明言的真正标准，是画作的境界旨意。工致严谨、富丽堂皇的北宗山水，即院

体画，多为供奉皇室的画院专业画师所作。而南宗山水，实为在野文人士大夫的业余绘画，即作为中国画主流的文人画。它们的审美理想和美学追求是如此不同，文人画追求潇散简远、淡泊平和的老庄意境，抒发性灵，表现自我，推崇稚拙、古朴的自然真趣和放逸清奇的文人情怀。它的对立面院体画，则具有难以摆脱的富贵气、雕琢气和霸悍气（火气）。《明画录》云："南宗推王摩诘为始祖，传而为张璪、荆浩、关同、董源、巨然、李成、范宽、郭忠恕、米氏父子、元季四大家。明则沈周、唐寅、文徵明辈，举凡士气入雅者，皆归焉。"这样的划分，以官方的院体为一方，以士人的文雅为一方，真可谓泾渭分明。

自唐代王维形成文人画表现形式，宋代苏东坡奠定文人画理论，至宋元形成成熟的文人山水画，元明清形成成熟的文人花鸟画。生于明代的董其昌力倡崇南抑北的画论，是明代复古浪潮大背景下的产物。董其昌所师所变的，正是始于王维的文人画传统。潘天寿在《中国绘画史》中揭示了这一时尚的画坛背景和画家生态："明嘉靖以前之绘画，以画院为中心绘画风气，尽反元人之所尚，而追踪宋代画院之旧绪，山水人物等，多法马夏、二赵、刘李诸家。""嘉靖之后，士大夫以画名者，日见增多。其领袖如沈石田、文徵明等，均系吴人，因成所谓吴派者，占院外画坛，张其新帜。其所持论，全厌弃院体，至议与夏诸派，为狂邪板刻之子，致尚南贬北之论调，风靡于有明季世。元人放逸之画风，至此始见恢复而呈灿烂之观，启清代绘画发展之先河。"[1]董其昌继沈、文大张旗鼓于后，文人画遂登峰造极，崇南贬北之论亦大行其道。

董其昌人品与画品殊异，訾议颇多。但说董提出南北二宗之说，崇南抑北，为文人画大吹大擂，从而树正脉，立门户，以达到独霸画坛的目的，却不免牵强。难道为院体画、宫廷画鼓吹就更为可取吗？我更同意这样的

---

① 潘天寿：《中国绘画史》，上海人民美术出版社 1983 年版，第 193 页。

意见:"南宗画为中国画更多地提供了绘画艺术中的主体精神,它强调绘画中所体现的人格修养,表现为绘画的意境与格调";"北宗为中国绘画提供了形式、技法",即绘画的本体性。[1]在封建文化的范畴中,"逸笔草草,不求形似,聊以写胸中逸气"(倪云林语),这种对个体人格的表现和主观精神的发扬,不是包含了对封建正统文化的逆反和超拔吗?在封建末世的清代,从朱耷、石涛,直至扬州八怪,文人画更发展了奇倔、狂傲、清高出世的品性,更具自觉的反叛意味。南宗文人画的精神传统,正是近世上海画坛的直接氛围,由上海画家为中介,它马上与新兴的市民文化联手,而进入新的境地。

"近世以来上海画坛之盛,画派之多,为画史所罕见。"然而,造出一个"海上画派"或"上海画派"的概念容易,要析清它的构成、特征,却极为不易,甚至不胜其难。

以董其昌为巨擘的松江画派或华亭画派,只是海上画派的前源。海派的名声,却是在五方杂处、中西交汇的洋场世界叫响的。繁华的商业都会,吸引各地文人雅士携艺来游,或客寓海上。正是在这片商城,出现了与宫廷专业画家和士大夫业余画家不同的另一群体:以卖画为生的职业画家。其时活跃于上海的众多画会社团,既是风雅聚会、切磋画艺的场所,也是带有商业性的行会组织。正是在这一特殊文化生态中,造就了风貌纷华、流派繁多的上海画坛。然而,初时的"海派"名声却是一种恶谥。正如从正统文化的视角,上海的繁华绮丽只是礼崩乐坏、离经叛道。左宗棠便称"海上"为"江浙无赖文人之末路"[2]。1930年代出版的权威绘画史,则称:"同治光绪年间,时局益坏,画风日漓,画家多蛰居上海,卖画自给,以生计所迫,不得不稍投时好,以博润资,画品遂不免日流于俗浊,或柔媚华丽,

---

① 董欣宾、郑奇:《中国绘画对偶范畴论》,江苏美术出版社1990年版,第4211页。
② 姚公鹤:《上海闲话》,上海古籍出版社1989年版。

或剑拔弩张，惭有海派之目。"①

无论怎样评说，上海画派的崛起，却是画坛不争的事实。其名声卓著者，有"四任"一派，以善花鸟、人物、肖像、山水的任熊（1823—1857）为首，包括任薰、任颐（伯年）、任预，其中尤以任伯年（1840—1896）的写意花鸟画别树一帜，影响深远；有赵之谦（1829—1884）一派，以金石书法入画，笔墨深厚拙朴，饶有情趣；有后起的吴昌硕（1844—1927），受赵之谦启迪，得任之精华，但匠心独具，书法、篆刻、绘画俱佳，蔚成海上大家，追随者尤多，如陈师曾、齐白石、潘天寿等都对吴心悦诚服。与任伯年、吴昌硕并为"海上三杰"的虚谷（1823—1896）为僧人画家，其生涩古拙、孤峭隽永的画技画风，自成一格。此外，还有张熊（1803—1886）一派，蒲华（1832—1911）一派，胡公寿（1823—1886）一派，以及以仕女画闻名的费丹旭（1801—1850）一派，钱慧安（1833—1911）一派。钱慧安画学陈老莲，对年画创作有贡献，颇为市民阶层所喜，长期在上海卖画，1909 年被推为上海豫园书画善会会长。据劳继雄、徐伟达的研究，在这些流派中，四任画派被晚清时的北方人称为海派；而在当时的上海，则称钱慧安一派为海派②。其时寓沪的书法家张祖翼（1849—1917）在题吴宗泰的画中称："江南自海上互市以来，有所谓上海派者，皆恶劣不可暂注目。"其所指，当非任颐等，而为某门画派。可知晚清时海派的指称多贬义，较混乱，但系专指，非对上海所有画派的泛指或总称。现代论画之人，日本大林西涯认赵之谦为"海派之祖"，陈半丁称任伯年为上海派的创始人。此外，多有推吴昌硕为海派盟主的。事实上，吴昌硕在光绪年间曾任上海第一个民间画会"海上题襟馆金石书画会"的会长。也有推虚谷、钱慧安的。这一无头官司也许可以永远打下去。因为在近世高手云集、流派纷呈的上海画坛，本没有一个统一的派别风格和公认的领袖，这种状态在某种程度上延

① 俞剑华：《中国绘画史（下）》，商务印书馆 1937 年版，第 196 页。
② 《美术文集》，第 253 页。

续到当代。因而，这一现象本身倒蕴含了更多有待认识的海派文化的内涵。

晚清之际，中国绘画如同整个中国文化，已经烂熟而呈衰竭之态。变革中国画的呼声，从康有为、梁启超到陈独秀、鲁迅，不绝于耳。生逢其时的画家，被后人划为"延续型"和"开拓型"两种①。这种转型期的文化变革和冲突，为我们认识上海画派提供了新的视角。

我们注意到，凡被统称为"上海画派"的画家，虽然渊源各异，风格有别，却都具有一反"四王"之类的陈旧传统，吸收发展石涛、八大山人、扬州八怪等绘画技法的"逆时俗"的特征，因而被视为"清代正统绘画的对立物"。在这一共性走向之下，上海画家在继承发展和改造变革作为文人画的中国画方面，作出了突出的贡献。

海派大师任伯年作为延续型的画家，不仅从文人画的传统中，而且更加注重从生活实践中吸收艺术养分，其人物肖像画、民间故事画、历史传说等绘画，题材的多样性和涉及面之广，无人能与之匹敌。他从不为在这一点上与其他文人画家的分歧而不安。他对文人画传统的偏离，对雅俗共赏的潜在审美追求，也许为海派艺术播下了通俗化、大众化的种子。而他洒脱不羁的天性，也许在他16岁时参加太平天国革命的经历中便已注定了。作为典型的正统文人画家，吴昌硕从另一方面延续发展了烂熟的中国画。他以质朴苍劲的篆书用笔，以简练深厚的造型和奇僻的布局而卓然超群，一反清代花鸟画的清淡、柔媚、疏狂，而"气势弥盛""气韵取长"，将传统的写意花鸟画推上了雄浑豪放的登峰造极之境。在任、吴之后最杰出的两位延续型大师，是黄宾虹和齐白石。作为海上画派的重要代表，黄宾虹（1864—1955）在高度继承古人笔墨功夫的基础上，极其重视写生，更强调"境实"，遍历名山大川，"搜尽奇峰打草稿"。其山水画墨色淋漓，苍老遒劲，浑厚华滋，善用积墨，善画夜山，晚年愈画愈黑，但实中有虚，层次

---

① 张少侠、李小山：《中国现代绘画史》，江苏美术出版社1988年版。

分明，"墨中见笔笔含墨"，达到高难度的技巧。黄宾虹在上海居住 30 年，既是一代山水画大师，又从事美术教育先后 30 年、美术编辑工作 14 年，发表著作不下 500 万字，并早年有与任伯年相似的传奇经历，因赞同变法，与谭嗣同有交往，被清廷通缉为"革命党人"，化装潜逃上海。这位大师更不寻常的是，直至逝世亦未为社会真正认识和重视。

对 20 世纪初的中国画坛，常有南北争胜的"南琛北琛"之说。有说"南吴（昌硕）北齐（白石）"，有说"南张（大千）北齐"，但据邓云乡教授介绍，当年最流行的和比较符合实际的提法，实是"南张（大千）北溥（心畬）"。① 两人年龄相当，几乎是 1910 年代中期同时出名，称誉南北。出生四川内江望族的张大千，也许是延续型画家中最具革新性的一员。他与上海结缘是早年在沪学画，"仿古而后创新"，深得南宗所传，尤以临摹石涛可乱真而名噪。25 岁时，他在上海加入文人雅集的"秋英会"，从而步入画坛。他曾感慨"中国绘画发展史，简直是一部民族活力衰退史"，因而力反笼罩中国画坛的因袭摹仿之风，尤以"泼墨、泼彩"——他称为"破墨"的画法融西画之长，存中画神韵，以变革创新中国画而卓成大家，被誉为"五百年来一大千"。"南张北溥"的随意对比，只具有某种象征性。溥心畬是恭亲王奕䜣的孙子，为皇亲贵胄，有闲章自称"旧王孙"，有成群的仆人、教师伺候，悠闲地用功学画，家藏的古字名画，多为稀世珍宝。平民出身的张大千，少年时被绑过票，当过和尚，完全是靠天资聪慧和苦学成名。相同的画名之下，境界、抱负、气质品性殊异，夸张了南北文化时空和文化内涵的差异。

对中国画真正具有革命意义的革新，是五四之后一代新人的事业。一批留学欧洲、日本，以研习西画为始而从事中国画创新的艺术家大放异彩。

---

① 《燕都》，1985 年第 3 期。

这是包括徐悲鸿、刘海粟、林风眠、吴作人、丰子恺、傅抱石、关良、朱屺瞻等一代大师在内的阵容强大的队伍。上海率先成为美术革命和新兴艺术的重要基地。在 1920 年代全国二十余所艺术院校中，上海一地就出现过近十所，以刘海粟为校长的上海美专更是名重一时。各种美术家团体和组织纷纷涌现，1930 年代初上海有近 30 个画会，包括中国画研究最大的团体"中国画会"。各种画展层出不穷，规模之浩大，反响之强烈，为前所未有。频繁的展出，导致专门画廊的出现。让我们感受一下那个时代上海画坛的激烈气氛。1931 年，由欧洲归来的庞薰琹和倪贻德等发起组织"决澜社"，在首次画展中发表了这样振聋发聩的宣言：

环绕我们的空气太沉寂了，平凡与庸俗包围了我们的四周。无数低能者的蠢动，无数浅薄者的叫嚣；

我们往古创造的天才到哪里去了？我们往古光荣的历史到哪里去了？我们现代整个的艺术界又是衰颓和病弱；

我们再不能安于这样妥协的环境中；

我们再不能任其奄奄一息以待毙；

我们厌恶一切旧的形式、旧的色彩，厌恶一切平凡的低级的技巧，我们要用新的技法表现新时代的精神；

20 世纪的中国艺坛，也应当出现一种新兴的气象了；让我们起来吧！用那狂飙一样的激情，铁一般的理智，来创造我们色、线、形交错的世界吧！

张少侠、李小山在《中国现代绘画史》中，推举徐悲鸿、刘海粟、林风眠、颜文梁四人为开创中国新美术最主要的代表人物。这四人中，除徐悲鸿外，都是名副其实的上海画家（虽然林、颜在建国前分别在杭州、苏州从事美术教育），而徐悲鸿的绘画生涯，也是从上海开始的。他们都有留学研习西画的经历，徐、刘、林三人都由西返中，对中国画的创新功绩卓著。此外，他们都既是画家，又是美术教育家。

在很多方面，以刘海粟、林风眠为当时上海画家的杰出代表，是无可非议的。我们看到了后几代人难以比肩的非凡的艺术勇气和献身精神，看到了那个时代艺术大家的通识和天才，以及我们可以称之为"海派"的那种大器宏声，那种胸襟和气概。

1912 年，17 岁的刘海粟与几个画友创立了上海图画美术院，即上海美专的前身。深受蔡元培新美育观点的影响，"思想自由，兼容并包"成为上海美专的办学特色。因使用裸体模特儿惊世骇俗，刘海粟将"艺术叛徒"的詈骂勉作自激自励的美誉，以反传统、反潮流的先锋形象登上画坛。青年刘海粟的画作，以极高的天资禀赋深得康有为、吴昌硕等前辈的赞誉。西方绘画艺术让这位"东方艺坛的狮子"开拓了新视野。他绝顶自信，"野心勃勃"地追求，与古人争，与今人争，志在自创一流，自成一格。他不但用殷红、橙黄、蔚蓝三种色调"奏他那英雄交响乐的第一段"（傅雷语），对中国的油画艺术卓有建树，并在中国画领域开拓耕耘，"一扫 200 年来中国画坛上的平凡单调，拘囿于法则学派的平庸之象"（巴黎大学教授路易·赖鲁阿语），在 1920 年代即取得世界性声誉，被誉为"中国文艺复兴的先锋""艺术界列宁"。刘海粟成熟期的国画，大气磅礴，雄浑豪放，彩墨淋漓之中，充溢流动着强健的生命力，既具大变革时代的精神激情，又具纯正的中国风格和神韵。他的狂怪而博大的画风画品，与他在坎坷命运中不屈不挠的强大人格力量相映生辉，从而更为激动人心。

相比较而言，林风眠没有叱咤风云的狮子的形象，他在艺术上的革命更为执着而孤寂。尽管他 1925 年从法国归来，年仅 25 岁便经蔡元培推荐被任命为国立北平艺专的校长，与徐悲鸿、刘海粟齐名，但在创建具有"中国特色"的现代艺术上，"他比徐悲鸿、刘海粟跑得远多了"。从一开始他就将自己艺术的基点放在与传统的对立上，对中画和西画同样精深的研究把握，使他占据了一个历史的制高点。他认为"国画几乎到了山穷水尽，几无生路的局势"，而勇敢地站到中西艺术的冲突点和新旧艺术的转折点上。他在巴黎学画，却没有陷入学院派的泥淖，而直接向历代大师的作品学习，追求真正的艺术生命。而后，他又回归东方的伟大传统之中，在旷日持久的苦求和探索中，开拓中国画的新形势、新生命。直到今天，他在宣纸上所作的正方形构图的作品，还难以确切地作画种归类（西画还是中国画），但毫无疑问的是，它们是独一无二的中国现代绘画，融西方现代绘画的整体精神与东方哲学和人文精神为一体，那挥洒的线条、浓郁的色彩、夸张和变形表达的却是中国的仕女、白鹤、鹭鸶、山水。那洒脱洗练的形式，冷清寂静的画境，散发出无可名状的悠远和苍凉，流露着画家极深沉平静的智慧和悟性。极现代又极传统，极西化又极"民族"。这正应了对上海画家久已有之的"不中不西、不土不洋、不古不今"的贬损和"野狐禅"的名声。

难为人解的艺术创新给林风眠带来的不仅是艺事的寂寞，而且是政治灾难。1952 年后他在上海隐居，几乎默默无闻，直至"文革"被投入冤狱。1989 年春，"林风眠画展"和"庆贺林风眠从艺 70 周年学术讨论会"终于得以在上海举行。此时，距林风眠离沪寓港近十年，而他则因健康原因终未能赴会。

中国画坛上的"海派"之称，何时由贬损而成为美誉，以致成为相争的桂冠，不得其详。有人称，是 20 世纪初绘画中心移至上海，海上画家气势弥盛之时，吴昌硕的弟子首先认领标榜，并奉吴为海派始祖。今人论及海派画家，常有前后之区分。例如，有人称当代上海画家为"后海派"，并举程十发为后海派代表。而早在几十年前，潘天寿则称赵之谦、任伯年为"前海派"，吴昌硕为"后海派"。这确是一个因时间推移话语内涵不断转换的实例。站在当代的时间坐标，回首海派，也许以五四前后的新文化运动作为界限，更为清晰明确。则清末民初，赵、任、吴、钱一代均可归为

"前海派"，而在 20 世纪二三十年代新美术运动中成绩斐然的刘海粟、林风眠一代是为"后海派"——只是由于这些大师们的艺术生命一直持续到当代，才使今日之上海画坛或可与"海派"借光结缘。

二、梨园风景：海派京剧

震耳欲聋的锣鼓，高亢苍凉的胡琴伴奏，男扮女装，尖声细气的演唱和扭捏的步姿，繁复累赘的披挂，忠奸分明、漫画夸张式的脸谱，冗长缓慢的唱段和难以听懂的念白……这被今天的青年视为不可思议的一切，却是他们的父辈和上几代中国人不可替代的美妙享受。如果说，近世上海画派的崛起，开了海派艺术文化的先河，那么在另一个艺术领域——京剧舞台上，海派不仅名声远播，而且作为京派的对立物，与之发生了具有深刻文化意义的交锋和冲撞。京剧虽然以"京"为名，在中国的京都建立起不朽的声誉，却也包含了南北文化分合交流的完整过程。一向被视为国粹，有国剧之尊的京剧的兴衰流变，消长沉浮，正是一部活生生的文化史。

1790 年，为庆祝乾隆皇帝八十寿辰，各地戏班赴京献演。徽戏班的进京，被视为京剧的起点。此后经 50 年左右的发展，初步形成京剧的面貌。

乾隆年间，北京流行的戏曲，是江西的弋阳腔与本地语音土戏声调相结合的产物，即京腔。北京有著名的京腔五大名班和京腔十三绝。徽剧作为安徽的地方戏曲，诞生于长江下游的水陆枢纽、经济繁华的安庆。优越的地理位置，使徽剧得以博采各地戏曲精华，并流布四方，其演出包括二黄、昆曲、吹腔、高拨子等各类声腔。徽剧得以播扬的另一动因是经济。实力雄厚、遍布京师和南北各省的徽商，不遗余力地扶植和传播自己喜爱的家乡。徽戏班往往有富商的资助，而以舞台上规模宏大的场面、精美富丽的服装道具、齐全的行当角色为豪，不仅令京腔剧班，也令其他游走四方的戏班相形见绌，难以匹敌。进京的徽戏班以唱二黄腔为主，兼唱梆子、昆曲等。内容丰富、通俗易懂的剧本，齐全的行当，精悍的武打，重于做工和表情的表演等，使徽剧在平直简寡、高亢激烈的京腔和低回沉闷的昆曲之间独树一帜，在京师大受欢迎，扎下根基。

作为政治、文化中心，文化艺术在首都具有诸多生长优势，却又极易受到政治权力的干预影响。中国艺术的这一特殊命运，在京剧发展中可谓体现备至。当时，被清朝统治者尊为"雅部"的是昆曲，此外的各种剧种，如秦腔、弋阳腔、梆子腔、二黄腔等，统称"花部"，又称"乱弹"，属于非正统、不严肃的通俗艺术。清廷早在1785年就下达过对花部诸腔调的禁令。"诏谕"称："此等腔调，虽起自秦皖，而各处辗转流传，即苏州、扬州向习昆腔，近有厌旧喜新，皆以乱弹等腔为新乐可善，转将素习昆腔抛弃，流风日下，不可不严行禁止。嗣后，除昆弋两腔照旧准其演唱外，其乱弹、梆子、弦索、秦腔等戏概不准再行演唱。"[1] 徽班在京的成功演出，致使花部诸腔声誉日高，流传外省，一时风气为之改变。这一禁令实施了大约十年便偃旗息鼓了。

1806年以后，北京舞台上的徽戏班表演日臻完美，演唱徽（二黄）秦（西皮）二调为主，即所谓徽秦合流的皮黄腔。徽戏班在与昆班、西班（山陕班）的竞争中，称胜一时，出现三庆、四喜、和春、春台四大徽班称雄的局面。1830年以后，一批湖北汉戏皮黄入京，汉戏演员往往搭入徽班同台献艺。徽、汉、秦合流，被视为另一重要转折，为京剧形成羼入新的养分。1840年后，徽班的舞台演出发生巨大变化，由以旦角戏为主转为以老生戏为主，由以唱诸腔杂调为主转为以唱皮黄腔为主。适应北京观众的需要，融合中州韵、湖广音的以北京语言为主的唱念，这一北京化的过程，

---

① 苏移:《京剧二百年概览》，北京燕山出版社1989年版，第23页。

伴随一批技艺精湛的名角涌现，如郝兰田、程长庚、谭鑫培、杨月楼等被称为"同光名伶十三绝"的第一代著名京剧艺术家，标志着京剧艺术的形成。

民间文艺流入宫廷，为统治阶级和士大夫阶层改造赏玩，怡性雅化，是文化传播和发展中的普遍现象，由此出现了文化的文野之分、雅俗之别。但在戏曲中，像京剧那样与中国政治紧密结缘的，则属引人注目的个例。这不仅是指以宣扬忠孝节义的帝王将相戏为主要内容的京剧，成为封建时代大众的通俗政治教材，而且是指它自身兴衰荣辱的命运。例如，相距100年的两个据有军国重权的女人慈禧和江青都迷醉于京剧，并且在政治运作之暇，深刻地影响了京剧的发展。

道光后期，京剧虽已形成，然而京剧之大兴，却是在慈禧听政的同光年间。据清宫档案，京戏班最初进入宫廷是咸丰末年（1861）。清宫掌管演剧业务的升平署（前身为建于乾隆年间的南府戏班），包括由太监和民间职业演员两类人员组成的演职员队伍。新兴的京剧，迅速取代了一度被清廷奉为"雅部"的昆曲和弋阳腔，成为宫中的主要演出剧种。光绪九年（1883），为庆祝皇太后五旬寿日，破例挑送大批京戏班入宫承差，不仅演唱，且为教习，向太监传授京剧。此后，几乎每年都要挑送一批著名京剧艺人进宫当差。从光绪九年至宣统三年（1911），共达150多人，其中知名演员80多人。

京剧由民间进入宫廷，是它自身命运的一大转折。封建政治和贵族文化对京剧的改造熏陶，在内容上，表现为将"诲淫诲盗""轻狂佻达"有违封建礼教和政治需要的部分修改和雅驯，一批具有民间草莽气息的生动活泼的剧目，被纳入封建教化的陈套。一批宫内使用的昆曲剧本翻改为京剧，其中著名者如慈禧亲自讲解指示，由文人词臣记录整理、拼凑成文的105出杨家将故事《昭代箫韶》。与权力中心的靠近，京剧被赋予远比其他剧种强的"载道"功能。在审美和艺术形式上，贵族文化对京剧的滋养改造意义可能更为深远。优越的物质条件，规模宏大的舞台，精美考究的服装道具，浩大的演出排场，都是民间演出无可比拟的。大批著名艺人组成的演出阵容，刺激和推动了京剧表演艺术的提高。王公贵胄对缠绵柔美曲调的一味追求，使京剧表演艺术发展了对形式美的注重，孕育出富丽隽永、雍容华贵而独具韵味的品性和趣味，京剧遂成为国色天香的曲中之王。

皇室对京剧的偏好、雅驯和提倡，确立了京剧的至尊地位，并使北京的京戏班获得京剧正宗的"京朝派"雅号。在北京贵族文化和上层社会的氛围中，京剧在政治内容上的驯顺，审美趣味上的高贵雅致，以及在购买机制上，主要面向少数人报酬优厚的演出（宫廷演出和堂会是各京戏班和名角的主要经济来源），成为"京朝派"的显著特点。

与四大徽班进京，进而在北京奠定形成国剧的辉煌经历不同，几乎与三庆班等同时北上的四小徽班南下进入上海的故事湮没无闻[①]。当京师的皮黄戏（京剧）日趋成熟之时，南方仍是徽戏的一统天下。哀梨老人在《同光梨园纪略》中称，同治三年，"沪北十里洋场，中外巨商，荟萃于此，女闾三百，悉在租界，间有女班，唱皆徽调"。徽剧南下和北上的不同命运，也许昭示了在大一统封建社会，只有在首都这个与政治中心重合的文化中心，才有可能发生具有重大影响的文化创新和变革。它的必要条件自然是与上层文化的认同和契合。

换而言之，它也表明当徽班南下之际，上海尚未形成新的文化中心所需的文化土壤、文化环境、文化生产的创造机制——它有赖于工商业社会和市民社会的发育成熟。当同治初年，京剧由北京南下，经天津而传至上海时，情况便完全不同了。

同治六年（1867），在上海宝善路开张的京式戏馆"满庭芳"，从天津

---

① 参见《解放日报》，1990年9月12日。

邀来京角演出，"令沪人若狂"，可能是京剧进入上海之始。翌年，新建立的丹桂茶园邀夏奎章、熊金柱等一批京戏名角献艺，更是轰动沪上。故有沪北竹枝词云："自有京班百不如，昆班杂剧概删除，街头招贴人争看，十本新排《五彩舆》。"由此，上海戏园舞台出现京徽争胜的激烈竞争，既有京徽同台的"京夹徽"局面，也有"文武昆徽，各擅其胜"的场面。这一轮竞争是以 1890 年前后徽班的彻底败北而告终的。

这场竞争并非徒劳无功。京徽在上海合流，接着从河北梆子等剧种中吸取养料，其在江南一带的流布也带来了新气象。受地域文化的滋养，京剧在不同时空的传播导致了南派京剧——一种京剧新派的产生。徐珂在《清稗类抄·戏剧类》中称："戏剧者有两大派，一北派，一南派，北派之誉优也必曰唱工佳，咬字真，而于貌之美恶初未介意……南派誉优则曰身段好，容颜美也。而艺之优劣乃未齿及。一言以蔽之，北人重艺，南人重色而已。"有异于京中正宗的南派京剧，被京人蔑称为"外江派"。然而，事情并不止于此。在上海这个工商业大都会和洋场世界，南派京剧终于变幻出了更为夸张触目的海派京剧。它大致是在辛亥革命前后形成，至 20 世纪三四十年代名声大噪，盛极一时。

来沪的北方伶人立即发现他们面对的是与中国的帝都完全不同的花花世界。这里聚集了全国最多的地方剧种和最多的艺人，这里没有一掷千金的皇太后，却有最大的文化市场和最激烈的竞争；这里供养你的不是闭目听戏、击节品味的官绅戏迷和旗人，大都市的观众不仅见多识广，百般挑剔，而且他们追求的永远是新奇耀眼、逼真和热闹。

千方百计地在剧目上翻新成为势所必然。据统计，同治十三年（1874）前的两年中，仅《申报》戏曲广告所载在上海演出的剧目即多达 800 个左右。重故事情节、重看戏的观众口味，使精炼雅致、韵味浓厚的传统折子戏让位给了单本剧，以及情节丰富曲折、引人入胜的连台本戏。到 20 世纪初，连台本戏已成为海派京剧的一大特征。在继承移植传统剧目的同时，新编剧目更是层出不穷，民国的前十年，上海舞台的新编剧目不下百余出，其中尤引人注目的是贴近现实、针砭时弊的时装新剧，如揭露黑暗政治的《哀鸿遍野》，劝阻吸食鸦片的《黑籍冤魂》，取材自上海新闻、暴露大学生腐化堕落的《枪毙阎瑞生》，提倡婚姻自由的《黄慧如与陆根荣》，等等，多为北京舞台不能演出也不敢演出的剧目。移植外国故事和时事的新编京剧也令人耳目一新，如《瓜种兰因》《新茶花女》《头本欧战》《法国拿破仑》《黑奴吁天录》等。

民国初年，西方的话剧、歌剧、电影、魔术、新式歌舞、飞车走壁等艺术形式率先传入上海，明显影响了京剧表演和舞台形式。海派京剧在形式技巧上的变革并不亚于在剧目、剧本上的出新。声光电化、光怪陆离的机关布景成为海派京剧的另一特色。1920 年上海长达 32 本的《狸猫换太子》，因其机关布景和光电幻术如广告所说："壁上现魁星，电影剥狸猫，池中出土地，婴儿变蟠桃，火场驾仙桥，莲花腾空飞"而轰动一时。重视观赏性和娱乐性的舞台表演创新，导致了表演艺术中"重技轻戏"的倾向。对此委婉的说法是"南功北戏"。上海的京剧演员似乎不太拘泥于传统京戏的"四功五法"（唱、念、做、表四功和手、眼、身、法、步五法），更为开放和自由。海派京剧的精华是周信芳创立了以做功见长的麒派艺术。他曾自编、自导、自演反对袁世凯复辟称帝的《宋教仁》，拥护学生运动的《学拳打金刚》。他的艺术观念是"演戏要着重塑造人物，反对千人一面。京剧塑造人物的表演方法是'写意'，但'写意'应当以真实为基础"。创造盖派武生表演艺术的海派京剧大师盖叫天更是身感体验："照老路子，用老本，唱老段子，一句辙口，一个出手都不走样，可观众不理我的茬……我就打定主意在台上，试试看"，"你在台上试得顺手称心，观众觉得好看顺眼，这一试便算成功"。试试看——诚如美国人奉行的行为准则"try"——盖叫天不断创新的艺术生涯的口号，不正是求新求变的海派文化精神的写照吗？

区别还在于京沪两地不同的剧团经营体制和文化生产机制。北京的剧团制，由名角任老板，雇演员帮角，剧场供剧团短期使用，协议分成，剧场与剧团一损俱损，一荣俱荣。上海则实行以剧场老板为主的"包银制"，由老板自己组班，与演员签订长期合同，按月支薪。剧场老板一般资本雄厚，且极具经营头脑，只要经营得法，几乎不演不赔，多演多赚。因而，上海的剧场，几乎一年到头天天开业，夜夜有戏，星期天和春节并加演日场。上海的演员一年要演四百来场戏，绝无北京演员那样的从容不迫，好整以暇。

京剧南下之后，在大江南北生根开花。尤以北京、天津、上海、武汉四大城市最为繁盛，并以京派和海派两家成对峙之势。海派京剧一度声名远播，影响遍及全国。周志辅在《北平皮黄戏前途之推测》文中记云："适于清室既亡，帝制推翻，人的关系先随之消灭，而外江派逐渐来京。其来自沪上者，昔日谓之海派，近且大受欢迎。如真山真水，五色电光，均为都中人所未习见，故民国以来演戏者不能不趋迎时尚，凡所新编者，无不采取外江演法。"[①] 不仅如此，上海作为一个开放的全国性文化市场的中心，还取代北京而树立艺术仲裁的社会权威地位——凡欲在全国打响走红，必先过上海这一"龙门"。1879 年，谭鑫培赴沪献艺；1912 年，19 岁的梅兰芳首次赴沪，一炮打响。此后，"京角儿"赴沪献演打擂之风愈盛。1922 年程砚秋首演上海获得成功；1925 年荀慧生首演上海而大放异彩。这种基于商业利益的艺术竞争——取胜于市场而非取宠于宫廷——正是体现现代都市文化性质的另一海派特征。

显然，当京剧从官僚士绅的殿堂重回社会，并终于在上海成为以市民大众为对象的商品化的通俗艺术后，不可避免地面临另一重危险。不加节制的大众导向和商业驱动在任何情况下都不是文化的福音，对于需要珍视和传承的文化遗产，则直接意味着损坏。趋时求新极易流为艺术上的粗浅

---

① 苏移：《京剧二百年概览》，北京燕山出版社 1989 年版，第 213 页。

草率；而对火爆和噱头、票房价值和商业利益的肆意追求，往往导向反文化、反艺术的低级庸俗。在上海的京剧舞台上，不仅出现了类似江湖卖艺的真刀真枪的开打，也有活牛活马、骆驼、汽车的登台出场，高台摔"硬僵尸"的危险表演，眼冒绿光的魔怪鬼，更有"穿美国玻璃浴衣洗澡，用留声机放外国歌"，以及草裙舞、脱衣舞之入剧。这种为人诟病的"恶性海派"，虽然是海派京剧的末流，却成为海派京剧由盛而衰的内在原因之一。从1930年代起，尽管海派京剧仍数度出现畸形繁荣的局面，"恶性海派"的恶名却使海派京剧蒙垢，进而削弱了海派京剧的主体意识。海派艺术家开始自觉地向"京朝派"靠拢，如海派旗帜的周信芳，亦心仪京派为正宗，海派名家李桂春、小杨月楼等甚至重金聘请京派名师，教子弃海从京。京剧评论家徐城北以为从1920年代起京海斗法的历史，大致是京派占优势的北胜南格局。1949年后，海派与资本主义划上等号，海派京剧终于销声匿迹，"海派"成为令人避之不及的危险标签。

今天，我们似乎只能隐约地感受到南北京剧的微妙差异和风格特色，这主要已是地域文化的特质和色彩了。例如，上海排演的《智取威虎山》，虽是北国冰雪中的英雄故事，照样清秀妖娆，极具江南的灵秀气；北京排演的《沙家浜》，虽是江南水乡的女子传奇，却也凝重隽永，颇有北方的大家气。芭蕾舞剧《白毛女》和《红色娘子军》同样如此。当年，一位深爱京剧的美籍华人看到著名青衣杜近芳在舞台上着军装、横跨盒子枪时，禁不住伤心落泪，这是后话。

京剧在现代中国的命运是意味深长的，而海派京剧在京剧发展史上的兴衰和传奇，在很多层面上，确实是海派文化性格、命运的一个完满样本。1988年，在沉寂了将近四十年后，首届"中国南派京剧研讨会"终于在上海召开，这被视为一种文化意识复苏和回归的信息。然此一时彼一时，京剧终于成为奄奄一息的夕阳艺术，在整体性的衰落和危机之中，早已没有南北争胜的生命活力了。

三、文学革命与海上文坛

京派和海派的分野，在画坛和京剧界，大致营垒分明，多有公论；但在现代文坛，这种区分却并非那么确定和不可移易。只是在近几年，京派小说在文学史上才得开列其名，为海派小说正名的努力也在进行之中，但对二者的理解界定仍众说纷纭。我们循 20 世纪初的"小说界革命"和尔后的新文学运动的线索，环视两地文坛，再进而辨析作为小说流派的海派小说和京派小说，或可对这两类小说及其背后的两地文化获得稍完整的认识。

没有比 20 世纪初新小说的崛起能更直接体现海派文化产生的社会政治情势的了。戊戌变法之后，梁启超相继提出"诗界革命""文界革命""小说界革命"的口号，视"小说为文学之最上乘也"，"小说为国民之魂"，"往往每一书出，而全国议论为之一变。彼美、英、德、法、奥、意、日本各国政界之日进，则政治小说为功最高焉"。[①]梁启超对小说革命的鼓吹完全建立在社会改造的功利价值上，视中国传统小说为"中国群治腐败之总根源"，"故今日欲须改良群治，必自小说界革命始；欲新民，必自新小说始"。[②]康有为在此前的表达如出一辙："仅识字之人，有不读经，无有不读小说者。故六经不能教，当以小说教之；正史不能入，当以小说入之；语录不能喻，当以小说喻之；律例不能治，当以小说治之。"[③]贯穿新文化运动始终的关于文学载道济世的功利价值与文学自身主体价值的矛盾冲突，早已埋伏下了。

清末民初的"小说界革命"集中在上海、广州等沿海城市和日本。梁启超正是在亡命日本期间致力于此的。1902 年，他在日本创刊《新小说》

---

① 梁启超：《二十世纪中国小说史》第 1 卷，北京大学出版社 1989 年版，第 4 页。
② 《新小说》第 1 号，1902 年。
③ 康有为：《日本书目志识语》，大同译书局 1897 年版。

杂志，成为史家划分中国传统小说与 20 世纪新小说的分界。他身体力行，著政治小说《新中国未来记》以为号召。郭沫若则声称："中国文坛大半是留日学生建筑的。"郭本人，以及鲁迅、周作人、成仿吾、郁达夫等，便是这半壁文坛的佼佼者。然而，新小说真正打开局面，大开风气，却是在上海。据统计，从 1872 年至 1897 年这 25 年中，中国总共出现了 5 种文学期刊，而从 1902 年到 1916 年的 14 年中，新创的文学期刊达 57 种，其中 29 种以小说命名的杂志（含报纸 2 种），上海竟占了 22 种。① 北京则还是诗文家的天下，一种小说杂志都没有。当时北京大学、燕京大学的图书馆，甚至不屑收藏新小说，视其低下鄙俗。上海最负盛名的商务印书馆，1902—1920 年，出版图书 3522 种、9129 册，其中文学类占四分之一，达 846 种、2394 册。所谓文学书，绝大多数为小说。② 发达的图书出版业，相对丰厚的稿酬，第一次使文学建立在商业化的经济基础之上——正像在画坛上那样，失意文人或隐逸士大夫聊以寄情自娱或视作副业的小说写作，得以成为名利双收的正当职业，从而造就了中国第一代以写小说为生的专业作家。大批文人被吸引到上海"淘金"，一时间，小说家地位之高，声名之显赫，俨然成为社会主宰，而令世人有"与其得百司马迁，不若得一施耐庵；与其生百朱熹，不若生一金圣叹"之慨。

然而，挟政治革命之声势，以改良群治、教化社会为宗旨的新小说，在工商业大都会市民文化的氛围中，马上背离了初衷，生长出另一功能、品性。

"鸳鸯蝴蝶派"小说被视为海派文学不光彩的一页，它掀起了中国通俗小说的第一个高潮。盛行于"五四"前后的鸳鸯蝴蝶派小说，其滥觞为 1908 年吴趼人所著《恨海》；其开派小说，文言体为 1913 年出版的徐玉枕的《玉梨魂》，白话体为 1915 年出版的李涵秋的《广陵潮》。鸳鸯蝴蝶派作

---

① 陈平原：《二十世纪中国小说史（一）》，北京大学出版社 1989 年版，第 69 页。
② 同上，第 75 页。

家不都是上海人，但上海无疑是鸳鸯蝴蝶派的大本营。据统计，先后在上海出版的鸳鸯蝴蝶派杂志、报纸多达 180 种，仅 1914 年创刊的便达 21 种。[①] 从杂志名称亦不难识其审美趣味和价值倾向：礼拜六，好白相，红玫瑰，香艳杂志，上海滩，销魂语，游戏经……其内容，包括言情、哀情、社会、黑幕、娼门、家庭、武侠、神怪、军事、侦探、滑稽、历史、宫闱、民间等。标榜"以诙谐之笔，写游戏之文"，"不谈政治，不涉毁誉"，"有口不谈国家，寄情只在风花"。鸳鸯蝴蝶派健将周瘦鹃的一阕旧作《鸳鸯词·一剪梅》是为写照：

> 江干三十六鸳鸯，交颈鸳鸯，比翼鸳鸯，双双尽是好鸳鸯。羞煞鸳鸯，妒煞鸳鸯！
>
> 和伊无分作鸳鸯。怕见鸳鸯，避却鸳鸯，无端移恨到鸳鸯。叱起鸳鸯，打散鸳鸯！

一以言之，鸳蝴派小说以消闲娱乐为宗旨。《礼拜六》的出版赘言坦陈无遗：

> 买笑耗金钱，觅醉碍卫生，顾曲苦喧嚣，不若读小说省俭而安乐也。……晴曦照窗，花香入坐，一篇在手，万虑都忘，劳瘁一周，安闲此日，不亦快哉！故人有不爱买笑，不爱觅醉，不爱顾曲，而未有不爱读小说者。况小说之轻便有趣如《礼拜六》者乎？

后期鸳鸯蝴蝶派作品，在放弃教诲、直接迎合认同市民口味、商业化的制作过程中，日趋庸俗媚俗，模仿重复，粗滥低下，而蒙受恶名。

鸳鸯蝴蝶派小说被视为"五四"所开创的严肃文学的对立物而遭严厉

---

① 唐振常主编：《上海史》，上海人民出版社 1989 年版，第 505 页。

批判，鸳鸯蝴蝶派的概念也被扩大为泛指一切旧派小说。瞿秋白斥为"反动的文艺"；郭沫若责其"夺新文学的朱"；茅盾称其是"游戏的、消遣的金钱主义"，称鸳鸯蝴蝶派作家是"拜金主义者"；郑振铎称之为"思想界的蝙蝠"或"文娼"；周作人称其为"反新文化的小说"，其所宣扬"污毁一切的玩世与纵欲的人生观"，是对中国人的一服最大毒剂……然而，这并不影响鸳鸯蝴蝶派作品继续广泛流传，大行其道。《玉梨魂》《啼笑因缘》等作品搬上舞台、银幕更是风靡一时。新文学曾成功地从鸳鸯蝴蝶派手中夺取过两块重要阵地：1920年代商务印书馆的《小说月报》和1930年代的《申报》副刊"自由谭"，但这一胜利只是象征性的。因为几乎在同时，商务印书馆又为鸳鸯蝴蝶派作品推出《小说世界》，而《申报》则为其另辟副刊"春秋"。在1930年代，此类小说被进步文人斥为"新礼拜六派"。事实上，直到1950年代初，鸳鸯蝴蝶派作品才从文坛匿迹，而像张恨水的《啼笑因缘》，则直到"文革"才被取缔。

今人对鸳鸯蝴蝶派小说兴起的释因，有指辛亥革命后政治热情的低落、域外小说的输入和刺激，大众传媒和印刷工业的发达，新教育培养城市读者队伍，等等。就小说样式和文学制作而言，鸳鸯蝴蝶派作家专业化和商品化的写作，贯穿了大众化的努力，他们比"五四"作家还早三年使用白话文写作，其贴近市民生活的题材，迎合市民阶层观念的半新不旧的伦理，以及与传统才子佳人小说、补天式造反的草莽英雄和侠义小说、晚清的官场谴责小说和公案小说等相延续的小说样式和风格，都是它们成功的原因。归根结底，这是伴随社会政治经济结构的改变，社会文化背景的变迁，近世城市文化和市民文化兴起的产物。市民阶层的出现，市民生活方式、阅读需求、审美趣味的形成，以及城市文化市场的形成，规定了市民通俗文化的社会合理性。这是工业化初期城市文化的典型现象。在英国，以新兴市民阶层为主要消费对象、与鸳鸯蝴蝶派风格相差无几的都市通俗小说在工业革命后大量产生，并随工业化的传播影响遍及西欧和美国；日本在明治维新后也产生过由翻译而模仿英法通俗小说的浪潮，主要集中在东京、大阪两地。[①]

1930 年代初，"五四"作家也对这一文化现象作过讨论反省，意识到具有强烈西方文化价值取向、用欧化语言写成的新文学作品，与普通民众之间有巨大鸿沟。事实上，许多"五四"作家都与新小说有不解之缘。鲁迅、周作人都曾模仿过林纾、梁启超、陈冷血的译笔；陈独秀、胡适在《小说界革命》中发表过章回小说；刘半农、叶圣陶则是《礼拜六》等鸳鸯蝴蝶派杂志的积极撰稿人。正是后来成为"五四"闯将的刘半农，对"下等小说"（即通俗小说）有持平之论，表示了理解和宽容。1917 年，他在《中国之下等小说》《通俗小说之积极教训与消极教训》等文中，为这些"上等人"所不齿，优劣杂陈、境界不一，却拥有极广泛读者的通俗小说作辩，认为通俗小说就是"合乎普通人民，容易理会的，为普通人民所喜悦所承受"的小说，具有"纪述善事，描摹恶人，使世人生羡慕心、摹仿心"的"积极教训"及"纪述恶事，描摹恶人，使世人生痛恨心、革除心"的"消极教训"。主张写通俗小说的人，应本着对社会负责的精神，不写诲淫诲盗之作；与其谩骂，不如婉讽；与其直写其恶，不如曲绘其愚，以达"改良社会，启发民智，辅助教育"的作用。这里，刘半农所维护的，仍是新小说发动之时的初衷。

让我们来看看中国现代文学的主潮——"五四"新文学在京沪两地的情况。

以"五四"为起点，新文化运动的前 20 年是中国现代史上一个极其特殊的时期。千年帝国崩解留下的巨大空白和荒瘠，造成了割据与战争、革命和起义交织的漫长的动荡和混沌。尘烟弥漫之中，又透露着初生的曙色

---

① 贾植芳主编：《中国现代文学的主潮》，复旦大学出版社 1990 年版，第 122 页。

和自由欢欣，充溢着浪漫的冲动和一种扑朔迷离的希望和生机。到处都有新的播种，出乎意料的生长，以及化腐朽为神奇的创造。这个被称为"中国的文艺复兴"的短暂而神奇的时期，也是个英雄辈出和英雄崇拜的时代。不仅在文学艺术的各个领域，而且在科学、政治、军事等众多领域，天才和大师、伟人和巨匠数量之众，精深博大，恰如群星灿烂，堪称空前绝后。直到今日，我们仍生活在他们所奠基的文化和秩序之中，以及他们巨大荣誉和成就的阴影之中。

"五四"新文化运动以北京和上海为南北两极激荡展开，第一代文化精英的星座是在京沪两地升起的。正如以西方文化价值导向的"五四"精英，莫不具有出洋留学经历一样，他们几乎都有在北京和上海两地生活工作的经历。作为"五四"先声和旗帜的《新青年》杂志创始于上海，1917年迁至北京，1919年迁返上海。它的早期骨干陈独秀、胡适、鲁迅、钱玄同、刘半农等，固然是在北大这块新文化"飞地"上组队成军的，他们的文化营养和文化能量却源自上海。1917年胡适鼓吹文学革命的檄文《文学改良刍议》成于美国，然而正是他1904—1910年在上海的求学经历，完成了他由"乡巴佬"向"新人物"的转换。陈独秀1903年即在上海编《国民日报》，12年后在上海创刊了《新青年》。鲁迅在江南水师学堂开始接触新式文化。刘半农在1917年到北大之前，在上海鸳鸯蝴蝶派的园地中笔耕五年，以至鲁迅称刘到京一年多以后，"从上海带来的才子必有'红袖添香夜读书'的艳福思想，好容易才给我们骂掉了"。[①]

新文学运动的第一个十年，大致是两地平分秋色。有论者认为，严格地说，新文学发轫于1921年1月，那是以具有新思想的作家们第一个，也是影响最大的一个团体"文学研究会"成立为标志的。文学研究会虽然成立于北京，但它的机关刊物——由茅盾接办主编，商务印书馆刊行的《小

---

① 鲁迅：《且介亭杂文·忆刘半农君》。

说月报》却设在上海。鼓吹为"人生的艺术""血和泪的文学"、现实主义文学的文研会马上受到了挑战。1922 年 5 月，由留日学生郭沫若、郁达夫、成仿吾发起的另一个著名文学团体创造社在上海成立，它的机关刊物《创造季刊》得到上海泰东书局的鼎力支持。以浪漫主义为特色，反对"浅薄的功利主义"，鼓吹"为艺术"的文学，要"追求文学的全""实现文学的美"的创造社，与为人生、为社会的文研会分庭抗礼，组成新文学初期的二重交响。相继成立的新文学团体还有弥洒社、浅草社等。其时闻名遐迩的"五四""四大副刊"：《晨报》副刊、《京报》副刊在北京，《时事新报》副刊"学灯"、《民国日报》副刊"觉悟"在上海，各据其半。上海与北京并为新文学运动的两大基地。

1920 年代初的北京，除了文研会，以北京大学的教授为核心形成另外两个著名的文学社团。1924 年 11 月创刊的《语丝》，以鲁迅为主将，集合了周作人、钱玄同、刘半农、顾颉刚、章衣萍、孙伏园等。另外，是以英美派教授为主的胡适集团。由陈西滢、徐志摩、蒋廷黻、陶孟和、梁实秋等人创办的《现代评论》，以自由主义为标榜。林语堂是一个例外，他没有参加《现代评论》，而加入了周氏兄弟的《语丝》。他视现代评论派是写政论、日后准备做官的"学而优则仕"的人。《现代评论》的骨干后来组织形成了新文学运动中的另一支劲旅"新月派"。正像《语丝》《现代评论》一样，新月派的活动也分为北京和上海两段。1926 年春，北京政府开列 50 位教授名单预备通缉，致使大批知识分子南下。随后张作霖入京，实行文化高压，《京报》主笔邵飘萍遇害，加之政府拖欠国立大学薪资，大学教授纷纷南下，北京文化界一时凋零，新文学的中坚力量几乎全部移至上海。《语丝》《现代评论》和新月派均在上海重整旗鼓。鲁迅先到厦门、广州，于1927 年 10 月移居上海，在租界再张新文化大旗。上海名副其实地成为新文学的大本营。

20 世纪二三十年代虽然经常被相提并论，但却有不同的时代精神、文化主题和文坛面貌。1920 年代似乎是一种春风沉醉、混沌与苏醒、开辟和移植的时期。"中国 20 年代的都市文学处在一片异国情调之中"。西方文化的影响是如此之深，以至于文化精英们往往以"中国的尼采""中国的狄更斯""中国的汉弥尔顿""中国的泰戈尔"等而扬名，相互恭维或讽刺。而中国诗人的情感之强烈，被计算出为西方同行的六倍。因为"中国现在流行之白话诗，平均每四行有一个惊叹号，或每千行有 232 个惊叹号。公认外国好诗平均每 25 行开始有一个惊叹号"[①]。丁玲以其《1930 年春上海》的故事，对她和许多同行"一去不返的抒情白银时代"告别。1931 年诗人徐志摩之死，更被视为充满浪漫激情和爱情的 1920 年代终结的一个恰当的象征。

随之而来的，是"从被动的多情善感摇身一变为革命的狂热"。到 1930 年代，"浪漫"已成为讥讽和诅咒的对象。

无产阶级文学（普罗文学）历史性地发祥于上海。1926 年 5 月，郭沫若在《革命与文学》中正式提出"革命文学"。1928 年前后，正面描写工人罢工、农民暴动的"革命文学"作品，更多的只是一种"革命的罗漫谛克"。1928 年 1 月，蒋光慈在上海组织"太阳社"，以炽烈的叛逆精神鼓吹普罗文学。他甚至狂叛地宣称："与其改造这世界，不如破毁这世界，与其振兴这人类，不如消灭这人类……我可以吃苦，我可以被污辱，但是投降我是绝对做不到的！"[②] 然而，太阳社却与同样激进狂烈的盟友创造社酣战不已。左翼文学的潮流终于在 1930 年汇合，那是以在上海秘密成立的著名的"中国左翼作家联盟"（左联）为标志的。

在严酷的阶级斗争和文化"围剿"下，"革命文学"大致在 1932 年沉寂了。在艰难处境中的左翼作家与作为"自由人"的胡秋原和以"第三种人"为标榜的苏汶的现代社（1932 年 5 月成立于上海）进行斗争。文学的政治化、真实性、倾向性和个人创作自由的论争达到白热化。一边反对艺术堕

---

① 贾植芳主编：《中国现代文学的主潮》，复旦大学出版社 1990 年版。
② 蒋光慈：《冲出云围的月亮》，上海北新书局 1930 年版，第 86 页。

落为政治的留声机，主张"文艺创作自由论"；一边强调文艺的阶级性、党派性，甚至认为"文艺……都是煽动和宣传"，"永远是、到处是政治的留声机"①。这场被视为马克思主义与自由主义的文学观论战，在西方人眼中，却是"不同风格的马克思主义者之间的一场论争"，虽然，胡、苏的政治态度后来发生了变化。

1932 年真正反映"自由主义"价值的，也许不是胡、苏，而是林语堂。他在上海创办了中国第一份幽默杂志《论语》半月刊，自命"言志派"，主张性灵、闲适、自我、超然，反对党派政治和"文以载道"。以不左不右为标榜的林语堂却遭到左右夹攻。林语堂因骂名而获"幽默大师"之称号，终因无力招架，"费厄泼赖"式地退居美国写作。

今天回首六七十年前的中国文坛，仍不能不为当时社团组织之多、思潮派别之多、论战争执之多、流动变化之多而惊异。后人不难辨识第一代新青年的幼稚、偏激、粗浅、狂热，却不能不心仪新文化初年自由奔放、热烈真挚的繁盛气象。尽管如此，这些社团派别既未能包涵所有的文学活动，亦不足以标识作家个人的价值态度。例如 1926 年在伦敦由许地山介绍加入文学研究会的老舍，又是 1930 年代初《论语》《人世间》等幽默杂志的主要撰稿人。

在另一个维度上，一个没有明确组织的现代主义小说流派在上海的孕育形成，也许是真正体现了大都市的属性和所谓的海派精神气质。文学史家称之为"新感觉派"或"心理分析派"。1980 年代为之正名的"海派小说"，即专指此派。

虽然在"五四"作家的创作中，尤其是创造社的作品中，多有对西方现代文学的借鉴，但在小说创作中自觉地实践现代主义方法并构成独立流

---

① 《新文学现实主义的演变》，北京大学出版社 1990 年版，第 134 页。

派的，却是刘呐鸥、穆时英、施蛰存、叶灵凤等这些上海作家。这个被视为中国的第一个现代主义小说流派，是在日本现代文学和都市文学的直接影响下发展的。鲁迅在 1926 年曾称俄国诗人勃洛克为"现代都会诗人的第一人"，并说"我们有馆阁诗人，山村诗人，花月诗人……没有都会诗人"①。那么，他们终于在上海诞生了。敏锐地感受工业文明造就的畸形繁华的现代都市生活，刻意追求主观感觉印象，并翻新小说技巧，在复合视觉、嗅觉、味觉、触觉的新颖描写中，构筑出光怪陆离、奇异逼真的"都市风景线"，是他们的写作风格和特色。这是具有自觉的都市意识的都市作家和都市文学，现代的技巧和语言是都市小说最恰当的形式和工具。青年读者会惊奇地发现，1980 年代先锋小说的"十八般武艺"他们早已纯熟地操练过：蒙太奇、意识流、时空颠倒、诗化结构、心理分析，乃至无标点符号。那些都市生活的生动场景、人物形象、心理特征，即便在今天看来也并没有陈旧感。请看穆时英《上海的狐步舞》中的两段文字：

> 上了白漆的街树的腿，电杆木的腿，一切静物的腿……Revue 似地，把擦满了粉的大腿交叉地伸出来的姑娘们……白漆的腿的行列。沿着那条静悄的大路，从住宅的窗里，都会的眼珠子似地，透过了窗纱，偷淌了出来淡红的，紫的，绿的，处处的灯光。

> 华东饭店里——
> 二楼：白漆房间，古铜色的鸦片香味，麻雀牌，四郎探母，长三骂淌白小娼妇，古龙香水和淫欲味，白衣侍者，娼妓掮客，绑票匪，阴谋和诡计，白俄浪人……
> 三楼：白漆房间，古铜色的鸦片香味，麻雀牌，四郎探母，长三骂

---

① 鲁迅：《集外集拾遗》，人民文学出版社 1973 年版。

淌白小娼妇，古龙香水和淫欲味，白衣侍者，娼妓掮客，绑票匪，阴谋和诡计，白俄浪人……

四楼：白漆房间，古铜色的鸦片香味，麻雀牌，四郎探母，长三骂淌白小娼妇，古龙香水和淫欲味，白衣侍者，娼妓掮客，绑票匪，阴谋和诡计，白俄浪人……

电梯把他吐在四楼，（下略）

他们定向表现的题材和主题立意，不外是大都市形形色色的众生相，红舞女、娼妓、水手、少爷、姨太太、投机商、赌客、童工、亭子间、巡捕、流氓无产者……无所不有。尽情地描摹灯红酒绿、汗臭粉香的疯狂世界，走投无路的可怜虫，游戏人生的旷男怨女，色情狂和心理变态，等等，在不同作家的笔下，流溢出新奇、刺激、颓废、绝望、色情等不同的格调和倾向。新感觉派小说通常被称为后期海派小说，视为民初以鸳蝴派小说为代表的海派小说的现代变种。它的下限，当是 1940 年代的"孤岛文学"中以心理分析见长的风味独特的张爱玲的小说。

捧着巴金和穆时英的小说做少女梦的张爱玲，青年时成为海派文学的传人，为汹涌了十数年、多重交响、色彩缤纷的海派文学作了一个凄楚隽永并不失为美丽的休止。同时，她又是一个现代文学潮流的开端，影响了战后海峡彼岸整整一代人的写作。雄性的、喧嚣而疯狂的大上海在女性精微的感官世界中折析出些许温情和生之愉悦。那是雨夜的霓虹灯，是小菜场上撒手骑车的男孩，是盐水花生和烘山芋，是从双层公共汽车上伸出手摘树巅的绿叶，是坐在自行车后风姿楚楚的女郎或诚惶诚恐的老太婆，是夜晚橱窗中被剥去貂皮大衣、旋身向黑里裸露的木制模特儿……于是，生命便成了"一袭华美的袍，爬满了蚤子"。

在抗日战争中的"孤岛"，张爱玲的写作不仅充实丰富了海派文学的库容，而且也许是与海派文化的底蕴深为契合，最得海派文化之真味的。她并不讳言她作为上海中产女性的特定角度："我这种拘拘束束地苦乐是属于小资产阶级的。第一次看到'小市民'的字样，我就局促地想到自己，仿佛胸前佩着这样的红绸布条。"① 她精心地营造出一种语境和文体，用一种非意识形态的话语，去体验感知中产阶级和市民阶层的生存境遇，在世俗、琐屑、窘迫的都市生活中洞悉点滴的乐趣和美，用精致、孤寂、苍凉、忧伤的感官印象展示乱世之中的真实人性，诉说悲天悯人的"流言"和"私语"，从而"把被新文学者不屑一顾的洋场小说从鸳蝴派手中夺过来，使之由俗文学走入纯文学的殿堂"。②

　　1932 年 5 月，由施蛰存、杜衡主编的《现代》月刊在上海创刊，被认为是中国文学的现代派集结的标志。《现代》杂志所体现的观念、旨趣，应当说反映了某种海派文化的深层价值。它在"创刊宣言"中明言："本志并不预备造成任何一种文学上的思潮、主义或党派，所登载的文章，只以'文学作品的本身价值为标准'。"它不仅是穆时英、刘呐鸥等人的现代都市小说的主要阵地，也是现代派诗人的温床，戴望舒是它的主要诗人，后起之秀包括卞之琳、何其芳、李广田、艾青、李金发等。然而，它又不仅仅是现代派的喉舌。这本 1930 年代最有影响的大型文学刊物不仅质量精、品位高，而且是宽容和兼收并蓄的。它的作者包括鲁迅、茅盾、郭沫若、冯雪峰、郁达夫、老舍、巴金、周作人、沈从文、赵景深、苏雪林等不同派别、不同倾向的作家。当左联与"自由人"胡秋原论战时，杜衡（即苏汶）在《现代》撰文，以"第三种人"面貌参与。此后，瞿秋白、鲁迅、冯雪峰、周起应等写的批判文章，也在《现代》上发表。

　　我们有理由认为，在 20 世纪二三十年代上海文坛风云际会、龙翔虎跃的左翼、右翼和第三种人，现实主义、浪漫主义、唯美主义，为社会、为人生、为艺术、为政治，普罗文学、革命文学、民族主义文学、国防文学

---

① 张爱玲:《流言》，花城出版社 1990 年版。
② 张爱玲:《私语》，花城出版社 1990 年版。

等，如果说与上海的文化土壤、文化环境必有某种不解之缘，则它们首先是属于时代、社会和中国的。而从鸳蝴派到"新礼拜六派"和新感觉派的这一支从都市生活深处涌出的脉流，才真正是城市的和上海的。它根源于上海，且只能产生于上海。

四、京样、京味、京派

如果说对海派小说或海派文学，主要是个如何界定的问题，那么对于京派，人们首先要问：真的有个京派吗？

1933 年，由沈从文挑起的文坛著名的京派与海派之争，几乎从一开始就没有纠缠于小说或文学流派和名词定义，而是深入两地文人的作风习气、价值取向和文化生态等实质问题。然而，由小说、文学，至文人和文坛，乃至城市社会，仍是一种较清晰的描述。

回溯一下北京小说和文学的源流，是饶有兴味的。作为封建时代的政治文化中心，北京地区在经史诗文封建正统文化之外的小说、戏曲等，似乎只在元代放射过异彩，那是以关汉卿、王实甫、马致远等为号召的繁盛一时的元曲和杂剧。据王国维考证，元初杂剧作者，燕人占十之八九。明清时伴随市民社会的发育，小说始获发展，有神怪、言情、讽刺、狭邪、侠义、公案小说等，多在江南一地。与北京有关的，是作为方言小说的京话小说，尤以曹雪芹的《红楼梦》和文康的《儿女英雄传》而闻名。方言小说是在中国小说由文言向白话发展中，各地作家由口语写作所致，进而形成一类小说样式，不但使文字产生生动活泼的感染力，有的还成为一种文化符号，例如晚清小说中青楼女子往往操苏白。晚清的方言小说主要为北京话、苏州话（吴语）、广东话（粤语）三种。粤语因离普通话太远终难流行。在京话小说和吴语小说中，又以后者实力和影响为大。胡适在《〈吴歌甲集〉序》中有一段常被引用的文字：

> 论地域则苏、松、常、太、杭、嘉、湖都可算是吴语区域。论历史则已有了 300 年之久。300 年来凡学昆曲的无不受吴音的训练，近百年来上海成为全国商业的中心，吴语也因此而占有特殊的重要地位。加之江南女儿的秀美早已征服了全国的少年心；向日所谓的南蛮鴃舌之音久已成了吴中女儿最系人心的软语了。故除了京语文学之外，吴语文学要算最有势力又最有希望的方言文学了。

然而，在清末民初之后，"最有势力又最有希望"的吴语文学却再也没有崛起，京话小说的传统则延续至今。1920 年代以后，它主要是由老舍承传发扬的，当代又有汪曾祺、刘绍棠、邓友梅、苏叔阳、陈建功等众多传人。他们用北京方言表现北京人生活和风土人情的小说被称为"京味小说"。近年来，有人将"京味"归纳概括为：1. 乡土味，即北京城独特的地域色彩和文化习俗；2. 传统味，古都文化的积淀和老北京人的人格、心理；3. 市井味，北京下层市民的生活状态、品格气质。[①] 这种归纳或许有失完整和准确，但它的基本内涵是清晰、确定的：从清末民初的京话小说到当代的京味小说，均以北京方言作为语言材料，以地域文化色彩为表征和特色。在这两个时期之间，五四运动之后，在新文化运动中出现的北京小说和文学面貌，是与京味小说完全不同的另一类形态。今天，我们称之为"京派小说"和"京派文学"。

认真地界定、标识和评价"京派"，它们的存在、价值和地位，是在发生这一文化现象半个世纪之后。

---

① 《北京日报》，1990 年 10 月 29 日，许自强文。

　　1989 年出版的严家炎的《中国现代小说流派》对京派小说专辟章节详加评述，也许是文学史的首创之作。严家炎称：京派小说不同于京味小说，它"是指新文学中心南移到上海以后，1930 年代继续活动于北平的作家群所形成的一个特定的文学流派。他们处在周作人、沈从文的影响之下，与北方'左联'同时并存，虽未正式形成文学社团，却在全国文学界具有一定的号召力"[①]。

　　显然，"京派作家"是理解京派的关键之一。这一群体的构成，严家炎析为三部分：1920 年代末语丝社分化后留京，偏重讲性灵、讲趣味的作家，如周作人、废名（冯文炳）、俞平伯等；新月社成员及其关系密切的一部分作家，如沈从文、梁实秋、凌叔华、孙大雨、梁宗岱等；清华和北大的一些后起之秀，如朱光潜、李健吾、何其芳、李广田、萧乾等。他们的思想和艺术倾向不尽相同，但当时在文学上却有共同的趣向和主张。严家炎并称：

> 　　如果说京派在散文和诗歌方面的代表是周作人、俞平伯、何其芳、李广田、卞之琳；理论方面的代表是梁实秋、朱光潜、李健吾、李长之，那么，它在小说方面的代表作家就是废名、沈从文、凌叔华、林徽因和萧乾。尤以沈从文的成就最高，影响最大。[②]

　　萧乾则以 1933 年为界，将京派区分为前后两期。前期京派以周作人为盟主，后期则以沈从文、林徽因的影响最大。[③]

　　从绘画、京剧移植而来的"京派"之名在文坛叫响，是由于 1933 年的那场京海之争。1931 年，当沈从文论及具有人生文学优良传统和独创性的北京"五四"文学时，还只是拘谨地称为"京样"。样式，款式，大致是有

---

①　严家炎：《中国现代小说流派史》，人民文学出版社 1989 年版，第 205 页。

②　严家炎：《中国现代小说流派史》，人民文学出版社 1989 年版，第 206 页。

③　《文汇报》，1990 年 5 月 1 日。

显著的外在特征的形式和标志；而流派、派别，则内涵深广，是具有共同价值、观点、旨趣风格和具有一定规模和力量的集合，20 世纪北京文化的发展流变，浅表地看，似乎是从世纪初的京话、京样，至 1930 年代的京派，而至 1980 年代的京味。这是后话。

无论在文学的还是文化的意义上，周作人和沈从文都可以作为理解认识京派的关键。认识一下他们那个时代北京的文化氛围和文坛面貌，是大有必要的。

30 岁前出版 40 多种集子的沈从文，曾被誉为"中国的大仲马"。据说，二人的另一相似之处，是父亲均是混血军官。1922 年，20 岁的沈从文从湘西的边城来到"五四"中心的北京，渴望升入大学并打进文坛，却名落孙山。这种身无分文、愤世嫉俗的青年并非沈从文一人。他们相伴而行，自学、共处，马上享受到了北京文化的好处。这不仅是低廉的生活费用，风气淳朴的学生公寓（沈从文将自己的居室命名为"窄而霉斋"），即便付不出房租也很容易托词缓交；也不仅是在予以极大精神慰藉的古都文化——遍地小吃和文物，那些斑驳陆离的街道，就是过去六百年间两个朝代的历史文化的博物馆。（1918 年首次进京，求学受挫的毛泽东同样感受了这种慰藉，他回忆说："我在北京的生活是十分穷苦的。可是另一方面，这座古代都城的美，对于我可算是一种补偿。"① ）真正激动人心的是"五四"之后古都自由、宽容和宽厚的精神、气氛。蔡元培主持下的北京大学真正实现"有教无类"，"惠及学子"，学校大门敞开，可随意旁听。旁听生与正式生的比例，最高时达一比三。不仅可以旁听，也很容易和正式生一起参加考试。而在京师图书馆，他们自学的地方，则不仅能够取暖，还供应茶水。正是在这一特殊的文化环境中，沈从文、丁玲、胡也频等一批贫穷愤世的文学青年，得以逐渐步入中国文坛。沈从文深有感受的是："北京继承了中国古

---

① 　北京大学历史系：《北京史》，北京出版社 1985 年版，第 377 页。

代那种地道的、非商业性的伦理道德，上海则正好是它的反面"，"从 20 年代北京那种宽容、怀旧之情里诞生的文学，是在与教育的紧密联系中成长壮大的"。①

以北大和清华为中心，1920 年代在北京聚集了一大批学者文人，多数进步作家都是教授，以他们的学问而受人尊重。沈从文称第一个发现他文学才气的是郁达夫；浪漫派诗人徐志摩则对发表他的早期作品，帮助他进入文学界起了巨大作用。后来，沈从文又举出经徐志摩介绍认识的梁思成作为他的"第一个评论家"；在哲学家林宰平的鼓励下，他才排除各种挫折而决心写作。

沈从文求学、写作和步入文坛的传奇经历，是当时特定文化环境的产物。古都文化与新文化精神的结合，"五四"后北京的知识阶层，在动荡的政治局面之下，却不乏文化的自由和宽松。各种文学沙龙和聚会风行一时。1924 年前后，在闻一多家中经常举行的诗歌朗诵会，聚集了朱湘、刘梦苇、饶孟侃等抒情诗人；徐志摩、胡适等在松树胡同七号定期举行的聚餐会和俱乐部，聚拢了新月派的同人，经常到会的包括梁启超、张君劢、林长民、丁文江、陈源、林语堂、余上沅、丁西林、凌叔华、林徽因、闻一多等。周作人及其朋友组织了名为《骆驼》的纯文艺杂志，后来成为 1930 年刊行的《骆驼草》。被称为"骆驼同人"的新老成员，在 1920 年代末包括俞平伯、废名、徐祖正、冯至、梁遇春等，八道湾的"苦雨斋"经常高朋满座，逐渐形成以周作人为中心的文学圈子。在这个小圈子之外，还有一个日后被称为"京派"的大圈子，包括北大同人及新老朋友钱玄同、刘半农、沈从文、朱自清、闻一多、余上沅、梁实秋等。

1930 年代中期，北平知名的知识分子的文化沙龙，有东总布胡同林徽因家的"客厅沙龙"，冰心据此写有著名的小说《我们太太的客厅》，萧乾

---

① 　金介甫：《沈从文传》，时事出版社 1990 年版，第 67、78 页。

则称一代才女林徽因堪为后期京派的灵魂。北大后门慈慧殿三号朱光潜家按时举行的"读诗会",经常参加的有北大的梁宗岱、冯至、孙大雨、罗念生、周作人、叶公超、废名、卞之琳、何其芳;清华的朱自清、俞平伯、王了一、李健吾、林庚、曹葆华,以及林徽因、周煦良、沈从文等。严家炎认为,除当时不在北平的萧乾、凌叔华等,几乎所有的京派作家都参加了,它实际是京派作家发动的京派文学活动。1934 年 1 月,郑振铎、靳以、巴金来到北平,发行《文学季刊》,在他们居住的三座门大街 14 号,形成了另一个作家文人聚会的场所。至于中山公园著名的来今雨轩,在整个 20 世纪二三十年代一直是北平文人雅集、文事不断的去处。

朱光潜回忆 1930 年代沈从文的文学活动时说:

> 他编《大公报·文艺副刊》,我编商务印书馆的《文学杂志》,把北京的一些文人纠集在一起,占据这两个阵地,因此博得了所谓"京派文人"的称号。[①]

我们注意到,"京派作家"与"京派文人"是两个内涵不尽相同的概念。后者当比前者更宽泛,虽然两者经常不严格地混用。对于严格地界定和讨论"京派小说",有必要限制和确定"京派作家"的成员;越过小说作者而至文学界,甚至越过文学界而至北平的知识界,"京派文人"这个边界模糊的称呼,却有利于意会当时北平文坛及知识界的特定风貌、气质精神。这时,"京派"便在很大程度上成为一种文化状态的人格化的指称。我们宁可更多地在这一意义上使用"京派"。

作为文学新秀的沈从文与"五四"宿将周作人虽早有交往,但似乎很难说他们之间有更亲密的私人感情。长沈从文 17 岁的周作人,在 1930 年代

---

① 朱光潜:《花城》,1980 年第 5 期。

初早已心境寂寞淡泊，以笔记体的散文独步文坛，"一变而为枯涩苍老，炉火纯青，归入古雅遒劲的一途了"。[①] 周作人对"五四"以来新文学的建设与实践，特别看重的是他的弟子废名和俞平伯的实验，似未对沈从文有着意的重视和评价。如果说京派文学确实分前后二期，并有散文和小说两个主要领域，那么它大致是前期以周作人、废名、俞平伯的散文创作为代表，后期以沈从文、凌叔华以及更为年轻的萧乾、汪曾祺的小说创作为代表，虽然周、俞的散文创作持续到 1930 年代之后，而沈、凌的小说创作从 1920 年代中期即已开始。这种划定其实并无深义。需要认识的是，以周作人、沈从文为盟主的京派与组织、师承和创作领域并无很大关系，主要是作家在人生观、艺术观，乃至精神气质、审美风格等方面相通相像的内在联系，一种精神的、情感的、艺术的联系。1927 年新文学中心南移后，北平作家文人但求声气相通的澹泊自如、聚散无形，与上海作家门户林立，派别纷争冲突成白热状，堪为对照。

让我们从散文和小说这两个主要领域，体察感悟一下京派文学的内在品性，以及凝聚为所谓"京派"的那种风格和气质。

从 1920 年代开始，废名和沈从文的小说创作，均以乡村生活和下层劳动者、农民、士兵等为题材，以抒情诗甚至田园牧歌的笔调，刻画远村边城静谧、深沉的乡村生活，以及淳朴、平和的人性美。散淡的形式结构，简洁精致、富于个性的语言，构筑出素描的风景画一般的文体、语境和充满盎然的自然情趣的审美境界。

早年曾受废名影响的沈从文，丰富和拓展了废名过于细致平静，极易走向纤细、晦涩的审美风格，表现了大自然中灵魂的骚动、人性的苏醒与冲突，构造出温柔、雄强、神秘、清丽、朦胧、泼野、纯洁、繁复等多种

---

① 郁达夫：《中国新文学大系》，上海良友图书公司 1935 年版。

多样的美。在他的文学神庙中，"供奉的是'人性'"，"其间没有乡愿的'教训'，没有腐儒的'思想'，有的只是一点属于人性的真诚情感"。① "因为我活到这世界里有所爱，美丽、清洁、智慧，以及对全人类幸福的幻影，皆永远觉得是一种德性，也因此使得对它崇拜和倾心。这点情绪同宗教情绪完全一样。"1930年代中期萧乾和1940年代汪曾祺的小说，都继承了京派小说的这份散淡、简约，这种含蓄、隽永，以及对下层劳动者的亲切同情，对淳朴人性美的真挚礼赞。正如京派作家多不是北京人，京派小说虽姓"京"，却既不表现城市，又不反映北京；虽被讥为"贵族化"，题材和内容却是彻底"平民的"。因而京派小说，往往被归为乡土文学的一途。

另一方面，苦雨斋的"骆驼同人"，由周作人、废名、俞平伯始，从1920年代起形成风格独具、影响极大的散文流派。这是新文学建设中对一种文体、文风的自觉提倡和磨炼。"以科学常识为本，加上明净的感情与清澈智理，调和成功的一种人生观"②，以及追求"文词、气味的雅致"，"文体之简洁或奇辟、生辣"，或"渐近自然"。对明末散文小品的崇尚和"复兴"，使周作人一派的散文充满个性的情趣、灵性，人生的智慧和悟性，以及闲适、儒雅、温厚的风致韵味，和一点超凡脱俗的"隐逸气"。他不满足于"细腻流丽"，创出一种"以口语为基本，再加上欧化语、古文、方言等分子，杂糅调和，适宜地或吝啬地安排起来"的氛围，其目标是造就一种"雅致的俗文学来"。③ 从而使京派散文既能"迫切地表现现代人的情思"，又兼具"论理之精密与艺术之美"，具有独特的语言文字魅力和形式美。

在京派文学这种共同的艺术趣味和审美追求之后，自有更深层的精神契合。

郁达夫曾论断，五四运动的最大成功，第一是"个人的发现"，第二

---

① 沈从文：《看虹摘星录后记》，《沈从文文集》第11卷，花城出版社1984年版，第49页。
② 周作人：《杂拌儿之二》，上海天马书店1934年版。
③ 周作人：《永日集》，上海北新书局1929年版。

是"个性的表现"，第三是"人性、社会性与大自然的调和"，"作者处处不忘自我，也不忘自然与社会"。[①]这一卓识洞见正合于我们认识京派。早在 1918 年，周作人鼓吹"人的文学"，正是主张新文学以人道主义为核心，用欧洲文艺复兴以来对人的发现的进步思潮，冲决封建文化对人性的桎梏。从这一源头出发，新文学在急迫的社会危机和激烈的阶级斗争中，发展出不同的方向。由个人、人性走向人生、社会是一途；由人生、社会走向革命、政治是一途；由个性、人性走向唯美、艺术也是一途。周作人则保留和发展了"个人本位主义"的思想，举起"个性解放与自由"的旗帜。1922 年，在《自己的园地》中，他巧妙地将自己区别于"为人生的艺术"和"为艺术的艺术"，认为既不必将二者分隔，又不必使其互为制驭："'为艺术'派以个人为艺术的工匠，'为人生'派以艺术为人生的仆役"，而"艺术是独立的，却又原来是人性的……只任它成为浑然的人生的艺术便好了"。从这一立场出发，他反对"用了什么大名义，强迫人牺牲个性去侍奉白痴的社会"，[②]要求各种派别和思想多元自由地发展，反对以任何名义的独断，以及以某一派为"正宗"的思想垄断。

京派文人这种自由主义、人本主义的价值取向，朋而不党、超脱潇洒的行为态度，在沙龙和客厅中谈诗歌和文学的生活方式，自有文化古都温厚蕴藉的历史文化陶冶和名士气的遗风（例如周氏兄弟对魏晋时期人格风采的心仪及与明代知识分子的共鸣），其内源却是西方人文主义的浸润和教养。京派教授以欧美派为主体，正是这一说明。1928 年，徐志摩在《新月》创刊号的发刊词中，提出了思想文化界的两条原则：健康和尊严。他讨伐了文坛的 13 个派别：感伤派、颓废派、唯美派、功利派、训世派、攻击派、偏激派、纤巧派、淫秽派、热狂派、稗贩派、标语派、主义派。其中功利派、主义派等，是将国民党的"党化教育"与左翼的革命文学一块骂进去

① 　郁达夫：《中国新文学大系》，上海良友图书公司 1935 年版。
② 　周作人：《自己的园地》，岳麓书社 1987 年版，第 6 页。

了，其所依恃的西方自由主义价值观显而易见。

与周作人的凝重隐逸不同，年轻的沈从文血气方刚，愤世嫉俗。他广交朋友，为丁玲、胡也频被捕而奔走营救。他抗议政府查禁图书，反对从政治上管制文学，谴责"国际资本主义"与外国的"飞机、大炮、洋货和牧师"，反对蒋介石的"新生活运动"和极权统治，讥讽那些渴望中国出现一个救世主独裁者的"多数愚人"。然而，他虽以激进姿态在文坛崭露头角，1930 年代起却转变方向，成为不受羁绊的自由作家，1940 年代与中国共产党领导的左翼作家关系紧张。"沈从文反对门户之见，因为他不参加任何组织。他反对每个流派，然而他同任何流派并无深仇大恨。"与欧美派的京派教授相比，沈从文的思想文化营养更为驳杂，更多感性的体验，但他自由开放的心态，刚直不阿的人格，不依附任何组织集团、唯一地忠实于自己的主见，忠实于艺术和美等方面，确实可互引为同类。如果说周作人提出了一种理论、一种理想和立场，那么沈从文更多的则是感悟和实践。随着经历和阅历的增长，他越来越超拔，越来越疏离政治。"沈从文不像胡适那种关心民主政治……想到的只是美感、博爱、道德、自由与和平。"①

让我们再回到沈从文对文学的态度。正像在人生观、社会观方面一样，它可与周作人的理念互为映照。

浸透了苗族诗意的沈从文，是一个彻底的中国的（东方的）人文主义者，同时，又是个具有活泼生命力的大自然之子。诚如他的传记作者所言："他拱卫的最高理想，并不像有些评论家说的那样，是什么象牙之塔，而是个人主义、性爱和宗教构成的'原始'王国。""美是沈从文的上帝，但他的上帝也是生命。他主张的艺术不是现象上的艺术，而是上帝的艺术，这样的上帝要干预人类生活。""早在 20 世纪 30 年代，他就认为文学应该从属于在更大范围内追求美。他说文学只是追求美的一条道路，其作用远不如

---

① 金介甫:《沈从文传》，时事出版社 1990 年版。

数学与音乐。"他通过文学来寻找他自己生活的意义，他相信："一切进步的中心在于内在而非来自外部。"①

文学是追求、表现美的工具和用途，而对文学的追求和表现，则是为了证明生命力之庄严，人性之尊贵。这便是生命之美的实现。文学、人生和美于是浑然一体，成为一种生存状态，它是与权力政治和商业买卖绝缘的。

这是否触到了一点"京派"的文化底蕴？

五、京海之争：1930 年代的文坛公案

面对早已被误解的历史，当我们小心翼翼地贴近它，试图重新予以解读时，我们依然面临一轮新的误读的危险。当克罗齐提出"一切历史都是现代史"这一命题时，便为史学设下了这样的陷阱。尽管如此，探涉谜一样的 20 世纪二三十年代的中国文坛，总是极富诱惑的。

派别林立，论战不休，是那个时代的典型文化现象之一。甚至对"论战"本身也出现过论战。认为文章无用，反对写文章"打架"的周作人认为：与人打架，"不管是动手动口还是动笔，都容易现出自己的丑态来，如不是卑怯下劣，至少有一种野蛮神气"，反而成为"人家消遣之资"。②骁勇善战的鲁迅却为之辩护："作文'藏之名山'的时代一去，而有一个'坛'，便不免有斗争，甚而至于谩骂，诬陷的"，"文坛决不因此混乱，倒是反而越加清楚，越加分明起来了"。某些人对文坛的悲观，"是在置身事外不辨是非，而偏要关心于文坛，或者竟是自己坐在没落的营盘里"。③

1934 年上半年，文坛的著名一战，是关于京派和海派的论战。它是由

① 金介甫：《沈从文传》，时事出版社 1990 年版。
② 周作人：《苦茶随笔》，岳麓书社 1987 年版，第 176 页。
③ 鲁迅：《准风月谈》，人民文学出版社 1973 年版。

1933 年 10 月 18 日天津《大公报》文艺副刊所载沈从文《文学者的态度》一文而引发的。文章从弄文学的与名士风度的结缘，奚落讽刺了一些文人用"玩票白相的神气"弄文学的态度。因文中有"在上海赋闲"，"赋闲则每礼拜必有三五次谈话会之类"的话，引致海上文人的反感。之后便有杜衡作《文人在上海》相答，对海派作辩解并自脱干系。沈从文作出激烈反应，在 1934 年 1 月 10 日天津《大公报》文艺副刊上发表《论"海派"》的檄文：

> "海派"这个名词，因为它承袭着一个带点儿历史性的恶意，一般人对于这个名词缺少尊敬是很显然的。过去的"海派"与"礼拜六派"不能分开。那是一样东西的两种称呼。"名士才情"与"商业竞卖"相结合，便成立了我们今天对于海派这个名词的概念。①

"名士才情"与"商业竞卖"成为沈从文对海派的定义，因而也成为争论的焦点。沈从文具体将其引申为"投机取巧""见风使舵"：

> ……如旧礼拜六派一位某先生，到近来也谈哲学史，也说要左倾，这就是所谓海派。如邀集若干新斯文人，冒充风雅，名士相聚一堂，吟诗论文，或远谈希腊罗马，或近谈文士女人，行为与扶乩猜诗谜者相差一间。从官方拿到了点钱，则吃吃喝喝，办什么文艺会，招纳子弟，哄骗读者，思想浅薄可笑，伎俩下流难言，也就是所谓海派。感情主义的左倾，勇如狮子，一看情形不对时，即刻自首投降，且指认栽害友人，邀功牟利，也就是所谓海派。因渴慕出名，在作品之外去利用种种方法招摇；或与小刊物互通声气，自作有利于己的消息；或每书一出，各处请人批评；或偷掠他人作品，作为自己文章；或借用小报，

---

① 沈从文:《沈从文文集》，第 12 卷，花城出版社 1983 年版，第 158 页。

去制造旁人谣言，传述撮取不实不信的消息，凡此种种，也就是所谓海派。①

不能说沈从文对海派的声讨没有冲动的情绪，例如，卖友邀功之类就是对假左派分子冯达出卖他的朋友丁玲的直接愤怒。但沈从文对海派鄙夷厌恶之情和批判之心由来已久。他在 1931 年所作的《论中国创作小说》的评论中就指出：

　　……从民国十六年，中国新文学由北平转到上海以后，一个不可避免的变迁，是在出版业中，为新出版物起了一种商业的竞卖。一切趣味的俯就，使中国新的文学，与为时稍前低级趣味的海派文学，有了许多混淆的机会，因此……创作的精神，是逐渐堕落了的。②

这起初表现为对张资平的作品和文学态度的批判。他揶揄了与北京以写实主义为主、朴素实在的文体和情感迥异的上海以创造社为大本营的一群作家，"挂了尼采的英雄主义，或波特莱尔的放荡颓废自弃的喊叫"，"在一个'华丽与夸张的局面下'"，不乏那种"'英雄向上'与'名士的放纵'相纠结"，终于迅速地"左倾"。③然最令他感慨不平的是最末流的"新礼拜六派"掌握了大众。他比较郁达夫和张资平说："郁达夫作品告给了我们生理的烦闷，我们却从张资平的作品得到了解决。"张资平不仅"懂大众"，把握大众，"且知道大众要什么，比提倡大众文艺的郁达夫似乎还高明，就按照那需要，造了一个卑下的低级的趣味标准"，他尤其愤恨张资平对新文学的冲击和腐蚀，因为他所赢得的"大众"，"比鲁迅作品还多，然而使作

①　沈从文:《沈从文文集》，第 12 卷，花城出版社 1983 年版，第 158 页。
②　《文艺月刊》，第 2 卷第 2 期，1931 年 4 月。
③　沈从文:《沈从文文集》第 11 卷，花城出版社 1983 年版，第 144、145 页。

品同海派文学混淆。使中国新芽初生的文学在态度与倾向，皆由热诚的崇高的企望，转入低级趣味的培养，影响到读者与作者，也便是这一个人"。[①]

从那时起，沈从文将上海一些作家在商业竞卖中向礼拜六派造就的"本能的向下发泄的兴味"的俯就，称为"新海派"或"新礼拜六派"。显然他所指的"海派文学"，也狭义地专指这一派。

沈从文十分重视"五四"新文学精神在传布播扬过程中的地域影响，并对上海作出消极评价，惊诧于"五四"新文学态度竟未丝毫有损于上海的这种不良趣味与嗜好：

> 文学的新的态度，是仅仅限于活动中心的北京的。其波动，渐远渐弱，取了物理公律……另外因民族性那种关系，四川湖南虽距离较远，却接受了这运动的微震，另作阔度的摆动。因为地方习惯及旧势力反应的关系，距离较近的上海，反而继续了一种不良趣味不良嗜好。[②]

更早以前，1929 年在《一个天才的通信》文中，他就表达过对地域的重视："苗乡里猪是黑的，江浙也是黑猪，江浙人会做官，又会革命，湖南人一革命就死，江浙人革命就做委员。过细想来也不是怪事，江浙人是聪明一点……"然而，不能认为这次沈从文对"海派"的讨伐是出于狭隘的意气或偏见，而且也不是打趣调侃，尽管他使用的是易于引起歧义的文学化语言。沈从文的宗旨是明确的。他声讨的是"文学的票友"和"白相人"，他认为为了"新文学的健康"，从"道德上文化上的卫生"观点来看，不能容忍这种恶风气的存在与蔓延。他也并没有四处出击，明言不仅杜衡，以及"茅盾、叶绍钧、鲁迅，以及大多数正在从事于文学创作杂志编纂的人（除吃官饭的作家在外）……不会被人误认为海派的"。他声称，这是"杜

---

① 沈从文：《沈从文文集》第 11 卷，花城出版社 1983 年版，第 172 页。
② 同上。

衡君”的错误：

> ……一方面他觉得北方从事文学者的观念，对于海派的轻视的受
> 屈，一面是当他提到“海派”时，自己却俨然心有所慑，以为自己也
> 被另人指为海派了的。……他不宜于担心别人误认他是海派，却应当
> 同许多在上海方面可尊敬的作家一样，来将刊物注意消灭海派恶习的
> 工作。①

沈从文并且明言海派作家及海派作风非独存于上海，不过在北方不至
于“如上海那么稀奇古怪”，如上海“早已不能再引起羞耻感觉，早已把它
看成平平常常事情了”。沈从文并未相应地提及“京派”，甚至未出现这一
词汇。他对“北方作家”的不满，是他们对于海派仅只采取缺少尊敬、藐
视与轻视的态度，是“过于恕道了”。“过分的容忍，固可见出容忍的美德，
然而严酷检讨与批评的缺少，实在就证明到北方从事文学者的懒惰处。”②因
而他仗义直言，大声疾呼“不拘南方北方真正对文学有所信仰的友人”共
担“恶风气的扫除”之重任。

尽管如此，上海的作家仍然被激怒了。一些左翼作家亦卷入论争，纵
议“京派”“海派”。讨论马上超过小说、文学，直指文人习气、文化作风
等。上海文人借题发挥，极尽调侃讽刺之能事回敬“京派”。逻辑大致是：
海派固然百无一是，京派也并不怎么样。立意似并不太高。

徐懋庸对沈的海派定义提出异议：“文坛上倘真有‘海派’与‘京派’
之别，那么我认为商业竞卖是前者的特征，名士才情却是后者的特征。”姚
雪垠称“海派有江湖气、流氓气、娼妓气；京派则有遗老气、绅士气、古物
商人气。而后者这些气质，都充分地体现在知堂老人的生活、脾性与文章

① 沈从文：《沈从文文集》，第 12 卷，花城出版社 1983 年版。
② 同上。

上"①。胡风也批评了京派作家的创作倾向：他们讲究"风雅""优美"，却不能实实在在地反映北方地区普通人的生活。

曹聚仁的应答较为典型，似乎影响也较大："京派不妨说是古典的，海派也不妨说是浪漫的；京派如大家闺秀，海派则如摩登女郎"，"若大家闺秀可以嘲笑摩登女郎卖弄风骚，则摩登女郎也可反唇讥笑大家闺秀为时代落伍。梅博士若嘲笑刘大师卖野人头，刘大师也必斥梅博士不懂文艺复兴"。他进而指出，双方彼此彼此：

> ……胡适博士，京派之佼佼者也，也讲哲学史，也谈文学革命，也办《独立评论》，也奔波保定路上，有以异于沈从文先生所谓投机取巧者乎？曰：无以异也。海派冒充风雅，或远谈希腊罗马，或近谈文士女人；而京派则独揽风雅，或替拜伦出百周纪念千周纪念，或调寄"秋兴"十首百首关在玻璃房里，和现实隔绝；彼此有以异乎？曰：无以异也。海派文人从官方拿到了点钱，办什么文艺会，招纳子弟，吃吃喝喝；京派文人，则从什么文化基金会拿到了点钱，逛逛海外，谈谈文化；彼此有以异乎？曰：无以异也。"一成为文人，便无足观"，天下乌鸦一般黑，固无间乎"京派"与"海派"也。②

周作人似没有直接参加这一论争。但他对上海的厌恶鄙视却早已了然，甚至比沈从文有过之而无不及。早在 1926 年，便有"上海气"一文，认为上海文化是"买办流氓与妓女的文化，压根儿没有一点理性与风格。这个上海精神便成为一种上海气，流布到各处去，造出许多可厌的上海气的东西，文章也是其一"。"上海文化以财色为中心，而一般社会上又充满着饱

---

① 《芒种》，第 8 期，1934 年。
② 曹聚仁：《笔端》，上海书店影印本，1988 年版，第 185 页。

满颓废的空气,看不出什么饥渴似的热烈追求"①。此后他并未停止过适时地针砭上海,例如,在《上海的戏剧》文中,讽刺上海新编"宣统皇帝招亲"之类"大众化"剧目,而为北京的"贵族气"小作辩护。

对这一论争,当时沈从文的反应则是失望。他认为无非又是一次"海派"的表演:

> ……许多文章的写成,都差不多仿佛正当这些作家苦于无题目可写,因此从我所拈取的题上有兴有感。就中或者装成看不明白本文的,故意说些趣话打诨,目的却只是捞点稿费……或者照派别风气,作着所谓"只是那么幽默一下"的表示。②

他不得不再次澄清和解释被发挥得面貌全非的"名士才情"和"商业竞卖":

> 我所说的"名士才情",是《儒林外史》上那一类斗方名士的才情,我所说的"商业竞卖",是上海地方推销×××一类不正当商业的竞卖。正为的是"装模作样的名士才情"与"不正当的商业竞卖"两种势力相结合,这些人才俨然能够活下去,且势力日益扩张。③

鲁迅的立场态度是颇堪玩味的。不像其他上海作家那样感情投入,价值掺入;他以局外人自居,对京海两派各予揭示,貌似中立。在《"京派"与"海派"》一文中,写下这段著名文字:

---

① 《语丝》,第112期,1927年1月1日。
② 《沈从文文集》,第12卷,花城出版社1983年版,第164页。
③ 同上。

北京是明清的帝都，上海乃各国之租界，帝都多官，租界多商，所以文人之在京者近官，没海者近商，近官者在使官得名，近商者在使商获利，而自己也赖以糊口。要而言之，不过"京派"是官的帮闲，"海派"则是商的帮忙而已。但从官得食者其情状隐，对外尚能傲然，从商得食者其情状显，到处难于掩饰，于是忘其所以者，遂据以有清浊之分。而官之鄙商，固亦中国旧习，就更使"海派"在"京派"的眼中跌落了。[①]

在京海双方的对立冲突中，鲁迅的地位十分特殊。这首先不是由于他的胞弟周作人被奉为京派盟主，而是他自身在经历、教养、情感、趣味、作风、做法等方面兼有京海的复杂状态。此时，他作为"洋场居民"已逾六年；此前，他在古都北平，却也生活了多年。因而他被一些人视为京派，而被另一些人视为海派。当创造社、太阳社激烈左倾之际，一些左派青年攻击鲁迅是"资本主义以前的一个封建余孽"，由于"资本主义对于社会主义是反革命，封建余孽对于社会主义是二重的反革命"，所以"鲁迅是二重性的反革命人物"[②]。另外，鲁迅定居上海之后，闻一多等北京的自由派作家却视鲁迅是个"海派"人物而轻视。

在《"京派"与"海派"》文中，鲁迅比较了两地文人不同的生存环境和内在的文化机制，却只道及它们的劣处。虽然在文中，他对京派似更多嘲弄，但这与其说是对京派文化的理性认识，也许更主要的是对当时北平文坛失望之情的流露。他感慨曾有"五四"光荣的北平学界"功成身退"，"殊有隔世之感"。他内心对古都北平深沉的眷恋和深刻的精神联系，是多数上海文人所不具的。不妨摘引几段文字：

---

① 鲁迅：《花边文学·"京派"与"海派"》，人民文学出版社 1973 年版，第 13、14 页。
② 杜荃：《文艺战线上的封建余孽》，《创造月刊》第 2 卷第 1 期，1928 年 8 月。

　　……但北方风景，是伟大的，倘不至于日见其荒凉，实较适于居住。（致章廷谦，1930 年 3 月 27 日）

　　北平毕竟还有古物，且有古书，且有古都的人民。在北平的学者文人们，又大抵有着讲师或教授的本业，论理，研究或创作的环境，实在是比"海派"来得优越的，我希望能看见学术上，或文艺上的大著作。（《"京派"与"海派"》，1934 年）

　　先生如离开北平，亦大可惜，因北平究为文化旧都，继古开今之事，尚大有可为者在也。（致郑振铎，1935 年 1 月 9 日）

鲁迅对上海和海上文人的厌恶极深，并不稍让于沈从文、周作人，此类文字在更易表达私人感情的书信中尤多，亦不妨随意摘引几例：

　　我与中国新文人相周旋者十余年，颇觉得以古怪者为多，而漂聚于上海者，实尤为古怪，造谣生事，害人卖友，几乎视若当然，而最可怕的，是动辄要你生命。（致黎烈文，1933 年 7 月 8 日）

　　……上海所谓"文人"之堕落无赖，他处似乎未见相比，喜造谣者，此地亦称为"文人"；而且自署是"文探"，不觉可耻，真奇。《季刊》中多有关于旧文学之论文，亦很好此种论文，上海是不会有的，因为非读书之地。我居此五年，亦自觉心粗气浮，颇难救药。（致郑振铎，1933 年 10 月 27 日）

　　……上海的文坛，正如商场，也是你枪我刀的世界，倘不是有流氓手段，除受伤以外，并不会落得什么。（致徐懋庸，1934 年 9 月 20 日）

　　上海实在不是好地方，固然不必把人们都看成虎狼，但也切不可一下子就推心置腹。（致萧军、萧红，1934 年 11 月 12 日）

　　……我到上海后，即做不出小说来，而上海这地方，真也不能叫人和他亲热。（致萧军、萧红，1934 年 12 月 6 日）

　　……所谓上海的文学家们，也很有些可怕的，他们会因一点小利，要别人的性命。但自然是无聊的，并不可怕的居多，但我却讨厌得很，恰如虱子跳蚤一样。……我最讨厌江南才子，扭扭捏捏，没有人气，不像人样，现在虽然大抵改穿洋服了，内容也并不两样。其实上海本地人倒并不坏的，只是各处坏种，多跑到上海来作恶，所以上海便成为下流之地了。（致萧军、萧红，1934 年 12 月 26 日）

　　教育界正如文学界，漆黑一团，无赖当路，但上海怕比平津更甚。（致李霁野，1935 年 7 月 17 日）

　　深得两地文化真昧的鲁迅，在革命文化的大潮之中，对他所心仪并寄予厚望的古都和京派文化小心翼翼地规避，而对他赖以存身的上海却不掩饰强烈的憎恶，恰成对照。正是在他深恶痛绝的"下流之地"，他居住长达十年，并在自嘲为半租界的虹口"且介亭"（"租界"两字各取其半）中制造"投枪"和"匕首"，成为新文化的旗手。人们或许可因鲁迅定居上海的事实断定他对两地文化的倾向，"与其京也宁海"，但这种推断显然有些牵强，将居处的选择简单地与文化的认同等量齐观，而后者的因素却要复杂得多。透过京海之争，我们看到的更多的是新文化建设内在的矛盾冲突，以及纠缠于理想与现实、理性与情感之间的鲁迅的困窘。

　　兼济京海的鲁迅，内心复杂感情的平衡后来发生了变化。兄弟失和可能是导致这种变化的微妙因素之一。一年之后，在他写的第二篇关于京派海派的短文中，一反前文尽量表现出的不偏不倚的公允态度和平和语气，借两地文人合作办刊、出版信笺，嬉笑怒骂。"京派大师曾经大大的奚落了一顿海派小丑，海派小丑也曾经小小的回敬了几手"；"这回却有了真正老京派的题签，所以的确是正统的衣钵"，"有些新出的刊物，真正老京派打头，真正小海派煞尾了"。① 所谓京派大师、老京派，皆指周作人。似讽"老京派"与"小海派"同流合污而一概鄙之，但这却似乎有借题发挥、个人意气之嫌。

京沪两地作家的龃龉，后来因靳以、巴金等在北平编辑《文学季刊》和《水星》杂志，从中搭桥谋和而化解。卞之琳在回忆《水星》的文章中说："当时北平与上海，学院与文坛，两者之间，有一道无形的鸿沟，尽管一则主要是保守的，一则主要是进步的。一般说来，都是爱国的、正直的，所以搭桥不难。"② 傅艾以回忆说："通过这两个刊物，还打破了北京和上海、学院和文坛的隔阂和界线，沟通了作家之间的团结。……京海两派之间的区域打开了，北京青年的文章在上海报刊出现了，而上海作家也支援了北京的同行。"③

但这场讨论的影响所及，使"海派"恶名远播，并未因上海文人的辩护而稍减，也是事实。直到抗日战争时期，唐弢仍以"海派"为骂名抨击"孤岛"的通敌作家。

它的另一次余波，是 1947 年 3 月，上海《文汇报》的《新文艺》周刊第一、第二期连载杨晦的长文《京派和海派》，又挑起京海之争，并提出用"农民派"来代替京派和海派。在第二期刊载夏康农的文章《是该提出人民派的称呼结束京派与海派的无谓纷争的时候了》，平息这一争论。它被认为是不利于文艺界团结的。曾经无所顾忌的文坛论争被纳入政治轨道；而用"农民派"或"人民派"替代京派与海派的愿望，透露了文化一统化和政治化的信息。

1930 年代初这场莫衷一是、浅尝辄止的文坛论争，果然是文人相轻的无谓纷争，或者仅仅是有碍团结、但无伤大雅的旧事逸闻。我们难道没有

---

① 《且介亭杂文二集·"京派"和"海派"》，人民文学出版社 1973 年版，第 69、70 页。
② 《读书》，1983 年第 10 期。
③ 艾以：《艺海一句》，四川文艺出版社 1986 年版，第 115 页。

感到在新文化早期，"五四"知识分子对新文学发展深切的忧虑和严肃的目光？我们难道没有感到在上海和北京，确实存在着两种差异极大的不同文化，它们具有很不相同的文化价值、文化趣味、文化传统和生长机制，以及彼此之间的相轻、对立和冲突？形容京派的是这样一些词语：贵族的、高雅的、严肃的、传统的、学院派的（或士大夫的）、官的；描述海派的则相反：通俗的（或庸俗的）、大众的、白相的、功利的、商业化的、现代的、殖民地的（洋场的），等等。然而，在中国现代化过程的整体性的文化演进之中，它们果然是这样不可调和地对立冲突，并有高下之分的吗？它们难道没有相互错失和误解了什么？视它们为同一进程的不同层面，或者维持新文化大潮内在的必要张力的不同方向，是否更有意义？

第三章

京派和海派：

双峰对峙

如前所述，文坛上京派和海派的下限，一般认为至抗日战争前。战争的爆发中断了中国社会变迁和文化发展的常态。城市沦陷，大学内迁，文人学者大举迁移流徙。战时的文化中心是一种特殊现象。事实上，它随中国的这批文化精英的迁徙而转移。虽然1940年代京派有朱光潜、汪曾祺殿后，海派亦有张爱玲等的遗响，但毕竟不复为一种显著的社会文化现象，不久之后，便销声匿迹，最终成为一段历史。

　　一种具体的文化形态，无不是时代、社会环境和传统交互作用演化的产物。在我们这个个案中，在同一时代历史条件下，城市社会环境和自身文化传统差异或许是造成两地不同的城市文化的主要原因。

　　越过文坛，去认识20世纪二三十年代初产生京派和海派的城市社会和文化环境，也许是必要的。

一、大上海崛起：雄极一时的海派文化

1928 年，初到上海的美国记者斯诺，为我们描绘了一幅上海风景，今天的读者也许还能从中感受到上海 90 年前的都市气氛。上海商业区的街道乍看起来同样也像是一个古怪的马戏场，熙熙攘攘，活跃得令人难以置信。三教九流的人们都在公共场所干着各自的勾当。人们高声喊叫，比手划脚，在车水马龙的街道上穿来穿去……从喧闹的早晨到凄凉的夜晚，咳嗽声、吐痰声不绝于耳，孩童的便溺在路旁汇流成溪；鸨母在叱骂着；永安游乐场里同时演出十多台戏，传出假嗓子的尖声演唱；附近的旅馆里充斥着身段丰满的少女，她们是被招来供外省来的富商纵欲的；乐队呜呜咽咽地奏着乐曲，为满身珠光宝气、身段苗条的中国舞女伴奏；无数的乞丐和他们赤身露体、肮脏的孩子们在苦苦哀求着；迷人的黄浦江上，布满外国军舰，以及杂乱的货驳、帆船，还有千百艘点着灯笼的舢板，在月光映照、严重污染的江面上就像是点点萤火！[①]当然，斯诺并没有忘记描绘"大片宁静的公共租界和法国租界，却很像美国东海岸或法国城镇最好的住宅区"。他惊诧于这种奇异的对照，并"曾经错误地认为整个中国也是这种情况"。

新感觉派小说代表之一的穆时英在他的一篇小说中称上海是"地狱上的天堂"。这是其中的一个场景：

> 电车当当地驶进布满了大减价的广告旗和招牌的危险地带去。脚踏车挤在电车的旁边瞧着也可怜。坐在黄包车上的水兵挤箍着醉眼，瞧准了拉车的屁股踹了一脚便哈哈地笑了。红的交通灯，绿的交通灯，

---

① 斯诺：《斯诺文集》第 1 卷，新华出版社 1984 年版，第 18、19 页。

交通灯的柱子和印度巡捕一同地垂直在地上。交通灯一闪，便涌着人的潮，车的潮。这许多人，全像没了脑袋的苍蝇似的！一个 Fashion Model 穿了她铺子里的衣服来冒充贵妇人。电梯用 15 秒钟一次的速度，把人货物似地抛到屋顶花园去。女秘书站在绸缎铺的橱窗外面瞧着全丝面的法国 Crepe，想起了经理的刮得刀痕苍然的嘴上的笑劲儿。主义者和党人挟了一大包传单踱过去，心里想，如果抓住了，便在这里演说一番。蓝眼珠的姑娘穿了窄裙，黑眼珠的姑娘穿了长旗袍儿，腿股间有相同的媚态。

最准确地把握住上海特点的，是日本作家村松梢风。他称这个不可思议、会改变一切的城市为"魔都"。一批日本作家留下了描写上海的作品。新感觉派作家横光利一创作的名为《上海》的长篇小说，深刻影响了上海文坛。

我们注意到，一个世纪以来上海的兴衰和城市地位的消长起落，与它的文学反映正好相反：伴随上海成长为世界闻名的国际大都市的文学描写，大多是丑恶、阴暗的。上海几乎成为荒淫无耻、邪恶堕落的同义词。"海派"所含有的贬损意味，反映的正是话语背后一种群体的认知意愿。不仅从北京、从内地看上海，无不怒火满腔，看出"阶级仇民族恨"；上海人自己写上海看上海，从晚清的官场小说、谴责小说、黑幕小说到近世的鸳鸯蝴蝶派和新礼拜六派，亦无不是以暴露黑暗、揭露丑恶为能事，更不必说《子夜》《包身工》以及 1930 年代进步电影等左翼文艺了。被称为"东方巴黎""冒险家的乐园"的上海，同时被描写为"妖冶的荡妇"或"鬼蜮世界"，建国后的标准术语是"资产阶级大染缸"。

今天，我们已经知道这种文学反映是"半真半假"的，并有可能探讨其所隐含的复杂原因。美国著名政治学家白鲁恂指出，近世以来中国知识分子和官方意识形态对中国现代化的桥头堡通商口岸城市的诋毁，以及对

"口岸华人"的丑化，多少是出自民族主义感情的羞愤之情；而另一些现代知识分子，主要是作家，"接受了半列宁主义的观点，把通商口岸看成国际资本主义的罪恶工程"。然而：

> 许多人已经忘记——或许根本不知道，在两次世界大战之间，上海乃是整个亚洲最繁华和国际化的大都会。上海的显赫不仅在于国际金融和贸易；在艺术和文化领域，上海也远居其他一切亚洲城市之上。当时东京被掌握在迷头迷脑的军国主义者手中；马尼拉像个美国乡村俱乐部；巴塔维亚、河内、新加坡和仰光不过是些殖民地行政机构中心；只有加尔各答才有一点文化气息，但却远远落后于上海。①

白鲁恂想要澄清的事实之一，是通商口岸制度完全不同于殖民地制度，租界的最高行政权力虽由外国人掌握，但日常事务的实际管理大半还由中国人把握。是中国人自己在通商口岸的环境中建设了"最成功的中国现代化社区"，为大多数人提供了远比凋敝动荡的内陆农村——它在文学、电影中被描写成与邪恶、放荡的上海对立的道德源泉和世外桃源——更为充裕、进步的生活。在上海的中产阶级家庭，更培养出了一种"独特有力的上海文化"，它造就了"在现代社会感到自如但又了解中国传统的下一代"，王安、贝聿铭、马友友等杰出人物便是代表。

由于中国现代化的特定路径，上海畸形地集骄傲和屈辱、繁荣和罪恶于一身，造成国人根深蒂固、难以排解的憎恶情结。具有强大震撼力的现代大都市的崛起，可能是一种奇迹，却并非不可解的神话。透过苦难的血污、激烈的民族感情和严厉的道德批判，我们看到的是一个前所未有的、

---

① 白鲁恂：《中国民族主义与现代化》，《二十一世纪》总第 9 期。

新奇的社会文明。

由于资本主义工商业是上海的经济基础和经济命脉，商业化、商品化成为上海城市社会最基本的特性。上海的经济在开埠后是由转口贸易、对外贸易和金融业构成并启动的，至 1890 年代才有实质性的工业。商业始终是上海最传统、最发达、最深入人心的行业。据 1935 年的调查，上海公共租界就业人口的职业构成，工业占 18.28%，商业占 16.36%，银行、金融和保险业占 0.95%。1946 年对上海 290 万就业人口的统计，从事商业的人口多达 57 万，占 19.76%；在商业中心的黄浦区和老闸区，从商人数比例高达 45% 和 44%。[①] 被称为海派文化中心的四马路正是在这一商业繁华区。

上海最重要的社会政治制度是租界制度。近代上海的大部分历史是在"三家二方"的特殊格局中演变发展的。由华界、公共租界和法租界三家分辖的上海，成为中西二方两种文化冲突融合的交汇点和大熔炉，并构筑了近代中国供各种主义、流派、组织和人物表演的得天独厚的大舞台。如果我们正视社会进步往往是以"恶"的形式开路的这一相当普遍的历史事实，那么就有必要在现代化主题与民族感情的强烈纠缠中，校正理性和感性的天平。

上述两重因素，造成了上海第三个最基本的特征：国际化和开放性。我们看到作为现代化的关键因素，"交往的压力"带来了传统社会的土崩瓦解，人口流动成为衡量城市新陈代谢的最好指标。上海人口的急剧增长和"五方杂处"局面的形成，恰当地说明了上海无所不包的巨大容量、吞吐吸纳的恢弘气概，以及前所未有的多样性。上海人口由 1910 年的 128.9 万，1927 年的 264.1 万，1935 年的 370 万，发展到 1949 年的 506.3 万。在沪的外国人数，由 1900 年的 7400 人，1920 年的 2.7 万人，1930 年的 5.8 万人，发展到 1942 年日军侵占时，外国侨民多达 15 万人。外国人国籍包括：英、

---

① 邹依仁：《旧上海人口变迁的研究》，上海人民出版社 1980 年版，第 35 页。

美、日、法、德、俄、印度、葡萄牙、意大利、奥地利、丹麦、瑞典、挪威、瑞士、比利时、荷兰、西班牙、希腊、波兰、捷克、罗马尼亚、越南等几十个国家。[①]

最能说明当时上海开放性的个例，是在 1930 年代迫害犹太人狂潮中，上海成为犹太人的庇护地。逃出德国而四处碰壁的犹太人，在上海可以无需签证而登岸。1938 年至 1941 年，就有近 1.8 万犹太人到达上海。曾任民主德国首任驻华大使的柯尼希、1977 年到 1979 年出任美国财政部长的布卢门撒尔、著名音乐家约阿希姆兄弟等，都是当时的"上海人"和"上海孩子"。1980 年代，他们曾组织"回乡"旅游团，重访并感谢他们的第二故乡和再生之地。

上海作为移民社会的特征同样表现在在沪华人的人口构成之中。对三界华人籍贯的调查显示，上海本籍人仅占不足 30%：公共租界内这一比例最高时是 22%（1930 年）；华界这一比例最高时为 28%（1932 年）。外地人籍贯构成，比例最高的依次为江苏、浙江、安徽、广东、湖北、山东等。市区的人口密度，以公共租界为例，1935 年每平方公里 5.1 万人，1940 年至 1942 年即达到每平方公里 7 万人。作为面向太平洋的最大的通商口岸，上海与世界交流的绝不仅仅是商品货物，而是要成为西方文化思想输入的前沿阵地。交往、通讯、流通的中心功能，正是工商业大都市往往也是文化中心的隐蔽的优势。

这一切，造成了上海"魔都"的法力和魅力："最愚蠢的人到了上海不久，可以变为聪明；最忠厚的人到了上海不久，可以变为狡猾；最古怪的人到了上海不久，可以变得漂亮；拖着鼻涕的小姑娘，不多时可以变为卷发美人；单眼皮和扁鼻的女士，几天后可以变成仪态大方的太太。"[②] 这种神奇的传说，突出了现代大都市那种大熔炉和加速器的性质：不可抗拒地摧毁、改

---

① 邹依仁：《旧上海人口变迁的研究》，上海人民出版社 1980 年版，第 91、141 页。
② 陈旭麓：《说"海派"》，《解放日报》，1986 年 3 月 5 日。

造旧传统，在不同文化的交互作用中产生新的共同文化。对上海这个大熔炉，不妨说它的炉火是资本主义工商业，它的搅棒是西方文化。在沸腾翻滚、令人目眩的都市生活后面，是一个传统社会向现代转型的冷峻的理性化进程。

在上海建立的中国最发达的资本主义社会经济系统，固然是畸形的、扭曲的、很不彻底的和中国式的，但它毕竟具备了资本主义最本质的一些特征，并由此发育出一种新的文明和文化。建立在大工业生产和商品经济基础上，依靠成本核算和资本积累以扩大再生产的资本主义生产方式"牵涉着一套独特的文化和一种品格构造。在文化上，它的特征是自我实现，即把个人从传统束缚和归属纽带（家庭或血统）中解脱出来，以便他按主观意愿造就自我。在品格结构上，它确立了自我控制规范和延期报偿原则，培养出为追求既定目的所需的严肃意向行为方式。正是这种经济系统与文化、品格构造的交融关系组成了资产阶级文明"[1]。在上海近百年来这场整体性的社会变迁和文明演进中，造成了上海城市文化中也许是最重要、最有意义的一种文化成分：工商业文化。

"海派"无论作为精神文化还是城市人格和生活方式，都离不开这层"商的文化"，虽然它往往被赋予贬义，但在社会现代化的历史逻辑中，它的主体价值无疑是正面的。工业化大生产，商品经济对小农经济和自然经济的摧毁，是一次人的解放。金钱、市场和机会造就的形式上的平等，意味着对基于血缘、地域、特权等先赋的特殊身份重要性的否定，意味着普遍主义和成就准则在主要制度领域的逐渐建立。因而，大都市总是不断制造着而且有时也成全着各种各样的"淘金梦"。例如上海著名的实业家荣宗敬兄弟、虞洽卿、朱葆三、叶澄衷、祝大椿、徐润等都是出身贫寒，从底层干起的。"灰姑娘"和"丑小鸭"正是产生于资本主义的神话。私有财产、

---

[1] 丹尼尔·贝尔：《资本主义文化矛盾》，三联书店 1989 年版，第 25 页。

自由竞争和能力原则对冒险精神的激励，培养和发展了企业家精神，它是工商业文化最富于进取性的灵魂。这种勇于开创、不断拓展、敢为天下先的进取精神，建筑在一整套理性化的观点、准则和行为方式上。从包括节俭、勤快、成本核算、簿记方式、契约关系、信用、守时、效率等在内的商业行为和基础性品质中，发展出了敬业精神、工作精神、契约精神、职业道德等商业伦理和意识形态。尽管这种工商业文化主要是由企业职工和企业家负载的，作为在工商业社会中居主导地位的文化形态，它衍化渗透到了城市生活方式和城市人格的塑造之中，实际是无所不在的。

在制度组织层面的变迁，是职业的专门化和社会分工，以及城市人口的异质性造成的社会分化与分层，组织和交往方式的类型分化和复杂化。大量非家庭和亲属性，具有自治性质的行会、社会团体和社会组织的涌现，造成一个与高度集权的、纵向的权力结构不同的结构分化的社会组织网络。这部分意味着市民阶层的兴起，他们由制度化的领域之外，被纳入了组织化的社会结构之中。

上海大致是个横向的、社会化的城市。它在城市建筑和人文景观上的体现，是有"万国建筑博览会"之称的多样化的建筑样式，是纵横交错的便利的马路交通，采取欧洲联排式格局沿街建造的廉价而实惠的里弄住宅。在广场、俱乐部、公园、游乐场、工厂、商店、马路、里弄等公共场所和工作场所人们密集的交往和沟通中，形成着上海市民的共同文化：一种统一的生活方式、行为准则、价值观念和审美趣味。

市民文化是我们认识上海文化的一个关键。伴随市民阶层的兴起，产生于城市居民公共生活的市民文化，应当包括体现公民权利的政治生活和政治文化——这正是政治学中称为"公民文化"的内容。由于中国城市与欧洲城市的不同传统，以及半殖民地化的政治制度，这种公民文化的匮乏和薄弱也许是上海市民文化的一个显著的特点和弱点。然而，市民文化就其主要成分和功能而言，却是围绕市民闲暇生活的文化（家庭、婚恋、消费、饮食等）和娱乐文化。

在紧张、高速、拥挤、狭仄的都市环境生活的市民，自然发展出了与乡村社会很不相同的文化需求和审美趣味。闲暇之余，但求放松解脱、移情宣泄，这种市民文化消费的基本动机，确定了市民文化大致的取向。商业化的文化市场则为这种消费大众的娱乐文化提供金钱的驱动和利益的润滑，从而刺激和强化了市民文化的固有取向。确认市民文化以娱乐功能为主的正当性和合理性，不是什么难辩的理论问题。就不同时代和社会大多数人的生存状态而言，俗文化的基本主题莫不是围绕人之天性"食、色"为主的娱乐愉悦。只要看看古今中外的民歌土风、近世不同时期的市民文学（从薄伽丘的《十日谈》到冯梦龙的《三言二拍》），无不贯穿了男欢女爱、物欲人欲，便可明了。周作人指责上海文化"以财色为中心"，其实就市民文化的本性而言，大致不谬。

正是从上海这一特定的文化生态中，产生了上海文化的特殊气象，塑造了海派文化的品性。

商品经济和市场与文化的结缘，形成商品化的文化市场，确立了城市文化的经济机制和上海知识分子基本生存环境。文化成为商品，染上"铜臭"，向为人不齿。这正是海派被詈为"商的帮闲"的要害之处。但这不仅是对封建士大夫"言义不言利"的迂腐或清高的指责，还埋下了现代社会文化冲突和危机的基本线索。这一过程并非自"五四"始。正是由这个市场，造就了清末民初中国第一批以卖文为生的专业作家，由此，作家成为一门职业。商品经济所包含的冲决封建宗法社会的革命性，一开始就鲜明地体现出来。正是这种自食其力，无须仰人鼻息的经济地位，给中国作家前所未有的创作自由，塑造着他们的独立人格。一个例子是，无论对鸳鸯蝴蝶派作品如何评价，这些作家就政治观而言，多是反对封建专制统治的，他们对朝政时事的嬉笑怒骂、自由恣肆，也为前代文人所难有。沈从文说过："新文学同商业发生密切关系，可以说是一件幸事，也可以说极其不幸。"① 这正是一件事情的两面。正是借助这个"商品化",文学才最终告别了文人自娱或藏之名山的时代。新文学在上海的刊物和成就较多,也正是得益于这个发达的文化市场。商品化和市场机制奠定了上海文化两个基本的取向:商业化的利益驱动和世俗化的大众导向。于是,当经济利益超越了艺术规律,市场用它"看不见的手"选择和操纵文化时,便开始了文化的不幸和危机。

如果说文化市场为上海文人提供了丰厚的生长土壤,那么租界制度则在一定程度上为文化发展所亟需的思想和言论自由,乃至人身安全提供了并非无意义的制度保障。在封建专制的中国,政治与文化之间消长涨落的关系,是一个专门的课题。在政治清明的"盛世",时常伴有上层文化和士大夫雅文化的昌盛,但在政治松弛、统制废懈的时代,往往有真正的百家争鸣、思想和艺术的活跃。如果说五四时期,帝制崩溃之后,军阀割据,社会政治的混乱和动荡,为思想文化的发展提供了一个相对宽松的历史间隙,那么上海租界无疑维护了这种自由。这个治外之地既藏污纳垢,也藏龙卧虎,它不仅在清廷的屠刀下保护过康、梁等维新党人,而且出版了《共产党宣言》和《资本论》,成为中国共产党的诞生之地。1920 年代初,国共两党的中央机关都在上海。在介入新文化运动的过程中,国共两党在上海曾有初次合作:1922 年合作创办上海大学。不堪北方军阀迫害的北京教授、文人曾几番南下,1927 年后新文化中心终于由北京南移上海,租界的功用是重要原因之一。直至抗战初期,上海沦为孤岛,因美国尚未参战,租界当局尚可保持政治中立,"许多报刊书店,挂上一块美国注册的招牌,照样可以依靠'言论自由'四个字出书印报"。②

充裕的都市物质生活,发达的文化事业和基础设施,便捷的沟通和交往,租界提供的相对稳定的社会生活和相对宽松的舆论环境,使上海形成

---

① 沈从文:《沈从文文集》,第 12 卷,花城出版社 1983 年版,第 182 页。

② 赵家璧:《文坛故旧录》,三联书店 1991 年版,第 122 页。

相对优越的聚集吸收知识分子的生态环境，上海成为知识分子集中程度最高和流动性最大的城市，形成了当时中国最庞大的知识阶层。至 1949 年底，在上海从事文化性质职业的知识分子达 11 万多人。[①]

伴随上海畸形而繁荣的发展，所展示的不仅是光怪陆离的社会世态，而且是一种蔚为奇观的城市文化现象。

在这块产生了鸳鸯蝴蝶派和新礼拜六派的文学园中，也产生了为社会、为人生、为革命、为政治、为艺术、为美、左翼、右翼、第三种人、国家主义、民族主义、社会主义、无政府主义、三民主义等无所不包的各种文学作品、流派、思潮、团体；哺育并向中国提供了如苏曼殊、包天笑、徐枕亚、张恨水、周瘦鹃、陈独秀、胡适、鲁迅、茅盾、巴金、叶圣陶、郭沫若、郁达夫、刘半农、徐志摩、戴望舒、林语堂、瞿秋白、蒋光慈、丁玲、柔石、胡也频、周扬、夏衍、田汉、洪深、聂耳、胡风、穆时英、施蛰存、徐訏、张爱玲、钱锺书、杨绛、傅雷等一代文化精英。

把目光越过文学界，情形同样令人炫目。

京剧由南派而为海派，名噪一时，已如前述。在这个年轻的城市，所聚集的剧种之多，戏曲剧团、演员人数之众和阵容之强，为中国之最。产自浙江的越剧、苏北的淮剧、苏州的"市宝"评弹，以及扬剧、甬剧、锡剧等，皆在上海大成气候，更遑论上海本地的沪剧、滑稽戏等。上海成为这样一个舞台：无论哪个剧种、哪个剧团、哪个艺术家要想取得全国性的影响，获得广泛的社会承认，必须要在上海打响，跳过这个"龙门"。

在中国绘画由南宗而衍为海上画派的同时，上海成为新兴的油画、雕塑、版画、水彩画的基地。通俗美术的发展更为迅猛。由 1884 年创刊的中国最早的画报《点石斋画报》发轫，各种画报纷起，连环画、漫画、广告画、月份牌年画等繁盛一时。

---

① 邹依仁：《旧上海人口变迁的研究》，上海人民出版社 1980 年版，第 104 页。

新兴的艺术手段和娱乐形式迅速改变着上海的文化景观。学堂乐曲、西洋音乐、电影和话剧的引入，马上在上海获得良好的生长，上海成为中国最有影响的交响乐、电影和话剧的基地。以"大世界"为典型的现代游乐场，以及歌厅、舞厅、电影院、公园、跑马场等现代游乐业的兴起，对城市文化和市民生活方式产生了重大的影响。

面对品目繁多、流派纷呈的文坛、画坛、剧坛，我们确实难以指认哪家哪派为"海派"之正宗，令人不禁感到："海派"难道首先不是这样一种巨大恢弘的文化气象吗？

这种艺术文化在极大的范围内急速推进演化，也许用"新文学"或"新文化运动"都不足以涵括。这一过程同样并非自"五四"始，虽然是由"五四"而明显加速的。有一位左翼理论家对此作过一种解释，虽然后来他收回了这一观点，承认是一种错误。这就是胡风的论断：

> 以市民为盟主的中国人民大众底五四文学革命运动，正是市民社会突起了以后的、累积了几百年的世界进步文艺传统底一个新拓的支流。那不是笼统的"西欧文艺"，而是：在民主要求底观点上，和封建传统反抗的各种倾向的现实主义（以及浪漫主义）文艺；在民主解放底观点上，争求独立解放的弱小民族文艺；在肯定劳动人民底观点上，想挣脱工钱奴隶命运的、自然生长的新兴文艺。[1]

在这样的理论框架中，不仅"五四"新文化运动作为一场革命，而且其后社会文化在不同领域、不同层面和不同方向上的迅速发展，得到合乎逻辑的解释。不妨说，现代上海波澜壮阔的都市文化，是中国市民社会发育生长的文化表现。在这种迅速高涨的市民文化大潮中，新文学和新文化

---

[1]　胡风：《胡风评论集（中）》，人民文学出版社1984年版，第234、235页。

运动则是一支劲流或主流。

这正是京海之争的一个背景。在这里，有意义的问题或许是：作为精英文化的新文化和严肃文学在上海的命运及其流动嬗变。

作为一种文化共同体，城市社会包含了体现不同的功能、价值的多种文化要素。在这文化结构的两端，对应的是上层文化和通俗文化。

占社会主导地位的意识形态，即由知识分子操作、诠释，反映统治阶级意志的主流文化，相对于民间非制度的、世俗的大众文化（mass culture）或通俗文化（popular culture），是一种高级文化，或曰上层文化（high culture）。它承当着凝聚、整合社会，为社会发展提供价值导向等特定的社会政治功能。它包含了知识分子从事思想、学术、文化艺术的积累、传递、批判、创造，追求关于人生和社会的终极价值的思想文化和艺术文化。相对于世俗的、功利的、娱乐的通俗文化（或曰俗文化），具有超拔于世俗生活的非功利的严肃品性的知识分子文化，是一种雅文化，是一种精英文化（elite culture）。

从审美体验上去感受这两种文化，则"高雅的或美的文化严肃地追求与过去筛选下来的优秀遗产相媲美。与艺术和批评遗产中的典型性作品相媲美。而通俗文化，亦即大众文化或平庸文化，则只追求被大多数欣赏者在当前所接受，它几乎完全是为了娱乐，它只受制于这样的信条，即生产者对什么才会导致轻松愉快的刺激的猜测。高雅文化要求其欣赏者想象的参与，要求一种在感受力光谱上深刻而机敏的反应。通俗文化则是无要求的，它只需要其欣赏者最低限度的注意，以一种通常只限于喜欢或不喜欢的表浅反映为满足"。①

在不同的历史时期，文化的雅俗之分既表现为其样式、体裁（如旧时

---

① R. 威尔逊：《商业社会中的高雅文化和通俗文化》，《国外社会科学》，1990 年第 8 期。

诗文为雅，小说为俗；当代则听京戏为雅，听流行音乐为俗）；但主要表现为其内在的境界和趣味（taste），因而现代的所有文化艺术门类，如诗歌、小说、美术、音乐、电影等，均有雅俗之别，前者往往被冠以"纯""严肃"等字样，后者则加以"通俗""流行"的前缀。一个简易的判别，雅文化的欣赏者总是社会上的少数人，而通俗文化的顾客则是商业社会和大众传媒造就的广大群众。"阳春白雪"和"下里巴人"之别古已有之，但大众的通俗文化与精英文化的紧张对立之势却是近世工商业社会造成的。两种文化的冲突、抗衡、消长和嬗变，构成现代社会文化发展的基本线索。

　　不少研究都论及近世以来在沿海商业发达地区，位于上层文化和通俗文化连接处的商人的社会地位不断提高，取代了相当一部分从前由士大夫、乡绅承当的社会功能（如编写族谱，修建宗祠、桥梁、道路等），但未能深入到控制意识形态的层次。在清末上海租界社会，绅商和买办所处的正是这一地位。叶小青的研究指出，在租界的少数从事西学译著的维新派士大夫，对当时社会的直接影响更小，他们的追求抱负几与普通市民无关。加之租界本是无传统道德约束的"化外之地"，因而，"当时的租界出现了上层文化真空，换言之，上海平民文化是在不受上层文化控制的情况下形成的"。① 可以说，"五四"新文化在上海，从一开始起就面临与强势的市民通俗文化的较量。

　　上海文化的动力结构，是在一种大致为横向的社会结构中，商业具有主导地位和主导价值。商、知、民对应了上海城市文化中最重要的三种成分，工商业文化、知识分子文化和市民文化。这并不是说，上海城市文化仅由这三者构成，只是强调它们文化价值的重要性。作为它们的背景，是中国传统文化与西方文化杂糅变形，并有江南地域文化成分的复杂文化混合物，所谓"半殖民地"的文化，姑称为"洋场文化"。

---

① 《二十一世纪》，1990 年创刊号，第 46 页。

新文化运动的第一个十年之后，在上海发生的令沈从文焦虑的情况是：尽管新文学在上海得到蓬勃的发展，上海成为新文学运动的中心，但擅长写三角恋爱的张资平仍然比张起严肃文学大旗的鲁迅、郁达夫拥有更多的读者，更不用说盛极一时的"新礼拜六派"了。可以说，上海的市民文化仍然在按照自己的逻辑迅速发展，并不因"五四"而改变。事实上，沈从文的愤怒确实是直指商业化的市民文化自身的，包括"庸俗小说、彩色封面、全张广告、闲话、电影明星、大会议、文学名流、请人写书评、美国流行音乐，等"。①

今天，我们不再会把彩色封面、流行音乐视为大逆不道，或把供市民消遣娱乐的通俗文化视为对"五四"新文化的反动，但却不难体会沈从文的忧心。这种态势至少包藏着一种危险：严肃文化极易被商业化排挤、腐蚀，或为强势的市民文化所吸引改造。现代社会严肃文化与通俗文化的冲突对峙，正是在上海格外尖锐触目而令人关注。

"五四"新文化和现代知识分子并非对上海文化没有影响，但这却是一种微妙的交互作用。上海特定的文化生态和知识分子的生存境况是解释的角度之一。和生活在大学和沙龙中"吃皇粮"的京派学者教授不同，上海的文人大多是在文化市场中"讨生活"，聚集在报刊、书店、出版社、剧团等周围，是卖文（艺）为生的自由职业者（想一想愤世嫉俗的上海"亭子间作家"）。他们没有北京学院派知识分子那样明显高于大众的经济地位，没有相对独立的生存空间、文化空间和生活方式，缺乏明显的阶层性和优越感——在文化人格上，这正是作为知识分子角色意识的精英意识。在一体化的城市生活方式中，他们实际上置身于市民社会之中，与市民生活浑为一体。张爱玲坦率地道出了上海知识分子的这种大众取向——它孕育自文化商品市场，构成了独特的精神价值：

---

① 金介甫:《沈从文传》，时事出版社1990年版，第194页。

我很高兴我的衣食父母不是"帝王家"而是买杂志的大众。不是拍大众马屁的话——大众实在是最可爱的雇主，不那么反复无常，"天威莫测"；不搭架子，真心待人，为了你的一点好处会记得你五年十年之久。而且大众是抽象的。如果必须要一个主人的话，当然情愿要一个抽象的。①

类似地，《生活周刊》的创始人邹韬奋直言："大众的伟大的力量是新时代的最最重要的象征！""所谓大众的'大'，不是高大的'大'，却是广大的'大'……我们要极力使我们的文化工作能影响到大多数人，影响的范围越广大，文化的功效也就越大。"② 因而，有别于《新青年》《新月》等以大学以上文化程度的知识分子为对象的杂志，《生活》将自己的对象放在广大市民：中学生、店员、识字的工人等。其宗旨不在于从学理上探索、发展新思想，而在于用通晓明畅的语言传播新知识和新思想，从而奠定了上海新闻、杂文写作与"鲁迅风"并存的韬奋式"小言论"的文路，流传至今，几乎成为上海文学的主流风格。

相当多的上海知识分子不避世俗，"能上能下"，或者原本从商业性的消费文化、俗文化中脱胎而出（如叶圣陶、刘半农曾是鸳蝴派的写家；当代上海的著名画家程十发、应野平、陆俨少等，都曾画过连环画），与市民文化平滑地连接。其重要的结果，是创造出一种雅俗共赏的"高品位的通俗文化"。例如《良友》画报、《生活》周刊之类，以及当今在全国晚报中首屈一指的《新民晚报》。

和北京文化雅俗分明地分为两层不同，上海的精英文化是在市民文化的土壤中发育的，"五四"和左翼文化运动是它助长的风和雨；而北京的精

---

① 张爱玲：《私语》，花城出版社 1990 年版。
② 《韬奋文集》第 1 卷，三联书店 1987 年版，第 157 页。

英文化则是从官员、士大夫的营垒中分离出来的，逐渐形成了独立于权力结构和市民的生存状态。这也提示我们，与京派奠基学术、发展艺术、批判和整合社会的精英文化不同，海派文化就总体价值和旨趣而言具有的市民文化属性。

上海知识分子文化的大众取向既是文化商品市场造就的，又得到了左翼文化理论的推动。比较而言，更为重视对社会生活的介入和对现实的改造（例如，1937年在"孤岛"之中推行新式拉丁化文化的热忱）；重视社会宣传、传播和群众的接受心理；重视利用和发展新的文化媒体和样式，例如新电影、新话剧、新木刻等。由于在精英文化和通俗文化两端之间，有一个广大的中间地带，那么上海知识分子对海派文化的一大贡献，是发展了一种雅俗共赏的高品位的大众文化，它已成为海派文化本身的特性之一。1930年代上海进步电影、文学、美术、戏剧、《生活周刊》等，为大众所喜闻乐见，而其中的上乘之作，则是精英文化的精品，在文化史中占有了不朽的地位。

上海特殊的社会环境和历史条件造就了海派文化的特殊面貌和矛盾的品性。

兼收并蓄，不拘一格，容纳百川，开风气之先的海量和气派，是海派最鲜明的特征，是现代工商业国际都会的中心地位，以及商业化的文化市场和自由竞争所铸就的。丰富多彩的多样性永远是文化繁荣的基本前提和主要标志，但却并非文化自身发展的至善之境。市场竞争永远不能代替文化的批判和选择。20世纪二三十年代海派文化的无所不包与当时社会发展的庞大芜杂、鱼龙混杂相对应。五光十色固不失为一种特色，却缺乏文化积累的方向性或文化整合的凝聚性，以及在商业社会中文化的健康发展必不可少的、借以保持其尊严的自律性。但是，我们也许应当视当时的上海文化为一种历史的片段，一个连续的发展过程的初级阶段，它尚未凝聚、提升，形成一种占支配地位的制导力量，便中断了。这种未及成熟有待深入的状态于是也成为一种特色，一种传统。时至今日，我们仍可听到这种说法：海派文化最大的特点就是没有特点。当然，这句话由上海人自己说出时，不只是自我调侃，也是自我恭维。

新奇变异，趋赶时尚，通俗娱乐，是海派文化的另一大特征，没有比创新求变的变异性的形成，更能说明都市生活方式对文化趣味的塑造。日新月异的社会生活，紧张快速的生活节奏，尤其是快速的交通工具给城市人带来了心理和视觉的新景观、新感受；新的文化载体和文化模式（如报刊连载小说、电影）变更了文化生产的方式、速度和观众审美的要求；而用不断变更的新颖产品刺激消费者购买欲的商品生产和市场机制，用同样的方法制造着文化产品和文化大众，导致文化出产与消费商品同构的即时性、短暂性。这一切的沉淀内化，便是上海市民求新求变的共同趣味。短平快的文化生产固然可以满足市民大众的消费需求，它的商品性、功利性、短暂性与文化建设的非功利性、超拔性和积累性，以及审美的恒久性本质上却是不相容的。同样，通俗化、大众化意味着文化向大众的普及和靠拢，然而，精神文化就其提升人们精神境界的陶冶作用，必须保持"审美的距离"。当商品规律压倒文化的内在规律，消费大众彻底成为艺术家的上帝时，神圣和崇高便不得不让位于世俗。审美的距离一旦消失，剩下的便是即时性的感官享受。通俗距庸俗乃至恶俗，实只有一步之遥。于是便有招摇撞骗、噱头刺激、声色犬马、肉麻当有趣的种种"恶性海派"，充斥着娼妓流氓气和小市民趣味。其影响如此之大，以至于在外地人的话语系统中，"海派"指的就是"恶性海派"；这二者的区分，则大抵是由上海人自己作出的。

二、北平：京派文化的乐土

我们注意到话语系统中"京派"和"海派"的区别：当"海派"被一

以贯之地指称从 20 世纪初直到当代，包括艺术文化、生活方式、城市人格等不同层面的上海城市文化时，"京派"却似乎专指 20 世纪二三十年代北平时期的文学和知识分子文化，作为一个历史概念而退出了当代北京的语言流通。当上海将"海派"不断泛化，源源不断地打出海派电影、海派服装、海派饮食，乃至海派袜子的旗号时，北京推出的却是京味小说、京味电影——用"京味"取代了"京派"。

话语背后的社会学事实是，近百年来，上海大致是一个连续的、一体化的发展过程，"海派"的要素渗透在社会生活的各个方面，并不同程度地保存下来。作为对比，在 20 世纪急剧的社会变革中，北京城市的发展却是动荡而断裂的。它明显地分为几个时期，其社会结构、城市性质、地位、经济和文化面貌均大不相同：1911 年以前，作为封建统治中心的"帝京"时期；1911 年至 1928 年，作为北洋政府所在地的"旧京"时期；1928 年至 1949 年，首都南迁后作为文化古都的"北平"时期；1949 年以后，作为中华人民共和国首都的北京时期。在习惯上，人们往往将 20 世纪二三十年代的北京统称为旧京，或"老北京"。

从辛亥革命后至抗战爆发前的二十多年，是北京由帝国千年的政治中心向新时代转换过渡的时期，尤以 1928 年首都南迁后至抗战爆发前的 1930 年代初为典型。今人忆及老北京，多指那段时期——孕育了京派文化，同时也是千年古都京味最醇厚地道的时期。

旧京和北平社会及其文化，作为历史剧变中的一个片段，似乎并不像旧上海那样为人研究和重视——近年来对它的回忆和介绍主要是在民俗的层面上。北平社会和文化固然是一种短暂的过渡状态，但是，它所昭示的城市社会、文化生态和文化形态，真的没有超越时空、历久弥新的价值吗？

几乎所有论及"京派"的文字都抓住了"官"的特点。京城是和官场相连的，它的语言成为中国的"官话"，它最重要的产出是京官。这确实是切入京派文化的一个恰当角度。

作为封建王朝的统治中心，北京的城市社会和文化生态是围绕政治权力、官场生活而结构的。大一统的封建社会，政治与意识形态的一统，教育制度（主要是科举制）与选官制度的合一，使政治中心与文化中心高度重合。国子监、翰林院、史馆等最高层学术机构的建立，修书志史的活动，尤其是科举制度，使首都具有最强大的聚集、吸收知识分子的功能。"槐花黄，举子忙"，清代每次进京应试者多达万人以上。许烺光称京城对中国人的吸引力正像好莱坞对于满怀明星梦的美国人："直到 20 世纪 30 年代，十分相似的情境在中国的京都还存在着。那里，数以千计的官迷，年轻的、年老的，聚集在饭馆和省、乡的会馆里等待着长久渴望的与某位要人的会面或信使的到来"，"一旦机会来临，就意味着名利会在一夜之间变为现实。"[①] 进京会试的学生和钻营官场的外籍人，聚居在城南正阳、宣武、崇文三门商业繁华区的会馆。会馆的规模"视各地京官之多寡贫富而建设之"。至民国初年，北京的会馆共为 402 所。

说北京是围绕政治权力轴心而组织运转的，是个官气弥漫的大官场并不过分。森严的等级制度、礼制规矩，使严格的社会分层成为城市社会的一大特征。一个极端的例子是，从清初起，满汉分居于内城、外城。按清制，居住内城的旗人不准开戏院，不准开旅店，不准从事工农业生产，不准经营商贾，更无迁移之自由。在兵民合一的体制下，旗人只以吃粮当兵为天职。居住外城的汉官汉民则不得在内城留宿过夜。当时的城市，更像是个军事基地，一个大营房。社会不同阶层生活的隔离和分离，不仅表现在宫城、皇城、内城、外城的城市构造，以朝廷和官员为中心，"东富西贵，南贫北贱"的居住格局，也体现在社会生活的一切方面。官员、士大夫阶层与市井社会泾渭分明，生活在各自的空间。例如，平民的天然游乐场是

---

① 许烺光:《美国人和中国人》，华夏出版社 1990 年版，第 198 页。

天桥和什刹海，富贵人家则在家中听堂会。事实上，在相当长的时期内，清朝是禁止官员和八旗子弟进戏园的。

据光绪三十四年（1908）民政部统计，北京内外城 70.5 万人口中，不事生产、专食俸禄的八旗人口 23.68 万；全市 27 万就业人口中，官员、士绅、书吏、差役、兵勇等共 4.2 万（其中内外城官员共 8120 人）。则八旗和士绅官员共约 28 万，占总人口的 40%。[①]庞大的消费阶层和较高的消费水平，刺激促进了北京的商业、饮食业、服务业。围绕宫廷、王府奢华的生活方式和官员士大夫的人情酬酢、消遣娱乐，则发展了北京的建筑、园林工艺，景泰蓝、玉器、雕漆、玻璃、镌刻、珐琅、石刻等工艺，甚至暖房种植技术、金鱼养殖技术等，更不必说戏曲、字画、书肆等文化行业的发达。

而王官文化也自上而下地扩散渗透。店号多有朝政要人的题匾；最初作为御膳的烤鸭流出了宫廷；向来作为宫廷"御药房"的同仁堂，大比之年给每一位进京应试的举人送一帖"平安药"；内联升鞋店的经营绝招是备有《履中备载》，详录京城王公贵族的穿鞋尺寸、爱好式样，以供巴结官员送礼之用；名肴有"一品豆腐""一掌河山"（熊掌）"状元饺"等；地名则有兵马司、刑部街、霞公府、王大人胡同、马大人胡同等。随着社会发展变化，不同阶层之间的隔离封闭虽然破除，但由于社会生活严格地分为上下两层所致的大雅大俗的文化特征，仍明显地留传下来。这就是京城巍峨壮丽的宫阙城楼与黯淡低矮的民居、富丽整肃的帝王气与自然天成的野趣、宫廷菜官府菜与炸酱面、硬面饽饽之类大众饮食的尖锐对比。没有比在北京更令人明白地辨别出"大王之风"和"庶民之风"、"宫廷风味"和"庶民风味"。仍以地名为例，既有石驸马大街、百花深处胡同等极庄重、雅致的名称，又多有臭皮胡同、驴肉胡同、母猪胡同、屎壳郎胡同、小脚胡同、

---

① 北京大学历史系：《北京史》，北京出版社 1985 年版，第 356 页。

裤子胡同之类极粗鄙的地名——民国后，大多按谐音加以雅顺，如驴市大街为礼士大街，母猪胡同为墨竹胡同等。最可笑的却是将灌肠胡同改为官场胡同。

对北京极为发达、源远流长的官文化不妨深入探究。它显然包含了在京城发酵腐朽的王公贵族、官僚、士大夫的生活方式，仕途门径、官场政治之类为政做官的官场文化，以及更为泛化覆盖社会的官本位的政治文化。但是，就基本功能、主体成分而言，它首先是一种官方文化，即封建统治阶级意识形态的正统，也即封建社会的上层文化和精英文化。帝京文化的动力结构，是一种自上而下，由官场和政治主宰驱动的纵向结构。

官、知、民分别对应了官的文化、知识分子文化和市民文化。由于封建时代官员和士大夫身份的重合，士大夫知识分子在价值观念、人格心态上依附于官场政治，知识分子文化只占有一个狭仄的、不很确定的文化空间，虽然它也发展出了有别于宫廷和民间，以高雅清逸为特点的文化趣味和文化样式。主要由传统文化与地缘的华北文化结合而成的古都文化，只是一个相对比较次要的背景。如果说官和士大夫知识分子的文化奠定了日后"京派"文化的基本品性和面貌，那么下层的民间文化所造成的，正是"京味"。在另一个方向上，宫廷和士大夫的文化，也汲取了京味民间文化的营养。

在清王朝崩溃后，"城头变幻大王旗"，北京作为北洋政府的首都又承当了17年政治中心，这种文化结构虽然松动不实，仍大致保持着。直到1928年国民政府迁都南京，北京才为之一变。

北平在北京历史上是一个特殊时期的暂用名。自1928年改名，降为特别市，至1949年，北平时期共21年。上一次是自洪武元年（1368）明朝建都南京，至永乐元年（1403）计划迁都北京，北平的名称使用了35年。

变化是从1911年推翻帝制开始的。共和制的建立、五四运动的洗礼，以及 1924 年冯玉祥进京逼宫，深刻地改变了北京社会。曾经笼罩北京几个世纪的狰狞凌厉的帝王气消退了。昔日的王公贵族不仅威风扫地，甚至生计无着，沦为车夫、保姆者亦大有人在。王府宅第在变卖和荒废之中。至1928 年，偌大的一个官场迁移南下，"争名者于朝，争利者于市，自十七年以后，怀抱着这两种希望的人，不免要与这座古城告别了"。[①] 北平的城市性质、社会面貌遽变，不仅丧失了曾经凝聚、结构北京的强悍威严的政治、军事机能，而且也丧失了历来由宫廷官场所驱动、刺激的经济功能。一度百业凋零，堂会戏、大饭庄、会馆等，都失去了原有的价值，有的则永远退出了社会生活。

王气黯然的故都，宽厚温柔、和平幽默的民气却在上升，弥散着文化古都萧散悠远的韵致。

一批前朝的王府成为民国的大学新址，象征性地显示了城市机能的新旧转换。郑王府典质给了中国大学；民国大学的原址是醇亲王府南府；华北大学租用礼王府；平大女子文理学院在九爷府；协和医科大学原址为豫王府；燕京大学原是睿王多尔衮的别墅"睿王园"；辅仁大学建在了庆王府花园的废墟上；平大工学院的校舍则是端王府遗下的旧屋；清华园是淳王奕誴的别墅花园，人称"小五爷园"……

这并非仅仅是个象征，而是城市属性和机能由政治、军事中心向文化中心的实质性转化。没有工业和其他支柱产业的北平，文化教育遂成为最重要的事业，成为城市的命脉。一般认为，1930 年代前期的北平市面，靠一些大学中学维持繁荣。[②]1931 年，北平的高等学校 26 所，几占全国之半。著名的国立大学有北京大学、清华大学、北京师范大学、北平大学等，私立大学有燕京、辅仁、协和、中法等。中等学校，1929 年为 48 所，1938 年为 88 所；初等学校，1935 年为 246 所。北平有两个国立研究院（北平研究

①　《故都北京社会相》，重庆出版社 1989 年版，第 200 页。
②　邓云乡文，见《燕都》1989 年第 6 期。

院和中央研究院之一部），有全国最大的图书馆，建筑、文物、文献、资料、书籍之丰，成为学术研究最便利之处，其他的专门文化机关不能悉数。曾有人作过计算：每年中央汇北平的教育文化费 400 余万元，加之清华、燕京、协和等特殊财源及其他学校机关，每年约 1000 万元。大中小学生以 10 万人计，每人以每年消费 100 元计，两下相合，则北平市因教育事业而流通的金额，总数在 2000 万元以上，"这不能不说是北平的生命线"。[①] 依靠教育文化事业而生存的人口成为城市就业人口的重要部分，曾经围绕官场运转的民生系统转而为学校和学生服务了。一个显著的例子，是会馆衰落之后，大学周围的学生公寓则如雨后春笋。1930 年代初，北平的公寓多达 300 余家。北大周围沙滩一带的公寓，住满了旁听生，"那年代北平人是很信任学生的"，老板既敢赊账给学生，过时拖欠也不催索。一蹶不振的饭馆业改弦更辙，围绕大学大量开办以学生为主要对象的小饭店、小饭铺，以至街头饭摊——学生戏称为"普罗"饭摊。"每到中午下课，满街人头攒动，这里有北大正式生、旁听生、落弟'举子'，预备报考北京的宫门口三条生，还有从事革命的地下工作者和进步学生"。民初即兴旺的旧书业生意兴隆，众多的书摊、书肆成为北平人的公共图书馆，形成北平著名的人文特色。东安市场、隆福寺商场均设有书店书业（直到 1980 年代，东安市场才成为纯粹的商场）。一位当事人描述 1930 年代厂甸的旧书摊：在南迄琉璃厂中间、北迄国立师范大学"里许之长"的路上，书摊之多，"如果挨次仔细浏览，不遗一摊，那么至少要破费两天的光阴"！

　　形成北平文化生态和文化氛围的，并不仅仅是随帝制王道崩解而至的和平、宽弛，以及淳厚的古都民风的回升，它被注入了由五四运动发祥、以科学、民主为号召的新思想和新空气。北京大学以古旧学府之身而施牛

---

① 铢庵:《北平漫话》,《宇宙风》, 1936 年第 19 期。

津式的自由教育，所倡导的那种博大精深、民主自由、不拘一格、兼容并蓄的文化新风，也许是"五四"精神与古都文化相结合的典范。1930年代初的北京大学，"在那里至今还没有'拖尸'，没有交际夜，没有选手阶级，运动明星，没有东宫西宫，不大捧皇后宫女，没有许多别的大学所常有的东西。大家自由地读书，自由地生活。一千上下学生，从四十多岁到十七八岁，来自中国的各部，来自蒙古、新疆、日本或美国，包含有无数不同经验的人。然而在他们之间没有歧视，也不故意地来接近。每人呢帽上都佩有一白地黑字，朴素大方的'北大'两字校徽"。院门口停着"胡院长五百元买来的高头大汽车"以及新旧不一的包车，走下隐士式的启明老人（周作人），口含旱烟袋，脸喝得红红的科学大家冯祖荀；外貌极像德国人的李四光先生……而令人想起"从前蔡校长时代，开大学评议会时，左面坐着红帽子的陈独秀，右面坐着曾穿过黄马褂的辜鸿铭的故事"。[①]

　　北大所开创的风气，造就了一个时代的文化精神，而文化首府北平可能受惠最深。台静农回忆当年辅仁大学的兴办，也有同样的自由宽松，不拘一格："若按现在大学教员任用条例，不经审查，没有教学资历，或者学历等等，绝不可能登上大学讲台的。可是六七十年前旧京的文化背景，自有它的特异处，那里有许多人，靠着微薄的薪俸以维持其生活，而将治学研究作为生命的寄托，理乱不闻，自得其乐，一旦被罗致到大学来，皆能有所贡献。"[②]

　　文教事业既成为北平的命脉，知识分子也成为备受尊重的阶层。重要的是，他们并不仅仅是"精神贵族"。当时行政官员，一等科员月薪100元；一般公私立中学教员月薪一百几十元，初高中都教的教员及国语、英语、算学教员，月薪则在200元以上。清华、北大等国立大学的"部聘教授"，月薪最高500元，一般400元（鲁迅在厦门大学任教，月薪400元，后住

---

① 《宇宙风》，1936年第20期。

② 《台静农散文选》，人民日报出版社1990年版，第5页。

上海，南京大学每月送干薪 300 元）；由学校聘用的教授，月薪 300 元以上（私立大学因经费不足，情况各异）。因而，北平的教授，多有包车、厨子和几个保姆，社交酬酢之多，"就是一般大学教书的，也几乎天天有饭局"，即使在家中，"天天开饭摆圆桌"，名教授就更不在话下。由于"那时北京的著名学者为数不多，各大学争相聘请，因此一人常兼数校，而且各支全薪，月薪有一千五百元左右。他们生活盈余，多用于买房，不但自用，而且出租"。[①] 而当时北平的生活标准和物价水平是：保姆月薪 3 ~ 6 元；厨师 8 ~ 12 元；拉包车的车夫 16 ~ 20 元；小学教师 30 ~ 70 元，小学校长约100 元。1 元（现大洋）折合铜元为 230 大枚，而一斤五花猪肉仅 30 大枚；黄金每两 105 元，老妈子最低工资月薪 3 元，也合 1 克黄金价值。"四口之家，每月 12 元伙食费，足可维持小康水平"。[②]

我们不妨浏览一下 1933 年前后北平的大学中文科知识分子的阵容：

北京大学：胡适，沈兼士，刘半农，罗常培，周作人，郑天挺，马叙伦等；清华大学：陈寅恪，朱自清，俞平伯，闻一多，吴宓，金岳霖，冯友兰，邵循正，雷海宗等；北师大：钱玄同，黎锦熙，高步瀛等；辅仁大学：顾随，孙人和，余嘉锡，邓文如等；燕京大学：郭绍虞，陆侃如，顾颉刚等。……这些学校培养出如吴晗、余冠英、吴组缃、林庚、何其芳、卞之琳、李广田等一批优秀学生，成为新一代学校和文坛的中坚。

精深的学术传统，自由的文化风气，浓厚的人文气息，便利的研究条件，优渥的物质生活，均成为北平吸收优秀人文的资源和号召。因而尽管首都南迁，政局动荡，北平的人口并未减少，学术刊物、大学招生还在年年增加。北平或许不再是中国文化的心脏，却是中国高等教育和学术的中心，在中国新文化建设的进程中，确立了不可替代的地位和价值。

---

① 《我的父亲顾颉刚》，《文汇报》，1991 年 2 月 24 日。

② 邓云乡文，《燕都》，1989 年第 6 期。

北京经五四运动摇身一变，由旧文化的堡垒而为新文化的中心，文化的主题、价值取向截然不同，文化的固有功能、属性却并无不同——知识分子文化作为精英文化的功能、价值和传统。从帝京、旧京至北平，城市的文化动力结构的相应变化是：曾经凌驾控制知识分子文化的"官"的阶层不复存在，具有独立意识、主体意识的现代知识分子阶层正是这时才得以凸现。强烈批判和否定传统文化的"五四"知识分子，承当了文化重估和再造的使命。正是在北京，知识分子作为文化精英的意识和文化前驱的使命格外自觉强烈，构成与上海文化殊异的京派文化的主体价值。

大城市成为文化中心的关键，是吸引聚合知识分子的机制和能力。在旧时代，政治中心与文化中心在大城市的重合，是靠官场和科举制。近代上海，是靠发达的文化市场和文化事业、国际大都市和租界造成的自由环境，以及富庶、繁荣的城市生活。"五四"以后的北京，靠的则是作为文化古都和学术中心的特殊的人文传统、人文资源、人文环境，形成独特的文化生态。

形成北京有别于上海，成为精英文化大本营的最主要因素，一是高级学术机构。在旧时代，这是翰林院、国子监等；在现代社会，则是高等学校、图书馆、研究院等。其中最重要的，是优秀的文理科综合性大学。具有现代意义的大学，是在社会结构变迁和功能分化过程中，取代传统的宗教或政治权威，更新发展思想文化，重建价值准则和意识形态的中心机构。以大学为中心，形成并确立知识权威，于是成为社会现代化的重要指标。现代社会的知识分子以其知识和学问承当"社会良心"，代表社会良知；集中优秀知识分子的大学则不仅成为社会发展的思想库，也扮演"世俗化的教会"角色。随着社会知识化程度的提高，大学并且成为产生政治领袖的主要场所。大学的这种精英性质和社会功能，如牛津剑桥之于英国，哈佛耶鲁之于美国，北大清华之于中国，是十分明显的。同样作为教育文化中心，上海有别于北京之处在于，它最有影响的综合性大学多为教会大学，如圣约翰、震旦、沪江、东吴大学法学院等。众多的教会大学和中学对上海城市文化的影响不可谓不大，但宗教对于思想学术的控制禁锢，使教会学校虽可能产生少数具有超越性的人才，但在总体上难以担当为变革中的中国提供具有革命性的新思想新文化的重任。上海最负盛名的复旦大学，在1942年以前一直是私立大学。在当时的社会环境中，私立大学往往不如财源稳定的国立大学、教会大学易于发展。因而，上海始终缺少堪与北大比肩、作为众望所归的思想文化制高点的大学。

二是城市文化氛围和学术传统的差异。长期兼具中国最高政治中心与文化中心于一身的地位，长期成为社会上层文化、主流文化的主要源泉和载体的历史，使北京作为思想和学术中心，具有深厚的做学问的传统；同时，置身于政治与学术的张力之间，北京的知识分子和青年学生，往往在"做学问"和"干政治"两方面都有突出的表现，为外省所不及。一方面，北大和清华都具有深久的追求卓越、严谨精慎的学术风气和做学问的传统，造就了一批渊博精深的学术大家；另一方面，在现代风云激荡的社会变革中，又为中国贡献了一大批思想家、政治家、革命家，也是学生运动和学生领袖的主要产地。政治活动就其正面的文化价值而言，仍具一种超越世俗的精英属性。

在这样的背景下，解读当年京派作家的动机和抱负，对他们当有更多的理解和尊重。

不能不说，沈从文对海派文化商业化倾向的声讨，包含了对源自"五四"的新文学传统的捍卫和维护。他仍以宗教精神般的虔诚，奉文学为严肃的人生责任、高尚的人生理想，以超越世俗的非功利的态度，追求艺术的完美之境。他不能容忍以玩票白相的态度或以商品生产的态度对待文学，同时也反对以革命和政治取代文学。这种不为外力所左右，唯一忠实于艺术和内心的价值准则，以一种清醒的、坚忍的态度从事新文学建设，正是对"五四"文化、"五四"知识分子的精英性质的敏锐把握和提升，也正是为外界所感受的京派知识分子"贵族气"的精神内核。

不言而喻，文化和人格上的"贵族气"并不等同于基于权力、血统、财富的统治阶级的特权意识和骄奢富贵的品性，而是指在优势的文化和教育环境中陶冶养成的一种人格理想、精神气质和审美趣味。无论在中西文化传统中，它都对应一种勇敢、自尊、忠诚、仁慈、威武不屈、贫贱不移的高贵品性，以及高雅、精致的生活方式和审美情趣。它基本上是与上层文化、精英文化相对应的精神气质。例如，陈独秀援引尼采的分类，在《敬告青年》一文中称："有独立心而勇敢者曰贵族道德（Morality of noble），谦逊而服从者曰奴隶道德（Morality of slave）。"① 周作人则对文学中的贵族精神作过注释："我相信真正的文学发达的时代必须多少含有贵族的精神。求生意志固然是生活的根据，但若没有求胜意志叫人努力，去追求'全而善美'的生活，则适应的生存是退化而非进化的了。""文艺当以平民的精神为基调，再加以贵族的洗礼，这才能够造成真诚的人的文学……最好的事是平民的贵族化——凡人的超人化，因为凡人如不想化为超人，便要化为末人了。"② 他强调的是作为精英文化的高雅艺术和纯文学提升人的精神境界的功能。京派小说恰可以视作这样的标本：极为平民化、乡土化的题材和内容，却透出具有高度文化功力的艺术努力和雅致精到、极富书卷气的格调品位，即所谓的"贵族气"。

作为一种理想人格，高贵、尊严的对立面是趋炎附势、随波逐流、媚俗和粗鄙等。其所反映的已不仅是文化中的高下之分、文野之分，而对应了人类精神生活中崇高和卑下的两极。

越过文学论争，我们看到的还有京派作家对现代知识分子人格、角色行为的体识和坚守。在 20 世纪二三十年代民族、政治矛盾和社会动荡之中，对知识分子的功能、角色具有清醒的理性认识，并对"五四"传统和

---

① 陈独秀：《独秀文存》，安徽人民出版社 1987 年版，第 5 页。

② 周作人：《自己的园地》，岳麓书社 1987 年版。

"五四"知识分子的历史局限性进行批判性反思的，周作人如果不是第一人，也是最早具有洞见的人之一。他逐渐对成为时代特征的激进、浮躁情绪的新潮不断的运动产生了反感和警惕，确认身为作家，"我们自己的园地是文艺"，尽管世事纷攘，责任重大，"依了自己心的倾向，去种蔷薇地丁，这是尊重个性的正当办法"①。这正是文学家参与和报效社会的方式和途径。当你坚持"独立的艺术美与无形的功利"之时，你便已经报答和造福于社会了。如不因人害言，其所蕴含的真知灼见至今仍有价值。知识分子的类型、功能和社会角色多种多样，然而"救国之道，非止一端，根本要图，还在学术"（蔡元培）。中国所缺少的，难道不正是这种能够保持独立人格和批判精神，致力于基本学理和规范的建立，致力于学术、理论的积累和进步，以自己的专业能力和知识水准服务和参与社会的知识分子的角色意识和职业精神吗？

它的另一层含义，则是将对社会的关注首先转化为知识分子自我的完善和拯救，建立清晰的理性和健全的自省能力。周作人对发端于五四、以群众运动方式实行多数人的专制的弊端极为警觉和担忧，反对用任何集体、社会、政治的名义轻贱人性，抹煞个性，要求思想与文化的宽容，维护自由开放、兼容并蓄的五四精神。他认为用群众运动方式解决思想问题，对不合己意的思想动辄施以"社会制裁"，"个人的言动饮食几乎无一不在群众监督之下"，这种"蛮性的遗留"与现代性背道而驰，因为最大限度地保障个人自由，正是健康的理性社会的基本标志。"忘记了自己的责任，却来干涉别人事情，还自以为是头号的新文化，真是可怜悯者"②。他认为"现代的社会运动当然是有科学根据的，但许多运动家还是浪漫的，往往把民众等字太理想化了，凭了民众之名发挥他的气焰，与凭了神的名没有多大不

---

① 周作人：《自己的园地》，岳麓书社 1987 年版。
② 周作人：《谈虎集》，上海北新书局 1928 年版。

同"①。他后来断定左翼运动是建立在"狂信"基础上的"新礼教",语极偏颇,但他反对"遵命文学""新八股""洋八股""党八股",甚至"深感新的启蒙运动之必要"②,在今天看来仍不无价值,在当时更如空谷足音,不可谓不"超前"、不"贵族"。

京派文化的负面作用也显而易见。徘徊于政治与学术、读书与救国之间,固然是中国知识分子基本的生存困境;然而北京的知识分子在学界与官场相互依存和抵触的关系中,这种冲突更为痛苦尖锐,自有不少文人堕为"官的帮闲",更多的也许是官场对学界的控制、利诱,官文化对知识分子文化的渗透侵蚀,古都的官气、暮气和古朴保守的风气对文化潜移默化的影响。就文学风格和文人风气而言,由超拔脱俗到隐忍避世,由坚守学术到蜗居象牙塔,以及从精致讲究到邪僻晦涩,也只有一步之遥。这比较典型地体现在废名等人的文字风格和周作人的精神历程中。就沈从文而言,并非没有察觉。1934 年,他撰文批评废名的文字"趣味的恶化",认为"作者方向的转变,或者与作者在北平的长时间生活不无关系",与"北平所谓'北方文坛盟主'周作人、俞平伯等人"相同的趣味,使文字离"朴素的美"愈远,而有"畸形的姿态"。他批评废名的《莫须有先生传》"讽刺与诙谐的文字奢侈僻异化,缺少凝目正视严肃的选择,有作者衰老厌世意识"③。1935 年,沈从文将废名的后期作品与穆时英的大部分作品相提并论,认为"近于邪僻文字。虽一则属隐士风,极端吝啬文字,近于玄虚,一则属都市趣味,无节制的浪费文字"。在《新文人与新文学》的文章中,呼吁当前中国"最少的也是最首要的,倒是能将文学当成一种宗教,自己存心作殉教者,不逃避当前社会做人的责任"的新文人,并批评那些做人的权利特别多、做人的义务特别少的文人,"怕责任,怕拘束,因此,或以隐逸淡泊相

---

① 周作人:《永日集》,上海北新书局 1929 年版。
② 周作人:《药堂杂文》,北京新民印书馆 1944 年版。
③ 沈从文:《沈从文文集》,第 11 卷,花城出版社 1983 年版,第 99、101 页。

示,或以放辟邪侈为美"。① 这可能是针对谁的批评呢?

1920 年代末和 1930 年代初,围绕文化教育事业而结构的北平,成为名副其实的文化城——文化本位的城市。在那里,大学教授和知识分子处于地位优越的社会上层并备受尊崇。无论在当时还是今天看来,京派文人这种独特的生存状态和价值选择,都是一个罕见的历史奇观。作为一种短暂的过渡形态,它随着抗日战争爆发而被中断、破坏。京派教授大举南迁,梅兰芳避难上海租界,留京的京派盟主周作人附逆失节,北平社会和京派文化遂成为过眼烟云。这一事实使人们在比较京派和海派的优劣得失时,很容易作出这种评价:

> 这里有一个提示:京派是否只是一种社会基础脆弱、易于流徙的贵族精英文化,它会随战争和政局的变幻而存亡?而海派则是否是一种整体的生存方式,日军除了对它实施掠夺和占领之外,很少能增减什么,因为它与社会结合,是一种稳定的民众文化? ②

以京派中断的事实判断代替社会变迁和文化转型过程中的价值判断,也许是用现实发展中的偶然性否定了历史发展必然性领域(它是偶然性的集合)中的多样性,限制了我们文化选择和发展的想象力。

传统的中国城市和社会,以政治和权力为其轴心(近世则多为经济机制所取代),文化功能附丽于其上。政治中心和文化中心的长期重合在北京建立的文化优势,使得在政治支柱突然撤除后,在特殊的社会历史条件下文化支柱得以保存延续下来:文化教育事业成为城市的支柱产业,在一定程度上树立起知识权威,并进而发展了一种更为纯粹的、高雅的知识分子文化。这在中国的确前所未有,其基础自然脆弱而不稳定——它只是在历史

---

① 沈从文:《沈从文文集》,第 12 卷,花城出版社 1983 年版,第 167、170 页。

② 张仲礼主编:《近代上海城市研究》,上海人民出版社 1990 年版,第 1138 页。

的间隙中，因社会政治变动偶然造就的一出喜剧，而不是新文化建设和社会现代化进程中修成的正果。但是，这个稍纵即逝的文化奇观难道真的没有为我们留下什么？北平作为一种城市社会的类型，京派作为知识分子文化的独特价值、生存样式和生存机制，难道真的不能与新时代相容？它到底是历史给我们的证明还是启示？它是注定要消沉的如梦晚霞还是被乌云遮断的一片朝晖？回首历史，京派似乎被认真认识和理解较少，而以保守、传统、贵族气、学院派等为由，简单化地排斥否定较多。今天，当我们环顾世界，看到众多的大学城和文化城，当我们听到关于后工业社会的预言、知识社会、教育社会的构想，当我们在商业文化红尘万丈的俗爆气氛中再次面临当年沈从文所忧心的严肃文学的窘境、精英文化的流失，或许更能感悟当年京派文人在乱世之中的坚贞和那些许努力的价值，体味苦茶的清馨和那份书生意气的可贵。而老北京人则会对北京城的历史沧桑，生出一些荒诞的联想……

三、上海人：都市新人类

城市社会最重要的产出，是造就了一种"新人类"——都市人。他们与土地失去了自古以来的联系，密集地聚居在喧嚣的街市中，从事着各种闻所未闻的职业，形成着共同的价值观念、行为准则和生活方式。他们是城市文化的产物，又是城市文化的创造者。作为城市的人格化表现，他们的人格特征、文化心态、生活方式形成了一种独立的文化。因此，"海派"通常也被指称上海人所特有的某种作风做派、行为方式。和"海派文化"一样，海派作风或人格基本是贬义的，为内地人和文化人所不齿。标新立异，趋赶时尚，是海派；流氓大亨，翻云覆雨，是海派；竞奢豪华，派头十足，是海派；商人掬客，自吹自擂，是海派；门槛极精，敲诈欺骗，也是海派。在 1950 年代，对某人"有点海派"的批评，即意味着他染有某种资产阶级习气或作风。

指"海派"为上海人的人格特征、习性脾气的语言习惯，随着建国后城市和上海人群体人格的变化，久已废置不用。"海派"作风和人格已渐为人所淡忘。但在此，我仍愿在最宽泛的意义上使用这一词汇，以表示上海人区别于其他都市人的那些一目了然的人格特征。

余秋雨在他著名的散文《上海人》中，称明代文渊阁大学士、官至礼部尚书的徐光启（1562—1633）为"第一个精明的上海人"。这位生于上海、葬于上海的京官、士大夫，同时是个数学家和天主教徒，他死后既有朝廷追封加谥，墓前又有教会树立的拉丁文碑铭。他为上海留下了"徐家汇"的地名，以及一个辉煌的家族：他的第 16 代孙的外孙女倪桂珍，是深刻影响现代中国历史的宋氏三姐妹的母亲。于是，海南籍的"国母"宋庆龄便操有一口伊利诺伊州口音的英语和软款亲切的上海话。徐光启所表现的上海人素质，不仅是对西方科学文化敏锐开放的心态和学习吸收的能力，而且是在中国的社会现实中精明审慎、周旋权变的生存智慧和技巧。因此，他"不像湖北人张居正那样为兴利除弊深谋远虑，不像广东人海瑞那样拼死苦谏，不像江西人汤显祖那样挚情吟唱"[1]，但他实现了他的追求，达到了他的目的。

徐光启的世事练达、左右逢源是在官场中磨出的圆熟的智慧，而清末的海上狂士王韬（1807—1897）则可视作在近世东西文化冲突和社会变革中，由官场向市场过渡的近代上海知识分子典型。这位自诩"不作人间第二流，奔腾万里驾轻舟"的早期改良主义思想家、变法维新和君主立宪制的首倡者，正是从在上海的墨海书馆翻译西书求西学开始，由才气横溢的

---

[1] 余秋雨：《文化苦旅》，上海知识出版社 1992 年版。

封建士子一变为洋务秀才，再变为因向太平天国上书献策而遭清廷追捕的"长毛状元"，终变为因怀才不遇、放言狂行而名闻海上的狂人名士。

从徐光启到王韬，虽是知识分子的个例，却也不难看出其所蕴含的城市群体人格的特征。作为前置于中国传统农村社会的另一种社会群体，"海派"人格是西方文化、工商业活动、租界制度、移民社会等多种投影的重叠。海派被视为是一种"新派"，而这几乎是"洋派"的同义语。

上海无疑是中国受西方文化浸淫最深的城市。值得认识的是，上海在被迫接受西方文化以及与之冲撞融汇的过程中，与广大内地和广州等其他开放口岸相比，表现出一种特殊的更为从容平和的态度。在 20 世纪初强烈的民族主义情绪在全国高涨之前，上海人并没有强烈的排外情绪和排外风潮，已为许多研究者所注意。这在上海话中关于洋人、洋场的词语和称谓中可见一斑。广大内地和官方习称西人为夷人或洋鬼子，称租界为夷场；"独上海则妇孺老少，在昔迄今，均称外人为外国人"，对上海外人最多的英、法、美、德等国人，分别称"大英人""法兰西人""花旗人""迦门人"。从 1860 年代起，"夷场"之称也为"洋场"所替。有人附会为，一称其大，"场面曰洋，大观也"；二喻其异，如"外洋"。事实上，这是官方政治的产物。早在 1832 年，第一艘到达上海的英国商船"阿美士德"号的英人林赛，即与上海道台发生过"夷"字之辩。这场官司的最后解决是1858 年 6 月签署的《中英天津条约》，其中第 51 款称："嗣后各式公文，无论京外，内叙大英国官民，自不得提书夷字。"虽然如此，民间仍照称不误，独上海不然。姚公鹤解释："此非上海较内地文明也，接近且与外人有关系，故不敢不稍存体面耳。"[①] 这一解释道出了上海人与外人既有屈辱俯就，又有密切接触、互为依存的特殊关系。因而，尽管开埠之初上海人也有群起而围观、儿童见白人吓哭的经历，却毕竟不会有直到几十年后仍在北方农村

---

① 姚公鹤：《上海闲话》，上海古籍出版社 1989 年版。

广为流传的关于洋人的种种荒诞不经的传说。

对于普通市民而言，西化的价值和行为取向是通过洋油、洋烟、钟表仪器等器物的接触，西装西餐、舞厅马场等西方习俗和生活方式的传习，以及西式的市政管理等制度化的渠道加以影响塑造的。例如，租界的例禁不仅禁止随地便溺、在路上倾倒垃圾、马车洋车夜不点灯、小车轮响、聚赌酗酒斗殴、未经申报私自挖路开沟等，还包括禁止贩夫赤裸上身、攀折树枝，直到"肩挑倒挂鸡鸭"，要求挑粪必须加桶盖，等等，逐渐养成市民的公共意识和文明习惯。经常被内地人视为"人情狙诈""民风刁钻"的"沪人健讼"，以及沪人街头争执，往往"动口不动手"的胆怯懦弱，在很大程度上却是反映了在一种新的公共生活和社会规范中，一种新的意识、行为和素质的养成。

西方器物、生活方式、制度文化的示范、吸引，西方宗教和教育的输入和传播，使上海人不仅对西俗洋货趋之若鹜，进入洋行工作或出洋也成为上海普通人家的生活理想。到1875年，上海至少已有24所教习外语、培养涉外工作人员的学校，往往人满为患，而传统的科举则相对遭受冷遇。近世以来，上海作为出洋留学的港口，也成为最大的华侨基地之一。据统计，自1854年至1953年，中国留美学生共20606人，其地区分布为：来自上海的共2640人，占总数的12.8%，位居第一；其后顺序为广东（2334人）、江苏（1834人）、河北（906人）、北京（900人）、福建（780人）、浙江（757人）、四川（531人）。同期毕业生留美人数最多的12所大学按顺序为：清华大学、圣约翰大学、中央大学、交通大学、燕京大学、岭南大学、北京大学、金陵大学、复旦大学、西南联大、东吴大学、中山大学。北京的三校共派出2113人，居首；上海的三校共派出1626人，居第二。[①]这说明有一千多名上海学生是由北京和其他地方的大学赴美的。

———————
① 《教育研究》，1991年第1期。

这种价值观念的形成，与在上海出现了一个相对较大的为外国人服务的阶层——从买办、职员到仆役——直接相关。买办，正如租界一样，是中国被迫向世界开放的屈辱过程中的畸形产物。如果普通市民对西方文化的吸收模仿毕竟是表浅间接的，那么在买办和洋行职员中，这种影响和改造却是深刻的。他们成为租界混合、承递两种文化的中介和载体，事实上，他们的确创造了这种混合型的"洋泾浜文化"，其典型便是闻名的"洋泾浜英语"。在中西混合的生活方式中（如住洋楼、陈设中国家具），他们最先接受了西方的观念，放弃让女儿缠足的陋习，放弃要后人从政入仕的理想；他们也多参加西方式的体育活动、俱乐部活动，参与公共事业和慈善事业。在商务活动中，他们最先接受了诸如合同法、有限责任等西方法律思想和制度。并且他们介入了政治活动，其中亦不乏开明进步之举。例如1911年上海起义时，著名买办、商业巨头虞洽卿、王一亭、朱葆三等起了显著作用。虞不仅给革命政府以财政支持，还以一百万元收买了江苏巡抚程德全，促其反正。

上海滩著名的"硕学买办"郑观应（1842—1922）是其中的典型。他深谙西方文化，并对西方文化的冲击作出了不同凡响的回应。他曾受李鸿章委派，任上海机器织布局、上海电报局、轮船招商局等机构的总办，并以直接推动变法维新、由光绪皇帝命令刊行的《盛世危言》一书而成为当时最有影响的维新派思想家。值得注意的是，他提出了一套有别于非买办出身的改革者——他们更重视强兵、文化启蒙和政治改造——的改革方案。他明确认识到工商业在西方社会中的原动力作用，认识到现代世界日益成为一个商业竞争的世界，因而他更强调政府的经济职能，认为"商战"比"兵战"更重要，主张以发展工商业而立国和富国。他明确地为商人的社会地位呼吁，为商人的企业家精神和牟利的正当性正名，批评儒家文化阻碍商业发展的价值观念，成为近代中国使商人的思想观念合理化的第一人，他也可视作上海的工商业精神和上海人的商业意识最早自觉的代言人。

　　然而，商业活动和商业精神对上海人的造型、投影却殊为复杂。在市场经济和商业竞争中建立着一种自主性的人格，建立起个人权利、个人利益的明确概念和制度化的保障，建立起物化为金钱的成就准则，建立起基于经济合理性的长于算计的本领和实惠的生活哲学。上海人作为"理性经济人"的形象是如此深入人心，而被喻为"中国的犹太人"。然而，如果未能建立起一套与之相应的道德文化系统（如著名的新教伦理之于资本主义精神的关系那样），不受制约的单向的实利主义，马上会演化为赤裸裸的拜金主义。

　　这种在工商业社会从不鲜见的拜金主义与上海特殊的文化环境关联，而格外嚣张。这既因为传统儒家文化中匮乏资本主义工商业活动所需的精神资源，也因为租界本是个道德约束最薄弱的化外之地。对西方人而言，作为脱离了母体社会文化环境的殖民者，可以不受本国道德、文化的管束，与当地恶习同流合污而不感愧疚。对中国人而言，租界同样是化外之地，为传统所不容的种种皆可在租界堂而皇之，大行其道，市人则见多不怪。于是有以衣冠取人、见利忘义、唯利是图，以及"笑贫不笑娼"之类极端的无道德感和拜金主义的流行。1873 年，有人在《申报》撰文，将"申江陋习"归为七种：一耻衣服不华美；二耻不乘肩舆；三耻狎么二妓（么二为妓女中身份较低者）；四耻肴馔之不贵；五耻坐只轮小车（小车价廉）；六耻无顶戴（顶戴可用钱捐得）；七耻观戏就末座（末座最便宜）。上海时被称为"是非颠倒，黑白混淆"的世界。

　　1930 年代，鲁迅也嘲笑了上海人虚荣势利的脾性：

　　　　在上海生活，穿时髦衣服的比土气的便宜。如果一色旧衣服，公共电车的车掌会不照你的话停车，公园看守会格外认真地检查入门券；大宅子或大客寓的门丁会不许你走正门。所以，有些人宁可居斗室，喂臭虫，一条洋服裤子却每晚必须压在枕头下，使两面裤腿上的折痕天天有棱角。①

透过人情淡薄、世风不古的道德评价，我们看到的正是上海人人格的第三重投影。

由工业革命促进的城市社会，建立在包括大工业生产、契约关系、科层制度、专业分工等一整套理性化的运作和管理之上，城市造成了一种致密的、无情竞争的关系，将价值的重心转移到个人的实际利益上，从而彻底摧毁了以血亲群体人作为社会基础的传统结构。在资本主义的生产方式和生活方式中，人首先是独立的个体。这正是所谓"个人本位"的价值观念的社会经济基础。因而，城市社会学家都认识到由于个人主义、理性化、专业化、分殊化等所造成的大城市"缺乏感情"的非人格性。

与此同时，城市社区作为一个人口众多、密集居住、高度流动的异质社会，造成了一种新的人际关系。一方面是人与人前所未有的频密接触，一方面是这种接触所具的表浅性、短暂性、局部性和匿名性。在传统的村社生活和小型社区较为稳固、亲密的人际交往中，人们彼此相知相识的评价依据不复存在。人际的"次属关系"（secondary relation）取代了原先的直接关系。职业角色、衣冠、仪表、派头，以及汽车、住宅等遂成为超越原有功能的象征符号，正是由这些外在符号所构成的"印象"，成为人际评价的依据。这正是"以衣冠取人"现象的社会学解释。这种"空间距离缩小，导致精神距离扩大"，致使市民势利和世故的现象，作为城市生活的特征，不妨视为现代化的代价之一。显然，正是由于上海生活相对于中国社会的前置性，才使这种大城市属性确定的非人情化特征，被视为上海人的人格特征。今天，包括北京在内的大城市，我们都看到了类似的现象。

---

① 鲁迅：《南腔北调集·上海的少女》，人民文学出版社 1973 年版，第 125 页。

在一体化的市场和生活方式之中，经多年的沉积内化，上海人的群体特征是覆盖全社会、渗透到各阶层之中的。然而，确有一些构成"海派"气质的物质，是主要形成并附翼于某一阶层，主要由特定的群体承载并向社会扩散的。城市社会中，由于职业、财产、社会声望、教育程度、民族或地域等因素而形成不同的阶层，在实际生活中不难感受。它们之间的变迁、流动、分化、冲突的交互作用，可以从阶级斗争、思想史、文化史等各种角度去分析透视。社会分层是社会学的专门理论。对人群按主要由职业所形成的社会地位进行分类，不失为一种简洁明了的方法。

西方社会学家将城市群体划分为六个等级：

1. 由企业家、银行家、公司董事和律师组成的上流阶级；2. 小企业主、商人、大公司专业人员和高薪雇员；3. 专业人员、职员、小商人、推销员；4. 工头、熟练工人和手艺人；5. 半熟练工人和非熟练工人；6. 贫民。按最通俗的分类，它们分别构成了社会的上层、中层和下层。1932 年，上海华界157.1 万就业人口中主要职业构成大致是：从事农业，16.8 万，占 10.71%；工人 32.6 万，占 20.74%；从事商业 14.9 万，占 9.5%；家务劳动 31.8 万，占 20.25%；无业 25.7 万，占 16.34%；学徒、佣工 9.2 万，占 5.9%；劳工、杂业（车夫、肩夫、理发、镶牙、扦脚、擦背等业）17.2 万，占 11%；其他（教育、政府机关、公交、军队、警察、记者、工程师、会计师、医师等）8.8 万，占 5.61% [①]。我们不难意识到，对上海人价值观念、行为方式影响最大的几个阶层分别是：由实业家、企业家、商人等构成的工商业精英阶层；由职员、小业主、专业人员、公教人员等构成的职员阶层；数量最多的工人阶层；以及众多的劳工和无正当职业者构成的贫民阶层。

从 19 世纪六七十年代建立、发展的上海民族资本工商业，到 1930 年代已初具规模。据刘大钧统计，1932—1933 年，全国各种现代工厂共 2435

---

① 邹依仁：《旧上海人口变迁的研究》，上海人民出版社 1980 年版，第 106 页。

家，其中 1200 家在上海；其时，上海的工人占全国的 43％，工业产值占全国的 50％。1933 年，上海有私营工厂 3000 多家，其中工人 30 人以上并有动力机械的 1182 家（即所谓现代工厂），分属 16 大类 150 余种行业。1949 年，上海私营工厂达 20164 家，占全国的比重，厂数占 16.37％，年产值占 36.01％，职工人数占 26.02％。私营银行 200 余家。上海私营商业 1950 年销售额占全国 12.07％。[①] 据 1950 年 1 月统计，上海共有企业主 102607 人，其中工业和手工业 26380 人，商业 70583 人。1956 年对私营工商业改造时，上海拥有大小私营工商企业近 10 万家，行业同业公会 296 家，占全国私营工商业总资产的一半以上；实际安排的工业企业资方人员 25874 人，商业企业（包括饮食、服务业）资方人员 25913 人，合计 51787 人。这个数字，约占当时上海总人口的 1％。[②]

这个数万人的工商业企业家、金融家群体，构成旧上海的上层，同时构建着海派文化和城市人格的重要品质。

上海商人的成长过程便是这种文化塑造的一个侧面。

早在清末民初，上海商人便开始组织起来，积极参与社会经济活动和市政管理，并在政治参与中发挥日益重要的作用，显示出自主性的成长。1912 年在上海正式成立的上海总商会，其前身是 1902 年成立的上海商业会议公所和 1904 年改组成立的上海商务总会，是上海成立最早的商会，素有"中国第一商会"之称。

一般认为，1920 年 8 月，上海总商会改选，原正副会长朱葆三、沈联芳双双下台，老会董大多落选，一批年富力强、奋发有为的工业家、银行家、商业资本家进入领导层，标志着上海民族资本家由旧式的"绅商"向具有现代意义的企业家的转变。与具有士大夫气、崇尚名节、联络乡谊、信奉信义经商、因果报应的前辈相比，新一代企业家大多受过现代教育和

---

① 《上海研究论丛》第 3 辑，上海社会科学出版社，第 301 页。
② 《上海滩》，1992 年第 3 期；《旧上海人口变迁的研究》，第 31 页。

高等教育，比较完整地体现出作为资本人格化的承担者，不掩饰他们从事经济活动追求利润、增殖资本的动机，并具有图远功、求大利的战略眼光，开拓创业的胆魄和现代经营管理能力。

在 20 世纪二三十年代动荡混乱的社会环境中，他们不仅要在不平等的条件下与优势的外资企业、外国产品竞争，而且经受南京政府为政治控制和军事内战需要的夺制榨取——蒋介石甚至不惜用绑票、封家等流氓手段胁迫上海资本家就范。对抗战前十年南京政府与上海资本家紧张关系的研究，使有的学者确信：南京政府主要是靠军事力量实行专制来统治的，城市资产阶级作为被压榨的对象，从未成为国民党政府可靠的政治基础。[①] 正是从那时开始，中国民族资产阶级的生长受到严重的抑制，在苛政和高压之下，"妥协性""软弱性"被标定为阶级的品性。与此同步的，是上海逐渐成为"经济巨人，政治侏儒"的命运。

在实业救国、生产救国思想推动下，一批企业家叱咤风云，在艰险的环境中为发展中国的民族工商业作出贡献，创立了一大批名牌优质的民族工业产品，挫败称霸一时的同类洋货。其佼佼者如纺织业、面粉业巨头荣宗敬、荣德生兄弟，被称为煤炭大王、火柴大王的刘鸿生，创办南洋兄弟烟草公司的简照南、简玉阶兄弟，永安公司经理郭琳爽，民族化学工业的先驱吴蕴初，商务印书馆经理王云五，出租汽车大王周祥生，等等。这些具有传奇经历的中国的冒险家所承载的敢于打天下、闯世界的胆略和气度，不屈不挠、愈挫愈勇的意志和灵活应变、足智多谋的才干和素质，正是海派人格中最具积极意义的进取性品格。"大王""大亨"之类的称呼，体现了这种干大事、创大业的人生，以及具有强大人格力量、雄劲强健的企业家精神。其影响，当不限于对上海城市人格的塑造。这批工商业精英与近现代中国的政治精英、军事精英、文化精英相映生辉，对现代中国国民性

---

① 　小科布尔：《上海资本家与国民政府》，中国社会科学出版社 1988 年版。

的改造和民族精神的重建，也有重要意义。

在贫富悬殊的社会两极，有一片广大的中间地带。在每一个社会之中，他们如果不是在数量上构成多数，也总是在社会文化和价值空间构成中最值得重视的。由银行或公司职员、中小商人、拿工薪的专业人员、工程师、律师、医生、会计师、建筑师、记者、编辑、作家、中小学教员、账房、伙计、学徒、小贩、工匠等从业人员所构成的松散的、边缘模糊的中间阶层，他们是城市中的多数。在不同的定义中，他们往往被称为"白领阶层""中产阶级""中等阶级"等。他们的职业性质各不相同，经济收入也可能相差很大，但粗略地将他们归为一类仍不无道理。他们都有一个较体面的职业——更多地依赖专门技能而非体力，在正常情形下，他们一般也有较稳定的收入。他们或许并不富裕，却大致不必为缺粮断顿而操心奔命；如果不能达到小康，他们至少能满足温饱。这是一个具有强烈的工作取向的阶层。他们明白，只有通过刻苦的工作，才能保持现有的生活境况，不致失业、破产或沦为赤贫。他们不但具有向上流动的强烈欲望，也具有相对较多的机会——这同样要靠他们的勤勉、耐心和聪明才智。较高的教育文化程度和专门技能的训练，较好的物质生活条件，养成他们不同于产业工人和其他体力劳动者的价值观念、行为方式和生活方式，而具有一种"小资产阶级"的意味。正是他们不上不下、可上可下的不明确的地位，使他们具有对地位、声望、名誉等的特殊敏感，既有比上不足的自卑，也有比下有余的自满，在尊卑、贫富、权势和良心之间察言观色，小心翼翼地维持和拓展生存空间。

最典型的中产人员是职员。这是泛指在经济、文化、政治机构中从事非体力劳动的服务人员，上至经理、工程师，下至办公室、写字间的练习生，多少具有"知识分子"的性质；虽然，商店的经理、店员、学徒等往往也归为职员一类。据 1938 年出版由中共上海地下党编写的《上海产业与上海职工》一书，当时上海的职员，粗略估计达二三十万人之多，数量居全国第一。[①] 除一小部分在市政机构、警察机关等外，主要分布于洋行、民族资本经济机构和旧式商店之中。外商企业包括外商的进出口洋行、工厂、交通事业、银行、保险公司等部门的职员，约达十万之众。在某种意义上，正是他们塑造了旧上海职员的典型形象。

　　法租界交通市政业的托拉斯"上海法商电车电灯自来水公司"（法电），对电车职员的"职员须知"长达 130 多条，详尽规定了工作规范和惩罚标准，其中最基本的一般要求，为我们描绘了一个职员的标准像：端整，穿戴洁净整齐，脸面手腕当洗揩清洁，头发须时加修饰；办公时禁止吸烟、吃食；听从上级员司所发之命令，即便"稍觉欠通应暂时遵做，容缓另作报告；守章；对公众须曲尽礼貌，和蔼待遇，俾免争噪；禁止闲言；毋许多言……"[②]外商的洋行大批吸收会几句英语而出身贫寒的青年做练习生——他们的亲属中往往有人曾为洋行职员，或外国人的仆人、阿妈之类，几年后提升为职员。但高级职员位置却为外国人把持，他们掌握关键技术，薪金极高，并对华员颐指气使。在外国人治下的不平等关系中，强化了上海职员的顺从、忍耐、非进取性的依附品格。由于升迁无望，他们往往进取心较少；相对稳定、优裕的经济地位，则使他们安于现状，自我满足。对外国人既有愤怒，依赖感又很强。因而，上海人往往带有侮辱性地称他们为"洋行小鬼"。

　　上海的民居建筑反映了城市社会的阶层结构。在长达百年的岁月中，上海逐渐形成花园洋房（独立住宅）、公寓住宅、里弄住宅和简房棚户四类民居建筑。集中于上海西区的花园洋房，为外国人、官僚、资本家等城市的统治阶级所居；公寓住宅的居民包括收入较丰的高级职员、商人、外国人

[①]　朱邦兴等：《上海产业与上海职工》，上海人民出版社 1984 年版，第 701、702 页。

[②]　同上，第 282 页。

等，是城市的中上层；里弄住宅则是最大多数普通市民的居所，是城市建筑的主体和上海市民文化的主要载体；棚户和简易住房则是社会最底层的贫苦劳工、流民的栖身之地。

据统计，1950 年上海市区实用种类房屋建筑面积 4679 万平方米中，居住房屋共 2360.5 万平方米。其中，花园住宅 223.7 万平方米，占 9.5%；公寓 101.4 万平方米，占 4.3%；新式里弄 469.0 万平方米，旧式里弄 1242.5 万平方米，二者共占民居建筑总面积的 72.5%；简易棚户 322.6 万平方米，占 13.7%。此外，还有 1.3 万平方米新工房。[①]

所谓旧式里弄，即指老上海市民的典型民居"石库门"建筑，全市约一半人居住其中。上海人口密度最高的中心地段，如福建南路以西、云南东路以东、延安东路以南、宁海路以北地段，南市老城厢和虹口区的一些地段，均属石库门中心区范围。当时市区人均居住面积为 3.9 平方米，而在老闸、邑庙等区，不少居民人均居住面积低于 1.5 平方米，且无厕所、厨房等设施。

上海老式石库门里弄住宅的单体平面及结构，是从中国传统低层院落式住宅中的四合院蜕变而来。但因传统住宅建筑四合院样式房屋占地面积大，施工期长，不敷需求，而西式洋房造价太高，于是，约在 1870 年前后，中西合璧、砖木结构的里弄住宅石库门应运而生。它采取节约土地的欧洲联排式格局，早期石库门住宅一般两层，房间为"三上三下"，每层各有正间及两厢，此外，还有灶间和亭子间。其外形特点是以花岗石或宁波红石作门楼，门楼采用石条框，内装乌漆厚木大门，因而得名。门内小院落为天井，总面积 100 多平方米。整幢房屋为封闭式，高墙厚门，给住户以安全感，适于一个大家庭居住，因而颇符合中小有产阶层的传统和心态。

1919 年以后，上海人口倍增，刺激了住宅建筑业，改良式的石库门里弄住宅——新式石库门出现了。这种住宅由原来三间两厢二层改为单开间

---

① 罗素文：《大上海石库门：寻常人家》，上海人民出版社 1991 年版。

与两间一厢形式，以适应大家庭解体和不同经济水平家庭对住房的需要。为节约造价，局部装饰更趋简省，层高降低，层数为二至三层。新式石库门里弄住宅仍采用欧洲联排式，纵横排列，并将住宅按总弄和支弄作行列式的毗连布置，形成保持至今的城市里弄布局和建筑景观。

作为上海民居样式的代表建筑，石库门里弄住宅恰当地传达出了上海文化的特征：融合中西，在追求经济合理性、功能合理性的同时，为传统生活方式和感情留有余地。例如，由院落蜕变而成的狭小天井，建立了与自然的微弱联系；高墙厚门，守护着中小市民勤恳拮据、谨小慎微的生活，构筑着他们的群体人格。

在上海的社会阶层中，工人或许是内涵最复杂丰富的一层，也许这只是因为在我们的宣传和理论中，工人被极大地抽象和简化了。

上海的产业工人数，据估计 1894 年为 3.6 万人，占全国工人总数的 47％；1910 年为 7.8 万，占全国 31.7％；1920 年为 51.4 万，占全国 26.4％。[①] 另据 1946 年的统计，上海就业人口中，工业人口 54 万，交通运输业人口 17 万余，二者共占就业人口的 24.7％。[②]

在 1930 年代，上海拥有为数五六十万人的中国最大的一支产业工人队伍。按行业分，纺织业工人占首位，占工人总数的 50%-60％；食品（包括面粉、香烟）业其次，工人占 10%-15％；其后依次为服装业、皮革橡胶、纸张和印刷、化工、机器制造等业。上海工人的经济状况可从下列统计中看出：据 1920 年代末上海社会局对工人家庭收支情况的调查，不敷支出的家庭达 82.3％，有盈余的家庭仅占 17％。[③] 另据国民政府税则委员会 1929 年的调查，工人家庭月收入平均为 32.8 元，同期每月生活必需品支出平均

---

① 唐振常主编：《上海史》，上海人民出版社 1989 年版，第 557 页。
② 《旧上海人口变迁的研究》，上海人民出版社 1980 年版，第 34 页。
③ 《上海研究论丛》第 4 辑，上海社会科学院出版社 1989 年版，第 12、25 页。

为 32.5 元。收入较高，超过平均数的只有印刷、造船、机器等少数行业，约占上海工人的 6%；收入最低的恰是工人数量最大的棉纺织业。1929 年，沪东棉纺、缫丝、烟厂工人的日工资仅为 0.4 元至 0.5 元，但机器工人和丝织工人可达 0.8 元，而美商的电力公司电厂技术工的日工资则达 1.2 元至 2 元。由于城市工人贫困的经济状态，工人运动的兴起成为 20 世纪中国城市社会生活中的大事。据统计，从 1918 年至 1940 年，上海社会局有统计的工人罢工多达 2280 次。

对工人运动和罢工的研究成为认识上海工人特质的一个角度。人们注意到了行业的差别：在世界工运史的范围内，"烟草女工的激进主义"、机修工人的"特别具有斗争性"均令人瞩目；在手工业工人中，"鞋匠总是一再显示出他们是激进政治的共鸣者"。但是，研究显示，造成上海工人显著差异的三个因素则是：性别、技术水准和出身地区。例如，1922 年，占上海工人总数四分之三的纺织、丝织和卷烟三业工人中，女工约占 60%，童工占 11%，其特点和弱点显而易见。有的研究者相信，"技术程度是决定罢工倾向的关键"，因为电车、烟草、印刷、棉纺、丝织等业工人的罢工倾向明显高于码头工人、人力车夫。共产党所依靠、吸引的，主要是技术工人和熟练工人（特别是机修工、金属制造工）；而国民党依靠帮口（主要是青帮）影响控制的工人，则多是技术、文化程度和工资更低的贫困工人。[①]

旧上海的产业和职工具有极强的地区色彩——这正是第一代工人所脱胎的农村礼俗社会的遗留。例如烟草业，浙江人占 45%，上海本地人占 25%；丝织厂以浙东（嵊县、东阳、新昌）人为最多；电力和电料行业，技术工人中宁波人占 70%，上海本地人占 20%，而小工则以苏北、安徽、山东人为主；电车公司，机务部以宁波人为最多，占 60%，次为扬州人、无锡人、安徽人；码头工人 80% 以上为苏北人，而栈房职员多为宁波人，船

①《上海研究论丛》第 4 辑，上海社会科学院出版社 1989 年版，第 38 页。

上看舱的则多为广东人；租界工部局的工人，多为本地人、山东人、苏北人和安徽人，但垃圾处却是苏北人的大本营，宁波人则往往占据重要的机器间的工作；人力车夫几乎全为苏北人。具有"值得炫耀的江南地区的籍贯背景"造成了一部分人的地域优越感，而相应的主要针对苏北人的"地域歧视"直到今天仍顽强地存在于上海人的日常生活中。

在这里，地域显然不是一个单纯的地理概念，"江南的籍贯背景"具有经济、文化发达地区的社会学意义。有一定技术和文化、工资较高的技术工人和熟练工人形成了有别于贫困工人、苦力劳工的生活方式。江南人占多数的烟厂的工友，"衣服比较入时和清洁"，喜欢"翻行头"（换衣服）；一些比较有文化的纱厂女工讲究服装，"她们大都是长旗袍、皮鞋，到冬天外面加上一件绒线外套，插上一支自来水笔，完全像读书的学生一样"，被人叫作"学生派"。1938年抗战时，年轻的纱厂女工中盛行穿大红裤子白跑鞋，取意"把敌人踩碎在脚下"。杭州、苏州籍的纺织工人，"很多人染上点'流派'，他们的服装，多着蓝布褂裤，扎起裤脚，穿双缎面鞋子，打扮得上海人所称的'白相人'模样"。汽车司机中有些人"落班后，穿上阔绰的长袍，戴上大礼帽，混入所谓'闲人名士'的一群中去"。司机、票务员这样的职业，显然有别于典型的产业工人；而有技术文化的排字工人索性就被称为"排字先生"。烟酒、赌博、麻将、下棋，是大多数工人最普通的娱乐，但三五成群地逛马路，看电影，逛公园，游大世界，以及唱歌、踢球、吹箫、弹琴、听评弹、唱绍兴戏、读书看报、参加业余教育，等等，也是他们的生活内容。他们也组织票房，请人教唱戏，参加客串表演。"因他们平时有舞台上当众讲话的经验，故在工人斗争时许多人能在广大群众中演说，有条有理，一点也不慌乱"。

显然，我们在上海工人中看到了两个层次。一部分技术工人、熟练工人在行为方式、观念、趣味上较多地被吸纳到上海都市的市民生活方式之中，或者说，置于市民的共同文化辐射之下；而大多数的贫困工人，则更多地处在帮会势力、乡土人情、封建迷信等传统文化的影响之下，处在政治上较为蒙昧和不自觉的状态之中，这是在上海城市文化中正在消退的、非主导性的乡村文化的沉积。

我们现在再次回到上海的市民文化、中等阶层的文化这一题目。

如果说由商业精英所承载的企业家精神、工商业精神构成了"海派"咄咄逼人的气焰和锋芒，那么中等阶层在衣食有着、但求稳定、依靠努力和勤勉慢慢往上爬的现实生活中所形成的各种品质和观念，建构着海派人格稳健的基础。在基本价值观和取向上，二者是贯通的。但作为外烁的进取性品质和内敛的基础性品质，二者亦不等同。在不同的社会环境之中，它们之间的消长起落，是我们理解海派文化和海派人格变迁的一个线索。

主要由上述二者所构成的上海市民文化，因而明显地表现出中产阶级的价值。这不仅表现在文化艺术、新闻出版、审美趣味、生活方式等方面，也表现在上海人的政治态度上。

在激烈尖锐的政治斗争和社会矛盾中，"在商言商，在学言学"，"生产救国"、"实业救国"一直是上海主导性的社会舆论。1926 年，邹韬奋（毕业于上海圣约翰大学）接办《生活》周刊，使其从单纯谈职业教育、青年修养转为讨论一些社会政治问题。它的读者群主要是青年学生、伙计、学徒、职工等，韬奋在办刊中自觉地吸引识字、有文化、有新追求的"工人中的'市民'"。1927 年，他为《生活》周刊规定的政治纲领称："说到全国大多数民众的利益，我们以为'力求政治的清明'与'实业的振兴'，都是根本要策。所以我们痛恶虐待职工不顾人道的惨酷的资本家，而对于优待职工、执群众利益的实业家，却表同情"[1]，"本刊的动机完全以民众的福利为前提"。他提倡"有效率的乐观主义"，乐于所业、为社会服务的"傻子精神"；鼓

---

[1]《韬奋文集》第 1 卷，三联书店 1978 年版，第 6 页。

励青年自学自强，"肯切实的负责"，"有细密的精神"，都极具代表性。

上海人对政治排拒和疏离的倾向，间接地也表现在上海虽然有全国最大的产业工人队伍，但 1920 年代源自上海的五卅运动，在规模和持续时间上均不足与相继的省港大罢工相比；上海始终没有像广州、武汉那样真正成为政治中心。在上海第三次武装起义失败后，中共上海区委书记罗亦农不无埋怨地称"上海完全是投机的社会，上海民众尚无流血夺取政权之培养"①。学生运动的情况也许更为典型。在五四运动中，便有要求学生"以求学达其爱国目的"，不赞成以学校为政治运动中心的呼声。1920 年代广大无党派青年学生多以"爱国不忘读书，读书不忘爱国"的信条对待社会政治运动，且"奉行唯谨"。在民族危亡的特定情境中，他们也能冲出书斋，卷入社会运动。但一俟这一特定情境消失，便很快复归"读书"之原位。这使得 1920 年代初中共在上海高校的建党活动成效很不理想，主要以教育部未予立案、学籍管理十分自由的上海大学为立足点，影响也主要在辍学青年中。五卅后，除在上海大学有党、团支部，在复旦、大同、文治、法政、同济、华东体专、东吴法科等校，每校只有一至三名共青团员。

研究表明，大革命时期上海学生运动的骨干和主体力量几乎全部是外乡学生，而显示出外乡学生与上海本地学生作为不同社区群体的显著差异。这些来自邻省和内地的辍学青年，包括反抗包办婚姻、遭学校开除、追求新式教育者或到上海谋生者，往往具有强烈的反叛意识和政治激进主义倾向。也有论者认为，上海市民和上海籍学生的优越感和对外地学生的歧视，也成为外乡学生的心理驱力。一名来自外省的学生领袖俞秀松便公然宣称"我们改造社会的好办法，就是使社会愈闹得厉害愈好"，"不想做个学问家（这是我本来的志愿），情愿做个举世唾骂的革命家"②。相反，以资产阶级、中产阶级子女为主的复旦学生，大多赞成"循序而不为国家生事"的学生

①《上海研究论丛》第 4 辑，上海社会科学院出版社 1989 年版。
②《中共党史人物传》第 25 卷，陕西人民出版社 1985 年版，第 8 页。

政治运动，反对"以毁坏为时法，以泄愤为目的"的"学生政治暴动"①。担心子女卷入政治荒废学业的中上层市民，则纷纷将子女送入不过问政治的教会学校、名牌国立和私立大学。我们固然可以称其为政治上的摇摆性、不彻底性，可以从中看到有产市民循规蹈矩的胆怯性格。但是，我们不也从这种政治行为和态度中解析出了重视稳定、秩序、渐进改革的实用理性和稳健品格吗？今天，我们已经有可能重新认识在中国现代化进程中这种十分珍稀的精神资源的价值。

海派人格作为多侧面的立体构成，有其恶性的负面。它在构造上与正面相对称，但二者有一个复合混杂的交界面。显然，这只不过是为了表达方便而抽象假设的理论。现实中的具体人格莫不具有多重影像，而非黑白分明。由"黄牛"、掮客、青红帮、流氓、妓女、罪犯、乞丐、城市贫民等构成的一个庞杂、混乱的社会群体，不仅成为各种罪恶，也成为各种恶性品质的渊薮。

统计表明，旧上海的娼妓数量和所占人口比例在世界各大城市中高居首位。1935年，有照和无照经营的妓女多达10万人；与此同时，20世纪二三十年代的上海还有10万流氓，约占总人口的3%。②在旧上海畸形和病态社会中养成的负面人格，在其强悍蛮霸的一面，以黑社会、帮会势力、流氓为基础，尤以黄金荣、杜月笙、张啸林等流氓大亨为典型代表。在其基础的层面，则是向为人所憎恶的小市民的畸形性格。它既表现为阿飞、"洋场恶少"、"白相人"等所体现的浅薄轻浮的"流氓妓女气"，也表现为小市民的庸俗、媚俗、投机心理、狭隘保守等。其典型如阮玲玉之死于"人言可畏"，以及小市民"观艳尸"的热情。

---

① 《复旦大学志》，复旦大学出版社1985年版，第112页。

② 《上海研究论丛》第4辑，上海社会科学院出版社1989年版，第187、360页。

四、文人笔下的北平：京味和老北京人

对于生遇其时、身历其境的人们，历史不是知识、学问或者尘封的档案，而是在一种具体的情境中活生生的生活经验和生命体验。

对于今天的人们来说，旧上海作为具有诸多遗传和继承、具有详尽记载的完整历史，大致是可以感觉和体会的；而老北京却似乎是一个难以触摸的、完全逝去了的梦境，它更多地存在于一代人的心中，以致成为"想象的空间"。它有限地通过文人手笔传达出来，却带上了那么浓重的感情色彩，致使另一些人不免要对这些溢美之词发问：那个破败、荒芜的旧北京真有那么好吗？这一切只是增添着那个业已逝去的神秘世间的魅力。

那不是官场和学界，而是另一个北京：土著的老北京人和民间社会的人情风俗。它积淀和发酵出的，正是与京派文化分为上下两层的京味文化。作为地道的北京地域文化，虽早已有之，但也是在 20 世纪二三十年代的北平时期而臻于醇厚平和，为人所津津乐道，并经老舍小说的传布而名满天下。

北平生活似乎给人一种很奇特的感受。离开它的人常说："在北平时不觉怎样，才一离开，便想得要命。"有人认为"要理解北平的文化是非住上三年五年不可的"；"北平只宜于长期的安居，在优游自得中领略它的象外之美"。然而，老舍在著名的散文《想北京》中仍然说："我不能爱上海和天津，因为我心中有个北京。可是我说不出来！"

斯诺说出了他对这个城市的印象：

北平是命运将尽的一种奇观，一种中世纪的残余。在这奇妙的城墙中，藏有若干世纪的宝物和掠夺品，在这中间住有一百多万人（为

要造成一件美术品需要多少世代的盗窃啊！）在这城市中，有前朝的文武官吏，有学者和地主，有僧侣和匠商，有谈吐高雅的洋车夫。这城市的设计和建造都是高贵的，一个艺术的宝藏。这地方有良家子弟和堕落分子，有狂欢宴席上的外交阴谋，有失去品格的媚力，有过分横暴的恶行。这城市有活泼的温泉，有葱郁的秋果，有在霜雪满树和结冰的湖上闪耀的冬季阳光。这城市有永久的退让和轻易的欢笑，有闲暇和家庭爱，有贫乏和悲惨，有对于垢污的漠视。然而这地方也有出乎意外的壮举，革新的学生们为全民族制造斗争的标语，由戈壁沙漠吹来的大风，使得华美的庙宇和金黄的殿顶蒙有最古老的生命的尘土。[①]

林语堂的描写要富有感情得多，它是在战争中对战前北平的温馨回忆：

在那个地方儿，常人家里也有石榴树、金鱼缸，也不次于富人的宅第庭园；在那地方儿，夏天在露天茶座儿上，人舒舒服服地坐在松柏下藤椅子上品茶，花上两毛钱就耗过一个漫长的下午；在那个地方儿，在茶馆儿里，吃热腾腾的葱爆羊肉，喝白干儿酒，达官贵人，富商巨贾，与市井小民引车卖浆者，摩肩接踵；有令人惊叹不置的戏院，精美的饭馆子、市场、灯笼街、古玩街；有每月按期的庙会，有穷人每月交会钱到年节取月饼蜜供的饽饽铺，穷人有穷人的快乐，有露天的变戏法儿的，有什刹海的马戏团，有天桥儿的戏棚子；有街巷小贩各式各样唱歌般动听的叫卖声，串街串巷的剃头理发匠的钢叉震动悦耳的响声，还有串街串巷到家收买旧货的清脆的打鼓声，卖冰镇酸汤的一双小铜盘子的敲击声，每一种声音都节奏美妙；可以看见婚丧大典半里长的行列，以及官轿及官人跟班的随从；可以看见旗装的满洲女人和来自塞外

① 《斯诺文集》第3集，新华出版社1984年版，第7、8页。

沙漠的骆驼队，以及雍和宫的喇嘛，佛教的和尚；变戏法儿中的吞剑的，叫街的，唱数来宝的唱莲花落的乞丐，各安其业，各自遵守数百年不成文的传统规矩；叫花子与花子头儿的仁厚，窃贼与盗贼的保护者，清朝的官员，退隐的学者，修道之士与娼妓，讲义气的青楼妓，放荡的寡妇，和尚的外家，太监的儿子，玩儿票唱戏的和京戏迷；还有诚实恳切风趣诙谐的老百姓。[①]

一位在京城居住 30 年的北平人写于 1937 年的文字，对北平类似的挚爱之情同样溢于言表：

北平的街道，那么正直；院落，那么宽绰；家家有树有花，天天见得着太阳，世界上还有哪个都市比得上？欧式的楼房，不见得怎样耀眼！旧式的门面，也不见得怎样简陋。光滑的地板，通明的玻璃，住起来也不见得就比着纸糊窗和砖墁地好。它似乎什么也能融化，什么也能调和，所以，在皇宫巍然矗立的旁边，可以存在着外国的租界，也可以存在着比乡下还不如的小胡同。一墙之隔，可以分别城乡，表示今古，而配合起来却又十分自然。

论到人物也是如此。赤着大脚的姑娘，和缠着小脚的女人并排的立着走着，各行其是，谁也不妨碍谁。圣人一般的学者，和目不识丁的村民可以在一块儿喝茶，而各不以为耻。如同电灯和菜油灯同在一个房间一样，各自放着各自的光。最令人惊奇的，凡是法令上所制止的事，这种事一定必然的存在着！凡是法令所禁止的人，这种人也一定公开的活动着。所以尽可以说北平的不错，而各色宵小之徒，也可以说北平一样儿也不缺欠。[②]

---

① 林语堂：《京华烟云》，时代文艺出版社 1987 年版，第 175 页。
② 老向：《难认识的北平》，《宇宙风》，1936 年第 19 期。

不能不说，这是一种文化之美。这种有千年文化积淀和陶冶的文明与新时代气息的交融，造成了奇异而微妙的文化存在。森严威猛的王气霸道"退火"了，露出古城悠远凝重的沧桑之感和迟暮之年的温厚慈善；新时代的风雨则为它洗却几许尘垢，增添了几许清新。半个世纪后，北京人争论不清的"古都风貌"、古都风韵，这时正静静散发着它迷人的魅力。

这是一种走向开放的自由和平之美。

曾为禁地的皇家宫苑、坛庙园囿自民国以来相继开放。民初，紫禁城辟为故宫博物院，三大殿始供人游览。1914年10月10日，明清两代的社稷坛辟为中央公园（现中山公园），对外开放；太庙开放后为和平公园（现劳动人民文化宫）；天坛、地坛、先农坛、日坛、月坛相继开放，1928年，清室夏宫颐和园正式辟为公园。也是在这一年，由钟鼓楼发出的延绵几个世纪的暮鼓晨钟绝响。1928年北伐军进占北京后，将原北洋政府所在地的中南海对外开放，城内的三海和景山都辟为公园。

对城市的局部改造，打破了以封建皇权为中心的封闭格局。1915年开工的正阳门改建工程拆除了瓮城东西月墙，新开两个南北向城墙的门洞。在正阳门内大清门至天安门之间，拆除千步廊、取消御道，拓展了封闭的宫廷广场，使之成为人民自由活动的天地。通过拆除皇城东、北、西三面城垣，新辟四条交通干线，打破了四城行人往来必须绕开宫城、皇城的闭塞状态。1924年后，新开出入内外城的交通线路，建兴华门、复兴门、建国门，东西南北四城的交通由是便利通畅。

然而，北平的博大宽容总有一种独特的意蕴。也许它不是由大工业生产和商品经济所造就的平等自由，而只是从封建禁锢下的宽舒解放。它的五方杂处、兼容并蓄，与其说是源自一种进取性的道德，更像是一种彬彬有礼的教养和开明，融合着文化传统中的那一份从容和淡泊，具有温馨的人情味的古典美。和上海相比，北平从不是现代化的大熔炉，而更像一个萧疏幽深的大林子。千年沉积的腐熟的枝地上，既有枯枝朽木，也有新鲜活泼的生长；巨树乔木之上，有激荡的风云。"林子大了，什么鸟都有"，北平正是个"各等人全能活得很舒适的大都会"。

这一比喻的好处，在于将北平的人文与自然环境紧密联系起来。贴近自然之美，正是古都的别一种风情：

> 因为在北京，四季非常分明，每一季皆有其极美之处，其极美之处又互有差异之特色。在北京，人生活在文化之中，却同时又生活在大自然之内，城市生活极高度之舒适与园林生活之美，融合为一体，保存而未失，到底是什么神灵之手构成这种方式的生活，使人间最理想的生活得以在此实现了呢？千真万确，北京的自然就美，城内点缀着湖泊公园，城外环绕着清澈的玉泉河，远处有紫色的西山耸立于云端。天空的颜色也功劳不小。天空若不是那么晶莹深蓝，玉河的水就不会那么清澈翠绿，西山的山腰就不会有那么浓艳的淡紫。[1]

郁达夫则认为"上海的闹热，南京的辽阔，广州的乌烟瘴气，汉口武昌的杂乱无章，甚至于青岛的清幽，福州的秀丽，以及杭州的沉着，总归都还比不上北京的典丽堂皇，幽闲清妙"。冬季室外呼啸的西北风和屋内的"温软堪恋"，令人感到"北方生活的伟大幽闲"。春天，城厢内外有"洪水似的新绿"；夏日在葡萄架下或藤花阴处，吃冰茶雪藕，听盲人鼓词与柳上蝉鸣，没有溽暑的"炎热与熏蒸"；而秋季更是一部"百读不厌的奇书"，"那一种草木摇落，金风肃杀之感，在北方似乎也觉得要严肃、凄凉、沉静的多。……古人的'悲哉秋之为气'以及'胡笳互动，牧马悲鸣'的那一种哀感，在南方是不大感觉得到的，但在北平，尤其是郊外，你真会得感

---

① 林语堂：《京华烟云》，时代文艺出版社1987年版，第174页。

至极而涕零，思千里兮命驾"。①因而，他说北平才有真正的秋天，而南方之秋，不过是"小阳春"而已。

老舍也明言："北平的好处不在处处设备得完全，而在它处处有空儿，可以使人自由地喘气；不在有好些美丽的建筑，而在建筑的周围都有空闲的地方，使它们成为美景。第一个城楼，第一个牌楼，都可以从老远就看见。况在街上还可以看见北山与西山呢！"这不仅指规划而成的城市布局、建筑文化之美，也包括富丽整肃的气象之中，不经意流露的野趣：

> 城的西北角以至于北海的北端，有板桥流水，有上下天光的湖沼，有凫雁鹭鸶，有桔槔水田，有长堤垂柳。……尤其像我们久别江乡的人，到此暂忘朔土风沙，而复睹江南野水，自然有无限的愉快。若偶然遇着雨霁霞明，则城外的西山确似美人云发之新加洗沐，衬着粉颈而益显浓翠。②

四城内外，当年的废宇颓基、破庙弃园、小桥旧树，都有风景流连。"当斜阳照着鳞鳞的阡陌与寺里的苔垣藓壁，野旷人稀，风长气静，格外显出此地悠久苍凉的历史。"

喜爱历史、古物、田园和自然之美的人，都可以从古城得到充分的慰藉。青年毛泽东和沈从文都有过强烈的体验。然而古都文化最为人称道怀恋的，是人文之善，人情之美。几百年来京师作为"首善之区"的文化优势地位，文化礼仪的传习濡染，渗入至民风民气，并非虚传。郁达夫谈过他1924年北京之旅的感受："上自军阀政客名优起，中经学者名人，文士美女教育家，下而至于负贩拉车铺小摊的人，都可以谈谈，都有一技之长，而无憎人之貌；就是由荐头店荐来的老妈子，也总是衣冠整整，看起来不觉

---

① 郁达夫：《北平的四季》，《宇宙风》，1936年第30期。
② 铁庵：《北平漫话》，《宇宙风》，1936年第19期。

会令人讨嫌。"①1928 年后，北平进而成为纯粹的文化城市，学生、教师、知识分子在城市人口中占相当的比重，文化风气更盛。众多的书店书肆成为市民的公共图书馆，"书店伙计和颜悦色，奉承恐后，决没有慢客的举动。你买他的书也罢，不买也罢，给现钱也罢，记账也罢，虽是买卖中人，而其品格风度确是高人一筹，无形之中便养成许多爱读书的人，无形之中也就养成了北平的学术空气"。②

不单是商贾生财和气，北平车夫的文明识礼也是有名的。北平的洋车夫，最多时达十万人。"他们的生活之苦，也难以形容，但是无论他怎样的汗流浃背，无论他怎样的精疲力竭，他绝不会以失和的态度向你强索一个铜板；你若情愿多给他一两枚，他会由丹田里发出声音来，向你致诚挚的谢忱。"如果你看见洋车夫在休息时读书阅报，在他破陋的住所前还栽种着花草，都不应惊讶。他们中颇有一些是民国后无以为生的旗人，以及没落的公侯贵族的后代。

又不只是车夫，警察也文明些。"上海街上有人打架，巡捕走过来是不由分说，一顿拳打脚踢。北平街上有人打架，巡警走过来，两面做和事佬，总是大事化小，小事化无，和平了结。"有人又归因于北平警察多是旗人，而旗人的天才是工于辞令，善于应付，因而能不施威力而措置裕如。

老北京人这种谦逊好礼、温良恭俭让的品性，也充分表现在那口娓娓动听的"京白"上。林语堂称"天气、地理、历史、民风、建筑、艺术，众美俱全，集合而使之成为今日之美。在北京城的生活上，人的因素最为重要。北京男女老幼说话的腔调上，都显而易见的平静安闲，就是以此种人文与生活的舒适愉快。因为说话的腔调儿，就是全民精神上的声音"。③

上海人在其非人情化的紧张生活中，语言以简洁快速为特点。例如，

---

① 郁达夫:《北平的四季》,《宇宙风》,1936 年第 30 期。

② 同上。

③ 林语堂:《京华烟云》,时代文艺出版社 1987 年版，第 174 页。

第二人称并无"您"的尊称，无论亲疏尊卑，一律简化为"侬"；问年龄，无论老少，都是"侬几岁了？"京白或北方方言，对长者须问"您老高寿？"至少是"多大岁数了？"萧乾认为，"京白最大的特点是委婉"，讲究分寸，没有那种简单生硬。北平的店主对顾客说："您来点儿什么？"或"哪件可您的心意？"上海的老板则问"买啥？"虽然可能也是和颜悦色的。骑自行车要行人让路，老北京人说"借光"，会说话的再加上句"溅身泥"，算为行人着想。上海人则大多是摇铃不断，嚷嚷"靠边靠边！当心当心！"侯宝林在相声中将北京话夸张为啰唆，它比上海话多的，正是传统人际生活中的那种礼俗、闲适，那份人情味。萧乾注意到，为了避免说话直来直去，老北京人说话有"导语"，即在正话开始前先打招呼，"您猜怎么着——"或"喂，说正格的——"等等。而骂人，讲究的却是"损人"，即讽刺挖苦。例如，骑车不小心碰了人，他瞅你一眼："别在这儿练车呀！"买东西嫌价高，压价不成，卖主朝你翻白眼："您留着慢慢花吧！"

趣味盎然的古都风情图，更是由物色独具的传统习俗烘染交织的。绚丽多彩的风俗民情，是一种世代相传的"文化遗留物"，构筑了与以文字符号建构的上层文化迥异的民间文化。就文化传递、保存的功能而言，它是民间文化的符号系统，构筑了民族的、地域的文化物色。民俗文化的丰富性和传递性，成为现代考察社会变迁的一个重要角度。

这是老北京的五行八作、三百六十行：拉洋车的、卖酥糖的、扎席棚的、打糖锣儿的、卖冰核儿的、拉水车的、开茶馆的、收旧货的、挑担子剃头的、估旧衣的、算卦的、舞龙灯的、养金鱼的……天桥和什刹海是平民的乐园，那里唱戏的、变戏法的、玩鸟儿的、练功夫的，洋洋大观，无所不有。

这是老北京四季时令的礼节风俗：除夕吃饺子，初一家家吃团圆饭，初二去五显财神庙祭神；初五算"破五"，买肉迎闺女；初七吃春饼和炒和菜；

初八为"人日"，户户燃灯祭之；十五元宵夜，"满城灯火耀街红"；正月十五白云观"会神仙"，还有大钟寺前的赛车赛马、雍和宫的"打鬼"；三月三东便门内蟠桃宫开庙，四月上旬妙峰山碧霞元君庙进香；端午节后，七月十五日是超度孤魂野鬼的中元节；中秋节后，九九重阳，景山香山可登临饮菊花酒……

这是老北京丰富的民间手工艺制作：风筝、风车、空竹、面人、泥人、鬃人、爆竹烟花、兔儿爷、毛猴、莲花灯、绢花……

这是与满汉全席、孔府菜、谭家菜等宫廷和官府菜点饮食全不相同的另一个系统，遍地的风味小吃：豆汁、茶汤、杏仁茶、糖葫芦、爆肚、灌肠、炒肝儿、羊肉串、烤白薯、豆腐脑、甑儿糕、盆儿糕、奶酪、凉粉、豌豆黄、艾窝窝、炸酱面、腊八粥、烤肉……它们的声誉如此之高，喝豆汁儿的嗜好甚至成为识别老北京人的标志。

简朴而便宜、发达而方便的民生系统成为北平生活的又一大特色。走街串巷的售卖零食，提供着一年四季从清晨直到午夜的完备服务。这一切因了极富趣情的吆喝叫卖，而有动人之处。"有的悠扬婉转，有的哀婉凄恻，有的高亢壮烈，使你的神要跟着它走，感到时序的流转，发出人性的流露，喜怒哀惧，任着它来领导。"[1] 春深时节，巷口响起卖青杏的吆喝"水杏儿八达嗳——"，等到"一个码的樱桃哎——小红桃儿是——赛过了李子嘞——"的声音传来，你便想到端阳节快到了。夏日的中午，卖西瓜的却并不道出西瓜二字，只唱"好啦高的穰儿来，多么大的块来，就卖——一个大钱来！"卖冰淇淋的："一大钱一碗来，您就尝一尝，多加上桂花呀，多加上白糖！"清晨是菜贩的合唱："芹菜呀黄瓜，架冬瓜嗳！茄子呀辣椒，大撇拉嗳！"伴随夜生活的是馄饨担、豆腐担等宵夜小吃。凌晨三时，最后一声凄凉而深长的吆喝扰人清梦，卖的是硬面饽饽。这道并不可口的点心，是专供熬

---

[1]　吕方邑：《北平的货声》，《宇宙风》，1936 年第 19 期。

夜达旦或深宵梦回的人填饥的。

与街巷货声有同工之妙的是北平发达的歌谣、儿歌。这种口头文学的样式，大致是现代大众传播和公共娱乐文化事业兴起之前的产物。旧京两首著名的地名童谣，具有浓郁而独特的地域文化特色：

> 平则门，拉大弓，过去就是朝天宫。朝天宫，写大字，过去就是白塔寺。白塔寺，挂红袍，过去就是马市桥。马市桥，跳三跳，过去就是帝王庙。帝王庙，摇葫芦，过去就是四牌楼。四牌楼东，四牌楼西，四牌楼底下卖估衣。打个火，抽袋烟，过去就是毛家湾。毛家湾，扎根刺，过去就是护国寺。护国寺，卖大斗，过去就是新街口。新街口，卖大糖，过去就是蒋养房。蒋养房，安烟袋，过去就是王奶奶。王奶奶啃西瓜皮，过去就是火药局。火药局，卖细针，过去就是老墙根儿。老墙根儿，两头多，过去就是穷人窝。

> 东直门，挂着匾，隔壁儿就是俄罗斯馆。俄罗斯馆，照电影儿，隔壁儿就是四眼井儿。四眼井儿，不打钟，隔壁儿就是雍和宫。雍和宫，有大殿，隔壁儿就是国子监。国子监，一关门，隔壁儿就是安定门。安定门，一甩手儿，隔壁儿就是交道口儿。交道口儿，跳三跳，隔壁儿就是土地庙；土地庙，求灵签，隔壁儿就是大兴县。大兴县，不问事，隔壁儿就是隆福寺。隆福寺，卖葫芦，隔壁儿就是四牌楼。四牌楼南，四牌楼北，四牌楼底下喝凉水。喝凉水，怕人瞧，隔壁儿就是康熙桥；康熙桥，不白来，隔壁儿就是钓鱼台。钓鱼台，没有人，隔壁儿就是齐化门。齐化门，修铁道，南行北走不绕道。

值得一提的是，久为政治中心，养成了北平人对时事政治的关心和敏感。政治歌谣成为北平歌谣的特色之一。顾颉刚在《北平歌谣续集序》中说："像我搜录的吴歌，不为不多，但没有一首是提起时事的。"而北平人常将时事编入歌谣，"不似他处的不知有国"，而且经常翻新，"不似他处的尽唱着几支老歌"。例如：

> 袁世凯，瞎胡闹，一街的和尚没有庙，不使铜子使钞票（注：和尚指初剪发者）。炮队马队洋枪队，曹锟要打段祺瑞。段祺瑞，充好人，一心要打张作霖。张作霖，真有子儿，一心要打吴小鬼儿（吴佩孚）。吴小鬼儿，真有钱，坐着飞机就往南。往南扔炸弹，伤兵五百万。

另一方面，北平歌谣中却乏情歌，与浪漫风流、潇洒多情的吴歌和客音歌谣恰成对照。这被认为是礼仪之邦、文明上国的京都严纲纪、重礼教的后果，遂使小民性灵尽失，只知机械地走着人生的生老病死在各阶段，不复知有恋爱自由和浪漫的生活。[①]

与老北京生活方式相适，并充分体现了"京味"和老北京文化意蕴的，是北京最典型的民居样式——四合院。

从文化人类学的观点，民居样式作为人适应环境的产物，又成为一种文化象征和文化环境，对人类群体行为有深刻而微妙的影响。四合院的原型实际是华北农村的民居，是以家庭为单位的传统生活和农业经济的产物。在开阔的空间和土地上建立的平房，体现了传统文化和宗法社会家庭制度的理想，以及华北农民的生存技巧。标准的四合院一般都坐北朝南，这样采光充足；东、西、南、北均建有房屋，合围出一个敞亮的院落。院内朝南的正房为长辈所居；两侧东西向的厢房，为小辈所居；坐南朝北的北房称"倒坐"，通常作会客室、书房、佣人居室等。院门一般开在东南角，所谓

---

① 李素：《北平的歌谣》，载《故都北京社会相》，重庆出版社 1989 年版。

"坎宅巽门","坎"为正北;"巽"为东南,在五行中为风,东南开门以取吉利。两个或更多的四合院连接起来,将院子分成几进,由抄手游廊相连的大四合院,便为王府的建制了。

四合院建筑样式,凝结了传统社会严整刻板的生活秩序和相应的人情熨贴。有人认为,天坛拟天,悉尼歌剧院拟海,科威特之塔拟月,芝加哥西尔斯大楼拟山,而四合院,则"从布局上模拟了人们牵儿携女的家庭序列"。[①]

四合院同时还体现了与自然环境的充分和谐。邓云乡先生认为,四合院的好处,在于"合"与"敞"的结合。"'合'便于保存自我的天地;敞则更容易观赏广阔的空间,视野更大,无坐井观天之弊。"[②]在院内即可鲜明地感受时序季节的变化,保持对自然的敏感。这是被水泥地隔断了与土地的天然联系的上海人,在壅塞的建筑物、在阁楼或洋楼中所难以体验的。因而,即便是贩夫走卒七拼八凑的小院,不能像大户人家种石榴、葡萄、月季、海棠,亦不妨"种棵歪脖子枣树;北面山墙上,种两棵老倭瓜;屋门前,种点喇叭花、指甲草、野菊花、草茉莉……"[③]便有"秀色可餐"了。

但是,就民居的功能合理性而言,四合院却并不很实惠。众多的房间,只有坐北朝南的正房有冬暖夏凉之惠。在四合院的设计中,没有上下水、厨房和厕所(而江南民居和上海石库门住宅都有设备齐全的灶披间),只能凑合代用。胡同也没有公厕。以致旧时北京胡同中,随地便溺成习。

许烺光教授比较过中美民居的显著差异。典型的美国住宅坐落在绿化的环境之中,没有围栏的院墙,将室内与外界环境隔开的,只是窗帘或百叶窗,但在屋内,却有不可随意侵犯的严格的个人生活空间。孩子不能随便闯入父母的领地,这种私人权力甚至延及夫妻之间。中国的四合院,则用高大的院墙围出一块"自然环境"。封闭的院落之内,是传统的父权家长

---

① 陈建功:《辘轳把胡同9号》,《北京文学》1981年第10期。
② 邓云乡:《北京四合院》,人民日报出版社1990年版,第111页。
③ 老舍:《想北平》,1936年《宇宙风》第19期。

制的家庭生活，房屋之间有时并没有单独的门，家长干涉子女或孩子动用父母的东西都是天经地义的，个人几无隐私，每人都要处理复杂的人际关系，从而形成中国人家庭本位、情境中心的生活态度。

围墙构筑以家庭为单位的四合院，院落和围墙筑成胡同的坊间。在城市之中，城墙围成了宫城、皇城、内城和外城，城外更有万里长城的环卫。围墙不但构筑了城市的骨骼，也构筑了家国同构的观念；不但阻隔着人们的自然视野，也成为城市人的心理屏障，塑造和改变着他们的人格，造就着所谓"围墙文化"。

在这样一个充满人情味、自然和田园情趣的礼俗社会中，孕育发展了老北京人的人格和文化心态。北京人往往成为中国人的代指，老北京人则是传统中国人的化身，无论是在正面还是负面的意义上。他们温良恭俭让，在四合院里自成一统；他们含辛茹苦，又谦逊散淡，平静的生活，既有沉重和艰辛，也有自己的节奏和滋味。他们在胡同中大声地请安问好，在街上从容不迫地溜达——"溜达溜达"成为北平生活方式的一部分（它和上海人逛马路的喜好大不相同）：

> 他们的性格是舒适，缓慢、吟味、享受，却绝对不紧张。你见过一串骆驼走过吗？安稳、和平，一步步的随着一声声丁当丁当的大头铃向前走，不匆忙，不停顿。那些大动物的眼里，表现的是那么和平而宽容，忍辱而负重的性情。这便是北平人的象征。[①]

对于不可抗拒的社会变迁和环境变化，他们不动声色地忍受和抗拒，并默默地适应或同化。"长夏无事，夕阳西下，明月东升，搬个小板凳，沏

---

① 孟起：《溜达》，1936 年《宇宙风》第 23 期。

上壶不浓不淡的茶，聚几个不衫不履的人，说些无拘无束的话"，生活就这样无奈而有味地延续着。

林语堂在他著名的《吾国吾民》一书中，对中国人性格的描写，用以说明老北京人是再贴切不过了：老成温厚，遇事忍耐，消极避世，超脱老猾，和平主义，知足常乐，幽默诙谐，因循守旧。

如果说，林语堂在北平知识阶层和富贵人家的生活环境中，较多地参悟了北平文化中那种东方式的智慧和古典美，那么在北平底层社会长大的旗人后裔老舍，成为对北平文化传统、守旧、落后最有力的批判者。

老舍在抗战前就曾惋叹："虽然北平确是有许多可爱的地方，设若一种文化能使人沉醉，还不如使人觉得危险。"① 抗战中的经历更使他在《四世同堂》中哀叹："这是个极伟大的亡国的文化！"老舍写于 1932 年的寓言讽刺体小说《猫城记》，几乎洞见了中国社会政治的演化。北平化身的猫城，是一座美丽而封闭的"死城"："天是那么晴，阳光是那么亮，可是整个大城——九门紧闭——像晴光下的古墓。"《离婚》中的张大哥，是个典型的北平人，他一生都坚定地认为"除了北平人都是乡下佬，天津、汉口、上海、连巴黎、伦敦都算在内，通通是乡下"，"世界的中心是北京"。《四世同堂》中的祁老人则坚信"北平是天底下最可靠的大城，不管有什么灾难，到三个月必然灾消难满，而后诸事大吉"。在亡国之际，他主张"凡事都得忍，忍住了气，老天爷才会保护"，而"灾难过后，也想不到报仇了。他们总是顺应历史的自然，而不想去创造和改变历史"。据老舍看来，具有这种传统心态的，"北平人中倒有百分之九十九"。

20 世纪前 30 年，尽管经受了 1900 年庚子事变，1911 年推翻帝制，1928 年国民革命军进占和首都南迁的三次大变局，但北平的传统仍在消极地抗拒着，韧性地生存着。在全国大城市中，这里"所闻到的巴黎香粉味

---

① 《老舍文集》第 2 卷，人民文学出版社 1985 年版，第 324 页。

最少，白天所看见的横行文字的招牌最少"，"任你有跳舞场，她仍保存茶馆，任你有球场，她仍保存鸟市，任你有百货公司，她仍保存庙会"。北伐军进京之初，认为一切都要不得，"漫天匝地要变成蓝白色标语。甚至于黄色的殿瓦，也有人提议加上一层蓝漆。可是民国二十年以后，标语一律撤销。蓝色的漆与粉也自然消退。而马褂反变为公务员必须备的礼服。乃至大人老爷的称谓，请安的礼节，前清服制之丧事仪仗，前清官衔封典之讣闻等等，也无一不若有若无的出现了"。周作人早已表示过这种失望和愤慨："不知究竟是北京的革命化呢，还是革命的北京化呢？"①

　　长期作为政治文化中心，北京上层文化对市民社会的影响自然具有两个方面。长处如前述社会的文化空气和市民的文化素养，市民对政治的敏感关心。而传统文化官本位、重功名、升官发财的思想也同样深入人心。"有一官半职，有家有室的，一个中等人"，便是北平普通人家对儿子的期望和理想。以至于"老舍笔下的地道北平人，无论老、中、青，都似乎有点'官迷'"。在不学无术、投机钻营的官场文化中，发展了一种"不是事业的事业，不得不敷衍的敷衍"。它催化和助长了北平市民文化中本就不乏的苟且敷衍的习性。

　　那么，构成"老北京人"的，究竟是哪些人呢？《北平漫话》的作者列数了以下几种：

　　一是旧皇族，旗丁、内监，以及其他依附宫廷而生的人，大多已沦落到无以为生的地步；二是旧公务机关的吏员差役之类，多外籍人久居而同化，蓄有厚赀者也不少；三是民国以来依附军阀而起的各色人物，辽津保三处的人最多，在别处发了财，便在北平买店产纳福；四是前清至民国二十七年前做京官的士大夫，处境各殊，但"在北平住户中有作中坚势力之资格的，恐怕还是这种"；五是依附教育文化机关而生存的人们。自然，更大量

---

　　①　周作人：《北京通信·致川岛》，《语丝》第 4 卷，第 28 期。

的，是"土著"的平民阶层，尤以小商贩小私有者和城市贫民为典型。这一人口构成很生动地提供了北平生活"京味"文化的主要来源。

我们注意到，北平地域文化的大单元，是雄悍强劲的北方文化。华北一地，更有燕赵之遗风、壮士悲歌的传统。但是老北京的人格心态中，几乎已无这种雄健的基因。改造和摧毁它的力量，首先是在严厉的专制统治和礼教禁锢下，健康人格的萎缩，蜕变成符合统治需要的顺应型人格，安分守己、善良忍让成为良民和顺民的道德。京城具有革命意义的反抗，总是由知识分子和学人发起的，而与市民社会无涉。但这种谦恭柔顺的性格发展成具有审美意味、被称为"京味"的人格，并形成一种艺术的生活方式，一方面深受上层官文化、士大夫雅文化的濡染，另一方面，旗人文化的侵淫至关重要，影响至为重大。

旗人曾经是内城的居民主体。旗人由骁勇而善骑射的草原民族而成为专事享乐、过寄生生活的特权阶层，其刚健剽悍的民族性格退化而为好逸恶劳、颓靡软弱，为京师一地民风的弱化提供了一个恰当的注脚。而生活要成为一门艺术，必有铁定的前提：富裕和闲适。这就是巴尔扎克所说的，近代风俗是由三个阶层造就的：劳动者造成忙碌生活，思想的人造成艺术家生活，而无所事事的人造就了风雅生活。专事享乐寄生的广大旗人成为传播上层生活文化的中介。

在清朝的末几十年，旗人的生活好像除了吃汉人所供给的米，与花汉人供献的银子而外，整天整月的都消磨在生活的艺术中。上自王侯，下至旗兵，他们会唱二黄、单弦、大鼓与时调。他们会养鱼、养鸟、养狗、种花和斗蟋蟀。他们之中，甚至也有的写一笔顶好的字，或画点山水，或作些诗词——至不济还会诌几套相当幽默的悦耳的鼓儿词。他们没有力气保卫疆土和稳定政权，可是他们会使鸡鸟鱼虫都与文化发生了最密切的关系……就是从我们现在还能在北平看到的一些小玩艺儿中，像鸽铃、风筝、鼻烟壶儿、蟋蟀罐子、鸟儿笼子、兔儿爷，我们若是细心的去看，就还能看出一点点旗人怎样在最细小的地方花费了最多的心血。[1]

民国以后，旗人生活状态的剧变，大批旗人沦为城市贫民，却也加速了文化的杂糅混合。悠闲懒散、幽默诙谐的习性，对花鸟鱼虫、戏曲字画的嗜好，喝茶和遛弯儿的习惯，重面子、多礼节的"穷讲究"等，都融入了老北京人的人格和生活。这也许是文化史上一个很独特的个例:粗鄙落后的异族文化对先进的汉文化的战胜和吸收，而后是精致讲究的外族文化(旗人文化)对汉文化的浸染改造。

对北平文化的态度，也许是中国知识分子对文化传统的情感和理性强烈冲突纠缠的一个实例。没有比北平更能慰藉处在社会和文化剧变之中的知识分子那种迷惘失落的情怀。不仅欧美派、学院派的京派知识分子对那种深植于传统之中的情感生活和人文气氛如鱼得水，在上海的钢筋水泥和拥挤喧嚣之中，鲁迅、郁达夫、林语堂等对北平的歆羡也溢于言表。因为传统正是这样一种具有强大的情感力量和审美力量的复杂存在，它永远不会为理性的解析所穷尽;而对传统的消费不仅成为现代人精神生活的重要内容，对传统的发现和再释往往也成为现代文化的创造性来源。

我们也许不宜简单地把北平作为测试知识分子现代性的标尺。以工业化为标志的现代化似乎意味着人与土地、人与自然的日渐剥离和割裂，但真正意义上的现代化必然是对这一代价的偿还。自由与和平，人文之美善，与大自然的融洽与贴近，永远是人类文明所努力企及的至善之境。

北平的美是与它的守旧、落后共生的。它是一曲中国传统城市夕阳黄昏的田园诗歌，具有一种迟暮的、退让的美。我们可以漫不经心或深明大

---

[1] 《老舍文集》第4卷，人民文学出版社1985年版，第260页。

义地将它毁灭，因为它根本不具反抗之力。它的末日马上就要来到了。战争、革命和工业化的巨浪已汹涌地奔来，它即将成为社会史和文化史上亦真亦幻的难以考察的海市蜃楼。

只有当它彻底消失之后，人们才强烈地感到了它的存在。即便它不为现代社会所容，也用自身的香消玉殒为未来社会播下了追思和反省。

1938 年，在抗日战争之中，林语堂对老北京寄予民族深情的赞咏，其实已露悲声：

> 满洲人来了，去了，老北京不在乎。欧洲的白种人来了，以优势的武力洗劫过北京城，老北京不在乎。现代穿西服的留学生，现代卷曲发的女人来了，带着新式样，带着新的消遣娱乐，老北京也不在乎。现代十层高的大饭店和北京的平房并排而立，老北京也不在乎。壮丽的现代医院和几百年的中国老药铺兼有并列，现代的女学和赤背的老拳术师同住一个院子，老北京也不在乎。学者、哲学家、圣人、娼妓、阴险的政客、卖国贼、和尚、道士、太监都来承受老北京的阳光，老北京对他们一律欢迎。在老北京，生活的欢乐依然继续不断。乞丐的会社、戏圈子、京戏科班儿、踢毽子人的联谊会、烤鸭子蒸螃蟹的饭馆子、灯市、古玩街、庙会、婚丧的仪队行列，依然进展，永不停息。①

他们无力阻挡社会变化，他们也不可能"不在乎"。早在 1928 年，当"满洲妇人之髻永不复再见，而隆福、护国两庙会的日期也改用阳历"时，已不知"伤了多少人的心"。

伟大也罢，落后也罢，一种文化的消亡，至少是比一个物种的消亡更令人怵目惊心。刀光血影的抗日战争，只是具有摧毁性的第一步。

---

① 林语堂：《京华烟云》，时代文艺出版社 1987 年版，第 789 页。

第四章

新北京：

光荣和梦想

1948 年冬，已成围城的北平，战云密布，一触即发，几乎难以避免毁于兵燹战火的历史命运了。理性仍然在为古城探寻生路。毛泽东为争取和平解放北平而紧张工作，秘密谈判之中，一再电告人民解放军注意保护清华、燕京等校，北平的工业设施和重要文化古迹。清华大学建筑系主任梁思成和罗哲文等向解放军提供《全国重要文物建筑简目》，北京城的全面保护被列为这一名单的第一项第一级。在攻城的演习训练中，解放军对城内射击目标逐一精确计算，力求勿使炮弹损毁文化古迹。

1949 年 1 月，傅作义召集北平的学者名流开会。著名画家徐悲鸿说："北平是一座闻名于世界的文化古城，这里有许多宏伟的古代建筑，如故宫、天坛、颐和园……希望傅作义将军顾全大局，服从民意，使北平免于炮火摧毁。"康有为年逾花甲的女儿康同璧慷慨陈词："北平有人类最珍贵的文物古迹，这是无价之宝，绝不能毁于兵燹。"历史学家杨人楩说："如果傅作义将军能为北平免于战火作贡献，我们作为一个历史学家，将来在书写历史时，一定要为傅将军大书一笔。"[1]

这一次，是良知的胜利。无论是毛泽东、傅作义，还是梁思成、康同璧，历史都会"大书一笔"。

1949 年 1 月 31 日，北平和平解放。9 月 27 日

---

① 范瑾：《当代中国的北京》上册，中国社会科学出版社1989 年版，第 38 页。

召开的中国人民政治协商会议，通过将中华人民共和国国都定于北平、北平改名为北京的决议。10月1日，在整修一新的天安门广场举行的开国大典，宣告了中国历史的一个新纪元。

中国人梦寐以求的一个太平盛世似乎正在出现。

从美国归来的老舍被北京触目皆是的闻所未闻的新鲜事物感动不已：街道旁挖了暗沟，下雨时马路不再成为"墨盆子"；又脏又臭的龙须沟变得清洁了；小胡同里的大妈喝上了自来水；普通的工人农民当上了人民代表……他不遗余力地用笔书写着对新社会、新北京的挚爱与狂喜。

同样感受了这种翻天覆地变化的是沈从文。1956年，他徜徉于天安门广场，对建设中的人民英雄纪念碑不免意气风发：

> 革命纪念碑全部落成后，夏天黄昏时节，会经常有各种音乐团体，来到纪念碑前边石台上，向市民举行公开演奏会。在这里，我们不仅可以听到热情优美的民间音乐，还有希望可以听到世界各国伟大作曲家最健康悦耳的音乐。①

所有中国人，都对北京奇迹般地逃脱了战争的厄运庆幸不已，对一个和平、民主、繁荣、富强的新社会充满憧憬和期望。

---

① 《沈从文文集》第10集，花城出版社1983年版。

一、"旧城唯上"：1950 年代的毁城之争

城市的命运出现了戏剧性的转折。北京重新恢复她丧失了 22 年的传统的光荣和骄傲。继辽代南京、金中都、元大都、明清北京之后，北京历史上第五次大规模的重建开始了。

没有人比中国人更重视建筑作为文化的价值和意义。因而，每一次政权更迭往往伴随对失败者的文化象征——建筑物的毁坏。北京城的这第五次重建，既不是在废墟之上，也不是对封建时代帝都理想的简单重复。它要寄托和体现前人所无法想象、历史所无可比拟的新时代的伟大理想。革命和战争迅速摧毁了一个旧世界，而新世界的构想也是这样简单明快。人们甚至来不及认真地筹划思考，大规模的城市建设便已热火朝天。

建国后，北京在 1950 年代初和 1980 年代中有过两次比较严格的城市建设总体规划。

1953 年所作的"规划草案"，至 1957 年作为"初步方案"为北京市委所通过，1958 年 9 月为中共中央书记处所肯定。这一在 9 年之后才被确定的首都建设的总方针，表述颇为奇特："为生产服务，为中央服务，归根到底就是为劳动人民服务。"[①] 但它的意思是明白无误的。这个规划的要点是：

1. 以全市的中央区作为中央首脑机关的所在地，使其成为全国人民向往的中心；

2. 首都要成为中国的政治、经济和文化中心，特别是要成为中国强大的工业基地和科学技术中心；

---

① 《当代中国的北京》上册，当代中国出版社 1986 年版，第 86 页。

3.改建扩建首都，要打破旧格局的限制和束缚，使首都成为适应集体主义生活方式的社会主义城市；

4.对古代遗留下的建筑物，一概否定的态度显然不对；一概保留，束缚发展的观点和做法也是极其错误的，目前的主要倾向是后者；

5.改造道路系统，尽可能从现状出发，但也不应过多地为现状所限制；

6.要有步骤地改变水资源缺乏等自然条件，为工业发展创造有利条件。

显然，这是经过斗争的产物，其批判的锋芒指向明确，而所讨论的实际内容则要多得多。例如，北京作为社会主义中国的首都，要建成巨大的工业基地，工人阶级在首都人口中要占优势比重（1947年，包括手工业工人在内，工人仅占城市人口的7.8%）；北京作为"中央之国"的中央，必须有宏大的规模，城市人口应增至400万（1949年初，城市人口为156万）。尽管国家计委再三提醒对此务必慎重考虑，修改后的计划，人口指标仍增为500万。由于行政区划的不断扩大和人口机械增长过快，几年之后，这一指标就提前超额实现了。

新北京的理想无疑是宏伟巨制，并具有明确的现代化导向——在当时，它几乎是工业化的同义语。经过27年夺取政权的浴血奋战，共和国的第一代领导人从黄土高原进入北京，壮志豪情，溢于言表。在天安门城楼上，毛泽东放眼四望，兴奋地说：将来从这里望过去，要看到处处是烟囱！ [①] 新中国的同龄人，在小学的语文课本中看到了同样的礼赞：北京的秋天，天空瓦蓝瓦蓝的，像水洗过一样；工厂的烟囱冒着浓烟，像一朵朵水墨画的大牡丹。

当时，只有少数人听到了在这一脱胎换骨的大破大立之中，千年古都不堪承受的呻吟和战栗。

---

① 林沫：《梁思成最后的岁月》，载于《不穿军装的将军》，华夏出版社1987年版。

　　知识分子的理想，总是不免成为历史嘲笑的对象。1948 年，在兵临城下的北平，沈从文写了一篇名为《苏格拉底谈北平所需》的"北平通讯"，借苏格拉底之口，提出改建北平民政教育机构的方案："北平首宜有一治哲学、懂美术、爱音乐之全能市长"；而古建筑专家、联合国大厦建筑设计委员之一的梁思成，若能任副市长，"实中国一大光荣事"。北平应建成一个历史文物的"花园"，警察员工的工资应提高到园艺师的水平；他们如果检查私人住宅，只是为了卫生和绿化问题提出建议；北平图书馆附近，濒临北海的大草地上，应建立六组白石青铜塑像，以"纪念文学、艺术、戏剧、音乐、建筑、电影六部门半世纪以来之新发展新贡献"；故宫博物院也将改变其"机关制度"而按"学校制度"组织，真正发扬文化而非"发卖"文化；作为美丽园中的大学，将被重新设计为花木掩映的花园，"学生多于温暖阳光下读书谈诗"，课堂及长廊均挂有风景画等美术作品，"宣传标语通知，均被限制小至约手掌大小，且只能于盥洗间饭堂相类地方张贴，免破坏学校整洁"……[①]

　　沈从文的真意，据说是对即将毁于一旦的古都的悲悼，以及对当时腐败的旧政权的变相批评。他的戏言只有一点成真：他的朋友梁思成果然成为新北京城市建设的主要规划者和设计者，虽然，这对梁思成似乎更是一种无情的嘲弄。

　　1949 年 5 月，在新成立的都市规划委员会上，新北京城的首批设计令人眼花缭乱。浪漫的热情，大胆的想象，几乎是那个时代的特征。北京城被设计成像环形辐射的太阳或方正分块的魔方，有的则像头尖底圆的鸭蛋。基本上，都是彻底改造旧城，并以旧城为中心规划城市布局的方案。

　　政治中心的建设成为新北京城市规划之争的焦点，其实质是对旧北京城的态度：保护还是重建。

---

① 《论语》147、148 期，1948 年。

　　首都作为中央政府所在地，其政治中心的职能古今如一。问题在于，三部六省的时代早已成为历史。面积 62 平方公里的旧城区，已有 140 万人口，除却宫殿庙坛、景山三海等地，实际人口密度已高达每平方公里 2.7 万人，城内房荒严重，道路简陋，交通混乱，绿地极小，新的中央机关混杂其间，不仅不利于旧城的保护改造，并将严重恶化城市环境和生态。

　　1950 年 2 月，梁思成和居住南京、曾留学英国的著名建筑家陈占祥一起提交了"关于中央人民政府行政中心区位置的建议"，即著名的"梁陈方案"，提出在旧城外的西侧另辟新区：新的行政区东西在月坛和公主坟之间，北至动物园，南至莲花池。关于新政权工作人员，梁思成当时估算，中央人民政府及政务院、革命军事委员会等机关工作人员，暂为 6 万人；将来随工作展开，人员可能增至十四五万，及为他们服务的人约 10 万，则最大总额可至 30 万人，连同眷属最多可为 60 万人。这一新行政区可扩充为 10 平方公里，容纳 30—60 万人口。便捷的东西干道连接新旧二城，如扁担一样担起中国的政治心脏和中国的城市博物馆。

　　这一设计根据现代社会城市规划的基本理论，汲取了欧洲大城市蔓延滋长形成庞杂组合的教训。其所遵循的依据是：合于按功能分区的城市部署原则；便于实现表现民族传统特征和时代精神的新的建筑形体；有足用的面积，且有发展余地；省时省事，避免了大量拆迁移民的劳民伤财；便于水电工程的建设和发展；干部工作区与住宅区有合理的联系，免增交通负担；利于全市平衡发展，防止旧城人口过度密集；能控制车辆的合理流量，不致造成交通的失衡和无序；不勉强夹杂在不和谐的旧市和文物布局中，而避免破坏文物的主要环境，以利于保护古旧文物建筑。这一设计的中心思想，在于它毫不隐瞒地强调保护规划严整壮美的八百年故都——它的使命已经结束，它理应成为全世界独一无二的城市博物馆，而发扬它的历史文化价值。然而它却被戴上"旧城唯上"的帽子。

　　梁、陈的方案很快就被否定，理由据说是没有钱。自然，那只是最堂皇的理由，实际情况要严厉得多。例如，他们被责为与苏联专家"分庭抗礼"——1930年代初，苏联建筑界围绕莫斯科的重建发生过类似的争论。保留老城、另建新城的方案，以及保留市中心区不动，在外围建8个卫星区的方案均被斯大林否定。由斯大林确定的是以旧城为中心、径向环形辐射状的城市重建方案，它的建筑中心是苏维埃宫大厦，大厦顶上是列宁的巨大雕像。斯大林批判另建新城的主张是怀疑共产党人有改建莫斯科的能力。这一方案同时也成为苏联专家改建北京的金科玉律。此外，梁思成甚至以美国首都华盛顿为例，说明政治中心与城市功能的关系；他并且力主把天安门广场建成以图书馆、博物馆为主的文化中心，而被批为"企图否定天安门作为全国人民向往的政治中心"。更有甚者，"文革"时红卫兵批判梁思成，引用了某中央领导人的讲话："中南海皇帝住得，我为什么住不得？"①

梁思成、陈占祥马上撤回这一方案，退而求其次，提出以城内三海为轴心规划行政中心的新方案，这样，新的行政中心紧贴皇城，又不与之完全重叠，功能相对集中，便于建设和旧城的保护。然而，事实上北京的政治中心建设究竟是按什么方案进行的，已经难以说表。我们只知道，经北京市规划的成片机关建筑，仅1950年代初的少数几处：三里河四部一会大楼；百万庄建工部机关、朝内大街文化部机关、长安街外贸部机关等，以及西郊的军事机关。到1960年代，遍地开花的党政军机关早已超过公主坟而直抵五棵松一带，往北则越过了颐和园，更不用说旧城区内占据王府、坛庙、名宅等建筑的"废物利用"了。

相形之下，陈占祥被打成"右派"，梁思成则顶着"复古主义"的帽子多次主持对自己的批判会，确实不足道了。

---

① 林沫：《大匠的困惑》，作家出版社1991年版，第93页。

以改造旧城为主，建设新北京的方案既定，所有的历史文物、古旧建筑立即被推到与新建设直接矛盾冲突的第一线。

古都的骨架和躯壳——城墙，便不仅成为阻挡时代潮流的封建文化象征，而且成为新城市建设的实际障碍。

即便没有到过北京的人，也早已从香烟牌上见识了大前门。今天，当人们看到孤独兀立在车水马龙之中的前门箭楼，几乎不再会感到惊异和震撼。然而，如果你知道，当年前门箭楼和正阳门之间是一个由城墙围成的巨大瓮城，北京内城九门都是由箭楼和城门楼构成的双重城楼的巍峨建筑、门楼为三檐双层的巨大楼阁或殿堂，包括外城和皇城在内的城门城楼、箭楼、角楼等曾多达 47 个，你不会那么无动于衷了吧？

无论从哪个方向观看，西直门都显得气象不凡。沿通往城门的宽阔街道接近城门时，远远就可以看到耸立于一片样式相同的低矮建筑之上的巍峨门楼……从城外接近此门时，但见方形瓮城和箭楼在四周赤裸的地面上拔地而起，颇具城堡气概，给人留下深刻印象……乘着飞驰的汽车经由此门前往颐和园和西山参观的游人，到了这里会不由自主地降低车速，慢慢驶过这个脆弱易逝的古老门面，因为，这些场面比起颐和园和卧佛寺来，毕竟能够提供关于古老中国日常生活更为真切的印象。

从西侧，全部建筑一览无余，使你可以看到永定门最美丽、最完整的形象。宽阔的护城河边，芦苇挺立，垂柳婆娑。城楼和弧形瓮城带有雉堞的墙，突兀高耸，在晴空的映衬下现出黑色的轮廓。城墙和瓮城的轮廓线一直延续到门楼，在雄厚的城墙和城台之上，门楼那如翼的宽大飞檐，似乎使它秀插云霄，凌空欲飞。这些建筑在水中的侧影也像实物一样清晰。每当清风从柔软的柳枝中梳过时，城楼的飞檐

就开始颤动，垛墙就开始晃动并破碎……①

1924 年，瑞典学者喜仁龙的这番描述，在今天的读者看来，似乎是远不可及的历史。然而，仅仅在二十多年前，它却是每个北京市民的日常感受，是触手可及的现实。喜仁龙 1924 年所著的《北京的城墙和城门》，是今天所能见到的关于北京城墙城门的唯一详实科学的记录。喜仁龙具有足够的历史感，他用这样的疑问结束全书："这些奇妙的城墙和城门，这些北京绚丽多彩历史的无言记录者，它们的丰姿到底还能维持多久呢？"

历经世事沧桑，北京的城门城墙已多有毁坏改变。1900 年，东安门在曹锟的"壬子事变"中被烧毁；1912 年，左安门颓毁。民国初年，紫禁城开放，东西长安门通行。为进一步方便市内交通，1917 年先后拆除了东安门南段皇城城墙、西皇城根灵清宫一带皇城城墙。1923 年后，又陆续拆除了除中南海南岸经天安门至太庙以外的其余东、西、北三面皇城城墙。1915 年开始，为方便南城交通和修建北京内城的环城铁路，在前门（正阳门）瓮城两侧修建火车站，正阳门改建工程的结果是拆除了正阳门巨大的瓮城和瓮城门。由于环城铁路沿内城城墙内侧建造，先后拆除了朝阳门、东直门、安定门、德胜门四门的瓮城，再后又拆除了宣武门、朝阳门城楼及宣武门南的瓮城，并在正阳门与宣武门之间新辟和平门（始称兴华门），在东长安街东头辟建国门（始称启明门），在西长安街西头辟复兴门（始称长安门）。此外，则有数处城墙颓毁或开通的"豁口"，至今仍传为地名。经民国初期的城市建设，北京的城墙和城门虽多有改变，但仍基本完整，保有古都风貌。

1950 年，围绕北京城墙的命运，新北京的建设者立即分为针锋相对的两派。这场涉及青年学生、机关干部和北京市民的争论，从一开始就是一

① 喜仁龙：《北京的城墙和城门》，北京燕山出版社 1985 年版，第 192 页。

边倒的。作为北京城墙坚贞的捍卫者和辩护人，梁思成的声音立刻被反对的浪潮所淹没。让我们来看一下当年主张城墙存废两方的理由和梁思成徒劳的辩护：

△城墙是古代防御工事，是封建帝王统治的遗迹，已尽历史任务，理应拆除。

○那么，故宫不是帝王的宫殿吗？天安门不是皇宫的大门吗？这一切建筑体形的遗物虽然曾为帝王服务，被统治者专用，但都是古代劳动人民创造的杰作，今天已属于人民大众，成为民族的纪念文物了。

△但是，城墙限制和妨碍城市发展。

○现代城市为防止过度密集和拥挤，采取大城市用园林地带分隔为小区域的办法。城墙正可负起新的任务，承当现代大都市的区间隔离物。环城沿护城河可做成绿带公园；平均宽度约 10 米以上的城墙，可砌花池，栽种花木；城楼角楼可辟为陈列馆、阅览室、茶点铺，而形成方便市民休息、娱乐、纳凉游戏、登高远眺、全世界独一无二的"空中花园"——环城立体公园。当国防上有需要时，城墙上还可利用为良好的高射炮阵地，古代的防御工事在现代还能再尽历史任务。

重要的是要打破心理上的城墙。人民政府所规划的大北京市界已21 倍于旧城区，政策方向早已确定，旧时代政治、经济上的阻碍早已消除，我们不应再被心理上一道城墙所限制、所迷惑。

△城墙阻碍交通。

○只要选择适当地点，多开城门即可解决。同时在城市道路系统设计上，要控制车流，引导其汇集在几条主干道上。正可利用适当的城门位置导向。

△拆除城墙，可取得许多砖，可取得地皮，利用为公路。拆之无

害，且有薄利可图。

○城墙除 1 米厚的砖皮外，内皆灰土，总数约 1100 万吨，以 20 节 18 吨车皮组成的列车日运一次，需 83 年才能运完。这一列车，83 年之中可运多少有用之物？废物体积如十一二个景山，安放何处？北京城外并不缺少土地，四面都是广阔的平原，何苦要费巨大的人力取得这一带之地？拆除城墙的庞大劳动力又可积极生产许多有利于人民的成果。如此浪费人力，同时毁掉一件国宝文物，不但是庸人自扰，简直是罪过的行动。①

这一次，是科学和理性的败却。

第二次世界大战后期，曾成功地劝阻美军轰炸奈良和京都的梁思成，被日本人誉为"古都恩人"，终无力保护自己的古都。

那只是一个开端，人们后来才认识到，历史文化不必总是毁于兵燹战火。

1953 年 8 月，毛泽东在《反对党内的资产阶级思想》的讲话中批评分散主义时指出："进城以来，分散主义有发展。为了解决这个矛盾，一切主要的和重要的问题，都要先由党委讨论决定，再由政府执行。比如，在天安门建立人民英雄纪念碑，拆除北京城墙这些大问题，都是经中央决定，由政府执行的。"

竭尽全力的"城墙派"最终一事无成——当城墙被拆除时，甚至连测绘、拍照、保留资料的努力也未能成功。1954 年，当时的文化部文物局局长郑振铎与梁思成的助手罗哲文骑自行车勘查城墙，整整绕行一周，打算写一个保护报告。这一行动随即被通知取消，众人黯然，知道决策已定，无力回天了。"此后，北京这一世界举世无双的宏伟城墙，就在各种形式下

---

① 参见《梁思成文集》第 4 集，中国建筑工业出版社 1982 年版，第 46—50 页。

逐年以'啃骨头'方法拆之了。"

为北京城门留下最后"遗照"的是一个普通的北京人：北京电影制片厂的美术师张先得。在那个照相机极为稀少的年代，他用水彩画的形式，几乎追跟着拆毁城门的速度作画。从 1954 年开始，首先拆除地安门，接着是广安门。当他赶到广渠门时，只剩一个城台和一个门洞了。1957 年，他画西便门时，那里已经是热火朝天的工地，城门已拆除了一半。当拆到崇文门、西直门时，梁思成实在忍不住了——这是北京城余下的最后两个有瓮城的城门。他又奔走于各级领导之间，等到领导同志终于听取了他的意见，同意保留时，崇文门已无可挽回。西直门总算保留下来，"缓刑"至"文革"当中。

尽管城墙的存废早有定局，但此后的十多年中，尚未真正危及它的存在，只是一个又一个地拆除城门。对城墙的大规模拆除是在"文化大革命"中。1967 年拆除西直门时，发现了箭楼城台之内元大都义和门的旧门。随后拆除安定门、朝阳门、永定门等。1969 年冬春之际，在"深挖洞"的号召下，拆毁城墙城门达到了高潮。成群结队的职工、干部、学生、家属摆开战场，你追我赶，将取下的城砖运回本单位筑防空洞。

梁思成显然又过迁了，他不懂"人民战争"的威力。没有动用火车，更无须 83 年，人们用铁镐铁锹，仅用十几年的时间就彻底毁灭了这几百年来雄镇四方的巍巍长城。

老北京城曾多达 47 座的城门城楼、箭楼和角楼，至今仅残存 3 座：正阳门城楼、德胜门箭楼和东南角楼（前门箭楼系 20 世纪初烧毁重建的）。"文革"中修建二环路时，德胜门箭楼又不容置疑地被作为扫除的"障碍"，经郑孝燮先生等人的努力呼吁，才改变道路设计，得以幸存。

曾经环绕北京，内城周长 46 里、外城周长 28 里、皇城周长 18 里的明代城墙，今天仅剩几百米长的两段。取而代之的是 1980 年全线贯通的环城道路（二环路）以及地下的环城地铁。首批公路立交桥和全国唯一的地铁都成为新北京骄傲不已的建设成就。

1988 年修复竣工的西便门处明代城墙，长 195 米，高 11.6 米，顶宽 15 米。它似乎是文物保护中"整旧如新"的典型，了无古旧的外观和相应的历史感。另一段明城墙在崇文门东大街（北京火车站南端），被密集的简易工棚和临时建筑蚕食侵蚀，断断续续，不成连贯。然斑驳破败的断壁残垣、墙头的枯树衰草却透出深沉的沧桑感，成为一个束手待毙、垂垂老矣的历史文明的最后见证。它自身的命运至今未卜。

城墙既毁，其余的事便顺理成章。城墙束缚了城市发展，立于大街上的牌楼则直接障碍交通和拓展道路。

牌楼作为古代建筑中极为重要的一种样式，不仅自身具有历史价值和艺术价值，而且作为城市街道的装饰和点缀，具有装点衬托建筑组群，使之更为雄伟壮观的功效。西方诸大城市的唐人街，牌楼已成为华夏文化的建筑符号。

北京遍布九城的牌楼，曾经数以百计，几乎是仅次于城墙城门的古都风貌的重要特征，包括街基道路牌楼、坛庙寺观牌楼、陵墓祠堂牌楼和桥梁津渡牌楼等类别。引起争议的主要是街巷道路牌楼。北京久负盛名的这类牌楼如东单牌楼、西单牌楼、东四牌楼、西四牌楼，东长安街和西长安街牌楼，正阳门大街牌楼，东交民巷和西交民巷牌楼，羊市大街帝王庙牌楼，景山前街大高殿牌楼，北海大桥金鳌玉牌楼，等等。

在今天看来，在街道中心保留牌楼，似乎是无须争议的——在众多的路口，我们有那么多光秃秃的"大圆盘"，以及拙劣的雕塑。而在当年，竟至争论不休。强调文物保护必须服从拓展马路需要的一方甚至组织过"控诉牌楼"的活动。北京市人民政府和文化部共同组成了牌楼问题的专门调查组，以副市长吴晗和文化部文物局局长郑振铎为负责人。为时半年的调查，总算对所有牌楼都进行了历史考证、实物测绘和照相。多少有些令人费解的是，身为历史学家的吴晗，是主拆派的代表。在几次高级别讨论会上，反对拆除牌楼的张奚若、翦伯赞、范文澜、梁思成、郑振铎、薛子正等，每每与吴晗争得面红耳赤。梁思成放言痛陈：北京雄伟壮丽的城市建筑面貌是全世界保护最好的，不但要保护一殿一楼，还要保护整体风貌，牌楼、华表、影壁这类装饰性建筑是中华民族独特的街市点缀，意义与巴黎的凯旋门相同，艺术价值不可低估。拆除牌楼，北京城在整体上的对称和谐就不存在了。

然而，结果是早已确定的。直到"文革"中，罗哲文从传单上看到消息，才恍知当年吴晗的处境。

梁思成痛心不已，作最后一搏：直接给周恩来总理上书。他以文学艺术的感情笔法，细腻描绘了帝王庙前景德街牌楼在夕阳西下之时，西山的峰峦透过牌楼和阜成门城楼所融汇而成的绝妙好景。如果牌楼、城楼拆除，这一古都美景将永远消失。然而，这一次周恩来并没有像上次那样，亲自出马并设法保存了北海团城和金鳌玉桥。他赠给梁思成两句诗："夕阳无限好，只是近黄昏。"

最后的决定是，除保留国子监街上的三座牌楼，凡街巷和道路上的牌楼全部拆除。梁思成提出通过做转盘保留东四、西四牌楼的方案亦被否定。

帝王庙前横跨羊市大街（今阜内大街）的两座景德街牌楼，是完全木结构的三间四柱七楼的形式，造型优美，雕饰精丽，是牌楼艺术的杰作。周恩来提出可迁移他地保存。然而年代久远，木构件老朽，拆除后终未能重建。

东、西长安街牌楼具有很高的文物价值。1958 年扩建天安门广场时，根据周恩来指示，迁至陶然亭公园重建而得以保存。然而时乖命蹇，大约在 1971 年 9 月，不知因何被江青下令拆除。

当年北京有记载的 120 余座牌楼，据统计现存 43 座（多在园林风景区内）；国子监和孔庙所在的成贤街，成为北京存有牌楼的唯一的街道。

牌楼的厄运还在于：1950 年代调查测绘的全部牌楼资料，在"文化大革命"中全部失去。

与牌楼同遭厄运的还有一批古建筑，特别值得一记的是 1950 年代拓展长安街时，拆除了西单路口东的庆寿寺（双塔寺）。该寺建于金代的可庵、海云双塔灰飞烟灭，终成往事。据识者的回忆："双塔的形象非常动人，真好比一长一幼比肩而立……入夜，长安街各大饭馆的霓虹灯灿若云霞，可是北面夜空中一对迷蒙夜雾中的双塔，人行亦行，人止亦止的形态，尤为动人。"①

当屹立数百年的北京城墙终于在蓝天下消逝，西安的城墙得以修复——虽然，它只不过是北京城墙粗劣的"袖珍版"。梁思成环城立体公园、空中花园的构想总算造福于西安市民。1950 年代北京城墙的存废之争最终由西安的现代化建设实践作出了检验和结论。

1979 年，带有"大新样城砖""嘉靖三十六年分窑户王保造"字样的两块明代北京城砖，作为北京大学赠送的礼品，远渡重洋，被珍藏于美国匹兹堡大学的图书馆。当北京的客人介绍，明嘉靖三十六年，即公历 1557 年，是哥伦布发现美洲大陆后的第 65 年时，赢得热烈的掌声和赞叹。

几年之后，位于王府井的珠光宝气的豪华饭店，在门前竖立了牌楼。

历史将一再证明，我们所最缺乏的，从来都并不是钱。

每一个尊重历史、保护历史的人，历史终将为之"大书一笔"。

二、气象非凡的全能型城市

坦坦荡荡，大大方方；巍巍峨峨，正正堂堂；

雄雄赳赳，礴礴磅磅；轰轰烈烈，炜炜煌煌。

---

① 《燕都》，1986 年第 5 期。

国风浩浩，文彩泱泱；革命壮烈，历史悠长。
凤城如海，绿化汪洋；丰碑屹立，极建中央。

红旗灿烂，迎风飘扬；五星灼烁，万丈光芒。
天安门上，党声皇皇；多快好省，挺起脊梁。

全民团结，济济翔翔；流金铄石，举国腾骧。
和平共处，有纪有纲；东风永畅，天地低昂。

1959 年，中华人民共和国成立十周年前夕，郭沫若写的这首《颂北京》，传达了共和国童年朝气蓬勃的精神面貌，以及对新北京的由衷礼赞。

新中国的象征是北京，新北京的象征是天安门广场，没有什么能比天安门广场更恰当地体现北京作为新中国政治中心的政治意义和文化价值——它同时是作为推陈出新、化腐朽为神奇的杰作载入新中国的建筑史的。

封建时代的天安门广场，是设在皇城正前方、城市中轴线最重要位置上的宫廷广场，轮廓呈"T"形。天安门城楼的东西南三侧均有宫墙环卫，东西宫墙之下，各有通檐连脊的千步廊；一条狭窄的长街沿中轴线向南延伸至大清门（辛亥革命后称"中华门"，1976 年修建"毛主席纪念堂"时拆除）。广场为皇帝举行重要活动所用，严禁庶民涉足，正像南北中轴线一样，成为封建帝王至高无上、唯我独尊观念的造型体现。

1919 年爆发的五四运动，为广场留下了不朽的英名，也为此后一代又一代的热血青年提供了政治活动的"脚本"。广场历史性地成为政治中心的大舞台，这片压缩了现代中国悲壮历史的空间，遂成为中国人的精神圣地。当年的军阀官僚，曾在广场遍植黄刺玫和丁香，不知者以为美化故都，实际意在缩小广场面积，消极防范爱国青年的集会示威。

对广场的改造早在 1911 年推翻帝制后即已开始，1949 年为举行开国大典又予拓展。1958 年，为庆祝新中国成立十周年，对广场的大规模改建，形成了今日之面貌：广场三面红墙全部拆除，广场两翼和东西两门被拓展为通衢大道，革命历史博物馆和人民大会堂分立东西两侧，人民英雄纪念碑屹立中央。这是无与伦比的全世界最大的广场，它由原先的 11 公顷扩大为 54 公顷，"可供 50 万人民群众进行集体活动"——事实上，它多次成为"百万军民"的狂热海洋——用 3.12 万平方米的花岗岩铺成的长 390 米、宽 80 米的游行大道，"可通过 120 路纵队队伍"。和天安门广场相比，西方建筑中大尺度的典型罗马圣彼得教堂广场、彼得堡冬宫广场等，只不过是一小块空地而已；至于西方语汇中的广场（square），本意即指几条道路相交而成的空地。作为广场配套建筑的人民大会堂，占地 15 公顷，总建筑面积达 17 万平方米，"比明清两代经营了数百年的皇宫总面积还大"①。

这个气势非凡的广场，被认为体现了时代精神和社会主义新文化的价值，体现了"人民至上"的主题思想：曾经作为城市中心的皇宫被推到了"后院"的位置；"人民的广场"成为首都的前庭；而由游行大道两端拓展而成的东西长安街及其延长线，形成横贯全城的新的东西中轴线，从而彻底破除了城市布局中原先占支配地位、象征封建王权中正至尊的南北中轴线。

城市作为承载社会文化的建筑空间，记录和展示着每一个时代的理想、抱负、价值和观念。巨大空间尺度的建筑，从来都对应了伟大、崇高、庄严、力量、权威这样的审美要求，它本质上是伴随人类征服自然能力的增长而放大的审美尺度；但在北京，这却首先来自意识形态的文化需求：展示民族新生和解放的自豪感，以及作为中国和世界革命中心的宏大气派和抱负。

天安门广场毕竟只是首都的政治象征，政治中心的真正建设，则伴随

① 《当代中国的北京》上册，当代中国出版社 1986 年版，第 133、128 页。

着首都的"中央化"。尽管北京成为中国或中央的代称，但在京城内部，中央和地方的条块关系同样泾渭分明，它深刻地影响着城市社会的结构和文化的发展，这是后话。

1950 年代初，梁思成在规划新行政区时，其想象力所及，为全国人大、全国政协、政务院、革命军事委员会等组织规划了政治法律委员会、法制委员会、人民监察委员会、文教委员会、法院、监察院、海关、银行、出版总署，以及从外交部、财政部到食品工业部、燃料工业部等，总共 34 个机构。他自然不会想到，在 1980 年代初，国务院就有 100 多个部、委、办和直属机构，中共中央则有 30 个直属单位，人大、政协、军队及工、青、妇等组织和社会团体尚未统计在内。市级党政机构设置，1990 年全国平均为 70 多个，多的达 100 多个。①

由于政治中心的聚合作用，北京的党政官员之众，向为全国之首。据北京市统计部门资料，在城市在业人口的职业构成中，国家机关团体职工所占比重，1952 年为 9.6%，1957 年最高，为 10.1%；1965 年为 6.9%，1982 年为 6.8%（当年全国平均比重为 5.1%）。在 1982 年北京城市 355.66 万就业人口中，在国家机关、党政和群众团体供职的人员达 24.3 万人。② 据 1987 年末的统计，中央和北京市党政机关、社会团体的就业人员为 26.4 万人。③

除了国家和中央的党政军机关、社会团体，中央各部委还有数量众多的在京机构，包括教科文卫等事业单位和工商业企业。它们在行政和经济关系上，直属中央部委而非北京市。据 1979 年的统计，中央在京职工总数（包括国家机关、人民团体、教育科研单位和企业职工）为 61.4 万人。经计

---

① 《瞭望》周刊，1991 年第 17 期。

② 李慕真、仇为之主编：《中国人口·北京分册》，中国财政经济出版社 1987 年版，第 80、265 页。

③ 《当代中国的北京》下册，当代中国出版社 1986 年版，第 400 页。

算，加上他们的抚养人口和为他们服务的人员，共计 164.1 万，占城市总人口的 33.1%，即每三个北京人中就有一个直接与中央在京人员有关。[①]

作为传统的政治中心和文化中心，北京历来承载着三种主要的文化：反映统治阶级意识形态的主流文化，与之相伴而生的知识分子文化，以及作为地域文化的市民阶层的民俗文化。随着社会主义制度的建立和社会主义意识形态占据主导地位，封建时代的主流文化沉积潜隐成为非主流的民族传统文化。它们在新时代的矛盾冲突、消长演化，结构着新北京城市文化的基本线索。

新北京作为中国首屈一指的文化中心的建设同样气势非凡。

由于南北政治、经济的不平衡发展，上海和北京两个文化中心格局的改变，毋宁说是从 1930 年代的抗日战争开始的。诚如潘光旦先生所言"人才的移徙，实为文化移徙的张本"，因为"文化的移徙，由于自身移徙——即文化之传播推广——者小，而由于人口移徙者大"。随着北平和上海的相继沦陷，重要学术文化机关和文化精英的迁徙流动，重庆、武汉、桂林、昆明等地都一度成为活跃的战时文化中心。

随着新中国的建立，作为政治中心的北京再次成为大一统的中国最重要的文化中心。它运用革命和行政的强大力量，重新配置和集中全国的文化资源，通过对北平旧有的文化机关和知识分子的接收改造、由解放区迁移进京的文化机关和知识分子、从全国各地（尤其是上海）抽调迁移文化机关和知识分子以及建立新的文化机关等途径，首都成为在教育、科学技术、新闻、出版、文学、艺术、哲学和社会科学等各文化领域机构和专门人才最为集中的中心。

大学作为现代社会的"轴心机构"，对文化建设具有举足轻重的作

---

① 北京科技情报研究所论文《北京城市人口结构模型》，1984 年。

用。1948 年底，北平仅有 13 所高等院校（其中公立大学 6 所，私立大学 4 所，教会大学 3 所），不仅低于上海（36 所），也低于江苏（22 所）、四川（25 所）、广东（15 所）等。1950 年新建的中国人民大学，作为学习苏联教育的典范，被视为"完全新式的中国高等教育的起点"。经 1952 年全国高等院校的院系调整——新中国高等教育的重建，北京拥有的大学数立即跃居全国之首，在当时全国的 182 所大专院校中占 26 所，远远超过了上海（15 所）。

对新闻、出版等文化事业围绕权力结构的重新调整配置，使曾经作为中国最大新闻出版基地的上海甚至难以自称"半壁江山"。创办于 1897 年的商务印书馆、创办于 1912 年的中华书局以及三联书店等上海出版业巨擘相继迁往北京。1949 年，北京仅有 3 家出版社，而上海至 1952 年仍有 321 家；40 年后正好相反，北京有出版社 320 家（1987 年），约占全国出版社总数的一半，而上海仅有 33 家（1989 年）。类似地，1948 年底，北平共有 24 家报纸，上海则在 200 家以上；1991 年，北京拥有 159 家报纸，上海为 82 家。1948 年底，北平共有 27 种期刊，上海到 1950 年尚有 88 种；1991 年，北京和上海的杂志数分别为 945 种和 159 种。

让我们约略地检视一下北京的人才优势。

据 1982 年人口普查，我国拥有知识分子（指大学以上教育程度者）602 万人，占人口的 0.6%。北京市拥有知识分子 44.7 万，占全市人口的 4.9%；上海 40 万人，占全市人口的 3.4%；天津 18.6 万人，占全市人口的 2.4%。其他省的这一比例，如：辽宁，占 1.1%；江苏，占 0.6%；浙江，占 0.4%；广东，占 0.5%。

北京市不仅知识分子群体的规模大，而且层次高。1987 年，北京地区共有 67 所高校，其中重点大学 22 所，占全国重点大学数的 18.9%；在该年公布的全国 6407 个硕士点中，北京有 1153 个，占 18%（上海 639 个，占 10%）；1830 个博士点中，北京有 646 个，占 35.4%（上海 268 个，占

14.6%）；3798 名博士生导师中，北京有 1459 人，占 38.5%（上海 547 人，占 14.4%）。[①] 在健在的 300 余名中国科学院学部委员中，北京约占 200 名。

由于建国后严格控制城市人口和限制社会流动的政策，长期以来，各中心城市尤其是上海这个曾作为中国最大的人才集散地的移民城市，只承当单向辐射为首都和全国输送人才和技术的义务。当大城市吸纳聚集人才的功能被明显抑制几近萎缩时，只有北京凭借其政治中心的特殊位势，具有源源不断地在全国范围内吸收优秀人才的超常能力，从而形成独一无二的文化中心。

我们要再次区分作为首都的"中央"和作为地方的"北京"。在北京地区形成的庞大的上层建筑、文化系统和知识分子队伍中，绝大多数按隶属关系是中央的，只有极少一部分属于"北京市"。例如，1987 年，首都的67 所高校，市属的仅 14 所，占 20.9%；480 个科研机构中，市属的 165 个，占 34.4%（但全市 14 万科技人员中，市属 2.1 万，仅占 15%）；320 家出版社中，市属 15 家，占 5%；129 种报纸中，市属 30 种，占 23.3%；1049 种刊物中，市属 101 种，占 7.2%。[②]

关于文化中心的建设，真正严重的问题在于：在城市规划和城市建设上，它并没有相应的地位和体现。事实上，在建国后前三十年的市政建设方针中，文化中心根本未被作为题中之义，更遑论"文化城"之类的梦想了。时至今日，首都既没有一个严格规划、功能独立，由具有强大承载力的文化"硬件"（图书馆、博物馆、音乐厅、大剧院等）构造的文化区，也没有堪称文化中心的象征性、纪念性建筑——如天安门广场之于政治中心的意义那样。文化至多只是在广场东侧的中国历史博物馆和革命博物馆得到微弱的说明。这自然也不失为关于政治和文化关系的一个恰当象征。正

---

① 国务院学位委员会办公室编：《全国授予博士、硕士学位的学校及科研机构名册》，高等教育出版社 1987 年版。

② 《当代中国的北京》下册，当代中国出版社 1986 年版，第 145、235 页。

如华盛顿的建筑，国会大厦夹在国会图书馆和最高法院之间，象征了权力与知识和法律的关系。

旧京作为文化古都，其自然形成的文化中心是琉璃厂，早已衰败式微。50 年代初，曾设想过在中关村一带，以北京大学、清华大学和中国科学院为主，规划建设北京的"文教区"，使之成为新北京的文化中心。然而，如侯仁之教授言："作为全国的文化中心这一点，在北京全城的平面布局及其实际功能上，迄今尚未形成。"① 海淀区及中关村一带固然是文化重镇，人文荟萃；多年来，其市政设施、城市功能和建筑面貌也只是个半郊区和大集镇，在建筑上则各自为政，各搞一套。互相毗邻的清华、北大、中科院也未能统筹兼顾，形成功能合理、具有性格和统一风格的建筑面貌。"30 多年来搞到现在这个样子，真是令人沮丧。日本的筑波科学城的兴建，据说也是 30 来年，看看那里是什么样子。我们是社会主义国家，是计划经济，怎么能够相形见绌？！"②

真正使北京城"脱胎换骨"的，是工业化的雄心。"为生产服务""由消费城市向生产城市转变"的目标迅速地变为现实。

在第一个五年计划（1953—1957）期间，通过新建 41 个工厂、改扩建 329 个工厂，初步形成了北京机械、纺织、钢铁、化工、建材、电子等工业的基础。

1958 年 6 月，在"大跃进"的浪潮中，中共北京市委两次向中央报告，要求"北京不只是中国的政治中心和文化中心，而且还应该迅速把它建设成为一个现代化的工业基地和科学技术的中心"。③ 正是在这一年，北京重工业产值的比重第一次超过了轻工业。在一批高耗能、耗水、占地多、污

---

① 　侯仁之：《侯仁之燕园问学集》，上海教育出版社 1991 年版，第 228 页。
② 　同上，第 169 页。
③ 　《当代中国的北京》下册，当代中国出版社 1986 年版，第 705 页。

染严重的重工业企业上马的同时，街道工厂"遍地开花"。这一年，在北京城区内就建立了 700 家街道工厂和 2000 多座高炉——连宋庆龄先生优雅美丽的宅邸后院，也不得不建立了一个小高炉。至 1960 年，全市大办街道工业，大大小小的街道工厂已达 3000 多个。烟尘蔽日、机声隆隆，终于成为古都北京的日常生活景象。与此同时，1958 年至 1960 年 3 年间，全市新建厂房近 300 万平方米，城市居民的人均住房面积，则由 1949 年的 4.75 平方米降至 3.24 平方米，居民住宅每年塌落千间以上。城市人口由 1949 年的 209.1 万（包括内、外城）增至 1960 年的 732.1 万，提前 20 年超额实现了原定 1980 年达到 500 万人口的指标。

然而，这只不过是一个联结过程的开始。

1958 年撤销了国家建委和城市建设部；1959 年提出"先生产后生活"的口号，居民住宅、公共设施基本停建；1960 年的全国计划工作会议宣布 3 年不搞城市规划。然后是 3 年"自然灾害"，经济调整、恢复和"文革"。

在 1966 年至 1970 年"文化大革命"最动荡的岁月，北京的工业建设仍然势头很猛。国家把一批重点项目安排在局势相对平静的北京，如首都钢铁公司的 850 开坯机，重型机器厂、第二通用机械厂、北京锅炉厂等西郊三大厂的大规模扩建。特别是投资 24 亿元、炼油能力为 700 万吨的燕山石油化工总厂的建立，又为北京增添了一个高耗能、污染环境且有碍城市安全的重户。1970 年，北京工业总产值突破 100 亿大关，达 129.2 亿元，重工业比重达 65.7%，轻工业占 34.3%。

在 1976 年"文革"结束后，由于城市建设的惯性，北京市的城市建设总体规划方案，仍然强调"到 1985 年，把首都建设成为一个以钢铁、石油、化工、电子、机械仪表为主的，以生产高精尖产品为重点的、轻重工业协调的、初具规模的现代化工业基地"。[①] 为解决劳动力供不应求的紧张状况，

---

① 李慕真、仇为之主编：《中国人口·北京分册》，上海财政经济出版社 1987 年版，第 71 页。

又招收相当数量的农业人口进城工作。

1980 年，北京市工业总产值突破 200 亿元，达 234.2 亿元，重、轻工业分别占 63.7％ 和 36.3％。①

据统计，自 1949 年至 1982 年，北京的建设投资，用于发展工业的约占 45％；"在工业投资中重工业占 88％，重工业产值占工业总产值的 60％。重工业的比重超过了重工业基地的上海和天津，仅次于沈阳。这种经济结构在世界各国的首都中是罕见的"。② 另一个统计显示，在此期间，工业总投资 121.5 亿元，而同期城市基础设施投资仅 77 亿元。③

到 1980 年代，北京骄傲地宣称已经成为"综合性产业城市"。全国统一划分的 164 个工业门类中，北京具备 149 个；其中钢铁、石油化工、塑料、合成橡胶、汽车、内燃机、胶印机、发电设备等主要产品，在全国占有举足轻重的地位。"首钢的人均创利税水平，已使国际著名的克虏伯、蒂森等钢铁公司甘拜下风！"④

北京的骄傲不止于此。它仍然全力以赴地在建立一个"包揽一切的万全中心"：行政和军事中心，文化和教育中心，科学技术中心，财政金融中心，经济贸易中心，邮政电讯中心，联络全国铁路和航运的总枢纽，华北公路网的联结点⋯⋯

1980 年代中期制定的《首都发展战略》将这一发展现状提升为"一般规律"："北京目前所形成的政治功能、文化功能和社会功能为一体的城市特征，不仅是地理、民族、社会、经济、文化、军事等诸多因素相互作用和长期演化的结果，而且表现出社会主义国家首都政治、经济、文化功能高度集中统一的一般规律。"说得更准确一些，首都的全能型状态，源自制

---

① 《今日北京》，北京出版社 1984 年版，第 95 页。

② 《城市问题》第 5 辑，北京科学技术出版社 1983 年版。

③ 《北京晚报》，1991 年 6 月 12 日。

④ 《北京日报》，1989 年 9 月 24 日。

度文化中所固有的，与现代社会发展和社会化大生产所需的社会分工和结构分化、专业化、分殊化等相悖的某些因子，它驱使每一个自然区域或社会单元顽固地增生成为自给自足、自成一体、"大而全"或"小而全"的封闭半封闭状态。显然，这是一种生产力水平和组织化程度较低的社会文明的基因。对于首都而言，它的全能型发展与"领导一切"的政党和政治的理论同构，得到意识形态的强烈支持。不妨说，它是制度文化和政治文化在城市建筑上的恰当展示。

一个中国的特大都市、中国北方最大的新兴工业城市崛起了。"伟大的北京"不仅是一种政治的、心理的或审美的感受，而且由于它确实大。与新北京相比，"大上海"不免相形见绌。

1949 年初，北京市辖面积 707 平方公里（其中城区 62 平方公里），人口 156 万。1949 年 6 月，长辛店等五个地区划归北京市；1952 年，宛平县全县和房山县、良乡县的部分划归北京；1956 年 3 月，昌平全县和通县 7 个乡划归北京。为解决城市建设用地、居民生活用水及蔬菜副食供应等问题，1958 年进一步将通县、顺义、大兴、房山、良乡、怀柔、密云、平谷、延庆九县和通州市划归北京。至此，北京市形成 4 个城区、6 个郊区和 9 个郊县的幅员，辖地面积至今未变，达 16808 平方公里，约为 1949 年的 24 倍。目前市区已建成面积 360 平方公里。

作为对比，1949 年上海市总面积 638.2 平方公里（其中市区 82 平方公里）。1949 年后几经调整扩大，至 1982 年，共有 12 个市区、10 个郊县，总面积为 6185.7 平方公里，市区已建成面积 233 平方公里，分别为北京市的 36.8% 和 61.9%。

北京市人口的激增同样惊人。1982 年底，北京市常住人口 917.83 万人，比 1949 年底增加 761 万，增长 4.8 倍。若按现行区划计算，1982 年底北京市常住人口比 1949 年底（414.0 万）净增 504 万人，增长 1.22 倍，年平均增长率高达 24.4‰，高于同期全国人口平均增长（19.2‰）水平，也远远高于天津市（19.7‰）、上海市（12.9‰）的增长幅度。北京市人口占全国人口的比重，由 1949 年的 0.76% 提高为 1982 年的 0.90%；而同期上海市人口的比重，则从 1949 年的 1.43% 降至 1982 年的 1.16%。在北京市净增人口中，自然增长约占 76.9%，迁移增长约占 23.1%，即 1949—1982 年的 33 年间，净迁入人数约 116 万人。而同期，上海迁移变动出现负增长（-17.4%），33 年中全市累计净迁出 74.54 万人！[①]

无限膨胀的建设规模和人口增长，水、土等不可替代自然资源的严重短缺，城市基础设施建设落后，环境质量的不断恶化，产业结构和人口布局的失调……严重的"城市病"迅速缠上了这个高速发展的特大城市。

城市资源配置与地域空间的失衡，致使以天安门为中心的旧城区不堪重负。这块占全市 4.5% 的规划市区面积，集中了 87% 的市区人口，100% 的中央和市级机关，90% 的科研单位和大专院校，80% 的中央和市属工业企业。[②] 与此同时，旧城区内的工业布局呈现极度拥挤和极度分散的畸态。1983 年，在 87 平方公里的旧城区范围内，集中了 1022 个企业，占地约 19%，平均每平方公里 11.7 个企业。崇文区、西城区和宣武区工业尤为密集，工业占地高达一半左右，为世界各国首都所罕见。

在建国后的城市建设中，上海和北京分别体现了管理体制的两种典型弊端：上海作为计划经济的标兵，受到极大的束缚和限制；北京成为条块分割和部门所有制的最大受害者，陷入难以抑制的需求膨胀、投资饥渴中。中央各部门、各单位凭借各自的实力和地位，争相占用有限的城市资源。自第四个五年计划以来，全市固定资产投资总额平均每 5 年翻一番；1980 年代中期，北京每年申请盖房面积达四五千万平方米，相当于一年要盖两个

---

① 详见李慕真、仇为之主编：《中国人口·北京分册》第三章，胡焕庸主编：《中国人口·上海分册》第三章。

② 《首都发展战略研究》，经济管理出版社 1989 年版，第 11 页。

半老北京！巨大的建设规模不仅超过了国情国力所允许的限度，也大大超过了北京市的建设能力和资源承受能力，为北京市的发展投下浓重的阴影。在中央各部门的巨大权威面前，北京市的城市规划之软弱无能自不待言，以致北京市有关部门和人大代表一再要求，北京的城市建设应由全国人大直接来抓，由中央直接来管。

北京市最紧缺的自然资源是水。北京水资源的人均占有量仅为全国人均占有量的六分之一，被列为因贫水而陷入危机的全国 40 座城市榜首。对地下水的掠夺性开采，使地下水水位自 70 年代以来平均每年下降 1 至 2 米，在北京地区形成了一个方圆 1000 公里的地下水位漏斗区，漏斗中的水位下降了 30—40 米。自 1967 年发现因地下水超量开采引起的地面沉降以来，至 1979 年，累计沉降量为 320 毫米，年最大沉降量为 40 毫米，形成包括所有城区并波及郊区、总面积为 440 平方公里的沉陷区。[1]

与此同时，工业污水造成严重的环境污染。每年排放的 9 亿多吨污水，经处理的只有 10%。1987 年，北京市 83 条河渠，受到不同程度污染的有 54 条，有的河段已成为新的龙须沟。河水黑臭、无大型生物带的河段，1981 年为 27.5 公里，1985 年已扩展为 51 公里。[2]

诚如专家所言：北京古都风貌消失的程度和北京市的建设速度恰成正比。

当城市的天际轮廓线终于被高楼和烟囱取代，城市与自然环境的和谐受到严重的挑战。对环境变化极为敏感的鸟类的变化，成为评价环境质量的生态指标。

一报告指出，自 1930 年代至 1980 年代，北京城市鸟类组成的重大变化

---

[1] 《北京晚报》，1988 年 6 月 27 日。

[2] 详见《光明日报》，1987 年 12 月 7 日；另见《首都发展战略研究》，经济管理出版社 1989 年版，第 220 页。

包括：苍鹭、大白鹭、夜鹭等大中型涉禽在市区已基本绝迹；杜鹃、黄鹂、戴胜、伯劳等常见食虫鸟在城市公园已所剩无几；猛禽数量急剧减少，连红隼、红脚隼、松雀鹰等中小型猛禽在城市也十分罕见；市中心的北海、中南海曾记录过的 19 种鸭、雁类几乎全部消失。[①] 另据调查，1960 年北京地区共有鸟类 352 种，至 1985 年，仅为 118 种，减少了三分之二。[②] 北京市被惊讶地发现是"世界上没有鸟的首都"——从 1986 年起在北京植物园、玉渊潭、颐和园等地试点开展"招鸟工程"，志在甩掉这顶不雅的帽子。

导致鸟类迅速减少的原因，是过量捕杀、植被严重破坏和环境污染。1985 年，一位挚爱首都的老北京人携友登临景山，以期再一次体验良辰美景之中的心旷神怡。出乎意料的是，远处的风景皆消失在雾色气体之中，眼底的故宫、北海也如蒙层纱，模糊不清，而作《景山观天》诗云："景山一望心愕然，层楼崛起伴空烟。往日细描工笔画，而今泼墨写意难。五坛茫茫知何去？三海隐隐缥缈间。鸟瞰京华朦胧地，疑是伦敦雾都天。"

大气测量的结果则没有什么诗情画意。城区采暖期二氧化硫浓度超标一倍多。在规划市区内，空气中悬浮微粒和飘尘超标 1–3 倍，每立方米为 0.34—0.69 毫克。全年的烟雾日由 1950 年代的 60 天，上升为 1980 年代的 150 天左右。

在北京这个原本交通不便、资源匮乏、没有工业基础的文化古都，强行建设超级工业中心，其代价还包括破坏了华北地区自然形成的城市格局和区域经济格局。

让我们注意这种历史形成的功能合理分工、互补共生的"孪生城市"：旧时的北京与天津，民国时期的南京与上海，以及至今仍保持这种格局的四川省的成都与重庆，等等。前者是政治、文化中心，历史文化名城；后

---

① 《北京晚报》，1990 年 12 月 10 日，赵欣如文。

② 《北京晚报》，1987 年 10 月 21 日。

者依赖其港口和交通枢纽的位势，成为发达的工业都市和现代工商业中心。围绕这两个中心，形成区域的城市群落。

由北京、天津、唐山、秦皇岛、山海关、张家口、宣化、承德、保定、沧州10个主要城市构成的京津唐地区，历史上由于拱卫京师、漕运皇贡的需要，以及洋务运动以来工业的发展，以其丰富的自然资源和优越的地理位置，形成浑然一体又各具功能的成熟的经济区域。由于北京工业中心的崛起，使京津这两个近在咫尺、分工合理的大城市互为掣肘，功能紊乱。北京的四大支柱产业（机械制造、化工、冶金、轻纺）与天津完全相同，而天津传统的金融、贸易、交通运输、工商业中心的功能则被大大分散和削弱。京津陷入各自为政，重复建设，互争资源、能源和市场的紧张不协调状态。相类似地，拥有全国第二大铁矿，发展钢铁工业资源组合状况全国最佳的唐山，却因最富集的矿区划给首钢，而不得不开小矿，搞群采，从张家口越京津运来生铁；天津则只好在邯郸西部开矿建铁厂，从邯郸、邢台、石家庄等地运生铁入津；而邯郸钢厂却不得不从毗邻北京的涞源拉一部分矿石以解生产之急。

我们想避免的一切终于不可避免，甚至是不可挽回地发生了。

我们想起了梁思成，正像我们在不得不实行计划生育时，想起了马寅初。

三、京味的消解

城市的文化个性和文化魅力，是城市的灵魂。因此，人工营造的钢筋水泥的丛林，或有美女、明珠之喻，或有乡村、荒漠之讥。当工业文明以其不可阻挡之势改变着世界的面貌时，由不同的国家、民族和历史形成的文化特色和独特的文化遗产正在迅速消失，在全球化的文明演进中，城市的面貌和生活方式从没有像今天那么雷同和千篇一律。因而，保存和营造城市独特的文化魅力，不仅是一种属于历史的、地域的、民间的文化的自我拯救，也是城市现代化建设中的一个严肃的课题，一个重大的挑战。

从 1980 年代开始，伴随着社会生活的宽松清朗，对老北京的眷恋怀思之情悄悄地弥漫上升。1984 年，瑞典美术史专家喜仁龙所著《北京的城墙和城门》一书，得以翻译出版——距他撰写此书正好 60 年。相继出版的《北京的四合院》《故都乡情》《老北京的生活》《北京城杂忆》《北京往事谈》《故都北京众生相》《北京三百六十行》《北京民间风俗百图》等，向 20 世纪末的读者提供了一个神秘的、消逝了的空间。"北京，在这里成了一个旧梦，一个神话，一片模糊迷离的镜像""一个优美、雅致的'过去'的图像和幻影"。①

"京国繁华数改移，似君不及见当时。可怜四十年前景，犹有贞元朝士知。"数年前，邓云乡先生在《北京的四合院》一书中，引用这首明人小诗表达了对北京城天翻地覆变化的感慨。

北京在八百年之久的历史中凝聚形成的独特的城市面貌和文化趣味：富丽宏伟、规划严整而又遍地珠玑；与自然环境的高度和谐融洽；深厚的历史文化蕴涵；生动活泼的民俗文化；淳朴敦厚的人情民风——在 20 世纪的不断流失，固然是古旧文明的一般命运；而京味文化在当代的迅速消解，则有其具体的动力和压力。

如果说城墙、牌楼是北京城历史文化的象征，那么老北京生活方式——京味文化——的象征则是另一些事物：隆福寺和琉璃厂，茶馆和庙会，曲艺和风味小吃，胡同和四合院……它们构成了北京市民生活和民间社会的文化空间。和建立在发达的现代工商业城市组织系统上的上海市民文化不同，它更多地具有自给自足的、半封闭乡村礼俗社会的色彩。因而，当首都一

_____

① 《读书》，1991 年第 2 期。

且被确定，并进而决定将北京建成特大的新兴工业城市，京味文化的命运便已注定。

首先，动摇老北京日常生活根基的，也许是对商业的改造。

作为"消费城市"的北平，具有发达的商业服务业，虽然，这是一种糅合专业化、组织化的城市商业与农业社会商业传统的混合型态。全市有十多个商业区、四十多个综合性和专业性市场，以及隆福寺、白塔寺、护国寺、土地庙、花市五大定期庙会，白云观、蟠桃宫、东岳庙、厂甸四大节日庙会。1948 年，全市商业服务业共有大小行业 100 多个，坐商和摊贩 7 万多户（其中服务业 2 万多户），还有大量走街串巷的活动商贩。发达便利的商业系统和民生服务，丰富多彩、京味盎然的用品食品，成为北平生活的基本要素和人文特色。

城市商业的急剧萎缩起自 1950 年代初对商业服务业的公私合营、实行行业归口管理，全国城市皆然。以农业为本的中国，素有轻商抑商的传统，商为"士农工商"四民之末。这一古老伦理获得了新的政治理论支持：除了直接的物质生产劳动而外，商业和流通如果不是投机取巧的剥削行为，至少是同样不道德的不劳而获。而消费，则几乎是寄生的同义词。数百年来北京作为非生产型的文化古都所具的"消费城市"性质，突然成为市民难以容忍的集体耻辱。在政治化和工业化的炽烈氛围中，商业和民生变得不足挂齿，无足轻重。

在对私营工商业的社会主义改造完成之后，对商业的一再削弱，是出于"发展生产"的直接需要。在 1958 年的"大跃进"中，更是视"不从事直接生产的商业人员"是"极大的消费"，"不利于社会主义积累"而一再精简。1957 年，全市尚有 31366 个零售商业营业点，到 1980 年，仅剩 6714 个，减少了 78%；商业从业人员，则从 15 万人减为 11.7 万人，减少 22%。[①]

---

① 《当代中国的北京》上册，当代中国出版社 1986 年版，第 606 页。

这一过程一直在持续。1984 年与 1952 年相比，北京市人口增长 2.8 倍，社会商品零售额增长了 10.6 倍，而零售网点却减少了 23.4%，每万人拥有的网点数降为 65 个，职工 45 人。同一年，上海每万人拥有的商业网点 71.9 个，比北京多 6.9 个。据 1983 年商业部对全国 28 个大城市每万人拥有商业网点数的统计，北京排第 15 位，这一指标仅为排名第一的兰州市的五分之一。

到 1980 年代中期，城区规模比建国初扩大了 4 倍多，市级商业中心仍为老北京遗留的 3 个（王府井、前门、西单）；地区性的商业中心，仍为 1950 年代建立的 8 个。

城市生活的真正底蕴，总是在千千万万普通市民的日常生活中。城市经济性质和民生状况的根本逆转，使曾经多姿多彩、情趣盎然的京味民俗文化，成为无源之水、无皮之毛。

沿街叫卖的小贩成为资本主义的同盟军，他们同时妨碍了首都的观瞻和市容，正像"洋车"。终于，街市胡同再没有了热闹的吆喝和悠久的叫卖，而是成堆的打蔫菜蔬和排队拥挤的人流。"老字号"悄悄地隐退了，出售着统一计划制作的同样的商品。丰富多彩的京味小吃，只剩下了烧饼、油条；中档饭店则在公私合营之后改变成"一道汤"，失去了自己的风格特色；曾经遍布全城的茶馆终于退出了市民的日常生活，它成为旧社会的象征而与热火朝天的社会主义生活不相适宜。

同样消散的还有庙会。曾经是北京市最大的庙会的隆福寺庙会，伴随着隆福寺本身一起湮灭。当年殿宇宏伟的隆福寺以其殿堂中精美绝伦的藻井而闻名，它属于明清建筑中的孤例，其文物价值和工艺技巧超过雍和宫和故宫三大殿及养心殿的藻井。它和庙宇一起消失，荡然无存。1960 年代，国营的东四人民市场取代了原先的庙会，它发展成 1980 年代豪华的隆福大厦。然而，它失去的是浓郁的京味文化色彩，成为一个没有文化个性、在世界各地和中国各地随处可见的规范化的综合商场。

显然，这意味着一种生活方式的整体性转换。在日渐政治化、革命化的生活中，老北京人养小动物的爱好渐渐地变得不合时宜。首先被禁的是狗，因为"要防止传染病"。随即，花鸟鱼虫、打拳遛鸟也成为"玩物丧志"，如果不是更坏的话。当天桥的贫贱、肮脏和混乱终于扫除涤荡，成为一条光秃秃的通衢大道，那一份悠闲自在、那一份开心——"平民的乐园"便再也无踪可寻。昔日的北京400家古旧书店的繁荣景象已成梦境，中国书店成为唯一一家经营古旧书的书店……

顺理成章地，曾经在茶馆和市场上发展起来的民间曲艺失去了滋养和观众，在剧场和舞台上日见凋萎，京韵大鼓、梅花大鼓、西河大鼓、北京琴书、单弦等均已难闻其声，远不如同有"曲艺之乡"之誉的天津曲艺活跃。始为"平剧"、后为"国剧"的京剧，命运同样不济。除了文化变迁的复杂因素，庞大臃肿的剧团和稀少的剧目成为对比，文化市场的消失和"大锅饭"的体制弊端成为导致京剧衰微的制度因素。进京会演和进中南海演出成为文艺团体的最高目标和主要管理行为。

在胡同和四合院中生息的老北京人，依然那样从容不迫地力图维护往日的传统，虽然，他们戴着解放帽，穿着中山装，再也不敢提笼架鸟。他们仍然用醇厚的京腔问好，"您哪""您哪"地不绝于口，但老大爷和老太太也学会了说"克服吧""积极点"之类新名词。洋车和庙会、城墙和牌楼就像皇帝和鬼子，成为老人的谈资。新一代北京人没有见过护城河的粼粼水波摇碎城楼倒影，没有听过岁暮天寒之中厂甸的欢声笑语、春宵梦回胡同卖饽饽的叫声。他们在舞台上看《茶馆》，在喧嚣的街头喝汽水；他们很快适应了拥挤和排队，不耐烦的"国骂"终于取代了旗人那样的谦恭多礼……

他们也没有见过"天棚、鱼缸、石榴树"的四合院。

对于每一个个人而言，最重要的生存环境，莫过于一小块构造"家"的建筑空间了。危房和房荒成为胡同中的老北京人头顶不得安宁的悬剑。每一个人都清晰地听到了三十年前梁思成耳畔的古都之呻吟——这已经不是文辞譬喻，而是危房惊心动魄的坍塌之声。

北京的住房，按人均面积计算，在全国大城市中并不"危机"。1985 年的统计，人均住房面积 6.2 平方米，比上海多 0.8 平方米，比天津多 1.2 平方米，仅次于西藏的城市，列为亚军。然而，这只是"人均"的结果。北京的住房，以部队和国家机关最为宽裕；有能力、有地皮自盖住宅的大专院校、科研机构、文化艺术团体等其次——如前所述，那是以归属"中央"的部门和以新北京人为主体、主要生活在大院中的社会群体；老城区内市属的工商业和文教系统等为最差，往往多年分配不到一两套城市统建住房。

失去控制的人口增长，"见缝插针"、因陋就简的机关用房和街道工业，以及在"先生产、后生活"的方针下少得可怜的民宅建设，使北京城无声地"爆炸"了。正像在所有城市一样，"文化大革命"为郁积已久的房荒壁垒炸开了一个决口。当一部分人被驱逐出家门时，更多的人以"革命"的名义拥挤进来，抢占住房。生存空间的竞争总是最无情的。曾作为独家居住的民居四合院成为几家或十几家混居的大杂院。人们争先恐后地在院落有限的空间中搭盖厨房或小屋，四合院于是成为九曲回肠、壅塞充实的奇形怪状。四合院传统生活中最后的温情面纱终于失落了，邻里反目、亲子成仇再也不是上海人的专利。

对于古都的守护者来说，北京的传统民居四合院正是掩映遍布的名胜古迹、殿宇坛庙之类红花的绿叶，如果要"保持北京这座历史文化名城的延续性，那么四合院的消失恐怕比城墙和城门的消失还要可怕"。① 然而对

---

① 《北京日报》，1986 年 10 月 31 日。

于居住在这些大多数为清代建筑、房龄百年以上的"危巢"中的居民而言，情形却并不那么美妙。

老城区 62 平方公里范围内，直到 1988 年，亟待改造的危旧房屋仍达700 万平方米，其中 200 万平方米濒临倒塌。每年的雨季汛期，便频频告急，应接不暇。在占北京住房总数三分之一的房管局管辖的房屋中，1973 年倒塌 1200 间，1976 年唐山大地震时，倒房 47825 间。1980 年代北京房屋部门雨季的工作目标，是力争"不死人"。

旧城改造、四合院保护终于提上了北京市的议事日程。1983 年和 1985年，北京市两次测定、调查旧城内的四合院，确认现存比较好的四合院已不过八百处，"像断了线的珠子撒在各个角落"。

1980 年代中期似乎是一个转折点。北京市不仅衣、食、住、行之难，到了怨声载道的地步，商业服务之低劣蛮横，也有"全国之最"的恶名，尖锐的揭露批评频见报端，并成为到京参加全国人大、全国政协会议的代表不衰的话题。

著名学者吴小如感叹"老北京也受窝囊气"。中关村地区只有一家商店代售义利白面包，要吃就得每周一、周三、周六准时去排队购买。如果想要调换一下挤压破残的袋，女售货员便会教训"这不是美术工艺品""又要好吃、又要好看"，等等。"最近一次她居然警告我'要自觉一点'。我想，所谓自觉，就是乖乖地听话之代称也。"①

1985 年，吴晓玲先生写了一篇言辞激烈的《谏全聚德》，痛陈这家全国闻名的"老字号"饭庄服务低劣，职业道德沦落。"以 7 月 2 日我的不幸遭遇而言，葱根居然带泥，案上盘盏共杯瓶狼藉，桌下残骨与烟蒂杂陈；再加上三仙照、四季财、五魁手，全来了……之声不绝于耳，实在使人顿兴

---

① 《北京晚报》，1985 年 4 月 16 日。

不知何世之哉！"①此后，在"全聚德"花钱买气受的报道仍不断见诸报端。
当时规范的服务是这样的："九时半，客人越来越多了，一个女服务员突然
以厉声发出号令，喝令大家拼桌坐下。俄尔，有一人神气地传令要满厅食
客齐到柜台去，点菜付账。""以前，这家烤鸭店有服务员驾临各桌，向客
人征询、点菜、开票、收钱，连这一点最小的服务也已取消。送上的烤鸭
是早用刀片好的，不是热的，是温的、冻的。""鸭汤，由于不是单独烧的，
就在大锅内盛一盆，不但不鲜，简直像开水。"②1992 年 8 月 31 日洛杉矶
《国际日报》载文《全聚德吃鸭记》，又对和平门全聚德烤鸭店的恶劣服务
提出批评，可见问题并没有解决。

　　1986 年，美籍华人陈香梅在《人民日报》撰文批评"北京友谊商店不
友谊"，称"北京友谊商店服务之差是'有口皆碑'的，而且是大家一致公
认的事实，但因为只此一家，别无分号，大家只好忍气吞声地出钱买罪受。
'领受'他们的后娘面孔"。她愤而表示以罢买抗议："这哪里是友谊商店，
简直是最不友谊的地方。"

　　1988 年 6 月，《北京晚报》对外地旅客的随机调查，认为北京人待客好
的占 22.3%；认为较差的占 26.4%；认为不冷不热的占 51.4%。关于商品价
格，半数人认为高于津沪二市。③

　　时至 1990 年，北京市政府会议室中仍挂着一个条幅，书曰：气象平凡，
诸多不便。这是 1984 年一名市民致函北京市市长相赠的八个字，"气象平
凡"原为"气象非凡"。市长改动一字，制成条幅悬挂，以示警策。

　　商业服务是个较为典型的侧面，反映了"首善之区"人情世风的蜕变。
由于商业系统的职工多为居住在旧城区的老北京人，他们往昔的商业伦理

---

① 《北京晚报》，1985 年 7 月 12 日。

② 《消费报》，1985 年 11 月 30 日。

③ 《北京晚报》，1988 年 6 月 20 日。

似乎更多地保有儒家伦理的温情，重视诚信、情谊、和气和声誉，如今，当年那种谦逊有礼的教养、温良恭俭让的风度早已踪影杳然。因而，这种变化就更有值得认识的意义。

"市民"主要是由两重角色叠成的，即在社会政治生活领域的公民和在私人生活领域（消费生活、闲暇生活、家居生活等）的居民。后者更多地以一种个体的身份出现，而且是绝大多数城市人最经常、最主要的存在方式。

随着对生产资料的公私合营和公有化，社会之中再没有自发的因素和成分，无所不包的"国家"占据和取代了"社会"，市民文化的空间便不复存在。

对城市商业系统高度集中的计划管理，独此一家的垄断性经营造成供求关系的极度紧张，如果不意味着恶劣的服务，才真正是一种奇迹。当自由竞争的市场消失之后，官场行为——对权力的尊崇和服从，唯一地只对上负责——便日渐改造了以营利为目的的商业行为。这是在全国各地同时发生的共同现象，只不过在政治中心的北京，"官商"的蛮霸气更重，对市场、顾客、优质服务更迟钝和漠视。

比较而言，上海同样经历了由第三产业落后、商业萎缩而导致的服务水准下降。但由于工商业传统的延续，上海仍较多地保存了商业动机和职业规范。例如，虽然上海店员常被批评歧视外地人，但至少对上海人还不冷漠；北京的售货员则往往一视同仁，一概视而不见，充耳不闻。在北京，我曾经历过公共汽车上售票员自始至终不售票不报站名的没有任何服务的"服务"，这在上海毕竟是不可想象的。

在短缺经济的环境下，对匮乏物资的控制本身是一种特权。握有这种权力的售货员反客为主，成为顾客的主宰和上帝，顺理成章。这同样是一种普遍现象和共性行为。作为比较，北京服务人员的蛮横心理较多地含有源自权力的对顾客的蔑视：你算老几？你有什么了不起？对外地人的歧视则较多地含有北京人的政治优越感。由服务行业弥散的这种官商气，成为日常生活领域毒化人际关系和社会风气的主要成分之一。

事实上，这种官本位的文化早已结构在造成"诸多不便"的城市宏观决策之中。这就不能不说到天安门广场作为政治中心，"人民至上"主题的建筑象征。它固然气势雄伟，面积很大，但是，关于憩息、饮水、饮食、便溺的不便，原本不在设计思想之中。庄严和雄伟之后，是凛然不可接近的威严。长期以来，除了历史博物馆和人民英雄纪念碑，包括天安门城楼、正阳门和前门箭楼、人民大会堂等广场建筑，基本不对公众开放。

这样我们接触到了广场所体现的政治文化的另一重要价值：巨大的建筑空间尺度，树立的实际是国家和政治权力的权威，它映衬了人的渺小。作为比较，西方的建筑文化中，即便用以显示神权、王权巨大力量的空间尺度，仍然受到实用价值的制约。因而，托克维尔在《美国的民主》一书中称，美国人"习惯性地更喜欢有用的东西，而比较不喜欢美丽的东西，他们要求美丽的应该是有用的"。于是，他们在高楼和广场之间选择了前者。歌德则称颂柏林街道的美丽：按政府建筑法令修筑的民居，既整齐统一，又各具特点。他说，在这城市中产生了公民平等的感觉。另一位观察家则比较：美国的白宫，不过是幢二层的小楼房；伦敦，虽然人口超过北京，但却分成32个自治市，各有自己的议会，政府只混在唐宁街上；巴黎比北京大4倍，气势更为不凡，但政府所在的爱丽舍宫，只坐落在与小商店和低矮民房相对的横街狭巷之中。

类似地，被誉为"中华第一街"的东西长安街，同样处于封闭和半封闭的状态。这一黄金地段为众多的国家机关办公大楼和围墙所占有，人们只能在卫兵警惕的目光下匆匆而过，极少有可以停留、徜徉、休息和娱乐的场所……

新的意识形态和政治文化同时为物质生活的粗陋和低下提供了理论支持，从另一个方向销蚀着老北京的生活文化。在由军旅生活和北方乡村生活传承发展出的革命化的新的生活方式之中，豪放和粗犷成为被推崇和鼓励的审美价值，而精致、实惠、考究之类，以及对生活质量和生活情趣的追求，则被贴上资产阶级、小资产阶级的标签。

1970年代中期，北京的生活面貌成为外国人眼中中国人生活的标准情景："蓝蚂蚁"般的人流，天一擦黑大街上便杳无人迹，"人们在高墙后面静悄悄地生活"。《布什自传》中甚至写道：他在北京街头带狗散步时，好奇的中国人竟然已不识狗，指它叫"猫"！

当时，北京的风气仍以朴素和简单著称。男中学生一律蓝布长袖衣裤，即便酷暑亦不稍脱；女性则羞于穿裙。女中学生只是为迎接外宾或节日庆祝活动之类的政治任务，才穿上拖及脚面的长裙——里面仍然穿着长裤，将裤腿挽起。她们最热衷的是对"臭美"的声讨。北京经济生活和商业服务的粗陋，则促成和助长这种粗放、不讲究的风气。一个典型的例子是，时至1990年代，出售汽水大多不提供吸管——这在上海是不可想象的——男女皆以口对瓶仰脖痛饮，不可谓不豪放，想不豪放亦不可能。不少青年并乐于表现用牙齿咬下汽水或啤酒瓶盖的"壮举"。

如果不是一种审慎的审美追求，不受制约的粗放便极易流为粗糙和粗鲁，等而下之即为粗野。这正是我们在北京生活中经常能够感受的。佐证之一是，1980年代以来，一种比"国骂"更为粗俗的"市骂"："丫挺的"（原意似为"丫头养的"）和"傻×"广为流行，成为老北京后代的口头禅。而"国骂"的覆盖范围远远超过上海：相当多的中青年女性，无论机关干部、知识分子还是淑女经常将"他妈的"挂在嘴上。由于广泛使用，它的"肮脏度"已经降低，不会被视为粗俗或没有教养，却可以显示个性风格。而在上海，同样程度的脏话至今仍限于少数泼悍的女性摊贩、个体户或营业员中。

粗鄙化作为一种社会文化现象，由物质生活的现实而影响到人们的生活方式和精神生活。不精致、不严格、不认真、不讲究，穷凑合，得过且过，随意邋遢，以至于"混"，成为一种风气，与农业文明的遗习相合。在战争年代和贫困的物质环境中，它既是无可奈何的选择，也可升华出甘于淡泊，"生活上向低标准看齐"之类的正面价值。在经济、科学、文化的现代化建设过程中，它却极易成为一种有害的惰性，妨碍人们在每一件小事上精益求精，追求完美的卓越，从而达到在物质生活和精神生活中一点一滴地改善、积累和提高。

即便在粗陋局促的物质生活中，老北京的幽默品性仍然得以磨砺发展，成为日常生活中的自我解嘲和宣泄。

一则讽刺北京食品之粗劣的笑话说：一顾客乘人不备偷拿食品，售货员眼明手快，飞起一物将那人打倒。那人哭丧道：你使什么玩意儿将我打得这么厉害？售货员说：我不过扔了块点心，如果扔面包，你就没命了！

类似的笑话是：一块北京月饼被汽车压过，整个儿被压进路面。顾客一筹莫展。有路人献计说，用一根麻花即能将月饼撬出来。

针对市政府规定的"八不养"（市区和近郊区禁养鸡、鸭、鹅、鸽、兔、羊、猪、狗），有人说："除了耗子，什么都不准养！"

还有一则笑话说：北京的公共汽车实在太挤了，一脚踩了三个处长！

四、昔日王府名宅

曾遍布九城、建制宏大、精美考究的王府宅第是四合院民居样式的珍品，也是北京建筑文化遗产中的无价珍宝。

京都自明永乐十九年（1421）拓城始，修造了多少王府，已不可考。明代的王府今日已不可寻，尚存的旧京王府基本是清代的。按清朝规例，皇帝之子成年后封王分府，根据不同的王位品级，按规定形制建府，凡亲王、郡王、世子、贝勒、贝子、镇国公、辅国公的住所，均称为"府"，其中亲王、郡王的住所称"王府"。

亲王的爵位最高，府第也最尊崇。王府的基本建造形制，中路一律相同，东西两路可自由配置，有的设有花园。亲王府制（中路），按《大清会典》记叙，王府正门五间（郡王府三间）；正殿七间，俗称银安殿，台基高四尺五寸。正殿只在举行大庆典礼时才开启使用。银安殿之北为二门三间。正北为后殿，即神殿，均为五间，两侧有东西配殿。神殿北面通称后楼，建筑和使用各王府有所不同。

旧京尚存的王府，大致可分为三个时期：一为清初入关有功、"世袭罔替"的八大家亲王，即人称"铁帽子王"的八大王府。二为清中叶康乾时期的王府。康熙有 35 子，乾隆有 16 子，王府自然盛极一时，然保存下来的无多。三为晚清的王府。同治、光绪无子；咸丰一子，未分府；道光的 9 个儿子中，一子、二子、三子早殇，四子为咸丰，其后五子的府第，以五爷府、六爷府、七爷府、八爷府、九爷府而闻名，构成清末王府的主体。据 1920 年即辛亥革命后第九年的《北京实用指南》，当时有名有姓的王府、公府、贝子府、贝勒府、将军府、公主府等共 74 所。

20 世纪上半叶王府的衰败和荒废有两大契机。一是 1900 年的庚子事件，一批曾支持过义和团的亲王的王府被八国联军抢掠烧毁。二是辛亥革命后，尤其是 1920 年代后停发旗人俸饷，无以为生的皇族显贵抵押变卖房产，而致凋谢。而在 20 世纪下半叶的前 30 年中，王府的命运和境况具有共性。我们不妨浏览检视一下昔日王府。

清初八大"铁帽子王"王府

礼亲王府。在西四南大酱坊胡同，始主为努尔哈赤二子代善。1920 年代已荒芜，1927 年蔡元培挂衔在此开办华北大学。1950 年代初民政部在此办公。现为国家经委之一部分及国务院宿舍所在地，旧貌无存。

睿亲王府。在东单外交部街路北。睿亲王多尔衮为清初摄政王，死后被议罪革爵，王府被废。乾隆四十三年（1778）恢复爵位，重建新府于此。1929 年后为私立大同中学校址。现为北京市一百二十四中和二十四中所在地。除神殿改为礼堂，略似旧物外，余皆面目全非。旧府在南池子北，旧称"玛哈噶喇庙"，后改为普渡寺。

郑亲王府。在西单大木仓胡同。第一代和硕郑亲王济尔哈朗为努尔哈赤之侄。王府后有花园名"惠园"，以西府海棠而享誉京师。大部建筑和花园毁于庚子事变。辛亥革命后押给西什库教堂，1925 年后为中国大学校址，花园改为操场。现为国家教委所在地。府门、银安殿、东西配殿尚完好，已修缮一新。

豫亲王府。在东单三条，始主为多尔衮的同母弟多铎。1920 年代卖给协和医院，大部分房屋改建，原貌已失。现为协和医院。

肃亲王府。在御河桥东今正义路一带。末代肃亲王善耆因支持义和团，王府于 1900 年被付之一炬，划入使馆界，为日、意两国使馆占用，旧貌不存。肃亲王后搬至东四十三条街北居住，但非王府形制。

庄亲王府。在西四平安里太平巷。原为承泽亲王府。承泽亲王硕塞是清太宗第五子，其子博果铎袭爵后改号庄，始称庄亲王府。1900 年毁于庚子事件。1920 年代被北洋军阀李纯购买拆除建筑材料运至天津修建李氏祠堂。原貌无存。现解放军北京军区（注：本书初版写作时间）战友文工团驻原府的东北角。

克勤郡王府。在西城区新文化街。始主岳托是努尔哈赤的二子代善的长子。民初被熊希龄购为私宅，现为新文化街第一小学。现存仪门、三进庭院和两组殿堂建筑，尚较完好。

顺承郡王府。在西城区太平桥大街路西。代善的孙子勒克德浑是第一代顺承郡王。1921 年租给皖系军阀徐树铮居住；后为张作霖住所，称大帅府（后张学良居住，称少帅府）。现为全国政协所在地。宫门位置盖全国政协礼堂，府内主要建筑得以保存。

清中叶的王府

雍王府。在东城区雍和宫。始主为康熙四子雍正。雍正二年改为雍和宫，乾隆九年改建为喇嘛庙，保存完好。

和亲王府。在东城区张自忠路（原铁狮子胡同）。始主雍正五子弘昼。民初为段祺瑞执政府，发生著名的"三一八"事件。抗日战争时期为日军华北驻屯司令部。现为中国人民大学清史研究所。府门和主要建筑得以保存。

宁郡王府。在东单北极阁三条。宁良郡王弘胶是康熙十三子怡亲王允祥的第四子。辛亥革命后押卖给西什库教堂，先后作过舞厅、汽车修理厂等。现为北京青年艺术剧院的库房和工场。府门、银安殿、东西配殿尚完好，为北京现存最古老的王府。

咸亲王府。在大佛寺街。咸亲王允秘为康熙二十四子，后改为大公主府（荣寿固伦公主府），原址现为北京中医医院。大公主府迁至密云重建。

淳亲王府。在正义路西，原英国大使馆。淳亲王允佑是康熙第七子。原布局三路，东路已无存，西路存四合院一所，中路主建筑尚存。大门及后部英式楼房均为后建。现为某机关使用。

晚清的王府

惇郡王府，即"五爷府"。在朝阳门北小街烧酒胡同。惇郡王奕誴为道光第五子（过继给其叔）。此前为康熙第五子允祺的恒亲王府，故两度被称为"五爷府"。原府已无存，仅存西郊私家花园"熙春园"，后改为清华园，人称"小五爷园"，现清华大学工字厅一带，保存完好。

恭亲王府，即"六爷府"。在什刹海西岸前海西街17号。恭亲王奕䜣为道光第六子。此府原为乾隆年间大学士和珅宅，和珅获罪被收，赐庆郡王永璘为老庆王府，咸丰元年赐奕䜣为恭王府。是北京建制最精、保存最完整的清代王府。直到 1980 年代中，仍为国管局幼儿园、空调器厂、公安部宿舍、中国艺术研究院、文化艺术出版社、红楼梦研究所等众多单位和住户占用。现恭王府花园已修复开放，为国家重点文物保护单位。

醇亲王府，即"七爷府"。在什刹海北岸。府主奕譞为道光第七子，其子载沣为摄政王，此府又称摄政王府。1930 年代南府为民国大学校址。1949 年全部房产售与"高级工业学校"。现王府正院为卫生部机关，西花园为宋庆龄故居，保存较好。恭王府和醇王府在西郊的花园"朗润园"和"蔚秀园"，现并入北京大学校园。

钟郡王府，即"八爷府"。在前海西龙头井，距恭王府不远。府主奕詥为道光第八子。此前为愉郡王府，此后为涛贝勒府，为奕詥的继子载涛所居。1925 年租给罗马教廷，作辅仁大学校址，盖主楼（现北京师范大学化学系楼）；余为辅仁大学附中男生部，现为北京十三中。1962 年，十三中将府二道门内院落拆除，建新教学楼；王府西部及戏楼遗址夷平，扩为操场。现仅府门、二道门、北部仍有遗迹。

孚郡王府，即"九爷府"。在朝内大街路北。为道光第九子奕譓府第，原为康熙十三子允祥的怡亲王府。现为科学出版社，保存有中轴线主要建筑的面貌。

端王府。在平安里西大街一带。端亲王载漪是道光之孙。王府原为康熙十七子允礼的果亲王府，1900 年被八国联军烧毁殆尽，仅余端亲王府夹道地名，今名为育幼胡同。现中国少年儿童活动中心官园的一部分和官园前的宽阔街道即府址。

庆王府。在地安门外定府大街西端路北。原为道光年间大学士琦善旧宅，咸丰时奕劻被晋升为庆亲王，建此府。1920 年代后分为三院，奕劻三子各居一院。后中院失火，三子相继迁津为寓公。1940 年为伪华北行政委员会；抗战胜利后为国民政府教育部编委会、国民党空军司令部。1949 年解放军入城后，为华北军区司令部。现为北京卫戍区所在地。东院、中院已盖起楼房，西院尚有一些旧貌。围墙古树仍在，规模风貌依稀可辨。

洵贝勒府。在西单商场东北东槐里一号院。府主载洵为光绪之弟，溥仪的六叔，宣统时任海军大臣。1920年为东北军阀万福麟购得。现院内盖起楼房，府墙仍完好，一号楼后的中、西路已修葺，大门和东路未修。

和敬公主府。在张自忠路。和敬公主为乾隆第三女，公主后人晋爵贝子，又称达贝子府。北洋时期为陆军部，抗战后为国民党十一战区长官部。1949年后为"国际友人的车库"，现为"中纪委招待所"。有三进大院及门前一对石狮，后半部拆盖楼房，前半部殿堂面貌尚存。

贝勒裴苏府。在张自忠路和亲王府以西。民初为临时执政府所占。1949年后戏剧家欧阳予倩居此宅一部分。现与和亲王府同归中国人民大学清史研究所。

此外，尚有名目的府第遗址如：

理亲王府。康熙二子允礽因图谋篡位，被废去太子位。1722年雍正即位后，封允礽在京郊郑家庄建王府居住，为清朝唯一在城外的王府。乾隆年间，允礽的第十子弘袭郡王爵，王府迁至王大人胡同（今北新桥北三条胡同），现已无存。

恂郡王府。府主为康熙十四子允禵，在西直门大街转角处，现为国务院第二招待所。

诚亲王府。康熙三子允祉府，在新街口东街，现为积水潭医院。

安定门内宝钞胡同的那王府，为京城唯一的蒙古亲王府。

府右街西的水电部招待所，昔为仪亲王府；沙滩后街现人民教育出版社（本书写作时间），昔为四公主府……

也许，实际留存下来的府第名宅，比我们知道的要多。它们多作为高级干部、文化界名人和国际友人的住宅。"所有这些住宅都是朱红大门；走进门庭，穿过柱廊，沿着甬道可以到达内宅。内宅是一个接一个的四合院，居室列于四边，有如中国的迷魂方阵。"例如，西城区护国寺大街九号梅兰芳故居，前身最早是庆王府的一部分；什刹海畔的郭沫若故居，原先则是北京老字号的药店同仁堂乐家的私家花园。在鼓楼附近，名为"竹园"的精美府第，建国后一直是康生的私宅，"如果你能去竹园看一眼的话，就可以产生一种老北京尚未消失的感觉"。竹园现已辟为旅游宾馆。端王府夹道的另一朱红大门的高墙大院，"文革"中是江青的住所。宅邸如云的什刹海沿岸，依然戒备森严。

也许我们可以设想，在不久的将来，在那些可以修复的王府（如醇亲王府等），行政机关理应迁出；更多的名宅名园也将会成为公众的旅游场所。多保留几幢王府名宅吧，让它们来"盛殓往昔的痛憾和来世的追念"！

北京被喻为"宝地"，说它是遍地珠玑，遍地文物，并不为过。那些貌似平常的灰暗破旧的平房，却可能是当年气势非凡、显赫一时的王府、花园；那些肮脏拥挤、混乱不堪的大杂院，也可能是某一位英雄豪杰当年叱咤风云或情有独钟之处。熟悉历史的老人，会向你如数家珍：东华门外的"二十七中"，清代一直是光禄寺衙门——皇帝的大厨房；西长安街上的"二十八中"，早先却是宫中的戏班升平署所在地；虎坊桥的晋阳饭庄，当年是一代文人纪晓岚的阅微草堂，岁月沧桑，今日固无书香，却有鱼香肉香，园中的古藤海棠却一如旧时次第开放……

显然，对"宝物"的界定从来是不一致的。唯因北京的奇珍异宝太多太贵，便有众多的明珠蒙垢。

交道口东公街的北京教育学院东城分院，是当年北京的市政府——顺天府衙门。1960年代初，府衙门的格局形制犹在。后因兴建教学楼而夷平，仅剩留作学校礼堂的正厅五间，即当年的顺天府大堂。大堂上原悬有"肃清畿甸"的匾额及雍正的训词："畿甸首善之区，必政肃风清，乃可使四方观化，非刚正廉明者，曷克胜任。"今均无存。

阜内大街的"一百四十五中",过去是"历代帝王庙";地安门东大街的宽街小学,原是蒙古族亲王僧格林沁的专祠——显忠祠,现仍留有南大殿、北大殿及两侧配殿,原有八角亭毁于"文革",而僧格林沁的行状碑仍埋于地下。阜外八里庄的某小学,是建于明嘉靖年间的摩诃庵,院内存有明代壁画,金刚殿汉白玉上集篆有三十二体《金刚经》。现仍为学童的乐园。

东单二条路北,当年是光绪帝的老师翁同龢的宅第。据说当年大学士养鹤于院中而飞失,三贴"访鹤"告示于街,均被作为墨宝而揭去。1950年代初,翁家后人将房产花园卖给公家,不久即行拆除,盖起一红砖楼房。现为市公安局某单位,余为大杂院。

东安市场北面的金鱼胡同东段路北,为清末飞黄腾达的协理大臣那桐官邸,著名的"那家花园"。东头的正院北厅有地板、大花镀金玻璃吊灯,极为富丽堂皇。1980年代中被拆除,建起更为富丽堂皇的和平宾馆。

首都剧场对面,东厂胡同社科院考古所的房子,前身为道光咸丰年间大学士瑞麟的"馀园",后沈桂芬、荣禄先后住过,近世则以黎元洪宅而闻名。抗战后作为当时中央研究院历史语言研究所的所址,所长傅斯年及胡适在此居住。这所具有重要历史文化价值的名宅,也在1980年代中被拆除,在原址盖起楼房。

在北京的普通四合院中,也有许多名震一时的宅院,它们历经劫难传续至今,终于在人口的重压和"文革"的摧残下摇摇欲坠。1980年代中期以后,陆续得以修复维护。

宣武门外北半截胡同42号,当年浏阳会馆的莽苍卷之斋,是维新志士谭嗣同在京的故居。自1898年后,每年正月初二烈士殉难日,湖南各县举子及各界人士在此举行盛大悼念团拜活动,直至1937年日军侵占北平后被迫停止。现在,它已成为难以寻访、居住23户人家的大杂院。

宣武门外达智桥胡同路南12号的松筠庵,历经400年沧桑,更以康有为聚啸三千举子，发动"公车上书"而青史留名。直到 1950 年代中，此院仍由河北旅京同乡会管理，文物古迹、碑碣厅堂完好，在"文革"中被毁，后分属街道家属所办的香粉厂车间和职工宿舍。花园、假山被平毁，回廊均改为房间，居住 20 余户。

宣武门外米市胡同 43 号南海会馆，1950 年代辟为"康有为故居"，建筑完好，尚有 14 块石碑。"文革"后，假山凉亭不复存在，康有为居住的"汗漫舫"为私自搭建的小厨房包围，仅存的 3 块石碑，被用以铺路。

另两处强学会遗址：达智桥胡同的后孙公园和嵩云草堂，均已面目全非。后孙公园后门为安徽会馆，1949 年后建后孙公园胡同小学，建教学大楼，后花园内亦建房住家。第三进院的戏楼和后楼一带，1958 年办起"万人食堂"，用餐者可达二三百人。现为整流器厂。北京市仅存的清代古戏楼为该厂的仓库，尚保存完好。光绪年间为河南会馆的嵩山草堂，规模宏大，建筑讲究，大堂可容 300 余人。1950 年代建为上斜街第二小学，1974 年拆掉大堂和戏台（精忠祠），改建四层教学楼。现为北京市二百零四中，原貌荡然无存。

东城区西裱褙胡同路北，为明末忠良、兵部尚书于谦的故居和祠堂"忠肃公祠"。世代的烟火终于停息。它已变为一个拥挤不堪的大杂院，胡同中人不知有"于谦祠"。

护国寺附近的棉花胡同 66 号院，蔡锷将军在京时的住址，现为国家气象局职工宿舍。

崇文门内东堂子胡同 49 号院，是一处建制宏大的院落，原为清朝大学士赛尚阿的宅邸。清末为总理各国事务衙门（相当于外交部）。至今院门和格局犹在，然当年众大臣议事办公的正北大屋，已于 1982 年冬拆除，盖建起公安部家属宿舍。

西单小石虎胡同 33 号院，为清雍正年间建立的右翼宗学遗址，也是北京唯一留下曹雪芹足迹之地。1950 年代移交文化部作仓库用，近年得修复。

东城区西堂子胡同 25 号，原为清末军机大臣左宗棠宅，幸保存至今，并得修复。

张自忠路 23 号，原铁狮子胡同西首宅院，民初为顾维钧宅。1924 年孙中山来京，以此为行馆，并逝世于此。1949 年后为交通部使用。1956 年始将孙中山当年卧室辟为"孙中山先生逝世纪念室"。

明代古刹长椿寺的一部分，后成为著名的浙寺——李大钊的灵柩曾在此停放。直到 1984 年，人们才想起寻找这一革命遗址，在报上开展探讨。终于查明，现在宣武医院院内，建筑早已拆除，仅剩的两间旧房，为托儿所占用。

东城区景山东街三眼井，吉安东夹道 8 号一座简陋的居民小院。1918 年秋，毛泽东、蔡和森、萧子升、罗章龙等 8 人曾挤睡在北屋的土炕上。这一小院同样被搭建的小厨房填满；北屋居住着退休工人夏国琴和她的孙子（本书写作时）。

邓云乡称京师名宅的状况可分为几类。最好的一类是作为有纪念意义的故居修缮维护，如鲁迅故居等；次好的是房屋仍在，改作别用，门户依稀，或可凭吊；不好的是全部拆光，旧貌全无，不可辨认；而最不好的，却是房屋仍在，但东倒西歪、破烂不堪，令人叹息不已。

位于新街口南道西的八道湾鲁迅旧宅，便处于这种最凄惨的境况。此宅系 1919 年鲁迅以 3500 块银元购下，分正院、后院、西跨院三处，共 30 间房。鲁迅与母亲、朱夫人及周作人夫妇同居于此，直至 1923 年夏迁至砖塔胡同。其后周作人居此，广交文人名士，以"苦雨斋"而留名文坛，享誉海内外。1988 年初，邓云乡先生又一次亲访八道湾：

> 弯弯曲曲的路全让流满的脏水覆盖了，又结成冰，冰上又露着白菜叶子、煤球灰、鸡蛋壳……临街露着砖头的残破的院墙，看上去比旧时城根或天桥一带最残破的大杂院的院墙还要破烂，又正是腊月天，

树木凋零，寒云压屋，暮鸦哀啼……院墙如此，门口已不可辨认，里面又乱又脏，东一间小破房，西一间小破房，都是人家盖的防震棚、小厨房，其惨状也就不必多说了。问院中居民，无一家知周丰一先生新地址者，不免感到无限惆怅。

眼前的一切，真给人一种说不出的无常之感。想想 70 年前鲁迅先生带领木匠经营修缮时的情况，宴请郁达夫、张凤举、沈士远、沈尹默、沈兼士、马幼渔、朱逷先、钱玄同、徐馥辰等著名学者时的情况，真不觉令人酸鼻。联想到神州文化的过去与未来，也难免黯然失色，有杞人之忧了。①

八道湾的"苦雨斋"又一次名扬海外。1982 年 7 月，日本《飚风》杂志刊载中岛长教授对周氏故居的详细报道，题为"颓废的家"。

五、古都风貌：仍在继续的争论

让我们再一次检阅历史留给我们的伟大遗产：如梦如画的最后的古都！

在中国的六大古都（西安、洛阳、开封、南京、杭州、北京）和世界十大名都（巴黎、伦敦、罗马、莫斯科、华盛顿、墨西哥城、开罗、东京、巴格达、北京）之中，北京以其悠久的历史居古都之首。

这是一座举世无双、布局宏大、规划严整的城市。外以万里长城拱卫，沉稳雄劲、睥睨四方的城墙环绕；内以皇宫为中心，在纵贯南北的城市中轴线两边，城池宫殿、坛庙苑林、衙署寺观、市井民舍依次对称展开，构成格律精严的空间序列。自由多变、穿插隐显的士大夫园林则透射着现世的

---

① 邓云乡：《北京四合院》，人民日报出版社 1990 年版。

人文生活情趣。遍布九城的牌楼构成特色鲜明的街道标志和城市景观。这是一座水平展开的城市。景山和白塔、城墙和城楼构成了城市的天际轮廓线。在城内各处，由东向西的开阔的视野走廊，使如画的西山尽收眼底。严谨的棋盘式道路网和活泼的河湖系统相结合，内城六海（什刹三海，北海、中海、南海）成为城市的心脏。被划为皇家园林的南海风景富丽整肃，而什刹海一带却多有自然天成的野趣，成为最富人民性的游乐之处。以什刹海、天桥、隆福寺、厂甸等为代表，发育了趣味盎然、丰富多彩的民间和民俗文化。

以故宫为标志，北京城是一座巨大的历史文化博物馆；以四合院为代表的北京民居，因与传统文化的密切关系，成为具有世界意义的建筑样式，它分为王府名宅和普通民居两类而流传至今。

主持美国故都费城的城市规划20年之久的埃德蒙·N.培根在他的《城市设计》一书中写道：

> 在地球表面上人类最伟大的单项工程，可能就是北京城了。这个中国城市是作为封建帝王的住所而设计的，企图表现出这里乃是宇宙的中心。整个城市深深沉浸在礼仪规范和宗教意识之中……它的（平面）设计是如此之杰出，这就为今天的城市（建设）提供了丰富的思想宝库。[①]

丹麦著名建筑与城市规划学家罗斯穆森写道："整个北京城的（平面设计）匀称而明朗，是世界的奇观之一，是一个卓越的纪念物，一个伟大文明的顶峰。"

史迪威将军的女儿南希·易史文斯说："在北纬四十度上下的世界各大

---

① 《侯仁之燕园问学集》，上海教育出版社1990年版。

城市，只有北京是历经三千年而不衰的都城。古迹之多，胜过罗马；气魄之大，胜过巴黎……我希望北京要永远保持自己的古都风貌；因为，这是一笔无法再创造的财富！"

尽管北京为她日新月异的现代建设骄傲不已——新兴的工业中心，遍地立交桥和摩天大楼，中国和外国的朝圣者们仍然义无反顾地一头扎进故宫和北海，以及在导游路线之外的胡同陋巷中搜寻、体验八百年古都的陈迹遗韵。几乎每一个初到北京的客人都会为保存如此完好、美妙的历史奇观而惊叹不已，只有那些经过高度文化训练的眼睛才会时常地被刺痛：从故宫三大殿北望，一排高大的办公大楼严厉地遮断通往中南海的视线；北海西岸兀立的办公大楼隔断了湖光天色，在它的映衬之下，五龙亭成为不伦不类的摆设；南城古老的天宁寺塔旁，比肩而立的是高达 180 米的热电厂烟囱；建自辽代有七百年历史的妙应寺（白塔寺）山门，被一幢灰白色长方形的百货商店所取代，白塔于是从城市的视野中消失……

从外部看巨变中的北京，感觉或许更为鲜明、敏锐。

1982 年 10 月，北京举行纪念圆明园被毁 123 周年的活动。当时的联邦德国《明镜》周刊记者的评论颇为刺激人："由于外国的侵略，如今圆明园一片废墟。但是古老的北京城连同它的城墙、宫殿、寺庙、公园这些文明的象征横遭破坏，则要由中国人自己负责了……现在的北京，与其说是一座城市，毋宁说是街道、建筑物和空地的堆砌……沿马路走上几个小时，竟然看不到一座前两个世纪留下的古建筑物，更不用说具有引人注目的建筑风格了。"①

1985 年，美国著名记者哈里森·索尔兹伯里第二次访华。他深为遗憾地写道："12 年前，我第一次来北京时，有一股对于一座未曾见过的城市的

---

① 《编译参考》，1983 年第 2 期。

强烈怀旧感。而我心目中的北京却久已不复存在了，如果它确实存在过的话。它被战争风暴和空前浩劫——连年的内战、日本的占领、革命战争，尤其是'文化大革命'的恐怖行为一扫而光。我想我来得太晚了，整整迟了半个世纪。"[1]

以《城南旧事》而著名的台湾作家林海音在她所著的《家在书坊边——我的京味儿回忆录》的自序中写道：

　　我常笑对此地的亲友说，北平连城墙都没了，我回去看什么？正如吾友侯榕生（1990年故）十年前返大陆探亲，回来写的文章中有一句话我记得最清楚，她说，我的城墙呢？短短五个字，我读了差点儿没哭出来。……[2]

1989年4月，以文风泼辣、锋芒毕露而著称的台湾女作家龙应台访游北京，坦陈直言：

　　新建筑给我的整体印象是毫无个性、特色和美感，把古城温馨、传统的氛围破坏了，使老北京荡然无存。这些古迹属于整个中华民族，也属于我。我有一种被剥夺的感觉，好像趁我不在的时候，有人把它毁掉了。[3]

一位印度尼西亚记者对北京作出类似的评价。他观察到包括北京百货大楼在内，几乎所有商店都不为顾客提供包装用的塑料袋。"显而易见，北京固有传统文化几乎已经不复存在，现在这里是灰色的景象、单调的建筑

① 《编译参考》，1985年第8期。
② 《文汇报》，1991年12月4日。
③ 《新世纪》，1989年第3期。

物以及飞快行驶的自行车队伍。人们必须离开北京到诸如西安这样的地方去领略中国的传统文化。"

在北京发生的变化并不是孤立的。1986 年春，在古城扬州召开的探讨历史文化名城经济社会发展战略的专门会议，对我国历史文化名城的境遇发出了严峻的警报。安阳的殷墟，是 3000 多年前商朝晚期的都城，出土众多的刻有甲骨文龟壳和青铜器，并发现 3000 年前的墓葬和建筑基址。1958 年，在殷墟遗址范围内外，建立安阳钢铁厂，并未全部发掘的遗址从此被钢铁厂侵占了一大片，并污染了整个遗址环境。1970 年，在举世闻名的西安临潼秦始皇兵马俑一号坑与大墓之间乱选厂址，建起建筑面积达 10 万多平方米的陕西缝纫机厂。1975 年至 1981 年，洛阳市由于工业建筑乱选址，造成骇人听闻的地下文物大破坏……

当时正在复旦大学留学的美国哈佛大学东亚研究所学生柏兹拉，在旅行途中偶遇参加这次会议的代表，而情不自禁地给会议写信，其中写道：

但是，我也不能不痛惜地指出：随着中国经济的发展和许多历史文化名城的改建，这笔巨大的传统遗产正在遭到日益严重的损失。人们看到，在这些名城里，许多新建的或正在建造的办公楼、百货公司、宾馆等，都是千篇一律的方盒式建筑，而把许多具有中国民族特色的建筑反倒拆了。……其实，这个所谓的"新"早已不新了。国外这种样式的建筑是二次大战后为尽快恢复战争创伤而大规模迅速建造起来的，如今大都拆了。这些毫无审美价值的建筑，会把各个城市变得一模一样。譬如：西安美丽的多棱角的钟楼四周，都是一些现代化的方块式建筑；在苏州，一些蜿蜒曲折的河道被填了，取而代之的是柏油马路，同时，那些别致的白墙黑瓦的房屋被拆了，重建的是火柴盒式的居民楼……在为了改善外国游客生活条件的借口下，造那些我们一点都不喜欢的建筑，实在不能不说是一种讽刺。①

另一位观察家敏锐地注意到中国传统文化的现代命运中所包含的内在矛盾：

> 中国人对历史的态度令人难以理解。一方面，老百姓和领导人对他们的古代文明津津乐道，并能从最遥远的事物中找到历史的联系；另一方面，对于那些能使人回忆起昔日光荣的具体事物却不重视。②

不仅对外国人，对中国人而言，这同样是奇怪而令人费解的。

这种矛盾在"文化大革命"中被推到极致。那些动辄批判别人"卖国"的人在几乎原封不动地复活封建法西斯主义之时，对历史文化遗产的摧毁破坏到了骇人听闻的程度。

对北京的文物而言，"文革"的确是一场空前的灾难和浩劫。据 1985 年结束的北京市第二次文物普查统计：1958 年第一次文物普查中记录下来的 6843 处文物古迹中，竟有 4922 处被毁，其中绝大多数毁于"文革"之中。被毁文物古迹中，最严重的是古代建筑、各种塑像和石刻石碑。共计有 200 多间古建筑被拆毁、拆除，700 多尊佛像被砸毁，120 多块石碑被砸。被拆毁的重要古建筑，包括白塔寺的山门和钟鼓楼，恭王府的近 80 间古建筑，从东西长安街迁到陶然亭的木牌楼。被砸毁的重要佛像中，包括碧云寺的明代悬塑佛 37 尊，西山八大处的明塑佛像 222 尊，北海及团城的明清塑像 22 尊，大钟寺的清塑佛像 24 尊，潭柘寺、戒台寺的 80 多尊佛像和法源寺的佛像则全被砸光，无一幸免。被砸毁的石碑石刻中，仅东岳庙一处就多

---

① 《解放日报》，1986 年 5 月 17 日。
② 香港《南华早报》，1986 年 5 月 11 日。

达 78 块；西山八大处、潭柘寺各毁千余块。古刹上方山兜率寺数万卷历代佛经被烧毁、撕毁。

有些文物保护单位被毁得失去了保护价值。

地处海淀区朱房村的汉城遗址，不仅保存了十分明显的汉代城垣遗迹，城内遗迹、遗物也极为丰富，是研究北京历史的重要实物资料，"文革"中被挖得遍体鳞伤、面目全非。

丰台大井村的延寿寺千手千眼菩萨铜像，是明初遗物。从莲花座起，高达八米，分三段铸成。佛像造型庄严端正，铸工极为精致，是具有高度艺术水平的明代铜铸佛像杰作。"文革""破四旧"时被砸毁，佛身断为三截。

建于金代天会年间（1123—1137）的圣安寺，建国初期保存有古建筑53 间。大雄宝殿内三尊明代大型脱沙三世佛，极为珍贵和罕见；殿内 200多平方米的宗教画，是 15 世纪初期宗教壁画的代表作，艺术价值极高。这些均在 1966 年夏"破四旧"时砸毁，此后不久，大殿也以危险建筑为由被拆掉。

上述三处重要文物古迹是北京市 1957 年公布的第一批文物保护单位，终因文物已完全被毁，失去保存价值，1979 年报请上级批准予以撤销。

一些重要的古代遗址也先后遭到严重破坏。据统计，圆明园有 2290 米长的围墙被拆除，3930 多平方米的古遗址被挖掘，95 座土山被平毁，24000多棵树木被砍伐，近百亩绿地被侵占。元大都土城遗址，有 1750 米长的土城被破坏，十几公顷绿地被侵占，数万棵树木被砍伐。更为严重的是，北京地区的明代长城有 108 华里被破坏，古北口、白马关、墙子路等一些重要地段的长城有的被拆毁，有的被拆得面目全非。被国外视为至宝的明代城砖，被用来修水库、建营房、砌猪圈、垒厕所、建砖窑。

至于众多专家文人、文物收藏家珍藏传世的文物古籍被查抄毁损，自不在话下。可笑的是，1966 年 8 月 24 日在"破四旧"的高潮之中，"红卫兵小将"竟然将定陵地下陵寝中万历皇帝及两皇后的尸骨抬出，在地面广场开批斗会，在"打倒地主阶级头子万历"的口号声中，用石块将尸骨砸碎并火化。具有珍贵文物价值的楠木棺材亦毁于一旦。

持续了 30 年的北京城市建设方针在"文革"结束后终于受到了质疑。随着 1979 年的思想解放运动，首都建设方针也成为拨乱反正的对象。新上任的中共中央总书记胡耀邦提出"建设一个什么样的首都"的问题。1980年 4 月，胡耀邦主持中央书记处会议，中央书记处并对首都建设方针作出著名的"四条指示"：

> 第一，要把北京建成为全中国、全世界社会秩序、社会治安、社会风气和道德风尚最好的城市。
> 第二，要把北京市变成全国环境最清洁、最卫生、最优美的第一流的城市。
> 第三，要把北京建成全国科学、文化、技术最发达，教育程度最高的第一流城市。
> 第四，要使北京经济上不断繁荣，人民生活方便、安全。要着重发展旅游事业，服务行业，食品工业，高精尖的轻型工业和电子工业。①

以六个"最"所表达的新北京的理想，反映了"文革"之后痛定思痛的沉痛反省和改革之初雄心勃勃的乐观情绪。

据此，北京市开展新中国成立后第二次大规模的城市总体规划。1983年 7 月，中共中央和国务院原则批准《总体规划》并作《十条批复》。两个

---

① 《当代中国的北京》上册，当代中国出版社 1986 年版，第 197 页。

文件明确确定北京的城市性质是"全国的政治中心和文化中心"；要求采取强有力的行政、经济和立法的措施，严格控制城市人口规模，"坚决把北京市到 2000 年的人口规模控制在一千万人左右"；强调了改善城市环境；提出"旧城逐步改建，近郊调整配套，远郊积极发展"的建设方针，合理调整城市布局；提出旧城改建主要体现全国政治中心和文化中心的要求，对旧城功能进行改组，并实现现代化；提出北京的规划和建设，"要反映出中华民族的历史文化、革命传统和社会主义国家首都的独特风貌"，等等。

时间作出了公正的回答。但对北京城的守护者而言，这种感慨却格外沉重。这个被誉为"伟大文明的顶峰"的北京古城，仅仅在 30 多年的时间里，已经无可挽回地在我们手中消散。

从 1950 年代起即致力于保护北京古都风貌的人文地理学家侯仁之教授感叹："现在这样一个时期已经真正到来，可是旧的城墙和城门除个别外，都已不复存在，这就是令人惋惜不置的了。但愿这类情况今后不再发生。"[1]

这样一个时期确已到来。旅游业成为具有巨大经济效益的新兴产业，古旧文物则成为重金难求的至宝。北京市的文物保护和旧城改造进入了一个新的时期。

从 1982 年开始的北京市第二次文物普查，共登记了各种文物 7309 项，其中 730 项属重要发现。至 1990 年代，北京市政府已经分三批公布文物保护单位 189 项（其中全国重点文物保护单位 24 个）；市属各区县政府公布的区县级文物保护单位 486 个。市级 189 个保护单位中，古建筑、古园林有 140 多项，占总数的 75％。

为了保存北京的南北中轴线，对南起天坛，经正阳门、天安门、端门、午门、三大殿、景山直至鼓楼的沿线主要建筑都进行了维修，并按照规划

---

[1]　喜仁龙：《北京的城墙和城门》，北京燕山出版社 1983 年版，第 3 页。

要求，使南北中轴线延伸发展，建成由永定门至南苑镇的南中轴线；为配合北郊亚运村的建设，北中轴路由二环至四环也已打通。

1985年，首都城市规划委员会通过《北京市区建筑高度控制方案》。规定保护旧城的原有风格，新建筑应与原有建筑相协调。市区建筑的控制高度，由故宫周围开始，由内向外，逐渐升高。旧城内新建筑不要超过45米，旧城口外不超过60米。

同时，在阜成门、东直门、崇文门、朝阳门等城厢地带选定6个试验小区，开始大规模改造年久失修、日益拥挤的老城。建筑设计师主要用二至五层高低错落的住宅楼群构成新式大四合院，以不破坏老北京低矮平缓的天际轮廓线和"燕巢式"的建筑结构美。

1990年，市政府为保护古都风貌，维持传统特色，决定在城区划定20余处历史文化保护街区，采取有效措施，整治、恢复、保护这些街区的历史文化风貌。第一类保护区为原皇城内故宫周围的街区，如南北池子大街，南北长街，景山前后东西街，东华门、西华门大街，陟山门街；具有特别重要历史文化价值的街区，如国子监街，颐和园至圆明园街区；四合院平房保护区，如南锣鼓巷四合院平房保护区、西四北一条至八条四合院平房保护区，等等。第二类保护区是具有历史价值的建筑和浓郁的古都民风、民俗特色的街区，如什刹海地区，地安门大街，琉璃厂东、西侧，大栅栏街，牛街，五四大街，文津街，东交民巷，阜成门内大街，等等。

一大批亟待抢救的文物古迹和古建筑得以维修和保护，如卢沟桥、周口店中国猿人遗址、孔庙、先农坛、潭柘寺、云居寺、西黄寺、大钟寺、万寿寺、五塔寺、大葆台西汉墓、天宁寺塔、十三陵、德胜门箭楼、东南城角楼、西什库教堂、圆明园、明代长城等，以及包括恭王府在内的一大批王府名宅。

然而，由于欠账太多、经费匮乏和各种复杂的原因，到1986年4月，北京还有53%的古建筑被工厂、机关、部队、学校和居民占用。1986年秋，因占用单位人员用火不慎，西山始建于辽代的著名古刹大觉寺的龙王堂毁于大火，又一次敲响警钟。据 1987 年的统计，北京市只有三分之一的文物保护单位得到修缮。

与此同时，耗费巨资的假王府"大观园"成为人头攒动的景点；对琉璃厂文化街的重建，则拆除了真正具有历史文化价值的古旧建筑，代之以重新设计的雷同的仿古建筑，涂金抹银、富丽豪华，失去了儒雅古朴的文化味，成为招徕外国旅游者的"商业街"。在规划的旧城保护区内，栉比鳞次的高层建筑、豪华宾馆仍如雨后春笋，在王府井北侧的弹丸之地，便密集矗立着四座星级宾馆。另据第四次人口普查，至 1990 年 7 月 1 日零时，北京市常住人口已达 1080.9 万人，比 1982 年普查时增加了 158.9 万人，提前 10 年超额完成了《总体规划》所要求的在 2000 年将人口规模控制在 1000 万人左右的指标，成为继上海之后第二个千万人口的特大城市。

在"北京走向 2000 年"的电视辩论中，一个论题是"高层建筑利大于弊"。正反两方都陷入了"人口膨胀—住房—高层建筑—古都风貌"这样不可解的怪圈。谈"古都风貌"的历史前提早已丧失。面对千万人口的生存压力和特大综合性城市的现实，若不痛下决心，动大手术分解城市功能，古都风貌从何谈起？例如，有人提议：北京只保留文化古城、科学教育重镇的地位，把党政军机关搬到中国的地理中心兰州；把经济中心搬到南京，把商业外贸中心搬到上海，从而保住北京，并可兼及全国发展。[①]

从建筑学的角度，古都风貌能够保存吗？古都风貌应该保持吗？ 1986 年前后，这一争论在首都建筑学界又激烈起来。和 1950 年代初不同的是，专家学者头上已无政治的悬剑，也没有必须效忠的样板。

1970 年代末在前三门大街修建的一长串火柴盒式的高层建筑首先成为

---

① 参见《编译参考》，1989 年第 6 期。

声讨的靶子——它起初是作为首都现代化建设的新成就而被炫耀的。致力于古都保护的老专家们担心，以现代化的名义模仿西方风格的乱建滥造会迅速地使北京的总体面貌丑化与畸形。"民族形式""北京味""与旧建筑的协调感"是他们的口号。众多的外国城市规划学家、建筑学家和醉心于中国文化的西方游客，表示了同样的忧虑。

对强调民族形式搞复古主义的批评在 1980 年代初重新出现。梅尘认为"中国建筑的遗产才真正是千篇一律"，"中国建筑的传统是'千年一律'，上起战国，下迄明清，变化微乎其微"。[①] 持这一意见的人认为，中国古建筑已成为一种"文物文化"——以传统价值观念的尺度，越古老、越符合法式越好，而少有生长、发展。现代建筑文化则应以"现实"为价值尺度，重要的是满足现代人的生活欲望，实际需要，在形式上越新、越有创造性越好。

1985 年 10 月在广州召开的中国建筑学会的一次学术讨论会，使这一讨论激起了波澜。戴念慈作的长篇发言，提出要以优秀传统为出发点进行革新，提倡"民族形式、社会主义内容"，并尖锐地批判了"时髦建筑"。由戴念慈设计、在曲阜落成的"阙里宾馆"则成为体现他的这一思想的建筑范例而备受褒誉。

在此背景下，1986 年首都建设艺术委员会作出的"关于保护古城风貌的决定"成为建筑界议论的中心。需要保护吗？能够保护吗？怎样保护？都成为莫衷一是的论题。

曾昭奋撰文说："历史前进的步伐迅速跨越了他们（指梁思成、林徽因）小心翼翼的建议和充满美好憧憬的方案，伟大的建筑成就使首都面貌发生了根本的变化。如果说，当年没有采纳他们的建议是一种无法追回的历史失误，那么，今天还想'维护古城风貌'就是一种不顾现实和无视未来的

---

① 梅尘:《读书偶记》,《建筑学报》1981 年第 4 期。

设想。""旧风貌的消失，新风貌的出现，不正是新事物取代旧事物的必然
结果吗？……人民的首都，不是一件老古董，也不应成为一个维护和展示
旧风貌的历史博物馆。它是一个充满活力、不断充实、不断发展的有机体。
没有更新和创新，就没有明天北京的地位。"①

　　陈志华教授认为：新建筑物绝不可能成为古都风貌的载体，根本不该对
新建筑物提出这种要求。被认为合乎"民族形式""北京味"的新建筑，一
是琉璃厂文化街式的，是完全的复古建筑，而且是以假乱真的"假古董"，
最不足取。二是人民大会堂，它是欧洲古典形式加一些中式细节，可以不
论。三是美术馆、民族宫式的，它正被作为一种模式推行。然而，它既不
代表古都风貌，也不代表现代风貌，"它们是仿古的建筑"。"世界上没有
哪一个国家的哪一个城市以仿古建筑作为自己特色的。旧北京已经有故宫、
天坛、北海、颐和园作为代表，新北京的特色应有待我们去创造"。"旧的
要保住，旧则自旧；新的要创造，新则自新。"②

　　深沉的文化忧思和激进的唯物史观、历史哲学和建筑美学、实用功利
和审美追求冲突交织，它只不过是传统文化的当代困境的又一次展示。

　　更为年轻的一代用他们的杰出建筑默默地发言。1980 年代中后期竣工
的五组建筑被称为"中国当代建筑史上最引人注目的五个星座"③。它们是世
界建筑大师贝聿铭设计的"香山饭店"、柴裴义设计的"中国国际展览中
心"、马国馨设计的"国家奥林匹克体育中心"、李宗泽与日本的黑川纪章
设计的"中日青年交流中心"，以及美国的波特曼设计的"上海商城"。其
中 4 个坐落于北京。

　　获得 1986 年度全国城乡建设优秀建筑设计一等奖的"中国国际展览中
心"被视为重大的突破，标志着中国建筑创作达到"现代文化"阶段。"奥

---

① 《北京日报》，1986 年 9 月 25 日。
② 《光明日报》，1986 年 5 月 23 日。
③ 雪语：《中国当代建筑文化思潮》，《二十一世纪》第 7 期。

林匹克体育中心"从环境艺术角度出发，力图创造一种新型的建筑配置关系。两个融入民族建筑外形的主体育馆，简洁的几何形体和光影效果极具时代精神，透过现代建筑艺术语言传达出亲切的民族情感。"中日青年交流中心"建筑群则运用象征、隐喻，体现了深刻的东方哲学，又具有21世纪的前卫色彩。它们报道了后现代主义通过建筑进入中国的信息。

后现代主义具有既古又新的二元性，它大量地运用传统的构件，被认为是超越现代主义而向传统复归的思潮，而实际上它只是在现代主义的经验图式上重新解读和注释历史。它并不足以解决"古都风貌"的困窘，只不过在传统和现代之间，给我们开拓了一个值得无限遐想的新的思维空间。

而北京依旧按照固有的强大惯性在日新月异地改变。就在笔者写作之时，新开通的西便门立交桥的巨大构架"淹没"了修整一新的明城墙；为修筑西单地铁出入口，古剧场长安大戏院已被彻底拆除；而长安街上的王府井路口，破除了不得出现外国广告的旧规，出现了麦当劳快餐的双层金色拱门的显著标记。成群的麦当劳小姐——打工的女学生——在街头殷勤地散发着免费宣传品……

六、胡同和大院：两种文化

走出广场，越过雄伟的人民大会堂，或者越过前门箭楼，栉比鳞次、密密麻麻的灰色平房像波浪一样展开。时至今日，很多人仍会不假思索地认为，北京的日常生活是由四合院和它的居民所构成的。这是我们在老舍的《茶馆》《四世同堂》，苏叔阳的《夕照街》《左邻右舍》，刘心武的《钟鼓楼》，邓友梅的《寻找画儿韩》，陈建功的《辘轳把胡同九号》等京味文学作品中耳熟能详的图景：夕阳残照之中，温情而又苍凉的老北京人的生活画卷。

1980 年代之后，文学和影视作品悄悄地将笔触伸向了另一个不为人知的北京。电影《黄山来的姑娘》也许是其中较早的一部：安徽来的小保姆走进了胡同中的一个深宅大院，那是邻居们亦不知晓的高级干部的家庭生活。然而，直到柯云路轰动一时的小说《新星》和作为"京都三部曲"的前两部《昼与夜》《衰与荣》出版，才真正将高墙后面的北京揭开了一角：大院里的北京。人们看到了进出于大院的知识分子和文化精英，客厅里的政治角逐，密室中的运筹帷幄，干部子弟的家庭沙龙，作家、记者、艺术家、研究生等的日常生活和上层北京的众生相。新北京的政治风云和文化思潮不再从胡同中升起。新北京人和他们的社区——大院已经成为北京城市社会的主体。

在西长安街的延长线上，从木樨地北上，经白石桥到中关村，人们看到了另一种城市景观。没有胡同和披着灰瓦的平房，也没有坐落在低矮的平房之中的王府或庙观。在这昔日的城外荒郊，大道两边，围墙连着围墙，院落连着院落。轿车进出的气势不凡的大门，显示着院落的身份。相当多的大门没有机关或部门的标志，只有一个神秘的门牌号。

北京的大院分为两类：一是党、政、军领导机关和中央各部委或所属的机关部门；二是科学文教单位、艺术团体，如高等学校、科学院各研究所、剧团、医院等。部分大院是本部门职工的集中居住区；典型的大院，是集工作场所与生活区域于一体的独立空间。围墙封闭的广大院落内，居住人数上千人至数万人不等。每个大院都是一个功能齐全的小社会，设有礼堂、操场、浴室、游泳池、俱乐部、商店等，有的则还设有幼儿园、小学、医院、粮店，以及邮电局、书店、储蓄所、附属中学、派出所等。职工的"吃喝拉撒睡，生老病死退"由单位包下，几乎都可在大院内得到解决，大院居民可以长年累月不出院落而维持正常的生活。

几乎所有大城市都有这样的大院，最典型的是大学和军事机关。至于在郊外或山区等不具城市功能的环境中建设的大型企业，也都具有这样自成一体、自办社会的形态。然而，像北京这样，由众多的大院连成大片区域，构成一种显著的、稳定的社区类型，在中国各大城市中可谓独一无二。

大院成为建国后各个时期迁入北京的新移民的主要生活空间和文化空间。大院的重要性，从新老北京人口的消长可见一斑。

今日北京，已取代昔日的上海，成为中国移民化程度最高的城市。

1985年底，北京市区常住人口586万人中，从外省迁入的243.9万人，从国外迁入的2.2万人，从远郊县迁入的72万；加上自然增长，那么建国后入京的"新北京人"达433万，占市区常住人口的74%；而建国前即住北京的老北京人及其后代共153万，只占市区人口的四分之一。这就是说，今天你所遇到的北京人，每四个人中就有三个是新北京人。

建国以来，人口增长速度最快的近郊区，也是大院最集中的地区。东城、西城、崇文、宣武四个老城区，居民共233.7万人，海淀区、朝阳区的人口则分别为144.3万和144.8万（1990年），是北京市人口最多的行政区。海淀区的紫竹院街道，辖有23个居民委员会和46个大院，大院人口远远超过散居的居民。

这样，我们看到了事物的全貌：大院和新北京人，胡同、四合院和老北京人，构成北京城市社会的两个不同层面，两种异质的社会生活和文化空间。

刘心武在长篇小说《钟鼓楼》中对"北京市民"作过一番概括和描述：

……这里所说的市民是指那些"土著"，就是起码在三代以上就定居在北京，而且构成了北京"下层社会"的那些最普通的居民……概括他们的特点：一、就政治地位来说，不属于干部范畴；二、就经济地位来说，属于低薪范畴；三、就总体文化水平来说，属于低文化范畴；四、就总体职业特征来说，大多属于城市服务性行业，或工业中技术性较差、体力劳动成分较重的范畴；五、就居住区域来说，大多还集中在北京城内那些还未及改造的大小胡同和大小杂院之中；六、就生活方式来说，相对而言还保存着较多的传统色彩；七、就其总体状况的稳定性而言，超过北京城的其他居民……[①]

建国后进入北京的二三百万新北京人，就比例而言，大多数是由于行政区划变动划入，以及因首都工农业建设需要从邻近的河北省调入的职工、民工等；干部、知识分子约七八十万，约占三分之一或四分之一。然而，就社会、政治地位，所蕴含的政治、文化能量，以及作为一种新的文化的创造者和承载者，对原有城市文化和城市人格的影响和重塑的功能而言，后者成为新北京最活跃、最重要、最强大的阶层，构筑了作为政治中心和文化中心的首都的"上层"。因而，他们成为新北京人的文化主体。以后所谈的新北京人，均专指这批以干部知识分子为主体的大院居民。

新老北京人在居住空间的疏离，对应了他们在职业上的分布状况。生活在胡同中的老北京人，主要分布在北京市（地方）所属的工交、商业、服务行业以及文教系统；而新北京人则主要分布在国家机关和中央所属的宣传、理论、新闻、出版部门以及科学院、大学、国家级的文化艺术团体等中国的"上层建筑"之中。据调查，首都的各级机关和团体的干部，1949年仅为 3.7 万人，1982 年已达 24.3 万人，占全市职工人数的 6.8%；在所有干部中，外来移民占 76.3%。文教卫生人员，则由 1949 年的 3.1 万人增至 1982 年的 37.9 万人，占全市职工总数 10.5%；科研人员从 1949 年的 221人增至 1982 年的 19.6 万人，占全市职工总数 5.4%。据抽样调查，从事文教卫生和科研事业的专业人员中，外来移民占 70.5%。[②]另据对首都 61 所高校 2679 名教授的调查，其中原籍北京的仅占 6.9%；来自中国南方的占

---

①　刘心武：《钟鼓楼》，人民文学出版社 1985 年版，第 122 页。

②　李慕真、仇为之主编：《中国人口·北京分册》，第 80、81 页。

60%，而来自江苏、浙江、上海的就占了31%。[①]

没有比语言的分层性更鲜明地体现了北京人中地方和中央、"土著"和移民、市民和干部、知识分子的分野。

北京最高层的实用语言是各地方言，如毛泽东、周恩来、邓小平的语音。在以移民和新北京人为主体的中央和国家政治、经济、军事和文化部门，通用语言是带有各地口音的普通话。而在城市公共服务行业和老城区的胡同、四合院中，才能听到"北京话"。

现实中的北京话，也分为新老两种。只有在"土著"的老人口中，才能听到老舍笔下的那种京腔京味、韵致十足的老北京话。在北京出生长大的第二代移民，固然都操着一口标准的北京话，却已经过改良，少有那些土腔土调、过多的儿化音和含在口中模糊不清的浊音；他们不会将"散步"说成"溜达"，将"一定"说成"一准儿"，同时也去除了过多的谦恭和敬语。

正像四合院的民居样式和胡同、坊里的城市结构蕴涵了传统文化的诸多要素，大院作为一种新型的社区类型，则是新的制度文化的直接产物。

大院的出现起初可能是被动的。1950年代初大量新移民拥入北京，马上房满为患。首批大院是在老城区内见缝插针建设的，它基本是与机关工作区间相脱离的宿舍区，往往并不称为"大院"而称"宿舍"，如西便门的"国务院宿舍"，以及外交部宿舍、文化部宿舍等。随着建设规模扩大到城外，要在尚不具备城市基础设施的旷野农田迅速建立大批机构，安置大量人员，城市化的常规路径受到了挑战。按照各部门的隶属关系，移植军事营地建造方式各自建立一个功能齐全、自给自足的"小社会"，成为最便捷的"必由之路"。

密集包围着老城区、各自为政的大院是对一体化、社会化的城市属性、

---

① 《地理知识》，1992年第1期。

城市功能的背反。它是基于市政建设薄弱、社会化的城市公共服务系统不足而产生的。然而，大院的发展马上成为城市发育的主要制约：大院的功能愈是健全完善，市政建设和社会化服务越无力发展。例如，由于公共交通落后，绝大多数大院都开班车接送职工，其所造成的交通拥挤、车辆空返的浪费自不待言；班车的方便发达，减缓了发展公共交通的需求。其背后的经济机制是：大院的建设由所属的中央各部门出资，而市政公共设施的建设则需要北京市出钱。

大院于是从城市和市民的公共生活中疏离出来，过着与城市社会无关的"内部生活"。在三里河地区，各个部门建有利用率极低的内部礼堂近30个；在白石桥至中关村，每个大院都有自己的礼堂、游泳池、招待所、餐厅；但30多年里，却无一座公共影剧院（现有的海淀剧场和北京图书馆影院均为1980年代中期所建）。长期以来，在这片广大的街区，商店和饭店极少，没有招牌和橱窗，没有摊贩和市场，公共汽车按"近郊区"的方式运营，这意味着票价高于市区，而运营时间短于市区，天一擦黑，便空无人迹，万籁俱寂。

大院对北京城市整体性的分割，几乎是中央与地方"条块关系"的投影。每一个机关、机构，每一个增设的部门，每一个挤入北京的单位，都不遗余力地各显神通，围地筑墙，建院盖楼，确立自己的"势力范围"。甚至在许多大院内部，不同部门也尽可能地构筑自成一体的领地，建造院中之院，墙中之墙。

围墙和院落再一次建构着城市的骨骼和框架。过去，城市的基本单元是四合院——它对应着家庭；现在城市的单元是大院，它对应的是"单位"或"部门"。这的确是两种社会结构中的基础组织单元，院落的形式和围墙文化的意蕴，则一脉相连。

以人为中心的公共环境建筑，意味着合适的尺度、交往的便利和交往的空间。因而，对墙的依赖和崇拜的确成为一种文化。墙的功能是权力空间的界定、隔离和防御；墙的高度、厚度和整肃的气象，则是部门的重要性和权威的显示。因而，英国的城市规划专家沃尔特·博尔惊讶地发现，中国绝大多数城市均无室外的休息设施；无论在北京的王府井还是在天津的百货大楼，人们只能蹲坐在广场或台阶上。街头公园全都是半封闭的；分隔交通的围栏，甚至绿化小区的隔离栏往往做得很高，令人时时感到仿佛身处一个有形无形的笼中。他深有感触地说，他体会"封建"二字的含义，就是城墙和围墙。①

　　中国各部门之间独立性很强、力图自成体系、横向联系较弱的状况，我们称为"本位主义"或"部门所有制"；国外有人称之为"部落主义"，颇为传神。围墙所体现的戒备、排拒和防范心理，不能不说是闭塞、孤立、自足的乡村社会的文化遗迹，与社会化、公共化的城市生活不相容。作为比较，上海的围墙比北京要少得多，而且较为低矮、单薄。在 1970 年代之前，竹篱笆是墙的主要形式，即使康平路的华东局和市委机关大院、淮海路的宋庆龄宅邸也均为竹篱。与密不透风的水泥墙比，它显然多了些"透明度"和交流感。

　　1980 年代末，改造和美化沿街围墙——尽可能改为低矮的铁栏栅，在砖墙上砌出空心的图案，用涂料改变红砖墙、灰砖墙的沉闷颜色，种植攀缘植物等等——成为北京市市容市貌建设的重要内容。相比较而言，那些"无形之墙"则较难改造：不能停留、不能进入的清规戒律；"门难进，脸难看"和一问十不知，甚至三尺柜台也可成为拒斥顾客的围墙。

　　大院的社区性质和文化意义长期被部门的社会职能所掩盖。只是近年来，人们才逐渐认识到，大院作为一种居民聚居区，存在着诸如家庭、婚姻、妇女、青少年、老龄、就业、犯罪、治安、民事等所有城市社区问题。迟至 1980 年代中期，才在大院建立了隶属街道委员会的居民管理机构，将

---

① 沃尔特·博尔：《论中国城市规划》，中国城市规划设计研究院。

大院及其居民纳入制度化的城市组织系统之中。

大院不仅是新北京人主要的居住环境，也成为承载孕育新北京人的生活方式、价值观念、思想文化的特定文化空间。如果不拘泥于大院的地理分布和各种具体差异——它至少包括胡同中的"深宅大院"、旧城区的国家机关宿舍区、城外具有综合功能的典型大院——不妨说，大院同时是新北京人的"文化社区"，从中生长出的，是与胡同中老北京的京味文化迥异的"大院文化"。

和四合院各种身份职业的居民杂处不同，大院居民主要是单位职工。他们在大院内的聚居方式并非在社会流动和迁徙过程中自然形成，而按资历和等级分布。这在部队的院落最为显著，有将军楼，校官楼等，以及与干部居住的楼房相区别的普通工作人员居住的平房。工作空间和私人生活空间的重叠，既添加了较多的人际感情因素，又在私人生活空间添加了较多的工作和等级关系。同事关系转化为邻里关系，但这主要是"同质邻里"，即资历、地位、年龄和住房条件相当的一批人。参谋和干事的妻子互相引为知己，正像大学住单身宿舍的青年教师互为邻里。邻居谈天的重要内容，是议论大院（单位）内部的人事；邻居的造访，很可能是次日的会议通知。除非特殊需要，下级很少到上级领导家去串门；在极端的情况下，如纪律严明的部队大院，邻里之间仍以职务相称；即便是晨昏散步，路遇首长也要敬礼致意。

在单位"内部"的大院日常生活，脱胎于军事化或半军事化的生活传统，至今仍有明显集体化痕迹，早、中、晚单位内的广播，成为大院居民作息、定时的依据。很多职工虽然组成了家庭，仍习惯于到食堂买现成的饭菜，去水房打开水。他们在单位组织的文体活动中娱乐：内部的舞会和演出，部门之间的体育竞赛，集体组织的郊游。大院家庭的室内布置最能体现这种非个性的生活特征，长期以来，单位向职工提供统一样式的简单家具成为一种福利制度和待遇，它是"供给制"的遗留。在机关、部队大院和高校职工家中，都不难看到这种与办公室气氛十分相似、极其雷同的家庭布置：不仅桌、椅、床、书架、立柜等家具完全一样，甚至挂历、窗帘都是一样的。这种标准化的办公室家具，往往要等大院的第二代居民——单位职工的子女成婚时，在两代人的激烈争执中更替。

游离于社会化的城市系统和市民公共生活之外，远离市区自成一体的生活环境，使大院承担了个人生活的几乎所有方面，"单位"（部门）成为职工的"天"，国家和社会则是比较遥远、空虚的概念。比较而言，大院职工对单位的依附更重，在相对较封闭环境的朝夕相处中，用人伦亲情加深了对这一环境的依赖——大院单位的亲属化倾向比其他单位更为显著，同事之间、子女之间通婚较多；夫妇双方、父子两代或父母、子女三方同在院内工作的情况亦相当普遍。

大院和胡同构成新老北京人两种不同的生活环境。以干部和知识分子为主体的大院居民，生活在旧城区老北京市民生活之外，在生活方式上几乎隔离而互不沟通。习俗礼仪是维系人类群体生活的文化表征和纽带，是一种共同文化形成与否的外在测度。来自五湖四海的大院居民的习俗礼仪可谓是各行其是，其基本的原则是简单化，没有形成大家共同认可遵循的习俗。例如对现代人最重要的结婚习俗，大院居民同样极其简单化，不成规矩。可以在本单位"办"喜事，也可声称回老家去办，而在老家则称已经在北京办过了。单位同事可以"凑份子"买贺礼，不买也无伤大雅。新人自然要发糖，却绝无上海人约定俗成、必须遵循的规范，按亲疏远近的不同情况，确定分赠给各人喜糖的质和量；最常见的仍然是在办公室桌上撒一把糖，谁见谁吃。大院中也有逢双日上午，用小轿车迎新娘，鞭炮齐鸣，撒五彩纸屑、屋里屋外贴满"喜"字的——他们一定是后勤系统的职工，由郊区或旧城区迁入大院居住的北京本地人。

事实上，相当多大院的子弟——建国后在北京出生长大的第二代移民，从来没有到过四合院，他们没有属于老北京人的亲戚，也没有家住四合院的私人朋友：从幼儿园、小学和中学，他们都生活在单位或部门"内部"，生活在一群"同质"的同学和朋友中。在大院和胡同交集的老城区边缘，学校里的孩子自我认同地分为两拨：大院的子弟和胡同的孩子。前者显然有更强的身份优越感。我曾听到一个女孩兴高采烈地嘲笑她的同学将"上厕所"说成"上茅房"。另一位原住在总政大院的姑娘说，她直到小学五年级，去上海的亲戚家作客，才知道看电影要买票。"文革"后期，以干部子弟为主的中学红卫兵与市民子弟在街头的对立、斗殴，有相似的文化背景。此后，"胡同串子"的蔑称便传开了，这显然是尊贵的大院子弟的创造。

这种特殊的生活环境模糊了大院居民的城市意识和市民意识。和单位、部门相比，城市只是一个相对而言不太重要的背景。他们称到王府井或西单为"进城"，那是偶尔为之劳神费时的旅行；更远的单位如果要"到北京去"，往往由大院派专车定点接送。在心理归属上，他们往往不自觉地把自己排除在市民之外——那是指北京市的老百姓，而他们是属于中央各部委的；他们的大院很可能与北京市平级，或者级别更高。当他们以挑剔的口吻议论起"北京的"事情时，就仿佛他们是外地人。

对于机关部门的大院和文化、教育、科研单位的大院这两类大院，大院文化的内涵和功能并不尽相同。如果说对于前者，大院的组织制度、生活方式等凸显并强化了制度文化、政治文化的某些特征，那么在大学、科学院、文艺团体，与市民文化的隔离，却有助于发展精英文化超越世俗的品性，造就不慕世俗功利，专注于精神世界的探索、学术或艺术进步的文化氛围，有助于形成知识分子与世无涉、自由自在的生活方式。这正是书院、寺庙、大学等文化和宗教机关往往设在远离尘嚣的山林之中的动机。

曾经作为老北京城市文化载体的胡同、四合院及其所孕育出的京味文化，正像在地理空间上一样，退缩到城市社会的边缘，成为衬托强劲的新北京文化的模糊背景。大院以及生活于其间、以干部和知识分子为主的新北京人，蕴含着巨大的政治和文化能量，登上舞台中心，成为当代北京社会和城市文化的真正主角。

第五章

革命文化：
新的中心

所谓革命文化，是一种形象化的说法。它是指1949年以来，覆盖整个中国大陆的社会主义意识形态、制度文化和生活方式，即新中国的官方文化、主流文化。它借助于中国共产党武装斗争的胜利，以推翻和摧毁旧的社会政治制度为契机，通过军事力量和行政力量急骤推进，在一个较短的时期内，迅速地从一种局部的、边缘的和地区性的文化变为统领全中国的主流文化。虽然它是一场社会政治革命的文化产出，但它一旦出现，便竭力追求有别于既往文化的具有超越性的独立形态，并在吸收、移植、融合外来文化和本土文化的过程中，形成了具有独特品性、面貌的新的文化。它最鲜明的特质之一，是它不断宣称的革命性。《共产党宣言》所号召的"与传统实行最彻底的决裂"奠定了它对既往文化的基本态度，导致了一种文化的革命模式——它与政治的革命模式同构。

杜维明称，在社会系统中，如果说经济的作用是动力性的，那么文化的作用却是方向性的。[①] 在新中国前三十年剧烈的社会变革和文化变迁中，动力却主要来自政治，意识形态从没有这么强烈地表现过对社会存在的"反作用"。新一轮革命的中心由延安迁至北京。革命文化与地域性的北京、上海城市文化的互动和改造，所产生的作用和效果，今天我们仍不难直觉地感受。

---

① 杜维明：《中外文化比较研究》，三联书店1989年版，第75页。

一、革命文化和语言文字

文化变迁的方式类似甚或从属于社会变迁，无非是渐变和突变两种，前者对应了改善、改良、改革，后者对应了革命。所有重大的社会革命，都伴随着同样深刻而重大的文化革命，无论在法国、俄国还是中国。它表现为革命之前的文化传播、启蒙和社会动员，革命成功之后的大规模文化改造和重建。只是由于具体的社会历史条件、文化和传统不同，文化革命的内容、方法和效果不尽相似。以 20 世纪的中国革命而言，从 1911 年辛亥革命到 1949 年的革命，都是以外来文化和西方文化为导向的——前者是资本主义，后者是马克思主义，这正是所谓"后发外生型"国家现代化进程的典型特征。

另一类文化变迁有时也被称为文化革命，例如 1960 年代西方国家的学生运动和中国的"无产阶级文化大革命"。它是由社会危机（而非社会革命）而引发的文化突变——这种突变实际上只是一个连续的渐变、积累过程的爆发显露。但对中国而言，认识革命文化与文化革命之间内在的微妙联系，当是一门专门的学问。

不难认识，1950 年代以来在中国大陆形成的革命文化的主要资源是：

1. 马克思列宁主义和苏联文化。马克思列宁主义及其与中国革命实践相结合的产物毛泽东思想，不仅作为中国共产党的指导思想和理论基础，也成为统制、规范全社会的主导意识形态。新中国的制度文化，包括政治、经济、军事、教育、科技等社会生活各个领域内科层化、规范化的制度建设，几乎均移植于苏联。在精神文化的层面上，经济、文化、艺术、教育等各领域的思想理论也主要取之于苏联，如凯洛夫教育学成为新中国唯一的教育理论，苏联学院派的美术教学、艺术（舞台、戏剧）体系等，至今仍根深蒂固，虽然在它们的本土自 50 年代中期开始早已发生了深刻的变化。

2. 中国本土文化，它包括民族的历史文化传统和现实的社会和民间文化。一方面，社会主义文化作为近世以降，尤其是"五四"以来文化变革的一个连续环节，其对中国传统文化激烈的反叛态度所造成的裂痕可见于社会生活的各个方面。但另一方面，传统之所以为传统，并不是外力可以轻易割断、取消的。而一个现实中的文化，必然是在具体的文化环境中适应、生长的复杂结果。马克思主义的中国化过程，正是一个实例。在更深广的层面，农业文明的要素渗透了整个政治文化和人伦生活，并非可轻易改变，例如官本位和政治崇拜、依附性人格等，虽然，文化代码作了现代转换。因而，在另一些学者看来，中国革命并没有改变世世代代中国人的基本生活方式：他们情境中心的生活方式，他们的婚姻、家庭、亲子关系和儿童抚育方式，他们对商业和经济的态度，他们的政治行为、政治参与意识，人民和政府的关系，等等。

对文化传统的浅表层次的排斥和涤荡，与在内深层次的保留和接受，这种貌似矛盾的现象，正说明了传统力量的强大。

3. 西方观念文化。近百年来西方思想文化的传入及其在通商口岸城市的生长，"五四"以来以科学、民主为号召的新文化运动的开展，渗入到社会生活尤其是城市社会的诸多层面。它的载体是城市社会和接受过新式教育的知识分子。城市知识青年和留洋知识分子加入共产党，以及共产党夺取政权后进入城市社会，造成了这种文化融合和冲突。从建党之初开始，党内分歧和斗争往往以"土包子"和"洋包子"或根据地干部与白区干部为两方，即为一例。

革命文化的发展经历了不同的阶段。在进入城市之前，它主要的生长环境是在农村和边远地区的革命根据地。作为以武装斗争和政治革命为主题、与军事动员体制的社会管理相适应的战时文化形态，它在相当大的时空内的实践，在很多方面为夺取政权后的制度和文化建设提供了经验。在很大程度上，解放区文化（或根据地文化）是建国后的制度文化的雏形。实行供给制，高度集中统一的军事化半军事化管理；封闭条件下自力更生、自给自足的经济生活；直接为军事斗争、政治斗争服务的宣传鼓动型的文化艺术，以及农业社会的民间文化营养，给革命文化打上军旅文化的深刻烙印，具有乡村文化的浓郁色彩。

长期武装斗争、阶级斗争的特殊经历，在险恶的生存环境中与人民休戚与共的命运，铸就了以第一代共产党人为代表的中国共产党早期的精神风貌和文化特质。它包括以延安精神为标志的革命精神，特定的思维方式、行为方式、文化心理结构等——毛泽东的人格魅力和文化性格经常被视为是这样的一个典型和典范。它们都成为构造新的社会文化和社会人格的材料。

作为一种文化建设的理想，革命文化具有明确自觉的理论建设，以1940年毛泽东的《新民主主义论》和1942年毛泽东的《在延安文艺座谈会上的讲话》为经典。《讲话》中所确定的革命文化的性质、任务、原则等，至今仍被视为不可移易的准则。

语言文字作为文化的工具和思想的直接现实，又是社会文化最活跃的表层。它随时代和社会的变异，是文化变迁的重要测度。它包括文字、语音、语汇、语法等的变异；在更广泛的意义上，也表现为文体、文风的变异。

早在1920年代，苏联的"无产阶级文化派"就宣称"布尔什维克在革命期间创造了自己的语言和自己的文体"。这在原理上是站不住的。语言文字作为社会不同利益集团共同使用的工具，是没有阶级性的，同时也是相对稳定不变的。但是在一个较短的时间跨度内，语言——主要是语汇——的变异和文体、文风的变异，确实形成与"旧有"的语言不同的新形态。在中国近世的社会革命中，这种变异就更具深意。从白话文取代文言文起，变革语言文字的努力（如大众语的论争、世界语的推广、创立拉丁化文字等）成为文化革命的重要内容，贯穿了 20 世纪的历史。新文化的主将鲁迅便曾有如此激愤之言："汉字和大众，是誓不两立的"，"方块汉字是愚民政策的利器"。

1951 年，新中国创立之始，就开始了文字改革。它被规定为"简化汉字""推广普通话""制定和推行汉语拼音方案"这样三项任务。至 1977 年，国务院共公布了四批简化汉字方案。简化字的大量使用和右行横排的书写、印刷方式，使新中国的文字呈现出与 1949 年前和世界其他地区的汉字极不相同的面貌，具有清晰可辨的视觉形式。1977 年 12 月，国务院公布的第四批简化汉字方案，作为"文化大革命"特定时期的产物，随着"四人帮"倒台而被迅速撤销。在这批简化字中，出现了大量诸如"艽"（韭）、"芽"（菜）之类粗鄙不堪的文字，透露了并非始于那一特定时期的革命文化的激进取向。

当革命文化势不可当地覆盖、改造着地域文化之时，在北京发生着另一种变化。革命文化以北京为中心，需要从北京文化中吸收思想和文化表现的工具和材料；而北京则成为新的制度文化的发源地和示范区。这两种文化的靠拢和互相渗透，可以从"普通话"的形成变化窥见。

由于中国的政治统治中心长期在北方，因而以北方话为基础方言构成了一种社会交流的共同语言。这种共同语，古代称"雅言"。自周以后，各朝随国都的迁移，全国雅言的基础方言也随之修正，但多数仍以京城语言为准，所谓"官话""京腔"，即现代所谓的"普通话"。建国之后，普通话在正式文件中的定义是："以北方话为基础方言，以北京语言为标准音，以典范的白话文著作为语法规范"的汉民族共同语。[①] 然而，北京话是一种地域的方言，并不等于普通话，只是非常接近而已，在语汇和发音上多有不同。例如"学"，普通话发音为 xué，北京话为 xiáo；"朽"，普通话为

---

① 现代汉语规范问题学术会议秘书处编：《现代汉语规范问题学术会议文件汇编》，科学出版社 1956 年版。

xiǔ，北京话为 qiǔ；北京话还有著名的儿化音，以及轻声。语汇方面，二者的区别更为显著。例如北京语中的鸡子儿、抠门、耗子、擦黑儿，在普通话中分别是鸡蛋、吝啬、老鼠、傍晚。因而，普通话并非完全以北京语音为标准音，如法语以巴黎语音为标准音那样。它的读音规范是由"普通话审定委员会"在北京音系范围内审定的。有的研究者认为，1950 年代推行的普通话，是一种在现代典范白话文著作影响下，通行于北京地区知识阶层的社会方言，是北京音和"官话"音的混合体。在审音过程中，不少字的"官话"音已改为北京音，但不少字仍保留了官话音，如"雀"，读 què，而不读 qiǎo；还有些字保留了这两种读音，如"角"，既读 jiǎo，又读 jué；"壳"，既读 ké，又读 qiào。

1950 年代以来，北京话和普通话呈现相互靠拢的明显趋势。由于新移民的大量增加，在机关、单位和接待外地人时，发展了一种社交语体。这种去除了土腔土调的北京话，是一种"新北京话"。幼儿园和中小学教学普通话的结果，使老北京的后代在家中能说老北京话，而在学校、社会则说新北京话；至于生活在大院中的新北京人的后代，则均说新北京话——他们甚至听不懂老北京话。

另一方面，尽管 1950 年代初的文字改革，从一开始就否定了"以北京话为基础方言"的意见，但由于北京话是如此接近普通话，在推广普通话的过程中，审音委员会改动了部分汉字从"官话"到"国语"的传统读音，改从北京语音，从而"迈出了向北京话靠拢的第一步"。[1]大批北京人在全国各地担任播音员和普通话教员，也把北京话的各种语言特色作为普通话规范向全国推广，如将"干劲"读成"干劲儿"，将"电子管厂"读成"电子管儿厂"。更典型的恐怕是用北京音读英文字母，尤其是 L、M、N、X、Y 等字母的语音语调，已距英文读音甚远。"文革"期间，伴随着北京红卫

---

[1] 胡明扬：《北京话初探》，商务印书馆 1987 年版，第 35 页。

兵走向全国，仿效卷舌音的北京话成为各地红卫兵的时尚。

北京话借助政治文化中心的地位向全国扩散，也表现在语汇方面。这是通过报刊、广播、电影、电视等文艺作品而大量传播的。1980年代以来流行的语汇如倒爷、官倒、二道贩子、哥们儿、动真格的、侃大山、大款、大腕等，皆由北京一地的俗语土语而成为全国通用的书面语或惯用语。在上海的一次民俗文化展览中，有一个栏目题为"海派绝活"。更典型的一例是"傻帽"，作为原具有猥亵含义的北京土话，竟致成为影视作品中各地姑娘娇嗔伴怒的口语。

由于绝大多数外地人难以分辨北京话和普通话的区别，北京话便多少成为"中央"的语言表现，正如北京人往往被视为中央来的人一样。一位河南工人不无骄傲地向人夸耀北京籍的党委书记"说话和广播电台的一模一样"，而平添几分敬畏。另一些假冒"高干子弟"的骗子，凭一口纯正的北京话，往往能轻易骗取外省市干部的信任。

此外，很多人都注意到了作为"党中央的声音"，中央一级广播、电视播音员的播音风格所形成的革命文化的"听觉形式"——它是以嗓音醇厚洪亮，语气严肃庄重，以及居高临下、义正词严的气魄为特色的。播音员个人的风格特色消失在这种播音定式之后。近年来，在各地方台的节目中，人们已较多地听到了那种亲切平易、娓娓动听的个性化的播音和生动活泼的生活语言，它使许多栏目主持人一举成名。

语汇始终是语言变革中最敏感、活泼的因素。

革命文化以一系列新的政治语汇为文字材料，从一个侧面显示了它的文化构成。它包括马克思主义的理论名词；引自苏联的外来语，如苏维埃、红军、布尔什维克、政委等。大量的军事用语成为新语汇的一个显著特征，诸如：打退右派的猖狂进攻，向反党反社会主义的黑线猛烈开火，为革命路线冲锋陷阵，党支部要发挥战斗堡垒作用，党委书记要善于当班长，大战三夏，打好大白菜收购这一仗，青年突击队，改革的突破口，建设学术梯队，老干部退居二线，学赖宁第一战役取得显著成果，打一场扫黄的人民战争，学校要建成反和平演变的坚强阵地，高校是科学研究重要的方面军，等等。

军事用语在官方语言中的大量借用，固然是战争时期的文化遗留，但在某种程度上，也是对战时经验、军旅文化主动的借鉴和强调，即语言所具的"语义圈套"。如果作一严格的计量，将会发现使用军事用语的频度、烈度大致和不同时期阶级斗争的严重程度呈正相关。而呼吁"请用和平用语"总是在政治较宽松的时候。

此外是农业用语的大量渗入。新中国成立后许多农业用语通过在政治上的转义而成为构筑革命文化的语言材料。如根正苗红，勤于耕耘，精心浇灌，硕果累累，发现苗子，以及扎根串连、顺藤摸瓜的方法，"鱼儿离不开水，瓜儿离不开秧"，"大河有水小河满"之类的政治箴言。领袖人物的方言也会成为官方的标准用语，例如：要从娃娃抓起。

在语汇的新旧更替中，称谓的变化直接反映了社会生活层面的文化变迁。其基本特征是用词义宽泛模糊的称谓取代原先指向单一、明确的称谓。例如，曾经只在党内使用的"同志"称谓走向全社会，成为不分身份、职业、年龄、性别和亲疏关系的统一的公共称谓。"文革"后取而代之的"师傅"称谓，仍具这一特点，不过减除了称谓中的政治含量。这种变化，反映了新的意识形态中人际之间不分职务高低、尊卑贵贱的平等理想。

值得注意的是，新称谓中对性别差异的忽视，它多少透露了日后大行其道的取消女性美、社会生活中性化的禁欲主义的信息。类似地，无男女之别的"爱人"称谓替代了所指明确的"丈夫""妻子"；"朋友"却转义为情人、恋人，转化了感情的亲密度。最有意思的是，结婚被称为"个人问题"。当人问"你的个人问题解决了吗"时，其实际意思是"你结婚成家了吗"？在这一话语系统中，婚恋虽被视为"个人的"事，实际却被结构在组织化、制度化的框架中。它可能是作为将入党称为"组织问题"的对应物而产生的。

称谓的另一种变化，是用叔叔、阿姨、大姐这样的亲属称谓作为对男性或女性长辈或前辈的通用称谓，这或许是农村传统人伦生活的转化、遗留。

姓名作为一种特殊的称谓，受时代和社会环境的影响尤大。它在当代的变化同样体现了革命文化的特征。

以姓名寄寓社会政治理想，在20世纪初的社会革命中便已成风气，当时流行的如李平等、沈自由、陈铁血、黄国民之类，以及天择、竞生、梦醒、承志等。但当时人名的寄意言志，更多的是在字、别号和笔名上，如陈天华号思黄，沈雁冰号醒狮山民等。

1950年代以来的取名时尚，可分为几类。一是直接取用新的政治词汇，如王新华、张建华、高建国、周和平、常胜利、刘亚洲等，包括反帝、反修、团结、战斗、科学、文化、人民、爱国、青年、东方、燕妮、海军、新生等皆可以入姓名。二是以时事和政治事件、纪念日入名，如张抗美、李援朝、顾念林（纪念斯大林）、张鸣放、王跃进、李三反、杨超英，以及五一、五四、七一、八一、十一等。三是采用一种"兴"的手法，将那些具有革命化的审美意向的词汇入名，如方风雷、王风云、陈凯歌、孙红梅、贾宏图、万山红、万里浪，以及高山、大海、大江、长青、关山、海燕、宇宙、乾坤、鹰、鹏等。四是许多干部子弟，因家长转战各地，多以出生地入名，如冯鲁生、王沪生、刘延生、崔京生，以及小京、小鲁、小宁、战生、军生、党生等。1950年代初，一个幼儿园中往往有好几个"建国""新华"或"抗美""援朝"。

这种取名时尚在"文革"中又发生大变。一是对革命、政治的追求更为直露，出现了类似标语口号式的姓名，如干革命、赵反（造反）、马文革，以及继无、永红、卫东、卫彪、学青等，这种高度革命化的名字往往是在

"文革"中更改的。二是"军用"字词的大量使用，军、兵、武、勇、战、卫之类使用频度极高。三是单名的大量出现，如张东、李军、方青、刘兵、李勇、赵宏、王哲等。单名相对于复名，具有简洁明快的新感觉，其对个性化、生活化和书卷气的摆脱，多少暗合了革命化的审美要求。它马上泛滥成灾，使1970年代以来姓名的重复单调达到了十分严重的地步。其所表现出的，恐怕是由于社会文化流失所致的精神文化的贫困化和粗鄙化。作为一个反例，文革后"伤痕文学"中的主人公，往往不但复名，而且复姓，姓欧阳、慕容、上官之类，用以显示主人公的优雅气质和文化背景。

上述的姓名，大多不分性别，男女通用。兰、芳、娜、媛等女性化的名字不仅不再时髦，而且危险，"文革"初大多纷纷改名。但我们也看到一种糅合了女性化和革命化的姓名，这或许是在革命时期保存女性化的技巧，或许是"文革"后期世俗化阶段的两重性社会生活的痕迹，如林芳兵、冯婉军、傅艺伟、郭公芳、高博燕、沈丹宇等，透出一种脂粉戎装的英气。

这种取名时尚和变化轨迹也表现在建国后的城市地名之中。1950年代初，北京的新地名如和平里、幸福村、青年湖、团结湖、八一湖等，传达出了清新健康的朝气。"文革"中"破四旧"，一时"东方红""工农兵"泛滥。北京以"东"字起头的胡同，"文革"中多达475条，仅"东方红路"就有3条，叫"红日路"的27条，并出现了"红小兵胡同""红哨兵胡同""红到底胡同""学毛著胡同""灭资胡同""反修胡同""人民公社路""总路线路"等，粗鄙而恶俗。1970年代末建成的居民小区，有取名"劲松"者，令人有不文不雅、不新不旧的难受感。1980年代对一批早已失传，且无地面标志的地名的复旧，如三义庙、大慧寺等，仍然透出了缺乏文化的困窘。晚近一批新建的居民小区，取名如方庄、知春里、稻香园等，可称为佳名。

伴随中国共产党革命胜利的语言变革，还包括一种新的文体、文风的形成。

中国近世以来的社会政治革命几乎是与文体革命同步的。随着科举制和而后文言文的废止，旧时代的官方文体，以及八股气、馆阁体的诗文、书法等均成为陈迹。起而替之的是康、梁等维新党人所率导的大气磅礴的时论新文，曾风靡了整整一代青年。对统一化的定式的模仿追求，是一种根深蒂固的文化心理。这种维新文体马上泛滥为开口"四万万同胞"、闭口"五大洲世界"的虚张浮华的陈套。新文化运动中，以《新青年》等为载体，"五四"知识分子发扬了一种清新动人的白话政论文体，成为而后国共两党官方文体的先声。

在中国共产党的革命实践中，以毛泽东的写作为优秀典范，奠定了革命文化的书面文体及其风格。最能体现这一特征的，与其说是毛泽东的演讲、报告，不如说是他大量撰写的社论、评论形式的论述文。脍炙人口的如《新民主主义论》《论联合政府》《南京政府向何处去》《敦促杜聿明投降书》《别了，司徒雷登》《"关于胡风反革命集团的材料"的序言和按语》等。它体现的不是在演讲中的那种洒脱机警，而是高屋建瓴、锐不可当的逼人气势，以及独特的推理和论证方法。例如，真理在握，不由分说的雄辩态势；假设论敌的观点，在自问自答中使论敌陷入可悲可怜的境地；风采独具的遣词造句，以及犀利泼辣的文风。这种由革命家、军事家在斗争生涯中铸就的风格才情，同样影响了整整一个时代。1960年代的代表作如"九评"、《人民战争胜利万岁》等，均具有一脉相承的风格。"文革"中北京红卫兵的"激扬文字"，正是对这一文体文风的刻意模仿和复制。

随着思想文化逐渐定于一尊，对这种文体的大量重复和模仿，使其日渐失却初始的清新活泼的魅力。事实上，早在1930年代初，借新文化运动的传播，就出现了大量以势压人、陈词滥调的时论新文，鲁迅、周作人厌之为"新八股""洋八股""党八股"。1942年的延安整风，语言、文体和文风的革新被提到重要日程，受到空前的重视。因而，延安整风同时被视为是一次语言运动，是"五四"前后文白之争、30 年代大众语论争的继续。毛泽东对党八股、洋八股大加挞伐，称洋八股或党八股"是五四运动本来性质的反动"，提出"洋八股必须废止，空洞抽象的调头必须少唱，教条主义必须休息，而代之以新鲜活泼的、为中国老百姓所喜闻乐见的中国作风和中国气派"[①]。

晚近的这一文体多少已失去了批判的锋芒，却形成了某些新的定式。例如，以肯定成绩、肯定主流开头，以振奋人心的号召结尾；文中，在若干个"但是"后面含蓄地说出本文的旨意；一些词语的出现与否，一些提法的轻微的改变，往往蕴含着重要的政治信息；对社论文字的揣摩透析，逐渐成为一种本事和学问。

二、革命文化和文化革命

当我们试图探讨革命文化对历史传统和外来文化的态度时，不能不涉及在 20 世纪的大多数时期强劲不息的文化激进主义，以及苏联"无产阶级文化"理论在中国文化激进主义温床上的恶性生长。

1920 年代是苏联无产阶级文化派的全盛时期，也是苏联文化建设上一个十分奇特的浪漫时期，它对应了苏联初期实行"新经济政策"的年代。尽管列宁在十月革命胜利后立即签署了《报刊法令》，取缔了资产阶级报刊，并随即确定了党对文化领域的领导体制，对精神文化生产实行全面的领导和统制，但 1920 年代苏联文化界仍以众多的派别、团体、思潮、论争为特征，生动活泼而热情浪漫。无产阶级文化的热心者以"无产阶级文化派"势力和影响最大，此外还有"未来主义派""结构主义派""戏剧十月

---

① 毛泽东：《反对党八股》，载《毛泽东选集》第三卷，人民出版社 1967 年版，第 801 页。

分子""列夫""拉普"等流派。尽管有各自不同的文学和美学观点，但他们对文化遗产的虚无主义态度却完全一致。他们醉心于建立一种与过去的旧文化毫无联系的无产阶级的独立文化，包括"无产阶级语言"，无条件地否定一切旧文化；主张对"旧文化""旧语言"就像对旧的国家机器一样彻底粉碎。即使在自然科学方面，也应当拥有"无产阶级的几何学"。俄罗斯无产阶级音乐家协会要求只用四分之二拍谱曲，因为"进行曲节奏最适合无产阶级社会"。20世纪二三十年代苏联最大和最重要的文学团体"俄罗斯无产阶级作家联合会"（缩写音译"拉普"）致力于建立"无产阶级文学"，认为文学的作用就是"把工人阶级的心理和意识组织起来"，而艺术的内容仅仅是为了反映和捍卫"阶级的"利益、思想和感情。因而，浪漫主义成为不符合社会主义需要的美学概念：只有资产阶级为了伪造现实才需要浪漫主义，苏联艺术家用不着去点缀生活，去臆造业已存在的"完善的现实"。这真是所谓"左"得可爱了。

1936年苏联新宪法（它被称为"斯大林宪法"）的颁布，标志着斯大林体制的确立。与这一政治经济体制相适应的文化体制，所谓苏维埃文化的形成，是建立了单一的、从上到下的管理体制，文化机构由此被纳为国家行政机关的组成部分。1932年4月，联共（布）中央作出《关于改组文艺组织》的决议，规定解散一切文艺团体，组织单一的苏联作家协会。1934年8月，建立了苏联作家协会。在同时通过的作协章程中，确立"社会主义现实主义"为苏联文学创作和批评的基本方法，成为斯大林文化体制确立的另一特征。

1936年，斯大林观看根据肖洛霍夫同名小说改编的歌剧《静静的顿河》之后，向音乐家发表的谈话，成为钦定的文艺创作准则，这就是：社会主义题材的脚本；民族语汇的现实主义音乐语言；塑造社会主义时代的正面人物。它后来被归纳为"无产阶级的内容，民族的形式"。

随着斯大林文化体制的建立，浪漫的1920年代结束了。我们注意到

1920 年代苏联极左的"无产阶级文化派"在急于造就纯粹的无产阶级文化时，在艺术和审美上却是以当时世界性的现代派新潮为取向的，具有一种开放的、面向未来的姿态。早期的苏维埃教育人民委员部美术部委员康定斯基是抽象派画家；成立于 1923 年的现代音乐协会，现代画派内多种流派、风格的团体派别，活跃的现代派诗歌，爱森斯坦对电影艺术的现代性探索，等等，均可为佐证。这一时期的苏联教育是以学习、推行杜威的进步主义教育实验为主题的。

1930 年代的文化主题则是批判、取消在社会科学、自然科学和文化艺术领域各种"资产阶级的"和"非社会主义的"思想、观点、学派、风格。

这意味着早在十月革命之前便已形成，在 1920 年代得以延续下来的与西方现代文化的广泛联系，苏联知识分子参与世界性的文化发展的状态结束。在 1930 年代苏联抵制外来的西方文化的斗争中，民族文化成为最重要的资源，这不仅是由于斯大林对俄罗斯民族的和古典文学艺术的个人爱好，也得到政治上的民族主义和俄罗斯沙文主义的支持。这在俄罗斯帝国的历史上并不鲜见。早在 1834 年，沙皇的国民教育大臣乌瓦罗夫提出作为文化教育、艺术创作准绳的"官方国民性"理论，其基本原则被表述为"正教、君主专制、民族性的三位一体"公式。

不仅在文学艺术领域，而且在社会科学和自然科学领域，也致力于批判、否定、取消"资产阶级"的学派、学科、理论，诸如心理学、儿童学、社会学等，扶植树立定于一尊的"社会主义的"学派、理论，其著名者如树立李森科学派、否定遗传学派等，造就了一批权势显赫的学阀、文阀。

1930 年代的苏联，尽管产生了诸如阿·托尔斯泰、肖洛霍夫、法捷耶夫、奥斯特洛夫斯基、肖斯塔科维奇、普罗科菲耶夫、哈恰图良、阿尔希波夫、格拉西莫夫等众多的艺术大家和传世之作，但今天我们已清楚地知道，它是以摧毁和湮灭布尔加科夫、阿赫玛托娃、帕斯捷尔纳克、曼德尔斯塔姆等同样众多的天才和大家为代价的；即便那些大红大紫的作家、艺术家，也只是"戴着镣铐跳舞"，在尔后的肃反和严厉的政治生活中如履薄冰，命运多舛，在精神和心灵上莫不是一部"苦难的历程"。

这不仅来自对"离经叛道"的、非"社会主义现实主义"作品的讨伐，也来自"无产阶级文化"运动内在的宗派主义。他们机械地将阶级斗争、政治斗争的概念、方法引入文化艺术领域，把文艺界划分为革命与反革命两大阵营，以最革命因而具有当然领导权的面目自居，无情打击和排斥作为"同路人"的知识分子，例如，拉普甚至以被人们称作"文学契卡人员"而自豪；在1930年代初期，被他们列为"同路人"而攻击的作家包括爱伦堡、叶赛宁、阿·托尔斯泰等，连作为无产阶级文学奠基人的高尔基也未能幸免。

钦定的风格、准则，对社会主义现实主义日益教条化的理解，对不同倾向、风格的扑灭和打击，助长了作为官方艺术的天然本性：虚假。一方面，是粉饰生活、一派光明美好、正面高大的"无冲突论"作品大量涌现；另一方面，是极力渲染与所谓"间谍""危害分子"和"人民敌人"的斗争的臆造的冲突。歌功颂德和大搞个人崇拜的作品遂成为逻辑的必然，它们既是粉饰现实的，又是伪造历史的。德高望重的阿·托尔斯泰也未能免俗，他的长篇小说《粮食》（电影《保卫察里津》以其为原本）违背历史真实，夸大斯大林在保卫察里津战役中的个人作用；他的传记小说《彼得大帝》也存在任意拔高美化历史人物，以为现实服务的缺陷。

苏联无产阶级文化在中国的传播，有一个重要的"时间差"。1920年代新经济政策时期虽然极左，但仍生动、开放的苏联文化并未对立足未稳、连年征战的中国共产党的文化建设产生重要的影响，其影响主要是在新文化运动和新文学发展上的，如1920年代后期在上海一时盛行的"普罗文学"和左翼文化运动——在当时中国的左翼文化运动中，苏联无产阶级文化派的作风、面貌已形态具备。在文艺宗旨上，强调"一切的文学，都是宣传"，"为革命而文学"，因而，"我们的文学家，应该同时是一个革命家"。其偏激和急躁，及强烈的宗派色彩，都是造成鲁迅与之抵触龃龉的原因。左联的政策、路线和左倾错误也深受苏联"拉普"和日本的福本路线的影响。

1930年代末至1940年代初，中国共产党关于新民主主义的政治和文化理论的建设，固然主要源自马克思主义中国化的革命实践，但这正是斯大林体制已经确立、斯大林主义的全盛时期，它对中国共产党的影响至大；虽然，反对来自共产国际和苏联的教条主义也是当时思想理论建设的任务之一。

> 必须将马克思主义的普遍真理和中国革命的具体实践完全地恰当地统一起来，就是说，和民族的特点相结合，经过一定的民族形式，才有用处，决不能主观地公式地应用它。……中国文化应有自己的形式，这就是民族形式。民族的形式，新民主主义的内容——这就是我们今天的新文化。①

新民主主义的文化公式同苏联的"无产阶级的内容，民族的形式"的表述颇为相似。类似的，将"社会主义现实主义"规定为文学创作的基本原则，也是从苏联引进的。

1939年前后，在延安和重庆文化思想界开展的关于"民族形式"的讨论，被视为"五四"以后另一场关于中国文化的重要论争。一些左翼理论家将"民间形式"作为"民族形式"的"中心源泉"，从而阻塞了"五四"新文化传统中对外来文化的吸收学习，这多少和1930年代苏联的文化思想有异曲同工之妙。

---

① 《毛泽东选集》第二卷，人民出版社1967年版，第667页。

胡风成为这一观点的激烈反对者，称之为"民族复古主义"。他在《论民族形式问题》一书中，批评了从郭沫若到周扬，从潘梓年、艾思奇、胡绳到光未然、何其芳、张庚等许多人，但主要批评的目标是向林冰（赵纪彬）。胡风认为，内容决定形式，而"五四"以来新文化的内容是现代的、国际的，因而文艺形式便不能简单照搬传统的或民间的形式；所谓"旧瓶装新酒"，只能是"中学为体，西学为用主义的重演"。

他反对"五四"新文艺"欧化""脱离群众""完全成为少数近代化知识分子的专利品"等观点，他强调应从现实斗争的内容出发与大众结合，"为提高大众的认识能力而斗争"，强调文艺工作的使命是"化大众"而不只是"大众化"；他坚持了鲁迅的传统，即文艺既要与敌人作斗争，也要揭发中国"国民性"的弱点和病态，揭示人民群众"精神奴役的创伤"。

> 只看到"农民占绝对多数"，就以为它会在文艺创作上"起着决定的作用"，因而向自然生长的民间形式或农民的欣赏力纳表投降……绝对无从完成什么重要的任务。[①]

关于"民族形式"的讨论，实际涉及了革命文化所必须处理的三对关系：

1. 革命文化与外来的、世界性的主流文明的关系；
2. 革命文化与民族传统文化的关系；
3. 精英文化和大众文化的关系。

近半个世纪以来中国文化和文学艺术的发展现实比摘引语录和文件中一贯正确的文字更能说明问题。胡风对"五四"博大开放的文化精神、吸收借鉴世界主流文明的文化成果奠定中国新文化起点的捍卫，在当时急需

---

① 《胡风评论集》，人民文学出版社1984年版，第254、258页。

动员和组织农民的民族战争的险恶环境中多少显得有些不切实际和缺乏针对性，现在则显现出了远见和洞识。直到今天，对世界文明和西方文化的态度，仍然是文化建设中争论不休、有待解决的问题。

革命文化与传统文化的关系则较为复杂。

新民主主义文化被定义为"民族的科学的大众的文化"。处于非执政党地位的中国共产党高举"民族化"的旗帜，不仅是利用民族主义资源进行社会动员的政治需要，也是诞生于农村和山沟里的中国化的马克思列宁主义的文化印记。这一口号固然建立了革命文化与传统的联系，蕴涵了对民族的历史文化传统的尊重、继承和利用，但这种联系从一开始就是很微弱的，它主要强调为现实的政治斗争和阶级斗争服务的实用功利价值。

在操作上，将"民族化"的内涵限为"中国作风""中国气派"和"民族形式"，再将"民族形式"定义为"民间形式"，民族化便极易成为没有文化价值内涵的形式的空壳。它逐渐成为抵御外来文化、世界文化和诋毁知识分子雅文化以及现代文化的随心所欲的工具。

传统和现代的文化价值冲突，被抽象为"土洋之争"，然后又被任意地贴上"无产阶级"或"资产阶级"的标签。1950年代实际的社会生活中，"民族化""民族形式"便成为支离破碎、自相矛盾的混乱概念。例如，在医药界，反对中医药是"资产阶级唯心主义"；在建筑界，鼓吹民族形式的"复古主义"也是"资产阶级唯心主义"。中国画的地位是最尴尬的：它不像版画、年画具有革命化、大众化的传统，不像油画迅速倒向苏联的学院派绘画而取得了政治上的合法性，而一直被作为封建的、传统的、脱离工农群众和社会主义生活的没落艺术。直到1957年5月，成立中国画院后，国画才逐渐树立具有"民族的独特形式和风格"的正宗权威画种的地位——这正是中国力图排拒外来文化（主要指苏联）影响，转向封闭的时期。

此后，在不同的文化艺术领域，"民族化"长期成为压制多样化探索、抵制外来文化的"紧箍咒",包括对现代文学、现代绘画、现代音乐,以及西方音乐形式,如交响乐、美声唱法、无标题音乐等。音乐学院"改洋为土"之风在1950年代初、1960年代初刮了两次;直至1978年,又刮起此风,文化部甚至拟定了"除北京、上海以外,其他音乐院校都以民族民间为主"的决议,经贺绿汀和音乐界的协力抵制,终未执行。

1950年代,社会主义文化的理论公式一度沿袭新民主主义的公式,即"社会主义的内容,民族形式"。随即,"文化革命"的主题日渐上升。早在1953年,毛泽东第一次表述了"在技术上掀起一个革命"的概念。1956年,在中央召开的知识分子问题会议上,毛泽东正式提出"技术革命""文化革命"的概念。1959年底关于读苏联《政治经济学(教科书)》的谈话,也谈道:"在社会主义制度下,虽然没有一个阶级推翻另一个阶级的革命,但是还有革命,技术革命,文化革命,也是革命。"[1]1958年的经济"大跃进"是包含了"文化革命"的,如教育革命、全民诗歌运动等。

正是在1958年的"文化革命"中,毛泽东对新民歌的充分肯定,提出"中国诗的出路,第一条民歌,第二条古典,在这个基础上产生出新诗来"[2],多少印证了当年胡风对新文化建设取向的担忧。这一次,毛泽东丰富和发展了那个来自苏联的公式,提出"形式是民歌的,内容应是现实主义和浪漫主义的对立统一",后者被归纳为"两结合"创作原则;而"革命的浪漫主义",意味着"共产主义的精神和理想",意味着"'一天等于二十年'的空前未有的伟大时代"的时代精神。

1958年的技术革命、文化革命,基本着眼点在加快物质生产、提高生产力上,虽然也蕴含了对文化"尊贵者"的鄙视,对群众运动的迷信等。而1966年爆发的"无产阶级文化大革命",首先则是政治革命,是"无产阶级战胜资产阶级"的阶级斗争,以及包括政治、经济、文化和社会生活

---

[1]   参见陈晋:《毛泽东的文化性格》,中国青年出版社1991年版,第205页。

[2]   转引自朱赛主编:《中国当代文学思潮史》,人民文学出版社1987年版。

各个领域的"社会大革命"。文化不过是这场革命的出发点。这场"革命"反文化的反动性和野蛮性不必多谈。

在"社会主义文化"或"文化革命"的理论中，"民族化"不再是文化建设的基本主题和价值——如在新民主主义文化中那样——而仅在文学艺术的有关领域继续被延续使用，作为抵御世界的、现代文化的工具。

将"文化"与"革命"相连，正是对文化建设所必需的积累性、继承性、渐进性的直接否定，我们注意到，苏联官方文化理论的发展，是从1920年代的"无产阶级文化"成为1930年代的"社会主义文化"。起码就命题的形式而言，后者比前者更为宽泛，它涵括了"无产阶级"之外的利益群体和文化的多种社会功能。而中国的文化理论，从"新民主主义文化"到"社会主义文化"直至"无产阶级文化"，其内涵却不断窄化和极端化。到1966年"无产阶级文化大革命"之时，"科学的、民族的、大众的"命题已被"党的、阶级的、政治的"内容置换；"百家"终于成为你死我活的两家，兴无灭资的阶级斗争成为唯一的文化主题。

它的实际运作简单而可操作：用政治批判取代文化批判和文化建设。由阶级斗争理论演绎出的对封建主义、资本主义、修正主义的批判，直接过渡为对文化传统的历史文化遗产的政治性否定，从而为肆无忌惮地破坏和毁灭文化扫清了道路。

在一个文化落后的农民国家，对历史文化和传统的割断和政治性否定，马上导致在可以逃避惩罚的情况下，无须任何借口地掠夺和破坏，成为一种基于愚昧而产生的不折不扣的反文化。"文化大革命"确实是关于传统文化的当代命运的典型个案：在器物层面激烈地反叛破坏，而在制度和思想层面全面地复古倒退，是一次成功的封建复辟。虽然，1970年代中国的"原教旨主义者"同时是虚伪的：他们在疯狂地毁灭文化之时又以伟大文明的继承者自居，动辄指责别人"卖国"和"崇洋媚外"；他们"革"文化的"命"的理论从不妨碍他们对历史文物的掠夺和侵占，以及倾心于传统艺术的私好。

　　然而，传统文化和民族文化的厄运并不仅仅来自政治上的否定和批判。在新的社会发展观中，按重要性排序，始终是政治优于经济，而经济优于文化。政治是至高无上、不受制约的，经济和文化建设，则视政治需要而定位：或者作为政治任务而加强，或者作为政治批判的对象而削弱或否定。当政治需要和经济建设的功利需要联手时，总是那么理直气壮、义正词严：人民大众的利益——提供他们就业，解决他们的住房，方便他们的购物，难道不比保留一座古旧建筑更为重要？文化便理屈词穷，不堪一击了。

　　1950 年代北京旧城保护和城墙存废之争不仅具有导向性，也具有典型性和象征性，包含了尔后三十多年对于历史文化态度的所有因子。旧北京城正是在政治和经济的双重压力下崩解的；对梁思成"大屋顶"的民族风格建筑的批判，首先是"非文化"的——不是来自政治或审美，而是成为"反浪费"运动的目标，虽然它随后成为一场旷日持久的意识形态的和建筑美学的论争。

　　就事实的结果而言，我们甚至难以断言，基于经济功利需要的"建设性破坏"与基于文化虚无主义、文化专制主义的反文化破坏相比，究竟哪一个为害更烈。

三、风暴的中心：北京在"文革"中

　　新中国的历史，被一场为时 10 年的"文化大革命"鲜明地划为三段："文革"前 17 年；"文革"；"文革"后的"新时期"。

　　在任何意义上，这都是中国社会变革最剧烈的时期——传统中国的社会结构正是在这几十年中被彻底改变，伴随着接连不断的政治运动和阶级斗争。其后果，是在社会阶层中取消了"士"和"商"，使之沦为无足轻重的附皮之毛。在新的意识形态和政治理论中，多种多样的思想、派别、观点、风格、态度被划分为无产阶级和资产阶级两家，非此即彼；而它们之间的矛盾和斗争则被定义为是"你死我活"的。知识分子营垒的"京派"和"海派"遂成一丘之貉，难免灭顶之灾。

北京成为名副其实的"革命"中心。风暴的中心并不总是平静的。

京派知识分子首当其冲地成为被批判打击的目标——在抗日战争之后，平、津、沪的知识分子储安平、沈从文、萧乾、朱光潜等成为"民主个人主义者"的突出代表。他们被定义为"旧民主主义者""自由主义分子""中间派"或"右派"。他们在政治上主张"第三条道路"；在文艺上则反对"拿文艺作宣传的工具"，鼓吹作家"不宜受党派风气的左右"，应根据"社会与艺术的良知"从事创作；主张"在'法定'范围内，作家正如公民，应有写作的自由，批评家不宜横加侵犯"；反对艺术与政治结缘，"作家与政治结合，产个政治文学"，就"结束了副刊的生命"，等等。

1949 年 7 月，在北平召开的全国第一次文代会上，后期京派的"盟主"沈从文戏剧性地从文坛消失了。在京津 20 所高校开展的以思想改造为目的的学习运动中，沈从文的散文、小说在北京高校举办的"反动、黄色书籍展览会"上示众。他随即被北京大学解聘。

在故宫博物院午门外昔日朝臣朝拜皇帝的朝房，参观出土文物展览的观众会遇到一位身穿干部服、佩戴"讲解员"字条的斯文的中年人，他就是沈从文。据说，对 1950 年代初的遭遇和改行，他颇为平和。这是一种比较的结果。他有理由为自己较早地离开高等学校，从而逃脱了在这个阶级斗争的前沿阵地无休止的斗争和批判而暗自庆幸。沈从文的挚友，后期"京派"的骨干之一朱光潜教授于 1950 年代初在北大作思想检查，经过多次大会才勉强过关。"有一次检查刚告一段落，听众递到台上提意见的条子就有

300 多张。"① 在此后频繁的政治运动中，便再无宁日。

1953 年召开的第二次全国文代会，沈从文总算接到了出席通知——这样一位文坛宿将销声匿迹本身就有重大影响。然而，他却不是作为作家受到邀请，而是作为"美术组成员"。这自然是一种更为精心的安排。又过了 26 年，在 1979 年召开的第四次全国文代会上，沈从文终于以作家的身份重返文坛。这仍然近似一种讽刺。作为成绩斐然的古文物学者——他以《中国古代服饰》一书确立了学术地位——他已经放弃了文学创作近 30 年，确实也可不算为作家了。

1980 年代，中国的青年一代终于听说了沈从文这个陌生的名字（以及郁达夫、徐志摩、戴望舒、张爱玲等一长串陌生的名字）。海外不断升温的"沈从文热"感染了国内。1986 年，他被按照"部级待遇"住进了木樨地高层建筑中一套住宅：

> 沈夫人告诉我：下个月他们要搬家了，费了不少周折，总算分得一套 5 居室的房子，这可以说是解放以来得到的最好的房子了……沈老听她说着，却失声笑了起来。但是，眼睛却那样湿润。②

作为落实知识分子政策、改善知识分子待遇的实例，这一消息在海外传播的效果却始料未及：部长来复去，而中国只有一个沈从文！两年后，沈从文在他的新居病逝。遗像前写着他的两句话："照我思索能理解我，照我思索能理解人。"向遗体告别时，没有放哀乐，而是播放他平日喜欢的拉赫玛尼诺夫的钢琴曲……

1954 年，老京派俞平伯先生，出乎意料地成为另一场全国性文化批判

---

① 《文汇读书周报》，1990 年 3 月 31 日。
② 彭荆风文，见《文汇报》，1991 年 9 月 11 日。

运动的靶子。这一年 10 月，毛泽东写信支持了对俞平伯的《红楼梦研究》提出批评的两个"小人物"李希凡和蓝翎，称他们的文章"是对 30 多年以来所谓的红楼梦研究权威作家的错误观点的第一次认真的开火"，"看样子，这个反对在古典文学领域毒害青年 30 余年的胡适派资产阶级唯心论的斗争，也许可以开展起来了。"

这场"批判"并不是无的放矢。它起因于俞平伯拒不服从 1953 年党关于用马克思列宁主义观点解释古典文学的要求，坚持他 1920 年代的观点，认为《红楼梦》并非是对封建社会的揭露批判，而只是曹雪芹的个人自传。问题还在于，他 1954 年写的这篇文章（《红楼梦研究》）曾送胡乔木审批，胡提出意见并要求他重写，他却并没有修改，送交《新建设》发表。[①]

这场批判运动被视为是知识分子政策的一种改变：从建国之初强调知识分子专业特点和尽职工作，转为强调统一的政治观念和非专业化。俞平伯的阶级根源和思想根源被认为是"五四以来洋场绅士的本色"，其目的在于"散布民族自卑感"，"为帝国主义的'文明'和'理论'张目"。也有批判文章称俞平伯的"红研"是"买办资产阶级意识和封建士大夫阶级意识相结合的产物。按其思想本质来说，这是'外国帝国主义的奴化思想和中国封建主义的复古思想的反动同盟'在古典文学研究领域中向马克思列宁主义进攻的一种具体体现"[②]。

对俞平伯"新红学派"的批判马上直奔主题，转移到他的老师胡适身上。这是继 1951 年末"京津高校教师学习改造运动"第一次批胡适运动之后，第二次全国规模的批胡高潮。胡适被认为是"资产阶级唯心论的头子"，"是中国马克思主义与社会主义思想的最早的、最坚决的、不可调和的敌人"。这场历时 10 个月的批判运动的"社会价值"，在于开创和提供了文化和学术批判运动的一种"技术的样板"：政治批判、无限上纲、主观武断，

"形而上学猖獗"。它最终作为"文革"中的"革命大批判"而发挥到极致。在这个意义上，有人认为批胡运动才是"文化大革命"的真正序幕。

与以后的发展相比，对胡适思想的批判和对俞平伯的批判，的确只是一场温和的练兵。1955年对"胡风反革命集团"的批判和在机关、文化事业单位开展的"肃清反革命运动"，被认为是"用群众斗争的方法解决意识形态问题"的滥觞；尔后开展的整风运动和反右斗争，则是广大知识分子的真正劫难。至1958年夏，北京反右斗争基本结束，全市在知识分子、爱国人士和共产党干部中共错划右派10528人。1930年代著名的左派冯雪峰、丁玲、艾青、秦兆阳、江丰等均为右派，更遑论其他。

值得一记的是在当年的反右斗争中北京文坛的"四只黑天鹅"：刘绍棠、从维熙、邓友梅和王蒙。他们在才华初露、意气风发之时同遭厄运；二十年后，成为北京文坛承上启下的中坚。很难再给他们分贴"京派""京味"的标签，他们是从完全不同的背景和途径接近北京文化的风格和传统的。1950年代初，刘绍棠、从维熙师承孙犁"荷花淀派"，富有乡土风味的小说，确有"京味"的旨趣；而王蒙、邓友梅血气方刚的针砭时弊之作（共和国的第一批"问题小说""探索小说"）则多少续上了具有知识分子品性的"京派"的文脉，最终在1980年代形成自觉的文化追求。

他们当年的不幸却不乏京味的幽默：邓友梅对已经成为右派的"北国神童"刘绍棠的违心批判相当出色，甚至赢得了一阵掌声。当他"红头涨脸地"走下台时，主持人突然向黑压压的人群宣布："同志们！不要为他鼓掌，不要被他的假象欺骗，他——他也被划为右派分子！"

在"右派分子"的炼狱之中，幽默也悄悄滋润着苦难。画家王复羊冬天因无御寒的劳动服装，在八成新的呢大衣皮领上围以白色垫肩，而获"右派贵族"的雅号；折断了眼镜腿、续以绳线的陈德贵被称为"斯维尔德洛夫"。也许正是在政治风暴的磨难中，北京的幽默终于由老舍那样温和宽厚的善讽，变为尖刻犀利的嬉笑怒骂。这也是后话。

到 1960 年代初，革命的锋芒早已从"中间派""右派"转向了当年的左翼文艺工作者以及身体力行的左派文人，形成人人自危的局面。连毛泽东的私人朋友、建国后历次文化批判运动的主要领导人之一郭沫若也处于这种诚惶诚恐之中。1965 年 9 月 20 日，他规劝一位年轻的诗友的信函，披露了他的真实内心：

> ……但你太年轻、太天真，目前你把世界上的事物看得过于单纯了。现在哪里谈得上开诚布公。两面三刀、落井下石，踩着别人肩膀往上爬，甚至不惜卖友求荣者，大有人在。我看不必跟那些无聊无耻的文人去纠缠了。因此，我劝你千万不要去写什么反驳文章，那不是什么"学术讨论"，你千万不要上当！[①]

真正的京味文学大师、一代文豪老舍先生的命运，却是一个哭不出声的黑色幽默。

1949 年初冬，从美国回到阔别 14 年的北京，老舍为新社会的所见所闻深深感动，处于发自内心的激动和"狂喜"之中。他立即自觉地紧密配合各项政治任务而写作。1949 年以后，他的大多数话剧和戏剧作品是为配合诸如宣传婚姻法、抗美援朝、"三反""五反"、肃清反革命、"大跃进"、人民公社化等而作的，如《消灭细菌》《青年突击队》《西望长安》《女店员》《全家福》《红大院》等。1957 年，上述"黑天鹅"们罹难时，一辈子与人为善、温文尔雅的老舍也真诚地发表了声讨文字，而且敢于上纲上线，称从维熙写的反映农村干部作风问题的小说《并不愉快的故事》"意在煽动农民造反！"[②]

---

① 陈明远：《劫后诗存》，世界知识出版社 1988 年版，第 335 页。
② 从维熙：《走向混沌》，作家出版社 1988 年版。

对严肃的文化和文学，以及对纯正的人格的腐蚀并不总是来自金钱和商业；在1949年以后的大多数时间，这主要来自"左"的政治。早在1930年代，老舍在《猫城记》中就以先知般的睿智预感了所要发生的一切："大家夫斯基"、革命造成暴乱、暴乱导致新的封建独裁。他是一个坚决的民族文化的自我批判者，却历来反对在文化问题上进行大变动式的"革命"。他写道："政治变动太多了，变动一次，人格的价值低落一次，坏的必得胜。"①

老舍以自己的悲剧人生应验了早年忧心忡忡的预言。他发表的文章和文学作品与政治压力的增长恰成反比：1963年40篇，1964年10篇，1965年9篇，1966年1篇。1963年他开始写作的自传体长篇小说《正红旗下》终于未能完稿。他已发表的作品同样命运多舛，建国后，不仅《猫城记》，而且《骆驼祥子》《四世同堂》都遇过批判，遭受冷遇。甚至连歌颂北京建设事业的《龙须沟》，也有人看不上眼，不得不为适应政治形势而一改再改。这使得老舍研究中，对老舍作品删改的版本学研究，成为一个专门的分支。建国后，在日益弥漫的极左气氛中，老舍一方面不断地在为旧作所写的序、跋中真诚而谦恭地自我检讨，"贬其少作"；另一方面，不断地删改旧作，使其更"干净些"，更符合新的政治理论的需要，并且避讳可能的政治危险。他对《骆驼祥子》的大删大改，自砍尾巴，删去了描写祥子堕落的第23节和第24节，以及对《离婚》结尾的修改，损害了原作的思想深度和结构完整性，是突出的两例。在20世纪五六十年代，他一再谢绝了出版社为他出多卷本文集的要求，直到"文革"前夕才略为心动，而运动却马上爆发了。

作为天才的语言艺术大师，老舍的"封笔"之作——发表于1966年春的最后一篇作品——令人读来倍感辛酸。这是一篇宣传科学养猪的快板书《陈各庄上养猪多》。其中的片段：

---

① 《老舍文集》第7卷，人民文学出版社1987年版，第419页。

热爱猪，不辞劳，

喂食、饮水，冷热饥饱，时刻仔细瞧。

粪便干，或是不爱动，

立刻去找防疫员来快治病。

干劲大，不识闲，

有点功夫就去帮社员。

帮消毒，帮修圈，

科学养猪宣传了一遍又一遍。

有成绩，戒自满，

一定要站得高来看得远。

看得远，站得高，

时刻不忘比学赶帮超。

……

越进步，越学习，

永远高举毛泽东思想大红旗！ ①

几个月之后，1966 年 8 月 24 日，一生挚爱北京、有"真金子"之誉的一代文豪老舍先生终于舍身太平湖，完成了人生的彻悟和对社会的批判。他的官方职务是全国政协常委、中国文联和中国作协副主席、北京市文联主席。一天之前，在国子监孔庙大院批斗北京文化界的知名作家、艺术家，焚毁戏剧服装、图书等文物。老舍发疯似的跳进火堆去救书，遭到毒打而头破血流。从孔庙被接回文联大院，又面临数百名红卫兵的批斗，再次遭受殴打。

---

① 《北京文艺》，1966 年第 4 期。

正在这时，人们万万意识不到的事情突然发生了！——老舍把举过头顶的牌子，猛地向身边那两个红卫兵砸去！看得出，他是用尽全身仅有的余力……在几十万红卫兵大军云集北京的时候，在全国刚刚发动起来的时候，敢打红卫兵的，老舍是第一人，而且仅此一人！敢以殴打红卫兵来表明自己是反对"文化大革命"的，老舍是第一人，而且仅此一人！①

在国内严密封锁消息的情况下，老舍之死引发了国际性的悼念浪潮。日本作家水上勉、井上靖、开高健分别撰写了题为《蟋蟀葫芦》《壶》和《玉碎》的小说以纪念。十几年后，人们才被隐隐约约地告知，就在老舍走向太平湖之时，一项诺贝尔文学奖的提名已经确定。中国历史性地失去了这一殊荣。无疑，这不是个人的命运。在北京的作家学者中，以同一方式抗争和控诉的包括邓拓、吴晗、翦伯赞、叶以群，以及李广田的沉湖、杨朔的蹈海等。

在20世纪中国文化的困境中，中国知识分子承受着特殊的压力和痛苦。在这一背景下，20世纪以来几位著名知识分子在北京投湖自殉，便成为超越了个人命运的历史事件和历史现象，震动了中国。如1927年王国维自沉于未名湖；更早，则有1918年梁巨川自殁于静业湖。这种不断重复的悲剧在昭示中国文化特殊命运的同时，绵延着中国知识分子传统的人文精神、道德风骨——这是只适于发生在古都北京的故事。

这一道德人格的当代典范，是被称为"最后一位儒家"的梁漱溟。

1918年10月，梁漱溟的父亲梁济（字巨川）在60岁生日前夕投湖自

---

① 《北京文艺》，1966年第4期。

尽，舆论为之轰动。一般认为，他是出自忠君的道德理想，为清廷和君主制而殉葬。但其文化蕴涵必然更为复杂深刻。"他感到痛苦的不仅是由于没有一个人愿意殉情，而且也没有一个人愿意为实现共和的理想而牺牲。他的死是要为那些献身理想、公众义务和个人品质正直的一代新人树立榜样。"① 他自幼接受的"君子"的责任和角色使他走上自杀之路。唯因如此，他不仅得到皇室、国务总理、旧式学者和保守主义知识分子的赞扬，也得到反传统的陈独秀、陶孟和、徐志摩等新派知识分子的理解和钦佩。陈独秀称赞他所具的人格力量、他的正直和不惜为原则而牺牲的崇高品质："比起把共和民权自治护法写在脸上的新官僚，到底真伪不同"，"他的几根老骨头，比那班满嘴道德暮楚朝秦冯道式的元老，要重得几千万倍"；"新时代的人物，虽不必学他的自杀方法，也必须有他那样真诚纯洁的精神，方能够拯救社会上种种黑暗堕落"。②

梁漱溟正是继承了中国传统知识分子的儒家风范。和其他许多文化保守主义者的区别在于，他不仅以知识学理、学术思想贡献社会，而且以全部人生付诸理想，以"圣人"自诩而承当济世救民的社会责任，焕发出儒家道德的人格光辉。

作为与毛泽东同庚的北大时期的好朋友，梁漱溟以他的正直和耿介结束了与毛的私人友谊。1953 年 9 月，梁漱溟以农民的代言人自居，以惯常的道德优越感强烈抨击了当时的农村改革，要求对农民施仁政，有城市工人"在九天之上""农民在九天之下"等言，与毛泽东公开发生顶撞。

1966 年 9 月，在"文革"烈焰正炽，"泰山颓，梁木坏，哲人萎"之时，73 岁的梁漱溟依然一身正气。受"批斗"之余，关闭在斗室之中，他凭借记忆写作《儒佛异同论》和《东方学术概观》。

他的惊世骇俗之举是在 1974 年的"批林批孔"高潮之中，江青点名逼

---

① 艾恺：《最后一个儒家：梁漱溟与现代中国的困境》，湖南人民出版社 1988 年版，第 64 页。

② 陈独秀：《独秀文存》，安徽人民出版社 1987 年版，第 248 页。

迫梁漱溟表态。梁漱溟缄口沉默亦不得，便在政协会议室正襟危坐，开讲"今天我们应当如何评价孔子"共两个半天，表明"我的态度是，不批孔，但批林"，京华为之轰动。随后是大会小会100多次批判，在9月底最后总结性的集中批梁大会上，主持人奉命一再追问梁漱溟对批判的认识。梁在9月23日的座谈会上表明心志："三军可以夺帅也，匹夫不可夺志。"

对于梁思成和林徽因这样的知识分子，则正如费正清的评价，"他们是两个把中国的文化传统和盎格鲁撒克逊的文化传统结合起来的人"，"他们不仅具有极高的学术水平，而且还有崇高的道德修养，而正是后者使他们能够始终不渝地坚持自我牺牲，坚定地为中国的文化作出了自己的一份贡献"。[①]

1930年代，北平客厅里的太太、一代才女林徽因成为新中国的建设者。她参加了由梁思成领导的、现行中华人民共和国国徽图案的设计，受到毛泽东的表扬；她挽救了濒于停业的传统手工艺景泰蓝的制作生产，参与设计了人民英雄纪念碑。她早在1955年因病辞世，竟令后人难说幸与不幸。

仍在流传的关于她和梁思成及金岳霖之间极有古典美——就其实质而言又相当现代——的爱情故事，成为正在迅速消失的那个时代气氛，那一代知识分子的一个真实的凭据，成为日渐严苛艰辛的现实生活中温馨而亮丽的回忆。

1930年代初，林徽因同时爱上了梁思成和梁的挚友、住在东总布胡同梁家后院的金岳霖。已经成为梁思成妻子的林徽因向梁坦陈了自己难以割舍的痛苦感情。梁思成反复衡量，认为自己不如"老金"，给林徽因以选择的自由，祝愿他们永远幸福。而金岳霖对林徽因的回答是："看来思成是真

---

① 费正清：《费正清对华回忆录》，知识出版社1991年版，第121页。

正爱你的，我不能去伤害一个真正爱你的人。我应当退出。"金岳霖终身未娶，他们三人至死都是好朋友。这似乎是只适于在文化古都诞生的爱情故事——它并不是唯一的，终身未娶的陈岱孙教授与周培源夫妇的传奇，则是十分相似的另一例。

梁思成也在"文革"的煎熬中痛苦挣扎，他的罪名是"反对毛主席的城市建设指示"。他已经无力为古都辩护，为自己辩护。他只能在病床上喃喃独语："那时候，我并没有想到反对谁呀……"他在笔记本上写下："在思想上，我觉得整个思想在飞跃前进，我实在跟不上！奈何！奈何！"对于一个知识分子，精神的失落与彷徨始终是比肉体的摧残更大的痛苦。他至死真诚地相信"这次无产阶级'文化大革命'，对巩固无产阶级专政，防止资本主义复辟，建设社会主义，是完全必要的，是非常及时的"。然而，他还需要关于他的"教育思想"与"建筑观"的理性答案。他的第二位夫人林洙写道：

> 如果有人问我在最后的日子里他最需要的是什么？我只能说他最需要的是什么是"无产阶级教育路线"、什么是"无产阶级教育观"的答案。然而他没有找到，他黯然了……真正的悲哀了，他永远失去了欢乐与笑容。
>
> 在他最后也是最痛苦的日子里，他多么盼望能和他的朋友们、学生们一起讨论"教育革命"，一起讨论"怎样在建筑领域防止资本主义复辟"。然而他病房的会客牌总是静静地挂在医院传达室里。[1]

1972 年元旦，他听完《人民日报》社论后说："台湾回归祖国的一天我是看不见了，'王师北定中原日，家祭毋忘告乃翁'。"梁思成于 1972 年 1

---

[1]　林洙：《大匠的困惑》，作家出版社 1991 年版，第 222 页。

月9日黎明溘然长逝。

　　"文革"中京味小说大师老舍殉难和古都的守护神梁思成的逝世，似乎可以视为一种文化终结的象征，正像城墙的消失是城市命运的象征那样。一段历史消逝了。此后，在这个城市中，在旧文明的废墟和先人的骨骸之上，仍然会有新的生长和建设，会有对传统的缅怀和恢复；但是，曾经在一个漫长的时期所形成的、具有独特魅力的整体性的城市文化已最终成为记忆，成为日益遥远的、不可思议的过去。

　　1935 年，林徽因在《纪念徐志摩去世四周年》的文中所述说的，正是这种情怀心境：

　　　　你仍立在我们烟涛渺茫的背景里，间接地是一种力量，……间接地你任凭自然的音韵，颜色，不时的风轻月白，人的无定律的一切情感，悠断悠续的仍然在我们中间继续着生……
　　　　一片的沉静，永远守住我的灵魂。①

四、联结北京的红线："上海帮"集结

　　建国之后，由于上海城市的资产阶级性质——它通常被描绘为"资产阶级大染缸"——它不断地成为"革命对象"，成为阶级斗争的"前哨阵地"。值得认识的是，在持续不断的社会改造和政治运动之中，上海出乎意料地由"革命对象"转变成为新制度下最模范的"守法户""计划经济的排头兵"，并进而成为"文化大革命"的策源地这样一种戏剧性的变化。

　　新中国第一场大规模的文化批判运动，是 1951 年对上海拍摄的电影

———————
　　① 《林徽因》，香港三联书店 1991 年版。

《武训传》的批判。新中国第一场"兴无灭资"的文化论争，同样发生在上海，但为时更早，是在 1949 年 8 月至 11 月，上海解放 3 个月之后、第一次全国文代会甫毕之时。《文汇报》的文艺副刊，就文艺"可不可以写小资产阶级"开展讨论。这的确是一个相当巧妙的提问方式和切入角度，表达了上海文化界的担忧和一种谨慎的试探。结果是可想而知的。批评者诘问："为什么独独担心于知识分子、小资产阶级'是不是还可以写'？为什么就不担心如何与工农兵相结合等问题？"并指责这一命题的提出，"会被若干人利用做写作的避难所"；"不仅是一个题材问题，而且正是一个立场问题"；"等于否定毛泽东主席在延安文艺座谈会上的讲话提出来的到工农兵中去的号召"，等等。

两年之后，对《武训传》的批判，才令上海的文化人出了一身汗。毛泽东亲自为《人民日报》撰写的社论，为影片定性为"污蔑农民革命斗争、污蔑中国历史、污蔑中国民族的反动宣传"，说明"我国文化界的思想混乱达到了何等严重的程度"，"资产阶级的反动思想侵入了战斗的共产党，这难道不是事实吗？"[①] 江青率领的武训历史调查团，到山东进行实地调查，走上了她的"文化革命"之路。具有象征意义的是，在新中国历史上具有深远意义的地缘与政治人事的结合——上海、北京、山东——从此开始了。

1955 年对"胡风反革命集团"的镇压与批判，才真正使人们震骇不已。这场因文艺思想之争而逐步升级的"反革命案"，涉及 2100 多人，共逮捕92 人，隔离审查 62 人，停职反省 73 人；正式定为"集团分子"78 人，定为"骨干分子"23 人。1930 年代左翼文化运动的大本营、胡风曾工作多年的上海，自然也成为"胡风集团"的大本营。被捕罹难的"胡风分子"中，包括当时中共上海市委宣传部部长彭柏山，著名学者王元化、贾植芳等。

1955 年令上海人惊骇不已的，还有另一起"潘杨反革命大案"。风采斐

---

① 《人民日报》，1951 年 3 月 20 日。

然、具有传奇经历、在党内素有"小周恩来"之称的上海市委第三书记潘汉年，以及市公安局局长杨帆，一夜之间由革命功臣而成为间谍特务，投入监狱。

随后开展的"反右"斗争，才真正有声有色，在很多意义上，它都被视为是9年之后"文化大革命"的一次彩排或预演。相似处之一，它们都是借上海而发难的。

1956年《文汇报》复刊后，受到读者尤其是知识分子的欢迎。1957年3月，毛泽东同新闻界代表谈话时特别称赞《文汇报》办得好，"你们的报纸搞得活泼，登些琴棋书画之类，我也爱看"，肯定了关于"电影的锣鼓"的讨论，并专门讲了群众来信的处理："群众来信可以登一些出来，试试看。一点不登恐怕不大好；那样业务部门会犯官僚主义，不去改进工作。"报社人员无不欢欣鼓舞，如沐春风。[1] 孰料3个月后，毛泽东发表了声色俱厉的反右斗争的指导文章《文汇报在一个时间内的资产阶级方向》和《文汇报的资产阶级方向应当批判》。在这场运动中，《文汇报》有6名编委和15名编辑记者被划为右派，备受磨难。全市共划定右派分子16299人（北京为10528人）；此外，工人、营业员、民警等按中央规定不划右派分子而定为"坏分子"的4543人；因右派问题戴"四类分子"帽子或其他敌我性质帽子的1154人；"中右分子"，不戴帽，但受党纪、政纪处分以至开除公职的6031人。[2] 在上海工业系统中，有3032名干部被定为"右派"，占干部总数的2.6%。[3] 电影界石挥、吴茵、吴永刚、项堃等57人被划为右派；美术界的右派则包括海派大师刘海粟、林风眠等。

上海滩历来并不只造就企业家，也造就政治家。在1950年代中国政治

---

① 《文汇报50年》纪念集，1988年。

② 《当代中国的上海》第一册，当代中国出版社1989年版，第199页。

③ 《中共上海工业系统党史大事记》，上海人民出版社1991年版，第67页。

"左"倾化的气候中，上海的政治明星应运而生。

自 1955 年起担任市委第一书记和市长的柯庆施，对于上海的城市命运无疑施加了重要的个人作用。他以坚决贯彻中央的政治路线、严厉强硬的行政管理和工作作风，以及艰苦朴素、反对干部特殊化而著称，被誉为"毛主席的好学生"。能够说明他的性格、作风的事例之一是，1959 年，柯将原集中居住在环境幽静的上海西部徐汇区的高级住宅区康平路一带的华东局、上海市委领导干部，搬迁到市区西南边缘新建的工人新村东庙二村（现东安二村）居住，以便联系群众，与工人交朋友。数年后，终因行动不便，经中央领导人过问之后，才陆续搬回原地。影响面更大的一件事是，早在1950 年代末，柯就在上海全面禁止跳交谊舞，当时发生了一起企业干部跳舞，将陈旧的地板跳塌的新闻；虽然中南海的舞会一直开到 1966 年"文革"前夕。

另一个线索是张春桥、姚文元的"崛起"。

1955 年秋，准备赴京调任《人民日报》副总编的张春桥，因柯庆施出任上海市最高领导而被留下——20 年后，张春桥接任了柯庆施曾担任过的中共中央、国务院、华东局、上海市委、南京军区的所有职务。

1958 年，时为市委常委、宣传部部长的张春桥，在《解放》半月刊第6 期发表《评资产阶级法权》的文章，提出资产阶级法权的核心是等级制，"解放后资产阶级法权制度化、系统化，向前发展"；批评薪水制，鼓吹供给制，提出立即破除资产阶级法权的主张，《人民日报》加编者按予以转载。张春桥因此得到了毛泽东的注意，并获专程进京与毛面晤的殊荣。然而，这是一篇经过导演的"命题作文"，1958 年 8 月，毛泽东在北戴河一次负责干部会议上谈到等级制、资产阶级法权、考虑取消薪水制、恢复供给制等想法。柯庆施立即将这一信息传回上海，要求赶快写出文章。张春桥亲自承担了这一任务。

张春桥同样有识人的慧眼，同样善于发现，也善于培养。

　　1955年，上海卢湾区委的青年干部姚文元正在埋头撰写厚厚的《论胡风文艺思想》一书。身为姚蓬子之子，从小称胡风为"胡伯伯"的姚文元希图凭此近水楼台而跻身文坛。然而胡风突然成了"反革命"。姚文元在痛苦彷徨之后，做出了改变终生命运的关键选择。他适时地反戈一击，成为批胡斗争中一鸣惊人的青年理论家，始得张春桥的赏识。

　　1957年6月14日，姚文元由上海一地的"新星"一跃而成为全国性的"明星"。这一天的《人民日报》头版，刊登了毛泽东以"本报编辑部"名义撰写的《文汇报在一个时期内的资产阶级方向》一文。毛泽东在此文中点名赞扬了姚文元6月10日发表在《文汇报》的短文"录以备焉"。《人民日报》并在头版转载了姚文元的这篇文章：通过比较《人民日报》《解放日报》和《文汇报》对5月25日毛泽东接见青年团代表的一则电讯的不同编排处理，影射《文汇报》的政治方向问题。这一天清晨，中央人民广播电台的新闻节目尚未结束，柯庆施已在查询"姚文元是谁？"当天下午，柯庆施由张春桥陪同，接见了26岁的姚文元。

　　这是张、姚大展宏图的时代。姚文元又被称为"无产阶级的金棍子"，挨过他棍子的作家包括巴人、巴金、丁玲、冯雪峰、艾青、姚雪垠、秦兆阳、王蒙、刘绍棠、邓友梅、流沙河……以及评论家罗竹风、音乐家贺绿汀，等等。

　　以后的线索便比较清楚了。1962年9月，中共八届十中全会发出"千万不要忘记阶级斗争"的号召，特别强调抓舆论、抓意识形态领域的阶级斗争。柯庆施在上海抓出了政绩。1963年元旦，他与张春桥一起提出"大写十三年"的口号，认为"只有写社会主义时期的生活才是社会主义文艺"，在文艺界引起轩然大波。同年2月，北京来的"女客人"江青到上海观看现代戏，开始了她"文化革命旗手"的生涯。这一年的12月12日，毛泽东在柯庆施送上的关于上海开展"故事会"活动的报告材料上作重要批示——后人称为"两个批示"之一——成为发动"文化大革命"的重要依据：

各种艺术形式——戏剧、曲艺、音乐、美术、舞蹈、电影、诗和文学等等,问题不少,人数很多,社会主义改造在许多部门中,至今收效甚微。许多部门至今还是"死人"统治着……社会经济基础已经改变了,为这个基础服务的上层建筑之一的艺术部门,至今还是大问题。这需要从调查研究着手,认真地抓起来。许多共产党人热心提倡封建主义和资本主义的艺术,却不热心提倡社会主义的艺术,岂非咄咄怪事。①

此后,是姚文元《评"海瑞罢官"》在上海的炮制。1965 年秋,毛泽东离开北京来到上海,江青随行,他们间或到西子湖畔的刘庄居住。据说,毛泽东修改了姚文元的第 11 稿。②1965 年 11 月 10 日,上海《文汇报》发表了这篇文章,震撼了整个中国。

形势发生了戏剧性的变化。曾被作为资本主义象征的上海,终于焕然一新地出落成"文化大革命"的策源地,而"资产阶级司令部"则奇怪地转移到了北京。

新一轮的南北对峙在 1965 年底达到了高潮。北京拒不转载姚文元《评"海瑞罢官"》的文章,坚持了半个月之久。毛泽东为打破北京的"独立王国",下令在上海出姚文元的单行本,北京市新华书店奉市委之命拒不表态;后被迫征订,但拒绝发行。北京市委为此付出了惨痛的代价。

1966 年 2 月,当彭真主持的"文化大革命五人小组"在北京制定《二月提纲》的同时,林彪委托江青召开的部队文艺工作者座谈会在上海锦江饭店举行,所制定的《纪要》中,提出"文艺界自建国以来,被一条与毛泽东思想相对应的反党反社会主义的黑线专了我们的政。这条黑线就是资

---

① 《建国以来毛泽东文稿》第十册,中央文献出版社 1996 年版。
② 特里尔:《毛泽东传》,河北人民出版社 1989 年版,第 380 页。

产阶级的文艺思想、现代修正主义思想和所谓 1930 年代文艺的结合"。而北京的《二月提纲》，还企图维持一场公正的学术讨论，主张"真理面前人人平等"呢！

5 月 10 日，上海《解放日报》《文汇报》同时发表姚文元《评"三家村"——〈燕山夜话〉〈三家村札记〉的反动本质》的长文。几天之后，5 月 18 日，北京市委书记邓拓自杀；又是几天之后，毛泽东的秘书、44 岁的田家英自杀。苦难的历程开始了。

"四人帮"终于在上海集结成群。它后来被毛泽东称之为"上海帮"，但它半数的成员是山东人，它背后还有另一个显赫一时的山东人康生。使他们得以集结，在上海大成气候的是柯庆施，他在"文革"前夕病逝。柯在上海的表现被张春桥和造反派描绘成是一条与刘少奇所代表的反革命修正主义黑线作不懈斗争、代表"毛主席无产阶级革命路线"的红线。江青曾充满深情地说："我们应该永远纪念柯庆施同志。他始终是站在第一线上的。上海多亏有了他，才抓起了话剧汇演和京剧革命……"①

策划于北京、点燃于上海的"无产阶级文化大革命"，使上海在 20 世纪六七十年代，成为一个特殊的政治中心——它起初与刘、邓的中央和彭真的"旧北京市委"相对抗，后来则以"四人帮"的巢穴而载入"文革"史。在"四人帮"覆灭的"最后一跳"中，在那里酝酿和组织了武装抵抗。对于上海的这一特殊命运，发人寻思的是：是"四人帮"选择了上海，还是上海造成了"四人帮"？换而言之，"四人帮"在上海集结，上海为"文革"贡献了样板戏、《评"海瑞罢官"》、"一月革命"、文痞和工人造反派等，究竟是历史的偶然——如前述柯、张、姚等的政治人事因素——还是多少也有上海城市文化属性的必然，恰如它也曾造就过江浙财团、造就过诸多的流氓大亨？

①　转引自叶永烈：《姚氏父子》，大连出版社 1989 年版，第 213 页。

　　尽管从 1950 年代中期开始，极左思潮的泛滥是全国性的；然而，与邓拓、吴晗、廖沫沙治下的北京文化界相比，上海的"文革"恐怕要比全国早得多——当北京仍然有"三家村"的"燕山夜话"之时，上海早已是一派萧瑟，草木皆兵了。这是理解当代上海文化发展的一个重要认识。

　　"左"倾文化的兴起，同样是全国性的。它不仅仅是一系列的政治运动、文化批判、棍打和横扫，它也有建设和创造。同样值得认识的是，正是上海为"左"倾文化提供了最多的经验和样板，成为"文化革命"的沃土和温床。这个过程，早在 1958 年就开始了，至"文革"中的"帮派文学"达到顶峰。

　　在 1958 年的"大跃进"中，上海掀起了工人学哲学的高潮。据称，上海在两年内出现了 1.5 万个工人学习小组，成员达 20 多万人。那也是全民诗歌运动的高潮。姚文元在《解放日报》发表《让诗传单飞遍全市》的文章，认为诗歌就是要"把政治思想化为鲜明的形象。每一句都是战斗的歌声，每一首都是行动的号召"；他批判道："在以前，或在修正主义思想影响下，冷眼旁观，鄙视'赶任务'，看不起及时创作为政治服务的短诗，或在崇洋观念支配下，形式上机械地摹仿外国，不愿写民歌体的诗。"他并身体力行，亲自上阵，在《街头文艺》发表诗歌。其中的一首为《我们工人骨头硬》，可使我们一窥姚文元的文采和当时的"艺术"：

　　　　我们工人骨头硬，刺刀底下夺江山。

　　　　拔白旗，插红旗，干劲要叫天地翻！

　　　　钢水滚滚火光闪，定叫英美吓破胆！

　　也是在 1958 年，上海在戏剧创作演出方面，提出了"写中心、演中心、唱中心"的口号，创造了"领导出思想，群众出生活，作家出技巧"的"三结合"创作经验；1963 年，提出"大写十三年"的口号。

上海不但出经验，出口号，也出戏。江青选择上海作为搞现代戏的基础，不无道理——上海不仅有强有力的政治领导，也有西装旗袍时装新戏的海派传统。1964年的华东地区话剧观摩演出是"大写十三年"的成果展览，反映"念念不忘阶级斗争"、防止"和平演变"的新剧《年青的一代》和《霓虹灯下的哨兵》堪为代表作。最能说明上海文化与"革命文艺"深刻因缘的，是"文革"8个"革命样板戏"中，有6个诞生于上海：京剧《智取威虎山》、芭蕾舞剧《白毛女》由上海创作演出；京剧《沙家浜》移植于沪剧《芦荡火种》，《海港》移植于淮剧《海港的早晨》，《红灯记》移植于沪剧《自有后来人》；芭蕾舞剧《红色娘子军》取材自上海电影制片厂拍摄的同名电影。

"文革"中创作"革命样板戏"的经验被总结为统治中国文艺创作十数年之久的"三突出"原则。它是由上海的左派音乐家于会泳在1968年首先提出的。他也是山东人，"文革"前为上海音乐学院的作曲家，因参与样板戏创作而被江青赏识，曾任国务院文化部部长。他在《文汇报》发表的《让文艺舞台永远成为宣传毛泽东思想的阵地》文中，"根据江青同志指示"将创作经验归纳为"在所有人物中突出正面人物来；在正面人物中突出主要英雄人物来；在主要英雄人物中突出中心人物来"。[①]后经姚文元改定为："在所有人物中突出正面人物；在正面人物中突出英雄人物；在英雄人物中突出中心人物。"这成为"三突出"原则的规范提法。从"三突出"原则出发，又演绎出三陪衬、多侧面、多浪头、多回合、多波澜、多层次和起点高等一整套"三字经"创作模式。

"文革"中的上海，成为"帮派文学"的大本营。在上海，创刊了当时中国仅有的文学月刊《朝霞》；创作演出了《一月风暴》《盛大的节日》等歌颂"文革"、歌颂造反派的话剧；出版了按"三结合"原则创作、成为帮

---

① 《文汇报》，1968年5月23日。

派文学样板的长篇小说《虹南作战史》；拍摄了反映"与走资派作斗争"的电影《欢腾的小凉河》《春苗》，等等。

"文革"期间，上海对"革命文化"的贡献，除了上述作品，最重要的，是出产了一批"文人"——他们后来被称为"文痞"。他们是张春桥、姚文元的基本队伍，与王洪文、王秀珍、陈阿大、黄涛等为代表的工人造反派同为"文革"中在上海崛起的两大"革命力量"，其代表人物如徐景贤、朱永嘉等。他们走的大致都是"姚文元道路"，都有与姚文元很相似的经历：曾经是领导得心应手的驯服工具，"三门"干部；能言善写，灵活善变；都有一段"反戈一击"的痛史，曰"革命方知北京近，造反更觉主席亲"。1967年1月造反派夺权时，任上海市委写作班子党支部书记的徐景贤，率部"集体造反"，成立"市委机关革命造反联络站"，致使后院起火，是"一月风暴"中戏剧性的事件之一。在这些上海文人的身上，多少可以捕捉到造就了一代代"上海师爷"、文化流氓的上海滩遗风。掌权之后，他们在控制舆论、实行文化专制、打击知识分子、营造"帮派文学"等"文治"上，实在比工人造反派的"武功"更为出色，影响更为深远。

1980年，大智大勇的巴金痛定思痛，撰文剖析了所谓的"姚文元道路"：

其实不仅是在"文革"期间，20世纪五十年代中期张春桥就在上海"领导"文艺、"管"文艺了。姚文元也是那个时候在上海培养出来的……这些人振振有词，洋洋得意，经常发号施令，在大会小会上训人，仿佛真理就在他们手里，文艺便是他们的私产，演员、作家都是他们的奴仆。……张春桥、姚文元青云直上的道路我看得清清楚楚。路并不曲折，他们走得也很顺利。因为他们是踏着奴仆的身体上去的。我就是奴仆中的一个，我今天还责备自己。我担心那条青云之路并不曾给堵死，我怀疑会不会再有"姚文元"出现在我们中间。我们的祖国母亲再也经不起那样大的折腾了。①

面对半个世纪以来上海文化的逆转和倒退，巴金尖锐地提出了这个发人深思的问题：

> 为什么在国民党反动统治时期，1930年代的上海，出现了文艺活跃的局面，鲁迅、郭沫若、茅盾同志的许多作品相继问世，而"四害"横行的时期，文艺园中却只有"一花"独放、一片空白，绝大多数作家、艺术家或则搁笔改行、或则给摧残到死呢？②

五、市民文化：抗拒和变迁

社会历史和社会文化本质上并不是由少数风云人物和重大政治事件构成的。城市文化的底蕴，仍然在大多数人沉默不语的集体行为和意识之中，在缓慢变化的日常生活之中。上海和北京市民生活方式变迁，透出了革命文化与两地城市文化冲突互动的不同状态。

革命文化的传播，在革命时期，是借助于军事、政治力量，由解放军和解放区的干部传播到新接收的地区，并通过社会改造和重建，使之成为主导文化和生活方式，建立"新生活"。一个突出的例子是，解放军到西南边疆，使绿军帽和绿胶鞋成为西南少数民族传留至今的日常衣物。"爱人"的称呼，据说首先是从南方解放区传出，流布社会的。

当革命文化按照自身的编码和程序改变旧秩序、创建新生活之时，北京便日渐脱离"北京"的地方属性，而成为"首都"——中国的政治中心。

---

① 巴金：《探索集》，人民文学出版社1986年版，第114页。
② 巴金：《随想录》第一集，人民文学出版社1986年版，第38页。

在高度集权、计划管理的体制结构和大一统、划一化的社会生活中，自上而下的交流、多样化的生长几不复存在。首都的一举一动都会产生全国性的影响。古已有之的民谣"城中好高髻，四方高一尺；城中好广眉，四方且半额；城中好大袖，四方全匹帛"，正是这一社会现象的写照。首都不仅是新的意识形态的发源地，也是新的生活方式、社会时尚的主要来源，是新生活的示范区。

这种示范和仿效，从建筑样式到服装样式，波及社会文化的各个方面。1950 年代末人民大会堂、人民英雄纪念碑建成后，外省各省会纷纷建造了北京翻版的大会堂和纪念碑，其中石家庄的大会堂几乎可视为北京人民大会堂的"袖珍版"。同样，人民大会堂的"迎客松"图样，成为各级政府、企事业机关直至乡镇企业、个体餐馆装饰接待厅的标准图样。1980 年代，北京街道使用的刀片式围栏和水泥隔离墩也成为北方各大城市仿效的对象。从电视上我们看到，在拉萨行驶的公共汽车的样式和颜色，与北京毫无二致。

在整个 20 世纪五六十年代，北京领导着中国服装的"新潮流"。国家领导人替代了服装模特的功能。当宋庆龄不得不脱下旗袍，穿上列宁装时，列宁装的时髦程度便可想而知。中国服装和政治革命从来密切相关。孙中山的革命倡导了中山装；毛泽东的革命倡导的男性服装是中山装的变种，国外称为"毛制服"，国内名为"人民装"。1984 年以后，胡耀邦带头穿西装，领导人和电视播音员是否穿西装，一度成为测试政治变化的标识。其后，当政治局委员都穿上夹克衫之后，夹克衫成为高中层干部的主要服装，替代了"毛制服"。两用衫和夹克衫却主要是上海人的创造，这是后话。

在"文革"时期，对社会生活的纯洁性、划一性的要求达到了夸张的程度。这也是领袖的"时装效应"最强烈的时期。红卫兵模仿解放军军装的服饰经毛泽东穿戴后，形成全国性的服装革新浪潮，一时军装贵重无比，难以觅求，以军装和军便服为主的服装，统治了社会约 15 年之久，直到

1980 年代初才逐渐消退。频现于照片、银幕的"中央文革"人员身披军大衣的冬季装束,至今仍是相当多省、市领导干部冬季的标准服装。它的好处不仅在于御寒、耐脏,还在于它既是一种大众化的普通服装,因而显得平易近人,但披在身上(而不是穿),又可适当地显示领导干部的威严。另一个例子是林彪穿了北京的黑色布鞋"松紧鞋"(北京人俗称"懒汉鞋"),使得这种布鞋流向全国,经年不衰。江青则是自觉地利用、发扬这一效应的领导人,她亲自设计并推广的新型连衣裙被称为"江青服",但由于她的社会声誉太差而未得以流行。

"文革"时期单名的大量流行,也令人隐约感到当时的风云人物林彪、江青等人的取名对社会心理、社会时尚的影响。江青的化名无一例外是单名:李进、高炬、大海、峻岭。她本人具有为人改名的嗜好,大致也是将复名改为具有革命意向的单名,如将钱浩梁改为"浩亮"。1970 年代初,由迟群、谢静宜控制的"北京大学、清华大学大批判组"和由张春桥、姚文元控制的"上海市委写作组"以及"中央党校写作组""文化部写作班子"等御用写作班子,使用梁效、柏青、高路、史军、金戈、闻军、哲军、康立、石仑、翟青、方海、靳戈、史锋、江天、洪广思、罗思鼎、丁学雷、唐晓文、齐永红、史尚辉等几十个笔名,其中绝大多数为单名。这些大搞"影射史学"、顺我者昌、逆我者亡的大批判文章,对中国当代文化的影响至深,自然不单是在取名方式上,也不仅仅在于开创了至今不衰的化名的"署名文章"。

领袖人物的个人嗜好影响和引导社会文化时尚,最典型的恐怕是六七十年代由样板戏所推动的京剧在中国的空前普及。作为诸多戏曲之一的京剧,突然获此大红大紫的殊荣,最初只是因为江青等对京剧的私好。它令人想起当年慈禧太后类似的嗜好和当时京剧的特殊地位。相反的一例是,由于自身魅力,依靠市场传播,并由于上海人向全国扩散而出现的"越剧走向全国"现象(甚至北京也有一个红旗越剧团)却遭到江青严厉的诛讨。和京剧同样获得特殊地位的剧种是芭蕾，而并非更符合革命化、民族化主张的民族舞剧，这似乎也只能归因于"革命文艺的旗手"的个人趣味。亿万中国农民得以从银幕上看到这种踮着脚尖跳跃的奇异的"戏"。当遍体鳞伤的吴清华（琼花）昏倒在地时，他们颇为同情和理解：她跳累了，是该躺着休息会儿了。

生活方式的革新、社会时尚的流变虽然以北京为导向，但实际却源自北京一个特殊的阶层：由高级干部和高级知识分子所形成的上层。最早的进口彩电、冰箱，外国电影、现代音乐、家庭舞会、离婚和同居，以及后来成为全国性的社会浪潮的参军热、从政热、文凭热、出国热、经商热等，都是首先在这一阶层发源和生长，而流传社会的。下层的民间文化对上层文化的影响渗透几乎停滞消失，这是因为已经并不存在一种有异于主流文化的其他文化样式或资源了。这种自下而上的文化传播和渗透在封建时代是依然存在的，例如宫廷饮食对民间饮食的吸收改造。

革命文化对地域文化的消解正是在北京最为显著。地域文化的保存发扬状况大致与距北京的距离呈正相关：在远离中心的边陲，我们看到了保存相对完好的多姿多彩的地域文化和民族文化。

上海市民文化和生活方式与革命文化的消长冲突，情况较为复杂，显然主要不是由地理距离所决定的。

伴随着政治斗争和经济改造，大批南下的北方干部成为建立新的生活方式的主要载体。军事斗争的格局形成的干部流动，上海市和华东一带的南下干部以第三野战军和山东根据地的山东人为多，正像在广东和海南第四野战军的东北籍干部较多一样。1950年代初期，上海企事业和街道的领导干部中，山东人占相当比例。

以军旅文化、农村文化、北方文化为主的革命文化与上海生活方式的冲突，既有占领与反占领、改造与反改造的政治斗争，也有两种文明的暗中钦羡与沟通。它表现为来自北方和军队的干部与城市地下党的干部，江南籍、上海籍干部和知识分子干部对城市工作方法、人物评价处置等的不同态度，以及在生活方式、精神气质、嗜好兴趣等方面的差异。这种差异和冲突在高度政治化和开展阶级斗争的严峻环境中，使许多人付出高昂的代价。

1951 年遭受批判的萧也牧的小说《我们夫妇之间》被认为是首先表现两种文化在城市中冲突的代表作，虽然小说是以天津为背景的。男主角是由城市参加革命的知识分子干部，他妻子则是 15 岁参军的山村贫农的女儿。当丈夫对城市生活感到熟悉亲切如鱼得水之时，妻子则格格不入，对一切都看不惯。她对城市生活抵触反感却转述为完全政治化的理由："我们是来改造城市的，还是让城市改造我们？"后来，她终于从旧货摊上买了一双旧皮鞋，以为节日游行之用（依然是政治原因），但仍坚持她的政治信念。

与北京众多干部集中居住，构筑了大院的特殊环境，并进而形成一种社区的亚文化不同，上海的新移民按照城市的传统融进了市民的汪洋大海，成为市民中的新成员，虽然新老市民之间的关系是复杂暧昧的。

王安忆写于 1989 年的小说《好婆与李同志》①很精彩地透析了这一过程。楼上的好婆是一位私家花园看门人的遗孀，她的新邻居是来自山东、身穿列宁装的文工团美女李同志。当好婆看到这个外地人家中竟无换洗的被单，用水拖洗打蜡地板，吃的是没有心子的"实心馒头"，受挫的自尊心得到了补偿的满足。李同志终于逐渐接受了那些来自好婆的陌生理论：应当储蓄，置办一些家具，女同志还是穿旗袍好看，等等，领悟了好婆家里精致实惠的日常生活的好处。李同志后来成了歌剧院的名演员，穿戴得十分洋气漂亮。"她有时候会带了一点歉疚地问自己：是不是不应当忘记那些以往的日子？再一想，共产主义就是要使人生活得越来越美好，心里就坦然了。"好婆则在感慨"上海将人变得多么厉害呀"的同时，感叹她自己却变得有些

---

① 《文汇月刊》，1989 年第 12 期。

像个局外人了。然而，她还是发现摩登的李同志脚上的玻璃丝袜后跟的缝没有对齐，歪到一边去了，而"噗哧笑出声来"。这篇小说的结局颇具戏剧性和象征性：被改造为上海人的山东军队的女儿重又被改造了的上海所否定。李同志被打成右派而迁离上海，为她送行的，只有"改造"了她的好婆，两人成了忘年交。

事实证明，好婆虽然有时自叹像个局外人，但她仍是上海的真正主人。判别一种文化生命力的标志之一，是它同化别一种文化的能力；反向的证明是将它移植到全然不同的另一种环境中，它的适应和生长能力。上海在这两个方面都证明了它的深厚底蕴和顽强的活力。上海这个"大熔炉"仍然在默默地翻滚，将每一个外地人改造成上海人；而当你把上海人抛散出去，他们便在各地制造了许多"小上海"。

不管街头的政治风暴如何喧嚣，不管生存环境如何困窘狭仄，在门户紧闭的石库门住宅、老街和市井之中，千百万市民伏雌守拙，默默坚守着上海人的日常生活，坚忍地滋养、延续着城市文化的根系和命脉。

上海市民的主体——职员，在政治上和经济上都退居到一个尴尬的地位。在新的阶级理论中它属于介于无产阶级和资产阶级之间的小资产阶级。只有最后一个得以表现和证明他们依然是上海人的领域：家庭和私人生活空间。

他们在公共生活中谨言慎行，明哲保身；在职业岗位上忠诚勤勉，恪尽职守，努力向新标准靠拢；在家庭生活中则顽强地维护着原有的生活习惯、趣味和生活面貌，通过精心的算计保持某种"体面的"生活，发展着上海人的生存技巧和生存智慧。他们个个都是淘便宜货、买处理品和讨价还价的能手。即便在物质生活最困难的日子里，一个称职的上海主妇仍然会在客人面前拿出精心保存的瓜子或香烟；箱底压着几件垫底的值钱衣料，每年黄梅雨季之后的挂晒衣物，便是主妇们暗中比试较量之时。同时，她们发明了假领子（节约领）、假袖子，以及裤子套裁和衣服旧翻新的种种技艺，提供了半两的粮票、零拷雪花膏之类节约每一分钱而又保持某种生活质量和生活水准的实惠服务。

服饰则是体现上海人之为上海人的最直观的说明。当上海姑娘穿上吃咸菜泡饭省下的钱所购置的衣服，走出暗淡拥挤的陋室，在淮海路和南京路上谈笑顾盼或故作矜持，引来路人注目之时，便是她们自我实现之时。她们充分自觉地意识到自己作为城市灵魂和城市美的直接象征的功能，当她们走上马路，首先是作为一个"上海人"出现的。她们十分默契地维护着每一个上海姑娘所能意会的共同审美经验和审美追求：讲究面料质地和做工考究，兼顾实惠和美观，既不火爆也不媚俗，它的化境是在烘托制造淑女风范的雅致和略有与众不同的个性。1953 年，一位由北京抵沪的干部惊讶地发现，街上行人的衣着，与解放前相比似乎没什么改变，列宁装、中山装在这里并不风行。中青年妇女，一律是圆高领旗袍，有的是浅驼色花呢旗袍，外罩一件男式羊毛衫当外衣，十分潇洒。不少人穿大方口麂皮绣花鞋，或平头浅帮皮鞋……"我一路欣赏上海人的衣着打扮，一面感到自己这件银灰卡其制服太寒酸了。"

在公私合营之后，人民装和中山装终于覆盖了上海，西装和旗袍——后来它被夸张为资本家及其太太的特定服装——退出了城市。然而，上海人并不是不加选择的。一方面，他们在"官方服装"之外，不断地开拓稍加变化的新的服装样式，不仅在女式外衣、毛衣上花样出新，最重要的，是在单一化的男性服装中发展了两用衫和夹克衫这种外衣样式。这种服装上的中立路线恰当地传达出上海人的属性：它没有人民装、军装那么强的政治色彩和西装所含有某种危险的西化色彩，而且舒适、方便，有充分出新的余地。它一直是上海男装的基本样式。

另一方面，上海对标准化、统一化的官方服装的接受是有限度的。1960年代中期以后，风靡全国的军装从未征服上海，它始终只是集中在徐汇区的少数干部子弟借以表明身份的符号。同样，1980 年代中期风靡全国的西装热也并没有使上海发热：既然那是一个更加宽松开放的信号，何必再去"清一色"，而不是去追求千姿百态呢？

"文化大革命"为我们比较上海和北京提供了一个特定的剖面，一种特殊的经验和体验。

尽管上海作为"文革"基地和"四人帮"的巢穴，是"重灾区"，但是和全国许多地方相比，包括和北京相比，就"文革"的全过程和主要面貌而言，上海是相对比较平稳和温和的。除了一个短暂的混乱时期，上海基本没有发生影响全市生产生活的大规模武斗——使用现代兵器的战斗、巷战等。在 1966 年 8 月最混乱的时期，也没有出现社会秩序的全面失控（在北京，红卫兵曾一度取代了警察职能），没有发生集体杀戮等极端野蛮残暴的事件。这不能完全用所谓"四人帮""稳住上海，搞乱全国"的策略去解释。须知，当"人民群众被真正发动起来"之后，这一群体的集体意识和行为方式便成为驾驭群众运动的主动力量。因而，在北京和上海不同的"文革"状态之后，我们看到了难以名状的"文化"。

和上海相比，"文革"在北京的暴烈程度是异乎常情的。1966 年 8 月，红卫兵掀起的由"破四旧"发端的"红色恐怖"浪潮，马上导致了城市社会的崩溃，红卫兵不受制约地为所欲为，施行暴力。

这种极其野蛮原始的暴力行为在首都北京发生，自有值得认识的政治学和社会学的价值。

在向有温良恭俭让之遗风、和平善良之传统的"首善之区"北京发生的"文革"暴行，不能不说是以新北京人为载体的新兴的体制文化消解并取代老北京的地域文化的一个标志。"文革"正是这样一个转折点。

与之相比较，上海因两派"武斗"造成人员死亡的事件极少。1967 年 8 月 4 日，上海最大的"武斗"事件：王洪文率"工总司"数万人镇压上海柴油机厂"联司"，使用的武器是弹弓、砖头、螺帽、高压水龙，伤者较多，亡者至今未见证据。

　　"文革"在社会生活层面的展开，是所谓"移风易俗""破四旧""立四新"。它所要占领的正是市民据守的最后阵地：私人生活空间。由此，服装、发式、皮鞋衣帽均被打上了"阶级的烙印"。对生活美的追求成为"资产阶级生活方式"，至少也是不健康的"小资产阶级情调"。讲究衣着仪表、卖相派头的上海的绅士淑女，顿为"流氓阿飞"，付出了沉重的代价。可以统计的只是抄家造成的财产损失：1966 年 8、9 月，红卫兵"破四旧"和全面抄家期间，上海市被查抄共 15 万户，共抄去黄金 65 万两，金银首饰 45万公斤，美元 334 万元，其他外币 330 万元，银元 240 万枚，现金、存单、债券等 3.7 亿元，珠宝玉器 15 万公斤，此外，还有大量各种物品。①北京市在此期间的损失是：11.4 万户被抄，缉没私人拥有的黄金 10.31 万两，白银 34.52 万两，人民币 5546 万元，收存、收购文物、字画、硬木家具等共330.51 万件，焚书数十万册。②

　　有必要认识一下京沪两地"文革"期间独特的文化产出，正是这种产出透露了城市文化的个性和特性。

　　如前所述，北京的"文革特产"直接附骥于体制文化，以官方或半官方的面目，自上而下传播全国。如红卫兵、纠察队、抄家打人、红色恐怖、学生领袖、政客、军装、国防绿、懒汉鞋等。上海则在接受不可阻挡的来自北方的冲击之时，又有自己独特的创造，表现出上海文化中的实用理性特质。

　　在新兴的功能群体方面，恰如北京历来制造学生领袖和政治家，上海则出产御用文人和工人流氓，自有城市社会结构和城市人格方面的依据。上海创造的从"一月革命"夺权经验到"三突出"原则等各种"新生事物"和"文革"经验，所谓上海对"文革"的建设性贡献，主要是一批"文革"知识分子的功劳。

---

① 《报刊文摘》，1986 年 10 月 14 日。
② 《北京晚报》，1984 年 9 月 28 日；《自学》，1989 年第 11 期。

　　真正反映上海市民属性的"文革"创造是"经济主义"。1967年1月初，上海工人造反派夺权伊始，阵脚未定，在上海市许多单位迅即刮起了强占住房、索要串联费和补助费、补发工资之风。上海人不失时机地利用权力转移的混乱，增进个人的实际物质利益。革命的光环、意识形态的蛊惑在这根深蒂固的市民属性面前立即失却了魅力。"经济主义妖风"很快刮向全国，它被造反派说成是"走资派"为破坏"文化大革命"而制造的。此后，各种为解决实际利益而"造反"的群众组织在上海始终不绝，诸如外包工、临时工、"劳动大姐"（保姆）、支疆青年等纷纷组成战斗队，以谋求各种实利。深谙上海人的特性，"四人帮"稳住上海的措施之一，是保留了上海工人的附加工资（变相奖金），使之成为全国的唯一例外。

　　反映上海市民整体素质的另一个特征是，即便在疯狂和愚昧盛行的畸形社会环境中，类似北京"大兴事件"、湖南"道县事件"那样极其野蛮残酷的事件难以在上海发生；由军队创造、从东北发源的"忠字舞"之类现代迷信的仪式，也未能在上海社会生活中存活。

　　不仅如此，上海人还力图在充满火药味、高度政治化的环境中表达他们的文化趣味。"文革"时期，上海街头的大批判专栏，以美术装潢的专业化水平、对形式美的重视和符合市民口味的"批判内容"（如展示腐化堕落的生活方式、披露个人隐私和桃色新闻）而颇为诱人，多少补偿了已被停刊的晚报的功能。1976年10月之后，批判的对象虽由走资派、反动权威等置换为"四人帮"分子，趣味却大致依旧。

　　由于刷写标语、布置大批判专栏对毛笔书写的大量应用，1970年代上海出现了新魏体书法的流行和普及。新魏体字形遒劲，书写便捷，颇合革命化的审美要求和实用需要。然而它得以在上海一地极其普及，正是由于上海人和上海文化自身所具的追求审美和实用两重价值的品性，即使书写标语，也力求形式美和书写快。而一样符合上述需要的好东西在上海能够被迅速传播、流行，不会不为人知，或者知而不行，既反映了上海人对这类事物的共识，也反映了长期以来由市场造成的社会化程度。

"文革"后期，出于对当时政治的失望和反动，出现了全社会的世俗化倾向：遍及全国的"学习五十四号文件"（打扑克）、开展"路线斗争"（编织毛衣）、以通俗故事为主的手抄本和口头文学的流行等。这是值得我国的文化史、文学史认真回顾搜检、认识评价的一个阶段。

上海人在复苏被压抑已久的生活文化上表现出极大的热情和勇气。这种自觉的抗争，几乎出自本能的要求。姑娘们首先在衣领、袖口露出鲜艳的花色，用土法将额前的刘海烫得弯曲，并巧妙地将发辫编得十分蓬松。在公园里，她们脱下外衣，穿着色彩艳丽的毛衣拍照，或打着阳伞，手持封面有外国人头的《阿尔巴尼亚画报》。丁字皮鞋、香蕉辫、薇拉头（阿尔巴尼亚电影中一女主角的发式）等新的样式开始出现并流行。这一努力在男青年中发展出了"大翻领"的服装款式：领口层层叠叠地翻出，可多达七八层，单肩背"马桶包"。这种装束行头据说是从"文革"中声名赫赫的"上体司"的运动员的服饰发展演变来的。渐渐地，"文革"初被革除的小脚裤管、花衬衫也开始复活。时髦的女孩冒着巨大的风险穿上超短裙，她们往往被视为不太正经的"拉三"（女流氓），以至于维持秩序风化的上海工人民兵指挥部甚至作出过短裙的具体规定（似乎是不得超过膝上一寸）。但这一规定只在白天得到遵守，一过黄昏，她们就勇敢地将这一标准提高二寸。人民广场一带成为新潮男女集中展示、尝试"新生活方式"的场所，因而有"十二频道"之称。

作为今天豪华挂历的先驱，小小的年历卡在上海出现，成为亲友馈赠交换的珍品。年历卡的图案大多是凹凸印制的静物、风光、花卉、猫、少数民族人物，最"尖端"的是穿戴少数民族服饰、明眸皓齿的美女头。它一度大肆泛滥，引致了张春桥的批评。

1970 年代初，上海男青年的服装，夏天"上的下的"（上下身均着的确良）、冬天"上呢下呢"（上下身均穿呢制服）成为消费档次的标准。出现了关于结婚条件的物质标准，如"三转一机"（手表、自行车、缝纫机和照相机）、"36 条腿"（一套标准化家具），以及讽刺虚荣的婚恋标准的民谣民谚。出现了自发的信鸽交易市场，打家具、做音箱之风日盛。记得我曾在上海街头买到过私下兜售的油印的"非法出版物"，是《上海家具图谱》。

　　具有深刻传统和强大生命力的市民文化在 1990 年代之后终于从潜流而成为城市社会的主流。政治风暴已经远去，上海市民仍在发扬着他们实惠、精致的生活，恢复了他们的本性。1980 年代末，上海电视台将描写 1950 年代初上海工商业改造的小说《上海的早晨》搬上屏幕，轰动一时。然而，正如一位朋友指出的，上海人不过是将当年改变上海命运的政治斗争视作妻妾争宠的肥皂剧，并为此津津乐道而已！

城市季风

下

杨东平 著

团结出版社

· 北京 ·

第六章

海派的嬗变

与新中国同龄的上海人，最初似乎是从《战上海》这部电影中，获得"大上海"的概念的。司令员振臂一呼："同志们，向大上海前进！"而"东方巴黎""不夜城"之类的概念却模糊不清，遥远而邪恶。

每天清晨，大上海在广播电台《新四军进行曲》的开始曲中苏醒；外滩高楼林立，依然是上海的象征和上海人的骄傲，只是原汇丰银行前威风凛凛的铜狮不见了，海关大钟报时的钟声是《东方红》……

在长达30多年的时间里，上海仍然是富裕、繁华、时髦、现代、文明、优秀这些词汇的代称。在全国各地都可以见到趾高气扬的上海人，可以听到他们旁若无人、大声谈笑的上海话；而全中国的"外地人"都保持着对大上海传统的尊敬、谦恭和嫉妒。

然而，曾几何时，这座雄镇世界东方百余年的大都市迷惘和焦灼起来。面对日新月异的北京和迅速崛起的广东，人们忽然发现了大上海"美人迟暮"的苍凉和"雄风难再"的悲壮。面对这个似乎令人难以接受的事实，每个人都不禁要问：上海怎么了？上海人怎么了？上海文化怎么了？

一、"大上海沉没"

1986年9月20日《解放日报》头版，报道了十一届三中全会以来，上海首次奖励哲学社会科学优秀成果的消息。在这篇报道之下，有一则仅一句话的专题报道："本报1980年10月3日一版刊载的沈峻坡的《十个第一和五个倒数第一说明了什么》一文，在这次评奖中获论文奖。"这并不引人注意的一条消息，意味着一段公案的历史性了结。这似乎是说明上海城市地位和状态转变的一个恰当的注脚。

1980年10月3日，中共上海市委机关报《解放日报》一版以醒目的标题加编者按发表了上海社科院部门经济所沈峻坡的长文《十个第一和五个倒数第一说明了什么——关于上海发展方向的探讨》。"编者按"热情洋溢地号召读者"联系实际，回顾历史，分析现状，进一步把'左'倾思想批深批透，彻底肃清其流毒，按照党的三中全会所确定的思想路线和政治路线来认识建设上海的方向……使上海这个'经济巨人'从病态中迅速康复起来，在四化建设中迈开矫健的步伐向前奋进！"然而，上海首次发出的不堪重负的沉思之声遭到了批评，它被视为是不顾全局利益的地方主义的危险表现。此后，尽管在每年上海的人代会上，代表们对类似问题的呼声日渐强烈，报刊却"充耳不闻"，保持缄默，直到6年之后，情况才发生了变化。

我们不妨重新检视一下沈峻坡文所描绘的1980年上海的经济面貌。

上海的"十个第一"是：

1. 工业总产值占全国八分之一强，总产值之大，居全国各省市第一位；

2. 出口总值占全国四分之一强，其中本市产品占 60%，创汇之多，居全国各省市第一；

3. 财政收入占全国六分之一，上缴国家税利占中央财政支出三分之一，上缴数量之多，居全国各省市第一；

4. 工业全员劳动生产率，1979 年为 30013 元，高于全国平均值 1.5 倍以上，居全国第一；

5. 工业每百元固定产值实现的利润，1979 年全市平均为 63.73 元，为全国平均数的 4 倍，居全国第一；

6. 工业资金周转率为 69.5 天，周转之快，为全国大城市第一；

7. 全市人均年国民生产总值，1979 年为 1590 美元，居全国第一；

8. 能源有效利用率，1979 年为 33%，高于全国平均水平的 28%，居全国第一；

9. 上海商业部门调往各地的日用工业品占全国调拨量的 45%，商品调拨量居全国第一；

10. 解放后迁往内地工厂 300 多家，输送技术人员、技术工人超过 100 万人，向外地输送技术力量居全国第一。

上海的"五个倒数第一"是：

1. 市区平均每平方公里 4.1 万人，城市人口密度之大，为全国之"最"；

2. 市区建筑密度高达 56%，人均拥有道路面积 1.57 平方米，绿化面积 0.47 平方米（一张《解放日报》那么大），建筑之密、房屋之挤、道路之窄、绿地之少，均为全国大城市之"最"；

3. 市区人均居住面积 4.3 平方米（包括棚户、简房、阁楼在内），4 平方米以下的缺房户 91.8 万户，占全市总户数 60% 左右，缺房户比重之大，为全国大城市之"最"；

4. 上海平均每万辆车一年致死人数 42.5 人，车辆事故之高为全国

大城市之"最";

　　5.由于"三废"污染严重，上海癌病发病率之高，为全国城市之"最"。

　　显然，这样的"第一"和"倒数第一"，只要愿意的话，可以轻而易举地继续开列下去。

　　沈文分析上海城市综合平衡破坏，呈现畸形病态的原因是：重生产，轻消费；重挖潜，轻改造；重速度，轻效益；重积累，轻补偿。文中提到，30年来，上海的工业产值平均以 11.3% 的速度增长；上海所提供的积累相当于全市固定资产净值的 25 倍，近几年几乎是一年缴一个上海；30 年中，国家给上海的基建投资约占上海上缴国家的 7.38%，而其中非生产性投资仅占上缴国家的 1.23%。

　　上海作为中国最大的工业城市，在建国后 40 年所获得的巨大发展和对中国的特殊贡献，怎么认识都不会过分。我们不妨再补充一些较新的统计：

　　1988 年，上海人口占全国 1.2%，土地面积占全国万分之六；工业固定资产原值占全国 5% 弱，为 603.34 亿，比 1949 年增加 21 倍；拥有工业企业 12431 家，其中大中型企业 759 家；冶金、化工、机电、仪表、轻纺等传统产业迅速壮大，石油化工、汽车、飞机、电站设备、新材料等工业从无到有，微电子、计算机、光纤通信、生物工程、激光技术等高新技术和产业正在崛起，上海工业已形成 33 个大类、184 个中类、434 个小类的综合配套能力。从 1953 年到 1988 年，上海累计为国家完成财政收入 4725 亿元，提供全国使用的国民收入达 2963 亿元，为国家出口创汇 658 亿美元，向内地输送各类建设人才 140 多万人。

　　1990 年，上海市国民生产总值达 737.42 亿元，比 1952 年增长 20.1 倍；国民收入达 614.46 亿元，增长 18.4 倍；固定资产投资额 230.9 亿元，增长 116.2 倍。这一年，全国全民所有制工业企业全员劳动生产率为 18917 元 / 人，上海则为 33624 元／人，为全国最高，是全国平均水平的 1.8 倍。

　　然而，在这巨大的历史进步之中确有什么事发生了。一个世纪以来大上海睥睨四邻、不可动摇的经济"霸主"地位，在 1980 年代受到了全面的挑战。对上海人来说，这种噩讯是令人难以置信的：

　　1982 年，全国工业产品质量评比中，辽宁省获得金牌总数第一，第一次把上海赶下团体冠军的宝座。

　　1983 年，各省市国民收入总值的排序，蝉联 30 余年的"冠军"上海第一次屈居江苏、山东、四川、广东之后。

　　1985 年，江苏省工业总产值和工农业生产总值第一次超过上海，夺得全国第一。

　　1985 年，辽宁省外贸出口额超过上海，夺过全国"头把交椅"。1986 年，广东省外贸出口总额 42 亿美元，130 余年来首次超过上海（36 亿美元），跃居全国第一。这是一个历史性的转折。广东从此后来居上，遥遥领先。1987 年，广东和上海的外贸出口额分别是 55 亿美元和 41 亿美元；到 1989 年，已经是 80.3 亿美元和 50.2 亿美元了。外电称："1853 年，上海超过广州，象征了中国古典外贸体制的结束。今天广东超过上海，宣告了现代中国开放改革的深化。"

　　1982 年至 1986 年，江、浙二省的工业总产值年增长率分别为 16.5％和 21％，而上海仅为 7.5％；从 1984 年起，上海的工业增长便呈病态，1987 年，全国平均增长 14.6％，上海仅为 6.8％；而且还曾有过仅超过西藏的全国倒数第二的纪录。

　　1985 年到 1989 年，上海工业全员劳动生产率增长 7.1％，年均增长 1.7％，大大低于同期全国平均增长 24.5％、年均增长 5.6％的水平。这五年间，上海全民工业企业资金利税率从 63.0％下降到 27.6％。

　　1980 年代以来，上海在全国经济构成中的比重逐渐下降，这固然体现了其他省市的长足发展，却也不能不说是上海经济停滞萎缩的反映。

上海在全国经济构成中所占的比重

	1979 年	1984 年	1988 年	1991 年
工业总产值	1/8	1/10	1/13	1/14
国家财政收入	1/6	1/7	1/10	—
外贸出口总额	1/4	1/7	1/8	1/14

　　1986 年初，上海工业出现破天荒的负增长，全国经济界为之震动！1985 年之后，上海地方财政收入出现"大滑坡"，1986 年和 1987 年，分别比上一年减收 5.5 亿元和 11.1 亿元。对"上海病"的探讨一时成为新闻热点。

　　上海这个经济巨人巍然屹立、不可战胜的神话终于不攻自破。谁都清楚地看到了上海强支病体、不堪重负的垂老之态。上海要求"喘一口气"的呼声又高涨起来，并赢得了众多的同情。这便是 1986 年 9 月，沈峻坡文得以"平反"的直接背景。

　　在市场上，每一个上海人都感受到了上海步步退守的颓势，崛起的广东和四邻咄咄逼人的攻势。1980 年代以来，上海市场上商战迭起，瓜子战、风扇战、冰箱战、食品战、饮料战……上海货大多乏善可陈。

　　1984 年 11 月，在全国质量评比中，长期在全国享有盛誉、曾一枝独秀的上海手表名落孙山，震动了上海钟表行业和骄傲的上海人。然而，这只是报警的第一声惊雷。1988 年，广东省一个企业的石英表产量，已经是上海 4 家名牌手表厂总和的 10 倍。1989 年，当烟台的"北极星"电子钟以全新的面貌出现在电视屏幕上时，曾为几代上海人嫁妆的"三五牌"木钟陷入了亏损的窘境。

　　类似的，当名不见经传的骆驼电扇、长城电扇步履艰难地闯入上海货一统天下的电扇市场，具有 70 多年历史、享誉国内外的华生电扇被挤出了市场，工厂全面亏损。作为全国四大钢琴基地（上海、广州、北京、营口）

中历史最悠久、技术力量最雄厚的老基地，上海产的聂耳牌钢琴多年来蜚声海内外，直到 1984 年一直保持总产量、质量、出口三个全国第一桂冠。然而，面对突然出现的钢琴热，却无所作为地坐失良机，将市场拱手相让。曾经领导国内潮流、最先发展的沪产录音机，因墨守成规，不思改进，在国内市场的占有率大幅度下降，1989 年降至仅占 6.1％，悄悄让出了"霸主"交椅；在近年来兴起的"组合音响热"中，自我感觉良好的上海人又一次眼睁睁地看着广东货独占风骚，大发其财。曾经盛名远播的上海服装、皮鞋，也面临来自广东、福建的严峻挑战。享有盛誉的上海食品同样四面楚歌，在上海市场"失宠"，各种洋货和包装精美的广东货取而代之。据荟萃全国各地 3 万多种商品的天津劝业场统计，1978 年，上海货占该商场的 25％，1989 年仅占 1％。1991 年，据对广州、佛山和上海 80 多个工商企业的横向比较，全国 14 种主要轻工业产品，广东领先上海 10 种。

一些具有传统优势的产业、行业，在 1980 年代的竞争中，上海人突然发现已被挤到了岸边。上海纺织行业风采难再，面对全国 200 多家工厂的纺织品进军上海市场，难以招架。上海纺织品公司向外地的年销售额曾达 27 亿元，1990 年跌至 7 亿元。在全国占重要位置的上海微电子行业呈明显的衰退之势。1981 年，上海集成电路产量占全国的 49.6％，技术水平遥遥领先；1989 年，仅占 12％，微电子行业的厂家由过去年上交数千万元利润而至濒临亏损之境。起步最早的上海集成电路产业落于北京和江苏之后。1991 年，上海长江计算机集团公司的产值仅为北京长城公司的三分之一，并为后起的山东浪潮公司赶超。

1980 年代末，上海和全国的报端，频频出现这一类的报道："上海货荣光犹在风满楼""上海袜如何冲破围困""上海货失去上海""上海打火机行业何以败走麦城""重振沪产家具雄风""上海商业不能再萎缩下去了""上海餐饮业发展面临四大难题"……渐渐地，上海人受挫的自尊心多少有些麻木了，他们依然享用着洋货和广东的新潮产品，对上海货的退潮不再感到那么触目惊心。

在日常生活领域，却不容他们如此"潇洒"。

上海是目前世界上居住密度较高的大城市之一，仅次于菲律宾首都马尼拉，居第 2 位。据 1990 年第四次人口普查，上海市常住人口 1334.2 万人，其中具有上海户口的 1267 万人。上海的人口密度为每平方千米 21004 人，是北京的 3.3 倍，天津的 2.7 倍。然而，这只是全市城乡的平均值。市内的 10 个区，占地仅为上海市的 2.4%，却容纳了全市 55% 的人口。市区人口密度高达每平方千米 4 万人，其中静安区最高，为每平方千米 64283 人。然而，这只是全区的平均值。在市中心商业区的 7 个街道，人口密度均在每平方千米 12 万人以上；其中南市区露香园街道的人口密度是上海之"最"：每平方千米 13.64 万人。与人口同样密集的是企业。市区 375 平方千米范围内，平均每平方千米竟有企业 150 家之多。上海的城市环境由此可见一斑。

1949 年，上海人均居住面积为 3.89 平方米。而到 1979 年底，将阁楼、灶间、晒台等凡能住人的面积都统计在内，也只有 4.51 平方米。40 年来，上海共建成住宅 6160.7 万平方米。1990 年市区人均居住面积提高为 6.4 平方米。然而，直到 1990 年，全市人均 4 平方米以下的特困户尚有 32.7 万户，占全市总户数的 14.4%，其中人均 2.5 平方米以下的特困户还有 4.2 万户；此外，全市还有棚户、简房 124 万平方米。一位近年终于搬入新居的退休职工在晚报载文，不无欣慰地披露，由于他两代同堂，一屋拥挤居住，他睡地铺的空间也局促有限——他竟然在地铺上睡了三十多年而未伸直过腿！这的确是只能产生于上海的"天方夜谭"。

情侣云集的外滩，一度形成沪上"情人墙"的新景观。最让外地人将信将疑的传说之一，是一条石凳上同时坐着两对男女互不妨碍地谈情说爱。"情人墙"的"谜底"却毫不浪漫，甚至辛酸：并非他们更为热爱"自然"，也不是他们过于新潮，不顾影响"风化"，只不过是由于没房。不必说谈恋爱，家中一人洗澡，全家人就得上街徘徊的也大有人在。

一位作家感叹："高楼林立"这个词，原该属于大上海的，如今却让给北京了；古都特有的那种陈旧感和闭塞感，却送给了这个曾称十里洋场的上海滩！宽广的马路在哪儿呢？立体交叉桥在哪儿呢？只有几座人行天桥……

到过上海的人，必能对近年来盖的众多新工房标准之低、外观之灰暗陈旧留下深刻印象。这是上海人"少花钱多办事""一分钱掰成两半花"的个案之一。事实上，上海的住房成套率仅31%左右。1986年，市区60%以上的家庭没有卫生设备，每天清晨，80万只马桶在弄堂涮响，成为上海晨曲的特殊音响。到1990年代初，全市仍有60万只马桶。与此同时，还有110万只煤炉。早在1862年即开始使用煤气的上海，1949年民用煤气普及率2.1%，1990年为54%，而京、津两地均已超过90%。1991年底，全市煤气总户数达161万户，普及率为63%。

至于相当多的商店、企业无力修建自己的食堂、澡堂和厕所，买公厕月票供职工使用，也是上海才有的奇闻。狭仄的生存空间、陈旧落后的基础设施，已难以承载这个特大都市的正常运行。

上海市的公共交通规模之大、车辆之多、营运形式之全、日均客流量之高、车票价格之低，不仅在国内首屈一指，而且位居世界第一，已被收入最新吉尼斯世界纪录。[①]1949年，上海公共交通日客运量63.5万人次，1985年为1365万人次，1989年达1500万人次。1990年全年运送乘客人次总和相当于世界总人口数，公交车全年行驶总里程相当于在地球和月球之间往返500多次。与此同时，尽管公交客运量增加了20多倍，机动车和非机动车增加了17倍和23倍，市区道路数只增长了3倍。市区的1400多条马路，能够通行机动车的仅460多条，其中路宽12米以内的则占一半之多；

---

① 《中国交通报》，1991年10月19日。

可供行驶的马路路面数仅增长了 1%。当北京、天津已建有 5 条环路之时，上海仍没有一条像样的环路，连东西、南北干道都少得可怜。上海的人均道路面积为 1.9 平方米，而天津为 4.2 平方米，北京为 4.7 平方米，莫斯科为 7.2 平方米，东京为 9.7 平方米，纽约为 28 平方米。

1985 年，当作家刘心武为北京的公共汽车大唱"咏叹调"之时，上海人早已"懒得咏叹"。他们推出一种没有座位的公共汽车，称之为"大篷车"，以满足上下班高峰时的需要。这意味着每平方米要插入 12 双脚！越来越多的线路已经没有"高峰"——永远是高峰。机动车辆的实际运行速度由 1950 年代的每小时 25 公里降至现在不到 15 公里，上下班市区的车速则低于 5 公里。

19 世纪远东最优秀的城市交通系统一百年后陷入了严重的困境。不仅交通拥挤不堪，连马路亦难负其重。1986 年 4 月 10 日晚，车水马龙的四川中路突然大面积塌陷和开裂，交通为之中断；同年 5 月 31 日，四平路地下一根 1.5 米粗的自来水主干水管突然爆裂，四周 30 万平方米内顿成泽国，为全国罕见的水管爆裂特大事故。真正的悲剧发生在 1987 年 12 月 10 日。在黄浦江畔延安东路码头由于大雾造成的交通拥挤和混乱中，10 人被当场踩死，另 6 人死于医院，70 多人重伤。

1950 年，上海拥有 10.5 万部电话，是东南亚地区电话最多的城市之一（当时香港仅有 2 万门电话）。到 1984 年末，电话达 23 万门，普及率 3.6%，而弹丸之地的香港，电话多达 200 万门以上。在 1985 年之前，上海甚至没有一座专业电讯大楼。1986 年落成的电讯大楼，仅动迁工作就进行了整整10 年！

堂堂的南京路，堂堂的新雅饭店，实际也疲劳不堪。一位顾客的脚踩进朽坏的地板，拔不出来……

1991 年岁末，严寒忽至。全市多处水管冻裂，停水断气（煤气）。市民苦不堪言，怨声载道：大上海何以如此"弱不禁风"，稍有风吹草动，上海滩就变成了上海"瘫"!

终于,上海被喻为"褪色照片";委婉一些,叫作"美人迟暮"。

那个流传了很久,令人抬头落帽、高达24层的国际饭店的传说已经陈旧。自1920年代建沙逊大厦(和平饭店)之时起,那十几幢高楼勾画的都市天际轮廓线完整无遗地保持到1980年代,却失去了雄视太平洋的气概胸怀。它只是令旧地重游的40年前游子喜不自禁。同样感到欣慰的是电影制片厂。只要在上海街头挂几幅"大减价"的布幅、贴几张半裸的旧广告,就能够逼真地再现昔日的"旧上海"(而拍《骆驼祥子》,却需要搭建整整一条老北京的街道)。港台电影界纷纷来上海拍外景,这竟然被宣传为"上海重放中国好莱坞光彩"。

一些有识之士认识到,上海最大的旅游资源不是别的,而是"怀旧"。整个城市建筑就是一个保存完好的"万国建筑博物馆",只不过更老、更旧,人更多、车更挤了。

1985年3月,英国《经济学人》杂志载文写道:"上海的一些地方仍是过去的上海。人民公园原是修饰齐整的跑马厅,坐落在时髦的静安寺路上。外滩破旧的东风饭店,曾是优雅奢华的上海总会。淮海路旧名霞飞路,本是法租界的心脏;三十年缺修少管,尚没有把它昔日典雅优美的风韵全然抹掉。"

变化仍然显而易见。这个曾经店员、电车售票员都能英语会话的城市,30年后的洋文招牌却洋相十足。"夜幕下的南京路,只见工人纠察队在巡逻。"过于黯淡的夜晚,霓虹灯"缺胳膊少腿"……然而,在这个具有奇特历史的城市,触景生情的怀旧资源似乎是无限的。静安寺处的红都剧场,是昔日赫赫有名的"百乐门大饭店舞厅"。1989年夏,这一历经沧桑的建筑维修时顶篷塌落,一过路女子丧生。它却使老上海想起了50年前一名红舞女在此饮弹身亡的血案。

上海还有一个名声在外的老机器博物馆——它的展品仍在许多工厂服

现役。1991 年 6 月，《解放日报》报道："1900 年造的 5 台蒸汽锤至今还在上海江南造船厂发出震耳欲聋的敲击声，铸铁映红了工人满是汗水和油污的脸，他们操纵着狄更斯时代的工具，步入本世纪最后十年。"而在杨浦发电厂，美国通用电气公司 1921 年出品、67 岁高龄的两组 1.8 万千瓦发电机组，正在以 2.2 万千瓦的功率超负荷运行。上海第二面粉厂，英国西蒙公司的人员目睹了公司 1926 年制造的轧粉机仍在运转的奇迹，恳求厂长带回一袋面粉回国去做广告，并结下了合资的姻缘。上海绢纺厂的老机器本身就足以开一个万国古董机械博览会。"昏暗摇曳的灯光，令人作呕的气味，遇物即沾的灰尘……令人想起了夏衍的报告文学，想起了上海最早的一张纱厂的照片……"

　　1987 年，台湾作家白先勇来沪访旧，找到了他曾在上海住过的三处旧居，连门牌号码都没有变。虹口区多伦路的旧居现为海军医院的一部分，"房子外表红砖灰柱倒没有改变，只是两扇铁门锈得快穿洞了。骑楼下面有一张乒乓球桌，我敢断定一定是 40 年前我们打球的那一张。那是一张十分笨重扎实的旧式球桌"。虹桥路的旧居，住进去 7 家人，"我从前的卧室住着一家四口"。毕勋路（汾阳路）150 号，是一幢三层楼的法式洋房，现属上海越剧院。越剧院名誉院长袁雪芬的办公室竟是他从前的卧室。"花园里花木依旧，只是水池边多尊大理石雕像，已被红卫兵打光。"在那个夜晚的微醺之中，白先勇突然有种时空错乱的感觉，他想起了 40 年前在这个客厅里的舞会，"就好像好莱坞 B 级电影一样"。当年的男孩女孩都已老大，散落在美、加和中国港、台、内地，各人的命运遭际却有天壤之别。"这次我回上海，还碰到一位当年跳舞的女孩，她是风头最健的一个。谈到 40 年前毕勋路 150 号的舞会，她那张历尽风霜的脸上，突然间又焕发出一片青春的光彩来。"[①]

---

① 《文汇月刊》，1988 年第 1 期。

世事沧桑，莫过于景物依旧，而人事已非。延安中路铜仁路口 1238 弄 30 号，系 1922 年郭沫若在沪时的旧居，当时叫"民厚南里"。为纪念上海建城七百周年，记者探古访旧，看到现在楼上楼下已住了 12 户人家。被访的阿婆劈头问道："是不是要我们搬出去住新工房？" 1927 年，郭沫若隐居在多伦路的一处住房，当记者在弄堂徘徊询问时，一位 40 岁开外的男子十分认真地问："郭沫若，是哪个单位的？"①

1987 年，上海作家俞天白的长篇小说《大上海沉没》获得了预期的社会反响，它所揭示的上海"衰弱巨人综合征"，社会意义远远大于文学价值。

1992 年年初，邓小平在他著名的"南方谈话"中不无感慨地谈到了上海。他说，上海在人才、技术和管理方面都有明显的优势，完全有条件搞得更快一点。我的一个大失误，是搞四个经济特区时，没有加上上海。要不然，整个长江三角洲、长江流域都会和现在不一样。

他说："上海现在是最后一次机遇。"

二、适应与变形

上海如何从旧中国最发达、最活跃的市场经济的中心变成新中国实行计划经济、产品经济的典范和标兵，从当年远东最大的国际性大都市、"东方的巴黎"变成失去活力的衰弱的"工业巨人"，是一个富于挑战性的课题。

所有的人都意识到对上海实行长达 35 年的"鞭打快牛""竭泽而渔"的政策，是导致上海衰退的直接原因。

1980 年代后期，上海每年上缴国家财政 250 亿元，其中约 100 亿元为中央在沪企业所创利税，其余 150 亿元为上海地方财政收入。直到 1984 年，

---

① 《上海文化艺术报》，1991 年 3 月 15 日。

上海地方财政收入留用本市的仅占百分之十至百分之十几。以 1984 年为例，上海地方财政收入 160 亿元，留用 27.7 亿，约占 17％；同年，北京市财政收入 45.6 亿元，地方留用 27.22 亿，留成率高达 59.7％。广东是另一种类型。为了加快发展，中央对广东实行特殊政策，上缴中央的数额以 1980 年的基数每年递增 10％。到 1989 年，与上海工业生产规模相当的广东省，上缴中央财政 15 亿元，不及上海的一个零头。

不仅上海的国营企业要缴纳重税：除 55％ 的工商税外，还要交 20％—30％ 甚至更多的调节税；上海的集体企业、乡镇企业负担之重，同样别无他例。其后果是，1978 年，上海郊县的乡镇工业总产值分别高出苏州、无锡 40％ 以上，而到 1987 年则被苏南远远地甩在后面，反超过几十个亿。

对于一个经济发展极不均衡、实行计划经济的大国，中央政府必须从富裕地区和赢利部门获得财赋，为工业化积累资金，维持中央财政并接济那些贫困地区和落后部门。以平等为首要价值的制度马上将这一原则夸大到极点，它是以无视价值规律、牺牲经济效益为代价的。1980 年代之后，它被抨击为"平均主义"，是最主要的体制弊端之一。因为，"平均主义"从不意味着真正的平等，而意味着对先进的剥夺和惩罚。

上海作为中央财政的主要支柱，唯因其所占比重太大、太重要，稍减一点都会导致全盘失衡，其"大户"地位日益不可动摇。

从 1985 年开始，中央对上海采取让利的政策，地方财政收入的留成率提高到 25％ 左右。

上海在许多方面与它的东邻日本相似：濒临大海，狭小的生存空间，一无能源和其他生产性资源，而依靠它现代工商业中心的强大聚合力，依靠人的勤奋工作和聪明才智，使各种生产力要素在这里获得最优配置，产生最大的经济效益，创造出令人瞩目的经济奇迹。

尽管在新的经济体制中，上海依然举足轻重，向全国辐射着巨大的能量，成为中国经济和中央财政的主要支柱，但对城市地位的解释发生了深刻的变化。新的定义是"全国一盘棋"，上海只不过是棋局中的一个棋子，在政治和社会地位上，不能有任何特殊性和优越感。上海被教导：你固然支援了全国，但是全国不是也支援了你吗？没有全国各地供应你煤炭、石油、粮食、棉花、木材……你能干什么？这道出了计划经济体制下的一个基本事实：没有中央的计划和指令，上海不可能获得组织生产的能源、原材料、产品市场，等等。它的经济命脉再也不在广阔的国际、国内市场之中，而在制订和控制经济计划的各级机构和官员之中。

曾习惯于商品经济和市场的上海企业家和职工，被迫适应新的体制。他们被反复进行"国家计划就是法律""全面均衡地完成计划"的教育。保证生产计划的完成，成为上海各级党组织的重要任务。上海人比预期更好、更快地适应了新体制。对此，我们不难找到各个层面的依据：现成的科层制度、严格的会计制度、富有成就感的专业人员，使得经营管理的转型轻而易举；管理人员——职员的暧昧不清的政治地位使其在旧上海养成的依附性人格获得了新的发扬；从厂长以上，领导经济工作的已经不再是昔日的企业家，而是党委派的各级干部，他们本来就没有市场的经验和能力，等等。此外，我们必须认识到，对上海实行严厉的管理并不仅仅是一种经济行为。

1956年，基于对学习苏联经验的反省，毛泽东提出著名的"十大关系"，其中重工业和轻工业、农业的关系，沿海和内地的关系，经济建设和国防建设的关系，中央和地方的关系等都与上海的发展直接有关。毛泽东说："处理好中央和地方的关系，这对于我们这样的大党大国是一个十分重要的问题。"他甚至说道："正当的独立性，正当的权利，省、市、地、区、乡都应当有，都应当争。这种从全国整体利益出发的争权，不是从本位利益的争权，不能叫作闹地方主义，不能叫作闹独立性。"

在实际生活中，情况却要复杂得多。在新政权、新体制建立之初，中央对地方主义、闹独立性问题极为重视。1950 年代初，对地方主义的批判和打击，正好发生在中国三个最富庶的经济发达地区：东北、华东和华南。1954 年被揭露和批判的高岗、饶漱石反党联盟，高岗是当时东北党和行政的领袖；而饶漱石在调任中组部部长之前，是中共中央华东局第一书记，位在陈毅之上。刘少奇在批判高、饶时明确点出他们："夸大个人的作用、强调个人的威信，自以为天下第一……甚至把自己所领导的地区和部门看作个人的资本和独立王国。"①

更早之前，1952 年华南分局针对回到广东工作的领导干部叶剑英、方方等，开展了一场对地方主义的批评和斗争。叶剑英、方方、冯白驹等均作检查。1953 年，方方再次受到批判，被撤销华南分局书记、常委等职。后来，广东在反右过程中，又将反地方主义扩大到各级组织，错误处理了一大批干部。

上海除了高、饶事件，潘、杨事件等的冲击，并未直接开展过反地方主义的斗争，但东北和广东的教训已足够借鉴。上海始终被作为社会改造和开展"兴无灭资"的阶级斗争的重点，感受着严峻的政治压力；通过一次又一次政治运动的冲击，原本就具有循规蹈矩、明哲保身的市民人格特征的上海人变得更紧张、敏感和驯顺；而各级领导干部的行为则要表现为最坚决、最坚定、毫不手软、毫不动摇，以消除上级的疑虑，取得中央的信任。这正是"毛主席的好学生"柯庆施得以在上海产生、"左"倾文化在上海获得了得天独厚的生长环境的原因之一。

具有讽刺意味的是，中央政府所严防的上海的地方主义，并没有借"资本主义势力"或地方经济实力而稍有萌动，却在"文化大革命"中，挟极左势力而坐大成灾，直至 1976 年 10 月初，几近地方武装叛乱的边缘。

---

①　刘少奇：《刘少奇选集》下卷，人民出版社 1981 年版，第 126 页。

上海城市地位的改变，不仅在于它由市场上的"大亨"变成了计划中的"棋子"，还在于城市功能和城市经济属性的改变。

新中国成立之初，上海港被封锁。1950年12月，联合国对中国实行禁运，上海的对外贸易几乎停顿。从1952年起，进出口业务归中央统一管理，上海只负责少量地方性进口业务；1950年代，仅限于与苏联和东欧国家的外贸活动。上海作为远东最大的国际贸易中心、轮船运输港口和中西交流前沿的功能为香港所取代。

1978年，上海口岸出口额仅占全国比重的30％，而1991年已不到10％，仅为广东省的一半左右。与此同时，1991年香港出口总额970亿美元，其中转口贸易额约占70％。[1] 一个世纪以前，正是上海以其无可比拟的地理位置，伸入中国腹地，以整个长江流域为后盾的优势取代了传统的外贸中心广州。此后，一大批上海人转移到香港，致力开发这个"小上海"。

当时，只有少数人意识到这一变化对上海命运的影响，罗兹·墨菲在1953年写道：

> 然而从长远观点看，上海经济的成长发展，将视它跟整个东南亚和世界各地经由海道自由通航的恢复原状而定。上海的贸易和商业功能，对它的成长发展和市场繁荣，甚至比对它的工业更为重要；这项功能，不仅取决于它在中国的位置，而且还取决于它在整个商业世界中所处的地理方位。[2]

可与之对比的，是1951年《人民中国》对同一事态所作的乐观评价：

> 新上海是通过商业的物资交流而跟国内其他各地密切联系的。由

---

① 《文汇报》，1992年7月10日。

② 罗兹·墨菲：《上海——现代中国的钥匙》，上海人民出版社1986年版，第246页。

于面向国内，而不是面向海外，它在政治上、经济上和文化上跟国家合成一体，它为国家的需要竭诚效劳。今天，上海已从中国经济生活中传染病扩散的源头，变成一个新中国力量的源泉。

由于特定的国际、国内环境，中国长达 30 年的闭关锁国政策使上海从一个面向世界、面向太平洋的国际性大都市蜕化为面向中国内陆的经济基地，它昔日金融、商业、贸易、运输、加工、旅游等诸多功能已为香港、东京、新加坡市等城市所取代，这是 1970 年代上海欲"重振雄风"所面临的令人怅叹的现实。

在新的经济格局中，上海城市功能的改变，鲜明地体现在话语的变迁中。建国以来，上海通常被称为中国最大的工业中心、工业基地、工业城市——不再是"世界的""亚洲的"，而且仅只是"工业"，恰如事实地去除了金融、贸易、商业，以及曾与北京并驾齐驱的文化中心和社会中心的功能、地位。

这集中表现在以商业为主要支柱的第三产业的萎缩和衰退。在"一五"期间，上海第三产业占全市国民生产总值的比重在 40% 上下，1960 年下降为 19.4%；此后稍有回升，1961 年、1962 年达 26% 左右，此后则又长期萎缩。1983 年，这一比重为 23.6%；经过近十年的重新发展，1989 年这一比例为 28.8%，仍远远低于 1950 年代初。[①]

历来重商的上海，建国 40 年来商业投资的比重仅占全市总投资的 3%，不仅低于北京 9%、广州 8.7% 的水平，也低于全国 4.37% 的平均值。能够创造极高效益的商业，近年来在上海国民收入总值的构成比重仍在持续下滑：1985 年为 11.7%，1989 年为 8.9%，1990 年则为 6%。[②]

无论如何，上海作为中国最大的工业中心的地位似乎是确定无疑的。

---

① 《解放日报》，1990 年 12 月 24 日。
② 《文汇报》，1991 年 2 月 10 日。

然而，进一步地分析，也有人提了质疑。

上海市现有的产品结构，劳动力、资金密集型的传统产品占工业产值比重的 98％；产品的物质消耗比一直在 65％ 左右；技术结构仍处在中低水平为主的层次上；工业产品标准达到近期国际水平的不到 10％；60％ 以上产品性能仅相当于国际 20 世纪五六十年代的水平。工业技术进步贡献率只有 28％；就产品销售和原材料供应的市场看，基本是内向型结构，即 80％ 的生产原料来自国内市场，73％ 的工业品面向国内和上海本地市场。[①] 事实上，这是一个加工型经济为主的产业结构。因而，也有人刻薄地评价，在集中计划的旧体制下，"上海实际只是一个加工中心而已"：执行国家下达的指令性计划，所需原材料、能源由国家统一调拨，产品由国家统一分配，税利由国家统支统收。上海一方面被喻为"执行指令性计划经济的排头兵"，另一方面又被喻为"吃统配精饲料的奶牛"。

1988 年，当时的安徽省副省长杨纪珂对上海 30 年产品经济的得失作了如下评述：

正面效益：为全国轻重工业技术开发提供了多方面的示范；为中央财政提供每年高达一两百亿元的利税；为兄弟省、区输送了上百万的技术力量；上海工业产品的知名度和销售额雄踞全国首位。

负面的结果为：重工抑商失去了远东金融和商业中心的地位；中央财政收入对上海的依赖性有尾大不掉之势；上海对能源的原材料的平价供应有积重难返之病；工业畸形发展使投入甚微的市政建设难以为继；黄浦江污染向上游延伸，酸雨面积在郊县扩散；条块分割体制使原料产区啧有烦言，使上海更趋孤立。

他认为，如上述结论大体成立，则"对上海市过去执行产品经济政策的利弊'四六开'的评价谅不为过"[②]。

---

① 《解放日报》，1990 年 7 月 9 日。

② 《报刊文摘》，1988 年 4 月 12 日。

三、"上海病"

上海在城市功能、地位、基本建设、产业结构等方面的"硬伤"显而易见。那么，城市的"软件"——经营和管理行为、价值观念、劳动力素质和市民精神状态等等究竟如何呢？它至少与"硬件"同样重要，甚至更重要。伴随着 1990 年代初的浦东开发和进一步改革开放，关于上海人"精明不聪明""有能力没魄力""自己束缚自己""骄傲自大，以老大自居""条条框框太多"之类的批评和自我批评尖锐起来。市委机关报《解放日报》开展了关于"九十年代上海人"的专题讨论，鼓吹上海人的观念现代化，以适应市场经济、商品经济为价值标尺，重新评价上海人的长短优劣。

早在 1980 年代中期，敏感的上海报纸对上海人工商业精神的失落、经营管理的陈旧落后和"左"的束缚就开始了抨击。揭露出来的事实令人惊讶：曾经在商场上骁勇善战、聪慧过人的上海人，现在竟然落了个"不会做生意"的名声，招致外商、广东人、乡镇企业和个体户的讪笑。

一位深圳的青年经理抱怨："在其他地方，对方知道我是来做生意的，都很热情。可是在上海，好像我带来的是讨饭碗，个个架子十足，等着我磕头作揖去祈求。每次做生意，上海人都死命地抠，抠得你无利可图。这种生意谁肯做？"上海人曾引为自豪的"门槛精"被外地人注解为"刮进勿刮出"。但这并非仅对外地人。淮海中路黄金地段一块近七千平方米的土地，撂荒近 30 年。多有实力雄厚的大企业如宝钢等前来洽谈，但要价实在太高了，"无论是谁，听到这种合作意向，都打了退堂鼓"。1985 年，与上海进行了长达两年的艰苦谈判的美国耐克公司终于下定决心放弃上海，将它生产运动鞋的工厂搬到了广州。这不过是比较著名的一例。截至 1991 年底，上海在引进外资等方面在全国的排名仅为第 11 名。一位法国客商说："我在业务活动中有一个感觉，一百万的项目上海人不放在眼里，可一千万的项目又拿不到。"于是出现了许多引进项目所谓"在上海拜天地，去外地入洞房"的尴尬局面，基本的原因不外乎上海条件太苛，令人无法接受。

这种违反常识的经营行为绝对不是从市场和利益原则中产生的；除了上海人思维方式中图小利、打小算盘的过于精明，令人感到这是长期以来压榨式的经营在管理人员中养成的集体心理和行为。在指令性计划的严厉管束中，他们已经习惯于尽可能多地将利税上缴，并同样地要求下属。为少缴一点或多收一点的讨价还价成为这种管理最富于技巧、最能展示才能的真功夫。每一级管理行为的真正焦点都是多收少缴，而企业长远发展之类真正的经营管理则退居其次。他们将这一套思维和行为习惯带到了市场活动中，招致了"自杀"性的后果。

不能不承认上海人追求最大利益的顽强要求也体现了一种精明的素质。但精明之于高明（即大聪明），形似而实异，在思维上可能只有一念之差。正是加入了时间这个变量，上海人的精明才大大贬值的。谈判之难，办事之慢，抵消了无数聪明才智、滚滚财源。

中国经济生活中的效率之低、时间之慢，大多出于叠床架屋、政出多门的官僚体制，互相推诿、不负责任的官僚主义和管理水平的低下。典型的事例之一，是功率40万千瓦的江西万安水电站前后竟干了32年，而连接英法的海底隧道总工期才仅仅六七年。这种体制的弊端在上海同样存在。例如，上海的建设者说，1960年代将西藏路、淮海路口的棚户区改建为桃源新村，先后只盖了计划、土地调拨、执照、拆迁、结算5枚大章。1991年，建一幢新房则要盖98枚图章，其中一个部门要盖2个以上章的18家，最多的一个部门要盖12次章。[①]1990年7月，朱镕基访问纽约时说："1988年我还未当市长时，搞一个合资企业，要大大小小盖上156个印章，现在，

---

① 《文汇报》，1991年9月8日。

大概要 200 个了。"①

　　然而，上海之慢，更多地表现为一种认认真真、高度负责的官僚主义，这或许是上海的管理特色之一。报载，数年前，西藏路修建人行过街天桥，为 4 只柱脚的方案，竟然争论修改了 4 年多！至于建造黄浦江大桥、地铁、上海图书馆等重大工程，方案往往一争就是 5 年、10 年。除了各种具体原因，据识者称，其要害之一，就是"想求百利而无一弊"，因而贻误时机，致使有些项目不得不花费几倍于前的投资，真是"聪明反被聪明误"了。1991 年 6 月 20 日贯通的横跨黄浦江的南浦大桥，距 1980 年 12 月 8 日《文汇报》载文建议"浦东浦西可否一桥飞架"，正好十年半。上海的地铁工程，从 1958 年成立"筹建处"，几经下马，1980 年代重新提到议事日程。1985 年上海地铁一号线终点站实际开工，到 1990 年 1 月 19 日，经国务院同意，国家计委发文批准上海市地铁工程正式开工，计划 1995 年下半年试运行并主线通车，工期也长达 10 年。1982 年国家计委批准、列为"六五"期间重点项目的上海图书馆新馆工程，成为"八五"期间的重点建设项目，计划 1995 年建成，前后达 13 年。

　　计划和市场包含了两套完全不同的价值标准、行为准则和"游戏规则"。计划体制的优等生上海在改革开放的过程中，不能不感到巨大的痛苦和失落，正像它当年作为市场经济的骄子被纳入计划轨道一样。

　　首先要克服的是它保持了 30 年的优越感。早在 1987 年，《解放日报》就举行过"上海人在外地为何不讨人喜欢"的讨论。外地人的理由之一，是上海人自恃身居中国第一大城市，见多识广，因而傲气十足，看不起外地人。除了惯以衣貌取人外，还多以口音取人，歧视外地人。每个外地人都有在上海遭冷遇、受白眼、到处碰壁的痛心经历。近几年来，随着相当

---

① 《大公报》，1990 年 7 月 16 日。

多的外地人"财大气粗",多少引起了上海人的自卑和"商业注意",收敛了一些骄横之气。

对外国人的傲慢似乎更不可理解。一位美国商人说:"上海人除了有中国人通常在与外国人交往中所有的那种'中央王国'的自大心理外,还有一种傲慢心理,即他们觉得不需要外国投资者。"这是与歧视外地人不同的一种真正的自大心理,它也广泛表现在上海与外省市的合作中,即自恃技术先进,行业门类齐全,可以"自力更生",万事不求人,或者等着你求我。显然,这种井蛙观天式的傲慢自大完全是由封闭造成的。曾经作为与世界交流的窗口的最敏锐的国际大都市,失去了对国际市场和国内市场应有的把握和敏感。

典型例子之一,是上海生产的对脚癣有奇效的"华佗膏",日本大量进口已20多年,日方早就建议将易渗溢的盒式包装改为软管包装,厂方却置若罔闻,直到1988年方才实现。日商庆幸"功夫不负有心人",苦笑改换一个包装竟要用23年! 1991年,在第六届华东包装装潢设计赛上,上海由当年的第一沦为"倒数第一"。酒类包装不及山东,食品包装不如广东和湖北,土特产包装落后于湖南,保温瓶、塑料产品的包装不及浙江和沙市,被兄弟省市远远甩到后面。这对素有创新求异、趋赶时尚之传统的上海人来说,的确是一种讽刺。

上海货在商战中屡屡败北,除了负担太重、政策环境等外因,一个重要的内因,不能不说是观念陈旧,竞争意识和市场意识薄弱。

一位外商欲在上海兴办合资企业,却遭婉拒,原因是担心合资企业与上海厂家形成竞争,影响本地企业的出口。被称为音响生产"国家队"的上海音响行业,在以收录机为主的产品销售进入巅峰状态之后,忽视家电产品老化迅速的特点,片面追求产值,继续大量生产中低档收录机,结果造成积压。当1990年代初广东的组合音响一举占领市场,上海只能拱手相让。令上海同行尴尬的是,由香港设计定型、佛山生产、走俏一时的"钻石 3030"组合音响，外商先找过上海厂家，因上海不感兴趣，才改换门庭。由于观念陈旧，满足于批零差价等带来的经营利润，上海的中成药行业对新产品的开发缺乏重视，1985 年来仅有一种新药"胆宁片"问世，而它从立题到报批通过用了整整 8 年。在 1991 年的全国中成药排行榜上，上海的产值跌到第 12 位，连续数年在 3 亿元上下徘徊，仅及居榜首的广东的五分之一。

长期画地为牢的计划管理，使上海形成自家配套、封闭式办工业的格局，和仅仅局限于本地市场，没有主动占领、开发外地市场的眼光和谋略。这被称为打"上海牌"而不是打"中华牌"和"世界牌"。早在 1984 年，关于建立长江三角洲经济区的策划便已开始，但种种干涉和高昂的费用使外省市大部分企业望而却步。"上海经济区"并没有实质性的发展。1980 年代末，上海的市场并不是主动开放，而是防不胜防，步步退守，在商品经济的强烈冲击下，为外地产品所占领的。随着浦东开发出台，上海人终于喊响了"打中华牌"的口号。

有必要再次提到上海扭曲的经济行为背后的政治原因，所谓"左"的积习。

长期计划体制束缚和"左"的思想影响，使上海的管理者和企业家丧失了在市场中生存竞争的看家本领；与此同时，唯书唯上，条条框框，胆小怕事，心有余悸之类的思想禁锢、心理束缚之多之深，也令人叹惜。

早在 1978 年 5 月，"文革"结束后第一场思想解放运动——关于"实践是检验真理的唯一标准"的讨论中，上海就异乎寻常地按兵不动，直到这一年的 11 月，上海市委才明确表态，成为全国表态最晚的省市之一。

1980 年代初，上海国际饭店矗立起日本的"东芝"广告，引起轩然大波，被视为让资本主义占领了新上海的"制高点"。1985 年，当广州、深圳、北京的大饭店雨后春笋般拔地而起时，上海仅有一座 1983 年开业的上海宾馆点缀现代化风光。上海修建南京路、西藏路口环形人行天桥时，美国柯达公司愿以每年25万美元在天桥上做广告，被有关部门以"景观"之由拒绝。1980年代，上海建造的25座人行天桥和近200座公路桥全部未用外资，而广州市建造的20座人行天桥、广东省新建的1400多座桥梁，相当一部分是用外资以及有关单位独资、集资建造的。

正由于上海曾有过"半殖民地"的历史，有关人员对改革开放中姓"社"姓"资"的问题更为敏感，态度更为强硬。1986年，上海印染内衣厂生产的一种衬衫，因其图案有类似美国国旗之嫌，而被上级查禁，造成重大经济损失。这被称为"星条衬衫风波"。这种"恐资"的观念并不限于官员，不能不说有相当的"群众基础"。直到1980年代末，上海一些街道、商店恢复设立英文标牌，仍招致讨伐，激起一些旧上海租界过来人的"屈辱的回忆"和爱国主义义愤。类似地，引进的"跪式服务"也遭到声讨，引进的"哈立克"（爆玉米花）则在"农业大国还要舶来玉米"的压力下销声匿迹。

上海人由此得了一个"特别喜欢争论"的名声——改革的一举一动，在广东视若平常，甚至在外地也无动于衷，独上海的舆论为之哗然，争鸣讨论，声讨挞伐。1992年3月，珠海市重奖科技人员的消息传来，上海却有"鸟翼系黄金能否高飞"的妙论；随即，上海农科院因为给一有贡献的专家发一万元奖金又起争论，诉诸极端。

仅仅是争论，倒也无妨，那些无须争论、一直在起作用的"严刑峻法"、条条框框才是真正可怕的。

1983年，由《光明日报》披露的"韩琨事件"震动了上海。韩琨是上海一家研究所的科技人员，利用业余的时间帮助乡镇企业开发新产品，取得了显著经济效益并收取合理报酬，却被作为经济犯罪而错误处理。此案虽经多方干预，得以纠正，但此后，类似的事件始终不绝。上海的管理之严、政策之苛、执法之狠令人叹为观止。

尽管上海的技术市场形成甚早，却由盛而衰；1984 年起步的民办科技产业也小打小闹，不成气候。具有人才和技术优势的上海至今未有北京四通、科海、广东赛格这样名闻遐迩的大公司。1990 年第二届全国科技实业家创业奖颁奖大会，获金奖的 10 名企业家竟无一上海人。至 1992 年 7 月，上海的民办科技企业没有开办过一个合资企业，极少有人出国考察，限制技、工、贸结合经营，也很难得到银行贷款——银行执行的是不得向个体、私营、民办科技企业贷款的不成文规定。① 上海的个体和私营工商业远远少于广东和其他许多地区，1990 年底，共 11 万户，16 万人，占全市 1300 万人口的 1.2%。然而，到 1989 年初，当上海呼吁"万商云集"之时，报端仍有"上海私营企业纷纷向外地迁移"的报道。② 私营企业的抱怨一连用了几个"太"：上海人观点太陈腐，政策太死，条条框框太多，对私营企业太歧视。以税收为例，对私营企业按个体工商户的十级累进制交税，最高可达 80%，而外地不少地区，对私营企业执行的税率仅为 8%—11%。

一则流行的比喻说出了上海和广东不同的行为和心理状态：广东人是遇到绿灯赶快走，遇到红灯绕着走；上海人是遇到绿灯慢慢走，遇到红灯不敢走，还要指责别人绕着走，呼吁建立更多的红灯。广东经验中著名的"用足政策"，指的是文件上没有说不许做的都可以做。上海人执行政策的理解是：只做文件上规定可以做的，而且执行政策许可范围内最严苛的下限。

另一则流行的新民谣是："北京靠中央，山东靠老乡（指中央干部中山东籍人较多，好办事），广东靠香港，上海靠战无不胜的毛泽东思想。"这固然是上海干部的牢骚，却也道出了部分实情。

1989 年，出任上海市市长的朱镕基不无忧虑地谈道：把上海的经济搞上去，我有充分的信心，而市民的精神状态如何，我没有把握。③ 1992 年初，

---

① 《文汇报》，1992 年 7 月 3 日。

② 《新闻报》，1992 年 7 月 3 日。

③ 《解放日报》，1992 年 1 月 7 日。

上海市市长黄菊强调指出：上海人不要再卡上海人了。市委、市政府要求上海干部实现"三个转变"：改变一切从本本出发，不愿开动脑筋的思想作风；改变只想着不犯错误，不敢开拓进取的精神状态；改变万事不求人、"朝南坐"的习惯。

1992 年春天，上海的干部终于登上南下的列车，去向广东人讨教开放搞活、做生意的经验。

四、阁楼里的"中产阶级"

1980 年代中期，对中国社会结构和社会阶层研究的贡献之一，是深化了我们对"城市人"的认识。

美国经济学家威廉·阿瑟·路易斯于 1954 年建立了发展经济学的一种经济模型，即发展中国家经济发展的二元结构特征：以古代村落为载体的农业部门和以城市为载体的现代工业部门并存。它认为农村剩余劳动力向工业部门的转移是可能和必须的，是这种经济结构发展的关键之一。新中国成立后前 30 年的发展却似乎不足以印证这一理论：农村的剩余劳动力不仅未能向工业部门转移，而且通过户籍制度、住宅制度、粮食供给制度、副食品和燃料供给制度、生产资料供给制度、教育制度、医疗制度、养老保险制度、劳动保护制度、婚姻制度等等，强化了这种二元结构特征。中国社会被分割为泾渭分明、难以流动的两大板块——城市和农村。城市人的后代天然享有城里人的各种待遇，而农民及其后代则被固定在土地上和村落中。其显见的效用是将农村的大量剩余劳动力强制留在农村，从而避免了他们转换为城市中公开的失业人群所造成的各种社会问题。这一政策的负面效应影响极为深远，其中之一是对城市人群体人格的腐蚀和扭曲。

上海人的生存环境、生存机制发生了深刻的变化。城市人的身份和各种既得利益是先赋的、与生俱来的，这固然只是一种最低限度的生活保障，毕竟解决了终日为生活而奔波劳碌的衣食之忧和失业之虞。在这个西方人称为"没有人挨饿，也没有人发财"的城市环境中，至少可不必为生存而竞争，没有压力和风险，不用担心失业或开除。当革命之初，人们被翻身的巨大变化所鼓舞、为强有力的政治动员所调动的生产热情退落之后，这种被称为"铁饭碗""大锅饭"的劳动就业和分配制度的弊端便显示出来。它无益于激励人们奋发进取的动机，而助长着苟且懒惰的态度：既然干多干少、干好干坏一个样，那么尽量地少干、绝不多干便成为一种明智的选择。

如果说上一辈工人的"无产阶级优秀品质"——勤劳、敬业、艰苦朴素、认真负责、埋头苦干、任劳任怨、职业道德等等——很大程度上是在资本主义生产条件下和市场经济的环境中铸就的，在长期为生存的劳动中逐渐养成并内化为生活习惯、行为准则，那么"长在红旗下"，在"大锅饭"体制中泡大的新一代则表现出了毫不相同的另一些行为准则。1980 年代，"城市人"被发现是一种"新人类"，他们被描绘为：贪图安逸、轻松、稳定，惧怕竞争和风险，依赖国家或父母，高谈阔论和牢骚满腹，丧失了行动的魄力和自食其力的生存能力。这种形象由于改革开放以来努力改变自己命运的农民的映衬，而更为鲜明。中华民族勤劳、勇敢、艰苦奋斗的传统精神正是在城市丧失了，非上海独然。

1987 年，日本青少年研究所与中国社会科学院社会学所联合进行"中日青年工人劳动伦理"的调查。结果出人意料而又在情理之中：中国青年工人中的"游乐派"比例为 49.8%，创世界纪录；而在日本仅为 26.9%。1983 年调查，这一比率最高的国家是瑞士，为 39.8%，美国为 21.8%，日本为 19.8%。①

近年来，关于城市工人"贵族化"的报道是另外一例。据对上海 16 个

----

① 《上海青少年研究》，1988 年第 7 期。

行业 200 位企业家和 1000 名职工的调查，上海约有 78％至 98％的企业劳动力过剩，"隐性失业"的剩余劳动力约占企业总人数的 14％至 25％。与此同时，企业仍感劳动力不足，大量聘用临时工、外包工、退休工，1986 年外聘工已占企业总人数的 3％。① 这种就业制度不仅增加了企业成本，降低了劳动生产率，而且由于严重的人浮于事涣散了职工的劳动意识，腐蚀了职工的工作精神，降低了具有竞争力的上海劳动力的素质。相当多的青年工人不愿意学习技术，不关心工作质量，只关心钱，养成企图少劳而多获甚至不劳而获的混世心理，从敬业而变为厌业。一位来沪公干的香港人对所见所闻"颇感诧异"，认为"老一代的上海人兢兢业业，精明能干；新一代的上海人就不同了，非驴非马，游手好闲"。

因而一位青年经济学家颇有远见地说："在几十年'大锅饭'和'铁饭碗'体制下造成城里人普遍懒惰和进取精神退化的参照下，我国农民——由于其数量巨大而实在无法由国家包下来——的品行，实际上起到了保存民族振兴基因的历史性作用。"②

当城市人逐渐成为一个被国家保护起来的特殊利益群体时，城市户口和市民身份便成为一种特权，大城市的人口流动被严格地控制和遏制。

对上海而言，城市人口的流动原来包括两个方向：农村和外地人口流入和上海市民迁出。1949 年以前，以农村人口为主的外地人口迁入是上海市人口增长的主要原因。据载，仅在 1929 年至 1936 年间，每年净迁入人口少则 10 万人，多达 20 余万人。建国后，在 1950 年代初期仍有外地人口的大量流入，1951 年至 1954 年，每年净迁入 21 万人。从 1955 年起，根据中央对上海改造的方针，动员城市人口疏散和部分工厂内迁，当年净迁出 58.6 万人。1958 年，开始实行户籍制度，对城市人口采取严厉的控制措施，此

① 《文汇报》，1988 年 1 月 17 日。
② 周其仁等：《发展的主题——中国国民经济结构的变革》，四川人民出版社 1987 年版，第 194 页。

后，基本是迁出大于迁入。外地人进入上海的流动被截止了。

从 1950 年至 1983 年，33 年中全市净迁出 74.54 万人，人口迁移呈现负增长，年均迁移增长率为 -2.4‰[①]，上海人口主要为输出型；城市人口的增长，主要是几次调整行政区划增加的人口及自然增长。从 1981 年到 1989 年，由于落实有关政策及建设事业发展，9 年中净迁入 40 万人，年均 4.62 万人。但是，这并不意味着上海开始作为中心城市发挥吸纳所需劳动力的人口调节功能。实际上，能进入上海的主要是当年迁出上海的居民或他们的亲属，他们从来自视为上海人，而真正的外地人仍然进不来。

身份制度的建立和人口流动的停滞，使上海人的城市意识发生了深刻变化，他们极其珍惜自己"上海人"的身份，"宁要浦西一张床，不要浦东一间房"成为根深蒂固的观念；在盲目优越、歧视外地人的心态下助长着城市人格的封闭性和狭隘性。

一位 40 年后回沪寻根的"老上海"发现了上海人"纯化"的特征：语言。他写道："当初我们在上海，讲的当然是上海话，但并不纯粹。例如浦东人说浦东人的上海话，宁波人讲宁波人的上海话，苏州人讲苏州人的上海话，扬州人讲扬州人的上海话，可以称得上是大杂拌。可是这次回上海，除了老年人难以改变外，中生代和新生代却一律讲道地的纯正的上海本地话。"

当上海由世界的上海成为中国的上海之时，在人口构成上却成为上海人的上海。移民的五方杂处、异质文化的冲突融合所造成的大都市的活力不可避免地衰竭；它在城市文化中的表现，是发展了一种上海人之间互相认同、自我规范的共同文化。

美国城市社会学家曾指出过大城市所具的另一种封闭：由于大都市所具的异乎寻常的文化融合力，从而在将市民同化为具有相似的价值观念和

---

① 胡焕庸主编：《中国人口·上海分册》，中国财政经济出版社 1987 年版，第 79 页。

行为规范的人之时，腐蚀了他们的个性。在潜移默化之中，他们会变得自以为是，眼界和趣味也变得狭窄单一。因而和富于活泼个性的小城镇相比，大城市人有时反而显得更为狭隘、封闭。有人将它与小农经济的乡村社会的封闭相比，称为"第二种封闭"。正是在上海，我们看到了较为典型的这一状态。

意识到流动停滞的"人种纯化"的危险，1990年7月，上海市政府打破"地方保护主义"，选留2600名非上海籍大学毕业生在上海工作，成为重大新闻。

城市环境和社会结构的变化，还包括社会阶层中"上层"的消失。

新的社会制度和生产关系的建立，用革命的手段推翻和剥夺了原先作为社会上层的统治阶级，极大地改善了社会底层的工人、城市贫民的境遇，提高了劳动者阶级的社会地位。随着城市人身份制度的建立，实行低工资高就业的政策和平均化的报酬标准，不同职业、行业、阶层和不同家庭之间经济生活的差距日益缩小，在很长的时间内，每家每户按人口领取同样份额的配给食品、副食品和日用生活品，而国家主席与普通工人的名义工资只相差8倍左右，为世所少有。

不同职业、不同家庭背景、不同教育程度的上海人，被纳入一种大致同一标准、同一水准的高度均质化的社会生活。随着剥削阶级被消灭，包括工人、干部、职员、手工业者、知识分子等各类人员都被归为一类：劳动人民。而工人阶级的概念也在不断扩大，包括了教师、演员、科技人员和所有知识分子。

城市社会中，旧有的"上层"被取消，"下层"被提高。在各阶层经济差异甚微、生活水平相近的社会生活中，浮升突现的究竟是一个什么阶层呢？

"中产阶级"作为一个新鲜而模糊、敏感而带有某种刺激性的名词得以传播。它在各种不同的含义上被人们广泛使用：有时指中等经济收入的阶层；有时指非体力劳动的职员和专业人员，即所谓白领阶层；有时专指企业家阶层。

作为划分社会阶层的方法，阶级和阶层是互不相同又有联系的概念。如果说阶级是伴随资本主义而产生的概念，那么在资本主义出现之前，人们是以身份被区别的。例如农业社会早期的奴隶主和奴隶、地主和奴婢，雅典社会存在着自由民（实际是土地贵族）、外国侨民和奴隶三种身份，欧洲封建社会的贵族和平民，其社会地位是由出身在先天决定、不可更改的。

日本社会学家富永健一认为，19世纪的阶级概念，很大程度上是封建身份概念的延伸，它是以阶级归属的变动即社会流动极其困难为前提的，即阶级地位很大程度上由出身决定，且较难变更。资本家的儿子生来富贵，无产者世代为工人，永远无产，是那个社会的普遍现实。

但这种现实在20世纪发生了变化，随着社会政治、经济、教育、科技的发展，不同阶层地位之间代内及代际的流动加速。另一个事实是，出现了与农民、小工业者、小商人、手工业者等旧的中间阶层不同的所谓"新中间阶层"。他们是被雇佣者，即无产者，这与工人完全相同；但他们从事的主要是非体力劳动类的，技术性、管理性、销售性的职业，因而具有较高的教育水平、知识水平、技术水平，威望和收入也较高。

富永健一提出，社会阶层是指"基于社会资源的不平等分配的地位划分"。[1]这种资源包括物质的（资本、生产资料），表现为个人的固定财产和经济收入；社会关系的（权力），表现为威望、承认、荣誉；文化的（知识、技能、信息），外化为教育程度、教养。因而，现代社会学倾向于主要从"经济状况、权力、威望、教育程度"四个参数判定、区分社会阶层。

在实际应用中，我们只能大概地区分"收入、威望、权力、教育"四

---

[1]　富永健一：《社会结构与社会变迁》，云南人民出版社1988年版，第21页。

项指标均高的"一致性上层",有高有低的"非一致性中层",四项指标均低的"一致性下层"。

1980年代以来,对我国社会阶层的划分,大多按照职业分类,较为流行的办法,如分为干部阶层、工人阶层、农民阶层、知识分子阶层、企业家阶层、个体劳动者阶层等等。我们注意到,如果用"收入、威望、权力、教育"四个指标衡量,几乎难以认定"一致性上层",除农民以外,其余皆为"非一致性中层"。例如,知识分子虽然只是"精神贵族",却有较高声望;而近年来暴富的个体户阶层,因教育程度低下,社会地位较低。

与苏联不同的是,我国很难说有一个在社会功能、政治地位和经济收入方面明显高于其他知识分子的"高级知识分子"阶层。在中国,并没有真正出现过所谓"知识分子贵族",这在沙俄和苏联,却是有传统的。同样,在中国的工人队伍中,也并没有分化出所谓"工人贵族"的阶层。另一方面,在我国现行的统计规范中,"干部"类别之中,包括了高级领导干部,中、低级干部和大量机关工作人员,后者就其工作性质和职业行为而言,是职员;同样,企事业单位中大量非第一线的科室人员,其工作性质实为职员。有必要将职员单独列为城市人中重要的一类,加以考察。近年来社会上新出现的利益集团,如企业家群体、个体经营者、各种自由职业者、"新买办"等等,大致是从原有四大阶层(干部、知识分子、工人、农民)中分化游离出的,就阶层主体性品格的形成、对社会政治和文化的影响力而言,虽已初露端倪,尚不能说已具备成熟的形态。

因而,如不考虑农民,城市社会中具有成熟品格和文化影响力的"非一致性中层",应当是领导干部层、知识分子层、职员阶层和工人阶层。这意味着,城市社会中几乎没有"一致性上层"和"一致性下层"。这种描述不一定严格准确,但它多少显示了平均化社会这一中国的特殊国情。近年来,随着改革开放的深入,社会阶层的变动分化加剧,新兴的商业精英、公司高级干部、外企高级职员等,可望成为都市社会的"上层",而进入城市的外地民工、流民等等，充当着都市社会的"下层"。

新上海在形成自己的共同文化、发展共同生活方式的过程中，具有生存优势和文化优势，能够发挥示范、导向、整合功能的，是怎样的阶层呢？在旧上海，这显然是由工商业阶层——资产阶级承当的，因而，旧上海的生活被称为"资产阶级生活方式"，它并非资产阶级专享，而是全体市民的统一生活方式。

据1982年第三次人口普查，上海共743.63万在业人口中，按职业大类的分布，最多的三类是：生产工人和运输工人，占就业人口的47.7%；农林牧渔劳动者，占23.8%；各类专业、技术人员，占10.66%。

1982年上海市、北京市在业人口行业构成　　　　　　（%）

行业类别	上海	北京
1. 农、林、牧、渔业	25.68	28.49
2. 工业	46.64	34.27
3. 建筑业	4.41	7.11
4. 交通、运输、邮电业	4.83	4.05
5. 商业、饮食、服务业	7.24	7.22
6. 城市公用服务业	1.9	2.06
7. 科、教、文、卫、福利	6.73	11.54
8. 金融业	0.28	0.33
9. 国家机关团体	2.24	4.72
10. 其他	0.05	0.22

资料来源：胡焕庸主编：《中国人口·上海分册》，李慕真、仇为之主编：《中国人口·北京分册》，中国财政经济出版社1987年版。

比较上海和北京专业人口的行业构成，有两个显著区别，是北京知识界（科、教、文、卫）比重比上海高5个百分点，而国家机关团体构成是上海的2倍。按绝对数字计算，上海国家机关团体的职工人数16.7万，北京为 24.3 万。另一个有关的统计是"国家机关、党群组织、企事业单位负责人"，即常义所指的"各级领导干部"：上海市占总专业人口的 3.17%，计 23.6 万；北京市占 4.04%，计 21.9 万。[①]

在全国大一统的社会结构和社会生活中，城市社会具有高度的同一性，但北京和上海作为两种典型，仍具不同的特征。

推翻了上海资产阶级并占领上海的战场上的胜利者在胆略、意志力、性格力量等方面无疑具有与他们的对手——商场上的优胜者工商业精英很相似的品质。它集中体现在中共第一代领导人"数风流人物还看今朝"的人格魅力上；在上海，则体现在新市长陈毅元帅的大将之风中。和北京的不同之处在于，上海没有像北京那样庞大的，集中居住，具有强大的政治能量、人格力量和文化辐射力的高级干部阶层。上海的干部以中、低层为主，分散居住在市民之中，其思想方式、生活方式等逐渐为市民文化所浸染同化。

更为重要的是，在中央和地方的关系中，在高度集中、计划管理的经济体制中，对地方管理干部的素质要求实际发生了改变。曾经在战场上被推崇的品质，如敢作敢为，冒险和牺牲，不拘一格的首创精神，个人智慧和主动性，乃至性格魅力等等，不再是重要的了；而忠诚、服从、贯彻和执行、照章办事、规矩和秩序等等成为首要的品质。这体现了在现代科层化、制度化的组织结构中，由革命者转变为执政者的理性化要求。但在个人凌驾组织和制度之上，长官意志盛行和政治危险无处不在的异常环境中，对机关干部原本合理的理性化要求便难免蜕化发展出驯服、圆滑、乖巧、投机等消极品质，"文革"中称之为"奴隶主义"。

如前所述，上海市职工中，国家机关、党群组织和人民团体的干部，经济业务人员，企事业、服务业的管理人员等等，是数量庞大、被泛称为

---

① 胡焕庸主编：《中国人口·上海分册》，第 263 页；李慕真、仇为之主编：《中国人口·北京分册》，中国财政经济出版社 1987 年版，第 273 页。

"职员"的人。他们是非生产第一线的"科室人员"、非领导干部的工作人员；但终日在科室工作的中低层干部其基本状态亦可视为职员。而在"文革"前的阶级成分划定中，中小学教师，文化、科技人员等均称为职员，一些高级管理人员和知识分子则为"高级职员"。他们是按革命标准"非红非黑"的中间阶层，是城市里的"中农"，在政治生活中地位卑微暧昧，但作为上海市民传统的主体和人格化代表，在新上海城市人格的构造嬗变中，同样至关重要。

在旧上海城市社会，职员阶层承载着可以承上启下的海派人格中稳定的基础性品质，如敬业、勤勉、精明、谨慎、求稳等等。它上可与雄健宏大的企业家精神相连，成为这一阶层向上流动的必要品质；下则与谨小慎微、苟且乖巧、依附性和软弱性等小市民品格、心态相通。

建国以后，职员阶层生存环境的变化，是向着深化并强化职员固有品性的方向。如果说，其他阶层的生存状态发生了剧烈的变化，如干部阶层是由革命武装力量转化而来的新生的阶层，工人阶层则在新意识形态中获得翻覆性的提升，物质生活获得显著的改善；那么，职员阶层——它的成员在很大程度上与知识分子交叉重合——由于它原先在社会结构中的中间性，是相对而言变化较小的一层。

他们固然不是新社会政治上的优胜者，却也不是旧势力的代表而免遭毁灭命运。而且，作为城市人的一族，他们也是新社会的得益者，摆脱了旧上海残酷而激烈的竞争中经常是不稳定的、动荡的生活，过上一种虽不宽裕然而有保障、比较稳定和太平的生活。他们是团结、争取、利用、改造的对象。他们本来就不乏谦恭、机灵、驯服，遵守秩序和规则，这仍然是他们在新社会严厉的政治压力下安身立命的不二法门。只要你夹起尾巴做人，服从忍让，忠于职守，少说多做，认真清白，那么你即便没有升迁的机会，至少不会失去什么。

职员的职业角色规定了他在权力结构中处于从属性的、被支配的地位，以提供服务和贯彻执行为主（正是在这个意义上，大多数没有自主权的中低层干部其职业状态和人格心态与职员无异），这种职业很容易衍生、内化为人格心态上的依附性，缺乏自主、独立的生存空间，缺乏决策、决断的魄力，视野和兴趣较为狭窄，性格较为柔顺。在建国后身份制、单位制构建的刚性结构中，人的自主性被极大地削弱，衣食住行，一粥一饭，均需仰仗国家和单位的配给，人的依附性、依赖性和懒惰性极大地增强。没有政治上的优先权、文化上的优越感的职员，在适应新的制度环境上更为敏感和聪慧。在相同的外部条件下，上海人严格地自律和将这种性格素质内化为群体的基础人格的努力，给外地人留下深刻的印象。

他们大多在政治上没有什么不切实际的幻想，电影《舞台姐妹》中越剧女演员的信条"认认真真演戏，清清白白做人"是他们共同的生活哲学。这是相当多职员的实际状态：凭良心生活，凭本事吃饭。他们规避政治，小心翼翼地躲过各种政治冲击和难关，不求有功，但求无过。他们唯一可能的升迁途径，是智力和业务的发展，他们的子女在学校中往往是安分守己的好学生，暗中坚持着"白专道路"，在"文革"中的典型表现是当逍遥派。

他们局促的物质生活状态也前后如一，他们不是从农村进入城市的胜利者，也不是从失业状态、从棚户区搬进工人新村的被解放者，他们仍然居住在原先居住的熟悉的里弄、石库门之中，使用着上辈留下的家具，按人头领着自己的那一份粮油副食。他们没有飞来之财，但不会因计划不周而月底借款；他们依然重视家庭和谐，重视子女教育，重视生活质量，没有打老婆骂孩子的鸡飞狗跳。在阁楼上和陋室中，在日益拥挤的家庭中，他们比在工作单位更坚韧严格地贯彻经济计划，在保证家庭成员营养、健康的同时，节衣缩食地购置新的物件，稳健地增添着家当。物质生活的压力发展了他们的生存智慧，正如政治生活的压力发挥了他们适应环境的能力。他们成为世俗生活的优胜者，成为虽然翻身了但经济收入和生活能力更为低下的那些人学习和请教的对象。向他们学习的，还有新进入城市的北方的胜利者和新潦倒的昔日的有产者。他们退休了，有时在居委会担任居民小组长，非常认真地通知学习、组织读报和布置检查卫生。

在新上海"浮现"突出的，具有文化影响力和塑造力的正是职员阶层。在涤荡了旧上海由工商业精英所代表的冒险创新的进取性人格和由他们导向的都市化生活方式之后，在新的高度平均化的社会生活中，干部阶层未能塑造具有主导性价值和整合能力的新的城市人格和生活方式，甚至战争环境中造就的人格力量和素质在新的制度环境中渐被消解同化；政治上的领导阶级工人同样不具备文化优势和社会整合的力量。适应环境的能力是一种文化的优势。职员阶层充分发挥了自身所固有的适应环境的生存能力，延续着市民文化的根脉，在剧烈的政治动荡和社会变迁中，成为新制度下同样稳定和稳健的力量，填充着上下两层人格空间。

我们原已介绍，在上海数量最多的工人阶层中，熟练工人、技术工人原先即具有"中产"倾向，认同并努力接近市民生活方式（而非工人生活方式），在新社会同样如此。原先赤贫的非熟练工人和苦力劳动者，建国后经济地位迅速改变，逐渐成为新的中等收入阶层。但在既存的市民文化格局中，工人只居较为边缘的位置。这与上海城市人口的居住格局大致吻合：传统的工业区和工人居住区在城市的东北（杨浦、虹口、闸北），新兴的工业区和工人生活区在城市的外缘（闵行、彭浦、浦东等）。1982年，全市受过高等教育的人数超过5%的4个区是徐汇区、静安区、卢湾区和长宁区，它们所处的城市地理中心位置，与主要商业区相重合，是孕育、发展、承载上海城市人格和市民文化的主要区域。

上海城市人格和精神气质的塑造，由旧上海以商业精英为中坚，转变为以职员阶层为中坚，不能不使所谓"海派人格"发生深刻的逆转和嬗变：

城市人格的普同化。阶级对立和差别的消失，经济生活的平均化，使得上海城市社会呈现高度均质化。在一体化的社会生活中，干部、知识分子、职员、工人这些"非一致性中层"以职员阶层为基准发展共同的生活方式,构筑城市人的群体形象。干部阶层的世俗化或工人阶层的"贵族化",其含义相同,均意味着向以职员为典型的生活方式靠拢的市民化。上海人由是形成了超越个体职业、教育、家庭背景的共同面貌:操统一的"纯正的"上海话,保持相同的生活方式、行为方式和审美趣味。一位北京朋友说,他在北京街头能很自信地判别路人的职业、身份,在上海却不行:你很难根据一个姑娘的服饰、仪态区别她究竟是大学生、是青工,还是炸油条的。职员人格向上和向下的弥散扩张,不仅反映了上海市民文化本身所具的渗透性和一体化的特征,也是上海各阶层在形成一种普适的共同文化的一个说明。

城市人格的内倾化。曾经由商业精英所承载的海派人格的进取性品格:面向世界、面向市场的气魄,干大事、赚大钱的创业和冒险精神,敢为天下先、求新求变的开拓勇气等等,在新的社会结构中失却了生长的根基。曾经辐射外向、进取性的雄健人格,转换为阴柔的、退守的和防护性的人格。它突出表现为上海人伴随城市人口流动停滞、生存空间狭厄造成的心理空间的收缩和视野的浅近。在被国家保护起来、相对优越于其他地方的生活环境中,上海人的视野往往局限于上海,对上海之外的国家事、社会事不关心不敏感;在日常生活中,则将活动领域收缩到家庭,精心实惠地过小日子,自成一统,独善其身。不愿意离开上海,对上海生活的贪恋,使很多人放弃事业的目标而转向家庭生活。

城市人格的柔弱化。在被保护起来的"城市人"的封闭环境中,在以服从、执行、贯彻为主的从属状态中,以及在平庸、狭厄、拥挤的世俗生活中,强大的人格力量所赖以产生的深刻的生命体验不复存在,上海人意志力量、情感力量、道德力量的尺度减小,深度和力度减弱,助长了江南文化和人格中固有的纤细、柔弱的一面,割断了海派文化和人格中固有的强劲、雄健的脉络。比上不足,比下有余;不求有功,但求无过;安于现状,贪图安逸;混混,白相相,成为流行的世态。生活和事业的目标因之缩小,目标小，胆子小，没有大追求，大境界，大志向，满足于"小乐惠"，"小弄弄"，"小来来"，螺蛳壳里做道场，"鸽子笼"里翻花样。从小处着眼，算小利，这类外地人深恶的"小家子气"、小气，以及社会生活中善恶美丑的是非界限和道德感的模糊，小市民气的弥漫，所谓"大城市，小市民"，是其恶性的表现。

因而，上海1980年代的文化特产，不是工商业文化和艺术文化，而是生活文化；不是公民文化，而是家庭文化；上海的文学艺术，少磅礴大气的力作、巨作，而多奉命应景之作和浮浅平淡的小作；上海的人格化代表，不再是叱咤风云的冒险家，也不是风流一时的改革家，而是模范丈夫、围裙丈夫之类。

大致与上海城市人格的逆转同步，1980年代中期，舞台和电视屏幕上出现了一类前所未见的新的艺术形象：他们操着上海普通话，尖声尖气地嚷着"领导，冒号"；或者循规蹈矩，迂腐可笑，或者斤斤计较，弄巧成拙，或者在家里讨好老婆，受窝囊气。曾经以取笑外地人为能事的上海人，终于成为"外地人"共同嘲笑的对象。

第七章

上海文化：

新海派

和上海城市的整体命运和社会形象一样，在整个1970年代，上海文化仍然保持着传统的骄傲。固然艺苑凋零，城市的虚荣心仍可在大红大紫的"革命文艺"中得到些微满足。"革命样板戏"上海占尽风光，茅惠芳、石钟琴、朱逢博成为市民的明星偶像；《文汇报》成为具有特殊政治地位的报纸走向全国城乡；"文革"中后期，全国唯一的文艺刊物、上海出版的《朝霞》对亿万青少年文化"饥民"仍有聊胜于无的吸引力；译制的阿尔巴尼亚电影，上海观众则可从中领略熟悉的上影演员的配音艺术；上影生产了《火红的年代》《春苗》《第二个春天》《难忘的战斗》等至少在当时有轰动效应和广大观众的影片；交响乐《智取威虎山》、弦乐四重奏《海港》、小提琴独奏《毛主席的光辉把炉台照亮》等等，滋润过多少喜爱西乐的青年荒芜的耳朵和心田……

不论政治评价，在实力和水平上，上海文艺界从来是自信的。

1976年底，上海的工人剧作家宗福先创作的话剧《于无声处》，成为最早直接反映与"四人帮"斗争、要求为天安门事件平反的文艺作品，震动全国。1977年，卢新华表现"文革"苦难的短篇小说《伤痕》在《文汇报》发表，成为尔后波澜汹涌的"伤痕文学"的滥觞。

在历史的转折点上，上海不失时机地踏上了下一个十年蔚为壮观的新时期文化的源头。这似乎也是上海文化光荣传统的又一次证明——谁也没有想到，它并没有成为又一个辉煌壮丽的开始，只是过去辉煌的最后一次呈现。

无疑，1980 年代以来，上海的思想理论、文学艺术经过拨乱反正、恢复发展，获得了新的生机，取得了新的进步，创作了众多优秀作品，获得了众多的奖励和荣誉。但是，人文社会科学、小说、诗歌、电影、戏剧、美术、摄影、音乐、舞蹈等各个领域在向现代文化艺术更新转型的历史性过程中，上海似乎再也未能张出独树一帜的大旗，创出不同凡响的风格流派，提供纪念碑式的作品，发出震动中国的声音——像"海派文化"所曾具有的那样。上海文化在整体上失却了雄健恢宏的气象、震烁四方的光彩、咄咄逼人的锋芒和领导潮流的力量，当是不争的事实。中国当代文化的创造性源泉和发展的中心又历史性地回到了北京。

一、"又多又快，不好不坏"

1980 年代中期，上海文艺创作"总体质量下降""面临大面积滑坡"的呼声四起，上海文化面临的整体性危机令有识之士深为焦虑。

"又多又快，不好不坏"这个评语似乎首先是对上海的美术创作而发的。它随即被上海不同的文化领域纷纷引用，为文化界所认同，成为对上海文化总体状况生动而传神的写照。的确，在各个历史时期，上海总是能够适应不同的形势需要，根据不同的中心任务，提供"又多又快"的文化宣传和服务；即便是应景文章、"遵命文学"，乃至街头的大批判专栏，也具有较高的平均水准，具有一定的可观赏性和娱乐性——它显示了上海的文化基础和文化实力。这种"又多又快"的制作的最高境界，便是"不好不坏"了，从中绝不可能产生真正具有艺术生命力的巨作，相反，它正是以牺牲思想、文化发展所需要的自尊和独创性，以牺牲大师和巨作为代价的。

上海文化中心地位的丧失，非自 1980 年代始，只是在 1980 年代而暴露无遗。

1984 年举行的第六届全国美展是对上海的自信心的一次重大打击。那次，上海只有一幅油画获得金奖——这幅名为《在希望的田野上》的获奖油画，表现的是一支农民管乐队。上海实力最雄厚的专业油画机构上海油画雕塑创作室选送的作品，在第一轮筛选中即全部落选。素有盛名的上海水彩画未能获得"优秀奖"以上的奖励；号称连环画大本营的上海连环画，仅获一个银牌奖。作为中国版画的发源地，上海参展的版画作品共 8 幅，与新疆、内蒙古并列为全国倒数第三，只比青海、西藏稍强。

1980 年代，上海的专业美术创作就其获奖情况和具有全国影响的作品而言，被认为处于中等水平。

诚然，对艺术的评价从没有绝对标准。在这次美展中落选的上海青年油画家俞晓夫的作品《我，轻轻地敲门》，被画坛公认为是不可多得的佳作：在想象的空间重叠中，晚清的海上名家吴昌硕、任伯年、虚谷、浦作英同处一个由冷峻、深沉的色调铺陈的平面，用严肃、真诚和平和的目光，和我们作跨越时空的交流。俞晓夫的个人经历正可视为上海画坛风气的一个适当的注脚。1970年代末，他的毕业创作《太平天国的将士们》虽然表现了重大题材，但被责为画面太残酷、太低沉，仅得了3分。几年前，他的又一力作：谭嗣同、林则徐、詹天佑的三联人物造像，仍然反映了历史变革的重大主题，却被"歌颂戊戌变法、歌颂保皇党"等莫须有的罪名从展览中撤下。他的这幅《敲门》，是对长期统治油画创作的"题材决定论""主题先行"等"左"规、"左"法的自觉否定。门没有敲开，他再次碰壁。

关于这次画展的一个不大不小的风波，是上海地区参加评选的几百幅作品中，只有一幅人体作品。人们敏感地意识到，"这是个意味深长的数字"。这个"零的突破"却是由当时年仅26岁的南汇县农民女画家康金梅创造的：这幅名为《金色的黄昏》的人体画，画的是一群在池畔沐浴的劳动妇女。作品不容置疑地被淘汰，康金梅也被她所工作的乡剧院解雇。这是在距海派大师刘海粟在上海首介人体画60年之后，发生在上海画坛的奇闻。刘海粟又一次伸出援助之手，他鼓励康金梅"我们都肩负重任，并肩而行，共同开拓美的疆域……"①

版画创作不景气的原因之一，多少有些出人意料：上海的版画家得不到套色木刻所需的硬质木板（只能以三合板代用）；市场上买不到印刷用的油墨；偌大的上海美术界，未能配备铜版胶印机，致使铜版画这一品种难以在上海发展；石版画、丝网版画遇到相似的问题。

这只不过是上海文化设施建设的一个缩影。多年以来，上海的文化建

---

① 《新民晚报》，1985年6月19日。

设（包括教育、科技、文化、卫生等）方面的投资仅占国民生产总值的2%左右；用于文、教、卫方面的基建投资仅占全部基建投资的4%。1983年，上海的这一比例是3.9%，低于全国266个城市10.2%的平均水平，在全国19个百万人口以上的大城市中位居最后。[①]

与此相关的是，作为中国近代美术发源地的上海，建国之后长期没有一座高水平的美术教学和研究中心——没有一所高等美术院校。1983年建立的上海大学美术学院，才勉强填补了这一空白。

在文化艺术的各个门类中，文学具有特殊重要的地位和作用，它奠定、标志和制约着艺术文化的总体水准。

面对文学新潮迭出、兄弟省份新军崛起，上海文学在开创了"伤痕文学"之后，便黯然失色了。1985年的全国中短篇小说优秀作品评选，使上海文坛深受刺激：上海作家全部名落孙山，中短篇小说无一获奖，这在上海历史上是绝无仅有的。迄今为止，全国长篇小说的最高奖"茅盾文学奖"仍与上海无缘。令人惊讶的是，为繁荣和促进上海的文学艺术，1991年上海市政府设立的上海文艺界最高荣誉奖"上海文化艺术奖"的评选，文学创作"全军覆没"，无一获奖。

对上海作家队伍的实感比获奖的统计更有意义。新时期文学创作的中坚是中青年作家。阵容强大的北京作家群有"中央军"之称，包括了王蒙、邓友梅、从维熙、张洁、谌容、宗璞、林斤澜、刘心武、李陀、郑万隆、史铁生、张承志、张辛欣、阿城、陈建功、刘索拉、刘恒、刘震云、查建英、王朔等等不同年龄层的优秀作家，任何一支地方军都难望其项背。生机勃勃的湖南作家群，有"湘军"之勇锐，包括了古华、叶蔚林、莫应丰、韩少功、孙健忠等等。此外，有"晋军"的崛起，江苏之成为"新写实主

---

① 中共上海市委宣传部研究室主编：《上海文化发展战略研究》，上海人民出版社1987年版，第849页。

义"小说的大本营，四川以"非非主义"而启动的先锋派诗人群体，等等。在文坛各树一帜，各领风骚。

相形之下，以沙叶新、王安忆、程乃珊、李晓、陈村、王小鹰、俞天白、陈继光、宗福先、赵丽宏、孙颙等等为代表的上海作家，在规模上较为单薄，在风格、特色上不成流派，是一个面目模糊、规模不大的松散群体，且在不断流失之中。有人呼吁应将这些"散兵游勇"组建成精锐的上海"青年军"，只能是一个难以实现的神话。近些年来，以创作活力和作品影响而言，王安忆、程乃珊堪为代表，加之王小鹰、陆星儿、蒋丽萍、王晓玉、陈洁、须兰等一批活跃的女作家，直为上海小说罩上了一层女性化的面霜，使海上文坛难免"阴盛阳衰"的揶揄。

或许可以认为，王安忆、程乃珊得到的海派文化的滋养和"真传"比别人更多。王安忆以上海新移民的敏感、女性的细腻、高度的文化自觉和文学悟性，揭开了多年来无人触动的上海市民生活的窗纱，娓娓道出了社会剧变中普通的上海人家和上海人——尤其是少女和少妇——的日常生活，她们起伏跌宕的命运，辛酸而温馨的情感世界。她的故事、人物和风格都是"上海的"。相比较而言，程乃珊的代表作《穷街》《蓝屋》等更注重人物和故事的典型性塑造，主题性相当突出，这种人为的加工雕琢多少伤害了自然真实的生活面貌。但就程乃珊个人的经历、情调、品位而言，她更得上海市民文化的神韵，更近以张爱玲为代表的上海都市女性文学的根脉：以极其女性化的态度、小布尔乔亚般的优雅和忧伤，品味和体察小市民的日常生活，执着于感情色彩的铺张，沉迷于编织女性世界细琐的善和美。在这方面，她的小品比小说更为典型。如果说王安忆用女性的眼光和笔致反映"上海味"，那么程乃珊本身就是"上海味"。

曾经威武雄壮、多姿多彩的海派文化的一个轻柔的侧面，几乎转换成为当代上海文学最具影响的正面。上海几乎未能提供如乔厂长、陈奂生或李向南之类新时期男性的文学形象，正如它未能贡献影响中国的重大的思想和理论，未能产生具有开拓性的文化创新和变革。

由鲁迅、茅盾、巴金等所代表的"五四"文化精神和文学源流，失去了直面社会、人生的壮烈和真诚，转向轻柔、妩媚的一途。这自然非上海一地之变化，而是一场整体的演变。中国的文学被西方评论家认为"甜腻得让人受不了"；众多的文艺作品甜蜜而媚俗，被形容为"糖水罐头"。这种文化转变在上海的产出之一，是一种流行的文风——这不仅是指杂文写作中，精悍锐利的"鲁迅风"几成绝响，韬奋式的"小言论"大行其道；尤指上海报刊所倡导的一种"雅文"规范：如女中学生所体验的那种小小的悲欢、淡淡的哀伤、悠远的思绪，所谓"乐而不淫，哀而不伤"的境界。人生的每一个皱褶都被精致地熨平，每一声叹息都被染成粉红色；即便哭泣，必定带着"含泪的微笑"。这种被编辑的集体审美意识修剃得光洁平滑、没有一点锋芒和个性的标准化文字，是文章中的"奶油小生"，固然柔婉含蓄，雅俗共赏，却损失了自然的生命和人生中那种凝重的、粗糙的、野性的力和美，只能是文字中的俗品。

1980 年代中期以后，所有戏剧和舞台艺术，乃至电影，都受到新的娱乐方式和市场的强烈冲击。传统戏曲的危机——以京剧、昆曲为代表——是超越地域的时代的文化现象。然而，上海越剧的衰颓仍然引起上海戏剧界的震惊。

以上海为基地的越剧，在 20 世纪五六十年代达到极度繁荣的黄金时期，以其绚丽多姿、柔美妩媚的风格，各具风采的众多流派，群芳争艳的明星演员在短短几十年内一跃而成为当时最有影响的地方剧种，有"全国第二大剧种"之美誉，并走向全国。然而，到 1980 年代末，越剧的观众日少，落在沪剧和其他剧种之后，无戏可看的投书屡见报端。

当年的"越剧皇后"、前上海越剧院院长袁雪芬直言"越剧面临危机"。有人将越剧衰颓的症结诊断为"老化""分裂""复旧"三类病态。"老演员、老剧目、老观众"成为上海越剧舞台的基本特征；原来长期合作的"舞台姐妹"不同程度地纷纷"离异"，甚至互不相容，结怨成仇，剧场内外屡屡出现戏迷之间为维护自己的流派而竞相喝彩献花，甚至大打出手的闹剧。中青年演员则一味模仿流派，无创新和突破。越剧流派，自 1940 年代后期形成以袁雪芬、尹慧芳、范瑞娟、傅全香、徐玉兰等为代表的第一代，1960年代初形成以戚雅仙、金彩凤、吕瑞英、王文娟、毕春芳等为代表的第二代，迄今为止，第三代流派难以产生。

这同样并非越剧特有的现象。没有比传统戏曲更尖锐地承当了传统文化与现代化的冲突。这是一种两难的处境和选择：当它赖以生长发展的环境已经整体性地被改变和转换之后，对传统的崇拜和刻意模仿便成为新形势下复兴传统的主要途径，其代价却是使它继续失去更多的青年观众。

然而，企图将传统戏曲通俗化、现代化、流行化的"创新求变"的结果却更为苦涩。北京早在 1986 年就推出了"京剧迪斯科"的"新品种"，上海越剧也进行了加入电声乐器、将越剧唱腔与流行歌曲相结合，使唱腔轻音乐化的尝试。1989 年，上海创作演出的大型神话京剧《盘丝洞》被认为是这种戏曲改革的成功之作。据报道，观众被其"魔术般的机关布景引得目瞪口呆"，被"诙谐情节逗得哈哈大笑"。这多少使人想起当年"恶性海派"的京剧舞台。

与此同时，随着上海人种的"纯"化，作为移民艺术的淮剧也日渐失去观众——苏北籍市民的子女越来越不喜欢淮剧。在上海的地方戏曲中，保持不衰的是沪剧，它保持了演贴近市民生活的现代戏的传统，至今仍拥有广大的观众。

面对戏曲危机的理性声音来自余秋雨。他认识到戏曲正和任何文学艺术样式一样，有其自然的盛衰规律。京剧、越剧就其形式风格而言，只适于表现传统生活，传统题材，不必强求其"现代化"。否则，将导致另一重悲剧：当传统艺术自然地退出流行行列时，作为一种极其宝贵的文化遗产，其真实的面貌、神韵亦未能得以保护和保存。

上海通俗音乐的发展照样曲折艰难。

上海作为1930年代"时代曲"的大本营，素有通俗音乐发展的土壤和传统。"文革"之后，最早的通俗唱法、流行歌手朱逢博，就是上海的产出。随后便是在音乐界的"土洋之争"、鼓吹"民族化"，和对流行音乐、通俗唱法的顽强抵制。1980年第八届"上海之春"，排斥电子音乐；1984年上海青年歌手电视大奖赛，由于规定不准使用话筒，淘汰了大批通俗唱法歌手。沈小岑成为继朱逢博之后，上海独领风骚的第二代流行歌手——此后，上海歌坛尽管人马匆匆，似乎再没有具有全国影响和众所公认的第三代流行歌星了。周冰倩或许可以算一个，但她较早地东赴日本，尚未在国内聚集形成她所可能达到的影响和效应。《上海文化艺术报》的一篇文章在感叹上海没有巨星之时，以"恨铁不成钢"的心情谴责了上海歌手的缺陷：小有名气便急不可耐地"走穴""扒分"，或急攀高枝嫁为人妇远走高飞，或仅凭漂亮面孔挤入影视圈而力不从心，急功近利而难成大器。

上海的大众传播，尤其是广播电台，在介绍引进西方流行音乐方面，无论在容量、质量、时效上在国内堪称首屈一指。上海同时拥有一支无论在数量还是质量上都是其他城市难与匹敌的歌迷群，然而，上海并没有能够成为与北京、广州并驾齐驱的流行音乐的基地。在北京形成了以谷建芬、王酩、郭峰、徐沛东、苏越等为代表的一大批优秀作曲家，崛起了以崔健为代表的中国的摇滚乐群；在广东则涌现了以解承强、毕晓世、张全复、李海鹰、陈小奇等为代表的一批通俗音乐的创作好手；而上海至今未形成一支有影响的通俗音乐创作队伍，尽管上海在组织创作歌曲方面，可能是最积极得力的。

上海通俗歌曲创作的评选已经制度化，每年都评选出若干"优秀歌曲"，却鲜有在全国流行唱响的，被称为"受宠的歌坛，不受宠的歌"，以至于

"获奖的歌曲不流行"已成为客观现实和口头禅。原因之一，是由学院派教授组成的评委坚持所谓的"艺术家"立场，用学院派的"艺术标准"、求全责备的态度裁定通俗歌曲。这些曲式完整、手法严谨的获奖歌曲往往"正统"有余，"味道"不足，甚至"感觉"完全不对，自然无望流行。

作曲家的态度也颇堪玩味。当北京、广东的流行音乐、现代音乐作者形成了各种圈子和组织，创办了私人创作室或同人的创作制作机构时，上海却几乎没有专业的通俗音乐作曲家。名作曲家没有人肯承认自己是搞流行音乐的，深恐有失身份和被视为"不务正业"，不愿真正投入，花工夫学习掌握通俗音乐的编、配、录等制作技巧。有志于此的音乐学院的年轻人，则缺乏生长发展的土壤，有的写了上百首作品，难以发表和传播。

流行音乐和青年流行文化在上海的命运，不能不说是上海文化整体性地陈旧、老化的表现，失去了 20 世纪二三十年代作为中国最活跃的都市消费文化、娱乐文化中心的功能和气象。

二、"上影风格"

没有比上海电影所取得的成就更能体现传统的光荣了。自 1980 年至 1986 年，上影有 9 部影片获"百花奖"最佳故事片奖。1988 年，全国新时期十佳影视导演评选中，上影厂占有 4 位：谢晋、赵焕章、吴贻弓和黄蜀芹。上海电影的主将谢晋，一人便获得 4 次"百花奖"最佳故事片奖，连同 1962 年获奖的《红色娘子军》，他被誉为中国影坛独一无二的"五连冠"。

上影获"百花奖"的 9 部故事片中，《日出》为经典剧目；《庐山恋》为娱乐片；3 部反映农村题材的轻喜剧（《喜盈门》《咱们的牛百岁》《咱们的退伍兵》），其思想文化价值难与谢晋作品并提；使谢晋获得殊荣的 4 部影片：《天云山传奇》《牧马人》《高山下的花环》和《芙蓉镇》，剧本全部是根据外地作家的获奖小说改编的。当以北京青年为主的"第五代导演"不同凡响地崛起之时，"谢晋模式"终于成为值得讨论的课题。偏激的评论者指责谢晋电影背离现代意识的道路取向，擅用俗电影的"催泪技巧"；认为"谢晋模式"已成为电影艺术发展和文化心理更新的障碍。支持者在赞扬他的历史使命感、忧患意识和现实主义创作道路之时，也指出了他所处的"徘徊状态"：新旧杂陈的观念、过于温情脉脉而缺乏理性思辨的力量。在这次讨论之后，谢晋自觉或不自觉地企图突破这一既有模式的不甚成功的努力（所拍摄的力作《最后的贵族》和《清凉寺的钟声》）才真正暴露了他的限制。他所应做的也许不是去改换戏路，而是更彻底地还原他的"模式"。正如一位识者所言，谢晋电影的秘密，是他最多地继承了20世纪二三十年代由孙瑜、吴永刚等所代表的海派电影传统——既符合市民大众趣味，又具有较高的艺术品位和娱乐性，类似于好莱坞电影的样式和风格。令人遗憾的是，这在我们建国后的文化史和电影史著作中，被故意地忽略了，以至于今天的人们只知道当时的左翼电影。谢晋所擅长拍摄的那种情节性强、煽情的"苦戏"：一个被抛弃的尽善尽美的女人；历经艰险，"有情人终成眷属"之类的现代才子佳人戏等等，都是1930年代好莱坞电影的惯常套路。

无论如何，谢晋电影的确是上海电影1980年代的顶峰。1980年代上海文化艺术的发展，形成了自己特殊的文化风格、文化旨趣和生长机制。它大致是两种传统交互作用的结果：旧上海的文化传统和建国后的革命文化传统。电影具有极强的文化辐射力，最通俗和大众化。同时，又是有异于小说创作的耗资巨大的集体工程。上海电影的生产、组织、审美趣味和文化追求便成为上海文化的一面镜子。所谓"上影风格"在某种程度上便成为上海文化风格的代表。

多年来，上海电影围绕每一时期的政治路线和中心任务组织创作，划定题材（工业题材、农业题材、军事题材、历史题材等的比例），并根据重大政治庆典的需要组织献礼片。在这种为政治服务的电影创作中，不仅创作人员的艺术追求、风格、个性无从谈起，电影的娱乐功能和票房价值更是无足轻重，甚至谈虎色变。上影厂依靠较强的群体素质和艺术传统，不仅在"文革"前拍出许多广受欢迎的好影片，在1980年代也时有佳作。但随着文化艺术和文化市场的发展，上影厂长期形成的对政治的依赖，或曰政治功利主义倾向成为艺术发展的内在制约。这不仅表现为热衷于"主题性""主旋律"电影的惯性，更深刻地表现为、内化为上影片的一种文化价值观，即对电影教育功能的片面强调——它经常是以牺牲电影的审美价值和娱乐功能为代价的。

有人认为，"上影至今没有形成一种具有鲜明特征的电影群体形态"，"上影的艺术家并无企图取得某种一致的默契"[1]。这大概是指，尽管上影近年来拍了一些《上海舞女》之类以旧上海为背景的娱乐片，以及《女儿经》《张家少奶奶》等反映当代都市生活的故事片，但在整体上并未形成如近年崛起的"西部片""岭南影视片"那样的整体面貌和文化特色——所谓"海派电影"的风格。这个事实后面，是对自身文化的迷失。海派电影并非仅以上海为背景，或娱乐刺激，这使许多"海派影视"成为没有灵魂的空壳。

这首先表现为城市意识的迷失。多年来，由于电影题材是根据政治需要规划安排的，于是出现了上影厂城市题材成为弱项、农村题材成为强项的逆变。事实上，真正意义的城市题材几乎没有，只有工业题材和阶级斗争戏（如《家庭问题》《年轻的一代》）。1980年代反映当代上海生活的佳作，如《都市里的村庄》《逆光》等，却非出自上影。没有比这个事实更生动地说明了20世纪三四十年代"海派电影"传统的中断。那些影片所表达的上海市民的挣扎、奋斗、辛酸和憧憬，所具有的直面人生的强烈感情、充沛的生命力和令人震撼的艺术真实性，从银幕上消失了。

与新的政治要求和文化主题相适应的创作手法，是长期所推行的"革

---

[1] 《电影新作》，1989年第5期。

命现实主义"和"革命浪漫主义"。早在建国初期，获国际电影节奖的《人民的战士》就引起了电影界的惶恐：影片中一位父亲在谈到在战争中牺牲的儿子时不是悲戚哀伤，而是笑声不绝。苏联电影《金星英雄》放映之后，出现了这种论调："只要我们有了一部拖拉机，就应该在银幕上出现满田野的拖拉机"，这就是所谓"源于生活，高于生活"。银幕上的场景、剧中人的生活环境和生活水平，总是要比实际生活"提高一步"。最后，它终于发展成"文革"中"三突出""高、大、全""红、光、亮"之类的审美模式。

这种创作宗旨和审美风格的结合，在"上影"产生了一种特殊的电影样式：歌颂性喜剧。它以1959年上映、歌颂民警助人为乐的影片《今天我休息》为开端。喜剧是否只能讽刺、有否歌颂功能现已成为值得争论的美学理论问题，但"歌颂性喜剧"的产生背景却有一定的说服力。正如我国的"歌颂性相声"产生于"文革"中，"歌颂性喜剧"则产生于反右之后。1957年前后，上影厂的两部喜剧《球场风波》和《布谷鸟又叫了》遭康生批判，被"拔白旗"之后，上影创作人员不得已而在夹缝中开辟出这一新的喜剧样式。关于《今》剧的讨论出现了一些极端的论调，如"只有歌颂性喜剧才是社会主义的喜剧"之类。据此，夏衍、周扬都先后为"讽刺喜剧"正名。然而，此后"讽刺喜剧"的创作或被"枪毙"，或被改为正剧，始终未得到发展，而歌颂性喜剧则作为上影的"保留节目"延续下来。1980年代上影创作的众多轻喜剧中，被认为真正能算"讽刺性喜剧"的，仅《月亮湾的笑声》一部。①

"歌颂性喜剧"在1980年代的变种，是建立在比较肤浅的戏剧冲突（如误会）之上、无深刻矛盾和思想文化内涵的所谓"爱情喜剧片"，如《她俩和他俩》《烦恼的喜事》《女局长的男朋友》《大丈夫的私房钱》等等。在风

---

① 上海电影家协会编：《上海电影四十年》，学林出版社1991年版，第9页。

格上，它被划为"轻喜剧"，其基本特点是轻快明亮的画面；俊男靓女，甜甜腻腻，笑声不绝；伴之以连续不断的轻柔插曲；杯水风波，怡然冰释。有人评论，上影的轻喜剧带有"奶油话梅般的酸甜味道"，在审美效应上则偏于"微笑"。的确，这种被甜腻媚俗的艺术所伪饰的"当代生活"，与真正的喜剧洞悉人性、震撼人心的酣畅淋漓不可同日而语，在清除了低级庸俗的海派噱头之后，便再也不能使人开怀大笑了！

问题在于，这一传统在上影似乎并未得到真正的革新。当"第五代导演"一反虚假、伪饰的矫情，以《黄土地》《一个和八个》那样粗糙厚重的真实的自然震动影坛时，上海电影仍沉浸在旧的审美时尚之中：难以遏制的教化众生的意愿，"鲜亮轻浅"的画面，充满修辞成分的文学语言，等等。时至今日，上影的某些较好的正剧，仍往往被抹上不必要的鲜亮华丽的色彩，或者加上"光明的尾巴"，以给人"健康向上"的力量。例如，1992年上市的《留守女士》，反映出国潮中上海人的情感生活，可以说是搭到了"海派文化"的脉搏，作为小话剧上演时，出现百场不衰的盛况。然电影结尾处，一反此剧的风格，出现了"红色桑塔纳，彩旗招展的大桥，高歌回荡的天空"，从而"生生截断了观众可能有的无尽的思绪、感慨和内心的追问"。

顺便提及，上影的故事片总是及时地将上海建设发展的最新成就——从万体馆对面的高层建筑，到过江隧道和南浦大桥——摄入画面，以宣传展示"美好的生活"。

虽然没有形成共同的文化风格，但在电影观念上，不妨说上影艺术家是有高度默契和共识的。上影曾多次放弃已经到手、日后一举成名、大红大紫的好剧本，据称，这既出于经济上的过分谨慎，也有政治利害的考虑（对触及时弊的题材）和价值观念上的选择（对反映新旧伦理观念冲突的题材），但"更多的是对现代艺术观念心存疑惧"，"怕承担风险"，"面对中外电影的新潮流却不为所动地在他们习惯的领域内从事着习惯性的耕作"①，致使 1980 年代初上影曾经出现过的艺术探索的尝试（如《苦恼人的笑》《小街》《人鬼情》等）未能保持下去，新锐电影终于在外地大成气候。

作为电影的姐妹艺术——电视剧的创作，面临相似的问题。数年前，香港电视连续剧《上海滩》在上海轰动一时，老报人徐铸成感慨不已："《上海滩》轰动上海是上海人的悲哀。"上海人的这种悲哀并没有结束——上海并非没有拍出过佳作力作，如《围城》《十六岁的花季》，但这只不过表明以上海人的资质和文化传统，有可能拍出多么好的作品。关键仍在于上海无力形成自己的文化风格、文化特色和文化优势，并且无力赶上新潮流——更不用说引导了。例如，北京推出了以《河殇》为代表的文化政论片的样式，它已经成为当今电视专题片的主要样式之一；继《话说长江》《话说运河》之类主观演绎性极强的传统纪录片后，又推出具有现代纪实风格的纪录片《望长城》，被视为对纪录片创作具有革新意义。而由独立制片人拍摄、真正与当代世界纪录片风格和水平"接轨"的电视纪录片《流浪北京》等等，也已在北京问世并获声誉。北京还开创了中国室内剧的先河，并开创了方兴未艾的京味电视剧的潮流。与此同时，反映当代工商业生活的广东岭南影视创作后来居上，使上海处于南北夹攻的窘境之中。

上海影视界摆脱困境的努力，一是靠组织创作"主旋律"片或主题先行的影片，二是打出"海派影视"的形象。后者反映当代上海人的力作不多，引起轰动效应、可以评论的有《上海的早晨》《上海一家人》和《封神榜》等。

《封神榜》以其较低的文化立意、表现技巧和画面处理招致较多批评，报载，人们"边看边摇头，摇完头还接着看"。它使人想到了"海派"那种花里胡哨、不求甚解、肤浅俗气的品质。

《上海的早晨》引起的效果也许主要应从文化学和社会学解释。40 年

---

① 上海电影家协会编：《上海电影四十年》，学林出版社 1991 年版。

前触目惊心的阶级斗争变成了今日市民饭后消遣的肥皂剧，人们津津有味地窥视和品味那个消失了的阶级昔日荣华富贵的生活场景和妻妾争宠的家庭闹剧。小说的政治功能和政治价值早已被市民生活销蚀殆尽。但它还是引起了一些老工商业者的不满，认为对他们旧日生活方式的渲染并不真实，并诋毁了某些人的声誉。

1992 年春节走红的电视连续剧《上海一家人》使上海电视界有扬眉吐气之感，它如愿以偿，获得了群众投票的"飞天奖"的几项大奖。它构造了一个苏北难民的女儿成为布店女老板以及与 3 个男人相爱的情节离奇的故事。然而，与女主角的传奇相比，配角之一"黑皮"由"垃圾瘪三"而成为洋行职员，再成为国民党接收大员的经历则要离奇得多；同样离奇的是，他是由毫无上海人特征的东北壮汉扮演的。被宣传为"上海阿信"的女老板若男如鹤立鸡群，光彩照人。作者用一厢情愿的文学温情任意拔高和美化女主角——在她身上，看不到丝毫苏北难民的文化痕迹，看不到生存竞争和资本积累过程之中的残酷和肮脏，以及由此形成的深刻的心理、道德和文化冲突。这一形象为前述的"上影风格"提供了最新例证。上海人特定的气质、禀赋、生存技巧和语言风格等等——构成海派影视的"上海味"和"市民味"的因素被令人遗憾地忽视了，只在母亲、外婆等几个配角身上略有体现。它的社会政治效果与《上海的早晨》恰好相反，老工商业者为第一次在文艺作品中看到自己被描写为"勤劳致富"的正面形象而欣慰不已，奔走相告。

如果说，《渴望》《编辑部的故事》等不仅有故事、有情节、有人物，并且逼真地和富有感染力地传达出了当代北京的文化特质和北京人的人生姿态，那么《上海一家人》所缺乏的正是后者：那种只可意会仅属于上海人的文化因素，所谓"海派文化"的灵魂和精髓。

三、海上文坛：呼唤力作

相类似地，号称"半壁江山"的上海文坛，也在焦急地呼吁力作，呼吁大作家，呼吁重振当年海上文坛的雄风。

人们注意到了由于上海城市的封闭、人种"纯化"造成的文化弱势，海派文学恢宏气象的消失，与城市人口"移民化"的消失直接相关。一种近乎冷酷的意见认为，不必企图重温"半壁江山"的旧梦，昔日的海派气象并非上海"土著"所创，而是吸引集中全国文化精英所形成的。今日既无此格局情势，上海的作家、艺术家队伍已经是地地道道的"地方队"，强求上海"土著"达到"国家队"水平，岂非自作多情？

上海作家队伍的结构和演变，从一个角度反映了文化传统的变化。

上海的老作家包括巴金、王西彦、施蛰存、魏金枝等建国前的城市知识分子作家和知侠、哈华、吴强、峻青、茹志鹃等来自解放区的作家，他们分别代表了两种文化传统。前者在建国后大致处于被冲击和不得志的蛰居状态，这是全国的共性。与外地（比如北京）不同的是中年作家群体。上海在 20 世纪五六十年代培养了一批以唐克新、胡万春、费礼文、张士敏、陈继光等为代表的工人作家。1980 年代，北京和其他地方在 1950 年代崭露头角、后备受摧残的中年知识分子作家重返文坛，作为"重放的鲜花"或"迟放的鲜花"，成为承上启下的主力。他们的知识构成、文化准备和社会经历，使他们在文化和价值的层面上也成为除旧布新的主力。而此时，上海以工人作家为代表的中年作家群体却已不成气候，他们成长时的那种社会政治条件、文学创作的"金科玉律"均不复存在，他们作为群体的主体价值至少是模糊不清的。他们有的开始写通俗小说，有的成为报告文学作家，有的弃文从商。作家结构上的断层——作为上海本土的中年作家，隔断了对海派文学传统的继承。"文革"后更为年轻的作家，从卢新华到王安忆，主要是在"文革"中离开上海的农村经历中走向文学，获得创作灵感和文化营养的。这一经历只有在一点上重现了海派文化的传统：移民经历对文学创作的影响。他们直到较晚才开始发现和学习自己所栖身的城市的文学传统。

另一些人认识到了上海文化资源的匮乏。

的确，由于城市身份制度的建立，人口流动停滞造成的作家本土化现象，成为城市的共性。对外地作家而言，文学的活力至少部分地从深厚的地域文化传统和丰富的民间文化营养中得到补偿。当文学开始深入到历史和传统中"寻根"之时，"无根"的上海文化更显得窘态毕露。邓友梅、刘心武、汪曾祺等所继承的京味文化趣味，贾平凹的西北商州风情，李杭育的葛川江系列，郑义的《老井》《远村》，阿城的《棋王》《孩子王》，乃至上海周边的陆文夫、范小青等所营造的苏州小巷风情，叶兆言的秦淮画卷，都令上海自愧不如。近年来由王朔"煽"得极火的"新京味文化"，以及广东文化的大举北上，更令上海惭愧。

上海文人发现了"沪语文化"的局限性，认为沪语的当代境遇"象征着上海文化的某种尴尬和无奈"。"上海文化人吃了语言的亏，先天不足"，由于北方语言在全国的覆盖，使曾具有五方杂处的大都市文化特质的沪语文化被逐出了"流通领域"。与此同时，对那种外地人不易听懂，读起来也不好听、不雅的上海方言和噱头，例如"侬""白相""十三点""怪"之类的滥用，作为"海派"的标签，则败坏了沪语的形象。

关于上海应发展沪语电视剧、推出沪语歌曲的呼吁频见报端。然而，"疲惫、贫困的上海艺术家甚至无心去塑造上海的语言形象"，从而使沪语的魅力无从谈起。事实上，一些作家曾在语言上有所尝试，但均劳而无功，不得不放弃。有人建议，"上海普通语"或可一试，它在句式、词汇、语音上与普通话一脉相承，又是上海方言的变体，是一种有特色、能够流通的上海都市语言。

相反的意见则认为，将文学的疲弱归因于文化资源不足，多少是一种似是而非的托词。问题并不在于语言，而在作品本身的贫乏。我们已经看到雄盛一时的海派文学传统中，"鲁迅风"已转换成轻柔甜媚的雅文，而市民文学的底蕴也已流失——我们既没有鲁迅，也没有张恨水了。这才是"沪语困境"背后的真正问题。

上海曾经造就了中国最早的靠卖文为生的职业作家，发展了以大众趣味和市场导向的市民通俗文学，然而，这一传统却并无传人。一些人注意到，上海的有些作家虽然生长于市民阶层，却不屑于对身边"小市民"生活和心态的提炼、把握。诚如邓云乡先生言：一些普通而又十分丰富的生活场景，如乘电车、小菜场、居委会、荡马路等等，似乎都未被作家注意到。他们似乎更喜欢抒写上海西区的幽静、雅致，以及他们不太熟悉的新旧上海的"上层生活"，从而标定自己"中产阶级"的身份和品位。

海派文学还有别一种传统和资源。

与北京和内地其他城市相比，上海固然缺乏传统文化、民间文化的底蕴，但是作为东西交汇的要冲，直接学习、吸纳欧美现代文化的营养和技巧，却是海派文学的一种特色和优势。这在20世纪二三十年代发展出了以施蛰存、穆时英、叶灵凤等为代表的现代都市小说。令人遗憾的是，1980年代中国"先锋派"文学的探索和演练，从朦胧诗、意识流到黑色幽默、魔幻现实主义等等，主要阵地并不在"得风气之先"的上海，仍是以北京为大本营的。近几年来，上海青年作家孙甘露、格非等的文学实验和城市诗的出现，似乎在恢复和接续这一传统。

人们同时注意到了上海作家、艺术家在素质、气质、胆略、魄力等方面的缺陷。

　　北京作家的批评尤为直言不讳：上海人太精明了，所以产生不出大作品。"一个渺小的灵魂，一个不真诚的人，一个工于心计、对个人得失和安危过于关心的人，恐怕很难成为伟大的作家。"他们呼吁："上海作家应该有时代良心和诚挚的思考，要像鲁迅、巴金那样拥抱生活，拥抱艺术，关注时代，以接受全国作家的挑战。"

　　不仅在新时期文学除旧布新的开拓时期，在改革开放思潮与"左"倾思潮不断交锋的变革时期，作家的人格、良心往往比才识和技巧更为重要。推而广之，任何真正的艺术探索和文化创新往往都意味着某种献身精神。这似乎是上海知识分子带有共性的特征：他们从来不乏聪明才智，紧张而敏感，精明而乖巧，他们也不乏正义感和道义感，什么都明白，缺乏的只是勇气。他们是感性丰富的神经末梢，而不是脊梁；是温软丰富的脂肪层而不是骨骼和肌腱。有人说，上海作家太"乖"："他们非常理智非常规范非常自觉，少有失误少有出格少有锋芒。"乖巧和庸俗的结合，形成一个"甜腻腻、黏稠稠的泥潭，使大家乐于沉湎其中而不思超越，不敢超越"①。他们总是期待社会的喝彩而什么也不损失，或者投入最小而产出最大，这需要精确地探测气候，"轧苗头"的本事和打"擦边球"的高超技艺——这是唯一值得冒的风险。

　　有必要再次提及在张春桥、姚文元治下上海文化界的"小传统"，"左"的积习和影响不可低估。1980 年，沙叶新创作的揭露假冒高干子弟行骗的话剧《假如我是真的》遭批判和禁止；此后，戴厚英的长篇小说《人啊，人》又遭批判。这就为原本就聪慧而胆小、余悸未消的上海知识分子划定了难以逾越的边界。

　　才华横溢的剧作家沙叶新是具有强烈正义感和侠骨的上海知识分子之一。继《假如我是真的》之后，他又创作了《陈毅市长》《寻找男子汉》等

---

　　①　宗福先文，《上海文化艺术报》，1992 年 5 月 8 日。

有影响的话剧。他的创新之作《耶稣、孔子、披头士》并被移植到美、欧上演。他的人格和艺术多少体现了"海派"所包含的那些正面价值。虽然，他戏谑地为自己设定的原则仍不乏上海人的聪明：标新不立异，崇洋不媚外，离经不叛道，犯上不作乱。

以他的性格、才情，他深深感到了"上海的艺术家从总体的文化品格上说有那么一点丑陋"。他一方面大声疾呼"理直气壮地反'左'"，一方面呼吁"重塑上海艺术家的文化品格"：

> 上海的艺术家按眼下流行的上海话来说，更是——"勿要太聪明噢！"上海的艺术家什么也不缺，生活经历，文化素养，艺术感觉，创作技巧，应有尽有，唯一缺乏的是艺术家的勇气和真诚。北京的艺术家，也许是因为燕赵自古便多慷慨悲歌之士，所以他们的后代同行也敢说敢写，敢爱敢恨，有一种大无畏的精神，有种独立不羁的文化品格。广州的艺术家，在商品经济大潮的冲刷下，有种原始的率真，有种无拘无束的追求，他们的作品也许简陋，但并不矫饰；虽然狂放，但不失坦诚。上海的艺术家则过于胆小拘谨而又乖巧玲珑。因而最善于揣摩各种精神，最善于察言观色、见机行事，或者说最拎得清行情……可是他们始终不可能有恢宏博大的气度，不可能有沦肌浃髓的深刻，不可能创造出与人民贴心贴肉的文章，不可能产生出振聋发聩的警世之作。[①]

余秋雨则批评了上海艺术家"不上不下"的浮薄习气，认为是"上海生态消极面的集中表现，也是上海艺术文化长期上不了更高层面的重复原因"：

---

① 《文汇报》，1992 年 4 月 4 日。

　　一些创作人员缺少一心为观众、为艺术的质朴追求，热衷于做好大喜功、热热闹闹的浮面文章，或者百无聊赖地期待着突然机遇，或者听到风就是雨地追赶着艺术外的时尚，满腹牢骚却也看不到什么人格操守，怀才不遇却又未必掩藏着多少锦绣文章。结果，上海虽然拥有一支堪称庞大的艺术队伍，但广大观众能从他们那里看到的称心作品实在太少太少。①

　　相比较而言，1987 年问世的俞天白的长篇小说《大上海沉没》似乎更接近巨著、力作。它被介绍为"继《子夜》《上海的早晨》之后，又一部以反映上海社会生活为题材，并具有强烈的史诗意识、清醒的历史意识和深刻的文化意识的长篇巨著"。但是，这只是形似而已。它所引起的"轰动效应"，主要来自这一题材的社会价值，而非小说的文学价值。它与《子夜》和《上海的早晨》的内在联系，是它们同以反映重大社会事件、揭示演绎重大社会理论为使命，具有强烈的载道功能。它们之间的连续性在于，《子夜》写的是冒险家和冒险家的乐园，"早晨"写的是对"冒险家"的批判和对"乐园"的改造，"沉没"则描写了这一过程的后果。

　　大上海的故事舞台转换为一个狭窄拥挤的旧楼，故事的主角是形形色色的小市民，没有叱咤风云和改天换地，没有激情和意义。它借以吸引读者的，或许是对当代上海市民心态和生活隐私的窥视，以及对遥远的旧上海"野性"生活带有猎奇色彩的展示。小说中的正面人物，一个企图重振上海金融业的小市民的儿子，形象单薄苍白，操着作家腔的书面语言，几乎是用过多的理论和雄辩堆砌出来的。尽管这是一部由上海作家写当代上海城市和上海人的小说，但就小说的"海派文化"含量而言，远不及王安

---

① 《解放日报》，1992 年 3 月 12 日。

忆、程乃珊的小说；市民文化的真谛在对市民生活的猎奇描写中消失得不知去向。

人们仍然在呼唤着、期待着巨作。

四、上海美术：没有特点的特点

上海美术虽与上海文化的总体性格和特征相似，但在继承海派文化的禀性上，似有独特之处。

这同样是一支人才众多、门类齐全、水平整齐的庞大队伍，在油画、国画、版画、雕塑、漫画、连环画、年画、儿童美术、工艺美术、美术理论等各个领域，都有辉煌的传统、显赫的前辈大师。同样，上海美术也有建国后30多年形成的围绕中心工作"赶任务"、组织创作的小传统。1980年代初，人们对上海美术有"又多又快、不好不坏"之讽。

海派曾由"海上画派"得名。建国以后，上海国画不敢再以海派标榜，面对着江苏以钱松岩、亚明、宋文治、魏紫熙等为代表的金陵画派，陕西以石鲁执牛耳的长安画派的崛起，上海国画界不免显得形貌松散。固然有唐云、王个簃、朱屺瞻、谢稚柳、贺天健、应野平、程十发、陆俨少等一代名家为号召，却乏众望所归的领袖，亦少标新立异的"叛徒"。这和当年海上画派正可比较。晚清时高手云集、流派纷呈的海上画坛同样散淡无形，无公认的盟主。他们虽然渊源有别，风采各异，但却具有逆时俗、反传统的共同个性，正是后者使其得以构成蜚声海内的绘画流派。如果称"五四"以后的刘海粟、林风眠一代为"后海派"，他们的反叛特征则更易为今人认识。在整体性的中国传统文化和中国画危机的大背景下，在上海城市文化性格发生深刻逆转的环境之中，海派美术宏大气象和内在精神的流失，同样显而易见。

但上海国画并非乏善可陈。创新图变的基因在作为"个体劳动"的画家中比其他领域的艺术家更为活跃。老画家朱屺瞻老年变法，融合中西的大写意花卉和泼墨山水，苍劲雄浑，生机盎然，具有上海画家少有的力度。程十发的人物画，汲取少数民族的文化营养，发展了一种独特的线条和造型设色的技法。中年一代的画家正在形成被评论界所称的"新海派"。陈家泠的"新海派国画"，追求工艺美的视觉效果，通过传统的人文画题材，传达出现代的哲理、情感和美感。较为特殊的是中年画家张桂铭。他将毕加索、马蒂斯等西方现代绘画的因子与汉魏造像石刻、书法、中国画传统技巧等熔为一炉，形成独特的艺术风格，引起西方画界的注意。

上海中年油画家戴恒扬认为，"上海美术界的特点就是没有特点"，不失为认识上海美术的出发点。它反映了上海文化的某种特质。油画界可能比国画界更为明显。

没有强有力的、统一的风格和面貌，在中国文化现实中的积极意义之一，是保存了个性的空间，"不刮风"。评论家注意到，当 1950 年代苏俄画派成为中国油画毋庸置疑的主导画派时，在上海的部分画家却不为所动地闷头搞自己的研究、创作。他们在留学西欧的前辈画家的熏染下，继续在画自己的风景、静物、人物，而不屑去搞什么主题性绘画。

1980 年代初，随着罗中立、程丛林等知青画家的崛起，以四川美院为基地的写实主义绘画一时盛行，它随即发展为一种乡土绘画——反映边陲乡野人物风情的色彩灰暗凝重、照相般精细的作品。在北京，中央美术学院的学院派氛围中，发展出向欧洲古典绘画寻找绘画语言的新古典主义写实画风。而在学院内外，前卫艺术也已风起云涌。这些流行的画风在上海虽然也有所反映，但终如风过池面，得不到强烈的响应。上海的画家不关心那些涉及中国美术发展道路的理论讨论，上海画坛经常被评论为"理论气氛不活跃"，"对当前的创作问题研究不够"，但他们仍在我行我素地搞自己的创作。在艺术风格和审美情趣上，他们对新古典主义的冷漠画风不以为然，认为是缺乏对现代社会敏感的"乡土性旧都会的最后一曲挽歌"。

突出上海文化个人本位的特征，至少在中青年画家群体中，出现了一种多元化的稳态格局。大家以松散的方式交流、切磋、联展，并没有打出宗旨鲜明的团体旗号，一人一派，不愿组团。戴恒扬认为，一方面，上海画家都有各自获得信息的来源与渠道，他们对信息获得的迅速程度优于内地画家，"他们更重视的是被自己经验所认同的那一部分"；另一方面，由于"上海人机敏、行动快的特点，使得某种主张、某种派别在形成之前就已瓦解了。画家们迅速地更迭他们的画风，使他们的面目变得模模糊糊，难以辨认"。①

这与北京画家热衷于组织团体、自立门派不同。北京画家依靠群体的组织行为，聚集能量而爆发，具有强烈的艺术冲击力以及同样强烈的自我实现的现实功利性。具有异曲同工之妙的是，两地观众表现了与画家相同的文化性格。1989 年初，在北京引起巨大轰动的人体画展，在上海并未引起轰动。有人戏称，根据大展第一天出售的门票数，上海人与北京人对人体艺术的心理承受力之比为 1：7。

这种相对从容、平和的艺术氛围，使上海绘画具有"文化气"的特点。这并不是像北京的一些画家，如徐冰的大型现代版画《析世鉴》（俗称"天书"）所表达的那种厚重的历史感和学者气，而是指具有一种文化涵养——既不是"宫廷绘画"，又不是民俗的、工匠的东西，火辣味少。即便是谷文达的前卫派作品，也有这一特点。与内地画家阳刚气十足，具有充沛的生命激情和艺术张力不同，上海画家较少浪漫，他们把"自己的体验转译为一种有序的审美语汇"，从而使对画面的把握更为合理和完善。戴恒扬认为，这是一种"总体上处于一种中性美的现代主义特点"的画风。

---

① 《文汇月刊》，1990 年第 4 期。

上海油画的这种通过自然默契达到的相似画风，除了共同文化传统和文化心理结构的支持，还有一种非艺术的制约：希望在国外获得成功成为对上海画家的最大诱惑。尽管这已成为国内美术界的共同现象，但这种"外向型"的动机和利益选择能在如此大的范围内规范艺术创作的现象，仍是引人注目的。上海的画家以国外美术作品市场为导向，这部分解释了他们不屑参与追随国内潮流和论争、不结伙抱团的原因。他们周密地研究、揣摩、把握动态，不断变换自己的题材和画风，以图有所突破。与海外艺术长达百余年的交融沟通的历史，使他们在这方面有极强的感性和悟性。1988年，上海美协在国外的成员已占十分之一，这一比例现在必然更高。而在海外获得商业成功的上海画家尤多。据朋友介绍，就到美国后适应环境和获得成功的能力而言，上海画家第一，台湾第二，北京第三。

在这个意义上，北京的艺术家倒显得更为"我行我素"了。他们更多是艺术本位的，他们待价而沽，愿以自己所钟爱的艺术风格和特色去叩开市场的大门，因而他们更为"不幸"。

1980 年代初，京沪两地包括陈丹青、陈逸飞、丁绍光、蒋铁峰、袁运生、张红年、艾未未等等，以及"星星画展"的王克平、严力、马德升等一大批中国中青年画家赴美、欧留学，展示了完全不同的行为方式和生存技巧。北京的画家立即将结伙抱团的路数带到国外，试图以团体的力量获得影响。1985 年 12 月，他们在纽约成立了一个"中国海外艺术家联盟"，并发出宣言：

> 我们是海外的中国大陆艺术家，目睹了绚丽的中国古代艺术对于世界的深远影响和近百年来西方现代艺术的急骤扩展，使我们为之忧虑的是中国艺术的现状和将来。
>
> 我们高兴地看到中国几年来的变革，但是回顾历史，我们仍须承

认，中国艺术刚刚走过了自己历史上最为暗淡的一百年。

面对整个中国文化的现实，中国的知识分子和艺术家最大的责任就是：不惜一切地做出努力，使中国人尽快地蜕变为充满自由创造精神的新人，这才是中国实现"现代化"的真正标尺。

我们着眼现代艺术的新观念，学习研究新的潮流，寻求中国艺术的新起点。

自由是创造的条件，而创造才能真正感受到自由。创造的精神就是反传统的精神。只有不断地反传统，才能发展传统。

相反相成、尊重差异、维护多元是我们的信念。

区别、排斥、距离使我们走到一起。

世界在注视着中国艺术的未来！①

中央美院研究生毕业的上海青年油画家陈丹青没有在这份宣言上签名。他在出国之前，以其震撼人心的"西藏组画"一举成名，进入了《世界名人录》。但他在美国的大部分时间却不甚得志。他兼具京沪两地的文化熏陶，他将发宣言视为一种政治上的浮夸。他坚持认为"无论是在国内还是在国外的艺术家，他们面临的真正问题不是艺术自由，而是艺术质量的问题"②。他对艺术的执着追求更近于京派文化精神。他批评了学习西方过程中的那种浮躁和学术精神的缺乏：出洋留学，"行者送者，多以与国际画坛一争长短为使命，雄心壮志固然可敬，但对于学术课题上的重山复水，求道者必须付出长期、艰辛的代价，似乎少见估计在内"；转移西方，"既不求甚解，又好大喜功，稍有小获，即起轩然大波，一时不被承认，则惴惴不安，难定方寸"③。他一再重复西藏主题，他在美国根据昔日照片绘制的作品，被认

① 《中国美术报》，1986 年 2 月 10 日。

② 《中国美术报》，1987 年 2 月 9 日。

③ 《美术思潮》，1985 年第 6 期。

为缺乏早期作品中那种新鲜感和生命力。他却说："一个人一生只能做好一件事。"

1980 年赴美的上海画家陈逸飞，在 1991 年 9 月香港的拍卖中，其新作《浔阳遗韵》以 137.5 万港元创下中国油画在国际市场拍卖的最高纪录，而名声大噪。陈逸飞是善于发现和抓住机会推销自己，根据美术品市场调整题材、画风，而获得巨大商业成功的上海画家的典型。他具有扎实的写实功底，1970 年代是上海油画雕塑创作室搞大型主题性绘画的主力。他这一时期的代表作是为中国革命军事博物馆创作并被其收藏的巨幅油画《人民解放军占领南京》。早在 1987 年，陈逸飞在美国逢迎市场的绘画就受到纽约的中国画家的嘲讽，说他在中国"深受上层人士的青睐，现在又顺利、平稳地转向讨好这里的资产阶级"[①]，他最初似乎是通过画名人肖像而成功地推销自己，但直到哈默画廊收购了他的几幅作品，他的艺术家地位才得以确认，虽然，每幅作品的收购价仅 3000 美元。他继而根据上海青浦县周庄为原型创作的江南水乡的小镇风景画，以浓郁的东方情调打动了美国画商，终于大获成功。他固然有所谓生存技巧和市场策略，但还是以实力和实干为基础的。这从他十年间有 400 多幅作品被购买和收藏可见。

面对成功和议论，他的宽容是上海式的。他自谦地说，不能用拍卖价格高低衡量一个人的艺术成就。他受惠于林风眠、吴大羽、颜文梁、孟光、俞云阶等一代宗师和前辈艺术家，他只是为中国油画走向世界打开了一扇小门。他对境遇不佳的海外中国画家的前景表示乐观，而对中国油画艺术在世界的前景这类大问题，他使用的正是上海人的实用理性思维："关键是每个人要尽自己最大的努力，扬长避短"，"大家踏踏实实地做事，每人选择自己的最佳方式，把自己手上的事情做好，这是最重要的"。[②]

名声远在陈逸飞之上，风靡世界的旅美中国画家、"云南画派"的领

---

① 《中国美术报》，1987 年 2 月 9 日。
② 《上海文化艺术报》，1991 年 10 月 25 日。

袖丁绍光，直到 1992 年春天回国，在京、沪两地举办个人画展，才渐为美术圈之外的国人所知。他的重彩画《白夜》在 1992 年 3 月香港的拍卖中以 220 万港元成交，轰动一时。近年来，他每年在世界各地出售原作和丝网印刷版画的价值，竟高达四千万美元。这位在中央工艺美院受业、从西双版纳汲取艺术灵感的传奇式画家是山西人，他与上海的缘分，在于他大学时的恩师、被奉为中国当代装饰画派开山鼻祖的张光宇，他是 1930 年代的"老上海"。此外，他的商业成功背后有一个不可谓不重要的上海人：他的经纪人刘迟。刘迟 1980 年代中期毕业于上海师范大学后，考上浙江美院美术史研究生，后去美国哥伦比亚大学读艺术史。充分认识到自己兼有艺术素养、英语水平和经营能力的智能结构，刘迟选择了当艺术经纪人的职业，他成为为旅美中国画家沟通艺术与市场的专家。他将他的实践经验写成一本书:《美国的中国艺术与市场指南——献给中国的艺术家》，已在上海出版。这是一个上海人所作的独特贡献。

还可以列举一系列在国外获得成功的上海画家和艺术家。

赴美十年的吕吉人，以中国传统绘画的工笔重彩技法为基础，糅以西画技法，在宣纸上画出前所未见的崭新的中国画——从印刷品看，它极像油画。他的绘画主题，则是"纽约及威尼斯"，通过用崭新的技法表现西方人熟悉的题材，产生既熟悉又新异的视觉审美效果，是他成功的原因。

赴日留学的上海戏剧学院教师胡项成，捕捉当代世界性的环境生态、资源问题等作为主题，借鉴现代绘画丰富的表现手段和材料，运用大自然的各种色彩符号，使他的作品具有博大精深的风格。1987 年获东京美展佳作奖，并在美、法等国展出作品。他选择中南非作为他设立工作室的理想之地。

赴日的青年画家吴一骐，独辟蹊径。他以中国传统的水墨画技法为基础，糅以日本狩野派的渲染法以表现伊豆半岛雾气迷蒙的山水之美，并创造了独特的"伊豆山石皴"，贴切地表现出伊豆水层岩的质感和山势气度。

他将他的"伊豆百景水墨画展"在上海首展后，再在伊豆的下田市展出，以示对家乡的感谢之情。

28 岁的潘仲武通往成功的门径是好莱坞。他为著名影星史泰龙画的巨幅肖像是他成功的开端。他为麦当娜等一系列好莱坞名人画像，叩开了美、加等国高级画廊的大门。

赴美仅两年的上海青年摄影家陈豪，1991 年 11 月获美国最权威的专业摄影杂志《大众摄影》本年度国际摄影大赛的最高奖——最佳作品奖，成为获此殊荣的第一位中国人。他的获奖作品《太空时代的蒙娜·丽莎》被行家称为"给人一种如同乔治·卢卡斯（《星球大战》导演）创造的那种'工业化光束和魔幻感觉'"，使蒙娜·丽莎看上去像是 20 世纪的现代人。美国大师对他说：读书已不重要，你的潜力证明一两年内将出世界级的作品。

出生于上海的青年摄影家徐勇，则从北京走向世界。他的作品不仅为布什总统等西方国家首脑收藏，而且开创了中国摄影家作品进入商品市场的先例。他的作品以每幅 200 美元的价格被收购。他的个人影集，一本是《上海弄堂》，一本是《江南水乡》，一本是《北京胡同 101 像》。根据他的黑白摄影作品《胡同印象》印制的挂历，1991 年冬在北京走俏一时。从徐勇的艺术视角和艺术感觉中，我们不难辨出那种属于上海人的禀赋和灵性。

这个名单正在很快地增长。也许这并不表明在海外获得成功的上海艺术家远比北京（或外地人）多，而只是表明上海的大众传媒在这方面具有远比北京更多的文化自觉、自由心态和职业兴趣，从而最多地集中和报道了这类信息。它恰当地综合了新闻性、可读性，满足着市民的城市荣誉感，以及在领事馆前通宵达旦排队等待签证的"丑小鸭"和"灰姑娘"们的虚荣心。

五、上海人的新闻兴趣

最好地保持了传统优势和实力，保持了海派文化和市民文化价值、品性的，是上海的新闻、出版等传播领域。它不仅是当之无愧的"半壁河山"，而且在全国同行中保持着佼佼者的声誉。

上海是近代中国出版印刷业的基地。1951年，上海出书种类和印数分别占全国的55%和35%。1952年，上海尚有321家私营出版社，经工商业改造后，1955年尚有80家私营出版社。

1989年，上海共有33家出版社，出版物的品种、总印数、总印张大致分别占全国的十一分之一，仅次于北京。但上海重版书的比例，1989年为34.6%，居全国之首，在北京之上。上海出版物的优势主要在于质量，尤以大中型工具书、古籍整理、影印图书、高级画册等为强项。编辑出版的《辞海》、正文12卷的《汉语大词典》《英汉大词典》《中国历史大词典》《中国美术全集》《中国新文学大系（1927—1937）》、共20卷的《经济大辞典》《中国文化辞典》《中国医学百科全书》等高级、大型、重点辞书和工具书，尤见功力。在1987年全国书刊印刷质量的第三次评比中，上海获得6个奖中的5个；1989年在莱比锡国际图书艺术展上，上海夺得4枚奖牌，木刻水印的《十竹斋书画谱》获得最高奖"国家大奖"。

1980年代以来，上海出版的众多学术著作，其精品是翻译的西方学术理论，如上海译文出版社的"二十世纪西方哲学译丛""当代学术思潮译丛"，上海人民出版社的"西方学术译丛"等等，大多是与当代中国现实无涉的基本学理的引进介绍。在1980年代的"丛书热"中，除上述译丛外，上海相对而言只是不太显赫的配角。与北京相比的显著差异是：北京丛书是以中青年学者为主，自组自编，与出版社合作出书，那些著名的编委会成为中青年知识分子的同人组织；而上海的丛书主要是由出版社组织出版的，作者则以中老年知识分子为主。上海虽然也推出了"青年学者丛书""猫头鹰文库""文化新视野丛书"等学术研究类的丛书，但其风格是轻型和雅致的，在思想解放和文化建设的深度和力度上，在对当代思想进程的作用和影响上，不可与同期外省市的丛书相比。

上海出版界引为骄傲的是，出书的"社会效益好"：1988 年以前未有一本书被查禁；1989 年，被查禁的仅几种。这确实体现了上海文化人的素质和状态。

上海真正有影响的丛书是"五角丛书""夜读丛书"之类知识性、趣味性、实用性的通俗文化读物。不论在实力上还是在数量上，上海出版的雅俗共赏的通俗读物、青年读物、儿童读物等等，都具有极大的优势。

同样，上海的报刊以其可读性强，信息量大，较为生动活泼，标题、文字、版式新颖讲究，保持了传统的光荣。在所有的党报中，《解放日报》可能是最优秀的，1988 年，其发行量为 81.4 万份；无党派、无隶属单位的《文汇报》发行量达 130.5 万份；《新民晚报》在全国的各类晚报中居于首位，大概是无可置疑的，发行量达 148.4 万份。最早创立的文摘类报纸——上海的《报刊文摘》，长期保持着兼容并蓄、雅俗共赏的特色，发行量高达 272.3 万份。

上海的期刊品种，建国初约占全国的 30%；1986 年为 541 种，约占全国的 1/7。其中发行量达百万以上的就有《故事大王》《上影画报》《民主与法制》《看图说话》《青年一代》等 7 种。《故事会》《青年一代》的发行量曾分别高达 730 万册和 527 万册。发行量超过 10 万份的，则有 50 多种。在1980 年代新创办的杂志中，《民主与法制》《青年一代》《现代家庭》《文化与生活》《大众医学》《美化生活》《娃娃画报》等等，在各自领域都树立了较高的声誉和不可动摇的地位。

相比较而言，上海刊物薄弱的是理论学术类（主要指人文社会学科）。知识界素有"上海办报，北京办刊"之说。上海《解放日报》《文汇报》的理论版，以及《文汇读书周报》《社会报》《社会科学报》等在知识界卓有声誉，却少有在北京出版或编辑的《读书》《新华文摘》《走向未来丛刊》《知识分子》《东方》之类高品位的知识分子刊物。

在新的文化格局和文化分工中，如果说上海失去了在思想文化上的创造性动力和主导性地位，那么在知识和学术的整理、积累和传播的应用性和操作性层面，上海人的聪明才智、稳健品格、工作精神和工作质量得到最充分的体现。不妨说，新海派文化实际上已形成了自己的文化特色和文化优势，这就是雅俗共赏的高品位的通俗文化。

上海的报纸生动地体现了这一文化宗旨。

1957年春，以为欣逢阳春的赵超构为《新民晚报》提出"短些，短些，再短些；广些，广些，再广些；软些，软些，再软些"的口号，作为报纸改进的方向。1982年元旦，"文革"中被停刊的《新民晚报》复刊，确定了"宣传政策，传播知识，移风易俗，丰富生活"的编辑方针，强调重本地新闻，重文化生活，着眼于社会生活的角度选材，言论短小精悍，"以小喻大，小中见大"。《新民晚报》成为体现上海报刊的市民文化价值的代表，其信息量大，文字短小，兼顾知识性、趣味性、实用性、娱乐性，雅俗共赏的文化品位，成为上海报刊的共同特点。

上海的《新民晚报》《青年报》《生活周刊》等等，不仅版面多，栏目多，为了扩大容量，均采用小号字体。《解放日报》二版的"上海新闻"，平均每天发稿30篇左右，最多的超过40篇。"文革"之后，《解放日报》首先恢复了连载小说这一民初海派报纸的传统。介于通讯和报告文学之间，信息密集、时效性强的大特写，则是上海报人的一大创造，它现在已成为报纸的主要文体之一。

注重报纸的可读性，尽可能地贴近社会现实和人民生活，软化报纸的意识形态色彩和宣传教育腔调，是上海报人的共识。因而即便是党报，时事政治、学术理论、文化艺术、商品信息、股票行情也应有尽有。1985 年底的调查，《解放日报》受读者喜爱的程度仅次于《新民晚报》，位居第二，列于《文汇报》之前。对于党报而言，是极其不易的。

信息密集、及时，这种似乎纯新闻性的要求，蕴涵有丰富的文化价值。它不仅体现了对群众的尊重，对公民"知情权"的维护，也含有海派文化博大和宽容的文化精神。比较而言，上海新闻对上海社情的报道十分翔实，透明度较高，诸如离婚率、涉外婚姻、私人汽车等等所谓非正面的敏感信息，北京报纸极少透露，而从上海报刊却极易获得——这也是我写作此书过程中的实际感受。与此同时，上海对自身问题的曝光、亮相、揭丑和报警，是相当多的外省市报纸难以做到的。

对栏目、版面、标题的讲究，是上海报纸的特色和上海报人的传统功夫，的确技高一筹。试看两例标题：沪上流行"餐桌上的一把火"；"万名读者进书市，五彩长龙雨中游"。1989 年 10 月，中国足球队兵败狮城，《新民晚报》的大字标题是：泪洒新加坡，魂断罗马路。

上海报纸在吸收市民文化营养和指导、塑造市民生活方式上，富有特殊的功能。这包括在购物、服饰、发型、餐饮等方面的引导，强化和制造热点或趋势；从移风易俗的角度针砭时弊陋习，优化和净化生活环境，等等。上海报纸往往自觉地将流行的市民俚语入报，如"轧台型""野豁豁""嘭嘭响""掼浪头""大兴货""香飘"等等，从而促进了这类流行语的传播。因而，在北京，新兴的城市流行语限于在青年中使用；而在上海，从青年中发生的流行语会马上普及各个年龄阶层，成为老中青的共同语言。

特别能体现上海的新闻趣味和文化特征的，不是那种大块的官样文章，而是最受欢迎的几类特色文体。

小言论。上海的大报小报的杂文、短评多采取小言论的文路。林放（赵超构）成为其代表。有研究者注意到林放杂文与韬奋文风的联系。那种直言快语、尖锐泼辣、抨击时弊的特色渐为随物赋形、涉笔成趣、教化民众的随笔和言论取代。因而，赵超构"总是谦称自己的杂文严格说起来，算不得杂文，只能说是小言论，是豆腐干文章，或者叫随笔，或者就叫'社会批评'"①。

　　这种文章说理的特点不是义正词严地讲大道理、搞宣传，而是避重就轻，以虚入实、娓娓动听地讲一些入情入理的小道理。例如，王维在《征订声中话报价》的文章中，细心地为读者算账：1950 年代初，买一份日报的钱能买一副大饼油条，那时日报仅一大张；现在一份日报的钱只能买半副大饼油条，但报纸为两大张，"两样都是生活必需品，一为精神食粮，一为物质食粮。两者一比较，就会发现报价涨得还不算太多"。进而又和烟价比较，便会"觉得报价便宜了"②。

　　类似地，是一类具有教化作用的劝世文章。同样不板着脸，而说些动听的小道理。《新民晚报》"咸淡人生"专栏，一篇《请神容易送神难》的文章，针对一位出国女性希望为留在国内的丈夫找一个临时替代她的女友的善良愿望进行规劝，无道德教训，只是细陈利害：1. 现在女孩太厉害，要她们不为结婚，光跟你玩玩，没名没利的人，她们可不会瞧一眼；2. 找一个纯情女孩，对你丈夫一往情深，你两人的夫妻关系如何维护？ 3. 若遇到一个刁难女子，与你纠缠不休，对簿公堂，情况就更糟。所以还是早打退堂鼓。《青年一代》一篇《君子好色而不淫》的文章，则自诩满足于在公共场合，"用眼睛捕捉女士们的眼睛，直至她们时不时露出一丝小鹿般的惊慌，我便会感到一种略含恶意的快乐"。然后引证审美的"距离说"，认为将上床视为最高境界划不来，不仅费力破财，"花上那么多精力，求得片刻之欢，还要躲躲闪闪，遮人耳目，……赤裸裸如同喝白开水，还要研究如何撒谎"，如果"最后还不得不承担社会责任或受到谴责"，便是"大大的得不偿失

---

　　① 《解放日报》，1992 年 2 月 20 日。
　　② 《解放日报》，1991 年 11 月 14 日。

了"。① 这种教人"意淫"的文字，大概只能见之于上海，堪称奇文。

上海报刊为读者答疑解难的"信箱"或答问文字，尤其详尽实用，全无套话虚言，或理论教训。例如，法律上如何判断"夫妻感情确已破裂"，如何办理涉外婚姻，分处国内外两地的恋人如何办理结婚，夫妻如何办理离婚，出国后住房能否保留或出租使用，等等。一篇介绍中外通婚程序的文章，甚至这样结尾："中外通婚，别具魅力，而魅力是月光下一条缓缓流动的河。"一位城市青年与农村户口的姑娘恋爱，遭家人反对而心烦意乱。《新民晚报》的"全家福信箱"这样开导他："如你俩已难舍难分，分手后会影响你一辈子，则要三思而行；但如尚未发展到这一步，根据现行户口制度，子女往往跟女方入户，婚后孩子、口粮、读书问题很多，加之夫妻分居，久而久之也会影响感情，与其这样，不如趁早分手好。"上海人的实用理性可见一斑。

此外，是记叙、描摹凡人俗事的小文字，尤以《新民晚报》的一些专栏有味。不仅喜怒哀乐、生老病死、衣食住行之类的人生情感和境遇，而且包括赤膊乘凉、剃头洗脚之类在北京绝不登大雅之堂的俗事俗情，只要有心得体会、情理韵致，皆可上报。一篇《地铺情》，写一个女孩睡地铺长大，直至结婚才上床睡觉的辛酸。一知识分子写的"恨事"：一恨油条太粗；二恨蒙田之书无全译本；三恨茶叶太贵。另一篇文章作者写怀孕之后人皆恭喜男孩的人情世态，她说自己无所谓男女，"随便"，"别人便笑得越神秘了"，于是说喜欢女孩，人皆大笑，说"摆噱头，勿要讲了，晓得侬蛮难讲格"。有带小孩的叫小孩猜"阿姨肚皮里是弟弟还是妹妹？"答曰弟弟，其母夸"乖小囡"，并补充"小囡闲话是准的"；答曰妹妹，其母便沉下脸让他重讲，并补充"小囡有辰光乱话三千"。

还有一类广受欢迎的文字是社会新闻——"小言论"风格的社会新闻。

---

① 《青年一代》，1991 年第 2 期。

这包括对上海滩陪酒女、男保姆、洋买办之类"奇闻怪事"的报道，名人官司、绯闻逸事之类的花边新闻，以及刑事案件、火灾车祸之类负面事件报道。最具上海地域特色的，是对身边的小市民的丑态洋相的针砭揭示，往往令人捧腹而摇头不止。例如，一位张大妈将买来的苹果藏一只到路边的冬青树下，回去找摊主算账"缺斤短两"，"斩他一记"。一位极精明的讨价高手，从农民手中低价购进皮蛋，自鸣得意，不料买的却是经伪装的土豆。三位青工上夜班，关在厕所里喝酒吃猪头肉唱《酒干倘卖无》，因为值班长是女的。一青工大发"英国球迷病"，观球时忘形失态，拍未来老丈人的肩膀口出狂言，婚事告吹。一位蛮横的菜贩，与顾客争吵不支，称"跳点'分'给你们开开眼界"，孰料袋中仅一张百元大票，余皆零星角票，尴尬之余，急中生智，掏出《释放证》来开人眼界。

上海和北京的文化差异之一，是上海几乎没有民间的、体制外的文化生长，但"官方"的文化却因贴近市民生活和心态（或曰市民文化对官方文化的渗透、改造）而能较好地满足市民的口味和需求；北京则相反，相对于民间新鲜活泼的发达的青年文化，"官方"的传媒显得格外沉闷。

1986 年，中国人民大学舆论研究所对《北京日报》的调查显示，对其总体评价，认为办得"好"的占 14%，认为"较好"的占 53%，二者合计为 67%。但进一步分析，读者文化程度与评价之间的关系是：文化程度偏高的读者，评价偏低；文化程度越低者，评价越高。[①] 对《北京晚报》的评价类似，按读者社会特征的分类统计，少年和农民读者的评价最高，而大专以上文化程度的干部和科教文卫人员评价最低。[②] 这不仅表明它远未达到"雅俗共赏"的程度，而且表明了北京报纸的一些根本性缺陷。

据调查，读者对当时《北京日报》的 6 个专版和 16 个专栏，"喜欢"或"比较喜欢"达 50% 的，分别为 3 个和 6 个。突出的反映是"没有地方特色，

---

① 陈崇山等主编：《中国传播效果透视》，沈阳出版社 1989 年版，第 438 页。

② 同上，第 448 页。

对北京人民关心的问题讨论不够"。此外，比较一致的看法是"官味太浓，群众的声音太少"，人物报道"虚假过头""报喜不报忧""很少触及现实问题""与己有关的内容不多"。强烈要求减少的内容是：会议新闻、先进人物、工农业生产情况等；而要求增加的内容是：市场供应和生活服务、经济改革的进展、有关经济工作的批评报道。①

对《北京晚报》的批评类似，认为"对群众在思想、生活中遇到的各种问题反映不够"。复刊初期那种犀利、泼辣的风格无存，而"官味"日浓，它被讥为"一分钟晚报"②。读者要求"多一点家庭味，多一点北京味"，"注重批评报道，标出叫座栏目"。然而，几年前"京晚"颇受欢迎的批评性文字和专栏"古城纵横"却不知何时被取消了。1987 年，"京晚"仿效上海等地报纸实行扩版，征订时几遭灭顶之灾，不得不取消扩版计划，直至 1991 年才扩为 4 开 8 版。

上海办报的特色得以保持发扬，很大程度上是靠上海的一批老报人，如徐铸成、赵超构、陈虞孙、冯英子、钦本立等的继承传递。尽管历经曲折坎坷，建国后他们基本仍在主持办报，奠定了《文汇报》《新民晚报》的基本风格，从而影响、左右了上海报刊的风格和趣味，使海派传统没有像在文学、电影界那样显著地中断。这还包括上海报业和报人的职业精神、专业水准的传递和保持。上海出现了一批具有敬业精神、专业化水准的中青年报人，包括编辑、记者、专栏作者，如司马心、许锦根、周惟波、曹正文、周稼骏、陈保平等等，而我们几乎难以列举北京诸报具有类似知名度的中青年报人。有人说，北京难以出现以办报为业的高水准专业人员的原因，一是某些显露才华的青年马上当官了，他们不可能也不安于当报人；二是一些才华横溢但显露锋芒的人，则被迫离开了这个领域。

---

①　中国社会科学院新闻研究所编：《中国新闻年鉴（1987）》，中国社会科学院出版社 1987 年版，第 161—170 页。

②　《北京晚报》，1987 年 8 月 14 日。

第八章

新北京
和第三代人

1966 年爆发的"文化大革命"，作为一场空前的民族灾难和文化浩劫，不仅成为共和国历史上最惊心动魄的悲剧，也构成 20 世纪下半叶人类历史的奇观。由北京发源的红卫兵运动疯狂席卷几千万大中学生。在纽约、芝加哥、旧金山、巴黎、西柏林和香港，都出现了信奉毛泽东主义的"左"派学生和红卫兵组织。红卫兵成为 1960 年代世界范围风起云涌的青年学生运动的标识和文化符号之一。

几乎与北京红卫兵造反的同时，捷克作家米兰·昆德拉在小说《玩笑》中揭示了这种历史荒诞，虽然他根据的是他 1950 年代在捷克的体验：

> 青春是一个可怕的东西——它是由穿着高统靴和化妆服的孩子在上面踩踏的一个舞台，他们在舞台上做作地说着他们记熟的话，说着他们狂热相信而又一知半解的话。历史也是一个可怕的东西：它经常为青春提供一个游乐场——年轻的尼禄，年轻的拿破仑，一大群狂热的孩子，他们假装的激情和幼稚的姿态会突然真的变成一个灾难的现实①。

1970 年，玛格丽特·米德的《代沟》一书，对此作

① 米兰·昆德拉：《玩笑》，作家出版社 1990 年版，第 88 页。

出了文化人类学的回答。她敏锐地意识到，世界正在发生某种"非常新奇的事情"，她认识到"60 年代是独特的，因为我们第一次明白……摆在我们面前的现实就是整个世界的现实"。她意识到一代新人出现了：

> 全世界的学生暴乱使他们与其 40 岁上下的父母们分道扬镳了。他们以全新的眼光对他们所见所闻进行思考和判断，去审视一个以前从未有过的世界。这是一个全体青年人同时踏入的世界，不管他们的国家如何古老，如何不发达。[①]

的确，没有比这一事实更为不可思议，从而表明了一种时代的特征：在与世隔绝的中国内陆发生的动乱，意味着中国青年并无例外地置身于一种共时性的历史进程和文化运动之中。

1980 年代初，代际理论和代沟的概念终于传入了中国。

也许，并非米德的理论征服了中国，而是中国的几代人之间前所未有的对立和反差，使代沟成为一种不争的事实，成为如米德所说，超越了古已有之的老派父母与现代子女的冲突，而"应当用大写字母来拼写的一种独特的事件"。

中国人终于被按照年龄和共同经历划分成不同的几代人。继第三代人艰难地为自己正名之后，第四代人当

---

① 玛格丽特·米德：《代沟》，光明日报出版社 1988 年版，第 8 页。

仁不让地加速相互认同，塑造公众形象。

　　作为整整一代人的共同经历，这种文化演进并非孤立和个别的现实，而是在中国大地同时展开的。但是，正是在政治文化中心的北京，这一过程更为典型、更为集中和更为清晰。这使得北京理所当然地成为 1980 年代蔚为壮观的社会变革和文化变迁最富活力和创造力的源泉，同时深刻影响了北京城市文化和城市人格的发展变化。

一、"代"的诞生：青年文化的兴起

1978 年 12 月，在"天安门事件"甫获平反的激动人心的日子里，再一次激起了全民族的诗歌热。在首都的一次诗歌朗诵会上，老诗人艾青的一首歌颂四五英雄的长诗《在浪尖上》获得满堂喝彩。诗的最后一段是这样的：

> 要是有人问
>
> "文化大革命"有什么成果？
>
> 这就是在交付了太多的代价之后中国出现了新的一代青年！ ①

欣喜之后，全社会都感到了新人"诞生"的痛苦和压力。他们聚集在西单，呼吁政治民主和"第五个现代化"之时，也捧出了风格迥异的诗歌、小说、绘画和摄影作品。冬天的"暴风雪"，千百万被下放的知识青年重返家园，造成了城市的爆炸。他们立即被贴上各种各样的标签：怀疑的一代、思考的一代、荒废的一代、迷惘的一代、被耽误的一代……

所有人都意识到他们是与众不同的、有些不可思议的一代。他们是以这样惊天动地的重大历史事件作为自己的共同经历的：红卫兵运动、知识青年上山下乡运动、四五运动。他们是 1950 年代"祖国的花朵""共和国的同龄人"，1960 年代横空出世、大闹天宫的"红卫兵小将"，1970 年代遍布黑土地、黄土地、红土地的知识青年。

每一个人坎坷的生活经历、人生体验，都是一种宝贵的财富，而且是

---

① 艾青：《艾青诗选》，人民文学出版社 1979 年版，第 370 页。

仅属于个体的、难以传递或遗传的独特财富。但是，当这种独特的生活经历和人生体验为一代人所共有时，它的意义便远远超越了人的个体，成为一种历史性的个体，成为一种社会历史现象。当它构成并转化为一代人的共同文化时，便成为社会变迁的一种潜在的文化动力或文化资源。当这一因素与某些特定因素或契机——例如生育高峰、社会危机等等——重合相叠，便有可能对社会历史进程发生深刻的影响。

我记得当年的《参考消息》刊登了一位西方观察家对中国领导人善意的进言：为数巨大的这一代人将成为中国的最大障碍，他们被荒废了学业，不学无术，却有一身造反的脾气。中国的现代化事业若要顺利进行，首先必须"拔掉他们身上的雷管"。

1980年，《编译参考》杂志刊登英国人迈克尔·雅胡达的文章《中国的政治接班问题》，这也许是中国引进政治"代"的概念的首创之作。作者提出"政治上的一代人"的概念，是一组在成年时具有共同基本历史经验的人，它与人口学的代际概念不一定重合。他提出中国"政治上的五代人"是：

（1）1949年前参加革命的共产党干部；（2）1949年以前培养的老知识分子；（3）20世纪50年代"苏联时期"培养的知识分子；（4）"垮掉的一代"，即"文革"中成长的一代；（5）新的一代："文革"后的"新生代"。[①]

稍后，有人提出"六代人"理论，有人提出"四代人"理论。在代际划分上的差异，主要在于将1949年以前的人们划为几代：有人试图将五四时期的第一代共产主义者与抗战时期的"三八式"干部划为两代；有人则将更早的启蒙知识分子也视为政治上的一代；但在建国后三代人的划分上，则

---

① 《编译参考》，1980年第6期。

如出一辙：1950 年代的一代、"文革"的一代和"文革"后的一代。1985 年，柯云路在小说《新星》中提出"四代人"理论。1988 年出版的张永杰、程远忠所著《第四代人》一书，成为第一部探讨研究当代中国的代文化和代际特征的专著。由于该书的流行和广泛传播，固定了关于代际划分的论争。作者将建国前战争时期长成的第一代人誉为"一代英豪"，将 1950 年代长成的第二代人称为"灰色"的一代，"文革"中长成的第三代人被称作"边缘人"，"文革"后改革开放时期成长的青年则是"第四代人"。

如果说，代和代沟的概念即便在西方也是新鲜而陌生的理论，那么在中国则更为敏感和危险。笼罩整个社会的大一统的革命文化（它曾经也是由一批年轻人所创建的处于边缘地位的青年文化）被出乎意料地打入了一个楔子。它马上遭到正统理论家的痛击：革命的两代人之间没有隔阂，而"极少数、极个别货真价实的老反革命分子""顽固地走资本主义道路"的人与"唯恐天下不乱"的青年人之间也没有隔阂。

终于，昔日的红卫兵和知识青年以中年的成熟普遍进入社会各个领域——他们被称为"第三梯队""第四代画家""第五代导演"等等，成为驾驭 1980 年代思想理论、文化艺术新潮的主力，而备受社会赞扬。然而，这并非一代人的特殊机遇或奇迹，而只不过是世代更迭、每一代青年都将经历的从社会边缘向中心移动的自然过程。因而，它比任何理论都更强大有力。同样，大洋彼岸当年的"嬉皮士"也变成了衣冠楚楚、出入大公司的"雅皮士"。

成人社会对青年的批评抱怨转向了更为年轻的一代。他们是中国历史上前所未有的无拘无束、自由放任甚至肆无忌惮的一代——至少表面上是这样。他们是第二代人的子女、第三代人的弟妹。他们马上被构建了属于自己这一代人的文化；不仅用牛仔裤、披肩发和迪斯科制造"动乱"，而且用连续不断的学潮宣告自己的存在。终于，当牛仔裤成为包括儿童在内的全体社会成员的共同时装，而迪斯科成为中老年人的健身娱乐时，社会的宽容进一步增加了。青年问题、青年文化和青年研究正在游移出政治和意识形态的警惕目光,在文化学、社会学、教育学、心理学等等的交集地带安营扎寨。

代际意识是从第三代人开始觉醒的。第一代人毫不犹豫地把自己的文化变为要求代代相传的社会主导文化;第二代人无可选择地笼罩在前辈巨大的身影中;第三代人则从革命文化的母体中分娩出来。"没有哪一代人像第三代人这样具有明确的代际意识,第三代人作家在他们的文学作品里毫不掩饰地表现着这一点。"第一代人和第二代人说"我们",指的是党和国家;第三代人说"我们",指的是自己这一代人;第四代人不再说"我们",只说"我"。

第三代人是以红卫兵的形象登上中国政治舞台的。

对 1960 年代西方学生运动的研究引起了前红卫兵的兴趣。它的基本结论之一是:青年的反叛和青年亚文化的出现是社会文化变迁的征兆;它是由于社会制度、社会结构或社会文化的危机,形成一批发生认同危机的疏离型知识青年而造成的。以此反观中国,我们甚至难以确认红卫兵运动是真正意义上的青年运动——这不仅因为它的许多成员还仅仅是少年,而且从一开始它就是效忠、复制成人社会主流文化的产物,青年人的"反叛"是为成年人所鼓励和怂恿的。

这种说明也许更有意义:红卫兵运动对于一代人起"动员"和"释放"的作用。

正如莫里斯·迪克斯坦——他的《伊甸园之门——六十年代美国文化》成为中国青年自我认识的重要书籍——所称:"每一个时代都倾向于(正如黑格尔和柏拉图早就表明的)培养它自己的衰败原则和养育最终将推翻它的精神。"[①] 他认为美国 1960 年代的"嬉皮士"运动正是 1950 年代存在主义

---

① 莫里斯·迪克斯坦:《伊甸园之门——六十年代美国文化》,上海外语教育出版社 1985 年版,第 54 页。

的沉思冥想的典型产物。红卫兵运动成为第三代人文化的"第一推动力"。由此开始，青年文化——也是一代人的文化，按照历史发展的内在法则，偏离了设计者和驾驭者预先设定的轨道，并逐渐产生了自身的内在驱动和运行逻辑。被操纵的反叛终于变成了真正的反叛。

在文化变迁的坐标上，为期两年多的红卫兵运动自酝酿、组织到爆发、鼎盛，至溃解、式微，包括了从原教旨主义的圣战运动到颓废、纵情的"嬉皮士"运动的全过程。它对应的是一代青年从迷信、狂热到迷惘、失落，以及价值重建的精神历程；从政治卷入到学习、思考，至探索、创造的共同文化的形成过程。在红卫兵运动失控和崩溃之后，才出现了具有独立价值的文化因素。它的下一个形态是知识青年"上山下乡"运动。知青一代的文化，对他们自身而言，是人格和文化的重塑；对社会文化而言，却是文化转型、蜕变的一种过渡和准备状态。1970 年代知青一代的"地下文化"，到1980 年代初终于涌出地表，成为令人瞩目的青年知识分子文化。

正是在这样的意义上，红卫兵运动可以被视为第三代人自 1960 年代开始的青年运动和文化运动的组成部分。从红卫兵文化经知青文化至 1980 年代的青年知识分子文化，其发展的线索清晰而完整。而 1980 年代以北京为中心、以第三代人为主力的现代文化运动，在文化发生、文化特征、知识分子群体人格等各方面，都可以上溯 20 年，在红卫兵文化中找到共同基因或初始形态。

二、红卫兵的早期环境：学校和大院

现在所说的红卫兵，至少有 3 种不同内涵：一是指"文革"初期，以北京的干部子女为主组织的首批中学红卫兵，或称"老红卫兵"；二是指红卫兵得到毛泽东支持走向社会后，大中学校广泛成立的各派红卫兵组织——

这是一个共和国历史上罕有的"自由结社"的时期，然而，每个红卫兵组织都以忠于毛泽东为宗旨，并都以造反派自居，互相争斗不休；三是指1968年"复课闹革命"，中学恢复秩序之后，用以取代共青团的先进学生组织（在小学，则用"红小兵"取代了少先队，直至1978年），它已不再具有"造反"的属性。通常所指的，主要是前两个概念上的红卫兵。

尽管作为遍及大中学和整整一代人的运动，红卫兵运动包含了不同阶层、不同身份、不同利益要求的各种组织和群体，但它首先是在特定的环境——首都的某些中学——和特定的学生群体——干部子女——中发生的。它的发生和兴起包含了丰富的社会学、教育学的信息，与北京文化也有值得探讨的内在联系。

从政治社会化的角度，对青少年而言，学校和家庭是最重要的两个归属层面。

"文革"前的学校教育，令过来人的感性和理性评价产生严重的失衡。他们的童年和少年时代，感染了共和国初期明朗温暖的底色——这既是因为他们尚不能直接感受社会政治的压力，也由于学校着意营造的"玫瑰色教育"。它赞许和培养诸如勤劳、勇敢、艰苦朴素、无私和利他之类的品德，重视学风校风、生活规律、行为习惯等基础文明的养成。然而，随着1950年代后期"左"倾思潮的泛滥，学校教育的内涵发生了某种变化。

"文革"前的学校教育，有人称之为"接班人教育"。在这套系统中，教育的真正价值是政治教化。用当时的术语，教育的宗旨在"反修防修"，防止"和平演变"，培养无产阶级革命事业接班人。毛泽东于1964年提出的"接班人"的五项标准，成为全体社会成员的共同目标。而这个著名的五项标准，几乎全部是政治要求，没有对知识、文化和业务能力的要求。这种教育将每一个人的人生价值和生活目标直接纳入中国革命和世界革命的宏伟理想，但在教育实践中却有一种似乎自相矛盾的倾向：一方面，它高度肯定革命英雄主义、首创精神等进取性的品质和价值；另一方面，它将这种革命化的追求指向永无休止的自我改造——术语叫"思想革命化"。它所实际要求的，是以忠诚、服从、驯顺、献身、克己等为主的道德行为，在"文革"中，这被批判为"驯服工具论"和"奴隶主义"。与此同时，青年学生对社会、历史、人生以及自身发育成长有关的最重要的知识所知甚少，甚至一无所知——"纯洁"也是学校教育所暗中追求的目标。它造就了极为特殊的一群中学生。这种畸形人格，阿尼达·陈称之为"权威人格"，这是一种"崇拜权威并屈从权威，但与此同时……又希望自己本身成为权威，而要求别人屈从他自己"[①]的人格结构。

那是一个理想主义、浪漫主义激情澎湃的时代，一个英雄崇拜的时代，青少年沉浸在早日加入埋葬帝、修、反，解放全人类的革命豪情、青春幻想和躁动之中。各地都有一批中学生，未及毕业就奔赴边疆或下乡务农，投入"火热的三大革命运动实践"（毛泽东语，指阶级斗争、生产斗争和科学实验）。这种美丽而空洞、纯洁而几近空白的教育，奠定了一代人不可救药的英雄主义、理想主义、浪漫主义的基调，为此，他们必须付出全部青春乃至整个人生的高昂代价。

当时，这种教育是全国一致的。不同的是，在革命中心的首都，这种政治教化对青少年有特殊的刺激和感染。贴在每一个教室领袖像两侧的标语"胸怀祖国、放眼世界"，这种革命文化所教喻的政治思维、宏观思维、世界眼光和心理空间的扩大，在天安门广场群情激荡、排山倒海的政治集会中得到视觉的寄托和审美情感的升华；在各种政治活动和外事活动中，能经常见到毛泽东等党和国家领导人的优先权，助长着北京人自视与众不同、负有特殊使命的政治责任感和政治优越感。这正是使北京人成为"政治人"的心理和感情酵素。

在这种政治教化和人格塑造中，北京地域文化的作用是十分有限的，

---

① 阿尼达·陈:《毛泽东的孩子们》，渤海湾出版公司 1988 年版，第 257 页。

可以找到的影响，如"文革"初期广泛使用的政治概念"自来红"和"自来白"，取自北京产的两种月饼的名称。有必要提到北京的自然环境。没有比在长城登临，在香山之巅指点江山以及在圆明园遗址凭吊，更能感受历史的沧桑感和政治对社会历史的改造；更能寄托和抒发毛泽东"数风流人物还看今朝"那样的英雄豪情和政治抱负。香山顶峰的"鬼见愁"，后来被红卫兵用以命名宣扬血统论的对联（老子英雄儿好汉，老子反动儿混蛋）。1966 年 5 月 29 日，由清华附中的 7 名中学生秘密组织的中国第一个红卫兵组织的诞生地圆明园。

　　"文革"前北京的中学，呈现两种文化并存的特殊面貌：一方面，由旧北京留下的男女生分校的传统，使北京有众多的男中和女中；而在上海，只有少数几所女中，没有男中。另一方面，建国后新建了一批干部子弟学校，这同样是上海所没有的。

　　早在 1952 年，政务院文化教育委员会批准各地可以设立干部子弟小学。1955 年 10 月，中共中央决定取消各地干部子弟学校，改为普通小学，招收附近机关的工作人员和群众的子女为走读生，停招寄宿生。至 1957 年 9 月，北京的干部子弟小学全部改为普通小学，但中学的情况较为复杂。1955 年，教育部指示北京师大二附中及师大女附中改变干部子弟学校性质，干部、群众子女均可报考，不受限制。但一方面由于高级干部集中居住在东、西城区，另一方面，从 1960 年代初后推行阶级路线，在招生中对干部子女实行倾斜政策，致使城区的几所最优秀的重点中学干部子女的比例相当高。据何新估计，当时北京的一般学校，干部子女约占 15％，各类国家公职人员子女占 25％，工人及城市贫民子女占 50％，其他约占 10％。[①] 另据北京四中的一位老红卫兵称，1960 年代初，在这所高干子弟最为集中的重点中

---

　　① 《自学》，1989 年第 11 期。

学，干部子弟、高级知识分子子弟和民主党派、民主人士的子弟约各占三分之一。位于郊区的军队系统的干部子女寄宿学校，如八一学校、十一学校等，直到 1964 年才交给地方管理，并向附近群众开放。"文革"时，干部子女占 80％左右。

1966 年夏，中学红卫兵运动的中坚主要是两类学校，一类是地处郊区海淀的北大附中、清华附中、人大附中等寄宿的重点学校，以及八一学校、十一学校、101 中学、育英中学等干部子女高度集中的学校；另一类是位于城区的四中、六中、八中、师大女附中、景山学校等高干子女相当集中的学校。而红卫兵首先是在郊区的寄宿学校兴起的。

造成同龄人群体互相认同、形成共同意识的重要条件是他们频密接触交往的环境。干部子女高度集中的学校——尤其是寄宿学校——和集中居住的大院，最大限度地满足了这一条件。这可以部分解释红卫兵何以首先发源于清华附中、北大附中之类的寄宿学校。另一个重要原因是，这些中学在以北大、清华为中心的大学区文化圈之中，受到大学政治文化的强烈辐射。

不论其他因素，特殊的信息渠道——它体现了一种政治优势和文化特权——促成了红卫兵的思想动员。干部子弟们首先通过公共舆论和内部讲话获得了激励，并促进互相认同。这些讲话在两个方面鼓励了红卫兵：一是可以造现行学校教育的反；二是干部子弟要有高度的使命感和责任感，首先接好革命的班。这段后来流传甚广、出处不详的著名语录，固然是对一代青年的期望，但对干部子弟来说，这似乎首先是对他们的特殊召唤：今后的几十年，对祖国的前途和人类的命运是多么宝贵而重要的时间啊！现在二十来岁的青年，再过二三十年正是四五十岁的人。我们这一代青年将亲手把我们一穷二白的祖国建设成为伟大的社会主义强国，将亲手参加埋葬帝国主义的战斗，任重而道远，有志气有抱负的中国青年一定要为完成我们伟大的历史使命而奋斗终生。为了完成我们伟大的历史使命，我们这一代要下定决心，一辈子艰苦奋斗。

在当时的学校教育中，有两类人感到了严重的压抑，他们后来成为两类红卫兵的骨干。一类是具有"权威人格"、充满政治敏感和政治抱负的干部子弟，他们感到了毛泽东的革命理想与学校教育所实际要求的驯顺服从的道德人格的尖锐冲突，在他们身上成熟和聚集的青春激情、英雄渴望，使他们犹如被压紧的弹簧，等待着释放和跃起。后来成为北大附中红卫兵的笔杆子的宫小吉，在1965年写下一篇具有"反骨"的作文《得5分的诀窍》，流露了这种困惑和压抑。这篇作文说，他转过几次学，他的作文有的老师说好，有的说不好，使他无所适从，不知该如何写。后来终于悟出了个道理：老师的框框是方的，学生的脑袋是圆的，所以学生的脑袋永远也套不上老师的框框。据说，这篇作文得到过毛泽东的称赞。

另一类受到压抑的是出身于非"红五类"家庭的富于才华的学生，他们在社会政治中次等公民的地位，使他们内心充满自卑、委屈和不满。在通常的情况下，他们只有一条自我发展的道路，即所谓的"白专道路"，通过优异的业务能力获得向上流动的机会。当"文革"爆发，废止高考制度，断绝了这一生路，他们便面临"逼上梁山"的境地，被迫在艰险的政治战场上生存发展。1966年10月，对刘少奇"资产阶级反动路线"的批判提供了这种契机。

在另一个归属层面——老红卫兵的家庭环境，也有值得认识的特征。

北京的新移民——建国后进入首都的干部和知识分子，他们往往是青年时就叛离或脱离家庭，参加革命，割断了与老家或原出身阶级的精神和文化联系。他们的生活行为和习惯被长期军事化、组织化、集体化的军旅生活所改造或同化。他们是当时社会双职工和核心家庭最多的阶层。有些人在建国后将老人从外地接来抚养，但老人已丧失了在传统家庭中的至尊地位以及对儿孙的教育权，如果他本身是剥削阶级成分，情况就更糟。

当时的典型情况是，家庭教育被社会教育、学校教育所取代，真正具有文化传递作用的家庭教化、人格养成十分微弱，工作繁忙的父母无暇顾及儿童发展的细微方面，甚至与子女独处的时间都十分有限，子女如果不是在寄宿学校上中小学，那他至少是在寄宿的幼儿园度过童年的。对很多干部子弟而言，除了学校教育之外，大院环境中同辈人群体自组织的集体活动或许比家庭教育更有意义。

相当普遍的情况是，许多干部子女从幼儿园起就是同学，直至小学和中学。大院的共同生活环境，大院孩子间的集体游戏和交往，极大地增强了他们的身份优越感，而鄙视大院之外胸无大志、不问政治的庸俗的"小市民"。这种幼稚和盲目的优越感很快被赋予有关"祖国前途和人类命运"的重要意义。随着对"修正主义上台"危险的可怕宣传，他们加强了这种共同认识：一旦"匈牙利事件"在中国重演，资本主义复辟，对千百万劳动人民是"吃二遍苦"，而对他们，则是"人头落地"的问题。

大院孩子们的集体活动，同时培养了他们的群体意识，集体化、组织化的行为方式。

在家庭中，与子女接触时间相当少的家长，施行的也往往是无异于报纸宣传、学校教育的政治教育，他们更关心子女在政治上的进步，要求他们入团、入党。有些家庭和家长，有时也对子女实行特殊的政治培养。

出身于将门的女作家张聂尔在小说《将门男女》中写到，身为司令员的柳洞天"总要把许多文件带回家让他们看"，除了最机密的文件以外，让子女和他一起"享受军以上干部的待遇"，"这是爸爸在政治上培养你们，让你们多懂一点"。

据说，当年林彪曾刻意培养林立果，在家中让他遍阅文件，享受"政治局待遇"。这无疑刺激了他们的政治早熟和权力欲望。

然而，对所有干部子女而言，更深刻的家教是潜移默化的——这不仅是父辈的政治期望，而且是子女从父辈身上所感受的与权力相连的成就感。

张聂尔的上述小说中，司令员的儿子、青年军官柳重自感"一生最大的悲哀"，就是在新的时势下，"他永远追不上父亲，永远不能和父亲相媲美了"。

> 15 岁当兵的时候，他可是瞄准了一定要当将军的，因为父亲是将军，父亲每每发号施令前呼后拥的情景，从他记事时就刻骨铭心了。上学后，不管教科书上怎么写"人民是伟大的"，他都认为只有父亲及父辈才是伟大的。他特别喜欢看父亲挂着将军肩章的照片，不厌其烦地计算着父亲在自己这个岁数上当上了什么……[1]

干部子弟群体，可大致地分为党政干部（文职干部）子女和军队干部子女两类，后者相对集中在近郊的几所寄宿中学。比较而言，由于部队的等级制森严和待遇较好，军干子女的优越感和特权意识尤较地方干部子女为重。而干部子女群体人格中尚武的剽悍成分，主要是从军旅文化中传继的。他们的父辈多为军人，学习解放军则是当时的社会时尚和中学生的实际行为。当时曾组织过几批中学生到部队"下连当兵"，这被视为是一种殊荣。少数有幸下连当兵的学生，主要是干部子弟。后来由老红卫兵残余组织的"联动"，有一句著名的口号"活着干，死了算"；"文革"中流传的一首林彪语录歌，堪为这一精神的注解：枪一响，上战场，老子下定决心，今天就死在战场上了！完蛋就完蛋！（大意）

如前所述，建国后新北京人在数量、社会阶层和精神文化上的优势，大院与胡同的分立，造成了城市人格显著的离散。与上海通过市民文化涵括、覆盖社会各个层面，形成统一的城市人格不同，当作为胜利者的新北京人意气风发，张扬着自信、果敢、进取、开创的性格力量时，市民阶层

---

[1]　张聂尔:《将门男女》,北京十月文艺出版社 1990 年版,第 30 页。

的老北京人格则突出了遵守、服从、隐忍、退让的品格而消沉。但在下一代人中，情况则不完全是如此。

在干部子女与知识分子子女较为集中的优秀中学，"红五类"与"非红五类"子弟固然存在着内在紧张，但在"文革"前革命化的共同教育和学校正规教育的制度框架之内，两者之间也保持着某种张力，也造成在精神气质、品格、行为上的相互感染和渗透。在激烈的学习竞争中，干部子弟中不乏品学兼优、才华出众者——第一批红卫兵的组织者和发起者，大多是能人才子；而知识分子和"非红五类"子弟在共同的社会教化中也养成了作为一代人共性的精神气质，或许，也受到干部子弟豪放、粗犷、政治化等特征的感染，虽然，他们在行为上可能更为谨慎。事实上，在后来不同色彩、倾向的各派红卫兵组织中，"红卫兵"具有共性的典型人格，但它首先是由干部子弟提供的原型。在生活方式的层面上，北京的干部子弟引导了20世纪六七十年代北京青年的时尚的潮流。这最初是炫耀身份的红卫兵服装——旧军衣。1968年以后，随着老红卫兵运动的退潮，"后红卫兵服饰"成为街头的流行文化：

> 他们或是剃着光头，或留着长长的头发。他们都长满了一脸粉刺。他们上街时都能有一身体面的衣服。一身蓝，或者是国防绿，还有白边懒鞋。[1]

在街头与干部子弟团伙"拔份儿"、斗殴的市民子弟，并未发展出自己的服饰形态，而模仿干部子弟。到1970年代，北京青年的时髦是"一身的确良哔叽，一双闪亮的三接头皮鞋，一辆崭新的飞鸽牌自行车"。

在1980年代北京政治和文化领域的中青年知识分子中，我们也能看到

---

[1]　施亮：《歌与哭》，漓江出版社1990年版。

知识分子与干部子弟这两种人格、素质的交融：已经学者化了的、文质彬彬的干部子弟，和因其狂放不羁的行为和思维方式被误认为是干部子弟的知识分子。他们提供了"新北京人"的要素和人格类型。

直到今日，在上海和其他远离北京的地方，遇到每一个操着京腔夸夸其谈的北京青年，人们总是会联想起、或者猜测他是否"高干子弟"。

三、复制和反叛：关于红卫兵文化

北京"老红卫兵"的兴衰，为期两年左右。它包括 1966 年 5 月至 8 月，红卫兵秘密组织、活动的发动期；8 月 18 日毛泽东在天安门首次接见红卫兵至 11 月的全盛期，它以跨学校的"红卫兵纠察队"和"血染红八月"的恐怖行为达到高潮。1966 年 10 月，中央工作会议宣告了刘少奇、邓小平路线政治上的失败，从而开始了老红卫兵溃解的衰微期。老红卫兵的中坚分子"首都红卫兵联合行动委员会"（联动）遭到"中央文革"镇压后，前红卫兵作为一种无组织的社会力量仍在聚合、活动。其后是一段迷乱和颓废时期，直到 1968 年底，这些潦倒的"没落贵族"融入知识青年上山下乡的队伍。

在各种不同的意义上，红卫兵文化——如果说有的话——都是当时占主导地位的体制文化和革命文化的直接复制，而只掺入了很少的个性，例如鼓吹"血统论"和武斗，几乎没有具有文化意义的创造和反叛的因素。

红卫兵的政治文化和观念文化直接来自成人社会的主流文化，尽管有些变形和夸张。

红卫兵的合法性来源主要是两个：对毛泽东的忠诚和捍卫，以及"血统论"。"文革"前所造就的对毛泽东的个人迷信和个人崇拜，是全社会的，当时孩子们的口头禅是"向毛主席保证"。这些干部子弟红卫兵都认定他们比别人更热爱毛泽东，因而更有资格来尊崇和跟随毛泽东，因为他们可以称"毛主席"为"主席"，称江青为阿姨，而称其他中央领导人为叔叔、伯伯。作为秘密组织的红卫兵的誓言是：

> 我们是保卫红色政权的卫兵，党中央毛主席是我们的靠山，解放全人类是我们义不容辞的责任，毛泽东思想是我们一切行动的最高指示。我们宣誓：为保卫党中央，为保卫伟大的领袖毛主席，我们坚决洒尽最后一滴血！①

在 1960 年代对毛泽东个人崇拜的炽烈气氛中，忠于毛泽东和党中央，竟然要秘密结社，甚至要准备流血牺牲，似乎是很奇怪的。但这并非中学生的臆想，而是出自着意制造、渲染的关于"亡党亡国"危险的社会宣传。

政治上高人一等的优越感、对高贵血统的自诩马上诱发了赤裸裸的"血统论"。"鬼见愁"对联在形式上，是"红五类"子弟对"革命权"的垄断，而剥夺别人革命的权利。1966 年 7 月中旬引发的关于对联的大辩论，迅速毒化了气氛。8 月 3 日，在中山公园音乐堂的一次公开辩论中，出现了红卫兵在舞台上当众殴打持反对意见者的"集体暴行"。这被视为是红卫兵由理性的狂热和狂妄进入完全非理性的疯狂的转折点。

"血统论"固然是借中学生的幼稚和狂妄泛滥成灾，但它并非中学生的创造，而早已藏身于"阶级路线"的理论之中。根据阶级斗争理论，对家庭出身这种先赋身份的高度警惕和重视，已经包含了对于公民权利和人格尊严按照政治标准的重新尊卑排序。因而，当时以鼓吹"血统论"而闻名的北工大学生谭立夫，便要求将"老子英雄儿好汉，老子反动儿混蛋"当作"全面的""策略的"党的阶级路线来执行，要求把它提炼为政策，上升

---

① 严家其：《"文化大革命"十年史》，天津人民出版社 1986 年版，第 40 页。

为本本、条条。

这两种意识——对领袖的忠诚和"血统论"——在老红卫兵起初是天然一致的。但随着"刘邓司令部"倒台，老红卫兵多数成员的家长成为"走资派"，"血统论"便成为杀向他们自己的"飞去来器"。他们被迫在政治忠诚和既得利益之间权衡选择。从后者中，产生了对"文革"的政治路线和"中央文革小组"的怀疑、批判。但强调和比较对领袖的忠诚，仍然是前红卫兵自我实现的主要方式和途径，虽然苦于无法证明。于是他们流传"中美之战，看孩子们红心"的"毛主席语录"，盼望在解放全人类的第三次世界大战中"头断华盛顿、血染太平洋"——这成为后红卫兵时期文艺创作的主题之一。

在制度和组织文化的层面上，红卫兵是解放军组织的"拷贝"：穿军装，建立班、排、连、团的建制，组成纠察队，等等。一些最狂热的"女兵"甚至将头发剪成男式的小平头。同样，他们造反行为的文化范本，几乎是现成的：曾经在电影中见过的农民赤卫队的红袖章；抄家和戴高帽子游街……

在度过初期朴素单纯的阶段之后，老红卫兵组织日趋封闭化和贵族化（主要是在"联动"时期），红卫兵的制度和组织行为则是陈旧传统的恶性膨胀。例如，后期的"联动"奉行严格的"等级制"，所佩戴的袖章，系根据家长的级别（而非红卫兵本人的职别）区分呢、绒、绸、布等不同质料以及宽窄不同的尺寸。

在狭义的"文化"意义上，"文革"文化的各个方面：文体文风、诗词歌舞等等，几乎都是以红卫兵为主要载体而传播推动的。而这种红卫兵文化又可以直接追溯到作为其母体的官方文化和意识形态。

红卫兵的文字有两类。一类是"官方"文件，如制度典章，红卫兵纠察队的宣言、守则、通信通令，以及"关于在红卫兵内部展开全面整风的意见"等文件。从体裁、格式、内容和行文规范，与党的文件如出一辙——对立派组织始终有这类文件系出自国务院办公厅的"后台"之手的指控。而外地的"老红卫兵"组织，如"上海市红卫兵"，系由上海市委一手扶持操办，几乎是公开的。

1967 年 1 月 1 日，部分"联动"成员以"中共中央、中共北京市委革干子弟，国务院、人大常委革干子弟，中国人民解放军帅、将、校革干子弟，中共中央军委、国防部革干子弟，16 省省市委革干部分子弟联合行动委员会"的名义，发布所谓"中央秘字 003，中央、北京党政军干部子弟（女）联合行动委员会通告"，行文完全模仿中共中央的通告、公报的口气，规定了该组织的领导方式、当前任务、组织路线等等。这种近乎幼稚的虚妄行为，不过表达了他们对父辈赖以建立荣耀的官方制度的熟悉和依恋。

另一类则是典型的红卫兵文章政论文。曾为毛泽东所称道的清华附中红卫兵撰写的"三论造反"的文章可视为代表作，如果不说是"开创了一代新风"的话。这类文章并不以说理见长，它以一种不容置疑的独断方式论理，其特点主要是高屋建瓴，所向无敌，"雷霆万钧"的气势，以及金刚怒目、张牙舞爪、"火药味"极浓的文风：

> 我们就是要抢大棒、显神通、施法力，把旧世界打个天翻地覆，打个人仰马翻，打个落花流水，打得乱乱的，越乱越好！对今天这个修正主义的清华附中，就要这样大反特反，反到底！搞一场无产阶级的大闹天宫，杀出一个无产阶级的新世界！①

毛泽东所习用的那种自问自答的论理方式——例如《湖南农民运动考察报告》《论人民民主专政》等文——被红卫兵熟练地接过来：

---

① 清华附中红卫兵：《无产阶级革命造反精神万岁》，《红旗》，1966 年第 11 期。

　　你们不是说我们太狂妄了吗？我们就是要"狂妄"。毛主席说："粪土当年万户侯"，我们不但要打倒附中的反动派，还要打倒全世界的反动派。革命者以天下为己任，不"狂妄"怎么行呢？

　　你们不是说我们太粗暴了吗？我们就是要粗暴！对待修正主义怎么能缠缠绵绵，大搞温情主义呢？对敌人的温情，就是对革命的残忍！

　　你们不是说我们太过分了吗？老实说，你们所谓不过分，就是改良主义，就是"和平过渡"。这是妄想！我们就是要把你们打翻在地，再踏上一只脚！①

　　新中国成立后的历次政治运动和文化批判中，所谓的批判文章（包括许多著名的知识分子所写的文章）越来越不遵循科学辩论的规则和规范，而演为强词夺理甚至蛮不讲理的蛮霸；但当时报刊上发表的文章与大字报之类的批判文字的界限仍然是清楚的，前者在形式上依然是"理论文章"。而到"文化大革命"中，这两类文字的靠拢，致使界限消失。红卫兵文章作为开创之作，意义正在于此。

　　这类文字终于发展为适用于各种需要（如宣言、通令、贺电、大批判文章、大会发言稿等等）的"文革体"。它后来进一步"规范化"为三段式：以毛泽东语录或诗词开头，中段为正文，最后以一连串口号结尾。

　　红卫兵的文艺创作，主要是诗词和歌舞。

　　"文革"前，在中学生中最有影响的诗歌是以贺敬之、郭小川等为代表的自由体抒情诗歌——正如散文，则以杨朔、刘白羽为典范，这是教科书所"钦定"的标准。1960年代最受推崇的是贺敬之的阶梯式自由体诗《雷锋之歌》，郭小川的《青纱帐——甘蔗林》等等，以及那首风靡一时的朗诵

---

　　① 清华附中红卫兵：《无产阶级革命造反精神万岁》，《红旗》，1966年第11期。

诗《接班人之歌》。中学生几乎无人创作旧体诗词。

对毛泽东的个人崇拜极大地改变了诗歌的潮流。一时间，以毛泽东诗词为范本的旧体诗词的写作成为青年学生的时髦。这些自命为《七绝》《七律》或《卜算子》《满江红》的诗词，往往完全不拘平仄，甚至不押韵，只是字数相符。

能够说明这种"革命诗词"的普及程度和所达到的最高水平的，是当时中国科学院一名青年科研人员陈明远的诗词创作。他的若干诗作在"文革"中被误作为"毛主席诗词"广泛流行，他本人因此获罪。这些传诵一时的诗句如："千钧霹雳开新宇，万里东风扫残云"，"长江后浪催前浪，伟业今人胜后人"，以及"星凯旋曲，水拍自由诗"，"念平生所爱，红岩翠柏；少年壮志，海阔天空"，等等，其奇诡清新，磅礴豪迈，均极似毛泽东的气质和情怀。

被误传为"毛主席诗词"的一首七律《别友人》，原诗如下：

> 树种安能伴井蛙，雄鹰送我海天涯。
> 血飞星岛镇狂浪，汗涌塔丘化碧霞。
> 风暴险关思闯道，冰封绝顶要开花。
> 火旗挥舞冲天笑，赤遍环球是我家。

当时，上海的一名老红卫兵也写了一首七律《赠友人》：

> 少年志在海天涯，顾首征途血溅花。
> 直指红旗翻日月，还驱彩笔唤龙蛇。
> 为求真理抛亲故，敢向刀边掷脑瓜。
> 立愿平生惟一语，世不共产我无家！

可见当时这一诗风对一代青年的感染、影响，及其普及程度。

大量的红卫兵诗词或是抒情言志，或是论战攻击。一首《满江红》的结尾是"壮志踏平白宫顶，雄心光复红场名。看天下群妖死谁手？红卫兵！"有一首颇为流行的诗是"联动"写的："山上青松山下花，花笑青松不如它。有朝一日寒霜降，只见青松不见花。"

红卫兵的文化产出还有歌舞。

最早产生的红卫兵歌曲是北大附中"红旗"战斗组创作的《革命造反歌》：

> 拿起笔，做刀枪，集中火力打黑帮。
>
> 革命师生齐造反，"文化革命"做闯将。
>
> 忠于革命忠于党，刀山火海我敢闯。
>
> 革命后代举红旗，主席思想放光芒。
>
> 歌唱毛主席歌唱党，党是我的亲爹娘。
>
> 谁要敢说党不好，马上叫他见阎王。
>
> 杀！杀！杀——嘿！

它与当时其他革命歌曲的不同之处，一是采用了不规范的个性化语言，如称毛主席为"主席"，以及"见阎王"之类的迷信用语；二是强烈的"战斗性""火药味"，从而具有对规范文化的"反叛"意味和鲜明的红卫兵形象。但它的旋律却比较简单平和，尚无此后的"文革"歌曲矫情的激昂。它立即受到红卫兵的喜爱，不胫而走，唱遍全国。

另一首流行的红卫兵歌曲是《鬼见愁战歌》，它是那副"血统论"对联的歌曲形式：

> 老子英雄儿好汉，老子反动儿混蛋。要是革命你就站过来，要是

不革命，就滚他妈的蛋！

时至今日，我们仍能清晰地想起当年女红卫兵演唱这支歌时的"飒爽英姿"。唱完四句歌词后，她们整齐地做着叉腰、甩手、垫步、踢腿等动作，一遍又一遍地嚷着："要是不革命，就罢他娘的官，就滚他妈的蛋！滚！滚！滚！滚他妈的蛋！"

自觉地使用和展示粗野，以增强情感的强度和力度，是这类文艺的特征之一。

为了宣传的需要，这种演出逐渐发展形成了一种"小分队歌舞"的程式。一支十数人的男女红卫兵队伍挥舞一面红旗"杀"上舞台，表演歌曲、朗诵、舞蹈、对口词、活报剧等短小精悍的文艺节目。它的原型，很可能是"文革"前备受赞扬的"乌兰牧骑"文艺宣传队的演出方式。

另一类歌舞程式是"大歌舞"。最早出现的这种演出可能是北京老红卫兵排演的《红卫兵组歌》。它套用"文革"前脍炙人口的《长征组歌》，重新填词。它包括"诞生""造反""反工作组""见毛主席""八月风雷""串联""长征""爬起来再前进""反刘邓""望未来"十段。每一段演唱之前，有一男一女二人的朗诵。1967年5月29日红卫兵诞生一周年之际，以"联动"为核心的老红卫兵在天安门广场召开"红卫兵万岁"大会，演出《红卫兵组歌》，并与对立派红卫兵发生尖锐冲突。这次大会和表演被视为"联动"最后一次有组织的大规模活动。此后，上海的老红卫兵根据北京的版本也排演过《红卫兵组歌》。

这种有场次的大型歌舞后来成为一种样式。北京几乎每个大型的造反派组织都有自己的一台大歌舞。它在形式上很接近大型音乐舞蹈史诗《东方红》。当时军队的两大派组织，一为"三军无革派"，一为"冲派"，后者即因冲击"三军无革派"的大型歌舞演出而得名。

"文革"中的文艺演出后来还发展出了别的许多样式，其中最著名的是

1969 年前后似乎从空军传出的"忠字舞",它在东北尤为流行。

对官方文化因袭模仿的结束,是从老红卫兵被淘汰出局开始的。1966年 10 月,对刘邓的批判,致使老红卫兵组织全面瓦解。由其中坚分子组成的"联动",在 1967 年初被宣布为反动组织而遭镇压。1967 年 7 月,北京市中学实行军管,"文革"的政治舞台由中学转入大学,并扩大到社会。

具有独立的文化意义的青年文化——与成人文化和既存体制的冲突——由此开始。这种觉醒和反叛大致在三个层面同时进行:政治上的抵触、对抗、怀疑和独立思考;文化上摆脱旧的意识形态框架的学习、探索和创造;生活方式的离经叛道。这便是所谓"后红卫兵时期"的文化,它的下限是1968 年下半年,知识青年"上山下乡"运动开始。

由"小太阳"到阶下囚的巨变是如此迅速和突如其来,向被娇宠而自命不凡的老红卫兵首次感受了政治凶险和世态炎凉。偶像破碎,神圣瓦解,而青春的能量和生命激情却不会因政治失意而凝固、冷却。

一部分前红卫兵由"圣斗士"一变而为"嬉皮士"。他们在价值真空中宣泄和释放生命能量,转入一种玩世不恭、放浪形骸的颓废生活。1960 年代末北京的嬉皮士,被名之为"飘派"。有人解释,这是由于他们经常集群骑车招摇过市,"飘来飘去"。其实,"飘"是当时北京的流行语,称某人"真飘啊",即指其帅、风流、时髦,虽然可能含有揶揄的成分。他们穿着标榜身份的将校呢军装和靴子,冬天,女性则围着特别长的拉毛围巾;或骑车啸聚,或成群地徜徉街市,"拔份儿"或寻衅惹事。他们抽烟、酗酒,并有打破男女禁忌的大胆行为。他们有时在街头与其他团伙斗殴或"拍婆子"(勾引女性,那些蓄意等待别人来"拍"的不轨女性则称为"圈子")。

如果说,红卫兵发动的"破四旧"、打砸抢之类,虽是一种反文化的行为,但却是披着官方意识形态外衣的、受保护和被纵容的青春放纵;那么,前红卫兵在生活方式上的越轨和脱轨之举,使我们看到了作为青年文化固有属性的反叛。当时的红卫兵具有两套道德行为准则：打击政治上的"阶级敌人"，可以"打翻在地，再踏上一只脚"，无任何道德约束和良心谴责；但在生活行为上，却恪守社会主流文化所教喻的禁欲主义，严格约束自己。因而，"飘派"在生活方式上的"造反"，引起大多数老红卫兵的愤怒，斥为败类。但在社会文化变迁的轨迹上，它或许是一个具有认识价值的坐标点。

由老红卫兵首先体验的上当受骗感，后来成为"各领风骚没几天"的各路风云人物的共同感受，并成为一代人共同的精神历程。而由政治失望、排斥和迫害引至的消沉、颓废，始终是 20 世纪六七十年代青年文化低沉的复调，它贯穿了知青生活的全过程。

社会思潮、社会观念和生活方式的变迁，不但有相应的历史根据，还有相应的契机，并且往往是以某一类人（通常是青年）以某种方式（通常是恶的方式）为先导的。

艾森斯塔德指出："社会问题"出现的领域不断增多，是"社会解体最普遍的现象"；它经常显露为"对于任何制度安排和文化规范而言，多少是难于驾驭的"与人的生物特征有关的方面，例如性。"这种生命力和自主性在社会和文化变迁时必然表现得十分强大而显著。同时，使其与制度框架关联在一起的现存传统规范也随之泯灭。"[1]

对美国 1960 年代嬉皮士运动研究的认识之一是：嬉皮士运动本身似乎并没有留下什么，那种种反文化的荒诞行为已成过眼烟云。然而，此后社会的风气变得更为宽容和自由了。

至今我仍记得，1970 年代初，在北京的一干部子弟家中，首次见到公开的未婚同居时，内心的震惊。

1968 年，部分前红卫兵似乎成为 1980 年代价值失落之中无拘无束的新

---

[1]　S.N. 艾森斯塔德：《现代化：抗拒与变迁》，中国人民大学出版社 1988 年版。

生代的精神先驱；虽然后者已绝少政治抗拒的主题，并且是以消费主义和享乐主义的流行文化而定位的。

"文革"中对政治的厌倦和疏离，在上海和大多数其他城市，并没有出现如"飘派"那样在生活方式层面青年的集体反叛，而只是造就了大批"逍遥派"——这是社会规范所认可的生活方式的下限。它逐渐成为全民的精神状态和生活面貌：在政治高压和文化专制之中，无奈地悄悄过着人间的世俗生活。

在这种灰雾般的迷茫和混沌中，仍然有新的萌芽和生长。一部分不甘庸碌的青年，企图认识社会、历史、人生和把握自己的命运，追求具有超越性的精神价值。

四、从知青到青知：1970 年代的"地下文化"

1968 年下半年起，遍及全国的城镇知识青年上山下乡运动，是红卫兵运动的终结和"文化大革命"的转折。

在 1968 年、1969 年上山下乡运动的高潮中，全国"老三届"（六六、六七、六八届）中学毕业生上山下乡 460 多万人；在 1974 年至 1976 年的第二次上山下乡高潮中，下乡近 600 万人。包括此前和此后，从 1966 年下半年至 1978 年底，12 年中共下乡 1623 万人，平均每年下乡 135 万人。[①] 广义地，这一运动应包括 1960 年代末 67.9 万名"老五届"（六六、六七、六八、六九、七〇届）大学毕业生以下基层、下厂矿、下农场为主要去向的毕业分配。

时过境迁，当历史早已对"文革"和红卫兵运动作出结论之时，对知

---

① 国务院知青办文件：《二十五年来知青工作的回顾与总结》，1981 年 10 月。

识青年上山下乡运动的评价，多少有些踌躇暧昧。对于整整一代人用全部青春，乃至鲜血和生命作抵押的另一场"圣战"，上一代人和下一代人或沉重或轻松地予以宽宥：极左路线的受害者和牺牲品，荒诞时代的荒诞剧。但对当年的知青而言，情况却要复杂得多。他们难以权衡比较得到的与失去的；控诉和诅咒之后，是失落和怀恋。

上千万知识青年上山下乡，无疑是共和国历史上规模最大的一次"移民"运动。这样一种改变整整一代人命运的丰富复杂的社会历史现象，其影响和作用显然超越了决策者的动机，既不是简单的政治评价所能涵括的，也难以用投入产出的经济效益来衡量。

今天，我们已不难认识，这场号称以"缩小三大差别""建设新农村"为号召的革命运动，并非以农民的知识化、乡村的工业化或城市化为目标，而具有一种反现代化的方向——它只有在毛泽东"五七公社"的政治设计中，才具有某种理论价值。它甚至也不是一场思想改造运动，如当时宣传的那样。它的真正动因，正如"文革"前的数次疏散城镇人口、知识青年回乡，无不伴随着国民经济比例失调、职工队伍超编、城镇严重的就业问题等等，是对经济生活紊乱、城市管理失调的一种别无选择的对策。

"文革"中的青年学生上山下乡，作为安置几百万毕业生就业和稳定城市秩序的治乱措施，包含了最高层对青年学生态度的重大转变。

早在 1967 年 10 月，北京部分红卫兵自发前往内蒙古锡林郭勒盟插队落户，为此后上山下乡运动的先声。但当时毛泽东对红卫兵似乎还抱有一线希望。他在 1967 年 11 月 1 日发表的指示，仍要求依靠学校中的"积极分子"，"即决心把'无产阶级文化大革命'进行到底的无产阶级革命派"进行"无产阶级教育革命"。原定应当年分配的六七届大学毕业生也因此推迟一年分配。然而，"复课闹革命"的现实很不理想。安定校园的最后措施是1968 年 8 月军宣队和工宣队进驻学校。姚文元在《工人阶级必须领导一切》一文中言明旨意："现实的情况告诉我们：在这种情况下，单靠学生、知识分子不能完成教育战线的斗、批、改，及其他一系列任务，必须有工人、解放军参加，必须有工人阶级领导。"曾被毛泽东所信任和倚重的青年学生，终于被归为应当接受改造的知识分子范畴；尽管对许多青年学生而言，他们只接受了少得可怜的教育，他们被创造性地称为"知识青年"。

如果说，历史为每一代人提供的机会大致相等，那么，它向每一代人昭示的"神喻"却并不相同。上山下乡是一代人整体生存方式的根本改变，是比红卫兵运动更为深刻的社会运动。如果说，红卫兵运动为他们提供了"大解放"的舞台——它马上演变为青春胡闹、放纵和自相残杀；那么，上山下乡运动则为他们提供了一个更为广阔的"大实现"的乌托邦。他们在严峻的共同命运中重新聚集起来，相互认同。这是一次无组织的"集体造反"——在群体人格和共同文化的重塑中，完成了一代人的"成人仪式"。

1968 年的上山下乡运动的发动和宣传，也许是传统教育理论、动员方式的最后一次成功。意义深远的伟大理想和奋斗目标重新燃起了心灰意懒的红卫兵的雄心壮志，"棒打狍子瓢舀鱼，野鸡飞到饭锅里"，"头顶香蕉，脚踩菠萝"之类的浪漫宣传，则征服了成千上万少男少女的心。他们在全国地图前指点筹划，犹豫不决：究竟是骑马挎枪、溜冰滑雪有趣，还是蝴蝶泉、孔雀坝迷人。

第三代人后来喜欢将这段"蹉跎岁月"与第一代人的战争经历相提并论。就艰苦的环境对人的磨炼和严厉淘汰而言，两者确有相似之处。生存法则无情粉碎了学校提供的"玫瑰色教育"和"好学生"标准。他们被迫从头开始，重新确立自己的生存坐标，重估已往的教育和价值，谋取在黑土地、黄土地和红土地上生存发展的"护照"，从而还原了一个人赖以安身立命的强健筋骨和现实态度，发展了一代人具有共性的精神气质。理想主义、英雄主义和社会责任感，则从少年人"风华正茂"的外表，潜入了成年人暗中奔涌的血液。

关于知青一代的文化，人们后来是从"伤痕小说""知青文学"感知的。当一代人开始用自己的眼睛观察世界，用自己的头脑思考和用自己的手书写创作时，一个不可逆转的文明过程便发生了。那是共和国历史上第一个"地下文化"流行和发达的时期。被官方所禁止的手抄本小说，各种各样的口头文学、小道消息和政治笑话的广泛流传，成为社会生活日渐世俗化的表征。与此同时，在"广阔的天地"里，知青一代的思想探索和文化创作，如千万条细小的溪流在暗中曲折、艰难地聚汇交流。当知青一代的文化伴随着一代人重返城市而流出地表，成为新时期中国当代思想文化变迁的汹涌的源头，则标志了 1970 年代的结束和 1980 年代的开始。

红卫兵的迷茫和颓废期如果说有一个明确的起点，却并没有一个显著的终点。事实上，它是与其后的知青生活相衔接的。从 1967 年初开始的红卫兵的分化和在不同方向的发展，渗透延续到知识青年的早期生活中。他们不仅将各自的政治观点、派别倾向带到农村，也将中学生的某些行为和生活方式带到农村。而每年的冬季，回到北京即回到熟悉的中学时代的生活形态中。直到 1970 年代初，由于参军热和大学开始招生，很多人才开始脱离中学时代的群体生活，以谋取个人前途为第一要务，进入了"成人"的精神状态。因而，我们可将 1967 年至 1971 年视为一个大致连续的过程。

知识青年的早期生活在性质上更像是一种后中学时代的生活，在那些具有雄心壮志的志同道合者自愿组合而成的知青点，尤其如此。他们不是无可奈何地谋求出路，而是作为参加革命实践，带着政治使命走向农村的。他们往往选择最偏远、最穷困的村落作为他们的"瑞金"或"延安"。当他们把原红卫兵组织的战旗插在山沟里的茅草房上时，确信这是红卫兵发展的历史新阶段。对于许多笼罩着"反动家庭"阴影的中学生来说，下乡则是一种令人宽慰的解脱。他们保持着学生时代的热情，过着不分你我的共产主义生活。在超强度的生产劳动之余，将读书学习、思考和研究中国社会——首先是农村问题，作为生活的主要内容。

早在红卫兵运动退潮之后，这种读书学习和政治探索就开始了。在学校权威、家长权威、社会权威相继失落之后，他们开始了独立的探索。其基本的发展逻辑，是首先在毛泽东著作中寻找答案，继而读马克思、列宁的原著，再追寻黑格尔、康德以及其他的西方思想家，并由古典理论深入到20世纪的现代理论。

前红卫兵把他们的组织行为和活动方式也带到农村。在陕西、山西的一些知青点，定期或不定期地出版油印的知青刊物，相互交流和联系。知青之间进行有目的的跨地区的访问、串联和考察。更大量的是通信交流，因此而蒙受政治迫害者亦不在少数。但是他们最重要的思想交流，是在每年冬季返回北京之时。在众多的家庭聚会中，他们交流、讨论各自的思想成果。大约在1970年冬，在北京知青的"政治沙龙"中刮起了所谓"张木生旋风"。张木生是1965年自愿到内蒙古插队的北京知青，他的"中国农民问题研究"大胆接触了当时农村的现实，他明确表示反对"学大寨"，鼓吹"三自一包"，后来被打成反革命。这可能是这一代人中研究农村问题的最初努力和开端。在冬天的"沙龙"中传播过和引起重视的思想成果，现大多难以确知，据说，包括赵金星的《历史哲学》，以及徐浩渊进行的社会调查等等。

素有政治抱负的北京知青，他们为未来作准备的努力大多是朦胧的。对大多数人而言，这只是意味着改变农村面貌的实际行动。他们在担任生产队长、妇女队长、大队会计或民兵连长的工作中，部分地实践着自己的诺言，并增长了才干。而那些已经在大中学政治运动中积累了政治经验，并激发起领袖欲的人（这种人在北京自然较多）却开始有意识地为未来投资。他们的政治实践不仅是调查研究农村问题，也包括物色和组织人员。一些具有重要意义的事情在发生。例如，在河南的干校，前红卫兵与当时在此落难劳改的胡耀邦等中共政治领袖结识和沟通。更晚些时候，当知识青年相继返城之时，一些人开始了具有政治参与意向的主动设计，为重返北京舞台作政治的、理论的和组织的准备。典型的例子之一，是一些北京知青在河南成立的"共产主义劳动大学"。

在非政治的层面上，一代人自主的精神文化生活，大致也是在 1967 年红卫兵运动退潮后复苏的。虽然，事实上青年人的这种文化追求从没有真正停止过。著名的一例，是 1963 年，在北大哲学系学习的郭世英（郭沫若之子）等青年学生组织的文学沙龙被破获，全体成员被逮捕，郭世英本人则在"文革"期间死于狱中。

前红卫兵"逍遥派"生活的主要内容之一，是大量阅读曾被他们查封、烧毁的"封资修"小说，偷听西方古典音乐和"文革"前灌制的各种唱片，以及学习音乐、美术和文学。这一过程一直延续到农村。第三代人主要是在"文革"中后期补上了正规教育所未提供，并为"文革"所打断的对世界文明的接受、了解，从而实现了在文化背景和审美趣味上与上一代的接续。

充分的闲暇，青年群体的小圈子中相对自由的思想文化空间，对人生、命运前所未有的奇特感受，以及激情澎湃的青春季节，构成了文艺创作的所有必要条件。青春是人生苦难的解毒剂，或者是一种酵素，使生活之苦酒也变得稍为甘甜。而诗情和写作正是青春期的典型标志。第三代人中的学者和知识分子具有共性的精神文化历程，是从政治关心转为对艺术的兴趣，接触和尝试诗歌、小说、美术或音乐创作，最终定位于理论和学术研究。

不能不说，北京"雅文化"的火种，是由具有文化优势的上层子弟暗中接续传递的。当文化艺术逐渐成为青年人的兴趣中心，那些有一技之长的人，例如，能熟唱《外国民歌二百首》的业余歌唱家，受过音乐训练、会演奏某种乐器的世家子弟、业余画家、业余诗人等等，成为和青年思想家、理论家一样受欢迎的人物，并出现了各种文学、艺术爱好者的"家庭沙龙"。这种"家庭沙龙",不过是一些百无聊赖、趣味相投的青年学生松散无形的家庭聚会,他们互相借阅书籍,交流和展示作品,互通声气。后来知名的诗人、作家如食指、北岛、芒克、严力、刘索拉等等,都曾在这种"家庭沙龙"中获得最初的文学营养。

早期的知青文艺不妨称之为"后红卫兵文艺",这不但因为其在精神和思想特征上尚未脱离红卫兵状态,而且其创作时间也难以确定。如前所述,后红卫兵时期与知青前期生活几乎是连为一气的。

一批由前红卫兵制作的歌曲唱到了农村,因而成为"知青歌曲"。一首名为《七十五天》的歌曲似乎成为某些北京知青的"知青之歌",它的副标题叫"赛囚词"①,据说是前"联动"分子在狱中创作的。正像各地的"知青之歌"一样,它由三段歌词组成,分别是唱给亲人、母亲和姑娘的。它的第一段歌词是:

> 离别了亲人,我来到这间牢房已经是 75 天,望了又望,眼前都是一片铁门和铁窗。回忆起往事如絮飞,泪水就流成了河,亲爱的挚友你我都一样,日盼那夜又想。衷心祝愿你身体健康永远都别把我忘,这就是朋友对你的希望,寄语在把歌唱。

这种歌曲现在看来平淡无奇,毫不新异刺激。但不要忘记,这是在1969 年前后"文革"的暴政之中。当时,连"抒情"都是被禁止的,更不用说抒"不健康"的思乡怀恋之情了。1969 年,南京的一名知青因创作流传甚广的《南京之歌》而被判处死刑,即为明证。

手抄的诗歌和小说也在暗中广泛流传。

---

① 《囚词》是当时知青中流传的另一首伤感的歌曲,据说是汪精卫的妻子在狱中所作。

初期的创作，最典型的题材是寄意言志或思怀忆旧。作为前红卫兵言志抒怀的代表作，是一首署名"狂者"的自由体长诗《献给第三次世界大战的战士》。[①] 作者是一名业已参军的干部子弟。这首激情澎湃的浪漫长诗虚构了对一名在攻打美国白宫、战胜世界资本主义的最后决战中，牺牲在太平洋彼岸的原红卫兵战友的怀念：

> 还记得吗？／我们曾饮马顿河旁，／跨过乌克兰的草原，／翻过乌拉尔的山巅，／将克里姆林宫的红星／再次点燃。／我们曾沿着前公社的足迹，／穿过巴黎的街巷／踏着《国际歌》的鼓点／驰马在欧罗巴的每个城镇、乡村、港湾／瑞士的湖光／北欧的塔尖／也门的晚霞／金边的佛殿／富士山的樱花／哈瓦那的烤烟／西班牙的红酒／黑非洲的清泉……／这一切啊，／都不曾使我们留连……
>
> 夜空中升起三颗红色信号弹／你拍拍我的肩："喂！／伙计！还记得不／中美之战，见娃娃们的红心——／20年前，一位政治局委员的发言"。／"记得，这最后的斗争／人类命运的决战／就在今天"。……

这是前述那一类思想正统的干部子弟红卫兵受挫之后渴望在战争中表现政治忠诚的诗作。那种老红卫兵情绪和干部子弟人格表现得淋漓尽致。现在看来，特别有趣的是，他对"中美之战"的构想，尚没有超出《战上海》《上甘岭》之类电影的描述。这首诗不但未能超越红卫兵意识形态，语言也粗糙直露，有明显的红卫兵风，应视为是红卫兵诗歌的尾声。

另一篇有影响的红卫兵小说，名《站在最前线》，描写了第一支红卫兵组织——清华附中红卫兵的诞生经历。这篇小说的惊人之处，在于它将毛泽东、康生、江青写进小说，并成为小说中的角色。

---

① 1992年出版的《我是王朔》中，王朔提到了这首长诗，称"写得特别棒""是给我留下印象最早的一首诗"，可见其流传及影响。

大约在 1968 年底，一篇名为《九级浪》的小说在北京的小圈子中不胫而走。这或许是前红卫兵具有文化觉醒的转折意义的最早小说。小说的名字取自一幅俄罗斯油画——在惊涛骇浪之中颠簸的帆船。它是故事中的道具。这篇小说表现了前红卫兵颓废时期的生活，男女主角分别是共产党的高干子弟和原国民党将军的女儿。女主角是那种有良好家教的纯洁女孩，她独自上电影院看电影时，总是买三张连票，自己坐在当中，以免靠近别人。她最终堕落沉沦，成为外号"九级浪"的女流氓。这里，"浪"具有放浪的含义。这篇小说不仅题材敏感大胆，而且具有一种批判自省的理性，超越了老红卫兵和干部子弟自命不凡的狭隘、虚荣，成为"迷惘的一代"的自我写照。这一故事结构——一名干部子弟红卫兵与出身知识分子或国民党上层人士的女友的爱情悲剧，成为后来红卫兵小说常见的定式，它似乎可以视为是 1979 年礼平引起争议的中篇小说《晚霞消失的时候》之类干部子弟红卫兵"忏悔小说"的原型。

曾经在一定范围内流传过的老红卫兵小说还有《芙蓉树花开》《雏鹰奋翮》等等。

我们可以试图区分知青文化的不同类型了。1. 后红卫兵文化：在知青生活早期创作的反映、反思原红卫兵生活的创作，它迅速消融在知青的共同苦难和文化形态之中。2. 普遍意义上的知青文化：反映大多数知青的生活和精神状态的文化产出，它大致是一种通俗文化，如各种知青歌曲、消遣性的口头文学、手抄本小说等等。3. 知青中少数人具有超越性的思考、探索及其文化产出。正是这一类精神活动，开启了指向下一个时代的新思想和新文化的通道，是我们所最关心的。

由知青诗人创作的大量诗歌，迅速地抛弃了政治禁锢和意识形态障碍，以活生生的生命体验和自我的情感体验重建诗的基点，从而恢复了诗的人性和文学性。红卫兵诗歌最主要的形式——旧体诗词形式随之被抛弃。最大量表现的是对家乡、亲人和爱情的思念渴望——一种"失乐园"的哀婉悱恻。

北京的青年诗人中，郭路生（食指）最早获得广泛影响，从"家庭沙龙"中扩散到城市青年和知识青年中。郭路生较早就参加了包括牟敦白（郭世英案的同案犯，被释放）、张朗朗（他涉嫌另一起文化沙龙案，而受到迫害）、甘恢理等在内的年龄比他更大的一些人的"沙龙"活动。他最初流传的诗歌之一，是描写"上山下乡"告别北京的惊心动魄的《这是四点零八分的北京》：

> 这是四点零八分的北京，／一片手的海洋翻动；／这是四点零八分的北京，／一声雄伟的汽笛长鸣……

他早期的代表作是《相信未来》。我是 1971 年在上海见到传抄本的。这首诗的题目得自于张朗朗。1966 年，他因事发逃离中央美院时，在沙龙好友王东白的本子上写下了"相信未来"四个字。

> 当蜘蛛网无情地查封了我的炉台，
> 当灰烬的余烟叹息着贫困的悲哀，
> 我依然固执地铺平失望的灰烬，
> 用美丽的雪花写下：相信未来。
>
> 当我的葡萄化为深秋的露水，
> 当我的鲜花依偎在别人的情怀，
> 我依然固执地用凝露的枯藤，
> 在凄凉的大地上写下：相信未来。（下略）

这首辞藻华丽的诗所表达的忧伤的乐观主义，传递出一代人特定的精神状态：对前途迷茫的希望和失望。它似乎较多地受到普希金《致西伯利亚的囚徒》《假如生活欺骗了你》这类知青时代被广泛传抄、朗诵的诗的影响：高贵、坚贞、矜持而又温情脉脉。1971 年，依群写的一首《你好，哀愁》，也同样表达了这种略带温暖的伤感，同时，明显有形式上的新追求：

> 窗户睁着金色的瞳仁，
>
> 你好，哀愁！
>
> 又在那里把我守候，
>
> 你好，哀愁！
>
> 是这样，平淡而冗长，
>
> 你好，哀愁！
>
> 可是你多么像她——
>
> 当我闭上眼睛的时候，
>
> 你好，哀愁！

生活不是诗，而命运则如此残酷。几年之后，他写于 1974 年的《疯狗》，已无一丝温情，只有令人震颤的绝望。这首短诗的首尾二节是："受够无情的戏弄之后／我不再把自己当成人看。／仿佛我变成了一条疯狗，／没有目的地游荡人间。""假如我真的成条疯狗，／就能挣脱这无形的锁链，／那么我将毫不迟疑地／放弃所谓神圣的人权。"

真正的生命是一种体验，对美丑善恶、对青春和爱情等人类情感的体验，对生老病死、屈辱和困窘、创造和失败、迷失和信仰、希望和绝望等人生状态、人生苦难和人生境遇的体验。这种体验的丰富性、深刻性、强烈性和独特性，构成了人与人的差别，扩而广之，形成了不同时代的人之间，以及不同时代的文化性格、精神气质的区别。

如果命运的锤炼造就了悲剧感和力度，那么自然、山川、田野和湖泊还要造就美。早在 1970 年代初，北京知青诗人已经开始了对现代诗歌的自觉追求。源自北京家庭沙龙的少数青年人的文化萌芽，将要在"广阔的天地"发育成日后震撼了中国的前卫文化。在白洋淀边聚集形成的诗人群体，包括了十年后名满诗坛的"朦胧诗"的主将北岛、芒克、杨炼、多多、根子等。1973 年，芒克为白洋淀写下了两行献诗："伟大的土地呵／你引起了我的激情。"他献给自己 23 岁生日的诗句则是"漂亮／健康／会思想"。

十年之后，北岛坦陈直言："形式的危机在于思想的僵化。形式应当永远是新鲜而令人激动的。""地震开辟了新的源泉，……反作用力标明出前进的趋向。"[①] 他们转而向艾略特、波特莱尔、洛尔迦学习，向梵高、塞尚、毕加索借鉴，与克罗齐的直觉主义美学思想碰撞，追求诗歌的新的形式、新的结构和句型，追求作为经过人的心灵活动升华了的理想情感的意象。隐喻和象征、"视觉的具体语言""用丰富的视觉意象代替听觉的满足"，"用画面感取代音乐美"，用散句代替了骈偶的辞赋体，"以饱满的、不舒服的张力代替了传统的单纯和谐之美"，等等，成为他们新的探索追求的内容。

在荒芜的文化沙漠之中，他们汲取着 20 世纪西方的现代美学营养。虽然，这部分也意味着对传统的创造性继承，就像他们日后为自己所作的辩白那样。他们在中国古代诗歌的复杂传统中发现了"四度空间透视"的视觉意象和画面美，由语言的色彩感和歧义性所致的言外之言、象外之象，所谓"朦胧美"，等等。

值得认识的是，这种审美和诗风的转变不是孤立的，至少在北京的知青诗人中，这种转型是有共性的。"白洋淀诗人"不过是北京新的文学气候的产物。1970 年代初，北京知青陈铁威作于北大荒的诗歌，同样具有这种现代特征，录二首为例：

---

① 《今天》，1980 年第 3 期。

在拖拉机印过的路上

鲜红的头巾，
在拖拉机印过的路上飘。

这道路啊，
深远又宽阔。

我的姑娘，
越来越走近……

深蓝的天空凝固了，
在拖拉机印过的路上。

辽阔的松嫩平原

黑浪接着黑浪，
黑浪上滚着殷红的太阳。

黑浪接着黑浪，
黑浪在蓝天下飘荡。

无数林落结成网，
捕捞着金色的希望。

辽阔的松嫩平原啊，
黑浪接着黑浪。

　　思想的觉醒和对文学的新的形式的追求在地下并列潜行。1974 年，北岛创作的中篇小说《波动》，是这二者结合的一个重要的"阶段性成果"。他以巨大的感情力量和思想容量，通过断裂、跳跃、碎片般的结构形式，描画了荒谬时代现实世界和精神世界的破碎和失落，以及碎片上闪烁的小片阳光。在干部子弟与一个落难的知识分子女儿的爱情冲突中，作者用女性被污辱和损害的高傲灵魂映衬出传统人格的空洞和薄弱。在父与子的矛盾冲突中，则用青年人的真诚和激情去击穿虚伪、无能为力的被动和逃避责任。

　　几年之后，奔腾的地火终于在天安门广场喷发。它合乎逻辑地被视为是一代新人——第三代人——崛起的象征性事件。政治和艺术在这里圆满地汇合。"四五"天安门事件同时被视为中国新诗发展史上的重大转折。白洋淀的现代诗人，在广场上写下"卑鄙是卑鄙者的通行证，高尚是高尚者的墓志铭"这样的沉痛经验，发出了"我不相信"的历史性宣言——它成为一代人觉醒和挑战的宣言，正像十年之后，崔健的"一无所有"成为下一代人的文化象征。这首名为《回答》的著名诗歌的最后一节，准确地预见了新时代的来临：

　　　　新的转机和闪闪的星斗，
　　　　正在缀满没有遮拦的天空，
　　　　那是五千年的象形文字，
　　　　那是未来人们凝视的眼睛。

　　在改变中国命运的历史性转变之中，一代知青风尘仆仆地回到城市，当仁不让地登上中国的政治、文化舞台。上一次，他们是作为红卫兵而载入历史的。潜流终于涌出了地面，北京又一次成为沸腾的源泉。

当"四五青年"配合正在酝酿中的"庚申改革"，提出"政治现代化"的主张时，文学青年也处在轰轰烈烈的创作和活动之中。1979年问世的两篇著名小说《晚霞消失的时候》和《枫》，是前红卫兵对青春胡闹的忏悔，从而完成了红卫兵小说从《站在最前线》和《九级浪》始，经《波动》的一个闭环。对一代人青春蹉跎的追悼和祭奠，则开启了知青小说、伤痕小说的闸门。

正是在这一年，北京的前知识青年用《今天》的诗歌、"星星画展"和《自然·社会·人》摄影展重重地叩响了中国艺术走向现代的大门：

> "四五"运动标志着一个新时代的开始。这一时代必须确立每个人生应有的意义，并进一步加深人们对自由精神的理解。我们文明古国的现代更新，也必须重新确立中华民族在世界中的地位。我们的文学艺术，则必须反映出这一课题的本质来。
>
> ——《今天》创刊号：致读者

> 世界给探索者提供无限的可能。
>
> 我们用自己的眼睛认识世界，用自己的画笔和雕刀干预世界。我们的画里有各自的表情，我们的表情诉说各自的理想。
>
> 岁月向我们迎来。没有什么神奇的预示指导我们的行动。这正是生活对我们提出的挑战。我们不能把时间从这里割断。过去的阴影和未来的光明交叠在一起，构成我们今天多重的生活状况。坚定地活下去，并且记住每一个教训，是我们的责任。
>
> ——"星星画展"前言

对朦胧诗和现代绘画的争论，成为新旧交替时代的典型事件。在张志新事件之后，一位青年诗人与一位老诗人的感怀诗的唱和，相当生动地表现出了两代人的差异：

○（老诗人）：只因一只彩蝶翩然扑到泥里／诗人眼中的世界再也不是灰褐色的。／

△（青年人）：只因一只彩蝶扑到泥里／现实才露出它灰褐色的脸。／尽管它曾一再乔装打扮，／但革命并不是旧世界的美容院。／

○只因一个弱女人的从容死去／沉重的中国大地飞速转动起来。／

△只因一个弱女子满含悲愤地死去／沉重的中国停止了旋转。／……这是多么痛苦的寻找啊／用一个空空的骨灰盒怎能欺骗？／

○只因一个好女子的凄然一笑，／使我们身边的平凡的妻子都妩媚起来。／

△只因一个好女子的凄然一笑，／我们身边的妻子呵，／在一场场噩梦中皱纹平添。／

○只因一株玫瑰多刺，／所有假正经的屠夫手心里都捏着汗。／

△只因一株玫瑰多刺，／屠夫才将她齐根砍断。／……是屠夫，就不会分泌胆怯的汗，／他全身的水分，／早已化成嗜血的馋涎。／……[①]

1980 年代开始了。

新旧交替之际，新思想、新文化、新组织首先在北京的新青年中萌动生长，与此之前，有一个长达十年左右的不为人知的准备期。这一文化发生学上的事实，促使我们认识在 1980 年代中国思想文化的现代转型中，北京独着先鞭的原因。

---

① 分别见《人民日报》，1979 年 7 月 14 日；《沃土》，1979 年第 4、5 期。

作为中国的政治文化中心，首都的优势之一，是其所占有的特殊文化资源。在闭关锁国的年代和对社会文化、信息实行高度集中管理和国家垄断的体制中，北京不仅成为汇集全国文化资源的中心，也成为中国与世界接触交流几乎唯一的窗口。

1960 年代末，主要是在北京，仅向社会少数人（高级干部、文化官员和部分高级知识分子）开放的西方现代的思想文化，对青年产生了不可低估的影响。其中最重要的，是当时因"反帝反修"需要，商务印书馆出版的内部书籍。政治类的书籍，因其封面为灰色，俗称"灰皮书"；文艺类的书籍，因黄色封面而被称为"黄皮书"。影响较大的，有德热拉斯（现译吉拉斯）的《新阶级》；文艺类的有苏联的《带星星的火车票》《第四十一个》等，萨特的《厌恶及其他》、加缪的《局外人》、杰克·凯鲁亚克的《在路上》、塞林格的《麦田的守望者》，以及《愤怒的回顾》《往上爬》等西方"垮掉的一代""愤怒的一代"的代表作。在青年中广泛流行的其他内部书籍包括斯特朗的《斯大林主义》，以及《斯大林秘史》《从列宁到赫鲁晓夫——共产主义运动史》《赫鲁晓夫主义》，托洛茨基的《被背叛的革命》等等。这种异质的文化理论极大地开拓了中国青年的政治思维。1960 年代末，北京的家庭沙龙中，关于中国是否存在"特权阶层"、关于斯大林主义等问题成为敏感而有争议的热门话题。

这就使得北京青年中先行者的思想轨迹，不仅远远超越了社会主流文化，也走在同龄人的觉醒和思考之前。这是从 1966 年起开始加速的过程：当你在学毛选时，他们在读马列；当你看马列时，他们在看黑格尔；当你看黑格尔时，他们在看《新阶级》；当你看《新阶级》时，他们在鼓吹存在主义（我本人是 1973 年在北京的一"青年思想家"处首次听说有此主义）。十年之后，当存在主义成为流行的社会思潮之时，他们如果不是成为"绿党"，便是号称皈依宗教，成为不问政治的人道主义者了。

类似地，1970 年代初知青文化的基本风格，上海和全国一样，自由体诗歌或者仍未脱离贺敬之、郭小川的影响，或者沉溺在普希金、莱蒙托夫的诗氛之中。曾经作为江海之通津、八面来风的国际大都会的上海，不仅再也不能"得风气之先"，反而成为孤陋寡闻的边陲城市，只有少数外国的影展、画展或音乐会能稍微兼及上海。人们像农民那样传播和轻信那些由于距离太远而严重失真的来自北京的"小道消息"。预示新时代到来的诗歌革命和文化创新从此不再光顾上海。

固然，在文化禁锢的年代，新思想新青年的成长并非孤立和个别的现象，而是一个时代的主题和一代人的历程，只是在其他地方，这种努力更加零散、微弱而难成气候。北京文化青年的群体规模和自组织性在这一轮文化演化中的作用至关重要。几乎在思想文化和艺术的每一个领域：政治、经济、文化，诗歌、小说、绘画、摄影、音乐，到1970年代末都已形成了志同道合者的有形和无形的组织。它的前身是1960年代末的家庭沙龙。

多年之后，刘索拉谈到自己的精神历程，称她是从1968年开始接触和汲取西方现代艺术营养的，而非是在1980年代的文化传播中。1979年，南方的探索派诗人舒婷来到北京，惊讶于北京竟有如此之多的同志和如此浓郁的现代诗氛，而在福建，她几乎得不到回声或共鸣。

1960年代的中国青年学生，没有自己的马尔库塞和金斯伯格，但是，在北京各种不同的青年群体中，却有自己的精神领袖和桂冠诗人。虽然，他们"各领风骚没几天"，很多当年才华横溢、气概不凡的青年现在已默默无闻，然而在一批批风云人物稍纵即逝的背后，却是连续的积累和聚集。

每一朵浪花都粉碎了，波动却传到了岸边。

五、崛起和失落：青年知识分子文化

在1978年以来我国向现代化转型的社会变迁之中，青年知识分子的崛起无疑是最重要的事态之一。

社会迅速地变化了。传统经济基础、价值体系、生活方式、意识形态等等在倾斜、裂变、更新、重组和再创之中。这一切伴随着一场深刻的青年运动。青年文化从社会主流文化中加速分离。人们似乎首先是从文学艺术领域认识出现的新人的。他们是老三届的知青作家、知青画家、演员和艺术家等等。今天，全社会都欣然接受了以崭新的面貌走上舞台中心的一大批新人，称他们为"第三代画家""第四代学者""第五代导演"等等。这种划分显然并不科学，它所要强调的，只不过是出现了一代新人这个事实。

在文学艺术热闹的发展后面，是青年知识分子整体性的崛起。在经济学、政治学、哲学、法学、史学、社会学等人文和社会科学的各个领域，以七七、七八届大学生和恢复考试之后最初几届研究生为主体，新一代青年知识分子异军突起，成为思想解放运动和现代化进程中最活跃的力量。

当青年知识分子以改革、开放社会的主动的创造者和推动者身份去塑造新时代的社会文化时，对社会既往文化的审视和批判，以及对20世纪以来新的科学文化的吸纳引进成为两个最基本的方向。对基于科学理性的批判精神的高扬，对陈旧传统疾恶如仇的激烈反叛，对事实上已经造就现代文明的西方文化价值的普遍认同，以及对一种参照系的共识等等，造成青年知识分子具有共性的文化特征和精神气质。大致相同的文化情景和文化素养，并且造成普遍流行的名词术语、理论模式，甚至造成某种一眼可识的文体文风。青年知识分子在近十年思想解放运动、社会改革和现代化理论研究、20世纪以来又一次大规模的"西学东渐"的学术建设等文化实践中，开辟出自己的文化阵地。主要由青年知识分子创办的报刊、丛书不仅聚集起一批作为作者队伍的青年知识精英，并且吸引凝聚起以中青年知识分子为主体的广大而稳定的读者层，成为创造和传播新的思想理论以及承载、发展青年知识分子文化共同体的有力媒介。阅读它们，在大学生中甚至成为达到某种文化层次的身份标志。

青年知识分子并不仅仅在文化和精神上连成一气，并且自觉地在组织上聚为一体，形成众多青年学者和青年知识分子的同人组织或社会组织，包括官方和民间的各种学会、研究会、研究机构，丛书和刊物的编委会、书院、学园等文化教育机构等等。通过出书报和刊物，举办学术讨论会、讲习班等各种方式，与环境交融和交流，自助和互助，凝聚和扩散，通过组织化的途径极大地增强了青知群体的社会辐射力，培养并发展起共同的群体意识、主体意识和社会人格。自觉的组织行为和成熟的群体意识，无疑是青年知识分子崛起的内在推动和另一个显著的特征。

1980 年代初，除文学艺术团体外，在北京大致形成了三类具有不同的社会角色、参与方式和学科背景的青年知识分子民间学术团体。一些从事中国农村问题研究的青年经济学者，发展成了以研究中国经济体制改革为主的专门机构，直接参与体制内的改革。另一批以政治学、行政学研究为主，创办民间的社会科学研究实体，在体制外参与改革。在非政治的学术理论层面上，以《走向未来》丛书为代表，凝聚了众多从事文化研究的青年学者。这几类群体的领袖和早期骨干，基本是"文革"期间在北京上学的大学老五届、中学老三届成员。这些民间学术群体的规模、能量之大、阵容之强，均是外地所难以比拟的。1980 年代以来，北京作为政治文化中心，在全国范围内吸收、聚汇青年优秀人才的巨大能力，以及远比外地更为宽大的文化空间，是形成这种新的文化优势的重要原因。

北京青年知识分子的行为角色和生存方式，经过几度分化、调整和转变。

在以政治权力为核心的一元化传统社会结构中，政治参与作为知识分子实现其社会理想和自身抱负的传统出路，亦几乎是唯一的出路。1980 年代中，一代青年几乎别无选择地将从政作为主要的参与方式，是不足为怪的。这种直接的政治参与最初有两个方向，即在体制之外作为民间的政治

"压力集团"为社会变革提供某种分力和体制之内的直接参与。前者迅即为社会所否定，后者则与干部"四化"、新老交替的历史机遇相合，在青年中演为炽烈的"从政热"。人们注意到"文革"中在"体制内"造反的老红卫兵，很多继承父业，进入党、政、军的权力部门；而当年在"体制外"的中学生，则较多地成为作家、艺术家、学者和理论家。

与此同时，强烈的参与意识使一大批青年知识分子通过对社会政治、经济体制改革的理论研究，首先是在经济改革尤其是农村经济改革方面，充当各种权力机构和政治中心的智囊，提供对改革的对策研究、决策咨询等等。和直接从政相对，这是一种较为超脱的政治参与，兼顾了他们在学术理论和在政治两方面的抱负，扮演学术与政治的两重角色，其对社会改革的作用和影响是显而易见的；在另一个方向上，一些从事经济学、政治学研究的青年知识分子开始自觉地与政治中心拉开距离，以防止跌入急功近利的陷阱，通过制造一种多元化的格局，以保证思想和学术的自由，同时，将理论研究的重心放在中、长期的理论建设和更为基础的学术引进、文化累积上。其目标首先不是成为权力中心的智囊团，而是致力于承当社会发展的思想库；通过对现实批判性地探索和省思，主要通过舆论干预，为社会发展预警、制衡并寻求对策。

保持自身的独立地位、主体意识和一种超越的心态，立足于自身学术知识领域，建立在专业精神之上的社会参与，恐怕是作为"社会良心"的知识分子有效发挥其社会功能的一种更为适宜的生存状态。中国知识分子历来不乏入仕从政的传统，亦不乏两袖清风、闲云野鹤的洒脱飘逸。中国缺乏的却是那种在"反核实验请愿书上签字"的原子物理学家——具有超越的批判精神和社会责任感的学者，以及现代社会知识分子超越的参与方式。一批青年人文学者身体力行，以其清醒的思考和实践，为青年知识分子的生长提供了新的方向。他们潜心于非功利性的学术研究，却并不是冷漠遁世的庸人和书斋里的学者；他们在现实社会中积极地活动，发出自己的声音，施加独特的影响。

1980 年代中期的文化研究中，知识分子问题成为新的热点，从一个侧面反映出青年知识分子对自身发展的理论需求；而青年知识分子对知识分子理论达到的某种共识，更反映了知识分子群体主体意识的日渐清晰和成熟。青年发展作为青年与社会环境互动的结果，显然不仅仅取决于青年知识分子的自我选择和形塑。此后的社会政治发展，恰如其分地支持和助长了青年知识分子对自身生存状态、角色行为的调整和转变。伴随着"从政热"的退潮，政治本位的观念心态和政治导向的行为方式终于不可避免地陈旧了，一代青知发生由"政治人"向"文化人"的宏观转向——这首先不是指职业变换，而是指精神状态、思维方式、行为方式等人生姿态和生存方式的改变。例如，从政治参与到政治关心，从政治卷入到舆论干预。其背后则是一种理性的彻悟和人格的成熟。

作为青年知识分子亚文化的组成部分，并且渲染了这种文化氛围的一种知识分子雅文化诞生了。1980 年代中国当代文学艺术的各种新潮，几乎都是从北京发源的。与源自南粤的通俗文化的浪潮遥相对应，在北京，知识分子精英文化和雅文化的发育生长，令人想起 1930 年代南北文化对峙的历史格局。

第三代人的文学，在越过了"伤痕文学""知青文学"批判、控诉的阶段之后，便开始了精神的和心灵的文化探索。北京前红卫兵中的作家之多，仅清华附中，知名者就有张承志、郑义、史铁生、甘铁生、陶正等等。张承志、柯云路和阿城，似乎可以代表北京的知青作家的不同方向。

张承志把 1960 年代青年那种难以泯灭的理想主义、英雄主义、浪漫主义精神接种在北方的草原牧场和大河之中，从而偾张了当代文学的浪漫主义血脉，为充斥文坛的贫弱苍白的矫情和平庸注入强劲的自然美和自然力，开辟了一条具有历史纵深感的独特的心灵路程。1991 年他抒写个人精神历程和宗教情感的小说《心灵史》，便是这种结晶。

101 中的高中毕业生柯云路则以红卫兵那样热切的政治关怀，塑造了《新星》中李向南这一青年政治家和改革家的形象——他是北京青年政治家的典型：出身高级干部家庭，具有强烈的英雄主义倾向和宏大政治抱负，并且具有成熟的政治能力。出于对这一形象的偏爱，作者对李向南与林虹的爱情描写，则增添了较多人文和道德的光彩，是一种典型的 1960 年代的古典式浪漫感情。"京都"三部曲：《新星》《夜与昼》和《衰与荣》不能说是知识分子小说，事实上它引起了巨大的社会轰动效应。但作为新北京人写新北京、第三代人写第三代人的代表作，北京的青年知识分子从中的感受尤多，那种心领神会、难以言传的感受，它在许多方面触到了首都当代社会生活深处的隐秘。近年来，柯云路却出人意料地转向了对气功和神秘主义、非理性主义的迷恋，而发人深思。

钟阿城是个很特殊的作家。深厚的家学渊源和坎坷的早期经历赋予他独特的资质才情。他是当代生活中较少见的那种具有庄禅境界的出世人格的作家——至少在表面上是这样。他的宣言和作品一成不变，重复着同一文化主题，成为当代中国文学"寻根热"的始作俑者和代表人物之一。如果说张承志、柯云路是在生活现实的层面探求，阿城则较多的是对传统的开掘和继承，从而恢复文学中久已失去的民族情感和文化的历史感。他的文学创作，如人评说，最多地体现了"五四"以后京派的风格遗韵，从中不难感受他受废名、沈从文等作品、文字的影响。

以知青画家为主体的所谓"第三代画家"，像"伤痕文学"一样，首先在题材内容上突破旧的桎梏，创造了"中国三十年来第一批具有现实批判意义的美术作品"。这个"第一冲击波"主要是由四川美院的罗中立、程丛林等为代表的。此后，对新的绘画的探索开始了，它至少有三个不同的方向：由"壁画热"所代表的唯美画风，执着于从前被列为禁区的形式美的追求，这一源流造就了日后在西方画坛名声大振的"云南画派"。以"星星画展"等为代表，借鉴汲取西方现代艺术营养的前卫艺术，成为"理性的破坏运动的先锋派"，它酿就了 1980 年代持续高涨的现代艺术潮流。影响最大的，是以陈丹青的《西藏组画》、罗中立的《父亲》为代表的具有文化寻根意识的自然主义画风，它又被归纳为"生活流"艺术。画家致力于在边塞旷野发掘和创造那种令人感怀的"笨重的灵魂"（陈丹青语），在粗犷、陌生的造型语言中获得感情的转移和回归。评论认为，他们的特殊社会经历使他们具有精神上与人民相连的"人道的、真挚的感情品格"和"独特的艺术感受力"，同时他们重视理论思维的培养，不囿于定法，能够驾驭多种造型语言。以至于有人认为，"他们之中具备了产生艺术大师的可能"①。

　　电影界对"文革"的批判、控诉主要是由第三、第四代导演完成的，这部分地是由于"第五代导演"直至 1982 年才从学院毕业。"一批新人在他们灵魂的最深处已重新唤起对伟大及超越的渴望。"以《黄土地》《一个和八个》为开端，由张艺谋的《红高粱》《菊豆》推向高潮的第五代导演的作品，以纯粹文化和艺术的心灵探索新的电影风格和语言，摒弃了过重的政治负载，以及由对白、故事、人物等构成的叙事风格，而用精致的画面、光影和色彩抒发独特的审美感受，用隐喻来寄寓某种文化观点或审美理念。《黄土地》通过荒凉贫瘠的黄土高原表达了古老民族的历史沧桑感；充满书卷气的《孩子王》则"在纷乱的世界中构造了一片玄奥脱俗的意境，表达了对文明、文化、自然和人严肃而沉重的思考"。这种按其本质不是根据大众趣味的票房价值创作，而是为艺术家和圈内人——少数知识分子——所欣赏的"探索电影"，是中国电影所没有出现过的知识分子的"纯艺术""雅文化"。它固然因各种原因很快陷入窘境，其开创之功却已举世瞩目：它终于使中国电影走向世界，使之提升到能够与世界主流文明接口对话的水平。

　　1980 年代中期，一批才华横溢的青年作曲家异军突起，他们是中央音

---

　　① 《人民日报》（海外版），1985 年 8 月 8 日。

乐学院作曲系七七、七八届的高才生，被称为"四大才子"的谭盾、叶小钢、瞿小松、郭文景是其中的佼佼者。他们分别来自湖南、广东、贵州和四川。他们大多出生于 1955 年前后。按年龄，属于红卫兵和知青后的一代，然而，大致相同的社会经历和教育经历——在"文革"中度过青少年，1977年、1978 年进入大学学习——使他们在精神气质、价值观念、文化认同上，归属于第三代人"文化共同体"，这与 1950 年代中期出生的张辛欣、刘索拉等作家很相似。

谭盾的室内乐作品《风·雅·颂》《弦乐队慢板》、交响乐作品《两乐章交响曲》；叶小钢的《中国之诗》（大提琴与钢琴）、交响乐《西江月》《八匹马》《老人故事》等；瞿小松的《山歌》（大提琴与钢琴）；郭文景的大提琴曲《巴》等，获得国际和国内音乐界的奖励和赞誉。这些具有鲜明艺术个性和风格的作品，借鉴现代音乐创作技法，表现了艺术家不同凡响的内心独白，"在纷乱的层次中追求心灵的自我完善"，表达了对自然、山野和古老民族的尊崇，让人得以领略"从远古地平线上升起的东方神秘"，使人听到"知识分子的一种感情升华"。

北京知识界和理论界中青年知识分子的崛起，如果说有什么标志性事件的话，1983 年第一批《走向未来》丛书的问世是一，1984 年 7 月在杭州召开的莫干山会议是一。后者是以北京经济理论界的中青年为骨干，联络组织全国中青年同行的首次尝试。在这个会上，提出实行价格双轨制的改革建议。

1989 年 3 月，在北京京丰宾馆召开的"改革十年"中青年改革理论研讨会，无疑是十年来中青年知识分子规模最大的一次历史性盛会，也是一次适时的自我检阅。

事实上，会议举行之期，已经满城风雨。信仰的时代结束之后，理性主义仅占了几年的风光。社会生活和道德生活的迅速"痞子化"、非理性主义和"世纪末心态"的泛滥拉响了文化危机的警报。有人将当时的形势喻为"精英和痞子赛跑",看谁能跑在前面。然而,知识精英的状态并不令人满意,使会议蒙上了阴影。

其实,在"第三代人"头顶上闪耀的光环,更早就开始暗淡了。当人们对声誉鹊起的《今天》诗派、"星星画展"的画家寄予厚望之时,他们似乎再也没有写出什么力作,而过早地消遁了。这种昙花一现的表现,使人们认识到当代文化发展的特异性。例如,在西方经历了近百年的现代主义诗歌的发展进程,在我国则被压缩为十年左右的匆匆演练。"中国式的'布尔乔亚情结'和'运动癖'在这里再次发作和泛滥。我们将朦胧诗 pass(淘汰)得太快,又对第三代的认识太肤浅,'各领风骚两三年'的口号下呈现出的绝非艺术生命的丰沛与强力,而是困乏和迷惘。"①

另一方面,人们也对"第三代人"艺术家的素质发生了怀疑,认识到他们自身文化品性的特异性和不成熟性。在某种程度上,他们是在强大的外在压力下催生的,一旦压力撤除,便似乎失去了自身的内在驱动和方向。《今天》诗派的大多数成员将目光和兴趣移向海外,这既被讥为是对青春理想的背叛,又被视为是江郎才尽的适当出路。

1986 年,如日中天的阿城离国赴美——前文所述的画家、音乐家、作家大多均已出国——不仅是规模巨大的出国潮的象征性事件,也是第三代人文学退潮的一个信号。他未能完成计划中的写作而且表现出了自我重复。相当多的知青一代的作家表现出创造力的衰退和疲弱,而后起的一代已经咄咄逼人地登上了文坛。

1989 年之后,对一代人和青年知识分子的反思更为痛切,人们从轻率的乐观中清醒,认识到重建知识分子人格和知识分子文化之路的艰难漫长。

---

① 沈奇:《拒绝与再造:谈中国当代诗歌》,《二十一世纪》,1992 年第 4 期。

　　1990 年底，沉寂已久的北京出现了新的文化热潮。以"文革"为背景、反映北京两个家庭的悲欢离合的室内电视连续剧《渴望》致使万人空巷，随即风靡大江南北；《魂系黑土地——北大荒知青回顾展》盛况空前，创下中国历史博物馆近十年来观展人数的最高纪录；重新排演的"文革"中八个样板戏之一的现代京剧《红灯记》受到出乎意料的欢迎。这些被舆论界称为"轰轰烈烈的三大文化热点"，无疑具有可圈可点的丰富复杂的文化内涵。面临深刻的政治动荡、文化变迁和价值失落，人们的心理、感情和道德价值都指向了不堪回首的过去。

　　由当年赴黑龙江建设兵团的北京知识青年举办的《北大荒知青回顾展》，也许是一次真正的青春祭典，象征着第三代人对曾经作为青年文化的知青文化和 1980 年代青年知识分子文化的回顾和告别。

　　这一祭典是全国性的，在广东、云南和上海，当年的知青都举行了不同形式和规模的纪念。北京的活动则再次显示了北京人的特点：高度的群体意识和组织性，巨大的热情、规模和活动能量。围绕展览会的配套活动包括：出版回忆录《北大荒风云录》，成立北大荒知青基金会，发行首日封和录像带，编制人名录，组织"还乡团"，等等。展览期间，成为前知识青年盛大的节日，他们携儿带女，按当年的团、营、连、排、班编队集合。星期天的天安门广场，又一次成为第三代人的海洋。

　　无论对于过来人还是对这一切闻所未闻的年轻人，展览会都具有极大的"煽情效果"。会场的巨幅标语直奔主题：

　　"如果忘却是某种哲学，那么回顾便是责任。"

　　"一切成熟的，同时是庄严的；一切记住的，同时是自省的。"

　　"开拓，毕竟是高尚的冲动；向艰难困苦挑战，毕竟是刚勇的壮举。"

　　展出的两千多件实物，包括下乡时在广场宣誓的红卫兵战旗、血书、蝴蝶标本、狍皮、鹿角、对"苏修"的喊话教材、连队的证件、饭票、泡在药水中的砸断的脚趾、1970 年冬死于救火的著名画家潘絜兹的女儿潘纹宣坟前的黄土（共有 14 名女知青死于那次救火）、《第二次握手》的手抄本、自制的乐器、春播快报、一位知青佩戴过的"现行反革命"的胸标、姜昆当年的演出照片……

让我们再次认识"上山下乡"对一代人的重大意义：在《北大荒风云录》一书的 198 篇回忆文章中，有 31 篇文章记载了 82 名知青的死亡（不包括在一场大火中"伤亡百余人"的记录），除 6 人为病死，其余则死于拉木、翻车、塌方、雷击、淹溺、踩雷、救火、救惊马、爆炸事故、枪杀和自杀。

关于这个过渡的、承先启后的一代，究竟在共和国的历史上将发挥什么作用，人们仍然有许多期待、许多猜测、许多怀疑。

但是，在经历了那么不平凡的 1960 年代、1970 年代和 1980 年代之后，他们有把握这么说："可能还有错误，但是绝不平庸。"

第九章

上海人
和北京人

丹纳在他著名的《艺术哲学》中谈道：一个社会物质文明和精神文明的性质、面貌取决于种族、环境和时代三大因素。

由于历史文化、自然环境、人种遗传、社会制度等等的不同，造成了人类种群千姿万态的差异。以欧洲社会而论，俄国人的雄浑粗豪、英国人的绅士风度、法国人的浪漫漂亮、德国人的认真刻板、意大利人的热情奔放，等等，都是人所熟知的。

城市的出现，使城市社会成为改造和促进人类文明、提升人类生活质量的最主要场所。伟大的城市不但总是与伟大的文化和伟大的人物相连，而且具有自己人格化的形象，形成城市群体人格的共性特征。同时，国家、民族和城市社会的文化，最终蕴含和体现于人——人的质量贯穿了城市社会的多维空间，成为城市文化的直接现实。不同城市人的个性、文化心理、行为特征、精神风貌、教养和趣味等等，体现了城市文化的丰富性和不同的品位。

上海人和北京人，在人格的特殊性、典型性上，正是南北两地文化的恰当体现。

一、南人和北人

上海人和北京人的第一重差异，自然是南方人和北方人之别。这既包含了不同的社会文化传统的影响，还包括更为基础的由遗传造成的人种在体貌特征、心理、生理等方面的区别。

南人和北人的差异之大，是显而易见的。以中原和华北为代表，北方人身材高大强健、性格热情粗犷、行为稳重保守，他们喜吃面食和葱、蒜、辣椒等辛辣的食物。一般认为，他们身上羼入了北方游牧民族和蒙古人的血脉。林语堂称他们是"自然之子"："他们没有丧失自己种族的活力，他们致使中国产生了一代又一代地方割据王国，他们也为描写中国战争与冒险的小说提供了人物素材。"江浙一带的南方人，则身材相对矮小，他们聪明灵活，性情温和，善于处世，爱听缠绵的戏曲，吃大米和甜糯的食物。在他们生活的江南富庶的城镇商埠，历来是"花柳繁华地，温柔富贵乡"，孕育着一代代才子佳人的风情故事。林语堂称他们是"圆滑但发育不全的男人，苗条但神经衰弱的女人，他们喝燕窝汤，吃莲子，他们是精明的商人，出色的文学家，战场上的胆小鬼"。[①] 更为矮小精悍的是华南人，包括湖广一带的楚人，他们被认为是中国文化传统与古代土著血统的强烈混合物，他们富于活力和进取心，善于挥霍享受，吃蛇和各种奇怪的食物。

因而，历史上的南北分野，北方出帝王将相、英雄豪杰、烈士贞女，而南方多秀才书生、师爷谋士、才子佳人。想一想京剧和越剧，北地的梁山好汉，侠客大盗；江南的唐伯虎、娄阿鼠和梁祝悲情，南北之异，一目了然。

---

① 林语堂:《中国人》，浙江人民出版社 1988 年版，第 4 页。

南人和北人在体貌和遗传特性上的区别，明确可鉴。

据 1989 年国家技术监督局颁布的国家标准《中国成年人人体尺寸》，中国男性平均身高 1.678 米，体重 59 公斤；成年女子的平均身高 1.570 米，体重 52 公斤。东北、华北人的平均身高高于全国平均高度；江浙和上海人高于全国平均标准但低于北方人；云、贵、川三省是我国平均身高最低的地区。身高的分布，我国 80% 的男子身高在 1.60 ～ 1.75 米之间，只有 9% 的男子身高在 1.75 ～ 1.81 米之间或 1.54 ～ 1.60 米之间；另各有 1% 的男性高于 1.81 米或低于 1.54 米。80% 的成年女性身高在 1.50 ～ 1.64 米之间；各有 9% 的女性身高在 1.45 ～ 1.50 米和 1.64 ～ 1.70 米之间；各有 1% 的女性身高超过 1.70 米和不足 1.45 米。[①]

中国成人平均身高　　　　　　　　　　　　（米）

	男子	女子
全国平均	1.678	1.570
华北、东北	1.693	1.586
江、浙、沪	1.686	1.575
湖南、湖北	1.669	1.560
广东、福建	1.650	1.549
云、贵、川	1.647	1.546

另据 1987 年对我国 10 个省市 20 余万名 0 ～ 7 岁儿童的调查，北方儿童的生长发育优于南方，这被认为与各地区的生活水平、饮食习惯和喂养方式有关。[②]

中国人的容貌特征亦分南北。

中国人的一般特征是：身材中等，肤色浅黄，黑发且发型较直；额头宽阔，眼睛多为深褐色，眼睛与眉骨齐，无凹陷；鼻子中等宽、鼻梁中等高，

---

① 《文汇报》，1989 年 11 月 16 日。

② 《人民日报》，1987 年 4 月 16 日。

偏扁平；颧骨凸出，面部扁平；嘴部不前突，嘴唇不厚不薄，身上体毛稀少。中国人自称"炎黄子孙"，真正有别于其他民族的三项特别的生理印记，一是铲形门牙：两颗门齿的两侧边缘翻卷成棱，中间低凹，形似铲子，白种人只有 8.4％的成人具有这种门齿。二是青斑：新生婴儿屁股的骶部等部位有青灰色斑块，而白种人和黑种人婴儿均无青斑。三是内眦褶，即眼的内角处上眼睑微下伸，遮掩泪阜而呈一小小的皮褶，亦称蒙古褶。

　　南北相貌以北方人和华南人为典型，区别包括：北方人"丹凤眼"较多见，华南等地的人眼睛的开度大，眼皮有一、两条横纹。北方人鼻梁较直挺，华南人则鼻梁软骨上翘的较多，鼻子较宽。北方人嘴唇较直立，华南人唇厚 10 毫米以上者超过 40％。北方人的脸型，以长方形、卵形、圆形为主，南方人中脸型呈菱形和五角形的比例较多。因而，身材高大、五官分明、鼻梁高挺的北方男性在中国的男演员中占绝对优势——他们较集中地产生于哈尔滨、青岛等几个北方城市；而女演员，尤其是歌舞演员则侧重在江南的城市中挑选。

　　血型也显示了南北人种的区别。

　　人类的血型除了 ABO 型之外，还有 500 多种，Gm 血型为其中之一，它存在于人的血清丙种球蛋白中。Gm 基因表现出明显的人种特异性，例如 Gmfb 基因为白种人所特有；Gmst 基因只存在于黄种人；Gmc3 基因只存在于黑种人。我国最常见的 Gm 血型基因是 Gmafb、Gmazg、Gmag 和 Gmast 四种。其分布显示，南方汉族和少数民族带有高频率的 Gmafb 基因，而北方汉族和少数民族带有高频率的 Gmag 基因。它成为证明长江流域可能是黄河流域之外，中华民族又一摇篮的有力证据。[①]

　　血型真正引起人们争议兴趣的，是它与国民性、民族性以及人的气质、性格的联系。这或许是无稽之谈，或者是牵强附会的，但只要不是采取学

---

① 《大众医学》，1986 年第 3 期。

究式的态度，对此便不会不屑一顾。

欧美国家的白种人，O型占压倒性多数，是典型的O型气质。在苏格兰、爱尔兰等地，O型血型达50%以上。亚洲国家则是典型的B型气质，B型血型最多，占34%，O型和A型次之，AB型最少。东欧地区，由于与亚裔人接触较多，B型上升至15%左右。而日本是典型的A型社会，A型占第一位，与中国南部和东南亚地区相似。①

不同人种的血型分布　　　　　　　　　　　　（％）

	O	A	B	AB
白种人	46	42	6	
亚洲人	27	27	34	12
日本人	31	38	22	9

按照流行的通俗说法，O型人具有做事干脆、讲究实用的现实态度，简洁明快的论理形式，热心社会事务，崇尚自然和力量，这也被认为是欧美人的共性特征。东方人的那种包罗万象的散文般的横向思维、人际交往和适应环境的能力，感情丰富而多变，灵活和流动性，体现了亚洲人的B型特征。日本人的A型特征包括：思路清晰、条理性强，纵向深入的思维方式，严谨认真的钻研精神，稳固的家庭观念和团体归属感，很强的模仿力和技术能力，等等。虽然由于缺乏我国分地区的血型分布统计，但凭实感和体验，我们仍可不严格地区别，同为B型特征的亚洲人，北京人的气质更多地偏于O型，而上海人的气质则较多偏于A型。

与历史上的几次南迁有关，中国人的姓氏也有明显的地域特征。在汉族人口中，各占1%以上的大姓共19个：李、王、张、刘、陈、杨、赵、黄、周、吴、徐、孙、胡、朱、高、林、何、郭、马；其中李、王、张三大姓各占7%以上。在这些姓氏中，李、王、张、刘等大姓在北方人中常见，

---

① 能见正古、能见俊贤：《血型与人生》，知识出版社1988年版。

而陈、赵、黄、林、吴等姓在南方人中比例较高。[①]

我们注意了遗传的因素，却不能夸大这一因素。

随着历史上几次大规模的人口南迁，由于经济和文化发展的重要性上升，以及近世以来西方文化、工业文明的输入，南北格局在很多方面已有重大变化。例如，20世纪的英雄豪杰，已经几乎是南方人了。孙中山的骨干多为华南人，蒋介石的嫡系多为江浙人——据查，仅浙江诸暨一县，民国时期在国民政府中任职的将军便多达106人，包括上将蒋鼎文等4人，中将宣铁吾等35人，少将金福民等67人。[②]共产党的领袖之中，毛泽东、刘少奇、周恩来、朱德、陈云、林彪、邓小平皆为南人，十大元帅中，除徐向前外，皆为南人。虽然，这些南人中真正的江浙人很少，多为两湖和四川人。因而，近世的面相之道，已将"南人北相"或"北人南相"视为富贵相，认为是刚柔相济的良好结合。

超过情感、审美和个人好恶的评价，我们有必要建立关于人格和群体人格的科学认识。虽然，这本身仍是在研究之中的专门学问。与"喜欢和不喜欢""好与不好"这类的评价相比，真正有意义的是以社会现代化和人的现代化的标尺，观测衡量不同人格，作出"现代"还是"非现代"之类的评价。

斯普兰格和摩里斯的研究，按照一个人在众多价值中优先考虑哪一种，按生活方式划分出6种价值观类型：

1. 理论型：注重合理性，重视科学地探索真理；

2. 经济型：注重实际效率，对追求利润感兴趣；

3. 审美（艺术）型：珍视美与和谐，重视艺术活动；

4. 权力（政治）型：对领导和统治他人感兴趣，重视获得权力；

---

① 新华通讯社《中国年鉴》编辑部编辑：《中国年鉴》，新华出版社1988年版。

② 《浙江文史》，1992年第47期。

5.社会型：重视对他人的爱和归属感；

6.宗教型：重视宗教活动和神秘经验。

它们分别对应了真、力、美、爱、善的价值。调查显示，男性和女性，不同专业、职业背景和不同国家、民族的人，各具有不同的倾向。

根据中国社会和人生的实际情况，我们不妨将其简化为四种类型：经济人、政治人、文化人和社会人。"经济人"追求经济效率、积累财富和丰裕的物质生活。"政治人"则以追求权力、在官场上的自我实现为目标，政治利益优于其他的利益选择。"文化人"则以知识学问和文教事业为生，重视精神层面的情感、道德、艺术、审美的需求，追求文化的提升和心灵的充实。"社会人"注重社会公平和福利，热心于各种公众事务和慈善事业，乐意服务于人。

这样，我们可以在当代社会变迁和文化冲突的背景下，观测上海、北京两地群体人格的特征和演变。

二、两地人互看

几乎绝大多数上海人对北京和北京人无可评价——由于缺乏实际的接触、具体的感受。"到北京去"在十来年前，还是属于少数先进人物的光荣和骄傲。近年来，到北京出差、旅游的上海人增多，但对北京的共识也只是枯燥的几条：一是"好白相"的地方比上海多（指风景名胜）；二是新建筑多，高楼多（其后跟一句牢骚"怪不得上海没钱盖房子"）；三是购物、坐车不方便，商品品种少，价格贵；四是气候干燥、刮风，不适应。

一位上海人说，到大名鼎鼎的王府井，没想到走了十几分钟，就逛到头了。他怀疑自己是否走错了，问别人"北京究竟有几个王府井？"关于服务态度，上海人说，上海的售货员至多不理你，自顾自聊天。北京的售货员还要训你："别嚷嚷！嚷什么！"上海的儿童在北京则经常会有意外的惊喜——他们在大街上看到了拉车的活生生的骡、马，往往怀疑它们是从动物园跑出来的。

对于每个从北京来的人，上海人都会问："上海好还是北京好？"在北京，则很少遇到这种提问——这对北京人来说是不成问题的：中国还有比北京更好的地方吗？其实，上海人的询问并非未含有城市优越感，他在很大程度上不过是想验证这一优越感；此外，则是潜意识中对京城模糊的崇敬和神秘感。

比较而言，北京人对上海人的感觉要多得多。几乎每个北京人都可以滔滔不绝地大谈对上海人的印象，自然，好评不多。北京的女性尤其热衷于对上海男性的声讨，而且众口一词，仿佛个个苦大仇深。上海自然有对北人的轻蔑，例如称北方人为"北佬"，但通常，北京人被单列在这种称呼之外；而北京人并没有对南人共同的蔑称，而是将上海人单列——当他们说"他是上海人"时，口气中已经包含了轻蔑，有些像西方人说"犹太人"那样。以致在京城的上海人不轻易暴露籍贯是比较明智的，但在江南，上海人的籍贯却具有自我提携的功用。直到1980年代初，南京、杭州、无锡等地的时髦青年仍以会说上海话、打扮像上海人为荣（而他们在上海的同类，则以打扮成"华侨"为荣）；至今上海的征婚广告上，"沪籍"仍是可资开列的条件。电视剧《渴望》中那个自私委琐的男主角被取名"沪生"，引起了敏感的上海舆论的不满，却满足了北京人的集体认同，他们觉得，上海人就是这样的。因此，北京人对上海人的最高评价，便是"你不像个上海人"。

但是，在北京人的内心，仍有对上海人、对南方传统的尊重。因而，谈及上海同行的工作质量和工作精神，北京人往往自认弗如。而声讨完上海人的北京姑娘，有时会出其不意地流露："我妈妈（或外婆）也是南方人"；或者"我有个阿姨在上海"，"小时候在上海住过"，等等。北京的孩子到了上海往往备受宠爱，人们惊讶于他们一口纯正的"国语"。如果他转学到上海则会经常地被教师提问，并让他朗读课文。

上海人和北京人交往中的"文化冲突"，相互间的成见和抵触之深，也许超过了我们的预料。

余秋雨撰文剖析了"上海人的尴尬"：全中国都有点离不开上海人，又都讨厌上海人。这种无法自拔的尴尬境地，也许是近代史开始以来就存在的。"精明、骄傲、会盘算、能说会道、自由散漫、不厚道、排外、瞧不大起领导、缺少政治热情、没有集体观念、对人冷漠、吝啬、自私、赶时髦、浮滑、好标新立异、琐碎、市侩气……如此等等，加在一起，就是外地人心目中的上海人。"①

的确，北京人对上海人的看法，是代表了"北方人"和"外地人"的普遍看法。

北京人津津乐道的上海人的洋相笑话，包括半两粮票的小点心；一次买一只苹果边走边吃。还传说上海人到北京吃涮羊肉（他们往往念成"刷羊肉"），10个人要了2斤，北京人说"趁早别现眼了，还吃涮羊肉呢！"此外，他们又反感上海人关于自己特别"秀气"的声明："上海人老是说'我只吃一眼眼'，实际比谁吃得都不少。"经常参加会议、吃会议餐的人反映，上海代表在饭桌上的表现往往较差，他们不顾别人地抢食最好的菜（如大虾），一副"不吃白不吃"的架势；而轮到拍集体照时，他们又当仁不让地占据最"风光"、最显眼的位置。

北方人传播的一个关于上海人的经典的笑话，说一个上海儿童去商店买针，针的价格是2分钱3根，小孩付1分钱，给了他1根针，他却不走，向售货员说："你还得找我两张草纸。"另一则不是笑话，说上海人待人真热情，快到吃饭的时候，他告诉你附近有一家价格便宜实惠的饭馆。

---

① 余秋雨：《文化苦旅》，上海知识出版社1992年版，第143页。

当北京人无意触犯了上海人某些"不成文"的规矩时，就会出现不快。例如，前些年的结婚宴席上，最后上的"四大件"（全鸡、全鸭、全鱼、蹄髈），客人往往是不触动的，留待主人用钢精锅装回家去慢慢享用。一位北京朋友抱怨，上海人家里，一条鱼要吃四顿：切成两段，每次只吃其中一段的一面。而他"破坏"了留待下餐的另一段鱼。他说，"从此在上海人家里做客，我不吃鱼"。

当上海人把自己的规则带到北京时，同样会发生难堪。

一位上海女学生参加一群北京青年的郊游，事后，她将所吃的面包、汽水、冰棒等的钱如数交付，使北京女友大为恼火。这种上海人的"经济自觉"正是北京人所嘲笑的"小家子气"。另一位毕业分配到京的上海姑娘，邻居怜其孤单，时常请她吃饺子等。后来，北京的主妇发现了"规律"：每次请她吃过饭之后，她总要回赠一些豆腐干、香肠之类的"小礼品"。主妇不禁大怒："我是可怜你，你倒和我算起账来。要仔细算账，你一袋豆腐干够吗？"上海人的乖巧知礼，在这里被视为小心眼和冒犯。

随着交往的增加，大多数上海人都会感到北方人更易于相处，没有那么多鸡鸡狗狗、不上台面的小心眼、小动作；而北方人也会感到，上海人并非如表面感到的那么不可交。

一位东北籍朋友谈起上大学时的一位上海同学。他衣冠整洁，独往独来，从不与同学一起看电影、吃饭，以免无谓地请客花钱；他从不言人恶，不涉是非，也不露个人隐私，与所有同学都是"淡如水"的等距离外交，绝无北方哥们结团抱伙、烟酒不分家的作风。起初，这种与众不同很令人反感，但时间长了，别人却感到与他交往比较轻松和安全。另一件表明其性格的小事是：他看书如遇不认识的字，绝不会嚷，向别人求教，而是自查字典——这既避免了"露丑"，而且从字典查出的结果更准确、更权威。

一位北京教师后来认识到，上海人的精明和算计作为一种习惯，不独自己享用，有时也施于人。他在上海乘车问路，答者详细地告诉他，所去之处介于 A、B 两站之间，在 A 站和 B 站下车均可，但到 A 站 5 分，到 B 站 1 角，所以还是到 A 站下车为好。这位教师深受感动。

对于许多当年的知青，"五湖四海"的集体生活无疑是各地人习性、各种城市人格的大交流、大碰撞和大展示。

一位当年在东北兵团的北京朋友说，上海人最令人"腻味"之处，是他们互相用上海话交谈，这等于是公开宣称自己与众不同，用语言与其他人隔离开。上海人固然精明，但是精到明处，也许不可交朋友，但却可以共事。他们有时耍小心眼，晚上工，早下工，贪个小便宜，但并不坑人。上海知青搞政治小动作、玩小阴谋的并不多，北京人中反而较多。哈尔滨人最野，打架厉害；但形象最次的是天津人，他们最会斗心眼，打小报告。上海知青大多没什么背景，但他们自我料理能力强，干净，办事有规律，有准备。很多人靠一技之长（例如会修收音机、会写美术字等）改善自己的生存境遇，调到较好的工作岗位。

一位当年在云南建设兵团的成都知青写道：北京知青秉性开朗，豪爽旷达，一开口那字正腔圆，一如收音机里播音员在说话，把他们居高临下的优越感表达得淋漓尽致。四川知青个头不大，却聪敏机智，热情义气，为朋友两肋插刀的事干得最多。唯上海知青韬略在手，城府于胸，既不轻举妄动，也不毕露锋芒；他们轻慢别人，只要叽哩咕噜讲一通上海话，"就非常巧妙地用一道天然屏障把上海人圈在了里面"。他们下水田，晴天一身汗，雨天一身泥。但细心人会发现，他们穿着上海刚刚研制出的农田鞋、水田袜。

遥想当年，"上海阿拉"的举止很受人非难与排斥，总有那么点格格不入的"小资情调"……今天才恍悟，食品箱也好，水田袜也好，雪花膏、檀香皂、吴侬软语和星夜苦读……它的与众不同，无非是上海人的习性、上海人的爱好、上海人的生活方式；无非是艰辛难耐的劳

作、愚昧困苦的氛围，窒息人性的十年浩劫这一切交织起来都压抑不住的上海人文明的天性！ [①]

外国人对上海的感情和对上海人的理解或许比北京人更多；虽然，他们主要是从商业上着眼的。

日本的传媒对上海的报道十分敏感，这是大陆最接近日本的城市。日本人对上海怀有特殊的感觉。老一代人，特别是战前到过上海的，视上海为东西方文化交汇之地——当时日本人普遍存在对西方文化的自卑心理及对中国古代文化的崇敬，他们看到这两者得以在上海并存，于是对上海怀有一种好感。"直到今天，每当上海有什么新鲜事，他们都会赞叹一番：真不愧为上海啊。"战后的日本青年，对中国的印象是长城、黄河的雄伟与贫穷，与传媒中上海的嘈杂与繁华完全不同，而视上海为中国一个神秘的、特别的存在。日本的专家、学者则看中上海对外来文化不取排斥态度，文化教育水准较高，技术培训收效快，易于实现现代化管理，这正是宝钢、金山石化总厂成功的基础。

随着近年来大量上海"就读生"赴日———一位朋友说，几乎在东京的每一列地铁车辆都能听到上海话——所形成的影响就是另一回事了。

一位日本人这样形容和介绍上海人：他们口气夸张，有极度的优越感，喜欢讲排场，好面子，惯以领先时代、崇尚时髦而自傲。他们同时还具备实践能力，并且能够巧妙地利用他人的财力来实现自己的目的。上海人的性格特点是：机敏，行动快，具有其他中国人所没有的不拘泥于过去历史的性格。其中有些人爱虚荣，外表的气派重于实质的内容，有刹那主义的倾向。他们创意优异，但有时也擅长玩弄技巧，也就是说，也有可能进行不负责任的交易。上海人还喜欢乘势推展的步调，不习惯于朴实和按部就班的生

---

① 《青春无悔》编辑组编：《青春无悔：云南支边生活纪实》，四川文艺出版社 1991 年版，第434 页。

活方式。

韩国的一刊物比较了上海人和北京人以及中国其他省份人的不同特征、作风：

> 黑龙江、辽宁、吉林等地的人喜欢喝酒，一口就喝下一杯65度的烈性酒。他们很讲义气。可以为朋友牺牲自己，而把洽谈生意看成是次要的。
>
> 在北京如果没有人际关系很难办事。但上海很早以前就是国际城市，上海人很会"算计"。他们虽然看不起地位低而穷的人，但很尊重地位高而有钱的人。上海人很强调物质利益，经济头脑也很灵。
>
> 上海人大都是经济里手，他们的经济头脑比山东、北京、哈尔滨的人灵得多。所以，人们说"外国人很难从上海人口袋里掏出钱来"。
>
> 福建省华侨多又面对台湾，所以得天独厚。人们说，福建人特别小气，下雨时带两把伞，自己用一把，卖一把。
>
> 广州人不仅会吃，也有韧性，还很聪明。他们在香港和上海的势力很大，甚至被称为"中国的犹太人"。
>
> 四川人的性格比较外向，同他们交易时不麻烦，但缺乏理财技术。

令许多北京人不解的是，许多在京的外国人，虽然热衷于北京的政治环境、文化生活，但作为个人对城市的喜好，却更喜欢上海——正是在上海，他们能够感受到所熟悉的那种城市生活的气氛和情调。

1989年，《纽约时报杂志》的一篇文章说，上海熙熙攘攘的街头，很像纽约的布鲁克林区。纽约是以向高空发展的摩天大楼为特色，上海则以它的街道为特色。"在上海，人们非常注意生活，就连我这个不喜欢城市的人也能感受到这种气氛。上海与广州不同，广州显得粗俗而上海则显得拥挤不堪"；在那里，讲英语的人已形成了他们自己的文化小圈子，而中国其他的城市还没有这种现象。同时，与纽约人相似，上海人有一种主人感，"纽约人把纽约看成是他们自己的，上海人也有这种感觉。他们对城市有烦恼、有抱怨，尽管如此，他们仍旧热爱自己的城市，对城市有一种依附感"①。

一位在上海工作的美国小伙子细腻地比较了上海与北京两地风情的差异，他也认为上海生活更富于人情味：

北方人豪爽，上海人细腻。我能讲一口比较流利的普通话，北京的朋友这么夸奖："嘿！哥们，够地道的啊。"上海人说起来就不一样："啊呀呀，马天明！你的中国话讲得这么好呀。你是在哪儿学的？学了几年啦？了不起呀！"一连串的惊讶和问号，感情表现得丰富而有层次，甚至带几分夸张。我的名字是北大的一位教师取的，在北京从没人对这发生好奇，到了上海几乎每一个新结识的朋友都会问："马天明，你是不是看过《今天我休息》呀？"（按：此剧中男主角的名字叫马天明。）

上海人的另一个特点是文化水准比较高，有教养。走在马路上，经常遇到有人用很流利的英语同你交谈；这在其他城市是少见的。我到过南方的不少城市，那里的人很会赚钱，但是似乎不很注重赚了钱以后怎样提高自己的文化和修养，对教育和学习的兴趣不如上海人浓。上海人还有一个特点，也是最大的特点：精明能干。他们对世界的情况很了解，又懂得怎样赢得市场：在我们公司，很多上海人称得上一流的雇员。就我自己的体会，和上海人做生意，充满竞争和挑战。

上海人有没有缺点？有！至少有一些上海人太看重利益原则：人与人交往以利益为基础：我在上海有很多真朋友，也碰到过一交往就向我提各种各样要求的"朋友"。

---

① 《编译参考》，1989年第1期。

上海人还有一个缺点：看人头。听说有上海人欺负外地人，其实也有欺负"老外"的。我到自由市场买东西，到江阴路买花草，非得说一句："朋友帮帮忙，侬勿要'斩'我。"没这句让人吃惊的上海话，真的会被人"斩"一刀的。[①]

三、公共汽车小社会

众多城市人按照一定的规则、秩序乘坐在公共汽车之中，构成一个流动的"小社会"，它包含了城市与市民、司乘人员与乘客、乘客之间的各种关系，体现了城市的管理行为、市民素质和人际关系。这种"bus 文化"，可以成为透视城市文化和城市人格的剖面。

许多到北京出差的上海人，包括许多北京人都有过这种难堪的经历：下车时在售票员的逼视下和众目睽睽之中，狼狈地上下搜寻，找不到上车时购买的车票。北京与上海的公交车控制售票的办法，前者是控制出口（下车时验票），后者是控制入口（上车时购票）。在上海乘车，服务规范的售票员会主动提醒每一位刚上车者立即购票，或者出示月票。他们的本事在于，绝不会混淆刚上车未买票的乘客与已经买过（或出示过）票的乘客。这两种办法在提高购票率上的作用估计差不多，没有明显优劣；但是，在上海乘车显然感到比较轻松、友善和自尊，不必像在北京将票攥出了汗，唯恐下车时摸不出来。此外，控制出口对售票员来说比较简单易行，不像控制进口那么费心。

这正是两地管理行为的区别所在：北京是从司乘人员角度出发的，而上海则是从乘客出发的。购票方式或许是延续某种习惯，不足以说明，那么，

---

① 《解放日报》增刊，1991 年版。

公交车的设计则明白无误地体现了这种思想。直到 1980 年代初，北京老式的公共汽车上，售票员往往不能坐着工作，而是最后一个上车，在人群中穿插拥挤售票，劳动强度较大。近年来，北京的售票员才和上海一样，在固定的座位上售票——但是他们占据的空间未免太多了。为了方便他们售票，拆除了两个乘客座位，从而使他们可以从后门座位处走到靠近中门的位置无须别人传递而直接售票。在如此有限的空间和乘客如此拥挤的情况下，拆除两个座位以方便售票员购票，这在上海是绝不可想象的。

　　另一个例子是，几年前北京那种用摇把控制窗玻璃升降的公共汽车，摇把通常被拆去，摇窗玻璃权被控制在司机手中，即使天气有变，小有风雨，乘客也无法调节。这一问题随着新使用的左右移动式窗玻璃而得以回避。

　　比较之下，上海的管理要民主、公平和有效得多。在许多车的起点站，都分别设有"站队"和"坐队"，年迈体弱者或不急于赶车者经等候，总能坐上座位。汽车正面的路数标牌在顶部，驾驶员车窗上方，而非像北京那样设在驾驶员车窗左下方——它经常被人群遮挡而看不见，有时则干脆用"共青团号""模范车队"之类的标牌将其覆盖，乘客只有从车厢侧面才能看清路数。由于车站管理严格，上海上车的秩序比北京好得多，车辆调度之严格、有效更是北京望尘莫及的。积多年乘车之经验，我深感北京的交通拥挤，调度不当是重要原因之一。在北京，我们经常可以看到起点站处停放多辆汽车，乘客望眼欲穿，久盼不至。而在上海，大多数车队没有自己独立的停车场，黎明从总场驶出后，全体车辆全部在运营线上行驶。同样，在上海，看不到在非高峰时间连发数辆空荡荡的"快车"之类的奇观；逢有大型演出等活动，调度人员会在散场时集中发派车辆，在最短的时间内将人群疏散。这在北京同样是难以想象的，除非有上级指派下来的"政治任务"。

　　令上海人感到惊奇的是，北京售票员作业方式之原始：用半截捆着皮筋的红蓝铅笔划道，而不是像上海那样用票夹打孔。北京售票员售票的动作，大抵是不慌不忙，慢悠悠的，显示着对乘客的傲气，潜台词是："老子才不愿伺候你呢，还不是没办法。"他们有时用怠慢，有时用饶舌和贫嘴来平衡自己的内心。

上海售票员则表现出较高的效能感，也许，他们是用敏捷和能干来平衡自己同样需要平衡的内心。他们售票的速度极快，在可能的情况下，往往将收钱、递票和找钱压缩成一个动作，一次完成。例如，乘客手持1角钱，称买一张5分的票，售票员在收取1角钱的同时，将车票和5分钱找头塞到乘客手中。乘客与售票员互相比试简洁，买4分或7分的车票，说"两张四"，或"一张七"，省去了一个"分"字。

售票员与乘客的关系，上海显然比北京更好。在上海乘车，两者之间是一种互相帮忙的关系。售票员经常号召"老乘客帮帮忙，往里面走走"，或让乘客帮助他"摆渡"（转递售票员够不到的钱、票）。在上海拥挤的车中，靠乘客"摆渡"是主要的售票方式，乘客之间互相"摆渡"（接力）也已成习惯，售票员和购票者都要向摆渡者致谢。而这在北京远未成为习惯，这正是北京售票员要占据更多的空间，自己走到中门处售票的客观原因——文化的原因。

上海的车上，售票员与乘客较融洽的关系还表现为，售票员有时会以平等的身份与乘客搭讪、交谈；他们经常以息事宁人的姿态劝解调停乘客的争吵，而"老乘客"（这是售票员对你表示信任的尊称，知道你是一位能与售票员配合的、"拎得清"的乘客）则往往呼应帮腔。有时，当售票员嘲讽"乡下人"时，老乘客也会随声附和；但当上海人"犯规"，或售票员与上海人争吵时，他们便缄默不语了。而在北京的公交车上，售票员的行为往往没有乘客参与，当他们有时刁难外地人时，北京乘客甚至会主持正义，批评售票员。

乘客的规则是先上车往里走，不要停留在门口处，要下车先往外调。上海人乘客之间建立了高度的默契和配合，他们会共同批评站在门口而不急于下车的人，也不会埋怨即将下车、往外挤调的乘客制造了拥挤。北京最拥挤的车在上海人看来仍然是大有潜力可挖的——直到现在，车门处拥挤不堪，关不上门，中段却很疏松的情况在北京仍很多见。上海人在这个短暂的共同体中也建立了"礼数"：对"摆渡"者要道谢；对让座者要道谢——如果被让者先于让座者下车，则必须将他叫回原座，将座位"还"给他。

北京则没有这种规矩。最能体现两地乘客不同态度的，是对有人"吊车"（关不上车门，无法开车）的态度。上海的司售人员和乘客会共同劝告或声讨那个致使关不上车门的最后一人，乘客明确意识到自己的利益所在，而形成整体，其逻辑是："僵持下去谁都走不了。"而在北京发生这种情况，售票员往往稍作劝告，即采取"撂挑子"态度，放手不管，而乘客也往往"屏气功"，无所作为，其逻辑是："反正也不是我一人走不了。"粗看起来，两地人的这种态度互换一下更符合感觉。其实，被视为更"自私"的上海人对共同利益的维护是建立在对个人利益的清晰认识之上的，有相应的价值依据。

乘客间的争吵是"bus 文化"不可或缺的组成部分。我们难于判断到底是上海人还是北京人更善于争吵（互相都认为是对方），正像我们也难于判断谁更乐意让座（互相都认为是己方）；可以确定的是，车上争吵与拥挤程度和交通堵塞程度呈正相关；另一个结论是，两地的车上争吵都呈现向粗野下流发展的趋势。

但是在几年前，两地的车上争吵则有可分辨的特色和个性。上海人往往夸张地叫道："哎哟哇啦，轧死了！"或骂"眼乌珠瞎脱了！"踩人或挤人者便说："怕轧乘小轿车去！"北京则以互骂"德性"为始，发展为骂"臭德性"，最高级为互骂"臭流氓"。

北京的争吵，有时会别开生面。例如，一乘客义正词严嚷道："别吵了，都是中国人，有什么可吵的！"

北京还有诙谐幽默的一路，是上海所没有的。例如，被挤者嚷道："别挤了，再挤就成相片了！"另一例可能在流传的过程中已被加工得"相声化"了。被挤者挖苦道："猪年都过了，还一个劲拱！"对方却不示弱："敢情是狗年到了，汪汪叫！"

《北京晚报》登过一个实例，是表扬售票员的。他见一孕妇上车，说："劳驾，请哪位给这位女同志让个座。同志们，一个人做点好事并不难，只要站起来就成了！"

还有一例，一男青年踩了某作家，非但不道歉，还理直气壮。作家怒目而视，男青年心慌气短："你还能把我吃了？"作家不慌不忙道："不敢，我是回民。"

四、上海人的价值系统

上海人是在亲密得令人难堪的拥挤之中互相认识和自我认识的。上海的舆论和报章往往对上海人怀着"恨铁不成钢"的爱恨莫辨的复杂感情，他们对上海人的批评、揭露、讨论进行得最多，例如"外地人心目中的上海人""上海人的形象""九十年代的上海人"的讨论，以及题为"丑陋的上海人"的批评文章——这在北京和外地是不可想象的。对有些批评，很多上海人并不服气，认为没有说到点子上；也有人据理力争，撰文称"上海人仍然是可爱的"。

作为上海的新移民，正像许多人一样，我只是年长之时离开上海后，才在寥廓粗犷的北方逐渐体味到她旧日情人般温柔细腻的种种好处，意识到少年气盛时对上海人的鄙薄厌憎之情不完全是公正的。

显然，上海人自有一套严密完整的价值准则。这里只能择其要者试谈一二。

精明

如将上海人的若干特质排序，列于第一的当是"精明"。这正是人们对上海人的第一印象。

精明，自然包含了精干、精炼、精致、灵活、聪明，但在它略含贬义的词义中，实在是指一种基于利益算计的过分的聪明。精明不是一种价值，而是一种素质。对上海人而言，这是在近百年的商业社会中磨砺陶冶出的一种生存能力。在这种社会环境中，未经算计的生活是没有价值的。它要求每个人在激烈的生存竞争中调动各种手段，发挥各种技巧，最大限度地开发、利用个人的智力资源，以取得个人的最大利益。

这套技巧和能力，上海人有时称为"门槛"，所谓"门槛精"，是指上述商业行为在日常生活中的泛化，而演为一种生活态度和行为方式：事事处处都能找窍门、钻空子，走捷径、捡便宜，总之，"少投入，多产出"。它既包括通过关系买到便宜货、买东西插队之类小"门槛"，也包括那种经过严格算计的"老门槛"，例如，报上披露，有人在梅雨季节将衣服放在洗染店中故意过期不取，从而省事省钱。

就"精明""门槛"的实际策略而言，它基本上是在承认现实制度、规定、秩序的前提下，以一种不直接侵犯他人利益的"智取"的途径，达到个人目的，取得个人利益。这便是"合法"与蛮不讲理的区别。

"精明"是建立在对个人利益的清晰认识和精确估算之上的。因而，它经常被另一个词汇所替换，即"拎得清"。拎得清者，即明白事理。知道自己利益之所在而作出相应的反应。在处理人际关系中，"拎得清"的上海人的一般原则可以提炼为：

1. 无损自己利益，不妨帮帮别人，如在公共汽车上传递买票。

2. 个人利益与公共（集体）利益紧密相连时，维护公共利益，如共同谴责"吊车"行为。

3. 早晚是自己的事，不如早点做掉，从而达到"与人方便，自己方便"的效果，上海人称"大家清爽"。

4. 一般而言，不做大公无私的事，这是纯粹没有收益的；也不做损人利己的事，这种事最终会损害个人利益。

"精明"在日常生活中，既包括上述谋取个人利益的行为，更大量的是对个人权益、利益的维护。例如，在商品买卖中防止被"斩"，力求达到规定的服务标准，等等。这要求他们既要识货、明理，又要敢于和善于力争。这便刺激了商业服务和社会管理中双方水平水涨船高式地不断提高。上海的顾客显然是最挑剔的，他们反复地试穿或退换衣服，为一些常人看不出来的小毛病要求退货、补救或赔偿。因而，在上海市场上，只有最精明的顾客才能享受最好的服务，因为你无法敷衍他。这就造成了上海市场"势利眼"的二重标准，它的服务是"看人头"的，对"拎得清"的人实行公平交易，越厉害的精明者暗中却得到店主的尊重，犹如战场上对强敌的重视；而不懂行的老实人则吃亏被"斩"之后仍被卖主鄙视嘲笑。

这种"竞技"投射到社会管理中，便是针对上海人脑子活络、无孔不入，因而各项规章、制度、管理极其严密繁复，力图使对方无隙可钻，无机可乘。因而，上海的行政管理中，较少马马虎虎的官僚主义，多的是这种极为精明厉害、铁板一块、滴水不漏的文牍主义。一面是"门槛"越练越精，一面是"门槛"越筑越高，这就是后来被称之为"上海人卡上海人"的管理现实。

精明的外在行为特点之一是敏捷、快捷，所谓反应快。如前述上海汽车售票员的工作速度和效率。在这种情况下，你如不能领悟他的方法和用意，或者动作慢，跟不上，就会令他不耐烦，认为你"反应慢""拎不清"。这便是上海的营业员、售货员"排外"的心理原因之一。

在上海话中，"门槛精"虽然有时也指占便宜到自己人头上的"不上路"行为，但它在现实生活中基本是受到褒奖和鼓励的。家长有时会赞许自己的孩子"门槛精"；丈母娘则喜爱精明的女婿。精明成为上海人人格塑造的实用准则，便渐渐具有了超越实用的审美价值。

在上海人的价值系统中，憨厚老实是没有地位的，它被称为"戆"。上海方言中有一套不断更新的丰富的词汇，是专门挖苦讽刺这种不聪明、不精明的人的：戆大、洋盘、阿木林、十三点、猪头三、冤大头、不懂经、搞七廿三、脱藤落攀、拎不清等等。对那种长相漂亮而"拎不清"的女孩，上海人称为"聪明面孔笨肚肠"。过去上海的滑稽戏的主要题材之一，便是讽刺外地人到上海的这种洋相。显然，上海人的地域优越感和对"外地人""乡下人"的歧视，很大程度正是来自对自己智力优势的认识。

精明自然也有进取和退守的两个方向。前者以智取胜，知大局求大利；后者算小账图小利。近年来关于上海人"精明不聪明"的议论，皆指上海人难以合作，往往锱铢必较，因小失大。但另一方面，外商一般认为，和精明的对手合作还是有好处的：与上海人谈判成功固然比较困难，但与上海人签订的合同符合规范，细节考虑周到，执行中少有麻烦，因而成功率较高。统计显示，上海的外资企业成功率最高，达98％，居全国之首。1980年代末，连续3年的全国"十佳合资"企业评选，上海均占半数。①

上海人的"精明不聪明"，主要是旧经济体制中的官员行为；但它也反映出上海整体人格的某种退化和萎缩，即越来越朝着"小"的方向，在琐碎的鸡毛蒜皮的事上斤斤计较——例如，对共同使用的楼道、厨房等的争夺；人人都不肯吃一点亏，造成过道一家安一个路灯之类的奇观。生存空间的狭窄强化了小市民的自私心态。它的另一个后果是，在这种个人利益的精确估算中很难产生出变革不合理的现状所需的群体合作精神。每个人都只想做鲁迅所说的那种"聪明人"，而无人愿当具有变革勇气的"傻瓜"。

和旧时那种敢作敢为、吹牛夸口的"海派习气"相反，新流行的"海

---

① 《解放日报》，1990 年 6 月 15 日。

派"语言很多是嘲讽这种习气的，如"攒浪头""开大兴""做冲头"。"冲头"是指那种不知深浅、先出头的冒失鬼。在上海生活中和街头时常看到这种场景：某些需要有人冒险试探的事，众皆畏缩，等别人当"冲头"。一旦无事，大家蜂拥而上；一旦有事，"冲头"被"斩"，众人便转而嘲笑奚落"冲头"。

因而，精明或"门槛精"作为一种适应环境的能力，很容易滑落到一种以顺应为主的品格，所谓不当"冲头""好汉不吃眼前亏"是一种精明，或者叫"识相"；而乖巧、圆滑、媚上，见风使舵，也是一种处世的门槛。

如前所述，当海派品格失去了那种外向的、进取性的精神支持之后，就容易助长这种内耗的、识时务的"小聪明"。我们在现今的家庭教育和学校教育之中经常看到这种实例：家长或教师不是鼓励儿童诚实、正直、讲义气——那往往是要"吃亏"的、不合算的——而是鼓励孩子说假话、打小报告、察言观色，投家长（或老师）之所好，从而污染了儿童的心灵。自然，这不限于上海，而是具有普遍性的社会风气。

实惠

精明和实惠通常相提并论，似乎是一回事，但细究起来，精明是一种外铄的能力和素质，实惠则是内在的价值观。

"实惠"是在上海生活中使用频率很高的词。买到便宜货，"蛮实惠格"；捞到外快，或者一举两得，亦称实惠。总之，以比预期更少的代价获得利益，就是实惠。

价值观上的实惠哲学，是指对具体的、实际的物质利益的重视，强调利益的现实性、实用性。在这套观念中，与个人的具体利益没有眼前的直接关系的那种抽象的、远大的、公共的利益是没有地位的。多年来，实惠哲学通常被视为是鼠目寸光的庸人哲学、市侩哲学，它意味着丧失远大目标，不关心政治和国家大事，等等。这恰好显示了两种不同价值系统的对比。

在礼俗社会的生活共同体中，群体利益至高无上，它倾向于排除个人私利，为个人的算计是不道德的。实惠观则是在市场交易中产生的。买卖是一种非得即失的行为，是彼此把对方看作实现自我目的的手段，从而将"自我—他人"的关系演为"目的—手段"关系，得失的计算先于一切，人们是根据个人的实际获利进行价值评判的。它造就了所谓"理性经济人"。在社会现代化的尺度中，伴随商品经济、市场经济发展和社会生活世俗化而产生的实惠哲学，不能不视为是一种社会进步。正是在商品经济发达的沿海和南方，这一哲学日渐取代政治优先、崇远崇大的传统思维，成为普通人的生活哲学。上海由于工商业社会的长期历史，实惠哲学早已渗透社会生活，成为上海人根深蒂固的价值观念。

这一观念衍化在日常生活中，表现为上海人对实际的、具体的个人利益的重视。上海人本能地反感那种远离现实的、空洞抽象的说教和大道理，他们是顽固的现实主义者。因而，他们把"文革"中"一月革命"的"伟大创举"马上化为"经济主义"的实际利益；与北京人为追求某种抽象价值不惜玉碎的政治激情毫不相同，上海市民一旦看到买菜购物、道路交通之类的切身利益受到损害，风潮马上就平息了。

这种讲求实际的精神，使上海人重视事物的实用价值。相对于价值理性而言，他们追求的是实用理性，或称工具理性。在形式和功能、审美和实用之类的选择之间，上海人更偏重于后者，正像美国人一样。他们不会为那种"虚"的、缺乏实用价值的事而感情投入。例如，在北京兴起的各种"热"，从霹雳舞到呼啦圈，从不会真正令上海人疯魔。上海人很少为什么事真正激动，除非出国和股票。

在某些物品的称呼中，也表现出这种区别。北方人所称的方便面、健美裤和塑料袋（食品袋），上海人分别称之为"速泡面""踏脚裤"和"马夹袋"，强调了它们的功能、结构和造型。而北方人的命名中则含有审美和价值的评价。

因而，上海人总是能在社会政策的调整变动中，迅速地找到自己的最大利益所在。上海的职业学校较早受到家长的欢迎，与上大学的愿望相比，上职校名声虽差却更为实惠：可以确保上海户口，避免分出上海；可以在日益激烈的就业竞争中先得到一个职业饭碗，早参加工作，多赚钱；最后，可以在就业后通过成人教育取得大学学历，则名利双收。在职业和就业选择中，上海人相对较少北京人出自面子、名声等非经济因素的考虑，而是明确地将经济利益放在第一位，只要这种利益足够大，就值得去做。因而，上海人赴日本、澳洲自费留学打工的热潮始终不衰，但在1992年夏天上海股市暴涨时，一些人则返回国内投入股市。这也可以解释为牟取高额收入的"卖淫"行为——自旧上海起，"笑贫不笑娼"的舆论为这种赤裸裸的利益原则提供了文化支持。以及近来上海出现的"男保姆"、洗车工等各种较廉价的服务性职业，他们往往会自我解嘲，"捞点外快，蛮实惠格"。

如前所述，实惠哲学的出现和在当代的发展有其历史合理性和现实合理性；然而作为一个健全、成熟的现代社会成员，却要求具备更为丰富的文化教养和人文内涵。

上海人通常对与个人实际利益无关的事不太关心，因而，他们对各种讨论、争鸣、商榷等等都不太热衷，这种"各管各"的现象，客观上造成了一种"城市的宽容心"。因而，报纸批评"丑陋的上海人"时，大多数人并没有强烈反应，除非你点名指控了他。

当上海人把这种实惠哲学贯彻到极端，从而排斥任何价值理性和道德判断时，便出现了人的异化。上海的报章经常呼吁，上海人要多一点公德心，多一些公共意识，要克服自私心态等等，就是指一些市民对"与己无关"的"身外事"惊人的冷漠。不必说三峡工程、长江三角洲开发等实际关系上海城市长远利益的事，就是城市规划、公共环境之类直接影响城市人生活质量的事，一些人也漠不关心——只求在自己的居室里一尘不染，这造成了关于"大上海、小市民"的批评。在这些事例中，我们看到了在上海长期的租界制度中未能充分发育出的公民传统的匮乏，我们只能要求上海人首先做个有公德心的"大市民"，而不去做自私自利、损人利己的"小市民"。

合理主义

作为生活哲学的实惠观的另一个思想基础，是基于工具理性的合理主义。同样作为从商业社会和市场行为中产生出的经济理性，它衍化为一种行为准则和人生态度，就是要不断地改善社会生活和个人生活，使之符合理性化的要求，诸如效率、质量、美观、方便、实用、舒适、精致等，即通过不断地改进追求完善的生活态度。上海人在较恶劣的生产条件和生存环境中，创造出国内最优良的物美、价廉、实用的轻工产品，并尽其所能地将简陋的居室装潢成华美的"宫殿"，正是反映了在生产和生活领域一致的追求完善、精致的态度。

追求合理性与北京人所较多追求的理想性不同，它是以承认事物的现实性为前提的，并致力于实际地、一步一步地去改良它。而理想主义者的目光则投向将来，对身边日常事物具体的改善和改良往往缺乏兴趣和耐心，有时则会为将来而失去现在。

在最通俗的意义上，合理主义要求生活中的各种事尽可能地公平合理，例如合理的价格、合理的规章制度，等等。一旦他认为不够合理，他就要和你论理，要投书报刊，要呼吁公道，甚至提出诉讼。因而，上海人的好争吵、好诉讼后面，确实存在着一种理性态度。

上海人对"理"的需求很高，要求做事有根据、有理由、有正当性，以理为判别是非的标准。那些制度化了的"理"便成了法，更是必须遵循的。它在日常生活中最大量地表现为市民据理力争，维护个人的合理权益。

这就使得上海街头的争吵往往是一个复杂冗长的论理过程。例如，甲说是乙的自行车先碰了自己（因而甲有理）；乙说已经向甲道歉了，而甲先开口骂人（因而乙有理）。双方都要反复地重述事实经过，并请围观者做证；许多观众则津津有味地观看全过程，或参与评判。

在这种论理和理论的过程中，上海人表现出服膺"小道理"的特征。因为并非每起纠纷都有充足的大道理，或者抽象的大义不足以调解具体的瓜葛，小道理则为上海人提供了实用主义的自慰：总算抓住一点理，虽然是偏理，有时甚至是歪理。

程乃珊曾举一例。众人排队买法式面包，而某人不排队直接入内买。一排队者不服，找经理反映"开后门"问题。经理拍其肩膀说："我认识他，所以他可以不排队；如果我认识你，你也可以不排队，可惜我不认识你。"问题在于，经理的"理"并未引起众怒，而获得大家认同，买卖过程继续顺利进行。这也许反映了上海人特有的思维方式和文化心理。顾客讲求实际的合理性表现为：

1. 不愿为抽象的义利之争影响购买面包的实际利益（而一个不打算买面包的旁观者，则比较愿意扩大事态看热闹）；

2. 开后门是不良社会风气，改变不了，只能接受这一现实；

3. 经理的话"对事不对人"，站在他的立场上，也不无道理，毕竟认识经理的人总是少数。因而，接受这一"歪理"，比追求"真理"——它可能导致买卖中断——更实际，排队慢些，尚能买到。换而言之，如果经理没有说出一套"理"，而是蛮横无理，比如说："我就是要卖给他，你想怎么样？"顾客的同情就会转移到说理者一边。

对前述"吊车"行为的集体谴责，其中也包含作为集体共识的"小道理"：有本事你就挤上来；既然你没本事，挤不上来，把大家都吊住，损人不利己，是典型的"拎不清"。

上海人对"歪理"的强调，有时到令人可笑的地步。如《新民晚报》刊登的实例，某人从高楼往下乱丢杂物受到指责，他自辩的理由有二：一是别人也有丢的，为什么只说我；二是我已经交了卫生费。另一起因孩子超高、上车未购票的家长自辩说："我以前一直不买的。"这种"强词夺理"，仍然表现了一种循理的思维习惯，是虽然没有理硬找理。而在北京（或北方），类似"不良市民"的典型反应，很可能是两种：一是蛮横，"老子就这样，你看着办"。二是自认倒霉，潜台词是："抓着了是你的，抓不着是我的。"

张爱玲早就对上海人的这种根性作了精辟的概括："上海人是传统中国人加上近代高压生活的磨炼。新旧文化种种畸形产物的交流，结果也许是不甚健康的，但是这里有一种奇异的智慧。谁都说上海人坏，可是坏得有分寸。上海人会奉承，会趋炎附势，会浑水摸鱼，然而，因为他们有处世艺术，他们演得不过火。"①

在家庭生活领域，合理主义导致了对生活质量的追求。生活质量和生活水平的内涵并不一样，后者通常以经济收入或支出的水准来衡量，前者则意味着在同样的支出下，生活得更美满舒适。提高生活质量的途径：一是尽可能地节俭，例如，通过比较几个店的不同价格，他以比你便宜的价格买到同一商品；二是同样价格购买的东西，他加以"深加工"，享受更多的快感和舒适。例如，他用一只鸡做出了七种不同的菜，而你却只吃了一只烧鸡。

在消费行为中，上海人相对较少从众心理和盲目性（清醒冷静的"理性经济人"）。在北京，如果三个姑娘中两个同时看中并购买了同一东西，第三位往往会在鼓动下放弃自己的感觉和判断也跟着购买。如果一位女孩表示："虽然喜欢，但似乎太贵了。"她的朋友就会奚落她"抠门"或表示惊讶："我可不管，只要喜欢就买。"在上海，对价格合理性的考虑则是理所当然、天经地义的。因而，有人归纳"北京人敢于生活，上海人善于生活"。

---

① 张爱玲：《到底是上海人》，《流言》，花城出版社1990年版。

上海人消费方式的"功能合理性",是指他们明确地区别两种性质的消费:一种是图实惠,为自己的。例如上海人在火车上出差,往往是泡一大缸方便面,为补充营养,则备以鸡蛋或咸鸭蛋,不像北方人在车上聚众吃喝。他们认为在火车上花更多的钱吃喝是很不实惠的:如果是为了享用美食或者"摆谱"(上海话叫"掼派头"),下车后到饭店岂不更好!另一种消费则是为了体面和派头,主要是做给别人看的,例如下馆子、请客等,要尽可能显示派头和档次。正好像在家里可以穿舒适宽松的旧衣衫,上街则要名牌包装,衣冠楚楚。后者主要是一种心理消费,满足自己的虚荣心或尊贵感。

这两种功能的分化,使上海人的消费的确比较合理、实惠。我在火车上听到一东北人自认不如,说上海人要吃苦是真能吃苦,要摆谱时也真能摆上去。有些商品混淆了这两种功能,就会使上海人困惑。颇得北京姑娘青睐的具有异域情调的木制或化工材料的项链、饰物等并不为上海姑娘看好。一位上海女士解释,这些饰物的确很好看,但是看不出其价值,可能值几十元,上百元,却会被认为是廉价的小玩物,因此不合算。

另一方面,这种功能分化造成上海人生活的两重性:活给自己的和活给别人看的。和大多数北方人里外如一,有人没人大致一样的生活方式相比,在两种状态和角色中转换的上海人活得更"累";对那些虚荣心过强,力不能及而硬撑台面的人家而言,这种生活方式则显然是不甚健康的了。

规矩和礼数

对合理性的要求,致使上海人更为重视规则和秩序。这是商业行为造成的"契约意识"在日常生活中的表现之一,要求有一套维系共同生活所需共同遵循的理。

一位在北京的外国使馆前等待签证的北京人发现,维持队伍秩序,建立一整套发号、查号规则的,是几个上海人——他们将在上海生活中的成熟办法移植到北京，建立起这个小小的命运共同体的秩序，从而也保护了个人的既得利益。

不难感受，上海在城市管理中很多方面比较合理、实惠和制度化。以存放自行车为例，北京在每一块可以停放自行车的地方都圈地收费，却不提供任何凭证（这种多如牛毛的收费点损害了多少商店的经济利益，它使很多购物者打消了进店一逛的念头）。而在上海，除了在剧院、体育馆、车站等需长时间停放自行车的场合设置专人收费看管，在一般街道和商店周围，只是划定存车区域（以保证市容整洁美观），无人看管和收费。在收费的自行车寄放站，发给存车人统一印制、可作为报销凭证的存车收据；有的收据后面详细说明寄放办法和赔偿原则。正像上海打公共电话也有统一印制可供报销的收据一样，这种几分钱的收据可能是中国单价最小的票据了。

上海管理行为的特点之一，是热衷于建立各种规章、制度、办法，以便有章可循。碰到各种新情况新问题，上海人倾向于立即制定管理办法，例如对文化市场的管理、对业余歌手的管理，等等，市民基本上也服管。对于贯彻上面下达的制度、规定，上海往往是最严格、最有效的。例如贯彻新的计量法，将斤、两改为克、公斤，在很短的时间内上海几乎每个商店、菜场都改用了新标准。在那些需要严格管理的领域，例如财会制度、计划生育等等，上海总是最优秀的——这正是上海的计划管理体制比较而言是较为严格（没有很大的变形失真）和有效的原因之一。但在那些并不需要严格管束，或者说不太适宜严格管束的部门，例如文化事业，效果就可能适得其反了。

此外，政府的管理行为也对市民的合理要求予以响应，那种事实上无损国家利益而又便民的措施，更容易获得实行。例如，前些年由于粮票过剩，被用于交换鸡蛋，造成上海商品粮大量外流。上海采取了可以在粮店用粮票换取食油的措施，尽管这违反了粮票的使用原则。

较为典型的是关于自行车带人的规定。

各地城市的交通规则，自行车均不许带人；但实际生活中，自行车又是家长接送儿童的主要交通工具。法和理发生了冲突。上海对此作出较合理的变通规定：在非公共汽车行驶的线路上，可用自行车带儿童，但遇十字路口需下车推行。1991年，我在成都看到一种奇特的现象：自行车后携带的儿童不是坐着而是站在车后的书包架上，腰间用绳与骑车人相缚，令人大惑不解。经询问，知成都市执行自行车不能带人的规定，但骑车者可将幼童背在身后。腰间系绳站在车后的大孩子正是一种象征性的"背"，从而取得了"合法性"（而坐在车后则是不合法的）；但这样致使自行车重心过高，实际更不安全，就其实质而言，是既不合法也不合理的。

北京市则从未对自行车带人在管理规则上开过口子，警察对事实上的带人持含糊的、眼开眼闭的态度。比较之下，上海通过变更规则，适应现实，名实相符；成都实变名不变，是一种很生硬的做法，增加了行车的不安全；北京则以不变应万变，保持混沌状态——事实上，北京的管理者很少会根据群众的要求去修改变更自己制定的规章。这3种管理行为，可能反映了不同的文化心理和思维方式。

在制度和法理之外，对规则和秩序的要求，表现为上海人倾向于形成约定俗成的规范和共同认可的权威。

上海是个横向传导的社会，上海人对各种事情都会在这种横向的自发传播之中很快达成一种默契或共识，形成公认的选择。例如，某一种新的商品，某一种服务，某一种价格是否合算、实惠等等。上海人对正宗名牌商品的追求，不限于服装、家用电器、化妆品之类，小至糖果、巧克力、龙虾片、红肠，甚至酱油，一个"正宗"的上海人都是要认牌子、认厂家的；每个上海人都很清楚在自己生活的街区，哪一家彩扩质量最好，哪一家小吃店的哪一种点心味道最好，等等。而在北京，对于大部分小商品和生活服务，往往是碰上什么算什么，人们无从选择，没有权威也形不成权威。

同样，生活习俗的改善，只要具有合理性也会被迅速"普及"，并形成新的规范，例如悼念亡者之佩戴黑纱。由于夏天炎热和穿短袖衣，套戴黑纱既不舒服也不好看，一种新的习俗产生了：将黑纱对折，别在左袖的外侧。因此，一个不这样佩戴黑纱的人，人们很容易由此识别他是外地人。

上海人在服饰的风格和品位上，也形成了这么一种上海人都可以体察和意会的规范。对青年女性的服装而言，是在保持统一的淑女风范之中流露和展示个性。陈旧、不入时或过分的怪异都是不足取的。这就是为什么北京、西安、武汉、广州等地的人都会对上海姑娘的时装并没有想象中的新潮和大胆而惊讶——在那些地方，还处在比赛新异、比赛大胆而没有形成城市的文化个性和审美规范的阶段。

这同时表现为人际关系之中人情礼数的规范。

在上海，一切都是有规可循的，你必须按规矩办事，如果不明白，则要多问，而在北京，主要是在新北京人之间，却是可以随心所欲的，没有约定俗成、必须遵循的规范。

各地的人情礼数，大致都有相应的规矩或陈例，基本的原则无不是"礼尚往来"，有赠予也有回馈；那么在上海，这套规矩就更严格。它有三个基本原则：1. 不无谓地接受人情；2. 欠情要还，而且最好不要拖欠；3. 还礼和受礼的价格基本相等，即"等价交换"的原则。上海人相信"没有白吃的饭"，因而对北方人虽一面之交但热情备至的豪爽便不习惯，担心吃了人家的饭是否要承担别样的责任；基于同样的道理，他们口头上挽留这种一面之交的客人（如受托给你捎带东西的外地亲戚的同事）吃饭，的确是一种礼节性的"假客气"。如果对方是上海人，他不会因没有吃饭而感到生气，因为，在同样的规范之中，他清楚自己的付出不足以接受吃饭的待遇；但如果对方是北方人，却会视之为"虚伪""小气"等等。

上海人年节的送礼，也是经过认真地核算的——必须与接收对方送礼的价格相当，而略多一点。事实上，很多主妇是将受礼登记造册的，以免遗忘、混淆而致失礼。

比较典型的是上海人婚嫁的习俗和礼数。

青年结婚消费急剧上涨，是普遍现象。据调查，上海新婚青年夫妇的平均消费，1982 年为 3620 元，1983 年为 3754 元，1985 年为 6600 元，1986 年为 7368 元。[①]北京青年的平均结婚费用，1983 年为 1991 元，1986 年约 6000 元，1990 年已达 1.2 万元。[②]

上海人准备婚事的分工是约定俗成的，基本是男方负责房子和家具，女方负责床上用品，并有陪嫁，双方的花费大致相当，男方稍多。前来贺喜的同事、朋友会根据与事主的亲疏关系送上价值不等的贺礼（逐渐变为以送钱为主）；当钱数超过一定标准（大致相当于一桌标准酒席的人均标准）时，则应邀请他参加婚宴酒席，其余的则登记在册，伺机赠还。对于未婚者，这较简单，等他结婚时还一份礼；对于已婚者，则可能是在他孩子周岁或生日时还礼。同辈人中的迟结婚者往往会感到吃亏，待到他结婚时，许多他贺过礼的小兄弟工作已经调动，离开原单位或城市。他便会锲而不舍地打听地址，想方设法将结婚请柬发送到当年的弟兄们手中，他们于是明白，应当偿还这笔人情了。

上海人结婚发送喜糖也是规矩严明的。他们最早打破了那种撒一桌糖，谁见谁吃的粗率做法，这样做花费可能并不少，却有些人吃不到，似乎你还欠着人家喜糖，他们改为用专用的喜糖袋分别直接发送给每人。这种塑料袋可以装十粒左右的奶糖，每袋糖的品种质量完全一样，例如，1985 年左右，两颗大白兔奶糖，四颗其他奶糖，四颗较廉价的硬糖。关系较亲密者可以送两袋。1990 年前后，更新为每人送一袋小包装的麦丽素；1992 年的风俗，是送一块金币巧克力和两个心形巧克力（必须是上海儿童食品厂生产的），恰当地点明了新时代的特征：金钱加爱情。

---

① 《解放日报》，1987 年 7 月 25 日。
② 《经济参考》，1983 年 8 月 2 日；《北京晚报》，1990 年 1 月 4 日。

世俗化

世俗化的社会学和政治学含义，是指传统社会在走向现代化的过程中，社会生活的理性化过程：曾经驾驭控制社会生活的神圣的宗教的、政治的和意识形态权威逐渐为现代社会的实效、成就、普遍主义、合理主义等新的准则所取代。其外在的表现如社会生活的逐渐非意识形态化，政治与经济生活和日常生活的疏离，商品经济基本价值的确立，等等。

无论在欧洲中世纪还是中国的封建时代，世俗化的直接动力是商业。商业的发展伴随着市民文化的兴起，总是意味着既往道德和价值观念、意识形态体系的危机。

曾有人言："美国人的事业是商业。"那么，这对上海人也同样是适用的。前述的精明、实惠、合理主义等等，正是商品经济和市场准则对群体人格和社会生活的改造。在建国后的政治压力中，尽管上海人的商业天性遭到压抑，但在上海，社会生活的世俗化表现可能是最显著的。"文革"中期，中性化的"师傅"称谓取代了政治性极强的"同志""战友"，作为社会生活世俗化的征兆之一，似乎是在全国范围内同时发生的，是否首先源自上海，已不可考。但在"文革"之后，1980年代初期，上海流行语中称谓的新变化是可以确认的：同样是非政治化的，但更富于人情味的"朋友"称谓取代了"师傅"。"朋友，帮帮忙"成为新的口头禅。直到近年来，它才部分地被由广东北上的更为规范的"先生""小姐"的称谓所替代。

上海的日常语汇中，商业用语的广泛使用，是商业渗透于社会生活的一个例证。20世纪五六十年代，挖苦别人听力不敏，时常说："耳朵打八折了？"1980年代以后，城市的流行语，将恋爱对象称为"敲定"，这本是指拍卖行中一锤定局的买卖行为。"侬'敲定'有了？"意即"你有女朋友了吗？"在切口中则将女朋友称为"户头"。这几乎是商业"玷污"感情最显著的一例。

　　受商业影响的语言特征包括语言的简洁化。侯宝林在他著名的相声段子中已经比较了上海话的简洁精炼与北京话的啰唆冗长。另一表现是语言中反映出的传统伦理感情的淡化——这是指在上海话的称谓中是没有敬语的：不分尊卑长幼，第二人称均以"侬"相称，没有您、你之别；同样，"阿拉"的称谓，也没有北京话中"我们"和"咱们"感情色彩的微妙区别。上海人问对方年龄是没大没小的三个字"侬几岁？"这是最招致北方的长者反感，并视为无礼的。在北方话中，只有对 10 岁以下的儿童能问"几岁"；对老人的规范问话是："您老今年多大岁数了？"

　　对中国社会而言，世俗化同时表现为非政治化，这是上海和北京给人以很不同的感觉的原因之一。在"阶级斗争为纲""突出政治"的时代过去之后，北京依然到处可见"政治挂帅""运动式"作风的残余。"标语口号挂帅"就是一例。一位南方人撰文批评说，北京的商店里挂着"无私奉献"的口号，让人莫名其妙：它是指商店不应以营利为目标呢，还是指顾客不应为个人利益与商店讨价还价？上海的一种化妆品，命名为"霞飞"——这是淮海路的旧名，系一法国将军的名字。它并没有引起兴师问罪，上海人很宽容平和地接受了这个商标。这并不是说上海没有绷得紧紧的"左"的神经，而是说如果区分官员、政府行为和市民心态的话，后者的确是很轻松、无挂无碍的。

　　正像所有中国老百姓一样，上海市民大多对政治持敬而远之、与己无关的冷漠态度。"不管谁上台，只要多发点奖金就行。"由于和中国的其他地方比，上海人的实际生活水准更高，"有产者"较多，上海人之怕乱怕动，太太平平好好过日子的愿望可能比别处更强。在北京和许多城市，老百姓的心态大致相同，但诸如平等、自由、正义之类价值理想的感召力总是存在的，哪怕它并不会带来眼前的实惠。而上海人却很难为这种抽象的价值和理想而激动。过去和现在都是如此，除非他们的现实利益受到了威胁。

　　上海中层的政治态度更有说服力。早在本世纪上半段的内忧外患和激进主义占上风的社会形势中，上海各界人士的主流倾向是"在商言商""在学言学"，提倡"实业救国""科学救国""教育救国"等，将爱国热情、社会责任感投注到职业精神之中。这无疑是更为成熟、稳健、合理，并且在中国十分匮乏的理性态度，这种职业精神和专业化态度反过来也有利于各自的事业。有研究者谈到，旧时的上海，相当一批文化人崇尚民主自由，反对专制，但对政党纷争、政治活动持不介入、回避和厌恶态度，以"独立文化人"身份出现于社会，因此，"受政治的直接冲击较少，文化工作较少中断，从而使上海文化在近代中国政治化过程中，始终保持了文化上的优势，较少因国内激烈的政治变故而急剧兴衰"。① 直至今日，上海知识分子的深层文化心理中，仍有这种基因。

上海人的政治态度自然还有另一方面。从 20 世纪二三十年代的向忠发、顾顺章，到 1970 年代的王洪文、陈阿大之流，上海确实不断产生着政治人物、政治明星。在他们身上，更多的是从个人利益出发，以"入股投资"的商业态度投机政治，终因恶性膨胀或政治无能而成为历史的笑柄。

与商业化、非政治化的态度相一致，上海人将精力、兴趣转为对生活的投入和关注。上海人通常是非常生活化的，他们有一种透彻的务实态度：老百姓的使命就是好好过日子，吃好一点，穿好一点。因而，大多数上海人是属于"安心过日子"的人——这是相对北京，有一大批人为各种意念、信仰、事业追求所蛊惑，"瞎折腾"而不甘好好过日子而言。在上海，即便是一个有专业成就的知识分子，在日常生活中往往也是个多面手、百事通，对饮食起居、烹饪料理乃至服装样式等无不精通，少有陈景润那样不谙世事的专家。我曾惊讶地听一位上海男性知识分子很内行地品评电视屏幕上女播音员发式或服装上的欠缺；另一名上海男性记者，识别各种面料真假的本事也令人叹服。他告诉我，在西单、王府井出售的高档服装中，也有不

① 张仲礼：《近代上海城市研究》，上海人民出版社 2008 年版，第 1065 页。

少是假货（1991年），这在上海是不大可能的。自然，他们都对于北京的知识分子家庭生活的随意、粗疏、不讲究而大惑不解——几年前，他们可以吃着大白菜而通宵侃大山。

上海的生活水准、生活质量和生活情趣，很可能都是国内首屈一指的，尽管近年来很多地方比它更富有。上海有全国规模最大的收藏者大军，民间收藏已达130多个种类，人数超过10万，已有25家"家庭博物馆"；上海有最发达的面向城市市民的国内旅游业，各种旅行社多如牛毛；上海有相对较好的社会公共服务和社区服务系统，早在近年来电话事业大发展之前，上海的公用电话网络四通八达，而北京的许多街区，居民点至今仍缺少公用电话；上海有最多自发的生活类民间组织（而在北京，则主要是理论的、艺术的或政治的），诸如"癌症俱乐部""幽默俱乐部""老年爵士乐队"等等；上海还拥有全国最高的人均鲜花消费和报刊消费。

生活化还表现为家庭文化的发达。尽管传统因素较多的北方和内地，家庭的功能、亲属之间的利益和感情纽带更强（例如在东北的大城市中），但家庭文化的生长大约是1980年代初从上海开始的。从1985年起，上海电视台推出的"卡西欧杯家庭演唱大奖赛"备受欢迎之后，各种以家庭为单位的娱乐节目层出不穷，包括"围裙丈夫大奖赛""'上海杯'伉俪、情侣、姑嫂、婆媳娱乐大赛""家庭备忘录""家家乐"等等。北京的大众传媒到1980年代末才接过了这类娱乐样式。

比较之下，上海人和北京人（主要指新北京人）的家庭观念似不太相同。例如，和上海人的旅游活动主要是以家庭为单位的（包括情侣），或由部门（如旅行社）组织的不同，北京青年更多的是同学、朋友间自组织的结伴旅游。类似地，和上海主要由社区、街道、妇联、娱乐场所组织或举办的家庭文化活动不同，北京人的闲暇文化生活，崇尚自发的、非家庭的同辈人群体的自娱，例如遍布京城的京剧票友和舞迷的露天活动。

许烺光比较过英国人和美国人不同的家庭关系和家庭气氛："当英国家

庭关系还以尊敬和权威为特色的时候，美国的家庭已经以友谊为基础，友谊几乎完全建立在感情和实惠之上"；这种关系折射到其他生活领域，则是"一种完全不拘礼仪，超越常规"的美国方式。[①]比较而言，北京生活便具有这种以感情和友谊为重，不拘形式和礼仪的特点，虽然它主要产生于北方人崇尚自然和粗犷豪爽的气质；美国方式则是因移民社会打破了欧洲社会的阶级壁垒，摆脱传统的产物。

市场行为、商品经济所造就的世俗化，必然意味着对个人利益的尊重，以及个体利益之间、个体利益与群体利益的划界。中国社会传统的群体本位的价值便渐为个人本位的价值所取代。这是上海人"各关各"心态在价值观上的深层原因。只要不妨碍到自己，他们一般不大去指责别人的生活方式；固然有许多人爱管闲事，但一句"关侬啥事体"（关你什么事）就足以将他顶回去。类似的另一句话是"不搭界"，"跟侬不搭界"（与你没有关系），就是让你少管闲事。曾有一位北方作家称上海人的政治意识——政治警惕性和戒备心——最强，打电话向单位（或传达室）询问某人家庭住址，对方必将你盘问半天，不轻易告知。实际上，将此解释为上海人对个人权益、隐私的维护更为恰当。

西化

如果我们承认世界范围内的现代化运动存在着所谓"西方主流文明"，一切后现代化国家事实上是以先现代化的西方发达国家为示范和追赶目标的，那么我们可不必忌讳"西化"的提法，而视其为文明、开化的同义语。

上海作为开放的国际性移民城市的历史、租界制度和华洋杂居的经历，使上海人建立了有异于内地的对外来文化宽容接受的态度。在传统—现代化的尺度上，移民意愿应当说包含了某种现代化因素。而上海在历史上就

---

① 许烺光:《美国人与中国人》，华夏出版社1990年版，第117页。

是以著名的出洋口岸和华侨基地而闻名的。1986 年，据上海市侨联调查，全市共有归侨、侨眷、港澳同胞、外籍华人等 38 万人，他们在海外的亲属达 3000 万人，分布在世界上 6 个洲、119 个国家和地区。1980 年代以来，如果说上海在城市的改革开放上一度迟钝缓慢，那么作为上海人的自发选择，上海的"出国潮"却汹涌澎湃，始终领导着潮流。

据 1990 年 7 月 1 日全国第四次人口普查，大陆在国外工作、学习的人员共 22.77 万人，其中上海人 6.65 万，占普查时在国外人员的 29.2%，居全国之首。出国人员超过万人的省市还有：北京（4.88 万）、福建（2.95 万）、广东（1.8 万）、江苏（1.21 万）。反映上海人出国面貌的，不仅是数量规模。与北京人以公派出国或有海外亲属资助的留学为主不同，上海人出国的类型、方式、途径、去向是多层次、全方位的，而且是以自费生为主。1988 年至 1991 年，上海自费出国人员即达 3.1 万人，其中 78% 以上是去日本、澳大利亚。[1]另据对 1987 年以前的自费留学生的调查，其中青年职工的比例比青年知识分子高，约占 70%。上海人所去的国家，除欧、美、日、澳等国家，还包括南美、非洲、大洋洲那些陌生的国度：汤加、委内瑞拉、尼加拉瓜、马达加斯加等等。1980 年代末的一首新民谣是"广东人什么钱都敢赚，北京人什么话都敢说，东北人什么事都敢干，上海人什么国都敢出"。另有人说，上海只有两支队伍是长排不散的：等待签证的队伍和购买股票的队伍。在淮海西路处的美、日领事馆前，栉风沐雨，长年不散的签证队伍的确构成了沪上的新景观。过夜排队者甚至把躺椅、热水瓶等都搬到了领事馆前，一副"安营扎寨"的样子，表现着上海人吃苦耐劳和追求舒适两种要素的结合。

涉外婚姻是"出国热"的另一个指标。在整个 1980 年代，大陆公民与外国人、华侨和港澳同胞联姻共 17 万起。在上海，1977 年—1979 年共 446

---

[1]《组织人事报》，1992 年 1 月 9 日。

对，年均 148 对。1985 年—1990 年共 5503 对，年均 917 对（详细统计见下表）；此间，离婚登记 130 余对。涉及的国家地区由 1986 年的 14 个，上升为 1990 年的 38 个。近年来，上海姑娘与日本人通婚者明显增多：1986 年，一方为美国人的 71 人，日本人 40 人；1990 年，一方为美国人的 183 人，日本人 262 人，与日本人通婚比 1986 年增加了近 7 倍。所有大陆涉外婚姻中，大陆新娘约占 94%。另据一则报道，上海的涉外婚姻中，女性占 90% 以上；而北京，女性约占 85%。近年来，外国女子与中国男性的婚姻开始增多。1990 年上半年，上海市的 365 对涉外婚姻中（不包括港澳台），有 99 名外国女性，占 27%。

两地涉外婚姻统计 [①]　　　　　　　　　　　　　（对）

年份	上海	北京
1979	287	
1983		175
1985	700 多	
1986	794	
1989	900 多	
1990	1345	
1991	1700 多	736

　　对此，上海的报纸没有北京那样躲躲闪闪的暧昧态度，甚至不无自豪地宣称"上海的女婿遍天下"，"遍及世界 40 余个国家和地区，世界各主要人种都有"。上海报刊对留日生和海外留学生的报道，也比较公允平和，翔实可信，有奋斗也有辛酸，有成功也有失败，但大致是一种正常的生活，不像众多报刊"苦海余生"式的笔调。

　　人们明确地意识到，如果说广东的流行文化和生活方式主要以港台为

---

① 《人民日报》，1988 年 1 月 11 日；《社会》，1991 年第 9 期；《北京日报》，1992 年 2 月 27 日。

导向，上海文化则与欧美文化有着历史的和精神的深刻联系。在上海人的生活方式中，西式的遗留最多，诸如西餐馆、咖啡厅、面包房、牛奶棚、奶油蛋糕等等。近年来民间民俗文化的复兴，上海的"新民俗"有 3 个来源：一是恢复旧民俗（如丧事吃豆腐饭等等）；二是新创制的（如前述佩戴黑纱）；三是移植沿袭西方习俗。正是后者，在上海表现最明显：圣诞节、情人节、愚人节等已成为不可不过的节日。以圣诞节为例，上海开动所有的宾馆饭店和商业服务系统，推出"圣诞大餐"等各种节日服务项目，轰轰烈烈；而在北京，这只是校园里大学生的新潮。同样，喝咖啡、送鲜花在上海早已蔚成风气，进入普通市民生活，而在北京，还是少数"上流"人士的点缀。

让我们再次认识在这种崇洋趋新的时尚之后，上海生活的文明开化。

改革开放以来，上海出现了全国最早的时装模特表演，第一位私营律师李国机和私人律师事务所；上海拥有较发达的广告媒介，上海人具有较成熟的法律意识、保险意识。1990 年全市共有 2200 万人次投保人身安全保险、儿童教育保险、养老金保险等，人均用于保险的费用 13 元，居全国之首。[①] 全市逾三成的家庭购买了财产保险。上海最早恢复性学研究，1983 年成立了性学研究中心，1989 年举行了首次全国范围的"性文明"调查。上海率先颁布了《青少年保护条例》，实行对老人的优惠社会服务。上海的婚前检查率为全国最高，1990 年占登记结婚人数的 97.40%。[②] 上海妇女避孕节育的知晓度高（达 99.7%），使用者多（达 88.7%），节育率高（达 82.8%），总体水平超过世界发达国家。[③] 1979 年至 1989 年，上海 113.34 万对登记结婚的家庭，约有 16.48 万对夫妇没有生育过子女（占 14.5%）；除去因各种原因不能生育者，有生育能力而不愿生育的夫妇约占全市家庭夫妇总数的

---

① 《新民晚报》，1990 年 12 月 7 日。

② 《健康报》，1991 年 6 月 11 日。

③ 《社会报》，1986 年 11 月 25 日。

2%—3%。① 事实上，1991 年 1300 万人口的上海，三分之一的区县人口出现了负增长，人口模式接近发达国家水平。

据中国社会科学院的一项调查，上海人口素质居全国第一。人口素质的全国平均得分为 9.9 分，上海最高，为 17.1 分；北京次之，为 16.8 分；天津第三，为 15.3 分；其他如辽宁、吉林、陕西、江苏、浙江等，均在 10 分以上。②

上海以相当恶劣的生态环境，却创造了全国最高的平均期望寿命值（1987 年为 74.46 岁），便足以证明上海人的健康意识、医疗保健制度和卫生水平之高。一个典型的例子是郊区的上海县（今闵行区），该县的大部分卫生指标都已达到世界卫生组织提出的"2000 年人人享有卫生保健"指标的规定。与美国的华盛顿县相比，上海县的人口死亡率为 6.5‰，华盛顿县为 9.5‰；上海县的人口平均寿命 74 岁，近 36 年来提高了 29.3 岁；华盛顿县的人口平均寿命为 73.2 岁，近 80 年来提高了 24 岁。③

我们要再次提及上海民风的温和。

上海人重秩序，重仪表，即便在炎热的夏天，"正宗"的上海男士依然衣冠楚楚，穿皮鞋和袜——那种两头露空的男式凉鞋似乎是在 1980 年代初由北京（或南方）传入的；而在装有空调的京沪特快列车上，却能见到赤裸上身喝酒的北京青年。

上海人好争吵、好诉讼，但基本能保持"动口不动手"的君子之风，甚至可以激烈地争吵一两个小时而无人动手。以至于又有这样的新民谣："东北虎，北京狼，南方人是个大绵羊。"公安部门早就注意到了犯罪类型与地域的关系：东北枪杀干警、杀人越货的暴力型恶性案件多；南方则多诈骗类的智力型犯罪，如福建的假冒诈骗，广西的"献宝"活动，河南、山

---

① 《解放日报》，1990 年 12 月 13 日。

② 《报刊文摘》，1991 年 12 月 31 日。

③ 《文汇报》，1990 年 6 月 20 日。

东的拐卖妇女儿童，云南的走私贩毒，广东的卖淫嫖娼。有人呼吁要开展"犯罪文化地理学"的专门研究。

丹纳曾论及近代精神的 3 个因素：民主制度的建立、工业机械的发明、风俗的日趋温和。他说在 17 世纪的欧洲宫廷，仍尚军事和决斗，仅路易十三一朝，死于决斗的贵族即达 4000 人之多；但另一方面，文明的习俗在增长，作为礼貌周全的上流人士，路易十四甚至对女仆也脱帽为礼。[①]

上海人的诸如"动口不动手"之类的文明习惯是在近百年的社会生活中，在西方法纪的约束下逐渐养成的。透过上海人生活的诸多表现，我们不难感到这种文明的传习。上海人的一些特征，如工作精神和敬业精神、个人本位、法制观念，重视秩序和规则、健康意识、家庭观念，重视教育和子女，重视穿着和仪表、风俗的温和与宽容，讲究生活质量，乐于接受新事物的开放心态，等等，体现了通常所说的"中产阶级"的特征，具有较多的现代化因素。这可能正是上海人到国外更容易适应和成功的潜因之一。

五、干大事的北京人

当我们提起"上海人"，这是一个虽然抽象，却有大致共识的完整概念，它以"市民"的城市人身份涵括了不同社会阶层和职业的上海人。然而，当我们想起"北京人"时，它的整体形象却是模糊不清的，具有好几重不同的叠影。人们会想起《茶馆》和胡同中的老北京人，想起京城的政府官员和国家领导人，想起红卫兵、"四五青年"和高干子弟……北京是个男性化的城市，年轻而古老，保守而激进，大雅而大俗。

---

① 丹纳:《艺术哲学》，人民文学出版社 1986 年版，第 56 页。

如前所述，历史上的北京文化，历来分为宫廷的、贵族的、士大夫的文化与民间市俗文化上下两层。而北京的城市人格，是在古都文化——华北文化和历史传统文化——的积淀上，在官一学两极的强大磁场中定型的。近世以来，老北京人深受旗人文化的濡染，丧失了剽悍勇猛的品质，而多温良儒雅的风气。建国之后，革命文化的载体——新北京人的羼入，以及他们迅速成为城市人和城市生活的主体，造成北京城市人格的显著变异，新北京人奠定了群体人格发展的新方向，温文尔雅的老北京人（他们大多已成为老人）和活跃而进取、干大事的新北京人，这种区分和概括自然极不严格，却勾勒出一个大致真实的概貌。自然，两者之间既有显著区别，又互有渗透和濡染，两极之间宽阔的中间地带，容纳了群体人格的丰富性和复杂性。

新北京人——1949年后进入北京的第一代移民的主体是革命干部、革命军人和为新社会服务的知识分子，他们主要是第一代人和第二代人。他们的人格特征被笼罩在统一的政治塑造之中，城市和地域的特点并没有充分显现出来。新北京人的人格形象是随着"第二代移民"的成长而彰显的，他们是政治上的"第三代人"。1960年代的红卫兵、1980年代的李向南，体现了新北京人的诸多特征和基本品性。1980年代末"新京味"的出现，则是新老北京两种文化和人格沟通融合过程的延续。

政治化

由于中国传统中官本位的社会制度、伦理的政治化和社会生活的高度意识形态化，中国人之崇尚政治的程度可能是世界各国少有的。

据1987年中、日、美三国对本国高中生价值观的比较研究，在艺术、科学、运动、社会、商业、政治、教育、家庭、娱乐9个领域中，中国学生前三名的排序是政治、社会、科学；日本学生是社会、运动、家庭；美国学生则是娱乐、家庭、运动。日本和美国学生分别将政治排为第7和第8

项，并共同将科学排为最后的第 8、第 9 项。^①

北京人则是中国人中最崇尚政治的一群。这主要是近在"天子脚下"，在政治中心的巨大官场中的特殊地位所致。老舍曾揭示北京的普通市民中亦多是大大小小的"官迷"。入仕从政对中国人来说是优先的选择，对北京人则同时是便捷的选择。

"文化革命"、红卫兵运动将整整一代人纳入政治革命的轨道。每个人都被要求"关心国家大事"，"七亿人民都是大批判家"。政治狂热退烧了，政治热情和政治兴趣仍然在北京人身上最多地保留下来。对于大多数北京人，尤其是年轻人，即便他并不以政治为业，例如工人或个体户，仍然会为在上海人看来不着边际的、不会带来任何实际利益（而只能是相反）的政治激情所感染，价值理性的光辉使他们平庸的生活得以升华，甚至化鄙俗为崇高。

政治是北京生活的盐，没有政治，北京生活就会变得寡淡无味。对于那些有志于政治的人，北京则是一个令人炫目和激动的大舞台。他们敏感的政治神经、丰富的政治想象、娴熟的政治技巧和雄心勃勃的政治抱负，使他们常有"政治动物"之喻。《新星》中勇于改革的青年政治家李向南集中了构成新北京人格的一些要素：高干子弟，前红卫兵和知识青年，第三代人。他对政治的大胆讴歌，正是这种心声的体现：

> 政治在人类历史上可以说既是最肮脏的，也是最崇高的。问题是你搞的是什么政治！都说纯洁的爱情、无私的母爱是崇高的、伟大的——它们是崇高伟大的，我不否认。但其实，它们的伟大比不上政治。在历史上——你可以去看看——真正能够使千百万人，一整代一整代最优秀的青年为之献身的只有政治！政治毕竟是集中了千百万人

① 《当代青年研究》，1988 年第 9 期。

最根本的利益、理想和追求，可以说是集中了人类历史上最有生机的活力。①

1991 年春，海湾战争期间，到京出差的南方人惊讶地发现，人人都在谈论战争，人们对战争的关注程度远远超过上海、广东，而且，几乎每个北京人——不论是司机、售货员、机关干部——都有一套自己的观点和对待战争的"具体措施"，简直可以说，北京人个个都是政治家。

政治的泛化，造成了一种政治化思维，其表现之一，是宏观思维。这是那种居于中心或高层的人居高临下、从大处着眼的俯视角度。与上海和南方的理论研究注重实用、微观、可行性、可操作性相比，北京的知识分子特别热衷于那种整体的、宏观的、战略的和方案的研究；在消极的方面，这助长了理论界一种华而不实的学风。一些身处国家机关和权力中心的知识分子，处于"中央的"信息圈之内，便潜移默化形成了一种"中央思维"，往往不自觉地用政治家的思维模糊了理论和学术研究的客观立场。

类似地，上海的作家写作，往往以小见大，从凡人小事、日常生活中透析社会人生，大致是一种平视的角度。而北京作家，如王蒙、张洁、张承志、张辛欣等等，则多以俯瞰人生的姿态，居高临下，对芸芸众生嬉笑怒骂，追求超越现实的价值。

人们注意到，文化艺术现象在北京最容易引起轰动，无论是《河殇》《渴望》，还是现代绘画。这在很大程度是由于北京各阶层对文化艺术强烈的政治关怀，其参与和投入的程度之深，是上海人难以想象的。上海人通常只以"好看""不好看"这样的平常心看戏和评论。而在北京，人们则会从政治背景、人事关系、领导人态度等各个角度分析、揣摩、猜测、评价，搞得满城风雨。也确有各种人物在这一过程中或察言观色，或推波助澜，

---

① 柯云路：《新星》，人民文学出版社 1986 年版，第 251 页。

演出各种各样的活剧。

政治、政治关心、政治活动，总是指向一种群体行为、群体利益和群体价值。新北京人的组织热情和重视团体的价值观同样令人印象深刻。如果说他们在生活方式上没有形成什么规范，那么在政治生活中却是恪守某种规范的。一个外地青年曾感叹北京青年知识分子和青年政治家的行为手段，"够写十本《夜与昼》的"。

家庭的亲族功能的缩小、功能团体和组织的大量涌现是现代社会的特征之一。从红卫兵时代开始，北京青年就热衷于拉人马、立组织、发宣言之类的组织行为，它导致1980年代各种民间组织、机构的大量涌现。这种青年人的自发组织，往往具有相当的凝聚力和一定的亲情色彩，用以维系团体的不仅是共同的信念和责任感，还有团体行为所重视的价值——"忠"（而上海在人际生活中更重视的是理和礼）。它在传统和世俗生活中则表现为"哥们义气"。在这套价值观念中，一个只考虑个人私利，"不够哥们儿"，或背叛朋友、团体的人，是为人所不齿的，甚至也不为其他的团体所容忍，只能远离朋友孤独地离群索居。

这些青年组织联络和增进感情的方式，包括结伴远游和聚会。在北京的这种聚餐或聚会通常以群起唱歌而达到高潮（这在上海是极其罕见的），所唱的多是1950年代流行的苏联歌曲和儿童歌曲（如《我们的田野》《让我们荡起双桨》等等），演唱的最高水平，往往是女声二重唱《深深的海洋》。

与政治化相关的，是北京人重门第、重学历、重背景的传统，这正是从中国的政治生活中产生出来的。当1970年代末，上海姑娘在择偶中早已相当实惠地以物质标准为导向，追求"海、陆、空"（有海外关系、落实政策对象、家有空房）时，北京人相对仍然重视家庭背景、学历等等。尤其在北京的上层，门当户对的婚姻仍然是重要的和必要的。如果你看到一位堪称英俊的男士，他的妻子却显得似乎不太般配，那么你可能会被告知，她是某某人的女儿，那位男士的内心显然很平衡。

社会生活的政治化，必然意味着轻商、轻民生和非生活化的倾向。

北京人轻商的观念，是服务行业落后和服务人员态度恶劣的根源之一。由于北京人牢固的尊卑贵贱的世俗观念，许多北京青年宁可让家长"饲养"也不愿到服务业工作（大宾馆大饭店另当别论）。至今北京的裁缝、修鞋、修伞、修表、配钥匙、弹棉花、卖早点、当保姆之类工作的，几乎清一色是南方人，尤以江浙和安徽人为多。一位外地来的"打工妹"感慨北京的钱实在太好赚了，她说："北京的大街上到处是钱，钱都没脚脖子了，北京人就是不愿弯腰去捡一下。"比较而言，上海人对自食其力的小手艺人也持一种无所谓的平常心，没有特别的歧视，普通人如果有一技之长（例如会烧菜、会打家具）还会受到朋友、长辈的尊重。在北京，这可能被视为不屑一顾的雕虫小技。

近年来由于商品经济的发展，北京人的商品意识大幅度提高，在全民经商的热浪中，官商、官倒层出不穷，经商成为最时髦和荣耀的选择。然而，并不能由此说北京人的商业意识是健康的。他们几乎十分相似地热衷于挣大钱，不屑于挣小钱，不知薄利多销之类的为商之道。因而，与民生密切相关的餐饮业等，经数年的发展，仍处于质次价高、狠心"宰"人的水平，远远差于广州、上海、武汉等大城市，甚至也不如沈阳、哈尔滨等北方城市。很长时间以来，北京并没有出现与广东的"炒更"、上海的"扒分"同义的新语汇，只有专指文艺界的"走穴"一词。①

说明北京生活政治化的另外一例是，在知青生涯中，北京人没有发展出类似上海人"插兄插妹"、成都人"边哥边妹"这样具有感情色彩的昵称。

侃大山和幽默

当代北京青年最传神的写照，莫过于"侃大山"了。北京人能言善辩

---

①　1992 年，北京人填补了这一空白，曰"抓钱"。

的语言才能和幽默天性早已广为人知，但是，"侃"的意味与此并不完全相同。

老北京人之善于辞令、口才出众者，旧时谓"京油子""耍贫嘴"，相声艺术便是这一才能的产物。"侃大山"一词却是1980年代中期新北京人的流行语。当时《北京晚报》专门考证过词源，争论是"侃"还是"砍"，是"山"还是"煽"，各俱有理，最终约定俗成地统一为"侃大山"。与旧北京的"耍贫嘴"、上海人的"吹牛皮"、四川人的"摆龙门阵"不尽相同的是，"侃大山"的内容似乎更侧重指时事政治之类"大言论"。这一词汇首先是从青年知识分子阶层向社会传播扩散的。当时北京的一首新民谣是"十亿人民九亿侃，还有一亿在发展"，这正是当时社会改革热、理论热的一个写照。大学生们则戏称学生会或演讲团为"侃山协会"，简称"侃协"。

能"侃"在北京绝对是一种能力，一种值得骄傲的资本。在北京的知识界和各界人士中，都有些颇具知名度的"侃爷"。他们具有一种高超的语言表达能力：现场发挥的演讲和表演能力。他们往往有一种演讲或辩论的欲望，需要适时地"宣泄"。这是一种如演员即兴演出那样的双向刺激：听众越多，反应越热烈，他发挥得就越好；而在朋友间小范围的谈话中，他便缺乏激情和光彩。他们还有掌握时间的本事，给他规定半小时或十分钟，他都能从容不迫、有条不紊、没有一句废话地将观点表达清楚，最后一句话准确地在规定时间结束。在北京的各种理论讨论会上，知识分子们往往是争先恐后，雄论滔滔，语不惊人誓不休。比较而言，上海知识分子中有这种口才和辩才的极少。典型的上海的讨论会，理论家们衣冠楚楚，斯文备至，你谦我让，发言讲话更是极有分寸。据说，这不仅是为了政治保险，有时也是怕自己的观点被别人"剽窃"。

北京人语言能力的另一大特色是幽默。自然，幽默首先不是一种语言能力，而是一种人生状态。

通俗地，将幽默泛指为"笑"的艺术，可以划分出机警、诙谐、俏皮、讽刺、挖苦、调侃、滑稽、荒诞、政治幽默、黑色幽默等。前者主要是运用语言自身的效果（如谐音、歇后语、隐语、比喻等）表达机警与谐趣。第二类是类似滑稽的效果，主要是插科打诨，装傻充愣。第三类调侃、荒诞、政治幽默等，则是通过嘲弄、冒犯禁忌和习俗，用玩世不恭的方法破坏现有的秩序、法则，而显示荒唐与可笑。

第一种类型的语言智慧主要是从老北京文化中传习下来的，几乎每个北京人都会几套这种"损人"或"逗"。例如，说人脸上的雀斑像"茶叶末"。你说"真不像话"，他就说"像画（话），就贴在墙上了"。你说"真让人受不了"，他会接一句"瘦（受）不了，也胖不了"。你问："怎么办？"他说："凉拌（办）"，等等。

语言的变化，从很多方面显示了新老北京人之间文化的传递和演变，它的基本特点之一，是政治含量的增加。例如，老北京话中多尊称和敬语，有一种称"老"称"爷"的构词，如"您老""爷们儿""兔儿爷"之类。当代的新流行语，便有"侃爷""倒爷""板儿爷"（骑平板车拉客者）、"款爷"问世，甚至将吹捧托场有方者称"捧爷"。以"老"相称的词汇，如称莫斯科餐厅为老莫、称外国人为老外，以及称戈尔巴乔夫为老戈、柴可夫斯基为老柴、施拉普纳为老施等等，透着一种亲切和诙谐。

滑稽的一个主要途径是自轻自贱、自我丑化。它很容易滑为低级庸俗。北京人通常认为上海人无幽默感，其实，上海的幽默主要是滑稽类的。两者之别的确也暗含了生活方式和人生姿态的差异。

《青年一代》曾刊一文，介绍上海人的幽默。一追求银行小姐的男青年递上一张条子："尊敬的小姐，一年来，我一直在认真地储蓄我的感情，期望有天能得到丰厚的利息。现在我想零存整取的时间已来到，请您连本带息地付给，不知兑现率如何？"署名"一个虔诚的储蓄者"。据文，小姐居然被他"幽默铸成的金箭射中了"。而一位北京姑娘，则大有可能被这种"幽默"激怒。

一则北京流行的幽默，虽貌近滑稽，却别有深意：一青年被交通民警扣留，无计脱身。最后，他哀求道："您就把我当个屁给放了吧！"围观者哄然，警察也哭笑不得，遂予放行。它后来被翻版而为大学生的"课桌文学"："祖国，亲爱的母亲，您就把我当个屁给放了吧！"（指出国）

当代北京幽默的真正特色，是政治与幽默的结缘以及各种政治幽默。

在一个相声中，讽刺秃顶者将一绺长发覆盖顶部为"地方支援中央"；长发又滑落了，则是"中央下放地方"。

《北京晚报》的文章，说京城的美食家开玩笑说："广东菜，不但干部爱吃，群众也爱吃。广东菜，最容易吃，真正吃好就不容易了。要把广东菜，当作新观念来吃，吃了就要干，搞好思想现代化。"过来人一听便知，这是套用"文革"中广为流行的一段林彪语录，它被谱成语录歌："老三篇，不但战士要学，干部也要学。老三篇，最容易读，真正做好就不容易了……"其实，在1970年代末就有人作过类似的调侃了，那首歌叫《老肝炎》："老肝炎，不但战士会得，干部也会得。老肝炎，最容易得，真正治好就不容易了……"

事实上，北京已经成为政治歌谣、政治幽默的发源地。

那首"十亿人民九亿侃，还有一亿在发展"的民谣，随形势变化，相继发展为"十亿人民九亿商，还有一亿待开张"；"十亿人民九亿倒，还有一亿在思考"；"十亿人民九亿赌，还有一亿在跳舞"。

海湾战争后，大学生戏谑地将一著名的"名言"翻新："苦不苦，想想萨达姆；累不累，想想多国部队！"

北京人这种幽默的品性几乎是无所不在的，如果说政治是北京生活的盐，那么幽默便是味精。满腹经纶、口若悬河而又笑料迭出，成为北京知识男性的漫画像。

另一个"段子"是描绘他们情场手段的"四部曲"："幽默骗取好感，宏观把握人生，痛说革命家史，单刀直取目标。"

豪放

热衷于政治、"侃大山"和幽默，仍不足概括新北京男性的全貌。他们另一个最基本的人格特征是豪放。他们是柔弱文雅的上海男士的对立面。这种具有阳刚之美的男性基调，在中国的北方从没有真正凋零过，从没有失去它的审美价值和实用价值。

豪放，至少包含了豪爽和粗放这两种要素。与前者对应的，是一种豁达、坦荡，从大处着眼、不计较小事的生活态度，是一种从道义出发，而非从利益算计出发的立场。表现在人际交往中，便是一种不计个人得失的哥们义气、古道热肠或侠肝义胆。北京人很容易将只有一面之交的朋友发展成具有感情色彩的私人关系，如果是老北京人，便会亲热地以哥、嫂、弟、妹相称（在东北也是如此），他们留你吃饭绝不是一种客套；如果是新北京人，熟悉之后，他们便会省却姓而仅以名相称（而不像上海常见的那样以小张、小李相称），引为自己的同志或"哥们儿"。

正像所有的北方人一样，在北京人的价值系统中，义气、勇敢、大度备受推崇，而精明、乖巧、圆滑、怯懦、利益的算计则为北京人所不齿。如果说上海人嘲笑别人"拎不清""戆"，北京人蔑视的则是"抠门""小心眼""小家子气"。他们称那种胆小的人为"货""软蛋"，称那种瞻前顾后、优柔寡断的人为"面瓜"。北京固然不乏精明之人，但他却不敢炫耀这种精明，否则无异于"自绝于人民"。比较而言，北京的丈母娘择婿的标准，更看重人品老实、有学问等等。一个北京姑娘与对象告"吹"的实例，颇为典型：这位小伙子为买几节电池，舍近而求远，到闹市区的商店去购买。他担心家庭附近的小店货物流通慢，干电池存放时间过长而漏电损耗。这位姑娘嫌他太"精"了："这么点小事就这么计较，我以后还能跟他过日子吗？"而他在上海，却会受到女友和丈母娘的鼓励。

北京人的这种人格特征，用新北京人流行的话说，是"不吝""豁得出去"。被朋友们称为"特不吝""特豁得出去",则是一种很高的赞誉。有时用另一句话表示这种称赞:"是条汉子。"从字面上看,这意味着什么也不在乎(那种犯浑的傻大胆有时被称作"混不吝"),这可能是指敢作敢为,为朋友两肋插刀,可能是指一种超脱、洒脱的态度,也可能是指一种大大咧咧的行为,例如不修边幅地参加一个豪华的宴会。

自然,汉子们以抽烟喝酒为能事。他们从不像上海男人标榜自己"烟酒不沾""无不良嗜好",而北京的姑娘们也倾向于鼓励丈夫或情人喝酒抽烟(至少不干涉),认为这更富于男子气。女中豪杰自然也不少,在公共场合,北京知识女性抽烟者远较上海为多。北京作家从维熙撰文,称谌容为酒中豪圣,每每遇到她目光的挑战便起而应战:"人生能有几回搏……对酒当歌也是一搏。惜命如金天天吃补药的孬种,一生怕也难演出慷慨壮烈的戏剧。"① 这正是北京人的豪情。

北京人的这种豪爽人格与政治抱负、宏观思维、语言才能相叠,便使北京的"狂生"格外多。他们睥睨四邻、舍我其谁的气势,自视甚高、口出狂言的做派,成为文坛一景。

一位北京女性揶揄她刚离婚的丈夫:"他老说周围的人都是短期行为,他要考虑的,是中国的事,而且是中国二三百年后的事。但是他对自己家中两个月后的事却不知所然。"

自然,在北京,也有真正的勇士和烈士。

1989 年 3 月 26 日,时年 25 岁的青年诗人海子(原籍安徽)在山海关附近卧轨自杀,震动了诗坛。他在 9 年的创作生涯中,共写下了约 200 万字的诗作、剧本、小说和诗歌理论文章,被誉为"诗坛怪杰",是新潮诗的代表之一。正像梵高喜爱向日葵,海子的诗魂是麦地,有人称他为"麦地诗人"。

---

① 《北京晚报》,1991 年 1 月 20 日。

麦地 / 别人看见你，觉得你温暖、美丽 /

我则站在你痛苦质问的中心 / 被你灼伤 /

我站在太阳，痛苦的 / 芒上

海子，《答复》

海子的死因众说纷纭，有人将其与屈原、陈天华、老舍并提；但较为可信的解释，他是为诗而殉道的。海子逝后，他的生前好友、四位大学诗人西川、老木、骆一禾、邹静之为他收集遗作，抚恤家庭，发起募捐。两个月后，编纂海子诗集的骆一禾死于脑溢血，时年 28 岁。

海湾战争期间，有上百名青年到科威特使馆，要求参加多国部队对伊拉克的战争。这都是只有北京人才能做得出的壮举。

北京青年也有上海人谓之"轧台型"（出风头、别苗头）的"拔份儿"。在"文革"中，这是街头的武力较量和冲突。在 1970 年代以后，则以比试气派为主，这是一种抽象为"狂"的标准，即比试谁比谁更"狂"。这是一种由服饰、举止、气势等因素综合而成的效果。有一段时间，有"狂不狂，看米黄"之说，似乎是指米黄色风衣；而在 20 世纪三四十年代，类似的一句话是"精不精，一身青"。

与上海人追求时髦、派头的"轧台型"不同的是，"狂"有时意味着一种"反潮流"。例如穿着圆领汗衫去赴盛宴，可能并不是一种大大咧咧，而是"狂"。同样，崔健在摇滚舞台上，一反歌星那种浑身披挂、闪闪发光的豪华装饰，穿旧军衣，裤腿一高一低，也是一种"狂"。在北京的社交场合，公共场所，往往不能以衣帽取人。那些貌不惊人、穿着落伍或古怪可笑的人物，可能是大名鼎鼎的艺术家、导演、知识精英或贵公子，他们以自己的名声、才学和地位而傲视众生，他们的眼神和气势显露着他们的自我优越感，潜台词是："别以为我穿不起名牌，而是我不想穿！"仔细看时，便会发现有美女相从。

豪放型人格，除了豪爽，尚有粗放、粗犷的内涵。

"不吝"的态度，在日常生活中有顺其自然、归真返璞，不刻意雕琢之类的好处。但对于许多北京人的家庭生活而言，与其说这是一种自然、洒脱，不如说是简单、粗疏。他们往往钱没少花，生活质量却并不高。发达的精神文化与粗陋的物质生活的反差，在北京的家庭生活和社会生活中，同样明显。这种不讲究、不精致、大碗喝酒、大块吃肉、扪虱而谈的古风，既有华北农村文化习俗的遗留，也与新北京人受大院文化的影响有关。在革命文化和军旅文化的作用下，大院里多是生活简单粗放的"贵族"。

北京汉子这种豪爽、侠义的古典人文气质同时伴有那种不守规则的随意性、散漫性，做事的不严格、不仔细。他们眼界开阔，抱负远大，具有较高的群体素质，但是他们之中多的是能侃能煽、满天飞的活动家、鼓动家，而少认真可靠、能够实干的经理型人才。他们太热衷于干轰轰烈烈的大事，而对脚下和身边的"小事"不屑一顾。因而，他们的很多宏论、蓝图往往停留在口上和纸上，难以变为现实。

和上海人相比，他们时间和效率的意识更差。他们日理万机而丢三落四；他们约定时间倾向于加一句"不见不散"，以示感情和友谊。在我参加的一次乘火车的集体出游活动中，眼看开车时间将至，北京的朋友们仍在站外谈笑自若，等个别迟到者，令人叹服他们遇事不慌的"大将风度"。待火车开后，却发现除我们几个沉不住气的人之外，他们都未及上车。

和上海人相比，他们更讲义气而不重规则。这部分是因为，在日常生活中，适当的犯规、出格、越轨往往是男性显示勇气、个性的方式——这特别能博得女性的青睐。而在政治生活中，游戏规则从不是明确的。

汉子和小生

我们试图将北京、上海两地的男性人格类型化，这很可能不太科学，但至少是有趣的。

不难看到，两地人格的"原型"，或称基准人格，是由南北不同的历史文化传统的地域文化塑成的。在北方这是"汉子"，即壮士勇汉。北京人称赞男性是条"汉子""够哥们儿""有爷们儿气"，都是对这类人格的认同。在上海，这种"原型"是"小生"，类似越剧中小生那样温情细腻的才子、斯文聪明的职员等等。近年来，它为"奶油小生"的称呼所取代，但在南方的传统中，他们被称为"小白脸"。

从这种原型出发，经过社会文化（这里主要是指城市文化）的教化，符合文化规范的理想人格，在北京，比较接近于"士"或"君子"；在上海，则比较接近于"绅士"。这里，所谓理想人格，是指社会文化所推崇的人格方向，它与社会文化所规定的价值取向及其塑造的人的内在素质基本一致。对于具体的人，他的社会角色，可以是官、学、商、产各界，但上海的绅士人格，主要围绕商界而结构。北京的君子人格，则主要是以官、学这两种职业角色为主要参照的。

如以知识分子为比较，上海的知识男性，或者有教养的上海人，无论是店员、工人，总是衣冠楚楚、彬彬有礼，做事认真可靠，规则有序，具"绅士风度"。声名赫赫的文化名人，具有海派气质的，则华服革履，头发锃亮，一丝不苟，派头十足。北京的学者名流，则多淡泊超逸、隐身人海的智者贤人，他们特立独行，外圆内方，讲究人格操守，保持内心高贵的精神，生活却相当的平民化。而有教养的北京人，则总是多一份对社会人生的关怀，有一种儒雅的文化气、书卷气。北京的青年知识分子，则如武林高手，或互拥门派，或独树一帜，笑傲江湖，各逞高强；间有不求闻达、闲云野鹤般的真人名士。

在向下的方向，未经社会教化或畸变的类型，较能体现城市文化特征的，在上海为"阿飞"，在北京为"痞子"（流氓、小偷、匪盗等各地都有，此处不论）。

在北京的词汇中，是只有流氓，没有阿飞的；在上海，则往往将二者并提，"流氓阿飞"，简称"流飞分子"，阿飞系指那种游手好闲、流里流气的不良青年，在旧上海，阿飞往往与"小开"（有钱人家的子弟）、"白相人"相连。他们徘徊街头，着奇装异服以炫耀，并作一些起哄、欺骗、调戏之类的"小恶"。他们是"奶油小生"的变种，和北京街头的不良青年不同，他们主要不是以粗野、蛮横、邋遢示人，而是油头粉面和嬉皮笑脸。

正如北京人不知阿飞，上海人则不知痞子。同样作为坏人的帮闲，以"小恶"为主，痞子之所以称为"痞"，是与他不修边幅的"赖"和油嘴滑舌的"贫"有关，是典型的北京文化的产物。北京话中常称那些没皮没脸、鸡鸣狗盗的混子为"赖子"；如果这个赖子同时有三寸不烂之舌，摇唇鼓舌，惹是生非，就迹近痞子了。自然，痞子有时也通指那些不正经的、有不良习气的人。

北京男子汉的社会形象，在当代，是围绕新北京人而形成的。十多年前，这是一些剃小平头，横跨军用书包，气宇轩昂，在街头"拔份儿"的青年。当时形容他们的词汇，是"狂"和"匪"。称某人"特狂"或"特匪"，是为褒义。

近年来北京男性的时尚，似朝着"痞"和"颓"的方向，与上海男士尽可能的"雅"，打扮得香喷喷的完全不同。这首先是文化、艺术圈的时尚，只要看看几乎每个男性导演都满脸浓须便可明白。北京的文坛、歌坛、艺坛并没有出现如上海那样严重的"阴盛阳衰"，男子汉阳刚之美的取向始终没有改变。"奶油小生"从没有真正占领过市场，如果他们出现，总是会遭到"真正的北京人"不遗余力的挞伐，例如对蔡国庆和汪国真。1980年代后期，北京演艺圈重振"雄"风的努力，使一批"丑星"走红。以葛优、侯耀华、谢园、梁天等为号召，他们集"丑、痞、贫、贱、油、坏、赖诸般缺点于一身"，但并不恶，于是便生出几分可爱。

风气所至，"痞"成为一种新潮，一种文化特征。这并不是指社会生活中非理性、非道德、反文化的"痞子行为"，各界的官痞、文痞、学痞之类，而是指一种审美特征。它包含了不趋时尚，反规则、反礼仪，自由洒脱，跟着感觉走，怎么舒服怎么过之类的价值。它的关键词如"玩""累""潇洒"。说你"活得真累"，是批评你太看重世俗的利益，过于刻板认真。因而，从事文化理论研究的青年知识分子中也常以这种口吻对话：

"最近玩什么呢？"

"没什么，跟几个哥们儿练了一本词典"；或者"到电视台侃了一通足球"。

与此同时，都市里假冒的男子汉陡然多起来。1980 年代男子汉初潮，是模仿高仓健那样不苟言笑的冷面小生，后来北京人斥之为"玩深沉"。"真正的男子汉"是近几年冒出的。一位北京姑娘形容此类：一米八的个儿，满脸络腮胡，牙缝里夹着韭菜叶，胳肢窝火臭。据说，此类痞汉颇得现代女性青睐，因而北京的新民谣中便有"男的不坏，女的不爱"。

自然，北京姑娘的感受并不尽相同。一位在京工作的南方男士谈起，某次会后，他主动送一女士到车站，对方不胜惊喜，有久违之感。"北京的男性难道不这样吗？"男士问。"他们都当男子汉去了。""什么叫男子汉？""贴着假胸毛，一开口，'操'！"

显然，北京汉子不得不借助"痞子化"的粗野来张扬阳刚之男性，不可能是塑造男子汉的正途。"丑星"只能是北京汉子一个比较次要的侧面。联想到中国银幕和舞台上尚没有如格里高里·帕克之类孔武有力、诙谐活泼、具有与现代文明合拍的高度文化涵养、能够"站得住"的男性形象，便知中国"男子汉"的塑造远没有完成。

近些年来，现代工商业的发展，对外交流和留学人员增多，为北京的男性塑造提供了新的动因。北京日渐增多的知识分子、经理阶层、在外资企业西服革履的"洋买办"和上班族，以及享受现代生活方式的"雅皮士"，构成与"痞子化"相对立的另一极。这是与上海人格理想相似的现代都市社会的男士——绅士形象。

然而，以小生为例，职员型的上海绅士是一种"贫血"的绅士。和欧洲社会绅士教育——由骑士精神和体育精神所充实的现代人文教育——的传统完全不同，上海绅士主要是在洋场生活中养成的外在生活、行为习惯，而缺乏绅士的文化内涵。

上海男性在当代社会的变异之一，是随城市人格内倾化、柔弱化而导致的阳刚之气的丧失。生活中的上海男性，有许多绰号，如"马大嫂"（买、汰、烧的谐音）、围裙丈夫、模范丈夫等等，均是传统女性角色的转移。1991 年，上海电视台拍摄的电视系列小品《海派丈夫变奏曲》，列举了十种类型，如夹板丈夫（在妻子和母亲之间受夹板气）、私房钱丈夫、厨房丈夫、精明丈夫、麻烦丈夫、保驾丈夫（作为妻子的仆役）等等。其主题歌《男子汉哪里有》，简直是男性的一曲哀歌：

> 男子汉哪里有，大丈夫满街走。小李拎菜篮呀，老王买煤球；妻子吼一吼呀，丈夫抖三抖！都说男子是顶天柱，谁知男人的酸苦最多，白天干活晚上奔波，心里苦恼嘴上还唱歌。
>
> 男子汉哪里有，大丈夫满街走。小王拿牛奶呀，老赵买酱油。妻子吼一吼呀，丈夫抖三抖！工资奖金全上交，残羹剩饭归己所有，重活脏活一人干，任打任骂不还手。

从歌词上看，几乎如童养媳一般苦海无边。自然，这只是幽默作品中的夸张。上海的家庭关系是一个专门话题，在此不论。

在世俗化、家庭化的日常生活中，男性变得琐碎唠叨、婆婆妈妈，似乎是难以避免的；变得唯唯诺诺、小心翼翼的，也不鲜见。

上海的女性，出于功利和实惠，对"男子汉"的审美需求比北京姑娘要弱得多。但她们仍然看不惯那种过于委琐的女性化的男人，称之为"娘娘腔"。一女作家撰文写道，某次在公共汽车上，一位男士被踩，发出夸张的叫声以及"眼睛瞎脱啦"的怒斥，继而是两位男士的唇枪舌剑。一位女乘客评道："一对娘娘腔！"引众人笑。

上海男性也有留发蓄须，以"现代派"形象张扬雄性的努力，但往往令人有"不像"之感。你无法设想一个浓须长发的壮汉操一口绵软的吴语与小贩讨价还价。"上海的生活环境，上海的文化氛围，总是对妻子们有利，而损了无数须眉。"另一个旁证是，强劲的"西北风"和摇滚乐在上海观众中始终形不成气候。

一位在北京上学的上海女性曾俏皮地比较京沪两地男性：上海男人是瓷器，而北京男人是毛坯——前者失之太细，后者失之太粗。那么顺理成章地，二者的融合渗透，兼济南北的类型，可能是较为理想的：能够干大事而不失于粗疏，有健全的男子气而不失温柔。这是那种经过北方文化磨洗的南方人，或经过南方文化熏陶的北方人。

我们发现，有过北方经历（插队、参军、上大学等等）和在北京工作的上海人，往往比从未离开过上海、自高自大的上海人有更好的发展，这既包括他有更多的机会，也包括人格、气质、文化内涵的改善。

因而，我经常向高中毕业生和他们的家长鼓吹，选择南北易地求学，这将使他们终身受益，无论男女。

六、变化中的女性

城市往往被赋予女性的人格象征，尤其是南方那些山青水秀的旅游城市和文化名城。有人间天堂之誉的苏、杭二州更是直接以美女之城而名播天下。

中国北方的名城，却大抵是"男性"的，例如北京和西安，令人想起威严而深沉的老人，只有哈尔滨、大连、青岛少数几个城市例外。事实上，蜚声文艺圈的北国佳丽相当集中地出自这几个城市。我们想起了"有水则灵"这句话。哈尔滨有松花江横贯，大连和青岛则是海滨城市。水，在这里不仅作为生命的元素滋养了一方土地，美化着环境和人生，而且代表了交流和流通。有水之地便成为最先开化的文明之地。到哈市的上海记者惊讶："哈尔滨姑娘衣着装饰的时髦和品位不让上海小姐，面容姣好、身材婷婷者不在少数。"有过北大荒经历的人早已知道，虽有"越女天下白"之说，在黑龙江农村的姑娘，也多有不让上海姑娘的姣好面容和天然白皙的肌肤，是江南农妇不可比拟的。

上海女郎

被称为"东方巴黎"的上海，早就有"千面女郎"之名。1940 年代，谢冰莹的文章中写道："有人说上海像洋场少妇，杭州是大家闺秀，苏州是小家碧玉，重庆是徐娘半老。"她到台湾后，在《怀恋上海霞飞路》一文中，将这条路描写为是位"身材苗条、性情活泼、神秘而典雅的少女"。①

闭目冥思，上海女性浮现出的形象，恐怕多是摩登风流、妖娆浓艳的，少与清绝、贤惠相连。然而，那大抵是文艺作品、大众传媒制造出的，作为上海都市生活方式招徕的商业形象，如旧日的月份牌美女和今日的挂历女郎。

日常生活中的"上海姑娘"，在外地人心中，同样是朦胧不清的，具有一种意味深长的诱惑或号召。几十年来，大陆和港台均拍过以此为名的电影，长影拍的《上海姑娘》，塑造了一位献身边疆的知识女性，是个过于政治化了的形象。真正接触过上海姑娘的北方人，都会若有所悟而感慨良多，若干年后仍津津乐道。他们模糊地感到了她们某些值得体味的特异之处，

① 沈震亚文：《文汇报》，1989 年 9 月 5 日。

虽然，她们只是些普通的上海姑娘：知识青年、学生、亲戚等等。

上海女性的日常面貌和生活环境，与文艺作品中典型化了的描写相距甚远。外地人往往会想当然地认为马路上那些花枝招展的姑娘都是娇生惯养、娇滴滴的"娇小姐"，难以想象她在单位里，可能是很精明的业务骨干。1970 年代，她可能是返沪探亲的妇女队长。早晨上班时，那些风韵颇佳的少妇已经完成了买菜、做早饭、拣好中午的菜、洗掉昨晚换下的衣裤等多项家务。外人同样很难想象，这些矜持华贵的上海小姐，很多人家居之狭窄窘迫，甚至没有厕所和自来水。和全体上海人一样，上海女性在相对较恶劣的生存环境中，为城市和家庭付出巨大的辛劳，而且，她们从未淡忘她们所负有的美化人生和美化城市的义务。

一位原在黑龙江兵团的北京朋友回忆说，在兵团，上海姑娘的劳动能力和生存能力（心理的和实际生活的能力），超过所有其他省市的女性："她们特别能干，比北方人能干不止十倍。"然而，即便在那个年代和那样困苦艰难的环境中，她们也"不失女人味"。她们从未淡忘自己的性别角色，不管多累，下工之后她们永远是洗完澡再吃饭，她们有全连"最干净的白毛巾"，她们经常地换洗衣服和被子。虽然穿着统一的兵团服，衬衫和衣领却时有撩人的变换；晚上开会时，她们似乎不经意地挽着蓬松的头发，使男知青看直了眼。而且，她们不忘"调情"。她们能够自然得体和亲切地与男性相处，有时帮他们洗点衣服，有时让他们分享一点上海的糖果，有时则只是一句关心的问话，她们在劳动中便能得到男性的主动帮助，或得到炊事员盛菜时的"照顾"。她们的基本生活态度是偏于实际的。她们最终能去开康拜因、修拖拉机等，摆脱大田劳动。

一位当年在云南兵团的成都知青的回忆也很翔实：

上海姑娘特别的心灵手巧，一会儿为女农工织件毛衣啦，一会儿给小孩子两块上海"大白兔"啦，探亲回上海之前绝对会送给吃惯了盐汤青菜的队长家一方酱油糕，那末超假三五月也安然无事。她们伶牙俐齿，对南腔北调的感受力特强，眨眼功夫就能学会当地土语，将字音词尾模仿得惟妙惟肖，但背过人去又是那一声声吴侬软语的"阿拉上海"。上海姑娘们特别爱清洁，不论雨季旱季、干塘水堰，三百六十日天天保持着在上海的用水量和清洁度。……节日假日，姑娘们绝不贪睡，先把洗涤的衣物、被单在房前屋后晾成一条花花绿绿的"南京路"，继而三三两两（当中早已有违反兵团纪律，悄悄相爱着的恋人情侣），用上海话大声相约着步行几十里山路去"赶街子"。

这些回忆突出了上海姑娘的某些特性：整洁卫生、勤快的生活习惯；生存智慧和处世技巧；对性别意识的坚守——和别人相比，她们更为女性化。

后者在城市生活中，是上海人都能意会和感受的"嗲"。人们习称上海女孩为"嗲妹妹"；"嗲"一度也成为"好"的同义语，称某物"牢嗲格"，意即"很好的"。不同城市的类似词汇，似乎没有可与"嗲"完全对等的，如广东的"靓"，老北京话中的"俊""俏"。事实上，北京姑娘大多不知"嗲"为何物，有时将它视为"撒娇"；前些年正统的北京女孩，则声讨其为"臭美""犯酸"，这种着意展示女性特征的举止是为北京姑娘所贬斥和轻蔑的。

有人说，"上海姑娘在陌生人面前个个都让你相信她就是阿拉伯公主"。一般而言，有教养的上海姑娘谈吐和举止比较委婉可人，但这还不能说是嗲。上海的一位朋友解释说："嗲"是上海人对女性魅力的一种综合形容和评价，它包括了一个女人的娇媚、温柔、情趣、谈吐、姿态、出身、学历、技巧等等，有先天的也有后天的，有硬件的也有软件的。例如，一个漂亮但带苏北口音的女孩，人们不会说她"嗲"；一个出身高贵但说话很冲的女人，人们不会说她"嗲"；一个有才学而身材矮胖的女士，人们不会说她

"嗲"；一个心灵很美的卖蛋女，人们不会说她"嗲"。[1]

"嗲"是一个被上海文化所教化了的女孩似乎天然的举止表现。而"发嗲"，则包括了小姑娘的撒娇弄俏，大姑娘的忸怩作态、娇羞或娇嗔。总之，足以显示女性之柔弱妩媚的魅力的举止。例如，显示羞涩和胆怯、表现体弱和胃口小等等。恋爱中的姑娘尤擅此道，直令男士柔肠寸断，怜爱不已。而深谙此道的男性，则会投其所好，曲意逢迎，温柔体贴备至，而猎芳心。这种人被称为有"花功"（"花"为动词，指"花小姑娘"）。因而，上海人有"男吃嗲功，女吃花功"之说。

"嗲"作为上海人所认同的文化形态、规范，制约着女性的塑造。它的第一重内涵，可能是千百年来所形成的江南女儿柔美温婉的佳人风范，正如越剧舞台上那样。粗壮坚强，豪情侠骨，从来与吴娃越女无缘。与西北民歌中"满口口白牙对着哥哥笑""一舌头舔破了两块窗"之类的率直大胆相比，她们涵养的是含蓄委婉、缠绵悱恻之美。现代社会文明开放的生活中，对女性美和女性角色的自我认同，使得上海姑娘女性的自我意识似乎较为健全，较少封建的畸形心理和文化投射。例如，女孩对例假的不同态度：北京姑娘以"倒霉"代称，"我又'倒霉'了"，即"我来例假了"；上海姑娘则活泼调皮地说："'老朋友'又来了。"

在现代商业化的都市生活中，女性魅力具有前所未有的可流通、可交换和出售的公共价值，为上海女性的形象蒙上了扑朔迷离的色彩。"上海社会用性的粉红色与钱的铜绿色相调谐，其中有很复杂的关系要探讨。"

商业社会和市民趣味主宰、制造着女性的社会形象，将江南女儿的天然姿质发掘加工为具有商业价值的"包装"。旧上海月份牌年画的美女，即以"嗲、甜、嫩、糯"为号召。社会上名优的评选，以及"上海小姐""舞国皇后""唱歌皇后""校花"的评选等等，无不在强化和推销这种女性

---

[1]　袁幼鸣文，《海上文坛》，1992 年第 1 期。

风范。

这种女性风范同时是都市生活陶冶、提炼的结果。这就不仅仅是"嗲"，在复杂的人际关系间周旋，还要聪明、灵活、乖巧。这种适应环境的能力不仅集中表现在歌女、舞女、交际花之类的都市女郎的身上，也是城市女性必不可少的生存智慧和技巧。

鲁迅曾谈到，上海的时髦女人，在商店购物时，往往能挑选时间较长，"不过时间太长，就须有一种必要的条件，是带着一点风骚，能受几句调笑。否则，也会终于引出普通的白眼来。"因而，鲁迅说：

> 惯在上海生活了的女性，早已分明地自觉着这种自己所具的光荣，同时也明白着这种光荣所含的危险。所以凡有时髦女子所表现的神气，是在招摇，也在固守，在罗致，也在抵御，像一切异性的亲人，也像一切异性的敌人，她在喜欢，也在恼怒。这神气也污染了未成年的少女，我们有时会看见她们在店铺里购买东西，侧着头，佯嗔薄怒，如临大敌，自然，店员们是能像对于成年的女性一样，加以调笑的，而她也早明白着这调笑的意义。总之，她们大抵早熟了。[①]

这是一种在男性社会中，发扬女性阴柔的魅力，以退为守，以弱胜强的功夫。钱锺书在《围城》中塑造的孙柔嘉，也是这样一个貌似天真单纯，实则早已成熟，富于心计、步步成功的女性。因而，成熟的上海女性，集精明、时髦、甜、嗲、经验和技巧于一身，而变成"女郎"了。

对女性魅力和自身价值清醒的自觉，致使上海小姐或上海女郎具有明显的功利主义倾向。她们确知自己在市场上的档次和身价，实惠地谋取最大的实际利益。上海的爱情往往经过利益之网的严格过滤，因而是相当现

---

① 鲁迅:《南腔北调集·上海的少女》。

实和冷静的。比较而言，上海比北京更少那种一见钟情、不顾利益得失的浪漫爱情。诚然，中国的婚姻远未达到以感情为基础的阶段，物质利益事实上成为主要的基础（例如，农村中久有"嫁汉嫁汉，穿衣吃饭"之说），近年来，北京的时髦女性也有图钱谋利的"傍大款"之风；但在上海，婚恋中的明码标价、待价而沽却更为公开无忌。

早在 1970 年代中期，上海流传的新民谣便有对"高价姑娘"的写照：

> 一套家具，二老归西，三转一机（指自行车、手表、缝纫机、照相机），四季笔挺，五官端正，六亲不认，七十元钱（指工资），八面玲珑，酒（九）烟不进，实（十）权归我。

1980 年代末的一首新民谣是：

> 好男不上班，好女嫁老板。猪头三，上夜班；十三点，倒三班。

一些女性成为情场中的游戏能手。游戏规则严格地遵循"价值规律"。她们有极强的身价意识和分寸感，毫不含糊地守护着自己的利益。例如，调笑几句是可以的，但男方想要"吃豆腐"，女方会厉色道："侬先把钞票掼出来看看！"某导游小姐答应了单独陪外商去外地旅游的要求，便有"老阿姨"开导她："什么事都有可能发生的。""无所谓。""与男朋友睡过了吗？""还没有。""那你犯不上这样。要么你先跟男朋友睡过再去。"该小姐顿悟，辞却了这次旅游。这里，"老阿姨"并不提供道德训诫，而是告诉她处女的身价。

自然，更多的情况是姑娘们精明地待价而沽，"不见兔子不撒鹰"。随着消费主义和享乐主义兴起，与上海姑娘谈恋爱的成本扶摇直上。她们对约会也功利十足地"择善而从"，既不说有空，也不说没空，等你报出节目来。去宾馆卡拉 OK，有空；逛马路散步，对不起，没空。她们在感情和利益之间，在男人和男人之间，惊险地平衡、走动，像技艺高超的体操运动员。

近年来，在日本打工的上海陪酒女郎始终是敏感的话题。人们传播着关于她们状态和命运的相互矛盾的信息。有一篇为她们"正名"的报道说，夜总会的上海小姐比美国的、法国的、韩国的、泰国的、菲律宾的更受欢迎，因为她们教养良好，善解人意，但对客人的亲热举动和非分要求却会委婉地拒绝，不会轻易上钩，应付裕如，却不得罪人。不难想象，她们会练就这套炉火纯青的处世技巧。但是，我相信，这同样不是来自道德约束，而是来自利益估算。她们在经济上可以不必赚这种有损名声又可能惹麻烦的钱（这种消费在日本是相当低廉的）；如果要献身，她们宁可选择包给一个富有而可靠的男人，过上有保障的舒适生活。而最高目标，则是看准了一步到位，嫁给日本富人。

北京姑娘

中国古代的美女多出自北方。传世的四大美女，仅西施为南人。这自然是因为当时的社会和文化中心在北方的缘故。陕西的米脂（貂蝉的故乡）便是西北传统的美女产地，有"米脂的婆姨、绥德的汉"之说。陕北闹红军后，"男当红军女宣传，裤腿儿卷到大腿弯"，女文工团员中亦多米脂人。据称，1950 年代初，全国各地扮演《白毛女》中喜儿的，有好几十个米脂姑娘。

随着文化的南北分野，明清以来江南女儿的秀美早已征服人心，得文人骚客的偏爱。以至于南京的莫愁湖，近人王湘绮为中原女儿莫愁作联"莫怪她北地胭脂，看艇子初来，江南儿女无颜色；尽消受六朝金粉，只青山依旧，春来桃李又芬菲"，惹得江南人士大哗，后将"无颜色"改为"生颜色"，"依旧"改为"无恙"，方得悬挂。

在北京这个男性的城市，传世的美女却并不多。除了清宫中苦命的珍妃，近世较为传奇的便是节高义重的一代名妓小凤仙了。她并有挽蔡锷的长联传播："万里南天鹏翼，直上扶摇，那堪忧患余生，萍水因缘或一梦；几年北地燕支，自悲沦落，赢得英雄知己，桃花颜色亦千秋。"现代女性留有美名的，是一代才女林徽因。

如果说，现代上海在生活方式、价值观念、行为准则、审美趣味等各个方面，被一种共同文化整合和规范，是个高度社会化、一体化的城市，那么当代北京在迅速膨胀发展的过程中，城市文化的分层、断裂，异质文化之间的冲突十分明显。和上海文化雅俗共赏的格调相比，北京文化可以说是大雅大俗的。北京的姑娘，同样很难一以概之，而是层次悬殊、反差强烈。

北京无疑集中和造就着中国最为出类拔萃的女性。这里有真正端庄高贵的大家闺秀和才华横溢的知识女性（她们过去最典型的社会形象是教授夫人）。这里有最优秀的女演员和女模特——例如巩俐、彭莉和石凯，她们代表了中国姑娘的大家气派和中华民族的女性美——那是倾城秀色与高贵气质的恰当结合，因为时髦和风流到处都有。这里有最多优秀的职业妇女，在外商的驻京机构中，至少有上百名中国女性担任着高级职位，她们的业务能力受到外商的高度评价。

这是和北京作为文化古都和文化中心的陶冶，和北京女性的知识化程度较高分不开的。1986 年，一位北方作家称，"北京街头上女性的气质普遍好于男性。女性端庄高洁，而男性的形象和气质并不算佳，不怪有些女孩子反映配偶难寻"。这固然只是一家之言，但北京的姑娘越来越漂亮了，似乎并不仅仅是一种感觉——不仅仅是因为服装和美容的进步。它反映的是中心城市吸纳人才的功能和移民化程度造成的遗传上的进步。当今活跃于文艺圈的女明星大多只是近年进京的新移民（巩俐、刘晓庆、李玲玉、凯丽、许晴、陈小艺、杨丽萍、毛阿敏、马晓晴等等），而另一部分则是建国后进京的新北京人的后代、"第二代移民"（马羚、彭莉、田震、杭天琪、胡月等等）。我们尤其注意到近年来"北地胭脂"走红，大有超过"南方佳丽"之势，例如巩俐、李媛媛都是济南人，宋佳是青岛人，甚至林青霞也是山东人。南方籍演员的分布，似以川地较多，如刘晓庆、许晴、陈小艺。真正的江南女儿，只有陶慧敏、朱碧云等少数几人。而"正宗的"上海姑娘，如陈冲、张瑜、殷亭如、龚雪，多已远隔大海重洋了。

北京的姑娘，无疑更多北方的豪气。矫揉造作，忸怩作态，在这里是吃不开的，它首先会受到女性的声讨。在男女之间的交往中，她们更大方自然，内心更为松弛，没有上海姑娘对性魅力的着意展示或掩藏，不是时刻警惕和注意男性的目光，据此调整自己的言行举止。在郊外的山林，我们经常可以看到结伴远游的青年男女，这是北京生活方式中最有价值、最有吸引力的内容之一。从中学时代起，她们就进入这种基本是朋友间的、集体的男女交往，在野外借宿娱乐，举行不分你我的共产主义式的野餐。兴之所至，唱歌跳舞，北京姑娘很少有忸怩害羞、不肯出演的，否则她不但不会惹人怜爱，反而会"激起公愤"。

因而，北京姑娘比较典型的，是那种性情开朗、自然大方、大大咧咧、敢说敢做、敢恨敢爱的性格，遇事不往心里去，拿得起放得下，她们自称"没心没肺"。那种多愁善感、伤春悲月、一波三折的"林妹妹"是不多见的。例如刘慧芳的扮演者凯丽，因性情豪爽，爱说爱笑，又爱打抱不平，而有"大侠"的绰号。

与上海姑娘相比，她们显然少有经济头脑和利益算计的概念，朋友之间是不能"斤斤计较"和"明算账"的，那是一种"抠门"的行为。虽然西俗渐至，但在男女交往中，她们并不坚持"男士付钱"的原则，她们更崇尚"男女平等"。女士为男士破费是常事，这是一种以感情为基础的不求回报的付出。在上海，她会被称为是"倒贴户头"。在上海，即便是女士"买单"，她也要将钱交由男士去操作，以顾全男士的面子。

同样显而易见，北京姑娘更重感情和道义，更多节高义重、"肝胆相照"的友谊和爱情。她们往往将自己亲密的女友也称为"哥们儿"和"铁哥们儿"。当上海姑娘很实惠地找一个可以结婚的丈夫时，她们仍执着地"寻找男子汉"。并非以利益为基础，而是以感情为前提的条件悬殊的婚姻或一见钟情的浪漫爱情仍在不断地上演，虽然并非都能修成正果。一位姑娘在面临舆论、家庭的压力时曾说："在我们这个社会，一个人可以自主的事很少，只有婚姻是可以自己选择的。"一位有两地经历的上海男性评价，北京姑娘无疑更热情、主动，更有献身精神和更敢于承担责任。情至深处，她们往往说"我爱你"之类的热烈誓言，而上海小姐则是不胜娇羞的嗔怪："侬牢结棍格。"（译为琼瑶体：你好厉害好厉害啊！）

婚姻和家庭

对婚姻、家庭和男性的态度，鲜明地体现了两地女性和两地文化的差异。

当我们说上海姑娘更为女性化时，是指在大致相同的革命化、政治化的社会环境中，上海城市的女性风范仍是市民文化的一个组成部分，并未明显地中断，而得以传递保持下来。

如前所述，在世俗化、生活化的私人生活空间的小环境中，女性的发展从未迷失于空洞高远的政治宣传，市民家庭女性的家教从未停止。上海女孩从少女时代起，就得到来自母亲和外婆的"女性养成"教育，诸如洗衣、做饭、编织之类的家务训练，坐吃有相的女性举止仪容，保持个人清洁卫生的良好习惯，与男孩子交往的界限和分寸，以及女性审美经验；例如哪一种图案好看，哪一种颜色搭配太"乡气"，等等。

女性教化不仅来自家庭，也来自社会化的途径，例如"逛马路"。

"逛马路"是上海人的生活方式之一，比起老北京人的"遛弯"，具有更丰富的社会文化功能。遛弯只是晨昏的悠闲散步，而且往往选择避人的僻静之处。"逛马路"却是在人与人、人与商品、人与街道和城市的频密接触中，认识自己，调整和修正自己，从而形成城市的共同文化，完成个人的"社会化"过程。人们常说这种"人看人"的活动中，男人的目光总是对着漂亮的女人（因而有"回头率"之说），而女人在接收男性的目光之时（她据此评价自己的魅力），自己的目光同样朝向漂亮的女人，在比较中寻找差距，确定自己的风格和品位。

"逛马路"同时是一种社交方式。在上海人约定俗成的观念中，青年男女单独上街购物而没有异性同伴，是有失体面的。而同性结伴的逛街则少了许多生动的趣味和情调。当她们挽着一个男性在马路上徜徉，是一种展示女性和享受女性的娱乐——"南京路上的风都是香的"！我们时常可以见到街头母亲和小女儿相挽，以及女友之间相挽，这几乎是男女相挽的实习阶段：左右手臂相挽，称之为"小腰花"；左右手分别挽对方腰，称之为"大腰花"。

在北京，男女在街上"授受不亲"的传统一直延续到1980年代，在近年生活方式"现代化"的发展中，则立即发展为不分场合的、令人难堪的、有欠文明的亲昵行为。它体现了当代北京生活和文化阶层跃式发展的特点：从一个较低的状态突然进入"现代"状态，没有中间过程，而这必然意味着某种不健康的因素。

上海女性的另一个社会化渠道是小姐妹、师姐师妹等女性群体，它大致以同辈人为主，也包括长辈女性。几乎每个上海姑娘背后都有一个叽叽喳喳的咨询团。她们频繁密切地交换商品信息、家庭菜肴、毛衣编织法等等实用技艺，品评各人的男朋友及其表现；在婚后，则是交流切磋治家教夫和对付婆婆的技艺。

因而，当上海姑娘成年后，大多具有成熟的心理准备，以及相应的物质准备和实际生活能力，以一种积极主动的、建设性的姿态进入家庭。她们在内心从不拒绝当妻子和母亲，相反，甚至是期待已久了。事实上，她们很多人从刚参加工作、当学徒工起，就开始节衣缩食地储蓄和准备嫁妆。这种世代传递的女性生活状态在 1980 年代结婚费用剧增之后，已经失去了存在的价值，但心理层面的这种文化遗留则依然存在。

如前所述，上海的婚姻，是建立在严格的利益估算之上的。双方对彼此的家庭收入、住房、亲属状况、老人赡养、有无乡下抚养人口等等一清二楚。经验之谈是："你在打算与他结婚之前，应当把以后生活中可能遇到的所有问题都谈开。"这种恋爱可能不够浪漫，却相当理性，使家庭建立在一个较为稳固的基础上。当你进入一个新的家庭时，意味着你已经过慎重的考虑，接受了他好的和不利的所有方面，不至于因情况不明，出现自己难以接受的因素而损害家庭。

北京姑娘则不然，她们在恋爱中往往并不探问对方的经济实力、家庭存款、社会背景等等，认为这多少会玷污她们纯洁的动机。她们往往骄傲地宣称：我爱的只是这个人！

对实际利益的关注较少，也表现为实际生活能力较弱。北京的女孩子们不仅反感"事儿妈"（婆婆妈妈的人），而且相当一致地厌弃当"家妇"（家庭主妇）。她们不会、往往也不屑于学习编织、缝纫、裁剪、烹饪之类的女工。一位来自哈尔滨的姑娘戏称自己"心灵手不巧"。在更为年轻的上海姑娘中，不擅家务的人也越来越多，但至少她们在内心不反对具有这种能力，或者说，她们会羡慕那些心灵手巧的姐妹，而不会像北京姑娘那样，以不会为荣。这种涉世未深的情绪化态度，反映了一种真实的价值倾向——北京女性对自由、自主、自立的要求更多更高。不能不说，这是与政治中心的文化教育和政治宣传直接有关的。当她们成年后进入家庭，不能不承当主妇角色时，内心的抗拒仍然是真实的。这必会对家庭生活和婚姻质量带来微妙的影响。

一个有趣的现象是，虽然就社会现代化的实际状况而言，上海妇女参与社会、进入职业生活、争取自身权益的历史最久，妇女解放的"深度"

可能超过北京，但在妇女的社会角色与家庭角色的冲突上，北京却显然甚于上海。

表明这种社会状况的一个旁例是，与上海参加社会服务的退休人员主要是男性不同，在北京少见上海街头、商店维持秩序的老工人，而老太太们却被最大限度地动员和组织起来，成为社区治安防卫的主力。她们被戏称为"小脚侦缉队"。老头们却悠哉悠哉地提笼架鸟唱京戏。

就感觉而言——可惜没有可资比较的翔实统计——北京的知识阶层和职业妇女中，吸烟的和离婚的比上海更多。据统计，北京市的离婚率 1979 年为 2.1％；1991 年，已达 12.4％，年递增 10％。[1]

季红真评论新时期女作家的创作倾向时，注意到北京女作家的女权主义倾向，以及她们女性自我意识的特性。张洁、张抗抗、张辛欣、刘索拉、遇罗锦等等，在她们的作品中强烈表现着女人的个性、现代女性的生存窘境，以及她们对与之竞争角逐的男性的拒绝、憎恶。她们笔下如果不是古典浪漫主义的刻骨铭心的爱，便是对男性丑恶的犀利揭露和鞭挞。这正可与她们个人婚姻的坎坷离析相对照。季红真认为，她们作品中反映出的女性意识、心理其实是一种女儿性，无论是天真浪漫的爱情幻想，还是不被相知相爱的幽怨。她们普遍对妻性持一种拒绝的态度。在现实的家庭和婚姻中，她们是男性的竞争者，而又倍觉被放逐（"解放"的另一重含义）的孤独。只有谌容的作品（如《人到中年》）表现了自然博大、和平悲悯的母性。[2]

比较而言，上海女作家不但大都有一个和睦稳定的家庭，而且对男性的态度也平和得多。王安忆在一篇散文中的自述，颇具代表性。她对"北方朋友"大骂上海提篮买菜讨价还价的"小男人"大不以为然：

① 陈一筠文，见《桥》，1993 年第 2、3 期。

② 季红真：《苏醒的夏娃》，《二十一世纪》，1990 年第 2 期。

以往，我是很崇拜高仓健这样的男性的，高大、坚毅、从来不笑，似乎承担着一世界的苦难与责任。可是渐渐的，我对男性的理想越来越平凡了，我希望他能够体谅女人，为女人负担哪怕是洗一只碗的渺小的劳动。须男人到虎穴龙潭抢救女人的机会似乎很少，生活越来越被渺小的琐事充满。……男人的责任如将只扮演成一个雄壮的男子汉，让负重的女人欣赏爱戴，那么，男人则是正式的堕落了。所以，我对男性影星的迷恋，渐渐地从高仓健身上转移到美国的达斯廷·霍夫曼身上。①

有必要重视上海女性对男性人格塑造的特殊作用。虽然一般而言，男性人格总是体现着女性的理想，反之亦然。上海女性不仅将对男性的要求实用化（其格言是"有了好爹娘只能幸福半世，嫁个好丈夫可幸福一生"），而且还用女性的审美标准去改造他。上海的青年男装，从两用衫到毛衣图案的设计，过多的"小零碎"和小巧的出新，令人不难感受设计者的女性目光——她们总是企图按"小家碧玉"的审美理想，把男性打扮成"漂亮的大男孩"，正像裁剪书上的男性形象那样。街头橱窗里展示上海生活方式的甜腻媚俗的照片，也是一种教化和示范，如照片上那样光洁温柔、香喷喷的男性，同样体现着女性的理想。

正如上海姑娘有一套共同的文化规范和审美经验一样，上海妻子也有一套大致可识的治家模式，它的产出之一便是著名的"海派丈夫"。

当上海姑娘成为妻子后，立即进入以家为生活中心和自我实现的状态，持家、顾家、治家，以家的兴旺、丈夫和子女有出息而自豪，并不断与同事、女友攀比，务必事事不落人后，要过得让别人羡慕。

在具体的家庭行为中，她们同样是冷静而清醒的，她们已经从众多"老

---

① 张洁编：《总是难忘：当代女作家散文选》，人民日报出版社1990年版，第12页。

阿姐""老阿姨"的经验之谈中明确了自己的选择。她们要确立自己在家中的主宰地位,乘丈夫尚陶醉在新婚之喜的时候奠定家庭格局。她们的"共同纲领"就是实行严格的"计划经济",大权独揽,将丈夫管得服服帖帖,不能宠坏他,一开始就要明确分工,让他承担家务,不会的话则要学;此外,则是对付婆婆,在利益问题上尽可能地"胳膊肘往里拐",对自己的娘家多加关照。

然而,上海丈夫并非苦不堪言,他们失去的主要是精神层面的东西,例如交往的自由、一定的经济支配权、个性爱好和自尊心等等;但他们的丧失是得到补偿的,这就是妻子在生活上对他们的关怀照料。在很多家庭之中,丈夫实际是被妻子的怀柔政策所"赎买"和软化的。在上海女性为丈夫精心构造的"鸟笼家庭"中,男性在心理上和道义上心甘情愿地放弃了主宰的愿望,享受这种"甜蜜的痛苦"。

关于上海"妻管严"的情况,调查和统计相差甚远。1986年《中国新闻》报道,上海的一项调查表明,90%的家庭由妻子掌握日常经济支配权;80%的家庭中,烧饭、洗衣等家务均由男子包揽。[1]1985年对上海100个家庭的调查,男当家占40%。[2]1987年的调查,上海40%的家庭由丈夫买菜和照料孩子,收拾内务的男性占33%;对"男性做家务活的能力"评价,主妇们认为很能干的占15%,比较能干的占30%,不能干的只占7%。[3]1991年,当"海派丈夫"闹得沸沸扬扬之后,上海市妇联等组织的调查,认为丈夫为主或较多承担家务的只占11.1%(妻子为主的占58.8%);丈夫支配经济权的占9%(妻子支配的占27.1%)。[4]另据一位作者的调查,目前上海的三口之家中,丈夫承担全部家务的约占36%,丈夫承担大部分家务的

---

① 《中国新闻》,1986年6月25日。

② 《解放日报》周末版,1985年9月7日。

③ 《报刊文摘》,1987年12月22日。

④ 《中日妇女报》,1991年10月11日。

约占 29%，丈夫与妻子各承担一半的约占 24%。①

人们凭感觉就能知道：户口本上户主是男方的越来越少，家长会上家长是父亲的越来越多，小菜场上须眉男子的比例已开始超过女性。有位女性直截了当地说，让丈夫在家多做点活是假，让丈夫看到其威慑力才是真。

男性的感觉自然很不一样。他们感慨"上海的男人，尤其是丈夫，在女人，尤其是妻子面前，已经开始软弱到令人难以置信的地步"。他们感慨当女人们说到自己是怎么管教丈夫时，常常会露出"沾沾自喜、得意忘形的神情"，却不知"自己的得意的背后正在毁掉一个又一个男人的自尊心"。

女性治家的兴趣和在家庭领域的扩张性，恐怕是一种与生俱来的倾向，女性在家庭这一传统领地，具有胜于男性的天然优势。我有时感到，男性在家庭中地位的退缩，并非由于女性的侵占，而是由于他们在家庭之外的事业天地和创造性空间的丧失。男子汉、大丈夫从来不是在家庭中成就的。当男性不得不退居到女性的这一传统领地时，在实力悬殊的较量中，难免不"束手就擒"了。

这里所说的上海妻子的治家模式，不是通常所谓夫妻共同承担家务的问题。随着双职工家庭和核心家庭的增多，以及社会文明和进步，男女共同分担家务在全国城乡（不论南北）都已成为普遍的现实。1990 年，全国性的"家庭与性文明"大型社会调查结果表明，夫妻共同承担家务的家庭，城市和乡村的比例分别是 53.9% 和 66.1%②。

上海妻子对丈夫过分强烈的主宰欲，作为一种独特的社会文化现象，也许是上海文化和城市人格畸变的后果，并又成为加速这一过程的原因，具有值得认识的价值。

在北京，我们看到的是在文化层次较低的家庭，"大老爷们"的"夫权"照旧，他们如果也干一些家务的话，主要是搬运重物、换煤气罐之类的体

①　王霞主编：《海派丈夫面面观》，上海社会科学出版社 1991 年版，第 72 页。

②　同上，第 89 页。

力活，而绝不做洗衣做饭之类的女人的家务。而在知识分子阶层，夫妻共担家务已成为主要类型。与上海妻子相比，北京妻子对丈夫没有那么严格的标准和要求，似乎也没有着意去切磋磨炼治理丈夫和婆婆的技艺。另有一些家庭，从表面上看，则似乎是谁更能"凑合"和"不吝"的比赛。

女性的强化

谈及女性的发展，便不能不触及"女性强化""阴盛阳衰"之类敏感的话题。

在中国新的社会制度建立 40 多年之后，今天每个人都能感到妇女在社会上和家庭中地位的提高，精神面貌的巨大变化。事实上，中国妇女的就业水平远远超过了欧美发达国家。上海女性占就业人口的比例，由 1949 年的 17.8% 上升为 1990 年的 45.6%，女干部在干部总数中所占比例则从 4.8% 上升为 37.3%。[①]1992 年，北京市共有 173 万女职工，占职工总数的 38%；共有 33 万女干部，占干部总数的 43.6%。[②]

同时，我们也能感到，在社会生活和家庭生活领域，那种属于女性的优雅、委婉、含蓄、温柔、细腻，甚至清洁也在迅速地流失，被更为年轻的一代视为陈旧的传统。大大咧咧、风风火火、毛毛糙糙、丢三落四的"假小子"忽然多了起来。除了自己的脸面，她们的工作和生活往往凌乱不堪，就像她们的抽屉，总是"关上了拉不开，拉开了关不上"。自然，我们早已见惯那种奔逐打闹、恶语伤人的职业妇女，以及吞云吐雾、满嘴脏话的小姐了。

正是在北京，与妇女解放同步的女性强化格外显著。1970 年代末，曾有"北京三大怪"的民谣，其一是"女的比男的坏"（其余的有"豆腐比肉

---

① 《文汇报》，1992 年 1 月 19 日。
② 《北京青年报》，1992 年 3 月 3 日。

卖得快"等）。无独有偶，前两年在秦皇岛听到的"三大怪"，也有一句是"姑娘比小子坏"（另二是"阴天下雨赶礼拜，家家都把楼房盖"）。我想，此处之"坏"，主要是指脾性之生硬厉害，而且主要是从公共服务系统得到的印象。这与前述北京姑娘文化程度较好、教养较好的评价似乎矛盾，其实，这正体现了北京文化大雅大俗、反差强烈的断裂和分层——她们分布和活动于两个不同的社会阶层和领域。

在与男性并驾齐驱的职业生活和事业竞争中，不可避免地造成了女性性格、个性、行为举止的变化。这种独立、坚强的个性，果敢的决断能力和组织管理的强硬作风，都被视为男性化的表现。女强人成为一种类型。竞争从工作场所进入家庭。一方面，女强人无不面临家庭生活和事业的尖锐冲突。她们的两难选择是：在家庭和事业中两者择一，或者一无所有。与此同时，沉重的生活压力和工作压力则将更多的职业女性磨炼为强悍粗糙的强女人。妇女解放论者和女性自身都发现了自己所处的窘境：难道让女性在承担家务负担之外，再工作八个小时，果然是我们所追求的"解放"吗？

我们同样明确感到的是，在我们身边的儿童中，男孩子普遍的温顺畏缩和女孩子普遍的泼辣奔放。而我们的学校教育和考试制度，则毫不留情地淘汰那些玩心未泯的男童，使重点初中几乎成为女孩子的一统天下。最新的消息之一，是上海小学中的男生，玩起了跳皮筋之类的女孩游戏。

当女英雄的形象陈旧之后，充斥银幕的是太多的歌女、舞女、吧女，或者女侠、女谍、女贼，以至于当《渴望》中贤惠、温柔、善良、忍让的中国女性——刘慧芳出现时，引起了全中国出乎意料的轰动。这至少透露了中国社会一种共同的饥渴：刘慧芳给他们带来沙漠绿洲般的新感受。

更早之前，1988 年，美籍华人赵浩生关于"中国无女人"的访华观感，也引起过一场不大不小的震动。他的原话是这样的：

回来看到一些女孩子，不是张牙舞爪，就是诡计多端，从神态到举止不像女人。中国最大的悲哀，就是没有女人了……这是我最最强烈的印象。

我发现国内青年女性好像认为越泼辣越好，有的粗野蛮横，真是误解了女性的力量。还有的一过中年，好像"老娘就这样了"！什么都不讲究。

现在中国女性，不如我年轻时看到的感情深沉……很多女人可能很性感，那是指肉体，不是女人味。①

但是，赵浩生对中国女性的批评，由于他的插科打诨而被轻视或误解。他说："向往闺房之中梳着又黑又粗的大辫子，羞羞答答坐在床沿的中国女性。"他被简单化地视为"封建残余"而批评声讨。

然而，这种批评并不是孤立的。一位在北京学习的美国学生直言："有些中国女孩对美国女性有误解，以为她们开放到随时可以与任何一个男人上床，于是便追随所谓西方思潮，做出很让人吃惊的举动。不知别人怎么样，我会对她说'再见'。"②

1980年代关于女性美的争论，最早是在1980年。当时，北京大学中文系的女生张曼菱提出世界性的"雄性雌化、雌性雄化"现象以及建设中国女性的"东方美"的命题。她认为，没有健全的女性就没有健全的男性，也就没有健全的人性。她所主张的"东方美"，并不意味着恢复"三从四德"之类的"东方丑"，而是诸如"热情、勇敢而又含蓄、温柔""家庭责任与社会贡献并重""既是社会的可贵人才，又是美好的妻子、母亲、女儿和姐妹"；"现代的东方美，应该有丰富的社会性，还要有丰富的同情心和健康的牺牲

---

① 《中国青年报》，1988年10月30日。
② 《北京青年报》，1992年1月4日。

精神"。张曼菱不仅论及了封建传统对女性的压抑，同时敏锐地认识到当代扭曲的社会政治生活对人性的摧残，"今天的女性不幸带上了粗野的烙印"。

有必要回顾中国女性社会形象的塑造和演变。

正如许多研究者指出的，与欧美从 19 世纪中叶开始进行至今的争取妇女权益、提高自身素质的女权运动不同，中国的妇女解放是社会政治革命的直接后果。它造成中国妇女在自身素质、自我意识和社会化程度较低的情况下广泛参与社会生活。

在夫权和男权中心的社会，政治军事革命总是直接指向妇女的解放，将她们动员作革命的军事力量和经济力量。太平天国运动就是近代中国实现"男女平等"理想的一次大规模的社会实践：家庭被解散，组成单一性别的"男营""女营"作为新的生活共同体；实行严格的禁欲主义，禁止男女之情和夫妇同居。

新中国女性形象的塑造，主要是体制文化的产物。新女性的形象最早源自革命战争时期，是以刘胡兰等为楷模的与男性一样坚强勇敢、视死如归的英雄人物。尔后，她们向所有的男性职业挑战，女拖拉机手、女司机、女飞行员、女子高空带电作业……女性作为生产力的开发和对女性生理极限的超越，的确到了也许是世界领先的程度，它被视为妇女解放的新成就和新坐标。她们的人格化形象是"铁姑娘"。

在相当长的时间内，"时代不同了，男女都一样"成为妇女工作的不二法门。女性作为社会人被赋予与男性的平等权利时，女性的特点似乎真的不存在了。社会角色和性别角色的混淆，使我们取消了几乎一切对于女性的独特的教育。在新的社会文化规范中，是没有关于女性的一席之地的，只有阶级性、党性、社会性、人民性等等。女性实际上只能靠社会文化的主流性格（它事实上是以男性为特征的）来塑造自己。而在"革命文化"的价值系统中，女性化的特征，几乎总是与小资产阶级、非无产阶级感情相连的，例如爱干净、爱美。1970 年代的知青农场中，便有女知青挂窗帘而被批为"小资产阶级感情"的实例。

女性革命化的趋势是越来越非女性化。1970 年代，一位军队画家创作的油画《我是海燕》广为流传：画面上是一个攀缘在电线杆上的部队女战士在疾风暴雨中持话筒呼叫。中国女性的象征，由传统文化中闭月羞花的"惊鸿"变为风雨中翱翔的海燕——这是一种深入人心的、女性乐于接受的形象。它反映了"女性美"的标准的改变。替代柔弱的、沉静的、含蓄的、委婉的品质的，是矫健、刚强、热烈、开朗等等。

1980 年代之后，以中国女排为代表，中国女子体育的崛起，成为社会生活中"阴盛阳衰"的先声。继女排之后，女子足球、女子摔跤、女子举重、女子柔道、女子竞走、女子长跑等等都有后来居上、称"雄"世界之势，它成为中国人和国际体育界费解的谜。我认为，中国女子体育的胜利，在某种程度上是两种女性文化传统的产物。一是 40 年来的妇女解放，中国女性在体力、劳动、职业、生活等方面的自由发展、限制之少（包括很多妇女保护性质的限制）是许多国家不具的；中国在拓展以体力竞争为主、有违传统女性审美习惯的女性体育项目方面从来是一帆风顺的。二是沉积在女性文化心理层面的历史文化大传统仍在发挥作用，这就是女运动员比较听话、服管、遵守纪律、训练刻苦、自觉等等。这两种传统从外部和内部为女子体育的崛起提供了文化支持。

1986 年，《北京日报》发表了一首赞誉中国女排的创作歌曲《中国妇女的表率》，歌虽未流行，词却有特色，有几句是："鲲鹏哪有你威武，雄鹰哪有你气派"，"雄狮哪有你勇猛，骏马哪有你风采"。[1] 海燕似乎已不足喻中国女性的英姿了，她们的象征直接借用了雄鹰和雄狮！

在日常生活领域，女性整体化地强化似乎在 1960 年代中期发生，而在 1990 年代"大见成效"。我们注意到在中国女性不断强化的轨迹上，有一个

---

[1]《北京日报》，1986 年 3 月 11 日。

不可忽视的坐标点：女红卫兵。我们又一次看到北京人和北京文化对当代中国社会文化生活变迁的重要作用。

1966年夏天，当剪着短发（有的甚至剃成男式的小平头）、穿军装、挥舞着武装带，一口一个"他妈的"的北京女红卫兵走向全国时，也许的确是扭转女性发展方向的一个转折。女性的革命化形象由女英雄、女模范、假小子、铁姑娘——她们仅只显示职业、能力、体力、性格的男性化——被进一步夸张为粗暴和粗野。它为步步退守的女性美的堤坝打开了一个通向粗野的缺口。

主要发生在干部子女身上的这一变异，提示了女性异化的另一个途径：家庭教化功能的衰弱和丧失。

在社会出现提供女性教育（如女子学校）的正规机构之前和之后，家庭都是女性风范养成的最重要的场所。女性教化在很大程度上是通过家庭女性成员之间（例如外婆、祖母、母亲与女儿）的私相授受、耳濡目染、潜移默化养成的。当社会不再提供这种女性教育之后，家庭便成为唯一的场所，家教的差异造成了女性的高下之分、文野之别。

如前所述，对于北京大院里的孩子们——后来的红卫兵而言，社会教育和学校教育一无女性的成分，家庭教育的功能则极大地削弱了，家长无暇顾及女儿生长的细枝末节。在很多家庭中，主要应由外婆和母亲进行的对女孩子的独特教育，基本是不存在的。而在大院男女孩子的集体游戏中，假小子和疯丫头受到鼓励，"娇小姐"则受到嘲笑和贬斥。因而，正如红卫兵小说中描写的那样，当性意识觉醒之后，男性往往首先在非同类的知识分子家庭的女性身上发现了女性美。

理想的女性

对于这样一个时代性的主题，要想在此作出回答，显然是不自量力的。我所能做的，只不过是为此提供一些素材和思考。

作为男性，我深信女子是爱情和家庭的主宰，深信这段名言：好女人是所学校。虽然，这样的女子也许正在逐渐稀少：

> 有人说过，一个好男人通过一个好女人走向世界。一个男人的一百个朋友，也不能代替一个好恋人，好妻子。好妻子是一种教育，是一所学校。可惜这条真理，常为人们忽视。
>
> 好妻子身上散发着一种清丽的春风化雨般的妙不可言的气息，她是好男人寻找自己，走向自己，然后豪迈地走向人生的百折不挠的力量。一位外国诗人写下过这样一首诗：
>
> 天下没有比对于一位姑娘的爱情更灵巧的教师，
>
> 不仅将男子心内卑污的一切抑制下去，
>
> 也教给他们高尚的理想，可爱的言词、礼貌、勇敢、追求真理的心，
>
> 和使人成为堂堂男子的一切。[①]

作为一名观察者和研究者，我则深信，女性的解放将把女性自我意识的健康发展作为主要任务，女性将首先作为人——而非劳力——来解放。这意味着女性的解放和女性的现代化，是使女性更为女性化，而不是相反，朝着抹杀和否定女性的方向。

在当代中国社会的变革之中，女性的危机，或曰女性的重建，主要有两重课题：一是女性形象的塑造。在传统和现代之间，在假小子、铁姑娘、女红卫兵和女强人之外，我们真的难以提供塑造当代中国新女性的共同美吗？二是女性的角色冲突，这是每一个职业女性都面临的一种现实的生存危机，它被归纳为"贤妻良母"角色的危机。

---

① D．加德纳文，《解放日报》，1987 年 6 月 27 日。

1990 年，中国科学院心理学研究所方俐洛、凌文辁夫妇进行了中国首次城市女性的特征研究，他们将中国城市女性的特征归为四类因素，提供了女性自我认识和自我完善的方向：

第一类是不良品质因素，包括：斤斤计较、爱虚荣、爱说别人闲话、爱唠叨、心胸狭窄、嫉妒心强、自私、追求金钱、依赖性强、自我中心、心口不一、爱哭、轻信、想主宰男人、厉害 15 项。这些负性品行给人留下深刻印象。

第二类是优良品质因素，包括：会体贴人、善良、贤惠、能吃苦、有同情心、有忍耐力、爱丈夫、有自我牺牲精神、孝敬父母公婆、乐于助人等12 项。这些品行构成"东方女性"的标志，成为大多数男性择偶时的实际选择。

第三类是社交性因素，包括爱社交、善社交、爱与异性交往、兴趣广泛等等。

第四类是敬业性品质，如关心国家大事、有进取精神、能胜任工作、责任心强、爱学习等等。

对男女各半、包括各种职业的被试者的测试结果表明，女性对自我优良品质和敬业精神的评价明显高于男性；青年人对女性的社交能力感受较深；而城市女性留给大学生的最深刻印象是她们负性的品行。①

1987 年，台湾《妇女杂志》举行了一次"现代中国女性形象"的座谈，提出了各自对于现代女性的理想——

林文义（散文家、漫画家）：

> 我心目中的台湾妇女，是母性而踏实的。她温柔典雅，独立明朗，勤勉端庄。

---

① 《中国新闻》，1990 年 7 月 9 日。

除了是男性的精神支柱，也是女性自我的主人。美好而不虚娇，有同情心，而不盲从附会。

薇薇夫人（《联合报》专栏作家）：

她是健康的、开朗的，有求知的理性，也有爱孩子、爱生活的感性。

她的美是发自内心的自新、自在，她仍然有中国传统女性的温婉，但更有现代人的明快。

罗兰（散文家、专栏作家）：

中国女性如果像某些现代美国女性就太野了。如果像传统日本女性，就太造作了。

现代中国女性的典型应该是传统中国气质的延伸：文质彬彬，内在坚强，外在柔和，言谈举止与穿戴，自然得体，给人有礼貌的美感。

培养此气质的途径是：多读新书，以了解今天世界的面貌；多读古书，以充实属于中国的内涵。

痖弦（《联合报》副刊主编）：

腹有诗书气自华，真正的现代中国女性，应该是自内至外，以气质决定形貌的。世界上最有效的化妆品，不是来自巴黎的名牌，而是来自文学艺术的熏陶。我心目中中国女性的形象应该是：看过名画的眼、嗅过书香的鼻和吟过唐诗的嘴。

刘秀嫚（花旗蛋糕副总经理）：

> 一位"现代"中国妇女应是乐观、进取、奋斗，接触面广，外表甜美，装扮整齐。她不但具有讨人喜欢的个性，也能将快乐散播给四周，让每个与她在一起的人，都能感受到她散发出的积极与欢愉。从另一角度来说，喜计较、刻薄、自视清高的妇女，或多愁善感、林黛玉型的妇女是不受欢迎、不合乎时代潮流的。

提出理想，相对而言是比较容易的，而且理想越完美，它的相似程度就越高。看来，中国人对现代女性的共同美是不乏理想、也不乏共识的。女性形象的塑造，是知易行难的问题。

1990 年，北京的《大学生》杂志举行"女大学生是否美妙"的讨论，持续一年，牵动全国千所高校。

女大学生清楚地认识到知识女性在女性现代化过程中的特殊作用。然而，引发这场讨论的却是对部分女大学生热衷于学习打毛衣、做饭等"俗务"，"过早家庭化"的批评，认为这是进取、奋斗精神的减退和对传统角色的认同。也许是物极必反，女大学生们普遍对以牺牲女性魅力、牺牲家庭和舒适为代价的"女强人"模式产生了抵触和反感，至多认为可敬而不可学，而对家庭生活予以极大的关注。显然，她们无意回归传统的"贤妻良母"标准，她们提出了"超贤妻良母"的理想。这仍然只是家庭与事业并重、两全其美的完美理想，但不能不说它体现了改革开放时代新一代知识女性对妇女解放的理性反省，其中具有值得认识的新的因素。

另外一方面，社会生活本身的变革，充实了关于女性发展的抽象理想。在大公司和企业，以公关小姐、办公室小姐为典型，兼具工作精神、职业能力和女性魅力的职业女性形象已经出现。女性按照自己的意愿选择生活方式——包括退回家庭之中做贤妻良母，在深圳、广州和天津的大邱庄，也已成为现实。在更大多数的情况下，解决双职工家庭的"家庭战争"、恢复男性和解放女性的途径竟是如此简单明了：请一个保姆。它所需要的不是理论和观点，而是经济实力。

知识和市场将继续深化我们对于女性的理想和理想的女性的追求。

第十章

三足鼎立：

1990 年代新格局

历史的发展经常会出现惊人的相似，以致这本谈上海和北京的城市文化的书，如果不引进一个新的坐标点——广东，就将是不全面和失真的，并使两地的文化发展失去了当代的参照。

　　在近一个半世纪以来的中国的现代化进程中，广州成为西方文明最先的登陆点，在那里划开了历史的分期。虽然它的经济重要性由于大上海的崛起而相对降低了，但直到20世纪初，广东一直是革命势力的源泉和中心。此后，一个漫长的时期，在北京、上海双峰雄峙的格局中，广东成为一个不甚重要的边远省份，广州则不引人注目地与西安、重庆、郑州、南宁等城市排列在一起，直到1980年代。

　　在1980年代广东创造的经济奇迹面前，大上海黯然失色了。1986年，广东省的外贸出口130余年来第一次超过上海，居全国第一。生机勃勃的南粤，与保守落后的广大的内地形成鲜明的对比。

　　南风劲吹。世纪末的中国，呈现出和世纪初十分相似的发展态势。广东文化作为当代中国最强势的地域文化，当之无愧地与北京、上海鼎足而立，打破了城市文化双峰对峙的陈旧格局。

　　随着1990年代初上海的浦东开发和中国全方位开放，一轮新的竞争开始了。上海，能够重演19世纪末后来居上、超越广东的历史吗？广东，这个经济大省，真的能成为文化大省，乃至成为整合、提炼民族的新文化的重地吗？在向现代化转型的文化重建中，北京和上海，还能像半个世纪之前那样，砥柱中流，并大放异彩吗？

一、广东文化：世纪末的新北伐

1980 年首先在广东实行的地方财政包干改革：在当年上交中央财政的基础上，每年递增 10%，其余归地方；同时建立深圳、珠海、汕头三个经济特区，几乎没有引起什么特别的轰动。选择这个南方贫困的农业省做试验的原因之一，是因为它在国民经济中所占的比重太小，失败了亦无关大局；然而，它却面对港澳经济繁荣的巨大压力。

1992 年，邓小平在他的视察南方讲话中不无感慨，认为当年未选择上海办特区是一大失误。其实，这只是当时的形势使然。

10 年之后，广东创造的经济奇迹引起了世界性的关注和尊敬。整个 1980 年代，广东成为中国经济充满活力的龙头，广东货咄咄逼人的攻势，被北京的经济学家戏称为 "经济北伐"。据各种报道，近 10 年来，珠江三角洲实际经济增长率年平均约为 15%，这是日本、韩国、中国台湾和其他亚洲 "虎" 在类似发展阶段所未达到的。

广东省人口占全国约 5.4%，面积不到 2%，国民生产总值却占全国的 8.5%。1990 年，广东的国民生产总值、国民收入、外贸出口和社会零售商品总额等各项指标均跃居全国首位；工业总产值则居第二位。1985 年，广东的外贸出口额为 30 亿美元，到 1990 年则上升为 105 亿美元，约占全国的 1/5，年增长率高达 29%，据美国方面估算，在美国对华贸易中出现的 100 亿美元逆差中，一半以上与广东的产品有关。1980 年，广东省上交中央财政 9.9 亿元；1990 年，广东省净上交国家财政已达 53.4 亿元——广东非常强调这是净上交数，不包括中央返还投资。

以广州为中心，向东、西、南三个方向扩展，珠江三角洲成为广东经济奇迹的"明星演员"，成为中国最繁华富裕的地区和城市化程度最高的地区。在这里，平均每 70 平方公里就有一座城市（包括建制镇），省辖市由改革前的 5 个增至 10 个，建制镇由原先的 32 个增至 434 个，崛起了深圳、珠海、东莞、中山、江门、佛山、顺德等一批经济发展水平高、城市公共设施比广州还要发达的中等城市，数以百计的工业小城市星罗棋布环绕四周，居住于城镇的非农业人口 667 万，约占总人口的 41%，形成我国目前最稠密、最繁荣的城市集群区。

作为中国经济改革"领先一步"的带头地区，广东的奇迹产生了强大的示范和推动效应。1979 年，中国建立深圳、珠海、汕头、厦门 4 个经济特区，其中 3 个在广东。目前，全国已建立了几十个特区、技术开发区；由广东开始，从东南沿海城市的对外开放，扩大成沿海、沿边、沿线的全方位开放，开放口岸从 1987 年的 51 个增至 1992 年的 150 个。1990 年，全国乡镇企业已发展为 1800 多万家，工业产值约 7000 亿元，占全国工业总产值的 30%、出口创汇的 25%，乡镇企业在国民经济发展中已形成"三分天下有其一"的格局。与此同时，随着市场化的进程，形成了多种经济并存的所有制结构。1990 年的全国工业总产值中，国营占 54.5%，集体占 35.7%，个体、私营和三资企业占 9.8%；全国社会商品零售总额中，国营占 39.5%，集体占 31.7%，合营、个体、私营占 28.8%。①

由广东领先的中国经济的高速发展，使人们充满乐观情绪。

广东和香港经济正在日益深刻地融为一片。事实上，1980 年代广东的开放不仅受惠于香港，而且给香港经济极大的帮助。据傅高义教授称，1980 年代初，由于香港生活和工资标准大幅度上升，许多中小企业处于倒闭的危机之中，适逢广东开放，形成两地生产力要素富有活力的结合，为 1980 年代中后期广东经济起飞奠定了基础。②

---

① 香港《快报》，1992 年 1 月 1 日。

② 《二十一世纪》，总第 6 期。

两地经济的进一步整合、协调、互融，使 1997 年香港回归后，这一地区有可能成为最具活力的地区，有人称它将成为"中国的加利福尼亚"。人们的想象力不止于此。"两岸三边互动"的构想，以及"大中华经济圈"——它被视为随着欧洲一体化和北美自由贸易区之后，亚太地区经济的可能组合之一的呼声也日益高涨。更为浪漫的是关于 21 世纪将是"太平洋时代""中国的世纪"的溢美，一些人从中看到了东方文明和新儒学复兴的前景。人们陶醉于关于广东的经济奇迹之中。

伴随着邓丽君的甜蜜歌声，由广东输入的走私品和洋装洋货长驱直入，"猛袭神州"，是 1980 年代初广东的"第一冲击波"。随着广东经济的发展，数年之后，精美、新潮的广东消费品以其凌厉的攻势大举占领内陆市场的"第二冲击波"，才使人们对广东刮目相看。广东文化的"入侵"便同时开始了。

当先生、小姐的称谓取代了同志、师傅之时，显然不仅意味着来自南方的时髦，而且意味着一种全新的生活方式。

标榜着"正宗粤菜""生猛海鲜""广东名厨主理"的粤菜馆如雨后春笋；饭桌上，人们不太熟练地叩指为谢；饭店改为酒楼，理发店变成发廊；电线杆上张贴着"速成粤语培训班"的广告；卡拉 OK，新潮青年以演唱粤语歌曲为炫耀；夜市上，北京饭店的服务员夸张地嚷"瞎搞，瞎搞（虾饺）"；晚会上，披挂得像圣诞树那样闪闪发光的女演员咬着舌头说"赛赛"（谢谢）；从儿童到家长，都不时发出从电视中学会的那一声港式欢呼"哗！"……

显然，广东文明并不仅仅意味着粤式的酒楼、潮汕菜肴的一时振兴，喝早茶和夜生活，等等；都市的家庭革命：高级装修、厨房革命、厕所革命、更为合理的大厅小室的住宅结构等等，也是从广东发源的；健美比赛、模特表演、选美和跑马、炒更热和跳槽热、股票热和房地产热等等，莫不是从广东走向全国。市场经济造成的经济民主渗透到社会生活中，造成了一场名副其实的"观念革命"。由先赋的政治经济地位造成的身份差别逐渐淡漠了，钱成为畅通无阻的通行证。高干子弟不再是令人羡慕的身份；装配线上的工人只对前来视察的首长投去一个匆忙的、肤浅的微笑，又埋首工作。商品经济造成了社会生活和个人生活的自由开放；便利的城市公共服务和民生系统，大宾馆对市民的开放，高度的社会流动性等等，减少了传统生活造成的人身依附和依赖心理，一种更为自主和平等的人格，更为自由开放的风气，也成为"挡不住的诱惑"向内地渗透弥散。

在计划经济体制下早已萎缩、曾经为海派文化支柱的工商业文化重新复苏，成为广东文化强劲的主流。遍布中国各地城镇的广东老板和推销员，将重商务实的理性精神，市场导向的商品经济观念，自主经营、创新求变、敢为天下先的企业家精神，以及敬业精神、职业道德和企业文化的概念等等带到了内地。"广东经验"后来被表达为：用足、用够、用好文件上规定的政策；文件没有规定不可以做的，就是可以做。

进取的、雄劲的广东文化与退守的、委顿的上海文化形成鲜明的对比。一些新民谣道出了两地文化的逆转和群体人格的差异。其一是："要看中国的两千年，请到西安；要看中国的五百年，请到北京；要看中国的一百年，请到上海；要看中国的近十年，请到广东。"显然，这是自信的广东人创造的，从而别有用心地将北京和上海逼退到过去时的历史范畴。另一个很流行的说法是"吃在广州、穿在上海、说在北京"，其 1990 年代初的"新版本"是"没有广州人不敢赚的钱，没有上海人不敢出的国，没有北京人不敢说的话"。对广州人的褒奖，从美食扩大为商业能力；对上海人的评价转换了一个角度，因为"穿在上海"早已不是生活的现实，上海的服装时尚和潮流也基本是广东和香港导向；"说在北京"的评价似乎未变，但据 1987 年率先进入大陆采访的台湾《自立晚报》记者报道：他们的印象是广州人比北京人更敢讲话。显然，这并不意味着广东人更为关心政治；恰恰相反，也许正是由于政治与社会生活的疏离，才使得广州人在偶尔被问及政治时，更为坦率或不设防。

深圳成为类似旧日上海那样充满诱惑魅力和神奇传说的"魔都"，近十年来，深圳的生产总值年均增长率竟高达39.7%，人均国民生产总值约5000美元，与韩国相当。[①]那里日新月异、遍地黄金；那里集中了中国最先进的科技、最高昂的消费和最现代的享受；那里还集中了中国最漂亮、文化程度最高的妓女，以及在恶劣的条件下超时劳动的打工仔、打工女，后者1990年达100万左右，那些地方被称为"中国的野麦岭"，在他们中间，流传着类似当年"知青之歌"那样忧伤的思乡歌曲。

1990年深圳的模特儿选美大赛，获奖的前三名均非广东人，而来自西安、北京。深圳人并无愧色，而为他们的观点又做了一次广告：我们能够把最漂亮的姑娘吸引到我们这里来！

吸引的"淘金者"和冒险家中，上海人和北京人占有较大的比例。据上海26所高校的统计，近十年中流失教师近3000名，相当于教师总数的十分之一；1991年流入广东的1万多名高级工程师中，上海人约占1500人。

文化凭借经济实力而播扬的例子极多，大的如西方文明的扩张，小的如当年徽剧的传播、日本的柔道等体育项目之走向世界。广东既成为中国的首富之区，仅限于岭南一隅的广东文化也一跃而变为中国最强势的地域文化。一个小小的例子是，数年前，许多人尚不知"圳"字的正确读音而误为"川"，现在则已成为家喻户晓的常见字。然而，流传多年的老字号"涪陵榨菜"的"涪"（音浮）仍经常地被念成"培"。

现代语言的更新变化正是社会文化变迁的征兆之一。

正像加仑、沙发、华尔兹、白脱等译音词是一个世纪前按当时强势文

---

① 《参考消息》，1992年11月27日。

化的方言吴语方言译音，由上海传出的；当代新的流行译名则是按粤音，由香港、广东传入的。如镭射、T 恤、菲林、的士、迷你、健牌、派对、唱牒等等。尽管许多词汇大陆早已有更多确切、规范的译名，如镭射为激光、菲林为胶卷、健牌为肯特牌等，有关部门并一再呼吁，但广东译音词终于还是挟商品经济之势不可阻挡地走向全国。甚至一些原属方言俚语，如称冰箱为雪柜、付账为买单、乘出租车为打的、客满为爆棚等等，也被内地竞相引进，以为时髦。北京的一家宾馆，人们面对厕所"男界""女界"的标志面面相觑，不敢擅入。

随着与港台的学术文化交流增多，大陆知识界的学术词汇也被大量更新。如称通道为管道，提高称提升，原理称机理，运行称运作，综合称统合，展望称前瞻，优秀人才称精英，以及观照、反拨、回应、认同、共识、整合等等。

真正令有关人士担忧的"语言污染"来自流行文化：广告和港台歌星。诸如"威力威力，够威够力""真漂亮、真青春""活力香港"之类的新潮语言迅速为青年接受。京沪的报刊上都出现了"黄山很风景""赵传疯狂北京青年""有钱就是世界"这样的标题和语言。

以港台文化为取向，繁体字大回潮令国家语言文字委员会大为头痛，有简化字功亏一篑之虞。先是向海外发行报刊用繁体，而后商业广告、老字号招牌、领导人题词竟用繁体，连中学生的贺卡也以写繁体字为最新时髦。同样受到威胁的还有普通话。鉴于粤语广告越来越多，1992 年 3 月，国家广播电视部发出电视广告不得使用粤语的通知。

最可笑的是纯粹按粤音而讨口彩的吉祥数字（以 8 为"发"，3 为"生"，9 为"久"）成为流行全国的新时尚。一时间，全国各地纷纷拍卖吉祥电话号码、吉祥汽车车牌号等；商店开张、会议、婚宴等则要凑到与 8 相关的日期和时辰；商品标准价也以"8 元 8 角 8 分"之类为时髦。它马上变成一种荒唐的现代迷信，使得社会运行和人类活动的一举一动都要受制于这几个数字。1992 年 10 月，有关部门明令禁止拍卖吉祥号码之类的活动。

以广东的开埠通商为契机，近代岭南文化不仅具有浓郁的地域色彩，而且最早受到西方文化的侵淫，具有新、实、活、变等特征，较少受历史传统文化的束缚。作为近十年崛起的强势的地域文化，广东文化在相当程度上承当了昔日海派文化的主要功能和价值，成为当代中国工商业文化和市民文化（包括生活文化和通俗文化）最富活力的生长基地，并正像当年的海派文化那样，构成与北方的体制文化、京派的知识分子雅文化相抗衡、相补充的另一极。

然而，广东文化自有其独特的传统和自身的弱点。

这种历史因袭之一是迷信。鲁迅曾写过"广东人的迷信"，称广东人"迷信的认真，有魄力"，"走过上海五方杂处的弄堂，只要看毕毕剥剥在那里放鞭炮的，大门外的地上点着烛的，十分之九总是广东人"。[①] 笃信神佛，迷信吉祥数字，讨口彩，看风水，在现代化的企业和商厦中供设佛龛等等，已成为广东一景。最著名的一例是香港新竣工的中国银行大厦，因其形似大刀，相邻的汇丰银行大厦听风水先生言，在楼顶架两挺巨大的机枪造型，以破解灾祸。

现代化科学技术和大生产与传统文化并存，在日本也有表现，如开工典礼伴有传统的祭祀仪式等等。既往文化传统在现代社会的存在，大致有两种形态。一种是已淘汰消除其传统的思想文化内涵，仅保留作为其外壳的"符号系统"（如服饰、仪式等等），以满足现代人在情感和审美上对文化的连续性的要求，以及表达对传统的尊重。另一种则是传统的根基尚未清除，人们在精神和思想的深处仍在向传统求助，有赖于与现代生活格格不入的旧有文化和观念的支持。广东人的迷信，从现象上看，这两种状态

---

① 鲁迅：《花边文学·〈如此广州〉读后感》。

均有，是值得深入研究的专题。

广东文化的另一特点是其内在的封闭性，对自身小传统的刻意强调。这集中表现为语言封闭性。不屑于讲普通话，在电视、电台等传媒中大量使用粤语，其排斥普通话的程度，是其他地方少见的。举例而言，上海的普通话的普及水平远远高于广东，上海广播电台的沪语节目，在1950年代所占比例最高的时期，不到20%；电视则没有专门的沪语节目。

这种有点小家子气的语言优越感、地域优越感具有一种疏离、排斥大陆文化的狭隘心态，这显然是受到香港传媒仅为本地市民服务的方针的影响，而误以弹丸小地的文化方针为导向，从而迷失了广东作为中国这样一个大国改革开放先锋所应具有的文化视野、文化容量和文化意识。人们注意到，受台湾文化辐射影响的厦门、福州一带的新兴文化，具有与香港—广东文化不同的取向。由于台湾的广播电视、社会名流均说国语，以说国语为荣，厦门一带也视说普通话为有文化、有教养的标志。

如前所述，当代广东文化具有与昔日海派文化十分相似的功能、价值，但区别同样十分明显。海派文化是直接以西方文明为导向，在西方文化、本土文化与"五四"新文化的交互作用下生长发育出的现代城市文化，因而，上海不仅仅是工商业中心，也成为现代中国重要的文化基地和文化中心。广东文化则以香港为导向，而香港文化，实质是1930年代海派文化的畸形变种。繁华富裕的香港，固然有高度的物质文明和精神文明（如市民较高的平均教育程度，公共文化设施的充裕，社会基础文明、公共秩序的良好维护等），但长期作为英国殖民地，其缺乏具有思想和学术价值的文化创造，缺乏知识分子雅文化生长的土壤，缺乏历史的和民族的文化底蕴，也显而易见。因而，讥香港为"文化沙漠"或不妥，但在高度商业化、功利化的滚滚红尘中，香港严肃的思想、文化、学术、艺术之微弱，也是不争的事实。

不难看到，广东文化具有类似的不足。如果说海派文化有"商—学"

两极，上海人是"经济人＋文化人"的组合，广东文化似只有"商"这一极，广东人往往是赤裸裸的"商人"。因而，大众通俗文化便成为社会的主流文化。由于地域和种族、血缘的天然联系，广东在经济上与香港日渐融合之后，在文化上"香港化"的前景清晰可见。

中山大学的戴镏龄教授称，经济的勃兴，并未使广州成为与北京、上海相当的文化重地，中山大学算是说明广东还有一点文化的点缀。他为粤人感伤"流花流金之地，难溢墨香"。广东著名的翻译家、出版家刘板盛正致力于出版 500 种一套的《岭南文库》。他对岭南文化的现状也很不安。他称广东的两大反差是历史上的南蛮之地与现时的现代化前锋，经济的勃兴与文化的贫困。他认为，广东虽然现代化风气最盛，但却始终建立不起岭南文化的体系，且越开发越没了自己的文化；无人去研究总结，例如至今无一本客家文化的专著。他感慨母校中山大学的"文化氛围在稀落"，连原先红砖绿瓦的校园风格都没有了，如梁宗岱那样的名师则只减无增。①

这只不过说明，经济振兴与文化复兴并无简单的线性关系。经济繁荣并不会自动带来文化进步——正如那些暴富的石油国家并不意味着先进国家；创造了经济奇迹的亚洲诸龙仍被冠之以"小"；而日本这样的经济大国也未能成为文化大国——除非是将社会现代化视为一场整体的演进，高瞻远瞩，富于创造性地从事文化建设。

这种文化的薄弱，使人们对广东经济的发展后劲产生了不安。迄今为止，广东省的工业产品主要是轻工业类的消费品，高技术产品企业年产值仅占工业总产值的 2.7%，高技术产品出口亦只占全省出口的 1.9%。据有关部门测算，广东省的科技潜力指数为 0.62，远远低于北京、上海；科技综合能力则从 1986 年的全国第 9 名退居 1991 年的第 10 名。② 由于短期行为和急功近利造成生态环境的不断恶化，也引起了人们的忧虑。

① 《文汇读书周报》，1991 年 8 月 24 日。
② 香港《快报》，1992 年 1 月 17 日。

这同时成为新一轮竞争的变数。1980 年代广东与上海的竞争，是与一个"被捆绑的巨人"不完全对等的竞争。由浦东开发而带动的上海的改革开放，具有更好的地理、资源、科技、人才、劳动力素质等优势的上海经济，将使广东面临真正的挑战。

二、新京味文化：从小说到生活

1980 年代末，在改革大见成效之时，人们也感到了改革的阵痛，感到了社会转型期特有的价值失落、混乱无序、浮躁和喧嚣。

青年文化的交接

1988 年是 2000 年之前中国最后一个龙年。人们对上一个龙年的经历仍记忆犹新。关于龙年的喜庆和吉祥的传说以及龙年的灾难笼罩了这个龙的国度。

和一系列的天灾人祸、全民经商的热潮、"兵败汉城"的冲击、新权威主义的讨论、气功教的蔓延等等社会热点相比，相对而言不太引人注目的是王朔的四部小说被搬上银幕，后来，人们称这是电影界的"王朔年"。

这只是北京青年文化暗中交接的典型事件之一。

1989 年春，在中国美术馆举行的"中国现代艺术展"，是近年来前卫派青年画家集大成之作的一次汇展——在展厅出现了卖虾的吆喝声。作为行动艺术的一声枪响，发出了新生代迫不及待地登上舞台的明确信号。

北京的摇滚乐迷们说：1990 年代是从 1990 年 1 月 28 日开始的——这一天，"失踪"已久的崔健在北京工人体育馆举行了为亚运会集资的首场义演。2 月 17 日，北京的 ADO、唐朝、1989、呼吸、状态、眼镜蛇六支摇滚乐队在首都体育馆联合演出，成为北京摇滚乐一次空前的大检阅。此后，崔健为亚运会募捐在全国各地举行了十余场巡回演出，被称为中国的"摇滚季"。《新长征路上的摇滚》供不应求；汗衫上印着"一无所有""从头再来"的青年在大街上令人不安地晃来晃去。

同年，北京的新生代画家刘晓东、喻红、宋永红、王劲松等人的画展，提供了一种全新的审美感受：对平庸的、荒唐无聊的、偶然性的日常生活场景玩世不恭的展示；对"有意义的""严肃的"生活事件（例如结婚、会议、全家照等等）的揶揄、嘲讽和滑稽化。它后来被美术理论家命名为"玩世现实主义"。

新生代的艺术家不约而同地选择了 POP 艺术而定位，漫不经心地解构着主导文化和他们的兄长们津津乐道的知识分子雅文化。

年底，《北大荒知青回顾展》如果说是一代人的青春祭奠，那么在街头回响不已的《渴望》主题歌"悠悠岁月，欲说当年好困惑"则正是他们告别青年的一曲挽歌。

《渴望》几乎可以被视为北京两代人青年文化交接具有象征意味的转折点：这个以第三代人为主角的故事，却主要是由第四代人创作的。它的故事和表现形式相当传统，这一以"文革"为背景的室内剧，正是在当代北京生活大院（剧中为小洋楼）与胡同的对立之中结构的。最重要的是，作为一个文艺作品，它突出了作者对于"京味"的文化自觉，这一点在《渴望》似乎不那么引人注目——事实上，它是 1990 年代轰动社会的"京味"文化的第一个浪头。

一年之后，几乎是同一批作者创作的电视连续剧《编辑部的故事》再次轰动社会、风靡全国，才为这种京味文化真正定性定名。它成了北京笑星、丑星的一次大汇演，成为尖锐犀利的北京幽默和插科打诨——王朔式调侃——的大展示。人们在这种高密度、大容量的语言轰炸中接受了一种全新的降临：一种新的北京人，一种生活方式，一种语言风格和语言技巧，一种文化样式。

随之而来的是王朔小说的大红大紫——王朔以四部电影和两部室内电视连续剧成功地为自己的小说促销。

这种新的小说和文化样式后来被称为"新京味文化"。它多少得到王朔的认同。① 而知识界则仍称之为"痞子小说"和"痞子文化"。后者显然是一种价值和功能的评判，而前者则是对其风格、类型的一种界说。

它马上涉及一些复杂的问题：有新京味，必然有老京味；有京味，必然还有京派。"北京是一棵岿然大树，深根细须，密枝茂叶，它的年轮里延伸着历史的风云、社会的兴衰、人性的浮现。至今，还没有哪一位当代作家真正表现出这种'新京味'"，因而，将这种"大街上、胡同里的低文化层次的'无业游民'"的"浅俗流痞"味儿称为"新京味"，有些"大谬不然，至少也是以偏概全"。②

然而，企图以"新京味"涵括当代北京文化的想法首先是不准确的。京味是北京文化这棵大树上的一枝，京派则是另一枝；而新京味，如果不是在京味的老干上发出的新枝——它的枝叶触到了京派的枝干上——便是在京派和京味的分岔处所萌发的。

京味小说

作为最有影响的方言小说之一，京味小说的历史可以从清代的《红楼梦》《儿女英雄传》等京话小说算起。这些小说，无论从结构、题材、叙事方式、故事内涵和语言风格，都是古典小说，不过有意识地运用北京方言，增强了地域色彩。

如前所述，"京派"则是较后产生的。20 世纪二三十年代北平的文学，使京派与京味的分野明确起来。京派大致是指以学院派的"五四"知识分子为主的文学创作和文化旨趣，京派大家沈从文、凌叔华、废名等写的小

---

① 《我是王朔》，国际文化出版社 1992 年版，第 60 页。
② 张德祥文，《读书》，1992 年第 11 期。

说，基本与北京生活无关，通常被归为"乡土小说"。即使一些以北京和北京人为题材的小说，也是以一种优雅的白话书面语写成，无关乎"京味"。

京味小说的代表人是老舍——我们甚至难以确指第二位有影响的京味小说作家。然而，凭老舍一人，便足以将京味小说无论在规模还是水准上都推上了一个高峰，它至今仍是后人难以企及的。以老舍小说为标本，不难直观地认识京味小说的特征：以老北京人和他们的生活空间胡同世界为题材，写市民社会中的俗人俗务，具有明显的平民化倾向和通俗文学的价值。其语言风格，则以老北京方言为主要语言材料，从而不仅逼真地摹写出老北京人的人情世态，且活泼生动、诙谐幽默。

老舍自称他的小说是写给市民和知识分子看的——小说对市民社会和市民人生，以及古都文化的批判性思考和独特视角是知识分子的；结构小说的故事、人物、语言材料则是市民的。不妨说，老舍融会在胡同中长大的旗人和受过现代教育的知识分子这两种文化背景，营造了他的小说"介于俗雅之间的平民趣味"。因而，老舍小说仍被认定是新文学而非市民通俗文学。

相形之下，清末民初的三大方言小说，只有京味小说因老舍之功获得现代生命力，得以更新提升，进入现代文学的殿堂。自然，这在很大程度上是得益于北京语言的特殊优势。

1980 年代北京作家写北京的小说，则可以区别出几路。

王蒙、张洁、从维熙、谌容等一大批当代作家，他们的作品旨在反映时代、社会、人生的大题目，而并没有对属于地域的文化特色"京味"有所特别关照。如果他们的故事有时也以北京为背景，那只不过是一种便捷的选择，它完全可以置换为 A 市、B 市之类的城市概念。这部分地可以从他们的出身找到原因——他们基本是在远离北京平民社会的知识分子圈中长大的，甚至本身就是移民。王蒙是一个典型。他虽受北京文化和语言风格的熏陶影响甚深，他却用这种京式幽默写他在新疆的悲情故事，以及社会和人生。

柯云路、张辛欣、刘索拉等都是擅写当代北京生活的中青年作家。以柯云路的《京都三部曲》（《新星》《夜与昼》《衰与荣》）为代表，他们是当代青年知识分子——新北京人抒写自己的作品，或者说，他们所反映的不是已经退隐到边缘的老北京人和胡同世界，而是上层北京绮丽多姿、风云变幻的生活。和林语堂同样写北京上层生活的长篇巨著《京华烟云》相比，两者使用的都是知识分子书面语，但由于 20 世纪三四十年代的生活实际，后者更多古都文化和老北京民间民俗文化的色彩，而柯云路笔下的北京毫无传统的京味，他几乎完全不借助于北京地域文化，与其说他的焦点是在北京，不如说是在首都。这是一些在政治中心生活和长大的青年人的故事。

徐星写于 1981 年的成名作《无主题变奏》，同样蓄意淡化、抹杀北京的地域色彩。他的文学焦点突出的是当代青年和城市人。他第一次使类似西方现代文学中"迷惘的一代""垮掉的一代"那样的"多余的人"的形象进入当代中国的文学画廊，似为当代"城市小说"的肇始之作——很多人指出这部小说有模仿塞林格《麦田守望者》的痕迹。

由老舍开辟的京味小说源流，是由汪曾祺、苏叔阳、邓友梅、韩少华、刘心武、陈建功等人发扬光大的，虽然他们的旨趣各异。邓友梅的《那五》《烟壶》等，他自称为"民俗小说"，其人物、故事、语言都是旧北京的，或者是仅属于已经退出当代生活的老人的，因而，他写出了在形式上和味道上最接近旧京生活的"京味"。刘心武的《钟鼓楼》《立体交叉桥》等等，转为对新北京中的老居民——胡同中的普通市民的关注。他并不刻意追求"纯粹京味"的语言风格——这不能不使故事中的人物"老化"：他同样是用受过训练的知识分子的目光和笔致构思、写作，他的语言风格被称为是"准京味"的：兼用北京方言口语和书面语，叙述部分多用书面语，对话部分多用口语（老舍的一部分小说也用此法）。应当说，刘心武、苏叔阳是忠实地遵循老舍的道路写作的：老北京市民和胡同世界、平民化、京味语言风格等等。然而，由于社会生活的变化，老舍笔下的老北京人，是当时北京市民的典型代表；而刘心武笔下的北京人，则只代表一部分特定的北京人，这就使得这种概括反映当代北京生活的作品，有一种难以概全的失真感。

在这批京味小说作者中，陈建功可能是个转折点。他1985年推出的短篇《鬈毛》，以似乎未加工过的赤裸裸的粗俗语言塑造了一个当代北京城里无所适从的街头痞子、"胡同串子"，虽然，鬈毛的困惑、失落和思考之类的教化文字完全是作者自己的。陈建功也在追求正宗京味，他不是退回到逝去的生活和老人中，而是致力于表现当代青年生活中活生生的京味——它已经由儒雅而变得粗野，但这不是作家之过。问题在于，陈建功以其早已高度社会化、文学化的笔去摹写当代青年时，难免有力不从心的隔阂之感。

类似地，张辛欣继《同一条地平线》等写当代青年知识分子的小说之后，开始注意北京市民生活和京味。她在《封·片·连》和实录体的《北京人》中，极力捕捉和表现京味，甚至不惜直接录音实录。然而，那毕竟是在大院和学院中长大的她相当生疏和隔膜的另一种生活、另一种语言。表现京味，对她是一种文学兴趣，而不是人生状态，更不是一种人生追求。

王朔出现了。

王朔小说

王朔小说题目几乎包括了他小说的主要特征：《空中小姐》《顽主》《一点正经也没有》《玩的就是心跳》《千万别把我当人》《我是你爸爸》《过把瘾就死》《谁比谁傻多少》《爱你没商量》……游戏人生的城市痞子的世俗故事、俏皮调侃的流行语言——每一个特点都引起了强烈的反响。

发表于1984年的《空中小姐》，是王朔的成名作。这篇小说已出现了日后王朔小说的全部要素，只不过还是尝试性和预备性的。他最主要的角色——一个百无聊赖的城市痞子和一个月亮型的纯情女孩已经出现，但他们之间的冲突远未酣畅淋漓地展开，只不过是小小的争吵怄气；悲剧之后尚会有教化意味的大段忏悔。在这部小说中，北京只不过偶然成为故事的发生地，基本用规范的书面语写作，只出现了少量"瞧""甭"之类的北京方言；但重视口语、对话，以及调侃和幽默的风格都已淡淡地出现了。

使王朔小说定型的是《顽主》和《一半是火焰一半是海水》。

一种城市新人类出现了。徐星的《无主题变奏》使他们模模糊糊地亮了个相，王朔则使他们成群结队、大模大样地登上舞台。他们大多没有正当职业，玩世不恭，百无聊赖。他们蔑视成人社会的规则和常人的生活，蔑视工作、学习、婚姻、家庭、道德等等，归属在自己的小团体中，有时一无所有，有时挥霍无度。他们的生活方式，可以用一个"玩"字来概括。他们玩笑和游戏人生，嘲讽一切严肃和认真。他们最痛恶的是"假正经""装孙子"，他们"恶"的价值仅在于他们不伪饰。他们玩世和傲世的途径之一是调侃，他们最热衷于调侃的对象包括警察和公安局、家长和老人、学者和知识分子。

调侃是理解王朔小说和人物的关键之一。调侃既是他们游戏和傲人的利器，通过调侃，他们又同时化解了社会压力和不平等感造成的内在紧张，填补了价值失落的迷惘空洞。同时，善于调侃本身又成为一种生存能力，成为一种自我实现——正像会跳霹雳舞、会玩滑板一样，它创造出一种自我优越感，从而由现实中的劣势转为取得一种语言上的和精神上的优势。这些"自尊心极强的小人物"的生活哲学是这样的：我固然不怎么样，你又有什么了不起？（不就是有几个臭钱吗？不就是出了本没人看的书吗？等等）你不把我当人，我也不把你当人。

王朔小说很容易使人想起西方战后"垮掉的一代"的文学形象，如凯鲁亚克的《在路上》所描写的，在高速的、喧嚣嘈杂的背景下的精神流浪和自我放逐，对杂乱无章、纵情声色的生活方式的反叛。它们成为 1960 年代青年反文化运动的先声，具有一种穿透性很强的时代精神。和西方的"垮掉派"文学不同的是，王朔没有"垮掉派"那种精神和情感的强度，没有那种生命激情的高峰体验，没有那种超越世俗的深刻的荒诞感，在人格和精神上更为孱弱、委琐。这毕竟是两种文化、体制和时代背景下的叛逆。如果说"垮掉派"尚能在大麻和女人中体验迷乱的激情，王朔则用玩笑和猥亵将这种激情打发掉；《在路上》的哥们固然在流浪漂泊，但他们内心承载着一代人精神和文化危机的重负，在"为人类而悲哀"；"王朔们"则满不在乎地浑水摸鱼或趁火打劫。因而，《在路上》是一种赤裸裸的生命宣泄和个性喷发，具有特定的精神和文化价值，成为一个时代和一代人的文化象征；王朔小说却的确是一种俗文学，其具有刺激性的故事多少有些从商业利益出发的讨巧卖乖：他们是现体制下乖巧的坏孩子，一边躺在地上打滚耍赖，一边偷看大人的眼色，确定自己行为的界限。其做法，一是使创作把握在"使各阶层人士出身汗后仍可接受、容忍的尺度上"；二是"侧重点是骂自己，跳单人裸体舞"。

不妨说，王朔小说也是一代青年的自我定位——在精神和心理的层面上，王朔人物具有一代人的共性。青年生活方式和价值观念的演变终于造成一种宏观的文化变迁。如果说，柯云路塑造的李向南强化了第三代人的人格特征，那么王朔小说则为新生代提供着人格塑造的营养。第三代人用思考、怀疑、自省和批判去摧毁和重建传统，第四代人则用游戏和玩笑，轻松潇洒地疏离传统；第三代人用工作、学习、思想、理论去实践自己的理想主义和责任感，第四代人笑了，他们说"累不累啊"，用时装、广告、摇滚、消费、享乐来自我表现和自我实现。与此相对应的是，第三代人的文化艺术创作——从朦胧诗、星星画展到第五代导演——是以严肃文化和知识分子雅文化而定位的；第四代人的文化创作，从摇滚乐到王朔小说，则无不是以 POP 艺术、大众流行文化而定位。

但是，说王朔和崔健是第四代人文化的代表并不太严格和准确。王朔的个人经历使他处在两代人、两种文化的交接面上——1970 年代本身就含有这种过渡性的意味。就"文革"中的荒废和遗弃这一段社会经历而言，他们和上一代人庶几相似，只是他们没有上山下乡。王朔自称 20 世纪六七十年代那种理想主义、解放全人类的宣传教育，在禁欲主义和清教徒式的英雄主义中孕育的对异性的态度，以及"9·13 事件"等对他人格形成有重大影响。而 1970 年代权威失落，社会生活迅速世俗化的特征则直接通往下一个时代。但"王朔们"与下一代的文化环境的重要区别在于：他们基本是在读写的时代、而非视听的时代长大的。无论在王朔还是崔健身上，我们仍能捕捉和感受经典文化和严肃文化的影响，这不仅是指他们读过大量的书，包括经典名著，也指他们的价值观念。例如，王朔自称他不是一个理想主义者，但他要说出他认为没有价值的东西："我对真正的理想是珍视的，我不允许别人利用这种东西来诱惑我"，"这种东西必须出自内心"①。这就是说，他嘲讽、贬损高尚的东西，只不过是因为现实生活中它们往往是被人利用以营私，它们大多是假的。因而，他笔下的小人物，大抵还是良心未泯的"善良的痞子"，是来自北方的温柔的"狼"。类似地，崔健则宣称，不喜欢代表商业和金钱的金黄色的时代色调，他说："我宁愿要代表理想的鲜红色。"②

在北京城市文化的层面上，王朔也有这种处于两种文化之间的兼容性。他的小说人物，那些"高级痞子"的文化背景是暧昧不清的，他们显然不是老舍笔下的市井无赖，也不是陈建功笔下鬈毛那样粗俗的"胡同串子"。他们虽然没有正式的教育经历，但他们其实是"有文化"的，他们自称是"文化人里的粗人，粗人里的文化人"，就表明了这种两重性。再具体地探寻他们的身世，便不难发现，他们不仅是在 1970 年代的混乱中度过青春的特定的一层，而且是在北京的大院环境中生长的特定的一群——《动物凶猛》直接讲明了这一环境，《空中小姐》《一半是火焰一半是海水》《过把瘾

---

① 《我是王朔》，国际文化出版社 1992 年版，第 80 页。
② 《崔健现象》，学苑出版社 1990 年版，第 9 页。

就死》等等，都是发生在大院的和大院子弟身上的故事。简而言之，王朔笔下的当代北京青年的原型是新北京人；他们在社会底层的混世经历使他们得以沟通老北京文化——正是大院文化与胡同文化的沟通融合，产生了所谓的"新京味"。

这同时提示我们，不仅北京的知识分子精英文化，当代北京的青年流行文化也不是从传统的老北京市民生活中生长出来，而是由大院的子弟们、新生代的"准文化人"制造、传播和导向的。

侃和调侃

王朔早已证明了自己是编故事的高手，但是，如果不是借助于一种特殊的文体和语言风格，也许他只能沦为准色情的地摊文学作者而默默无闻。王朔对语言的敏感、驾驭能力和创造性，使他跻身于作家之列。他自称写小说的胜境就是"变幻语言，把词、句子打散，重新组合"，使之"呈现出另外的意思"。

王朔小说的魅力很大程度上是语言的魅力。当我们说"新京味"时，在很大程度上正是指这种语言风格。作为"从来没生活在方言区中"、在大院中长大的新北京人，由于他们特殊的社会经历，使他成为沟通新老北京两种文化语言的信使。这种渗透沟通显然不是孤立的现象，例如，在梁左（他也是在大院中长大，受过正规高等教育的新北京人）写的那些大受欢迎的相声中，就为这种传统京味注入了新北京人和知识分子的思维、灵魂。其典型的特征是对社会生活高度参与的姿态，以及政治含量的增加。

尽管王朔小说具有一眼可识的"京味"，他笔下的人物几乎无一不是油嘴滑舌、口若悬河的侃爷、"京片子"；但王朔的"新京味"与老舍、邓友梅等的"老京味"的区别极其明显。试摘引几则以利比较：

这两天我们的大院里又透着热闹，出了人命。

事情可不能由这儿说起，得打头来。先交代我自己吧，我是个算命的先生。我也卖过酸枣落花生什么的，那可是先前的事了。现在我在街上摆卦摊，好了呢一天也抓弄个三毛五毛的。老伴儿早死了，儿子拉洋车。我们爷儿俩住着柳家大院的一间北房。

（老舍，《柳家大院》）

他噙着泪说："哟，瞧您说的，政府派我工作，这够多抬举我，还有什么挑的？叫我干什么就干什么，能当上人民政府的工作人员，就够体面的了。"工作人员又问他："您的特长是什么？"他说："我还有什么特长？就会吃喝玩乐，又吃喝玩乐不起！"

（邓友梅，《双猫图》）

这发音吐字，讲究底气足，却又不张嘴，气憋在软腭和喉头之间，于是，字与字之间像是加了符点，长短不一，表面上有点儿懒洋洋的，实际上更透出一股子经蹬又经拽，经洗又经晒的韧性来。满大街就听这一种吐字发声带着运气的叫卖了："嘿！瞧一瞧呐看一看，宝贝牌儿皮鞋，小宝贝牌儿小皮鞋，一对夫妻一个孩儿，小宝贝牌儿小皮鞋嘞！""瞧瞧看看，瞧瞧看看，苹果牌儿牛仔裤，青少年、幼儿园、老头儿老太太全能看，为爱情服务！为爱情服务！""赤橙黄绿青蓝紫，就数黄的倍儿可爱！黄色光夫衫，光夫牌黄衬衫嘞！电视连续剧《血疑》呀，幸子小姐与光夫，光夫式的黄衬衫！""甭瞧喽！不卖喽！没喽！哥们儿收摊喝啤酒去喽！"

（张辛欣，《封·片·连》）

"你就别一个人混啦。"马青语重心长地说，"咱们还是一起混吧，人多力量大，敢叫日月换新天。人心齐泰山移，蚂蚱还有四两肉。一个萝卜一个坑，咱们怎么就不能从无到有，从小到大，由弱变强呢？"

（王朔，《一点正经没有》）

这四段文字中，前两段都是用北京话摹写老北京人的"老京味"；张辛欣实录的，是当代北京胡同青年的"京味"，但却并不是我们所说的新京味。而王朔的语言、对话、人物，才是所谓"新京味"。

比较二者，如果说老京味是直接吸收、引用老北京人的胡同语言，描写老北京人的世俗生活，是以普遍意义上的北京人作为文学对象的话，那么，新京味却不然。它并非直接引用现成的胡同语言，虽然后者是它重要的材料。它主要的资源，据王朔自己的说法，是城市流行语。他后来有意识地运用城市流行语的规律，根据故事需要编出一些"貌似口语化"的东西。所谓城市流行语，是指在当代社会生活中高度社会化的城市人（主要是青年）而非在传统氛围之中的胡同人的惯常用语、说话习惯、谈话内容以及流传的精辟语言。王朔经过夸张和强调，把这种城市流行语典型化和个性化了，事实上这是一种经过加工的形似京味的文学语言。因而，这种语言的归属层面，是城市社会而不是胡同，是城市青年而不是广义的市民，是作为青年文化的流行语而非占主导地位的成人规范语言或地域方言。如要详细地辨别，这种语言只归属于当代北京青年中特定的一层，他们是城市社会和城市文化的边缘人。因而，除了给这种语言带来强烈的社会和时代特征，引进大量的政治时事内容、政治概念和术语以外，还赋予它一种挑衅和反叛的色彩，这就是粗俗和调侃。它被视为是一种"痞"化了的痞子语言。

如果说侃是京味的传统特征之一，那么调侃则是新京味的主要特征。它多少也反映了社会文化氛围和青年文化的转化：这是一个严肃、重大、责任、使命、思考、深沉都逐渐变得可笑的时期，文坛疲软，精英沉寂，犬儒主义和消费主义大行其道；这是一个政治笑话和丑星走红的时期，人们对巨著的期盼被"文化快餐"消解，对正剧的热情则让给了小品……

调侃成为王朔小说最主要的语言特色。当故事被淡忘之后，王朔式的调侃仍在生活中流行。但调侃在王朔文本中的意义要深远得多。它由一种插科打诨、油嘴滑舌的调料，渐至成为小说人物的人格特征和生活方式，最后甚至发展为一种小说表达和结构的样式。如果说《编辑部的故事》主要靠对话和语言"出彩"，那么《顽主》《千万别把我当人》等则是以调侃方式结构的一个非现实的荒诞故事。此外，王朔的幽默调侃还有其他的功能，例如，用玩笑和喜剧的样式掩饰、冲淡题材、故事结构的内在紧张，为可能存在的危险性提供一层保护色。

王朔式调侃已经形成某种类型化的概念，形成某种定式。其途径主要有三：一是北京人所习用的挖苦、损人、"挤兑人"，但改用现代语言材料，如"别以为全中国三分之二的男性都憋着娶你，多晚你走在大街上也不会出事"。二是大量活用、曲用、反用中国社会政治生活中常用的政治概念、政治术语、"文革"语言等等，造成只有大陆中国人才能感受得到的滑稽感和荒诞感。这些语词如叛变、投降、收编、汉奸、水深火热、世界革命、挖资本主义墙角、三分之二受苦受难的人民、苦孩子、首恶必办、干了阶级敌人想干而干不到的事等等。《编辑部的故事》中的一例，"现如今找对象先问是皇军还是美军，你要说是国军，连门儿都没有"。三是对传统格言、正统理论的曲用、谐用，如将"抛砖引玉"说成"抛玉引砖"，著名的一例是余德利的名言："金钱不是万能的，但没有金钱是万万不能的。"

以幽默调侃而论，老京味如老舍式的是雍容平和、善良宽厚、智慧而富于书卷气的。例如，形容某太太转身，"好像座过山炮转动炮口似的"；形容某少女，"她的声音就像放在磁缸儿里的一个小绿蝈蝈，振动着小绿翅膀那么娇嫩清脆"。侯宝林的相声段子也体现了这种儒雅（应当指出的是，无论是老舍还是侯宝林的作品，建国后发行的文本都已经不断删削和"净化"）。王朔式调侃则是不避粗俗的恶讽、嬉笑怒骂、恣肆泼辣，极尽刻薄恶毒之能事。挖苦讽喻的内容和喻体，尤以政治为多。例如，葛优形容自己之体瘦，"脱了衣服跟一条反动标语似的"。而老舍的喻体，主要是日常生活中的动物、器物、自然现象等等。

王朔将北京语言风格中的调侃发挥到了极致，但它也有文化发展的过程可循。不妨认为，在老京味的幽默调侃和王朔之间，还有一种过渡形式，这就是王蒙式调侃。王蒙的调侃亦堪称一绝，那是以奇诡夸张的思维和联想、华丽铺张的辞句构成的排浪般纵横恣肆的语言冲击，他娴熟地使用和"玩弄"政治素材、政治信息和政治概念，使这些中国人耳熟能详的陈词滥调、官话套话峰回路转、呈现新意。王朔式调侃的高度政治化、犀利泼辣的特点与之相似；但王蒙的文风是典型的知识分子化和文学化的，而不是京味的和流俗的。

王朔的幽默调侃还被认为具有某种超越性——具备了中国文化传统中所缺乏的自讽自嘲的品性。王朔是以底层小人物的愤世嫉俗和玩世不恭而洞悉人性的弱点的，他不但让别人，也经常使自己陷于无可奈何的尴尬境地——这正是人生的常态。这种人生的悟性和智慧，用王朔语言表达出来则是这样粗鄙伤人：谁也不比谁更傻（或更明白），谁也甭装孙子！

王朔现象

不论如何评价，王朔引起的轰动效应已成为一种社会文化现象。

"王朔现象"的第一层含义，自然是指他在"疲软的"文坛和影视界获得的巨大的商业成功。

这一成功显然不仅仅是个人才华的证明。王朔作为北京文化个体户的代表，王朔小说作为北京青年流行文化的内容之一，它的成功昭示了一种新的文化人以及他们的生存方式和一种新的文化机制、文化生态的成熟和成功。

北京已经出现了一个具有相当规模的自由职业者、文化个体户群体。影视界具有一定知名度的"个体户"演员据统计约30个，如申军谊、马晓晴、盖丽丽、高宝宝、吴玉华、江珊、刘蓓等等。歌星中知名者如解晓东、李娜、安冬、那英、井冈山、红豆、韦唯、张暴默等等。包括崔健在内的所有摇滚乐手几乎全部是"个体"，他们直接宣称摇滚首先是一种生活方式，一种信仰。流浪北京的艺术家则在圆明园外的农村聚居，形成名闻遐迩的"画家村"，在那里居住的，以画家为主，包括摄影家、作家、诗人、导演等等。在北京，活跃的文化个体户还包括舞蹈家陶金，服装设计师马羚，广告制作者钟星座，独立制片人、号称"第六代导演"的张元等等。至于在学术思想、文化教育和出版领域的民间和"个体"活动，同样活跃。

正是在北京，发展出了可能是全国最活跃的体制外的文化空间和文化市场，发展出富于活力的青年文化和艺术文化，发展出一种艺术家——自由职业者的生活方式，从中产生了一批优秀的人物和优秀的作品，很多人从这里走向世界。例如，来自云南昆明的独立制片人吴文光拍摄的电视纪录片《流浪北京——最后的梦想者》《1966：我的红卫兵时代》。这种文化格局和文化生态，是认识当代北京文化的关键之一。正是这种相对自由的文化市场，成为王朔和崔健生长的土壤，从而使当代北京文化呈现出一种青年属性，呈现出生命活力和创造力。和 20 世纪二三十年代上海形成发达的文化市场的条件完全不同，在当代北京，这首先是由于庞大的文化事业基础、密集的人才和文化资源、旺盛的需求产生的内驱力，正像在"文革"中的 20 世纪六七十年代，这种自发的文化活动也从未停止过。另一个可能的解释是条块分割的管理体制——有人喻为这是一张网眼很大的网。

王朔及其同道的创作方式和态度也成为社会的关注点。他们标榜并树立了一种北京文人前所未有的写作态度：为商业利益而写作。王朔作为中国作家协会四千名会员之中，除巴金之外又一个靠稿酬生活的文人。和巴金的区别在于，他自觉地放弃文学救助和改善人生、提升人类精神生活的使命，而将写作视为无异于木匠瓦工的谋生技能：写字。他同样不讳言大众趣味和市场导向，确定自己通俗文学的品位。他成为捍卫作家利益的激烈代言人，他向中国具有掠夺性的低稿酬提出挑战——例如，一部制片成本 100

万元的电影，剧本稿酬仅占 0.3%——要求分享他的作品给电视台带来的巨大经济利益。他为自己买了保险，聘请了法律顾问。

王朔的这种写作态度和对自身利益的捍卫与 1930 年代靠卖文为生的上海文人并无二致，只不过在当代，这种生存方式，这种自由职业者的声音却是由北京青年发出的，不免令人感慨。

作为比较，对文学神圣性的放弃和动摇，钟阿城走的是另一途：在随心所欲、不为所累的庄禅境界中游戏文字。

"王朔现象"的另一义是，随着其作品的流行，一种新的文化——"新京味"——由小说流入生活；自然，这是一种复杂的互动过程。

曾几何时，北京文人的侃大山出现了一种新的风格，类似王朔小说对白的那种幽默调侃，报刊也出现了类型化的"新京味"文字。

这类语言从小说中街头痞子的语言逐渐进入北京的文化圈，成为北京青年文人的"圈内"语言，并进而通过传媒走向社会、日常生活，成为北京地域文化"复兴"的一个实例。

1980 年代以来，社会生活的活跃，使得疲弱的地域文化获得生机，尤以广东文化的勃兴而引人注目。但在北京和大多数地区，这往往只意味着作为旅游资源开发的"复古"和"复旧"，将已从现实生活中消失的旧民俗文化展览性地复现，例如新建的老舍茶馆、各地的仿古建筑，等等。它至多意味着对文化传统的尊重和保护，却与"复兴"无涉。

传统的地域文化，只有在充盈了当代社会的精神和价值，进行创造性的更新和转换之后，才能在新的社会环境中生长，在现代生活中复兴。"新京味文化"价值正在于此：它将业已在新北京退隐的老京味注入了新北京人的思想文化内涵，在形式和内容上都作了某种更新和转换，从而使京味重新在现代生活中流通，并在某种程度上恢复了北京人的自信心和文化优越感——没有面对粤语文化的自卑和面对西洋文化的俯就心理。他们用老北京人那样的口气嘲笑那是"鸟语"。王朔在为《渴望》写的续集《刘慧芳》中，借刘大妈之口说出的这句话："我们中国人怎么就那么待见美国"，正表达了这种心理。

"新京味"走向生活的另一现象，是北京街头满口调侃语言，按王朔小说模式勾引女孩的"文化青年"一时多了起来，"顽主"成为他们的代号。当顽主式的游戏态度成为青年普遍认同的生活方式，调侃不仅成为一种时尚也成为一种人生姿态，而人工创造的小说语言成为新的城市流行语言时，王朔便超越了写自己、"玩"文学，或写字挣钱的状态，而真的成为一类人的牧师。

让我们体会新、老京味小说的不同社会功能：老京味小说是浓缩和提炼老北京人的普遍生活，它的客观价值是记载、保留和传递老北京人的民间民俗文化。王朔小说则是加工、放大一小部分"新人类"的特殊生活，通过传播、扩散和推广这种生活。因而，与其说是王朔塑造了这一类人，不如说他的主要功能在于"开发"了这一类人。

正是在这个层面上，"王朔现象"——它被理性知识分子定义为痞子文化泛滥——引起人们最大的非议和担忧。

如前所述，王朔小说对社会道德、成人权威、知识价值等等文明社会赖以维系的正面价值的嘲讽，具有强烈的反文化、非道德化的倾向。

王朔本人并非不明此理。他说："过去我是自私猥琐、心中充满阴暗念头的人，以讥笑人类所有美好的情感为乐事"，现在"我开始怀疑愤世嫉俗究竟是一种深刻还是一种浅薄？经历苦难当然可以使人成熟，享受幸福是不是就一定导致庸俗？那些郁郁不得舒展者的恶毒咒骂，已使我感到刺耳，这其中到底有多少是确实受了委屈，而不是更大的贪婪得不到满足？但愿受虐心理不要成为我们时代的一个时髦"。①

---

① 《我是王朔》，国际文化出版社 1992 年版，第 25 页。

文化衫

　　新京味文化大规模走向生活的一个集体事件，是 1991 年夏天北京青年流行的文化衫。印有一些字画的 T 恤衫被命名为文化衫，应当说是恰当的。它首先是从北京的文化圈传出的，如影视创作组、大型演唱会发给工作人员印有特定标记的汗衫；后来是摇滚乐迷在汗衫上印上崔健的姓名和歌名。而当时，上海印有文字的汗衫只是广告衫。

　　具有独创性和个性的文化衫，起初似乎是美术学院学生的时髦，他们用丙烯颜料在白汗衫上画他们喜爱的或能够展示个性的形象和图案，例如猫王、毛泽东、猫头鹰等。1991 年夏天，印制成商品大量推销的文化衫，据说主要是由青年画家孔永谦创作的——他敏感地把握了一小批鼓吹解构主义、用波普艺术消解主导文化结构的新潮艺术家背后的社会文化和心理基础，并开发出它的商业价值。[①]

　　流行的文化衫的文化主题主要是小人物对人生境遇的自我调侃——典型的王朔模式。印词包括："烦着呢，别理我"，"真累"，"拉家带口"，"酸甜苦辣"，"不会来事儿"，"天生我才没有用"，"我爸我妈不要我"，"练摊没本，当官没门，出国没钱，走私没胆，想当老板缺心眼儿"，"一事无成"，"是上班，还是练摊儿？""有些个事你越把它当回事它就越是个事"，等等。另一些是言情和玩幽默的："千万不要爱上我"，"我只有一个缺点"，"我想要个家"，"今晚我们相识"，"一次爱个够"，等等。第三种是玩弄和出售"京味"的，如"真棒真瓷真铁真的""真搓火"等等。有极少数可能是自制的，更为特殊和招摇，例如，"我们是害虫"，还有一位背上写着"密探"。只有极个别是所谓"正经的"，例如"我是一只小小鸟"。

　　文化衫走俏京城之后，上海街头也出现了文化衫，但基本是港台流行

---

　　① 栗宪庭文，《二十一世纪》，1991 年第 2 期。

歌曲的歌词，并无个性或特性可言。

"文化衫"再次昭示了"新京味文化"特定的价值内涵：其基本态度是以一种轻松的、潇洒的、玩世的、游戏的态度看待社会、人生、他人和自己，自嘲并嘲人讽世；通过幽默和调侃化解个人的压力和苦恼，同时，化解着社会主导文化价值。它的发生机制的特质在于，作为青年流行文化，它既不是体制文化制造的（例如红卫兵文化），也不是外来文化所催生的。同时，又并不是自下而上生长的地域、民俗或市民文化。它是由北京的文化、艺术和影视圈的青年知识分子推动和导向的——当他们从严肃文化走向通俗流行文化之时，暗中沟通融合了二者。

由王朔小说开创的这种"新京味"，以时下青年乐于接受的幽默调侃方式和具有特色的京味语言迅速把握了青年，从而使新京味文化从一种处于边缘状态的青年流行文化的状态有所改变。官方的传媒加入了制造、促销"新京味"的行列。例如，团市委的机关报《北京青年报》，1990 年尚在开展关于"潇洒"和"累"的讨论，针对青年"跟着感觉走，活出潇洒来""活得真累"之类的心理，进行批评和引导；而一年之后，已经不遗余力地加入了"潇洒走一回"的大合唱，成为新京味言论和文字的主要阵地，"大腕""狂嗑""海腕""傍家"之类新词迭出，发展了一种以"侃"为特色的文体文风。1992 年，此报开辟了名为"侃""我""人间指南"等专栏，自觉地发扬新京味，成为北京地区最具地域文化意识、最具可读性的报纸。

"新京味文化"固然是北京的文化个性和文化活力的又一次证明，但人们仍然拭目以待：它究竟是一种新的文化形态、文化样式富有生命力的开端，还是在商品化、消费文化大潮中一个快速流行的时髦？这种侃、这种潇洒和玩，是指向了一种新的价值和人生，是不足为虑的青春现象，还是将被社会现代化过程更新和淘汰？

毫无 20 世纪六七十年代文化影响、思想负载和心理阴影，在 1980 年代消费文化、视听文化、享乐主义、行动主义、感觉主义的环境中长成的新一代已经出现。我们已经听见王朔的爱好者对他"改邪归正""玩深沉"的抱怨，以及新生代摇滚乐手"听老崔太累"的批评。

新的思想和文化仍然在这个沸腾的中心孕育和流行……

三、海派文化的复兴

历史的发展有时比预料的还要快。当我写作"大上海沉没"之时，这一页历史正在飞快地成为过去。

1990 年 4 月，中共中央、国务院正式宣布开发和开放上海浦东，是使蹒跚移步的上海复苏的一声春雷，揭示了一个新的开端。然而，这的确只是雷声。

总面积 350 平方公里的浦东与上海现市区面积相当。有人建议，为便于国际交流，宜称之为"东上海"——East Shanghai。上海没有像许多世界名城一样，在一条大河两岸均衡地发展建设，而是偏于黄浦江西岸，是令人不解的。早在 20 世纪初，孙中山曾亲临浦东考察，在《建国方略》中提出在此建立东方世界大港的设想。1929 年，国民政府制定的"新上海计划"，也曾做过浦东开发之梦。这个梦一直做到了世纪末。

1991 年 6 月，横跨黄浦江的第一桥——全长 8346 米的叠合梁斜拉桥南浦大桥全线贯通，使浦东开发的宣传达到新的高潮。这一年，上海市国民生产总值 825 亿元，屈居广东、山东、江苏、辽宁、浙江之后；增长速度 5.7%，低于广东、福建、山东、浙江、江苏、北京和辽宁。昔日光彩照人的"十个第一"已成遥远的过去。这一年，上海人均国民生产总值 1000 美元；同年，中国香港、新加坡的人均国民生产总值是上海的 12 倍，中国台湾、韩国是上海的 8 倍和 6 倍，马来西亚和泰国是上海的 2.3 倍和 1.4 倍。昔日"远东第一市"的地位也早已不复存在。

1980 年代末期，每年冬天邓小平来到上海的消息都会在上海不胫而走，市民们苦着脸相互传说："又问上海要钱来了。"但是，邓小平从上海"要走"的是江泽民和朱镕基。

1991 年初，邓小平在上海发出了震动中国的声音。3 月 2 日，《解放日报》刊登署名"皇甫平"的文章《改革开放要有新思路》，提出要"进一步解放思想"，反对"新的思想僵滞"，指出不能把发展社会主义商品经济同资本主义简单等同起来；不能把利用外资同自力更生对立起来；不能把深化改革同治理整顿对立起来；不能把持续稳定发展经济、不急于求成同紧迫感对立起来。3 月 22 日的皇甫平文章，提出要"进一步解放思想，抛弃任何一种保守、僵滞、封闭的观点，形成与一个先进的国际城市相称的开放型环境"，批驳了"姓社还是姓资""新上海还是旧上海"的诘难。《解放日报》又一次受到沉重的压力和严厉的责难。和 1980 年沈峻坡文的命运十分相似的是，皇甫平文章于次年被评上"好新闻"奖；而沈峻坡文获"平反"则历时 6 年。

在当代中国的政治年表上，1990 年代的春天是从 1992 年开始的。1 月下旬，邓小平在深圳、珠海视察，发表了著名的"南方谈话"。2 月，在春节的爆竹声中，他来到浦东的杨高路拓宽工程工地，向建设者们说："我希望上海一年一个样。"

1992 年 4 月下旬，中央电视台播放了陈云关于支持浦东开发的讲话。同年 7 月，中央决定给予浦东 10 项优惠政策和 5 类项目审批权，增加 5 个方面资金筹措渠道。浦东开发终于进入了大踏步进展的实质性阶段。一个以上海为龙头，带动整个长江流域——中国经济的脊梁，并从而带动中国经济起飞的战略设想和态势业已形成。新的宣传口号是"九十年代看上海"。

对上海的城市建设和人格心理的发展而言，1992 年划断了两个时代。40 年如一日的大上海开始了惊天动地的"脱胎换骨"。人们所久已习惯和适应了的城市氛围、环境的视觉形象、既定的秩序感和安全感、生活节奏和心理适应性等等，似乎在一夜间就被打破了。只是到这时，上海人才深有所感地体会到说了十年之久的"改革"究竟是怎么回事，甚至连最激进、最机灵的人在这种突如其来的变化面前也显得措手不及。

上海变成了大工地，到处都在"开膛破肚"。繁华的淮海路全线封闭，地上地下同期改建，当年年底即全线贯通，展现商业街的新貌。外滩封闭，实施拓宽改建工程。到 10 月 1 日，外滩已经展露了它的新姿。1992 年 4 月 11 日，黄浦区北京东路 71 号街坊成为以土地批租方式改造旧城区的首例。到该年的 8 月底全市已批租土地 112 块，总面积 724 万平方米（主要在浦东）；市区 10 个区已租地块的总拆迁量约 86 万平方米，动迁居民 2.3 万户。上海现有亟须改造的危房简居 365 万平方米，二级以下旧式里弄房 1100 万平方米，按"七五"速度改造，约为 20 年；按目前的发展速度，上海可望在 10 年内使旧城换新颜。土地批租如此之热，以至于城区的老居民都惶惶不安，担心明天早晨醒来，自己安身的土地已经被"批"出去，这意味着他们要搬迁到远离市中心的城市边缘地带。

但是，真正牵动每一个人神经，诱发出每一个上海人蛰伏多年的物欲梦想和投机冒险的遗传基因，从而使他还原为上海人的，是股票。

早在 1984 年底，上海的第一只股票"延中"股票就开始发行了。但它对绝大多数上海人而言，只是报纸上改革宣传的一个花絮。1990 年 12 月 19 日上午 10 时，上海证券交易所大厅正式开市的第一声锣响，被称为"奏出了中国证券、金融史上一个响亮的音符"的"世纪之锣"。然而，绝大多数市民仍然不知不觉，投机分子仍在街头倒卖外币和邮票。直到 1992 年初，上海发行价值 30 元一张的股票认购证时，大多数老谋深算的上海人仍然不屑一顾。

1992 年 5 月 21 日是使全上海人彻底洗换脑筋的日子。由于对股市交易的控制全面放开，上证指数以骇人听闻的速度飙升，1991 年 7 月 15 日，上海股市公布的第一个上证指数是 133.14 点；至 1992 年 5 月 20 日，升至 616.64 点，10 个月增长了 4.6 倍，已是相当高的速度。但是，5 月 21 日，上证指数收盘时达 1265.79 点，一天之内就翻了一番！至 5 月 25 日，达到有史以来的最高峰 1420.79 点，全上海为之疯狂。每一个家庭，每一个办公室，每部汽车和每一部电梯中，人们都在谈论股票。在股票产生的暴利面前，几乎各行各业，包括此前被视为富裕的个体户，都忽然失去了存在的意义。因股票而巨富的"杨百万"成为新时代的英雄，这位真名杨怀定的原"老三届"知青，1988 年退职前，是一家工厂的仓库管理员。他使人想起了半个世纪前上海滩那些腰缠万贯的金元大亨。新流行的民谣是"万元不是户，十万算起步，百万是小户，千万元是大户"；股民的新行话，一万元称为"一粒"（而在北京的此类行话中，一百元是"一棵"）。每个人都为传闻中昔日"脚碰脚"的旧友一夜巨富的传说而坐卧不宁。终于出现了因炒股票亏本而自尽的上海股市的"第一个烈士"，他激起了更多的人搏击股市的雄心壮志。一时间，股票成为点铁成金的"魔票"，每一次认购证摇号，都成为上海人万心悬动、大悲大喜的日子。围绕着金钱梦，类似巴尔扎克笔下的《人间喜剧》全方位地上演着，亲友间反目成仇的诉讼，甚至谋财害命的案件，增多起来。

几乎与深圳的股市风潮同步，1992 年 8 月 10 日、11 日上海股市"一泻千里"，两天内暴跌 241.93 点，使股民的实际损失约为 20%—50%，为上海如火如荼、狂飙突进的股市倾上一盆冰水。据称，这次股市暴跌，"灭"了不少百万富翁。在短短的几个月的时间内，几百万上海市民整体性地经历了这样空前强烈的生命体验。在"大锅饭"和计划体制中多年修炼出的冷漠自足的心态，在这样急骤的轰然一击中被摧毁；大多数上海人——上海稳固的中层、"沉默的大多数"，并不是股民，但他们也在岸边被突如其来的狂潮劈头盖脸地浇个湿透。这是真正触及每个上海人灵魂的"思想解放运动"，这是一场真正意义上的商品经济的洗礼。蛰伏多年的上海人的天性和遗传基因，一夜之间就被激活了。上海的社会气氛、人格心态为之骤变。经济重新成为每一个上海人生活的轴心，"发财"重新成为每一个家庭激动人心的动力和目标。这种变化几乎可以成为一个案例，它使人不胜惊讶：40年"小传统"的崩解居然如此迅速；它也使人心存疑虑：上海城市人格的矫正和重建，竟是如此轻而易举？

由浦东开发带动和刺激上海的经济发展和城市建设，由市场经济、放开搞活、证券市场和发展第三产业的政策，激励和解放上海的生产力，焕发上海人作为"经济人"的聪明才智和人格心态，上海经济建设、城市建设和人格发展的前景几乎是清晰可见的。对于这样一个巨人的苏醒，以后的事情是顺理成章的。

由于上海曾经达到过的社会地位和历史高度，上海比其他发展中的经济中心、经济区域，例如广东、温州、苏南、辽南、山东半岛等等，更让人看好。这不仅是由于它特殊的地理位置、所凭借的长江流域的资源优势，主要是由于上海人的劳动力素质，整体文化水平较高和与市场经济相契合的行为规范和文化准则。据 1989 年的统计，上海居民平均教育程度略高于香港和新加坡，接近韩国和中国台湾。高中阶段入学率达 77.6％，每万人中在校大学生 175 人；就业劳动力的受教育年限达 9 年左右；在职职工中，高中和高中以上文化程度者占 31％。[1]1989 年，上海市专业技术人才总数 84.3 万，占人口总数的 6.03％，于北京之后，居全国第二。[2]

新的一轮经济竞争，主要不再是谁更胆大或谁的政策更优惠的竞争；在大致相似的政策环境下，管理者和劳动者的素质成为决定投资环境的重要因素。上海人在一百多年的经济社会中养成的一整套文化价值观念和行为准则，例如契约精神、敬业精神、时效感、合理主义等等，成为得天独厚的资源，成为发展市场经济和走向世界不可缺少的文化支持。

大上海重新恢复的经济活力，使海内外人士燃起昔日"东方巴黎"再

---

① 台湾《中国时报》，1989 年 5 月 10 日。
② 《解放日报》，1991 年 11 月 7 日。

放光彩、重温"东方好莱坞"旧梦的热情，对振兴20世纪二三十年代盛极一时的海派文化寄予厚望。然而，这却是真正令人困惑的。

经济振兴对于文化进步具有显而易见的促进作用。与国际化大都市的成长同步，这必然意味着工商业精神的振奋、工商业传统的发扬、企业家阶层的成长等等，即工商业文化的复兴。正在建设中的上海文化设施十大工程（包括新图书馆、博物馆、电视塔等等）以及将继续兴建的文化设施，将极大地改善上海文化的"硬件"设施，使公共文化水准达到较好的水平。伴随着市民生活水平的提高，市民生活方式的改善进步，在发达的文化娱乐业和文化市场中通俗娱乐文化的繁荣等等，都是可以预期的。

然而，上海要真正成为如1930年代那样强有力的社会中心和文化中心，而不仅仅是有较高文化水准的工商业都会，因素却要复杂得多。如前所述，经济振兴并不必然意味着文化复兴，除非在现代化建设的过程中，高瞻远瞩地、高度自觉地、处心积虑地从事文化建设。无论对一个国家、民族还是一个城市、地区，文化的复兴，尤其是具有伟大传统和辉煌过去的文化，总是比经济振兴要艰难复杂得多。

正像纽约、巴黎一样，大都市成为文化中心的关键，是它吸引聚合知识分子的能力。这有赖于一种良好的文化生态环境：繁荣的经济生活造成的富足充裕的物质生活条件；发达的文化、教育、新闻出版业和先进的文化设施；成熟的文化市场；思想、言论自由的制度保障等等。20世纪上半叶的上海，具备了所有这些条件，它不仅是中国最大的金融、贸易、商业、工业、运输和通信中心，也是远东最繁华的国际化大都会。在特殊的历史境遇中，帝国主义侵略造成的租界制度使上海在一定程度上成为封建专制的"治外之地"和传统礼教的"化外之地"，为思想文化的发展提供了某种保障。这一切使上海具有巨大的吸引力，不仅万商云集，而且万"士"云集，在上海聚集了中国当时最庞大的知识分子队伍，新文化运动的中心也由北平移师上海。社团林立，流派纷呈，群星璀璨，蔚为壮观，造成海派文化风云际会、巨大恢宏的气象。

不难看到，建国后海派文化所赖以产生的制度环境和文化生态已经发生了深刻的变化。

除了多年来"左"派政治实行文化专制、打击压制知识分子，造成中国知识分子和文化整体性的生存危机以外，上海具体的文化环境变异包括：城市户口制度造成的人才流动停滞，知识分子阵容的狭小化和本地化；上海在张春桥、姚文元治下"左"倾文化的小传统；知识分子人格的柔弱化；在新旧体制转换和当代社会变革的背景下，上海并未生长发育出如北京、广州等地的新的文化机制和文化空间，对文化实行严格的"规划""管理"和控制，仍习惯于计划体制之下"抓"文艺，而不是靠调动发挥艺术家的个性和活力的办法出作品、搞创作。

1992 年 7 月，正当上海股市暴涨，人心浮动之时，《文汇报》报道具有高度水准的上海芭蕾舞团入不敷出，演员异常清苦；而此前不久的另一报道则是，上海青年话剧团排演的新剧，首场演出观众仅 10 余人，导演和演员在台上相抱痛哭。为避没顶之灾，知识分子开始了又一轮"胜利大逃亡"。上海的学者、艺术家、作家争相"下海"，独领风骚。股市大热，映衬出的却是文化骤冷。急于"脱贫""自救"的知识分子纷纷"下海"，固有不可否认的历史合理性和现实合理性，却透露了文化重建的艰辛和无可奈何的悲凉。

我们不禁又想起了 1930 年代文坛那场著名的京海之争，又看到了"五四"知识分子对商品经济和市民文化侵蚀知识分子精英文化、对严肃文化生存困境的深切忧虑的目光。如果说，当时尚有一支具有强大的人文精神、人文关怀的知识分子队伍与文学的商业化相抗衡和抗争，商品经济对严肃文化的冲击、金钱对知识尊严的消解从不是不受制约和名正言顺的；那么不难看到，今天，这两种文化、两种价值的制衡和制约几乎已不存在，无论京海，都是"一边倒"。在"全民经商"的大潮中，是"弃暗投明"的知识分子自己在鼓吹"文化无用"了。

在精英文化、严肃文化严重流失，教育和文化事业疲弱的大背景下，经济至上的社会发展观将导致可以预见的后果，恐怕是城市文化的"香港化"：高度商业化的文化氛围，几乎完全由市场利益驱动和大众趣味导向的文化机制；高度发达的工商业文化和市民文化，包括消费文化、娱乐文化、生活文化、流行文化、通俗文化等等；知识分子精英文化和严肃文化则处于微不足道的软弱境地。

如果在"再造几个香港"的号召下，经济现代化的后果，是不仅广州、深圳、珠海等南方城市，而且上海、北京、西安那样有悠久历史和独特魅力的城市，都将不仅在城市景观、生活方式，而且在文化个性和文化价值上趋同于香港，那究竟是一种文化的福音，还是文化的悲哀？席卷全球的工业文明和现代化浪潮迅速改变人类生活的现实之一，是造成不同国家、民族、地区和城市人们的生活方式前所未有的高度一致和千篇一律。也正是在这时，对自然的、随机的、非规定性的生活和行为的怀念，对具有独特个性传统和特色的文化的尊重等等，成为"后现代"所重视的价值。显然，对文化的丰富性、多样性、独特性的追求，不仅是人类精神生活的客观需要，也是现代社会健康发展不可或缺的源泉。

对于正在现代化过程中的发展中国家而言，民族或地域的独特文化的命运与环境生态十分相似，其间有一个可怕的"时间差"：当我们意识到它的重要性时，它已经面目全非。

知识分子精英文化和严肃文化在社会现代化中的价值和作用同样是需要认识的。时至今日，自上而下相当多的人仍认为这不过是一种可有可无的奢侈品。他们一部分是毛泽东的全能政治的信奉者，在他们看来，只有政治家才是高明的，而政治家同时是无所不能的。另一些人是经济至上论者或科学主义的潜在信徒，他们相信经济决定一切或科学万能，而文化——他们露出揶揄的微笑："不就是少看两个电影吗？"应当指出的是，在建国后 40 多年的教育现实中，移植苏联专才教育的模式改造高等教育，极大地削弱和贬低文科教育，抽取了教育的人文内涵，致使"重理轻文"成为全社会流行的价值观念，相当多学习自然科学和经济的毕业生缺乏应有的人文底蕴和人文关怀，成为狭隘的"经济决定论"或"技术决定论"者：这正是社会管理中急功近利短期行为盛行、轻视教育事业和环境保护等现象的教育缺陷。

以经济建设为中心的现代化运动从不意味着对文化的轻视和否定。如果在这一过程中，民族国家未能加工提炼出具有现代精神，并具有高度整合能力的民族的新文化，这种现代化必然是畸形的和不甚健康的；因而，社会现代化同时意味着一种新的权力结构的出现：政治家和文官阶层、企业家阶层与知识分子阶层的三足鼎立。

归根结底，一个伟大的民族需要一种伟大的文化。

回到东亚的经济奇迹和关于 21 世纪将是"中国时代"之类的预言。1992 年 8 月，日本决定放弃其鼓吹已久的第五代计算机的科研开发计划，这被西方视为类似于苏联解体的灾难性失败。它再一次暴露了盛名之下的"东亚奇迹"和"东亚文明"的根本缺陷。《国际先驱论坛报》撰文指出："太平洋世纪"这一构想的问题，并非由于东亚的政治、人口、环境和资源方面的弱点，事实上，他们非常勤奋、能干，在商品的质量和价格上也富有竞争力。"但是，他们却继承着一个有缺陷的文化，极其缺乏独特性、幻想力和创造性。因此，尽管东亚占有世界人口的 1/3，它却不是现代思想的一个来源。"①

显然，如果东亚不能向世界贡献伟大的哲学和思想文化——就像它曾经做过的那样，而只是输出廉价的商品，那么，它永远不过是几条富裕的"小龙"而已。而对于中国这样的地理和人口大国，如果没有强健有力的文化支撑，则"经济大国"的奇迹亦难奏效。

---

① 美国《国际先驱论坛报》，1992 年 8 月 16 日。

在世纪之交的风云变幻之中，上海和北京，将承当怎样的责任和使命？21 世纪，源自三条大河流域文明的民族文化，能否保持独特的文化个性，继续鼎足而立？京派和海派，依然是一个富有价值和魅力的文化辩题吗？

第十一章

十字路口
的城市

1990 年代中期之后，中国社会发展进入与此前很不相同的一个阶段。在持续多年的高速经济增长和城市化浪潮中，上海和北京成为这一轮城市跃进中灯光聚集、最璀璨亮丽的舞台，成为中国城市效仿学习的样板，令世界各国的政要和观光客叹为观止。我们享受了空前的繁荣，也亲历了巨大的断裂和失落。面对城市面目全非、人口膨胀、交通拥堵、资源危机、房价飙升、股市低迷等问题，城市向何处去、"大城市的死与生"成为社会高度关注的公共话题。

一、城市的尖叫

1988 年，因缺乏资金而陷入发展困境的上海谨慎而低调地进行了一个尝试：学习香港地区和新加坡土地批租的办法，向外商出让虹桥开发区的第 26 号地块的土地使用权。历史已经证明，这是一个犹如安徽小岗村农民实行家庭联产承包制那样，彻底改变城市命运的一步。但直到 1990 年代，土地批租才真正大行其道，成为打开城市发展困局的"金钥匙"，法力无边、点土成金的魔棍。

"经营城市"的概念流行起来，有人考证它是从大连发源的。它被视为是"市场经济条件下盘活城市资产、优化城市资源配置的必然选择，是解决城市建设资金瓶颈的有效手段，也是实现城市建设跨越式发展的最佳途径"，使城市走上"以城建城的良性运转轨道"。也有人说得比较直白："经营城市"说穿了就是两个字——卖地！"经营城市"概念一出现就令人感到了一种危险。这不仅是强烈的"产业化"思路，把城市的发展不由分说地变为创收营利的经营活动；而且，显然有一个自命不凡、凌驾于城市之上的力量，认为自己能够驾驭和操控城市的命运！

财富开始急剧地从地底下涌现，没有什么梦想不能实现，每一个城市都变成了永不停工的巨大工地。至 2000 年，土地批租为上海带来 1000 多亿元的基础设施投资，这相当于上海市 2000 年全年的财政收入。而在 2010 年之前，为迎接将在上海举办的世界博览会，还投入 2000 多亿资金用于展览场馆和城市设施建设。

各个城市竞相提出宏伟的建设目标，掀起破旧立新、大规模城市建设的高潮。昆明市打算总投资 2000 多亿元，建设"东方日内瓦"；浙江省绍兴市计划投资 1000 亿元打造国际纺织中心；一个地级市未来几年也要投资千亿元以上建设世界贸易中心。全国共有 183 个城市提出了建设"现代化国际大都市"的目标，占全国 667 座城市的 27%。有 40 个城市在研究建设CBD（中央商务区），其中包括 4 个人口不足 20 万人的小城市，要建 CBD的城市总数比美国还要多。①

城市在大规模的扩张中渐渐失去了重心，它被称为城市化"超速"。由于城市化水平被视作地方政府的政绩指标，出现了各地追求城市化高增长率的攀比。1980 年，我国的城市化水平为 19.4%，1990 年为 26.4%，2002 年已经达到 39.1%。② 在 1990 年代，大致是每年增加一个百分点；从 1996 年至 2003 年，连续 8 年以每年 1.4 个百分点的速度在提高。我国现在的城乡总人口为 13 亿，在 2040 年左右人口规模达到峰值时，大约为 16 亿至 17 亿。然而，按各省申报国务院的规划和建设用地匡算，我国城市规划的人口容量竟然达到了 33 亿的规模！③

每年增长 1.4 个百分点这样高的城市化速度，既是不真实的，也是难以实现的。这意味着每年有 2000 万农村人口变为城镇人口，不仅需要两位数的人均 GDP 增长率才能支撑；城市也没有如此之大的吸纳能力。目前全国城市每年新增的就业岗位不足 900 万个，而且城市还有 4% 以上的失业劳动力。北京大学周一星教授认为，比较恰当的城市化增速应是 0.8 个百分点左右。这样，在 2010 年城镇人口比重达到 46.5% 左右，2014 年超过 50%，2020 年达到 57%，2023 年超过 60%。④

对城市化速度的攀比、盲目追求超大规模的发展，推动了全国范围内的房地产热、开发区热，造成大规模的"圈地运动"。据介绍，近 20 年来，我国共出现三次大规模的"圈地运动"。

---

① 《新华社每日电讯》，2005 年 6 月 21 日。
② 张翼：《中国人口总量的增长和结构变化》，转自《2004 年中国社会蓝皮书》，社会科学文献出版社 2004 年版，第 130 页。
③ 《中国财经报》，2005 年 7 月 16 日。
④ 《21 世纪经济报道》，2005 年 10 月 20 日。

第一次"圈地运动"始于 1987 年，在 1992—1993 年达到最高峰。1986 年，随着《土地管理法》出台，土地分为行政划拨和有偿出让两种形式，土地的价值被发现，"圈地"渐成风气，各类开发区遍布城乡。据建设部的资料，截至 1993 年 3 月，县级以上的开发区达 6000 多个，占地 1.5 万平方千米，比当时城镇城区用地面积总量 1.34 万平方千米还多 0.16 万平方千米。广西的北海市 1992 年设立 20 多个开发区，两年后宣布清理时，市政府想建一个图书馆都已经找不着地。在那里消灭了无数一夜暴富的"枭雄"，也造就了当今中国最活跃的一批房地产商。

第二次"圈地运动"始于 1998 年。其时，住房实物分配被停止，房地产业的地位重新获得肯定，出现新一轮开发区热，为第三次"圈地运动"留下了铺垫。

2002 年下半年开始的第三次"圈地运动"，直接动因却是因为建设部要求从一年后的 2003 年 7 月 1 日起，经营性建设用地全部实行挂牌、招标、拍卖规定。协议出让土地成为"最后的晚餐"，导致了大规模圈地的"最后的疯狂"。至 2003 年 7 月，各地共设立开发区 5524 个，圈占了 3.6 万平方千米土地，是第一次"圈地运动"占地总量的一倍多，超过全国城镇建设用地的总和，相当于一个台湾省的面积。浙江省有 758 个开发区，规划面积 4000 多平方千米，相当于全省现有城镇面积的 3.6 倍。山东共有各类园区 642 个。江苏有 475 个开发区，其中仅南京江宁区 4 个开发区规划占地面积就达 773 平方千米。2002 年，政府及其职能部门违法用地量大幅度上升，包括各类开发区在内的房地产开发违法用地，与政府及其职能部门的违法用地一起，构成了第三次"圈地运动"的主流。[①]

经清理整顿，2004 年底，全国开发区核减数量占原有开发区总数的 70.1%，压缩的规划面积占原规划面积的 64.5%；已退出开发区土地 2617 平

---

① 《21 世纪经济报道》，2003 年 12 月 30 日。

方公里，复耕 1324 平方公里，收回闲置土地 116.5 平方公里。[①] 北京市将开发区数目由 470 个撤减为 28 个，规划面积由 8.76 公顷减少为 4.1 公顷。[②]

据国土资源部披露的数据，2002 年以前，全国通过招标、拍卖、挂牌出让土地的面积占有偿用地总面积的比例，只有 2% 到 5%。也就是说，以往 95% 以上的土地是通过协议出让方式供应。协议出让土地与招标、拍卖、挂牌出让土地，收入相差达 2—3 倍。这导致国家少收的土地收入每年达到近千亿元。[③]

中国新一轮的城市化运动就这样在全国如火如荼地展开。正如建设部负责人所言，超越经济能力地大搞城镇建设，实际上是在透支和浪费日渐稀缺的发展资源，用杀鸡取卵的办法换取眼前政绩。同时，不合理的征地制度和补偿办法，造成对农民和原住民利益的严重侵犯，成为加大社会差距、加剧社会矛盾的重要动因。

政府和开发商聚敛财富的"魔法"，是以公共利益的名义剥夺农民的权益，低价征地而高价出让，获取土地资本的巨额增值收益。据浙江省的一项调查，被征土地的利益分配格局大致是这样的：地方政府占 20% 至 30%，企业占 40% 至 50%，村级组织占近 30%，农民仅占 5% 至 10%。一个极端的个案：据国土资源部调查，浙江省上虞市（现为"区"）2000 年土地出让收入 2.19 亿元，其中征地补偿费只有 591 万元，仅占卖地进账的 2.7%。据测算，改革开放以来，通过各种形式征用农地的价格"剪刀差"，从农民身上至少"拿走"近 5 万亿元，严重剥夺了失地农民的利益。[④]

据不完全统计，1997 年到 2002 年，6 年间我国年均减少耕地 1027 万亩。

---

① 《北京现代商报》，2005 年 8 月 23 日。

② 《北京青年报》，2004 年 7 月 31 日。

③ 《21 世纪经济报道》，2003 年 12 月 30 日。

④ 陈芳、张洪河：《国有土地出让金年流失百亿以上谁获利最大？》，新华网，2004 年 8 月 5 日。

到 2003 年底，全国耕地面积已从原有的 19.5 亿亩锐减到 18.51 亿亩。①2004 年 10 月底，又减少为 18.37 亿亩，人均耕地由 1996 年的 1.59 亩降为 1.41 亩。② 与此同时，出现了 4000 多万"务农无地、上班无岗、低保无份"的"失地农民"，他们徘徊在城市边缘，成为社会中最弱势的一群。2003 年，九三学社进行的一项调查表明，目前 60% 的失地农民生活处于十分困难的境地，有稳定经济收入、没有因失地影响基本生活的只占 30%。③

不顾条件、盲目扩张的另一个恶果，是近年来建筑行业愈演愈烈的拖欠"农民工"工资的现象，城市不断上演民工为索要工钱而攀高、跳楼和凶杀的悲剧。然而，应该对此负责的不完全是包工头。据有关部门调查，目前全国拖欠的 1780 亿元建设工程款中，各地政府投资的建设项目欠款就达 700 亿元，约占 40%。④

这是近二十年来中国城市化运动的一个宏观背景。与 20 世纪五六十年代我国迅速实行工业化一样，农民又一次为中国的社会发展付出了沉重而巨大的代价。看不到这一点，城市人的自我陶醉、自我赞誉不仅显得浅薄，而且是没有良心。

高度竞争

城市似乎在一夜之间"长高"了。高度被认为是"城市实力"的表现。对建筑高度的崇拜和竞争，成为城市建设的重要主题。

1985 年，150 多米高的深圳国贸大厦以"三天一层"的"深圳速度"开大陆超高层建筑的先河。1990 年，北京京广中心突破 200 米。1996 年，深圳地王大厦以"九天四层楼"的新速度将楼高建到 384 米。随后，上海东方

---

① 王海坤：《失地农民出路与现实：4000 万失地大军游荡城市》，《中国经济时报》，2004 年 4 月 9 日。

② 新华网，2005 年 3 月 29 日。

③ 《中国经济时报》，2004 年 4 月 9 日。

④ 《新民晚报》，2005 年 2 月 4 日。

明珠电视台以 468 米的高度雄居全国第一，浦东的金茂大厦以 420 米的高度名列世界第三，成为国人的新骄傲。

这是一个被不断刷新的纪录：广州第一高楼中信广场大厦，高 391 米；深圳第一高楼信兴广场大厦，高 384 米；天津第一高楼信达广场大楼，高 238 米；成都第一高楼民兴金融大厦，高 158.5 米；苏州第一高楼新地中心，高 232 米；南京第一高楼郎诗城市广场主楼，高 228 米；杭州第一高楼杭州电信第二枢纽大厦，高 249 米；武汉第一高楼民生银行大厦，高 283 米；沈阳第一高楼东北世贸中心，高 300 米；大连第一高楼大连世界贸易大厦高 242 米⋯⋯

根据有关规定，高于 24 米的建筑属于高层建筑，高于 100 米的建筑属于超高层建筑。上海现有 16 层以上的高层建筑 4000 多幢，名列世界第一；已经批准、即将兴建的还有 3000 多栋，成为上海城市不能承受之重。广州的高层建筑犹如雨后春笋，很多住宅楼都已经超过 30 层，有的超过了 100 米，规划在建的超高层建筑还有几十栋。仅珠江新城，目前就规划了 18 栋 200 米以上的高楼，50 栋 150 米以上的高楼。

世纪之交，城市之间对高度的竞争又增加新的动力——兴建"跨世纪的标志性建筑"。尽管发生了美国"9·11"恐怖袭击事件，我国的建筑界却不为所动。各地争创本地"最高"的攀比如火如荼。新落成的青岛第一高楼（也是山东第一）青岛国际金融中心，高 249 米；规划中的大连国贸中心大厦，高 420 米；在钱江新城建设的浙江财富大厦金融中心，高 268 米；呼和浩特市在建的金鹰国际 CBD 项目，主楼高 161 米；重庆市开建的万豪国际金融中心，规划高度 320.4 米，将成为"西部第一高楼"。广州地产巨头争建珠江新城双塔之"西塔"，高度将达 432 米。2005 年 9 月，武汉历史上投资最大的项目——CBD 正式动工，计划在其核心区将修建一幢 100 层、高 500 米的高级商务写字楼。

对高度的崇拜并非自今日始，它渗透在中国人的"现代化"意识之中。

从大半个世纪以来国人对上海滩 24 层高的国际饭店的啧啧赞叹，到对今日浦东 88 层高的金茂大厦的满腔自豪，都反映了这种"现代化＝高楼大厦"的集体认同。事实上，在西方国家经历了工业化时期对高层建筑的新奇之后，当前的"摩天大楼热"主要集中在东亚国家。那些"从稻田中拔地而起的"新兴国家和新兴城市，无不把自己经济建设的成就和民族自豪感主要寄托在对建筑物高度的追求上。

对高楼大厦的攀比很大程度上是不理性的。和半个世纪前不同，以今天的科学和工程技术，建筑更高的大厦已不再是什么了不起的奇迹或挑战。随着知识经济、网络经济时代的到来，摩天大楼作为传统工业文明和资本权力的"地标"，它的文化象征意义也已陈旧。就建筑的实际功用而言，摩天大楼的负面价值不容忽视。首先是危险系数高，除了恐怖袭击，一旦发生地震、火灾、有害气体泄漏和爆炸等事件，对摩天大厦的威胁都非同一般。其次是昂贵的造价和维护费用形成的巨大的投资风险。位居中国第一和世界第三的浦东金茂大厦，一直是国人的骄傲，但它的困惑和问题却鲜为人知：每平方米造价 2 万元，建设总投资 50 亿元，其中 24 亿元为贷款，还贷的压力十分沉重；而管理经费比建造投资要大得多，如果大厦使用寿命以 65 年计，管理费用大约是建设投资的 3 倍。目前，金茂大厦仅日常的管理维护费用每天就需 100 万元人民币。建筑界人士认为，在庞大的维护管理费用面前，高度超过 300 米的摩天大楼已经失去了节约用地的经济意义。

正在浦东陆家嘴建设的上海环球金融中心，投资额超过 11 亿美元，原设计高度为 466 米，2003 年复工后为了争得"世界第一高楼"的称号，把设计高度增加到 492 米。环球金融中心建成后，预计每年的运营成本将达到 8 亿元人民币以上。由于"9·11"事件的影响、金茂大厦不太好的运营状况、台湾第一高楼惨淡的租售状况，以及日资银行本身的困难，都使环球金融中心的建设前景蒙上迷雾。

目前我国高层楼宇的空置现象相当严重，超高层建筑高昂的建设成本和管理费用已经压垮了不少投资商。1995 年修建 72 层的巨人大厦，把风光一时的巨人集团拖垮。广东佛山市 52 层高的国际商业中心建设中途资金告罄，6 年后拍卖时，标价 2 亿元却无人问津。因而，每一个城市都应该认真考虑：为满足自豪感和虚荣心究竟应该花多少钱？

高楼大厦对城市特色的破坏更是显而易见。从北京的故宫环望，已经躲不开高楼大厦的身影。同样，西湖之滨矗立着钢筋水泥的丛林。虽然杭州市政府作出了沿湖地区不得建高楼的规定，新建的杭州市政府大厦却高拔怪异，被市民诟病为"削尖脑袋，挖空心思，两面三刀，歪门邪道"。云南的丽江，也兴建起类似希尔顿饭店那样的华丽大厦。针对南京要在鼓楼广场建设高 421 米的"中华第一高楼"的传说，许多建筑学权威深切关注，呼吁南京不能再走上海、广州等城市的"老路"，不能把这个著名的绿化城市变成"混凝土森林"。

城市竞赛的不仅是高度，而且是速度。1998 年，广州市提出城市面貌要"一年一小变，三年一中变，2010 年一大变"的发展战略，立刻变得保守。上海提出的新口号是"一年一个样，三年大变样"。2005 年 9 月，名声显赫的上海籍运动员姚明和刘翔被聘担任上海的形象大使。没有比他们更恰当的城市代言人了：在这个竞争高度与速度的时代，一个代表着高，一个代表着快。

只有一个老人提出，城市建设应当比慢。他是被称为建筑界"持不同政见者"的建筑大师张开济。他最早对城市建设的"香港模式"发出警告，反对北京和内地在住宅建设上盲目仿效香港，兴建"塔楼＋梅花桩"式的小区。他认为城市本来是个逐渐生长发育的有机体，在几代、十几代、几十代人的生活中形成自己特定的面貌，怎么可能在三五年的时间里改头换面，怎么能够把子孙后代生存发展的空间在一代人的手里消耗殆尽呢？而且，怎么能够在这么短的时间内盖出经得起检验的好房子？

在这场以新为美、以速度为正确的变脸竞赛中，每一座城市都津津乐道地宣传：归来的游子已找不到当年的街巷。他们似乎不知道，这也是许多游子不再归来的原因，他们宁愿保留住自己心中的家园。今天，到那些最负盛名的胜地去游览，无不是一场冒着巨大风险的赌博，它可能使心中的美好荡然无存。在多个城市之间，上演着争夺包公、西施，以及梁山伯、祝英台归属权的竞争。另一些城市，则忙不迭地更改古老的地名。自云南的中甸改名为"香格里拉"，许多城市都坐不住了。雅号"蓉城"，以"美食之都""休闲之都"而闻名的成都显然不满意这类名声的"档次"，最近，它为自己定名为"东方伊甸园"！最夸张的故事发生在巴黎。一位倨傲的北京人口出狂言：巴黎的建设太落后了，怎么与我上次来时没什么变化。接待他的法国人甚为惊讶：怎么，你觉得城市是一个需要不断更换的舞台背景吗？

"城市美化运动"

这的确是国人对城市的需求和想象——日新月异！就像美容业的兴盛那样，对城市的装扮美化也不惜代价地全方位展开了。

以大草坪、城市广场为标志的"城市美化运动"是从大连开始的。它立即普及到每一个城市和县镇，达到走火入魔的程度。城市广场的纪录被不断打破，山东某地级市所建的城市广场，规模可与天安门广场媲美。标准化的"八股广场"被概括为"低头是铺装，平视见喷泉，仰脸看雕塑，台阶加旗杆，中轴对称式，终点是政府"。越盖越大、越来越豪华的政府办公楼张狂地炫耀着至高无上的权力。重庆市忠县黄金镇酷似天安门的镇政府办公大楼，成为一个"经典"。广州的城市广场热也很夸张。据报道，在前几年广州市"中变"期间，已经建立了十余个城市广场，计划至 2010 年，还要建设 40 多个不同规模的城市广场，"掀起了新的城市广场建设高潮"。[①]

---

① 《广州日报》，2001 年 10 月 23 日。

许多城市巨大的中心广场的特色就是无特色，以大为美，以洋为美，追求富丽堂皇的气派。不仅无个性、无地方性、无艺术性，而且无功能。它并不是为人的实用需要而建造的，建筑形态、空间尺度、公共设施并不考虑人，把人变得非常渺小或者非常被动（不许进入，不许坐卧，无法休息和便溺），因而是非人性的。

景观大道的典范是上海浦东的世纪大道，它也在地县级城市获得"丰收"。2004 年 9 月通车的山东枣庄市著名的光明大道，被称为"中国最长最宽的市区马路""中国市区第一道"，有的媒体则干脆称之为"华夏政绩工程第一路"：全长 19.5 公里，最宽处 102 米，10 条机动车道的宽度分别从3.5 米至 4.1 米不等、非机动车道 2.9 米、中心绿化隔离带 5.6 米、外侧绿化带 24 米。它已经受到上级部门的查处。

从北方最干旱的城市到南国的山城，广植大草坪成为城市时尚。有的林业大学的草原生态专业改成了人工草坪专业，甚至是"高尔夫专业"。大量种植人工草坪，对高耗水，需要喷洒化肥、农药的外来草种的迷信，不仅造成水资源的浪费，而且造成对本地植被、物种和生物多样性的巨大伤害。北京颐和园后山，铲除天然的灌木植被，改植常绿的草坪，致使鸟类和其他生物大幅减少。天坛古松树的憔悴死亡，可能的原因之一是地面种植需不断浇灌的草坪，从而改变了古松根系的生长方向。从北京开始的河道硬化工程开启了另一个破坏自然生态的恶劣先例：用石块水泥将河底、坡岸封闭，使之成为没有生态功能的输水管道。它发展为在圆明园湖底铺盖塑料膜的"大手笔"，招致环保界和舆论的强烈批评而被迫整改。在规划严整、化学味浓郁的小区新居，人们不禁开始怀念往昔秋虫悲鸣的日子——这里再也听不到草虫和鸟类的啁啾。

类似的，让城市"亮起来工程"，把曾经暗淡的都市装点成耗电巨大的"不夜城"，使城市变得花里胡哨、光怪陆离，直至 2005 年发生全国范围的电荒，才对它进行了必要的限制。

这种屡禁不止、劳民伤财的形象工程、政绩工程，其审美趣味是十分相似的，有人概括为西化、人工化、雷同化。此外，是以浓妆艳抹、新奇刺激、妖艳为美，而且把庞大当作伟大，强烈表达了对权力的崇拜和对人的藐视。它被恰当地命名为"权力美学"。

"权力美学"对审美趣味的败坏，极端地体现在"以假为美"、对假花假树的癖好上。几年前一个草木萧疏的冬日，我意外地发现长安街两侧的草坪已经一片绿意，心中刚掠过"春来早"的惊喜，却发现原来是喷洒的绿色涂料。在西单，曾见过万木凋零之中绿叶茂盛的大树，走近才知满树披挂着塑料树叶。严冬的商业街，曾经用鲜花装点的花柱、花坛，入冬之后也变为假花簇拥、假花怒放。新近流行的是晚上可以发光的假椰树，在寒冷的北方装置虚假的南国风景。如果今天我们已经不再能欣赏北方的荒凉壮阔，不再能领略冬季肃杀威严的美，而将"糖水罐头"般的桃红柳绿作为唯一的追求强加于公众，是否是对公民审美趣味的戕害，并将导致公众审美意识的麻痹和退化？那个创造了人工大草坪的北方城市，还创造了一种状如槐花的街灯"槐花灯"，于是，在一些城市发生了为突出槐花灯的观赏效果，不惜砍掉行道树的咄咄怪事！

当北京和上海不约而同地请法国的建筑师改造南京路和王府井的步行街，使两者在建筑风格上难分伯仲时，它又成为一种"引导新潮流"的时尚，改造了从杭州到桂林的所有步行街。一批批速成、单调的建筑迅速填充着城市的空间，一座座失去记忆的城市被大量复制，粗暴地改变着人们的视觉。在房地产商的词典中，"广场"不再是巨大的政治和物理空间，而是建筑物的前庭路口；"花园"是楼旁狭窄的绿化带，"森林"则是郊外草木稀疏的苗圃。"国际大都市风、开发区风、广场风、草坪风、地铁风、CBD风，一阵接着一阵刮，每一次狂风过后，城市的个性和特色就被磨平一次，并留下了许多形象工程和政绩工程，其中许多又成了垃圾工程和烂尾工程，它们几乎都无情地成了城市脸上的'粉刺'和身上的'伤疤'"。①

"欧陆风情"登陆中国，变成了横扫大江南北的飓风，千姿百态的城市成为大大小小的"世界公园"。各地的"娱乐城"无不装饰着罗马式的柱廊，矗立着比例失调的西洋裸女雕塑。每一个城市无不充斥着罗马花园、夏威夷大酒店，充满"威尼斯风情"或洒满"加州阳光"，每一个中小城市都有一座惟妙惟肖的"白宫"，它可能是政府所在地，也可能是税务局或烟草专卖局。城市楼盘命名成为文化时尚的风向标。上海的别墅洋名，如皇骐爱丽舍、温莎半岛别墅、爱伦坡艺苑、康桥水乡、圣马力诺桥、长岛高尔夫、加州花园、绿洲康城、枫丹白露别墅、金色奥斯卡、爱法奥郎庄园、圣塔路斯、金色维也纳、泰晤士小镇、达安圣芭芭、村上春墅、绿洲比利华、剑桥景苑、阳光欧洲城等等。地处西南的春城昆明，照样洋气十足，小区楼盘的洋名如创意英国、玛雅生活馆、西贡码头、地中海、挪威森林、波西米亚花园、马可波罗半岛别墅、香榭丽园、加州枫景、国际花园、世界花苑、名古屋、戛纳小镇、格林威治……

2003年4月24日《北京青年报》的增刊，成为鼓噪"欧陆风情"的广告样板，其标题如"全力打造经典欧陆百年建筑。CBD 90万平方米极品欧洲城，罕见全国"；"吸取欧洲皇室生活哲学，继承欧罗巴建筑美学，15万平方米欧式宫廷水景、园林，再现欧洲传世复古迷情"；"朝阳北路景观地标，守卫我们心灵领地的大门——凯旋门"；"顺着渥大维手指方向精雕细琢，巴洛克、洛可可，与拜占庭建筑风格，造型纯正……"建筑评论家包泡指斥《北京青年报》的这一广告，所谓"欧洲皇室生活哲学""原汁原味的中世纪建筑"等等，缺乏文化上的良知，宣传的是滞后的伪文化，是引

---

① 海默：《中国城市批判》，长江文艺出版社2004年版。

导文化上的大倒退。^①

　　当社会向市场化、世俗化转变之时，建筑从过去更为重视具有恒久价值的审美感受、意识形态的超越性力量、统治者的意志和权威，以及精英阶层的文化趣味，转为重视和强调现实的功利、即时需要和时尚潮流；而在"大干快上"的"城市大跃进"中，经济利润成为高于一切的核心，新的工作机制成为"规划听领导的，领导听老板的"。前所未有的建设规模、转型期的混乱无序和急功近利、长官意志和不受制约的商业化等等，迅速导致了城市的雷同、平庸和"麦当劳化"。当你在王府井行走，正如在建国门的街头漫步，经常会产生不知身在何处、时空倒错的感觉。随处可见的败迹和病态，宣告着规划的失败和建筑家的缺席。

　　2000 年 3 月，《新周刊》对中国正在兴起的城市运动中的败笔进行了一次总结和批判，当时归纳的"十大败笔"是：强暴旧城、疯狂克隆、胡乱"标志"（标志性建筑）、攀高比傻、盲目国际化、窒息环境（欲望和金钱窒息了建筑艺术）、乱抢风头（城市建筑不协调）、永远塞车、"假古董"当道、跟人较劲（没有亲和力）。2002 年 11 月，《新远见》的"新城市运动十一大批判"内容是：疯狂 CBD、空壳开发区、自残商业街、发烧海洋馆（包括野生动物园等）、跟风国际化、强暴生态、旧城绝杀、非常广场、变态街区、以穷人为中心（城市空心化）、消失的城市（资源枯竭型城市）。

　　海默 2004 年出版的新书《中国城市批判》，对当代中国具有代表性的16 个城市进行了嬉笑怒骂的批判和反思。他在《哪一座城市值得我们歌唱》的诗中，表达了对城市的愤怒：

　　　中国城市　一头突然醒来的狮子

_____

① 　包泡：《2003 年城市建筑文化的六个问题》，《北京现代商报》，2004 年 10 月 2 日。

懵里懵懂　张牙舞爪
没有方向地怒吼着

中国城市　挥舞着欲望的旗帜
狰狞地倾斜着向上生长 [①]

二、打造"中国的曼哈顿"

在这场迅猛异常的城市现代化运动中，北京——具有 800 多年历史的文化古都，又一次被逼到生死线上，处于岌岌可危的状态。用国家文物局原局长谢辰生老人的话，"天天在出问题"。

在北京城，对高度的竞争是悲剧性的。作为古都文化性格的表现，开阔舒缓的平面布局和辽阔无碍的天际轮廓线是北京城的基本特征。它立即在无序的商业开发中变得面目全非。1980 年代中期，在紧邻故宫的旧城的核心区内，在王府井一带相继出现了一批高层建筑，如王府饭店、和平宾馆等。与此同时，京广中心、京城大厦和国贸中心等玻璃幕墙的摩天大楼接踵而至，打破了北京城传统的天际线和城市景观。今天，无论在故宫、北海还是颐和园四望，背景无不是林立的高楼。

在学术界的呼吁下，1985 年北京市出台市区建筑高度控制方案，规定以故宫为中心，分层次由内向外控制建筑高度。1993 年中央批复的《北京城市总体规划》规定，"长安街、前三门大街两侧和二环路内侧以及部分干道的沿街地段，允许建部分高层建筑，建筑高度一般控制在 30 米以下，个别地段控制在 45 米以下"。

---

① 海默：《中国城市批判》，长江文艺出版社 2004 年版，第 1 页。

对这一控制最强烈的挑战，是来自香港李嘉诚所属集团在王府井路口建立的亚洲最大的商业性房地产建筑群"东方广场"。它招致海内外许多有识之士的批评，主要是担忧其对北京古都风貌将造成难以估量的破坏。东方广场原设计方案东西宽 480 米，建筑高度 70 多米，建造面积达 80 万平方米。而近在咫尺的天安门的高度为 35 米；人民英雄纪念碑的高度为 38 米；人民大会堂的建筑高度为 31 米，最高处才 40 米，总建筑面积 17 万平方米。这意味着，这座体量 4 倍于大会堂、高度 2 倍于大会堂的庞然大物将使天安门广场上的这些标志性建筑变得矮小，导致城市中心偏移，从而打乱历史形成的以天安门广场为中心的首都城市格局。同时，在城市中心建造这样一个巨型建筑，势必增加人流、车流向中心的聚集，加剧已经很严重的交通拥堵。

作为妥协的产物，东方广场终于被拦腰截断，呈现粗壮矮胖的身姿——经修改降低高度和容积率后，它仍然高近 40 米。与之相映成趣的是东方广场西侧建于 70 年代初的北京饭店新楼，它也是经修改设计后被"裁短"的，原因是出于对中南海安全的考虑。两者命运相同原因却大不相同，也算是一种社会进步了。

世纪之交，"CBD"（中央商务区）成为北京的中心话题。1990 年代以来，下放至区级的 GDP 竞赛，致使旧城区内 CBD 遍地开花，又是"金融街"，又是"银街"，银行大楼遍布全市，东城、西城、朝阳、海淀互争 CBD。这不仅令投资者无所适从，而且严重破坏了古都风貌。最终，北京市确定在朝阳区建设首都的 CBD。

建设者对 CBD 的想象十分单一，无不指向对纽约曼哈顿、东京新宿、法国拉德方斯、香港中环的复制模仿，甚至直言要建设"北京的曼哈顿"，打造北京新的"城市名片"！一位开发商提出，CBD 的建筑高度不应限制，相反应该"限低"，在朝阳区要"云集 10—20 座高 200 米左右的建筑"，否则就"无法借鉴著名 CBD 那种栉比鳞次、震撼人心的巨型建筑物群体的建筑经验","根本无法打造出理想的、富有特色的 CBD 来，一定会束缚 CBD 建设的投资热情和创新精神"。[①] 他们心仪的，正是香港、纽约那样高楼林立、车水马龙的"震撼人心"的"现代化景象"。

北京市建设 CBD 确定的规划，果然是要建造一批高 300 米左右的超高层建筑，其中国贸中心三期工程高 330 米，财富中心高 257 米，银泰大厦高 248 米，而这一地区原先的控制高度是 60 至 100 米。西方发达国家的商务区大致是在 20 世纪初和战后形成的，有其特殊的历史。曼哈顿密集的摩天大楼，展示了那个时代的建筑成就，充满炫耀财富和实力的意味，具有典型的帝国主义气质。香港中环在弹丸之地的建设，也只能向超高超密度的方向发展。到 20 世纪末，后工业社会的来临和新经济的出现，世情和潮流已经大变。正如北京现代城的开发商潘石屹所言："传统经济中，财富的竞争导致了建筑的竞高。网络新经济中，比高、比大、比荣耀的文化心理将被创新、个性、平等、共享的精神所取代"；尤其是传统商务区以金融、贸易为主要的商业功能，而金融、贸易作为传统商业的中间环节，在新经济中将被大幅度地削弱、替代。因而，他认为北京的商务区应更多地考虑"把资金投入在智慧的空间上，即宽带的、互动的、个性化的、有丰富数据库支持的网络环境建设上，充满人情味的自然与人文环境的建设上"。应该说，这才是具有新意和远见的。

如果说现代化意味着"高"，那么国际化便意味着"洋"。以国际化大都市为追求的中国城市，为西方的建筑师提供了难以想象的优厚待遇，北京被称为全球最大的现代建筑的实验场。

首当其冲的是法国建筑师安德鲁设计的国家大剧院。擅长机场设计的

---

① 《北京青年报》，2000 年 7 月 11 日。

安德鲁将它设计成浮在水面之上、银光闪闪的巨大金属半球，被北京人称为"大水泡"。作为北京市最独特的"另类"建筑，起初它因其强烈的后现代风格、建筑功能不甚合理和极其高昂的造价，遭到了科学家、建筑师的联名上书和强烈抵制。目前，国家大剧院已经竣工。它横陈在首都的中心，成为一段跨世纪纠缠的触目标志，宣示着老北京文化的消解。围绕它的争论肯定会长久地持续下去。

围绕 2008 年在北京举行的奥运会，北京开始了新一轮提升形象、塑造形象的高潮。世界建筑大师走马灯似的来往于北京和中国各大城市。继安德鲁之后，荷兰人库哈斯拿下了中央电视台新楼，瑞士人赫尔左格、德梅隆拿下国家体育场，英国人诺曼·福斯特设计了首都机场新航站楼，英国人扎哈·哈地德、克里斯迪奥、德·鲍赞巴克拿下物流港的另一部分，日本人矶崎新取得中央美术学院"美术馆"的设计资格……

它引起了一场关于洋建筑和洋建筑师的讨论。也许，真正值得反思的不是国际招标和洋大师的到来，而是为什么中标的总是最昂贵、最怪异的"后现代建筑"。2004 年 8 月，英国广播公司（BBC）的一篇文章称：北京在一步步把自己装扮成奥运舞台，它正在重新定义自己的形象：什么都要现代化，什么都要"酷"，什么都是世界顶级设计师操刀，至于花多少钱它毫不在乎。"这个城市形象正被改变得不同以往。北京未来的新形象就是一大批外国建筑师设计的炫耀工程：奥运主会场被描绘成'动感城市'，呈鸟巢形状；中央电视台的新楼设计成 Z 字形，好像要挑战重力定律。它们都是出自名师之手。著名建筑师 Zaha Hadid 表示，有什么新设计新方案要付诸实施，在北京都可能做到，但其他地方不会允许。"①

建筑界正在抛弃适用、经济、美观的基本原则，追求所谓"一百年不落后""前所未有"的视觉效果，从而使大型公共建筑成为"巨型建构的游

---

① 《中国拒绝"洋建筑实验场"》，《青年参考》，2004 年 8 月 10 日。

戏"。这种审美和追求,其根源仍然是"权力美学"。此外的原因是经济性的:投资大、造价高的建筑设计之所以更容易获得通过,不仅因为外国建筑师可以按比例获得更高的设计费,项目业主负责人按造价百分比拿到的提成也越高。

长期参与中国城市规划的美国学者、美国规划协会院士级注册规划师苏解放(Jeffrey L.Soule)直言"北京不需要借助洋建筑师来认定自己的身份。其悠久的建筑历史应足以激发起它对自己身份的信心。自信铸造着一个民族自尊与自豪的核心"。他这样评价道:

> 缺乏城市设计培训或经验的中国官员,通常会把现代性和盛气凌人、古怪异常的设计混为一谈。一些因幼稚的设计会被本国拒绝或嘲笑的外国建筑师,却在中国找到了富有同情心的听众。由于中国许多所谓的学者和专家,经常受益于与这些外来者的经济关系,用以提高他们的政治和专业地位,他们就不能发出客观和诚实的声音来抑制这种体制的盲动。与设计相关的媒体也在逃避告知、批评和提供有判断力评论的责任,不去告诉大家:城市是为人民建的,而不是为那些在高空中把城市当成几何玩具的神仙们建的。我恳请城市官员们像市民那样感知城市,即把自己的双脚摆到街道上来,而不是坐在直升飞机上、飞驰的豪华汽车中,或是站在昂贵的模型前。①

由于发生了2004年5月法国戴高乐机场候机厅垮塌事故——它也是由安德鲁设计的,围绕洋建筑的争论陡然升级。人们首先质疑的是其安全性。的确,无论奥运会主体育馆的"鸟巢"方案、主游泳馆的"水立方"方案,以及CCTV的新大楼方案,无不是形式主义的杰作,为夺人眼球,造型极

---

① 《美专家:北京穿一身俗气的洋裤褂》,《新华每日电讯》,2005年8月23日。

尽新奇夸张之能事。其中尤以央视新楼方案为典型。这一落户朝阳区 CBD 的央视新楼，总建筑面积 55 万平方米，高约 230 米。为刻意求新，将视觉的惊险、出奇放在首位。该方案十分冒险地将 55 万平方米超大规模的建筑，设计成严重倾斜失衡的联体双楼，10 层至 14 层的"门楣"成为曲折悬空的巨梁，在建筑的高度、均匀性、变形、旋转幅度等方面都突破了有关建筑结构的国家规范。由于地处华北地震带，以及受地下水位剧降导致地层的不均匀沉陷等外力的影响，它陷于安全隐患之中。使斜悬巨楼危而不倒的技术解决方案，是不惜巨资从内部予以加固，致使央视新楼的造价极为昂贵。这一工程的计划总投资是 50 亿元人民币，为了保证绝对安全，使楼体达到抗震 8 度至 9 度的标准，资金需求估计将会翻倍！ ① 正如识者所言，如此不惜成本、一掷千金的"艺术追求"，在洋大师自己的国家是根本不可能实现的。为此而背负巨大经济压力的 CCTV，正在为这一决策付出经济之外的沉重代价。

央视新楼的问题不仅是安全隐患和极其昂贵的造价，它所体现的文化价值也是大可质疑的。支持者认为它独特的倾斜外形给人强烈的视觉冲击力，"作为一个优美、有力的雕塑形象，它既能代表新北京的形象，又可以用建筑的语言表达电视媒体的重要性和文化性"，从而树立 CCTV 的标志性形象。在我看来，这一横空出世、突兀怪异的建筑形态所真正体现的，是一种居高临下、咄咄逼人的霸权文化，以及一种极尽奢华和光怪陆离的流行文化，它们都是不合时宜并会迅速过时的。一个面向未来的标志性公共建筑，应当尽可能地反映社会的公共价值。在我们即将进入的以信息化、多元化、智能化和扁平化管理为特征的知识社会，央视应该为自己塑造的社会形象，究竟是以人为本、贴近大众、智能化和绿色的，同时也是安全的、实用的、经济的和与城市文脉相协调因而富有亲和力的，还是以这样

---

① 《21 世纪经济报道》，2004 年 5 月 17 日。

一个凌厉狰狞、以庞大冒充伟大的"巨无霸"？

梁思成早就曾沉痛地言说："一个东方老国的城市，在建筑上，如果完全失掉自己的艺术特征，在文化表现及观瞻方面都是大可痛心的。因这事实明显地代表着我们的文化衰落，至于消灭的现象。"显然，追求民族化并非意味着复古。梁思成明言中国古典的"宫殿式"建筑已不合于近代科学及艺术的理想，但他指出"世界各国在最新法结构原则下造成所谓'国际式'建筑；但每个国家民族仍有不同的表现。英、美、苏、法、比、北欧或日本都曾造成他们本国特殊作风，适宜于他们个别的环境及意趣"。"我们的建筑师在这方面所需要的是参考我们自己艺术藏库中的遗宝。我们应该研究汉阙，南北朝的石刻，唐宋的经幢，明清的牌楼，以及零星碑亭，泮池，影壁，石桥，华表的部署及雕刻，加以聪明的应用。"[①]

面对西方资本和建筑文化的强势挤压，今天我们保持民族风格的努力更为艰难，甚至是否应当坚持也成为问题。然而，越是在全球化和地球村的时代，民族化越成为一种必要的理想。归根结底，我们要营造的是"中国人的文化家园"，而不是"麦当劳"化的"世界公园"。这不仅是对中国建筑师的考验，也是对民族的文化理想、文化自信心的考验。

三、保卫文化的北京

随着北京古城内大规模的拆迁，成片的胡同、四合院被夷为平地。如果说 1950 年代拆毁城墙和城楼，破坏了北京城的骨骼；1990 年代以来在旧城区的大拆大建，破坏了北京城的肌体；那么，胡同、四合院的成片消失，则从根本上破坏了城市的组织和细胞。

---

① 　梁思成：《凝动的音乐》，百花文艺出版社 1998 年版，第 210、212 页。

据调查，从 1990 年开始实施大规模的危旧房改造计划至 2002 年，北京市在旧城范围内已完成占地约 25 平方公里的改建工作，约占旧城总面积的 40%。2000 年至 2002 年，北京拆除的危旧房总计 443 万平方米，相当于前十年的总和。

清华大学建筑学院根据 2002 年 2 月卫星影像提取的信息表明，在历史文化保护区和主要文物建筑之外，尚有占古城总面积 14.14% 的胡同、四合院未被改建。而这些地方正是大规模危改的对象。2004 年，又制定了拆除 25 万平方米的计划。最近两年，这些未拆区域已经不断缩小，目前仅约占古城面积的 10%。[①]

正如一个英国记者的评价：随着中国争取成为世界第一旅游目的地的努力，中国可看的东西却越来越少。在 1998 年北京召开的世界建筑师大会上，来自各个国家的许多优秀建筑家没有掩饰他们对新北京的失望——他们以为还有一个"唐诗一般美丽的北京"！他们不能理解：为什么拥有 5000 多年文明的北京，却像十几岁的孩子般莽撞行事，穿上一身俗气的洋装？

一个举世无双的伟大的文化遗产正在我们眼前被凌迟、摧毁。这是一部民族的痛心史。关于中国人对待文物的态度，鲁迅曾痛切地说：懂行的是偷，不懂行的是烧。今天，还要加上一个"推"字。

古都保卫战

北京新一轮"建设性破坏"，菜市口大街扩建工程是一个典型。1998 年的菜市口南延线工程，道路仅长 2.04 公里，涉及的文物建筑多达 18 处，包括一大批清代会馆。这些文物建筑除 4 处位于道路一侧而得以幸免，其余均被拆毁，如粤东新馆、观音院过街楼、李鸿藻故居，以及休宁会馆、潼川会馆、中州会馆、太平会馆、衡州会馆、镇江会馆、川东会馆、伏魔寺、

---

① 参见王军、张捷的文章，《南方周末》，2003 年 8 月 8 日。

松柏庵、永乐寺遗址、广和居旧址等，令人痛心不已。

著名的清代会馆粤东新馆是戊戌变法的重要遗址，宣武区文物保护单位。1898 年 4 月，康有为在此成立了全国规模最大、影响最为深远的维新派组织——保国会。辛亥革命成功后，孙中山到此发表过重要演说。当知道它将被"拆除迁建"之后，著名文物学家罗哲文、俞伟超、郑孝燮、谢辰生等联名向社会发出紧急呼吁，要求"重新调整建设方案，留下这一处凝聚民族百年沧桑的见证，慎重对待历史"。专家的意见，希望道路绕行以保护文物，如当年保护北海团城，保护德胜门、正阳门、古观象台那样。然而，就在专家呼吁三天之后，粤东新馆就在包工队的铁锄下变为一堆瓦砾。

悲剧仍在上演，这一次的地点是蒜市口。

北京市广渠门内大街 207 号四合院，是目前为止唯一被学术界认定的曹雪芹的故居遗址。此院旧时的院落格局清晰完整，现存"端方正直"四扇屏门，存留的多处遗迹、遗物，与曹寅、曹雪芹有关。据雍正七年（1729年）《刑部移会》中记载，江宁织造隋赫德曾将抄没曹家的"京城崇文门外蒜市口地方房十七间半、家仆三对，给予曹寅之妻孀妇度命"。曹雪芹从南京回到北京后，就是在这个老宅里，开始了"历尽离合悲欢、炎凉世态"的人生旅程。扩建之中的广安大街，道路将拓宽到 70 米，曹雪芹故居遗址在红线之内。尽管周汝昌、冯其庸等国内最权威的红学家一致呼吁保护，但有关部门仍以不是文物为由，决定将其拆除，仅保留一古井，并立碑纪念。这一刚发现不久，目前唯一有史可查、有图可考的曹雪芹故居遗址终于被毁，造成无法挽回的巨大损失。

2000 年 10 月 26 日，是北京城市文化史上黑色的一页。备受海内外舆论关注的北京市美术馆后街 22 号院，在经过长达两年之久的抗争和诉讼之后，终于在众目睽睽之下被推土机强行推倒，夷为平地。

位于平安大街南侧的这一古老四合院是我国近现代著名学者赵紫宸、赵萝蕤的故居，它具有明代四合院的典型特征，具有罕见的"象眼"砖雕和精美的落地雕花隔扇和完整的院落格局，在北京的四合院中已极为少见。赵紫宸是著名的爱国主义者、我国现代基督教的著名领袖，曾是世界基督教最高国际组织——世界基督教协进会六大领袖之一。赵紫宸之女赵萝蕤教授是著名的比较文学专家和翻译家，她花费十几年心血翻译出版了《惠特曼全集》和艾略特的《荒原》，对中美文化交流作出巨大贡献。一位美国朋友说，单凭这一点，在我们国家就根本不会有人动起拆除的念头。赵萝蕤的丈夫是著名的新月派诗人、考古学家陈梦家，他收藏的几十件精美的明代家具堪称国宝。正如我国最权威的文化学者、文物专家侯仁之、吴良镛、罗哲文、郑孝燮、舒乙等指出的，这一古老四合院"集建筑、人文和文物价值于一身"，"有巨大价值"，因而一再呼吁保护。国家文物局和北京市委领导也作出重要指示。然而，就在北京市全力申奥、努力改善城市形象、大打古都文化牌之时，这一经历了三百多年的历史沧桑，经历了战争年代、"文革"破坏而幸存下来的文化遗产，在推土机下灰飞烟灭——为了建一个商业楼！

围绕22号院的"四合院保卫战"十分悲壮。在长达两年多的时间里，赵紫宸先生之子、两航起义的功臣赵景心和夫人黄哲，将个人安危置之度外，大无畏地奋起抗争。赵景心说，作为中国人，我有责任保护祖宗留下来的古都，良心不允许我为了几百万元钱出卖这个小院。为防不测，老人将价值连城的明代黄花梨木家具全部赠送给上海博物馆。两位八十多岁的老人对这座古老四合院的坚守，成为一个大无畏的文化行动：为凋零的古都文化和古老建筑请命。

从一开始，两位老人面对强大体制和巨大商业利益的抗争就具有一种悲剧性。这场良知与权力、文化与商业化的实力悬殊的较量，结果几乎是注定的。那么多的专家、学者、学生、媒体和记者，闻讯而来的老年人、中年人和青年志愿者自发加入到这场民间的"四合院保卫战"中，表达了不容轻侮的民心民意。22号院虽然被毁，但它不只是一声沉重的叹息。它的"死谏"成为北京人民捍卫古都文化的不朽见证，将在人们纪念和追思中获得永生！

围绕西城区孟端胡同 45 号院的命运，打响了又一场旷日持久的"古都保卫战"，它仍然是以一个古老四合院的毁灭而结束的。

这处极为罕见的精美的四合院，曾是雍正皇帝之孙果郡王的府第，光绪年间为镇国公载卓府第的一部分，建国后为高级官员居住。此府以前的范围西至顺城街北至小盆胡同，有一大半已在近年被悄悄地拆除，但剩余的院落仍相当完好。胡同保卫者华新民偶然探访到这处院落，立即被深深地感动了。它是"那么美丽那么高贵那么完整，沉淀着几百年的文化，又从来没有失去过呵护：三层两千多平米的四合院，五米高的北房，粗壮的房陀，垂花门和两侧绿色的走廊，一切都依然如故没有任何的残缺"。它被视为北京城极为珍贵的"森林四合院"。

> 还有那些丁香树，松树，竹子，海棠和柿子。风一吹动，丁香花便泻满一地，风一吹动，那已长成海的竹林便掌掌作响。在大粒的雨珠落在碎石甬道上的时候，我可以听见昔日的几代王爷缓缓关住朱红大门的声音，不知他们从何处来又走向哪里……①

它的不幸在于果郡王将府邸选在了 300 年后的"金融街"附近，因此，它必须为金融街的扩建让路！华新民为之奔走呼号，许多见多识广的专家学者来访后都惊叹未见过如此精美的四合院。华新民最后的建议，已经很务实和"商业化"了：把 45 号院做成一个最高品级的饭庄、酒店或俱乐部，成为如欧洲那样最有身份的去处，金融街那些节奏紧张的白领一定会高兴

---

① 《南方周末》，2004 年 12 月 23 日。

到一所品位高雅的古典庭院休息。但是没有人听得进这些。最终的结果，是将 45 号院迁建到历代帝王庙东侧。然而，正如粤东新馆一样，"迁建"经常是迁而不建，成为文物保护中野蛮拆迁的温柔代号。

2004 年 11 月 30 日深夜，开始了对 45 号院的粗暴拆除——华新民称之为"偷袭"和"谋杀"。现在，这里已经被铺上水泥柏油，成为金融街的一条"二环辅路"。如同曹雪芹故居一样，只要道路偏斜一些便能把遗产保护下来，但这会影响两侧大厦的容积率。经历百年沧桑的古老王府，终于为一个房地产项目的经济效益永远牺牲了。

无论美术馆后街 22 号院，还是孟端胡同 45 号院，都不是孤立的个案，而是近些年用推土机开路，对旧城区成片开发中毁灭的不计其数的古老院落的代表。2000 年 11 月，位于金宝街附近的蔡元培故居被画上了大大的"拆"字，屋顶被挑破，危在旦夕，由于被媒体及时揭露而得以保存。在西单六部口的察院胡同 23 号，我目睹了著名词家叶嘉莹的祖屋、一个已经列入保护名单、具有 200 年历史的清代老宅被推土机摧毁。

2004 年 5 月，某单位为修建开发中心竟然野蛮拆毁被列为东城区文物保护单位的麻线胡同 3 号院。这处原民国总理唐绍仪的旧宅，是北京市极为罕见的具有中西合璧风格的私家四合院，院内园林假山、小桥、亭轩俱全。幸被志愿者及时发现而暂时得以保存。

正在被蚕食拆除的还有东城区的红星胡同、东堂子胡同，以及东总布胡同、西总布胡同和北总布胡同。那里汇集了梁思成和林徽因"太太的客厅"，李宗仁、马寅初、陈香梅等民国名人的宅邸，以及董希文、赵树理、张光年、严文井、光未然、萧乾、刘白羽等许多文化名人的故居。现在多已面目全非，处境岌岌可危。为保卫古城不懈努力的记者王军写道："拆东城的叫金宝街，拆西城的叫金融街，这两个'金'，已准确描出了资本的模样。"在资本与良知的对决中，文化一再地败下阵来。这的确是一种双重的悲哀：开发商只认识地皮的价值，而决策者的天平只向开发商倾斜。

"失去记忆的城市""二手货的城市"的说法流行起来。王军在著名的《城记》中写道：外国人称北京变成了"poor Hong Kong"——乏味的香港。每当穿越北京高楼大厦的丛林不知身在何处，或者被堵在高速路上寸步难行时，我经常会想起一位学人的比喻：一个身材高大、满面红光、衣衫鲜亮的文盲，能算是一个现代人吗？

与推土机竞赛

推土机正从各个方向向紫禁城逼近。

以满腔悲愤和血肉之躯与推土机作战的华新民，成为保卫北京胡同、四合院具有传奇性的新闻人物。这不仅是由于她不屈不挠、屡败屡战的人格，也是因为她特殊的身世，她的一家与北京古城保护长达大半个世纪难解的纠葛与情结。

具有法国国籍的华新民在新北京的胡同中长大，如果不是金发碧眼的长相，可以说与老三届的中学生无异。她的祖父华南圭是我国著名的土木工程界前辈，1903 年官派至法国留学，回国后，在民国时期担任过中国工程师学会副会长、北平特别市工务局长等职，新中国成立以后担任过北京都市计划委员会总工程师。父亲华揽洪是法国共产党党员，1951 年携法国妻子和子女回国参加社会主义建设，曾任北京都市计划委员会第二总建筑师、北京市建筑设计院总建筑师。在 1950 年代初城墙存废的争论中，痴迷于现代建筑的华揽洪父子，站在了梁思成、陈占祥的对立面。梁、陈主张全保，华南圭主张全拆，而华揽洪主张拆一半，使内外城连成一片。然而，在 1957 年的反右中，华揽洪由于反对北京城市建设中脱离国情地讲气魄，造成浪费，批评"楼要高大，街要宽阔"，"把庞大当成伟大"，认为"公共建筑面积可以省去 1/3"等等，而与陈占祥一起被打成"陈华反党联盟"，成为中国建筑界的最大右派。

50 年后，华揽洪的女儿华新民义无反顾地走上保护北京古都文化的道路，继承了梁、陈的思路，以及父辈求真务实的良知与血性。之后，华氏家族与北京的不解缘波澜再起。华揽洪 1950 年代的建筑作品北京市儿童医院已经成为新中国建筑史上的典范之一。2005 年 9 月，它险遭拆毁的厄运，由于媒体的紧急呼吁而被挽救。

曾经为众多古老四合院请命的华新民，终于由于自家院落被毁，以直接当事人的身份向司法部门起诉。2005 年 1 月，她在红星胡同（原名无量大人胡同）53 号和 55 号的家——90 年前，祖父华南圭为家人亲自设计的一座八角洋房和一个有美丽花园的院子——在未经征求同意的情况下被拆毁，成为一片废墟。该房屋的产权拥有者华揽洪，持有 1951 年北京市人民政府发的"房地产所有证"。

一个惊人的事实是：涵盖着众多业主土地财产权的东堂子胡同和红星胡同的一部分土地，竟被北京市国土资源管理部门擅自出让给了香港富华集团所属的一家公司，继而又被后者抵押了出去！众多合法权利人的房产，竟然这样在产权人未知的情况下被拿去交易甚至被抵押给银行！

眼看推土机在旧城四处横行，日夜不息，学者们坐不住了。

从 1990 年代初开始，梁思成的弟子、学生和共和国的第一代建筑家、文物专家们，就开始不断地为古都报警，为粤东新馆、观音街过街楼、曹雪芹故居请命，同样是屡告屡败。

1999 年 6 月，吴良镛、贝聿铭、周干峙、张开济、华揽洪、郑孝燮、罗哲文、阮仪三提出《在急速发展中更要审慎地保护北京历史文化名城》的建议，认为"北京旧城最杰出之处就在于它是一个完整的有计划的整体，因此，对北京旧城的保护也要着眼于整体"，在旧城内仅把一些地区划作历史文化保护区，是"将历史文化保护简单化了"，"目前的保护区规划仅仅是孤立地、简单地划出各个保护区的边界"，"没有从旧城的整体保护出发进行通盘的考虑"，"是一种消极保护，实际上也难以持久"。

2000 年北京市公布了古城区内第一批 25 片历史文化保护区的名单，保护区总面积 1038 公顷，约占古城总面积的 17%。与此同时，北京市又提出 5 年内基本完成全市危旧房改造的计划，目标为拆除改造危房 303 万平方米，成片拆除 164 片，涉及居住房屋面积 934 万平方米，动迁居民 34.7 万户。因而，保护区的颁布，不幸成为可以在此之外肆意拆迁的通行令。事实正是如此，保护线画到哪儿，拆除线也画到哪儿。保护区之外的胡同、四合院被成片大面积地拆除。

据首都规划委员会原主任赵知敬的说法，1949 年，北京的胡同有 3050 条，1990 年有 2250 条，到 2003 年，北京的胡同大约只有 1600 条，而据新华网披露的数据，2004 年北京现存直接称为胡同的只有 1300 多条，消失了近三分之二。①

2000 年 2 月，中国考古学会理事长徐苹芳、中国工程院院士傅熹年发出《抢救保护北京城内元大都街道规划遗迹的意见》，提出考古学的发现和研究证明今天北京内城东西长安街以北至北城墙内的街道基本上都是元大都街道的旧迹，抢救保护它们是涉及整个北京旧城保护的方针和政策的大事，稍不注意即会永久丧失。可是，两位学者的意见书中呼吁保留的元大都胡同遗迹最典型的地段——北京建内大街以北至东直门大街以南区域，很快成为危改对象，推土机迅速将其中很大部分推平。

徐苹芳说，1998 年 5 月，联合国教科文组织的官员来北京考察，曾专门考察了"北京旧城"，建议北京市政府应妥善保护好旧城，并争取将皇城（旧城的核心部分）申请成为"世界文化遗产"。令人遗憾的是，这个建议没有实现。相反，以北京旧城为中心的大规模改造愈演愈烈，精华的旧城规划破坏殆尽，危旧房改造怨声载道！②

2002 年 9 月，北京市颁布《北京历史文化名城保护规划》，确定了第二

---

① 章剑锋：《北京胡同濒绝》，《中国经济时报》，2005 年 11 月 10 日。

② 《中国经济时报》，2003 年 5 月 18 日。

批 15 片历史文化保护区名单。在共计 40 片历史文化保护区中，有 30 片位于北京古城，总占地面积约 1278 公顷，占古城总面积的 21%。①

然而，即便在规定的历史文化保护区，四合院仍然随时面临被毁灭的厄运。虽然早在 2001 年北京市已提出历史文化保护区修缮和改建的各项原则，规定大规模的拆除活动不能在保护区内进行；但是，从 2002 年 5 月启动的第一个历史文化保护区修缮改建试点——离故宫近在咫尺的南池子项目，改造的结果竟然是原先 240 个古旧院落，仅保留下 31 个，其余改建为两层楼的仿古四合院和仿古豪宅。英媒体质疑这究竟是一个历史遗产地还是一个房地产项目？随后，故宫西侧南长街历史文化保护区的改造，大部分四合院也被夷为平地。

在历史文化保护区内也搞大拆大建，令学术界极为震惊。2002 年 9 月，毛昭晰、侯仁之、吴良镛等 20 多位学者发出保护北京历史文化名城的紧急呼吁，指出传统街区胡同及民居建筑是北京的优秀人文遗产，这种遗产一旦毁掉是不可再生的，北京千万不可再这样拆下去了。

2003 年 8 月 14 日，吴良镛等 10 名院士联名上书，提出《关于在历史文化名城中停止原有旧城改造政策、不再盲目搞成片改造的建议》。指出"大量的旧有房屋，不加维护是垃圾，善为利用是财富。大拆大迁，甚至连五六十年代盖的房子都要拆迁，超出了国力"；"成片拆除的改造方式容易引发社会矛盾，成为不安定的因素。以开发商为主体的开发，往往漠视私房主和原住户的合法权益，拆除中的违法违纪以至暴力时有发生；大面积搬迁到远离中心区的地方，改变了原社区结构，加剧了弱势群体的困难"。

2003 年 9 月，国家文物局原局长谢辰生给中央领导写信，发出立即停止大规模拆毁古城的紧急呼吁，胡锦涛、温家宝对来信作出批示。中共十六届三中全会提出树立"以人为本，坚持全面、协调、可持续"的科学

---

① 王军：《拆与保的竞赛》，《南方周末》，2003 年 8 月 8 日。

发展观，为保护北京历史文化名城提供了新的动力。[①]

2003 年 1 月，北京市制定了北京皇城保护规划。4 月，北京市终于作出决定，停止在旧城内的大规模改造，大力加强对四合院民居的保护。措施包括对较为完整、有保护价值的四合院要予以甄别、公布，不得拆除；对符合历史风貌的要进行修缮，对不符合历史风貌的进行改建；皇城内不得进行成片拆迁改建；对旧城内皇城以外的项目，要从严控制，凡旧城内的改造项目必须经市长办公会讨论决定；历史文化名城的保护要坚持以降低人口密度、拆除违法建筑、保护和修缮为主的方针。

北京市委领导亲自为北京市第一个保护四合院揭牌。市委书记刘淇强调"对四合院要成片保护，要加强规划，旧城内不允许成片'推平头，盖楼房'"。"保护好文物、保护好四合院、保护好古都风貌是市委、市政府的历史责任，到 2008 年奥运会时，'新北京'不仅是指我们建成了 CBD、金融街开发区等，更意味着我们有效地保护了历史名城，再现出古都风貌。"随后，通过对旧城区的梳理，新增了 700 多处保护院落，使北京的保护四合院增加到了 1261 处。

然而，无论是 2000 年确定的 539 个，还是 2003 年确定的 1261 个被保护的四合院，这些院落的名单都迟迟没有公布。据华新民及民间组织的不完全调查，仅 2002 年以来，就有 50 余处被确定为保护文物的古老四合院被"合法"地拆毁；1990 年代以来，定名为文物而被拆毁的院落达 70 多处。[②]

2004 年 7 月，在苏州召开的第 28 届世界自然和文化遗产大会上，包括明清皇宫在内的中国 5 处世界遗产接受评估，被罚"黄牌"。1987 年进入《世界遗产名录》的明清皇宫面临现代化建设的压力，2003 年第一次受到评

---

① 北京市政协文史资料委员会：《北京观察》，2004 年第 6 期。

② 江菲：《怒对古都破坏者》，《中国青年报》，2003 年 9 月 19 日。

估，2004 年第二次接受评估。故宫周围环境的真实性和完整性受到损害，是遭到联合国世界文化遗产保护委员会批评的主要原因。世遗中心要求中国政府加强遗产缓冲区内的保护立法，以达到长效管理，并递交整改报告。

就在此时，在北京古都文化的中心地带什刹海历史文化保护区内，新一轮的改造又开始了。北京市开始拆除古城中轴线鼓楼、钟楼西侧的旧鼓楼大街，将这条形成于 13 世纪的元大都古街拓宽至 30 米，鼓楼西大街的一部分也将被拆除拓宽。同样有着悠久历史的德胜门内大街，将被拆除、拓宽至 50 米宽。这一工程已经完工，北京仅存的最为典型的元大都遗留的树荫蔽日的古老街道，被改造成焕然一新的通衢大道。

2004 年 7 月 4 日，联合国教科文组织世界文化遗产保护委员会第 28 届世界遗产大会在苏州召开之际，一批忧心忡忡的知识分子如徐苹芳（中国考古学会会长）、梁从诫（全国政协委员、自然之友会长）、陈志华（清华大学建筑学院教授）等 19 人联名致函大会：

> 北京元明清古城是东方古代城市的杰出代表，是人类文化的珍贵遗产。北京古城的保护一直得到中国社会各界和国际社会的关注，中国国家领导人胡锦涛、温家宝去年曾对此作出重要指示，要求加强对北京历史文化名城的保护。虽然北京市修订了《北京历史文化名城保护规划》，确定了 30 片历史文化保护区（占旧城总面积的 21%）和几百个受保护的四合院名单；但对北京古城的拆除、破坏并没有得到有效的制止，紫禁城周边的环境仍然不断恶化，令人痛惜不已。
>
> 持续多年的拆除，使得北京成片的胡同、四合院已经越来越少。景山以北至什刹海、钟鼓楼地区是老北京最后的土地之一，如果不采取正确的保护措施，仍然沿用大拆大建、修宽马路的做法，那么，老北京最后的风貌也即将消失！
>
> 对北京古城的保护和抢救已经到了最后关头。对北京古城的拆毁

不仅直接危及世界遗产紫禁城的保护，也将是人类文化的重大损失。我们希望这一事态能够引起大会的关注和讨论，敦促北京市本着对历史负责的态度，认真履行保护世界遗产的承诺，立即停止在古城内进行的大规模拆除活动，采取切实措施将仅存的胡同、四合院保留下来，为历史、为后代保留一份宝贵的遗产。

的确，北京的古城保护已到最后关头。否则，要不了多久，我们就无可保护了。

2005 年 9 月，在原址复建的当年被拆除的永定门城楼竣工，耗资 18 亿元。它是北京旧城中轴线的起点。在中轴线的终点，北京奥林匹克村建立了一座北京 2008"城市标志"建筑，当时备选的方案有高达 366 米的龙腾塔、直径 180 米的巨型"幸福摩天轮"等。而 2000 年被拆除、有关部门承诺就近迁建的曹雪芹故居的重建，至今仍渺无音讯。

四、毁城之思

以国际化大都市为定位，以 GDP 为本、以高楼大厦为本、以小轿车为本，我们的确造就了一个高大雄伟的新北京，也患上了各种严重的"城市病"。北京已然成为华北最大的经济中心，成为一个华厦林立、商氛炽烈、房价畸高、出行不便、空气污染、水资源匮乏的特大城市。

2005 年公布的《北京城市总体规划（2004—2020）》，对北京市的发展目标定位为"国家首都、国际城市、文化名城、宜居城市"，重申了"去经济化"的定位。其实，早在 1983 年中共中央和国务院批复的《北京市总体规划》和 1993 年国务院批复的《北京城市总体规划》，都已去除"经济中心"，确定了"政治中心、文化中心"两个中心的定位，问题是这一定位从没有得到真正贯彻。

2004 年，北京市常住人口已达 1400 多万，大约是 1949 年的 10 倍。在经济主义的发展观下，北京骄傲地成为对私人汽车不设防的城市，小汽车数量以每年 20％的速度增长。2005 年，北京每天新增机动车 1000 辆，机动车保有量已达 250 万辆，其中私人机动车保有量超过 165 万辆，驾驶员总数达 373 万人。[①] 预计到 2008 年，北京市机动车保有量将达 350 万辆。北京也成为私车热的最大受害者。城市的平均交通速度从 1994 年的每小时 45 公里下降为 2003 年的 12 公里；而北京人使用公共交通的出行率，则从 1970 年代的 70％降到了目前的 24％。[②] 最新的卫星图像显示，北京已经成为全世界汽车尾气污染最严重的城市。郊区的农民说，"如果站在怀柔的山上看市区方向，会发现一个巨大的灰黄色云团笼罩着整个天际。进了城，就像钻进了烟筒一样，空气是苦涩的煤烟和汽油混合的味道"。[③]

近年来，北京市环境治理的重点是大气质量。空气质量的恶化在 1998 年达到高峰，全年好于、等于空气污染指数二级的天气（俗称的"蓝天"）仅为 100 天。此后 5 年中，政府的环境投资达 618.9 亿元，其中 2/3 用于"蓝天保卫战"。经整治，2004 年的蓝天数达到了 229 天。

尽管北京以主要的财力、物力治理大气污染，但北京最深重的生态危机却是水。2000 年，北京人均可利用淡水资源仅为 284 立方米，是全国人均水平的 1/8、世界人均水平的 1/30，大大低于 1000 立方米 / 人的重度缺水标准。为解燃眉之急，北京市大量开采地下水，透支子孙后代的"救命水"，致使北京平原地区已经出现 2000 平方公里的漏斗区。此外，不仅从千里之外的长江调水，而且还从更为缺水的河北、山西地区调水！

今天，北京的城市轮廓线东起高碑店，西至石景山，南抵大红门，北

---

①　《中国青年报》，2005 年 9 月 15 日。

②　《21 世纪经济报道》，2005 年 8 月 15 日。

③　《工人日报》，2005 年 10 月 30 日。

达清河镇，方圆约 600 平方公里，已经是老北京城面积的十倍。换而言之，我们已经建设了相当于十个北京城，而那个世界上独一无二、具有高度历史文化价值的北京明清古城，却终于在我们眼前日新月异地消失了。建国初北京四合院达 1700 万平方米，现在仅剩 300 万平方米，不足 3 万套。今天，我们如果想要看看老北京人的日常生活，想到胡同、四合院去转转，需要有专门的向导。在车水马龙的宽阔大街上，我不止一次地听到外地游客的疑问：胡同在哪儿？四合院在哪儿？

这是令许多国人百思不解的问题：为什么我们从战争的炮火中挽救了古城，而后又亲手将她一刀刀地凌迟毁灭？对于热爱中国文化的外国人，这同样令人费解：

　　这是一件令人悲伤的事情：一个有着最伟大城市设计遗产的国家，竟如此有系统地否定自己的过去。当欧洲人还在和猪分享着他们阴暗的陋室时，古代长安已成为世界上最大、最恢宏的城市了。令人惊奇的元大都，这个古代的北京城，以它积极的"震撼效应"激发着马可·波罗心中的敬畏。

　　北京的新建筑不是增强而是削弱了城市的身份和特征。北京失去了都市感，成为杂乱无章，遗弃着建筑师和工程师青春期冥想的景观。①

人们的问题还包括：究竟谁在对古都文化的命运负责？我们为什么一边不惜巨资买回当年被英法联军掠夺的流失文物，重建当年被拆毁的城楼，同时又在继续拆毁所剩不多的宝贵历史建筑？

对历史的追忆和保护古都的现实，深化着我们对这一难题的追问。

---

① 《瞭望新闻周刊》，2005 年 8 月 21 日。

建筑领域的"革命文化"

如芒福德所言，"真正影响城市规划的因素是深刻的政治和经济变革"。

对北京城和古都文化的破坏有三个主要的阶段。1950年代，大规模拆除城墙、城楼是第一个时期。它不仅宏观地改变了古都面貌，使得北京不再是一座城，而且打开了800年古都坚固的防御，从此开始了被不断蚕食、侵蚀、肢解的过程。第二个阶段是"文革"时期，在破旧立新、反对"封资修"的口号下，毁灭了大量历史文物以及热爱北京文化的知识分子。从1990年代开始，进入了北京城毁坏、消解的第三阶段，也是最为严重的阶段。伴随房地产开发的兴起，政府开始了以成片改造为特征的"危旧房改造"——原本的"危房改造"在不经意间被加了一个"旧"字，从而把改造的对象顿时扩大到了几乎所有胡同、四合院。它被恰当地定名为"破坏性建设"。就建筑面貌而言，吴良镛先生总结为"好的拆了，滥的更滥，古城毁损，新建凌乱"。[①]

1950年代对北京城的改造，意识形态的原因是显而易见的，"大规模改造被视为思想革命在城市物质空间上的延续"。拆毁城墙、城楼、牌楼，在旧城区内对王府、坛庙、名宅等见缝插针地利用，既有拓展道路、方便交通等实用的考虑，也有视旧城为"废物"加以利用、使之"革命化"的深层原因。1959年，北京市规划部门甚至还完成了改造故宫的规划，开出通衢大道以利交通。[②]"文革"时期暴殄天物的"破四旧"，其反文化性自不待言。

中国历史上一再出现的将前朝建筑付之一炬的现象，还暴露了我国社会文化传统中的一个深层缺陷：建筑从未成为一种文化。梁思成痛感于此：中国的文章诗词、金石书画素得士大夫重视，代代相传，保护有加，甚至

---

① 吴良镛：《城市规划设计论文集》，北京燕山出版社1988年版。

② 北京建设史书编辑委员会：《北京市总体规划说明（草案）》，1958年9月。

仿古之风不断。唯独出于无名技工匠师之手的建筑，未能留下理论的建树或文化的总结，因而未能形成鉴赏评析前人建筑的习惯。于是，朝代的更迭，物主的转移，趣味的改变，都伴随对前代遗构的大肆改造摧毁。[①] 这一见地的确发人深省。

对当代中国城市面貌的另一重文化影响，来自香港。由于特殊的地理条件，香港高楼林立的都市景象和中环风光作为"现代化"的标准图景深入人心，成为内地竞相仿效的对象。深圳街头的邓小平画像的背景，也正是这样密集的高楼大厦。在香港，这种超高层、高密度的都市建筑被称为"石屎森林"，它造成令人窒息的压抑感和生活的不便。2003 年"非典"疫病的暴发，凸显了它在公共卫生上的缺陷。香港的建筑高度和密度系受地理空间所限，有很大的特殊性。事实上，绝大多数现代化国家的城市面貌并非如此，而且恰恰相反，是以低层建筑为主的。

香港对内地城市建设的深刻影响，不仅是用高楼大厦改造了国人的现代化认知，而且是商业化力量对城市记忆的彻底改造。当我被告知，香港的标准景观维多利亚港以前完全不是这样的，英国殖民地时期遍布港湾的小楼已被悉数拆毁，仅保留了一座迁建于一岛屿，不禁震惊。正在北京和内地许多城市上演的对城市历史面貌的彻底清除，是否有一个共同的源头？在北京的房地产开发中，无论东方广场，还是金宝街等地的开发，一些港商在突破高度控制、大规模拆毁胡同和四合院方面首当其冲，表现恶劣。而使房地产成为城市建设的主导力量，炒地皮、炒楼花、炒房热等现象的盛行，也是以香港为示范的。

当然，对城市建设最为直接的影响，来自体制文化。如果说，城市中那些华而不实、劳民伤财的形象工程，是"权力美学"的恶俗体现，那么，

---

① 梁思成:《凝固的音乐》, 百花文艺出版社 1998 年版。

另一种体制文化的力量则更为隐蔽、深刻和强大。

一是以新为美，盲目求新求异。这是以破旧立新为追求的"革命文化"的典型美学特征。它渗透到了管理者和社会生活的深处。许多人从内心觉得传统、历史、古迹、旧物是不美的，而通衢大道、马赛克贴面、玻璃幕墙、摩天大楼是美的。于是，拆旧建新、大拆大建便成不可阻挡之势了。

一些极具特色的地方名城也急于摆脱传统风貌。其中最荒诞的是桂林市的"现代化建设"。它致力于改变以大榕树和过街楼为特色的"陈旧的"城市风貌，修筑现代化的大马路，在中心广场建立类似巴黎罗浮宫前的"金字塔"、名为"小香港"的建筑。桂林市已将9座仿造的世界名桥，如意大利圣特里尼桥、塞纳河畔的亚历山大桥、旧金山金门大桥、布达佩斯锁桥等架设在漓江、桃花江、榕湖上，以打造"世界名桥之都"！

关于北京的申奥口号"新北京，新奥运"，老舍之子舒乙颇不以为然。他认为这仍然是"以新为美"的旧思维。作为独一无二的世界文化遗产，800年古都的价值和形象究竟是日新月异，还是它的传统魅力？他提出的口号是"老北京，新奥运"。而对于"人文奥运，绿色奥运"的口号，古都保卫者的解释是"把人文留给奥运"——别为了奥运把北京的人文全拆光了！北京城历史上就是绿色的，因为四合院里有许多大树，从高处望去，北京城一片绿色，过去外国人就把北京叫作"Green City"（绿城）。因而，保护四合院符合"绿色奥运"的要求。

二是破字当头，大破大立。这一"文革"时期深入人心的造反思维，早已退出了社会生活，唯独在建筑领域仍然大行其道。在现实中体现为完全割断历史，无视环境、条件、原住民的情感与需求，"推倒重来"的规划思想和建设思路，以推土机开路、大拆大建的城建模式。在具有高度历史文化价值的旧城区改造中，实行"人搬光，房拆光，树砍光"的野蛮的"三光政策"。

三是大干快上，急于求成。由于城市建设与领导人政绩紧密挂钩，城市改造和住房建设便成为一场速度的竞赛，甚至未能留出对历史建筑进行甄别和测量的时间，不仅毁灭了许多有价值的历史文化建筑和街区，也留下了许多粗制滥造的建筑和"豆腐渣工程"。这与历史上出现过的非理性的"大跃进""跑步进入共产主义"有异曲同工之妙。

设计 CCTV 新楼的库哈斯便这样调侃中国同行："中国建筑师的数量是美国建筑师的 1/10，在 1/5 的时间内设计了 5 倍数量的建筑，而他们的设计费只有美国建筑师的 1/10。这就是说，中国建筑师的效率是美国同行的2500 倍。"[①]

与建立在坚实的规划基础上，量力而行、循序渐进的城市建设相反，畅行的工作方式是"运动模式"。近年来，不少城市的"旧貌换新颜"，主要是以会展为目标和推动的。例如，昆明市 1990 年代倾力举办"世界园艺博览会"，带动城市建设；上海先是以"八运会"、APEC 为推动，然后是以 2010 年的世博会为目标；南京则是为举办 2001 年第六届世界华商大会、2005 年的"十运会"而大干快上；北京的城市建设以 2008 年奥运会为目标，倒计时进行。以奥运为"硬道理"的城市治理如火如荼，其中之一，是对中国历史博物馆的更新改造。由张开济设计的中国历史博物馆是 1959 年建设北京的"十大建筑"之一。由此，保护新中国建筑的任务也紧迫地出现了。同为建筑师的张开济之子张永和非常不解地说：有必要为了开一个 17天的会，连自己的历史、家底都不要了？

这种盲目求新、大拆大建和运动式、突击式的工作模式，难道不是至今没有得到认真清理的"左"的文化在城市建设领域的遗毒？

"拆迁经济学"

对当前大规模的城市拆迁和文化破坏，如果仅只注意文化性的原因，

---

① 曹红蓓：《城市规划与理想无关》，《中国新闻周刊》，2005 年 5 月 12 日。

那就太天真了。每个人都知道围绕房地产开发的巨大经济利益和不透明的交易。随着房地产持续升温并成为危旧房改造的主导力量，文化之争演变为利益之争，"圈地"成为少数人的事业，飙升的地价便成为古老建筑致命的"杀手"。

开发商不是文物专家也不是慈善家，追求高额利润是其本性。在资本与文化力量悬殊的较量中，政府机构本应代表国家、民族和人民的根本利益、长远利益，它的错位、缺位、渎职和失职是造成古都悲剧的根本原因。在大干快上模式的支配下，1992 年北京市将"危改办"的权力下放，各区可自行立项，导致了一轮"圈地热"。仅 1992 年下半年至 1994 年底，北京市共批租土地 280 余幅，总面积约 14 至 15 平方公里，相当于香港同期批租土地的 26 倍，新加坡 24 年批租土地总量的 7 倍！从 2000 年开始，每年向旧城各区下达限期成片拆除危旧房数量，在各城区之间掀起大规模拆迁的竞赛。[①]

强制拆迁造成的官民冲突、权钱交易急剧增加，在 2003 年、2004 年达到了顶点。国家信访局的统计数字显示，截至 2003 年 8 月底，投诉拆迁的信访数量 11641 件，同比上升 50.3%；因拆迁上访人数共 1437 批次、5360人次，同比分别上升了 14.1% 和 47.2%。[②]

住在崇文区花市的黄振沄老人，手持《宪法》抵制强制拆迁而成为新闻人物。老两口自 2001 年起靠每月 290 元低保过日子。由于提供安置的住房离市中心太远，他拒不搬迁。有关部门表示，黄要么拿 18 万元货币补偿，要么掏 10 万元回迁两居。黄表示，他从父辈继承下的"私房"，不能按公房计算补偿标准。而且，虽然住房 20 平方米，但还有一小院，他的国有土地证上"使用权面积"有 30 平方米，为何不能按照 30 平方米计算？ 2004

---

① 王军：《北京保护历史文化名城的法律政策环境》，2004 年 7 月。

② 《新远见》，2004 年第 4 期，第 59 页。

年 4 月 14 日上午，他被架出房屋，房子终于被强制拆除。①

生活在危房区的多为低收入者、下岗职工等弱势人群，尽管他们迫切希望改善住房条件，但调查显示 90% 以上的居民都极不愿意外迁，而希望根据自己的经济能力，出资就地改善。从 1991 年至 2003 年，北京市共拆迁 50 多万户居民。由于他们大多难以承担回迁的房款，所获补偿根本不可能购买城区昂贵的住房，结果 70%—80% 的居民不得不迁至四环、五环之外甚至远郊区。住房条件的改善与生活质量是有联系但并不等同的两件事。后者包括满足情感、心理、交往、就业、就医、就学等多种生活需要的可能与便利。搬迁后虽然居住条件得到不同程度的改善，但由于位置遥远和交通不便，割断了与传统社区、生活方式、社会网络的联系，极大地影响他们上班、上学等活动，剥夺了他们娱乐、学习、与亲友团聚等基本的生活需要。它也成为加剧贫富差距的重要原因。许多曾经可以在胡同、巷口做小买卖，自食其力、自得其乐的弱势居民，成为孤悬郊外、债台高筑的"负翁"。旧城区由于周围有较多的好学校，一些贫弱家庭将改善境遇的希望寄予下一代的教育。搬迁至郊外，使他们的这一希望也落空。

很多人不理解，为什么不能采取在许多国家实行、国内也有成功实践的改造方式，即微循环、小规模、自助式的修缮方式，通过银行贷款和个人筹资，根据房屋损害的程度，采取重建、修复、修缮等不同方式。这既不会造成政府巨大的财政压力，又能够有效地保护历史文化街区的面貌，也能够满足大多数居民的生活需要和实际利益。

开发商一语道破天机：如果大多数居民住在原处，新盖的房子卖给谁？这正是"拆迁经济学"的原理：大规模拆迁→制造购房需求→推动房地产开发→再拆更多的房，如此循环。拆得越多，需求越旺，房地产业就越发达。这就是为什么用推土机开路，迫不及待地把大片历史文化街区和古老建筑

① 《中国青年报》，2004 年 4 月 5 日、4 月 16 日。

夷为平地的经济原因。

据 2003 年 11 月北京市政府的工作回顾，居民拆迁拉动了全市房地产发展。按经验数字拆 1 平方米旧房建 3.55 平方米新房推算，1991 年以来仅拆除旧住宅房屋就拉动商品房开发建设约 6060 万平方米，加上 20% 配套住房，可达 7200 万平方米。统计部门的数据显示，近年来拆迁居民对商品住房的需求量大约占北京市场全年住宅销售总面积的 1/3，成为市场中"重要而且比较稳定的有效需求量"。[①] 显然，在这一过程中，开发商和地方政府是最大的受益者。

清华大学建筑学院的方可博士在他获奖的优秀博士论文中论证，北京市从 1990 年开始的大规模的"危旧房改造"，实际上是一种大规模的以营利为目的的商业性房地产开发。其"商业性"表现为：开发经营的主体是以盈利为目的的房地产公司；改造资金主要来自追求高额回报的商业性房地产投资；政府部门未对危改项目做出任何限制性规定；开发过程和运作方式与一般商业性房地产开发项目基本相同。[②]

这一事实告诉我们，不是没有其他方案，不是没有替代的选择，也不仅仅是缺乏经验或保护意识不足，而是面对巨大的经济利益，政府与开发商结成的神圣同盟，导致政府公共服务职能的严重变形，导致公共政策价值的严重扭曲，导致人民群众的利益和历史文化保护的民族利益受到难以挽回的损失。极端的说法，是一种"权贵资本主义"背景下的文化出卖。

权益受到严重侵害的普通居民，在他们旷日持久的维权的斗争中，逐渐接近了一个"核心秘密"——被剥夺或虚置的房屋产权。

这有助于揭开另一个不解之谜：为什么建国 50 多年来，北京市的危房越来越多。据文献记载，建国初期，北京旧城内共有房屋 1700 多万平方

① 王军：《北京保护历史文化名城的法律政策环境》，2004 年 7 月。

② 方可：《当代北京旧城更新》，中国建筑工业出版社 2000 年版。

米，其中住宅 1100 万平方米，绝大多数为平房。当时的危房只有 80 多万平方米，仅占房屋总量的 5% 左右。而到 1990 年，根据房管部门的统计，旧城内平房总量为 2142 万平方米，其中危房 1012 万平方米，占平房总量的 50% 左右。

根本原因在于，原先的房屋产权是私有的，房主对其房产负有全责，悉心照料维护，因而大量传统建筑历经数百年仍保持基本完好的状态。1949 年之后，住房政策、产权制度几经变化。1949 年，北京旧城的 92 万间房屋多为私房。1951 年没收了敌逆产 8.2 万间，此后为私房主发放了新的房地产所有证。1955 年底的调查，北京私房的比例为 54%。1956 年，国家对城市私房进行社会主义改造，"由国家进行统一租赁、统一分配使用和修缮"，这就是"经租房"的来由。北京的"经租房"约为 59000 户房主的近 20 万间房屋。"文革"之中，北京市有约 8 万多户房主的私房被迫交公，由政府安排缺房者住入。四合院由此成为产权混乱、多家混住的大杂院。1980 年之后落实政策逐渐发还私房，但必须执行北京市规定的租金标准继续租赁给住入者居住，此为"标租房"。由于极其低廉的租金难以承担房屋的修缮，大杂院便日益破败凋敝。此后拆风日盛，谁也不知道自己的房屋何时就被"开发"了，便不再投资修缮，于是大量四合院成为危房。

1984 年底，大多数私房主领到了新的房产证。但由于 1982 年修改的《宪法》规定"城市土地归国家所有"，需要对原房主进行土地所有权权属变更登记并颁发土地使用权证。但这一程序北京却直到 2001 年刚刚开始。2004 年底，北京市要求基本解决一万多户"标租房"的腾退工作。而"经租房"的产权能否返还仍然不明朗。今天，北京市房管部门不顾"经租房"悬而未决的产权关系，不断地出卖属于原房主的产权进行商业开发，许多"经租房"已被拆迁并引发社会冲突。四合院的私有产权被侵犯，不仅造成四合院的衰败，也成为这些四合院在房地产开发浪潮中无力自保、被人操纵宰割的根本原因。

2004 年我国宪法修正案明确提出："公民的合法的私有财产不受侵犯"，"国家依照法律规定保护公民的私有财产权和继承权"。2004 年 6 月，国务院办公厅发布的《关于控制城镇房屋拆迁规模，严格拆迁管理的通知》，第一次对野蛮拆迁说"不"，成为维护公民合法权益、落实科学发展观的实际行动。

谁的城市，怎样规划？

富丽堂皇而光怪陆离的城市，不仅令人陌生、疏远，而且还有诸多不便。人们的抱怨首先投向了建筑师：中国的建筑师在哪里？为什么我们看到的全是开发商？

北京的建筑缺乏的首先是整体观，对整体风格的控制。"把每个建筑都弄成具有'震撼效应'的偶像，一处处'震撼效应'叠加起来，结果就是城市的自我'休克'，毫无个性可言"。[①] 如果说那些华而不实的"标志性建筑"较少考虑经济、实用，那么许多供人们日常使用的公共建筑同样缺乏实用，就令人不可原谅。它反映的确实是建筑师的问题，例如北京地铁、西直门立交桥、火车西客站这样的公共设施设计。

北京地铁的问题，不仅在于片面发展小汽车的方针致使地铁建设远远落后，成为北京城市建设最重大的失误；其具体设计也很成问题。不同线路的换乘，从一号线到二号线，要浩浩荡荡地在地道里走上百米；二号线与城铁的互换，则必须走出路面，迎风冒雨再走上百米。世界各国的地铁建设，站点的立体换乘，技术非常成熟，经验非常现成，我们却还要无谓地"运动群众"，而且没有任何人对此承担责任或作出解释。

作为北京城西北最重要的交通枢纽，西直门立交桥因造型极为复杂难以通行，极大地加剧了堵车而恶名昭著。它成为司机的噩梦，也成为北京

---

① 《瞭望新闻周刊》，2005 年 8 月 21 日。

人幽默的源泉。一则"西直门警察"的爆笑帖子说，第一位上岗的警察不断被投诉，因为一位想去八达岭长城的司机被指向开到了保定。第二位敬业的警察后来被北大数学系请走了，因为他能徒手绘制七元八次方程组的解集图，解决了数学界一大难题。第三位警察疏导塞车时发现路标前后左右都禁行，百思不得其解，最后进了安定医院。另一则笑话，说联通公司的老总在西直门桥上转圈下不来，进而发现此桥居然是抄袭中国联通的标志。他愤而起诉设计者，对方回答过段时间炸了重造，将采用中国移动的标志。

曾经获得过建筑界最高奖"鲁班奖"的北京西客站，发生了候车厅天花板垮塌的严重事故。它同样被设计成一个令人愤怒的迷宫，大厅和进出口被密集的商铺环绕，似乎主要是为了方便车站创收而设计的。如果为旅客通行，它根本不需要这么大的建筑面积和如此复杂的结构。它为人诟病的还有"民族化"的外观设计——在高大的横梁上，架起一座完全没有功能、耗资 8000 万元的中国传统门楼。在一次座谈会上，吴冠中愤而抨击："我们中国古代的建筑都是伏在土上，有一种敦厚的、趴着的感觉，就是塔高一点，看上去也像一颗长在泥土里的笋。但是西客站在那个高高的西式顶上，趴了一个中国建筑，我觉得特别别扭，让我感觉像是从屁股底下看它的内部，很不舒服。"[①]

超越单体建筑，就城市的功能、格局和整体面貌而言，重要的并不是建筑师而是规划师。人们越来越认识到中国在城市规划上的重大制度缺陷，声讨规划师的声音逐渐响亮起来，他们被称为城市破坏的始作俑者和"帮凶"；而城市总体规划已被指责为是一个"圈地工具"！这并非全无道理，只要看看 33 亿人口的规划是如何做出的，只要看看北京市各个历史保护区的"保护方案"是如何规划的，便令人悲从中来——这种到处开大马路的

---

①　沙林：《中国的建筑师在哪里？》，http：//house.focus.cn/fviewmsg，2004 年 4 月 5 日。

"保护"思路，本身就是对历史风貌的最大破坏！

对城市规划、历史文化面貌保护失败的追溯，到达了规划思想的源头。

除了城市建设中"革命文化"的影响，在设计院和建筑学院占主流的城市规划理论本身，也亟待更新改变。这一理论的主体是"二战"之后形成的西方"现代主义"的城市规划理论。基于一种"理性主义"和"简化论"，它对传统城市"功能与空间的混乱无序"持彻底否定的态度，视城市发展为一种线性的变化，追求城市空间形态和视觉空间的统一秩序。"简单有序"于是成为规划思想的重要目标，强调城市功能分区和用途纯化，规划手段通常是统一设计、统一建设，规划内容是一次性大规模的推倒重建，规划方法一般是"自上而下"。

建筑师和规划专家的反思认为，"二战"结束以来在现代主义理论指导下以大规模改建为特征的城市更新运动，在西方几乎没有成功的先例，许多建筑已经被陆续拆除。城市是一个复杂的有机体，有自己生长的脉络和动力，而不应由外在于城市的力量去定夺改造。城市的生命和活力，归根结底源自生活于其中的市民。近年来，在城市建设，尤其是传统街区的更新方面已经出现了许多新的探索，如"社区发展"规划、渐进式规划、公共选择规划、历史街区修复、小规模改建、住户自建等等多种新的理论和实践，对更新我国的城市规划理念有重要价值。

"公正规划"进入了社会视野。

我国的城市规划和建设，最缺乏的就是公众参与和广泛的民意基础。美国规划师苏解放（Jeffrey L.Soule）认为，目前中国的城市规划源自计划经济，没有把城市的文化和物质层面作为一个整体来理解，而是机械地把规划当作工程施工和摆房子的把戏，许多规划仍然"被财富和权力在三维空间上的欲望所驱动"。由于不懂规划，中国的城市规划不是由规划师，而是由工程师和建筑师来进行的。于是把规划变成商业竞标方式，变成一场城市设计、建筑风格的"选美比赛"，由外来人根据他们的喜好在两个小时内决定城市的命运。这就好比制造桌子的比赛，结果变成比谁的桌子上花摆得最好，是德国风格还是法国风格好。

在一个民主的社会，城市规划既不是由官员决定的，也不是政治权力、商业资本、专业精英"共谋"的产物。城市规划首先不是空间规划，更不是建筑规划。它不是由交通所引领的，恰恰相反，交通方式应服从城市的理念，受城市规划的制约。

公正规划意味着建立一个以互动的、建设性对话机制为载体，贯穿于整个过程的决策程序。通过从市民那里收集意见，分析未来城市发展的经济、社会、文化、环境等各种问题，所有的利益相关者，政治家、开发商、居民、学者等都有同样的机会参与讨论，逐步形成城市的愿景（vision），形成全社会共同认可、共享的城市理念和价值：需要什么样的城市，这个城市最重要的是什么，它应当保持什么样的面貌，等等。在此基础上产生了一个经过深思熟虑的综合方案，确定城市的功能、交通模式、资金平衡的模式等。进而提出更详细的规划，讨论在综合开发中如何维持和保存历史的资源，传递城市的文脉。然后提出新的地段规划和设计，融入尺度、肌理、比例和材料等因素，而不强加任何建筑的风格。这些规划将通过新的法律来施行，它们与行政工具一道，是具有权威和透明的。城市的财政将能够支持历史特征和街区的保护，并维护社区和居民的利益。[①]

公正规划造就伟大城市，它必然也是一个"人性城市"：尊重历史和自然、以人为本、与人民和谐相处的宜居城市。

---

① 《瞭望新闻周刊》，2005 年 8 月 21 日；与苏解放的访谈，2005 年 5 月 23 日，北京新侨饭店。

第十二章

上海新天地

经过多年的沉寂和失落之后，上海又恢复了勃勃生机。千百栋高楼拔地而起，浦东魔术般地矗立在浦江东岸，上海似乎在一夜之间就从一个暗淡、保守、缺乏自信的小市民，出落成风姿绰约、仪态万方的美女，城市流光溢彩，夜夜笙歌。奇迹、神话成为媒体最经常使用的赞誉之词。

一、新天地、旧天地

上海成为改革开放的中国一个令人惊羡的美丽舞台。

2001 年 10 月，在美国的"9·11"恐怖袭击一个多月之后，亚太经济合作组织（APEC）在上海举办的年会，将上海的形象展示推向了一个高潮。"浦江上空升腾的五彩礼花，腾飞的巨龙、如锦的花海，尤其是以浦西外滩的瀑布焰火为背景、2001 只大红灯笼焰火布满星空的盛景，象征着 APEC 经济体成员共同开创更加美好的前程。"①CNN 的报道，上海再现其"东方巴黎"的迷人风姿：外滩，上海的金融地带，隔岸见证着亚洲第一高楼金茂大厦的拔地而起；商店的橱窗引领人们感受巴黎、纽约的时尚；年轻人在这忙碌的都市里尽情挥洒青春。上海这座中国最大的城市，正在追赶东京和香港的步伐，逐渐成为亚洲的商业、金融中心……

上海的骄傲和欢乐是持续不断的。2002 年 12 月 3 日，上海成功获得2010 年世博会主办权，浦江两岸，万众欢腾。12 月 31 日，上海磁浮列车示范运营线通车，中德总理出席通车典礼。2004 年 9 月，耗资约 3.25 亿美元修建了"最为壮观、最为现代化的赛车道"的一级方程式汽车大赛（F1）在上海举办。路透社报道，资本主义及其魅力的象征，咆哮着登陆中国。上海市已经同意每年开支 4000 万美元，获得今后 7 年里举办这项世界上耗资最多的体育赛事的权利。

诸多的标志性建筑增添着上海的骄傲和自豪。

坐落于上海浦东新区陆家嘴嘴尖、1994 年建成的东方明珠电视塔，以其 468 米的绝对高度成为亚洲第一、世界第三的高塔。

---

① 《人民日报（海外版）》，2001 年 10 月 26 日。

由著名的法国建筑师夏邦杰设计的上海大剧院富丽堂皇，造型别致，"皇冠般的白色弧形屋顶翘向天际，形似聚宝盆，象征着上海吸纳博大精深的世界文化艺术的宏大胸怀"。

由美国芝加哥 SOM 建筑事务所设计、高度达 420.5 米的金茂大厦，融中国传统文化与现代潮流为一身，成为当时世界第三高楼。

由法国夏氏 – 德方斯设计的浦东世纪大道，全长 5.5 公里，宽 100 米，是"中国第一条景观大道"，被誉为"东方的香榭丽舍大街"。其终点为占地 140 公顷的"世纪公园"，方案由英国 LUC 公司设计，总投资 10 亿元人民币。

由法国著名建筑师保罗·安德鲁设计的上海东方艺术中心，状若盛开的蝴蝶兰，由上海市政府和浦东新区政府共同投资 10 亿元，历时三年建成。

1999 年，南京路进行了 150 多年来最大的一次改造，历时一年建成全国规模最大的全天候步行街。时隔三年，2002 年上海又启动了耗资 180 亿元的新一轮南京路改造工程，向着具有世界级客流量、世界级商业收入和全球知名度的国际一流商业街的目标迈进，"使南京路可以和香榭丽舍大街、密歇根大道、日本银座相媲美"。

被称为"东海明珠"的上海科技馆，政府投资 15 亿元……

一本名为《向上海学习》的书，这样夸耀上海："上海人终于赶在新世纪之前，把自己装备成了一个钱包鼓鼓的阔佬"，"处处显示出大手笔大风范"，"这种精明，只能叫'伟大的精明'"，"也许过不了十年，巴黎应当被称为西方的上海"，"最终，它将使香港黯然失色"……而且，还有这样的自我表扬："上海人成功了，但他们的习惯就是不大事声张，不到处推广，不私下藏掖。"[1]

---

①　石磊等:《向上海学习》，世界知识出版社 2003 年版。

在这场没有止境、越来越富丽堂皇的城市建设中，上海的城市特色在发生某种变化。人们担心上海因发展太快而失去了特色，或者说"快"正在成为上海的特色。崭新、唯美和令人眩晕，成为新上海给人最强烈的冲击。

半个世纪后重游上海的美国记者约翰·罗德里克记录了他的眩晕：

　　我们到和平饭店的顶层喝咖啡，回味旧上海的万种风情。在那里，我们远眺黄浦江对岸的浦东新区——上海市新的金融中心，未来城市发展的动力之源。

　　次日，我们切身体会了置身于钢筋高楼之间的失控感，自我不得不随着城市的脉动不停旋转，在眩晕中俯瞰摩天大楼在城市的半空组合成超现实主义的空中花园，上海给我的印象是崭新的，绝无仅有的。在这座当之无愧的现代化国际大都市中，三分之二的市民生活在激情四射的活力拼图中，数以万计匆忙的脚步踏过危机四伏的都市丛林，追寻属于年轻的梦想。所有的一切都在高速运转，人们要么选择与之配合，要么就被更新换代的离心力抛出现在。

　　在浦东，平静和安详黯然引退，别无他法，这里的生活犹如刚从流水线上卸下的芭比娃娃，完美无瑕却千篇一律。如果让我选择，我倒宁愿生活在别的什么地方。[①]

迅速崛起的浦东陆家嘴，成为改革开放的传奇。它被寄托了太多的期望。一段时间内，每天都有大量报道宣传在那里每一天发生的"天翻地覆"的变化。终于，它一股脑地清除了所有的历史痕迹，像一个崭新的开发区那样等待喝彩。著名的新加坡建筑师刘太格的浦东印象很有代表性：他从摆

---

① 约翰·罗德里克：《三城记：半个世纪后的重游中国》，美联社，2002 年 7 月 5 日。

渡口出来，在走向世纪大道的路上，感觉空旷得让人觉得不像是在上海。

> 浦东有不少好的建筑，但那不是城市，而是一个个城市中的孤岛，社区之间没有密切联系。在巴黎、纽约，甚至新加坡，行走在路上可能是一种享受，但在浦东的人大概不会这么想。它更像美国的 suburb（市镇外的住宅群落），可是它本来应该是个城市。①

对日新月异的速度追求，造就了位于陆家嘴的"国际会议中心"这个"建筑史上的奇迹"。事实上，它是一个边设计、边施工、边修改的"三边工程"。业内人士用"一言难尽"表达他们的感受，认为它非但没有能缓冲和协调那一片各显神威的巨大建筑，相反成为其中"最具有破坏性的一个"，"使浦江两岸建筑的整体水平降低了一个档次"。②

2001 年，在淮海路南侧、黄陂南路和马当路之间诞生的"新天地"，成为新上海又一个热闹的去处，又一个热闹的话题。

由香港瑞安集团花费 18 亿元，将上海最富有地域特征的市民生活空间——传统的石库门民居进行脱胎换骨的改造，打造成一个精致、高档、时尚的商业社区。每平方米的造价达到 2 万，每一个路灯都是旧式而簇新的，从星巴克到意大利冰淇淋，从沙宣美发到名牌时装，各种西方的时髦元素被镶嵌进石库门狭长的弄堂。

"新天地"在商业上无疑是成功的，它深刻地把握了"新上海"的内心，具备了新上海的所有要素：光鲜亮丽、昂贵奢华、西化，此外，还有依稀的海上遗韵可供怀旧，成为展示新上海的最新窗口。唯一的问题，它是假的。新天地不是上海。它是供外国人看的上海，而供上海人到这里看外国。

---

① 《21 世纪经济报道》，2004 年 3 月 15 日。

② 胡语方：《消失中的东方巴黎》，转自葛红兵主编：《城市批评·上海卷》，文化艺术出版社 2002 年版，第 180 页。

它被夸耀成集传统与现代、中国与西方的一个"文化的想象"，它被批评为是伪古典主义、充满香港式的俗气、一个没有灵魂的闹哄哄的场所，"所有情调都是用钱搭出来"。更直言不讳的批评指其为"上海的一块疮疤"。尽管很多人认为它拆真筑假，建了一个伪品，但应当说罗康瑞是有文化的，他的想法是把上海最典型、古老的街区保存下来，变为最新锐、奢华的消费场所。他毕竟知道石库门、老弄堂的价值，知道它可资利用的巨大商业价值，并没有把它们拆得荡然无存，去盖玻璃壳的高楼大厦。

对上海城市新面貌的打造，从市区扩大到了郊区的古老集镇。

2001 年 2 月，上海市人民政府制定《关于上海市促进城镇发展的试点意见》，决定重点发展"一城九镇"，即松江新城，以及朱家角、安亭、高桥、枫泾、浦江、罗店等 9 个中心镇。这 9 个镇中，除朱家角镇定位为传统风格的江南水乡古镇外，其余皆为欧美风格。理由又是观瞻。新的理念是水乡古镇太雷同了，应当让上海人不用出国就看遍世界。

大众汽车厂的所在地安亭，理所当然地建成德国风情的安亭新镇，由德国城市规划大师阿尔伯特·施拜尔教授主持设计。松江新城将建成欧洲风貌的"泰晤士小镇"，由欧洲规模最大的专业顾问公司英国阿特金斯（Atkins）规划设计。具有 800 年文化历史的高桥镇将建成具有现代荷兰风情的高档居住社区"荷兰小镇"，由荷兰高柏设计公司和 TKA 设计公司规划设计。同样具有 800 多年历史的典型的江南水乡集镇枫泾镇，将营造浓郁的北美风情，中标单位是美国 NBA 规划公司。浦江镇建成具有纯正"意式"风貌和"国际一流水准的当代意式花园城市"，由国际著名城市规划设计大师卡纳第领衔，意大利格里高蒂公司设计。罗店中心镇将建成北欧风格……

在中国的城市中大规模移植、复制西方国家社区，恐怕是当代中国最大胆、最匪夷所思的行为艺术了。这样的创意令许多外国建筑师也深感困惑，称他们从来没有遇到过这样的要求。在本国的历史中，只有在 20 世上半叶发生过。

上海交通大学的陈先元感慨，在大陆从未见到类似于台北圆山饭店一样具有中国风格和中国气派的建筑，倒在上海的莘庄看到类似于华盛顿国会大厦的建筑。他写道："笔者有点杞人忧天，设想再过若干年以后，有个旅游者驾车在上海旅游，如果他没有看到那么多黑头发、黄皮肤的中国人的话，他一定误以为到了英国、法国、意大利、西班牙、荷兰或瑞典等等，而不是中国。"[1]

没有人怀疑上海的富有和魄力，但不是所有人都赞成这样花钱。无论是磁悬浮工程、南京路重新改造工程，还是昂贵的 F1 赛事都引起人们的质疑。学者批评：中国的体育设施破败不堪，F1 却一下子耗费了 50 亿，花的是纳税人的钱，是否能够收回有很大的风险。此外，我们购买主办权支付的费用比其他国家高两三倍，创了世界纪录，根本没有讨价还价。主办者追求提高上海的国际地位。"不错，《纽约时报》刊载了一篇关于上海 F1 的报道。不过内容主要是描述这样在贫困国家挥金如土的豪筵的荒谬性。在描述 F1 奢侈的同时，人家还描绘了下岗工人、民工朝不保夕的境遇。你看了这样的报道，会喜欢上海吗？"[2]

作为世界上第一条商业运营的磁悬浮铁路，因它最大的功能变成了旅游观光而被形象地称为"大玩具"。然而，掌握这一最先进技术的德国人自己却不玩，世界上最富裕发达的国家都不玩，让中国人来玩。由于德国生产商明确表示不会把关键技术转让给中国，人们有理由担心这个最先进的技术将会成为一个"最先进的无底洞"。

在北京，围绕京沪铁路的磁悬浮与高速轮轨之争论旷日持久、十分激烈。高技术和"快"成为主上派的最强硬的理由。在唯科学主义和技术主义的思维中，它就是最后的真理。然而，我们需要不惜代价地去追求高和

---

①　陈先元：《上海不是中国》，http：//club.dayoo.com/read_bbs.dy？，2002 年 11 月 23 日。

②　薛涌：《审计 F1》，《足球报》，2004 年 10 月 6 日。

快吗？适宜的速度、价格和技术，民生的考量，是否更为重要的维度？超越具体的经济、技术问题，这一争论本质上并非科技之争，也非部门利益和产业战略之争，而是不同发展观和价值观的冲突。与 F1 相似，实质的问题仍然是在我们这样一个经济仍然落后、城乡差距和贫富差距巨大的发展中国家，是否应该靡费巨资去兴建这样一个主要供观赏和炫耀的"大玩具"？

上海申办 2010 年世博会的主题是"Better City，Better Life"（更美的城市，更好的生活）。但是，对于普通百姓而言，更美的城市并非一定意味着更好的生活。这种对新、高、美、快的追求，并不是从老百姓的日常生活中生长出来的。当城市成为一道令人赏心悦目、心旷神怡的风景时，作家陈村为在浦东找不到一家能吃夜宵的馄饨店而感叹。他非常敏感地意识到城市正面临一种新的威胁："现在上海的许多地方都不是人生活的地方。如果说过去权力对市民生活的挑战只是局部的，那么现在权力与商业相结合，可能会对市民生活全面开战。"[1]2003 年 7 月，市政府以饮食食品安全为由，要求限期关闭营业面积低于 50 平方米以下的小餐饮店，印证了陈村的担忧，是城市管理中为观瞻而害民生的典型案例。这一决定激起上海市民的强烈反感。所幸的是，后来市政府顺从民意，含蓄地收回了这一政策，使上海数万家小饭店得以"死里逃生"。

一个著名的说法在上海流传：内环线内说英语，内环线与外环线之间说普通话，外环线之外说上海话。这是越来越多迁离了城区中心的上海人，对自己被边缘化的一个揶揄，也是上海逐渐国际化、移民化程度越来越高的真实写照。然而，这不仅是"土著"上海人在空间分布上的"边缘化"，而且是一种土生土长的市民文化的边缘化。城市正在离市民生活越来越远，成为一个为满足观光客的趣味、炫耀城市虚荣心的容器，成为主要供人观

---

[1]　陈村:《上海的身体语言》,《三联生活周刊》, 2002 年第 12 期。

瞻、显示成就的展示性空间，一个可望而不可即的绚丽的窗口和舞台。

二、寻找上海

怀旧成为世纪末的流行病和世纪初的新时尚。有人分析，它之所以成为上海的文化卖点，是因为没有更多的文化可卖了；而更为年轻的一代对旧天地的迷恋，却是对新天地的迷茫和失落。张爱玲重新成为上海文坛炙手可热的超级巨星，拥有了众多的"张迷"。在茂名南路的"1931"，在衡山路的SaSha，众多的酒吧餐馆惟妙惟肖地演绎着十里洋场的"花样年华"，月份牌美人、手摇电话、留声机和英文打字机一应俱全，周璇、上官云珠和王丹凤像60年前那样风采照人，从墙上含情脉脉地斜睨着你。酒吧中的老人爵士乐队，是真正的上海特色，其中有逐渐稀少而纯正的"老克勒"。只有上海人才能意会"老克勒"一词的复杂含义，它是指具有民国时期绅士派头的老男人，有着良好教养，穿戴考究、风度翩翩，尊重和通晓女性。他们使昔日年华在老房子中绘声绘色地复活。

与许多地方的"假怀旧"有所不同，那些场所和物质空间之所以令人尊重，因为它们的确久经沧桑，见证过昔日大上海的浮华、虚荣、品质和格调。对于我而言，在这样的老房子里沉坐，或者在法国梧桐浓叶密布的街区行走，本身已经成为一种享受。这并不是所谓"文化的乡愁"，而是因为在玻璃壳大楼的步步紧逼中，它每天都在消失，每一次离开都可能是永远的告别。

正像北京的古都风貌已经依稀难辨，今天，上海味道也是需要悉心品味和寻找的。因而，王安忆把她的一本新书命名为《寻找上海》。如大家闺秀的淮海路，曾经也是非常方便和生活化的，两边的小马路、小弄堂可以买米买菜、买衣服看电影，每家卖的东西都不一样。而在当下的商业化浪潮中，它被改造成如南京路那样豪华、铺张、巨大，而且符合全球化"规范"，每一个商场都是同样的装修和布置，一楼金银首饰、化妆品，二楼女装，三楼男装，货色和品牌也十分雷同，逛一个店与逛十个店差不多。随着徐家汇、静安寺等各个商圈都被打造得同样高档、豪华，上海实惠、细致、温馨的日常生活的味道正越来越稀薄，在车水马龙的大卖场中逐渐星散。

真正的上海生活从来不只是南京路、大世界，而是在每一条湿漉漉的弄堂里，挂满"张家""李家"的小信箱的门背后小市民的日常生活。王安忆的《长恨歌》为上海挣得了诸多声誉，也保全了上海日常生活的文学记忆。"上海的大都会面相，直到王安忆笔下才获得了诸如《巴黎圣母院》中'巴黎鸟瞰'那一节所具有的历史纵深和社会密度"，它是通过"大量的、密密麻麻的、纯粹个人的（往往是女性的）日常性瞬间体验"而构成的。[①]

> 上海的弄堂是性感的，有一股肌肤之亲似的。它有着触手的凉和暖，是可感可知、有一些私心的。……上海的后弄更是要钻进人心里去的样子，那里的路面是饰着裂纹的，阴沟是溢水的，水上浮着鱼鳞片和老菜叶的，还有灶间的油烟气的。这里是有些脏兮兮，不整洁的，最深最深的那种隐私也裸露出来，有点不那么规矩的。

> 上海弄堂的感动来自于最日常的情景，这感动不是云水激荡的，而是一点一点积累起来。这是有烟火人气的感动。那一条条一排排的里巷，流动着一些意料之外又情理之中的东西，东西不是什么大东西，但琐琐细细，聚沙也能成塔的。那是和历史这类概念无关，连野史都难称上，只能叫做流言的那种。[②]

---

① 张旭东：《〈长恨歌〉：从小说到舞台》，《文汇报》，2004 年 6 月 2 日。

② 王安忆：《长恨歌》，作家出版社 1999 年版，第 5、6 页。

从骨子里，上海人是更迷恋"旧天地"的，它体现着海派市民文化的一种"根性"。上海人在生活方式、文化品位、价值观等各个方面对"上海"的自我认同，以及被外地人所敏感和痛恨的优越感，正是由此而产生的。这种夹杂着小布尔乔亚的优雅、讲究情调、阴柔、实惠、世俗的小市民生活文化，曾经是对计划经济时代高度意识形态化、革命化、粗鄙化最具消解性的力量，也是凭借这一资源，"阁楼里的中产阶级"在革命的狂飙中得以构建相对"体面的"生活和保持自尊。然而，面对新世纪之初强势的权力和国际资本的联盟，它似乎失去了抗衡之力，在辉煌亮丽的都市中逐渐沉潜暗淡下去。正像那些曾经是可以被触摸的、令人感动的街道、里巷正在一条条、一片片地失去。

在日新月异的过程中，真正的上海记忆被不断地填充、改造和做假。南京路已不是那条南京路，淮海路也不是那条淮海路……

上海大规模的城市改造是在 1980 年代后开始的。当事者回忆，当时的上海市市长问规划院，有多少老的弄堂和街区需要保护，被告知有 10 个地区、每个地区 100 万平方米，共 1000 万平方米，把市长吓了一跳，问能不能再少点？1000 万平方米只相当于上海市区的十分之一。建筑家发问：一个城市保留十分之一的老城，算多吗？[①]1989 年，汇丰银行大楼等 50 处建筑作为优秀近代建筑被列入市级文物保护单位；1994 年，市工人文化宫等 175 处建筑进入第二批保护单位名单。目前上海挂牌保护单位达 398 个，正如学者所说，单从数量上看，再乘以 10 也不多！

对上海历史文化建筑和街区的保护，留下许多无法挽回的遗憾。著名的人民广场保护区，由国际饭店、华侨饭店、大光明电影院、老上海图书馆、中百一店等构成极具特色的近代商业和公共建筑群。然而，这一黄金地段是房地产开发的热点，这些优秀建筑已经被淹没在俗气的高楼大厦之

---

① 李伟：《罗康瑞：最昂贵的弄堂改造》，《三联生活周刊》，2002 年 12 月 31 日。

中而失去历史风貌。类似地，虽然徐家汇天主教堂，原嘉道里爵士住宅、现上海市少年宫等建筑得以完好地保护下来，但周围已经被改造成商业闹市区，使之成为高楼丛中令人压抑的"盆景"。上海西区的花园住宅区，以低密度的建筑空间环境、幽雅的街道为特色；但在大规模的商业开发中，长乐路、岳阳路等处已经高楼林立，破坏了这些保护区的传统面貌。

一些挂牌保护的优秀建筑成为房地产开发的牺牲品。淮海中路1754弄的"保护"便是"挂羊头、卖狗肉"的典型。地处湖南路街道、贯通淮海中路和武康路的这片住宅，由几十栋风格各异的近代花园洋房建筑构成，其间大树葳蕤，花木繁盛，是一处具有极高建筑和文化价值的优秀近代建筑群。2000年，在所谓的保护性修复中，这些历史建筑被彻底推倒铲除，重建为统一样式的高档豪宅。据说，它因为没有盖高楼而保护了"历史风貌"！

尽管上海也提出了"历史文化风貌区"这样新的概念和保护要求，以改善对城市整体风貌特色的保护和延续城市的历史文脉，但这一保护显然更加困难。

2004年春节，我路过建国西路440弄的建业里，惊讶地发现这里已经被拆迁，号称要建徐汇区的"新天地"。建业里建造于1931年至1938年，由原中国建业地产公司建造，是当时法租界第一个以中国建筑单位命名的住宅，上海最著名的石库门住宅群。建业里分22排共260栋，均为砖木结构的2层楼房，采用南方水乡屋顶建筑和西方联列式住宅的毗连形式，巷弄布置严谨，序列清晰，以清水红砖、马头风火墙、半圆拱券门洞为主要特色。

原设计应住260户居民的住宅，现在的住户却达到了1050户，此外，还有36家单位，居住条件之恶劣可想而知。加之房屋结构老化、木构件腐烂，已经70岁高龄的建业里无疑需要维修改善。作为极富特色的上海传统民居，建业里应当如何保护和改造，则应十分慎重，需要对传统民居高度的关爱和智慧。但愿我们能够明智地保留更多的"旧天地"，但愿建业里不会成为又一个俗气的"新天地"！

对所有传统街区的拆迁，老百姓都有这样又爱又怕的矛盾心态，他们既渴望居住条件的改善，又担心原有生活环境的丧失——被迁移至远郊区，处在与社会相对隔离的状态中。许多新建小区，被建设为安寂空旷、严整划一，物业盛气凌人，但见保安巡梭和摄像机探头警惕旋转的"高档社区"。这难道真的是我们理想的生活家园吗？市民的居住空间需要扩大，生活质量应当改善，但这并不意味着切断老百姓的日常生活网络、社会网络。现代化恰恰意味着市民交往的空间、公共生活的丰富和扩大。我们需要反思：胡同、里弄的生活模式真的不能与现代化住宅兼容吗？现代化社区的建设，应当怎样致力于扩大人的交往和公共生活，从本质上提高人的生活质量？

我有幸记录下了最后的建业里温馨祥和的生活画面。每一个普通的上海人、建业里的老居民都不会忘记弄堂里的生活，那是一个拥挤、狭仄而生机盎然的生活空间，有老人的问候、小孩的玩耍嬉闹、邻里的窥探和争吵，有戴袖标的大妈、修鞋的摊点和弹棉花的小贩，有斑驳的红砖墙、蔓延的爬山虎和摇曳的夹竹桃，各家的饭菜飘香，窗户挂出的拖把滴着水，花盘里的橡皮花垂落到窗下，每一扇窗后都有一双眼睛，晾晒的衣物如彩旗般飘舞……

希望这不是仅供缅怀的"老照片"，也是中国人的社区值得追求和营造的人性化生活的资源。

三 "模范生"神话

上海最犀利、尖刻的批评家朱大可，对上海偶尔也有同情性的理解。他说上海也就是一座城市，她的优点、缺点都被人为地放大了。[1]

---

[1] 侯虹斌：《上海示范了什么》，《新周刊》，2003 年 2 月。

　　但是在很长的时间里，上海几乎是没有缺点的。上海这个曾经的"魔都"和"千面女郎"，在计划经济年代出落得堪为表率的"计划经济的排头兵"，在改革开放的历史进程中又焕然一新，成为样样第一、永不犯错的市场经济的"模范生"。上海并不满意"国际化大都市"的雷同说法，为自己定义了一个新的概念：世界级城市。它精明而又高明，大胆而又谨慎，大手笔、大思路迭出，花钱如流水，用一个个宏伟建筑，一连串令世界瞩目的国际活动、重大演出和重大赛事，把上海的光荣和骄傲不断推向高潮。

　　这个永不犯错的"模范生"神话，因"上海首富"周正毅案的爆发而穿破了。

　　2003 年 5 月 28 日，静安区"东八块"58 号地块的 2159 户拆迁代表沈俊生等 6 人，控告静安区政府土地管理部门与周正毅涉嫌违法交易一案正式开庭。同一天，周正毅在上海被中央调查组控制。

　　在争夺"东八块"土地的竞争中，周正毅打败了香港地产大佬，李嘉诚只在接近"东八块"的地区高价获得所谓"鸡肋之地"。周正毅享受政府旧区改造的优惠政策，以"零地价"获得的这块土地，却在政府直接参与下，用来作为商业项目的开发。周正毅庞大的商业"王国"浮出水面。他参与的行业包括房地产和基础设施产业、金融、贸易、农业以及高科技产业等 5 大类。在上海 42 个重大市政建设项目中拥有 7 个。在市郊"一城九镇"的开发项目中，参与了奉城镇等 3 个中心镇开发。他涉嫌在上海非法获得大量项目，然后通过抵押贷款收购上市公司，再由上市公司购买这些项目资产，并涉嫌在沪港两地之间的非法外汇交易。成立只有 5 年的农凯集团的资产，由 5 亿元迅速膨胀到 200 多亿元。①

　　2004 年 6 月 1 日，上海市第一中级人民法院对上海农凯发展（集团）有限公司和周正毅案作出一审判决。以操纵证券交易价格罪判处周正毅

---

　　① 张立伟：《周正毅"上海王国"崩塌》，《财经时报》，2003 年 6 月 8 日。

有期徒刑 2 年 6 个月，以虚报注册资本罪判处有期徒刑 1 年，决定执行有期徒刑 3 年。在香港，周正毅的妻子毛玉萍也被廉政公署拘捕和提堂，对她控诉的罪名为串谋他人操纵上海地产股票，妨害司法公正以及以信用证骗贷。

2007 年 11 月 30 日上午，上海市第二中级人民法院一审判决农凯集团董事长、前上海首富周正毅 16 年徒刑，处罚金 335 万元。

此次周正毅被诉五项罪名成立，其中因虚开增值税专用发票判 10 年，个人行贿判 3 年，挪用资金判 6 年；而单位行贿、对企业人员行贿两项，免于对其个人处罚；数罪并罚共执行有期徒刑 16 年。

高速发展背后的阴影和问题显露出来。上海市自 2001 年 7 月 1 日颁布《上海市土地使用权出让招标拍卖试行办法》，至 2003 年 3 月，共出让土地 479 幅。然而，据审查，至 2003 年 5 月 30 日，只有 57 幅土地进行了公告招投标。也就是说，上海市有 84% 的房地产项目，其用地是违规交易，有些用地经过了多次暗中转包交易才到房地产商手中。①

在上海 1991—2000 年进行的旧区改造中，共涉及 365 万平方米的危房动迁。自 2001 年到 2010 年新一轮旧区改造面积达 2000 万平方米。与北京、南京和其他大城市一样，在大规模旧区改造的动迁中，巨大的商业利益与权力的纠结，导致诸多侵犯普通市民权益的纠纷和冲突。最严重和恶名昭著的一起，是发生在乌鲁木齐中路的麦琪里的纵火案。

2005 年 1 月 9 日凌晨，"七八十年来曾经像老绅士般端坐在法国租界的 62 号小楼"发生火灾，楼中一对拒绝搬迁的老年夫妇被烧死。与麦琪里地块一街之隔，是和记黄埔在上海的旗舰项目"汇贤居"，房价高达 3 万—6 万元／平方米。围绕这一地段房产的巨大利益而产生的血腥味可以闻知。8 月 23 日，上海市第一中级人民法院以放火罪对上海城开住宅安置有限公司的 3 名纵火者作出二人死缓、一人无期徒刑的一审判决。被判死缓者之一，

---

① 《中国经营报》，2003 年 8 月 24 日。

是该公司的副总经理。

显然，这类事件并不是孤立的。由于强制拆迁引致的社会冲突在 2003 年达到了高峰。2003 年 8 月 22 日，居住于南京玄武区邓府巷的翁彪因房子被强拆而自焚身亡。翁彪住房的建筑面积 20 多平方米，拆迁办给出的拆迁费是 8.5 万元，无法重新购置房屋，一旦拆迁将使他无家可归。他选择了在拆迁办自焚。[①]9 月 16 日，安徽省青阳县农民朱正亮也因房屋拆迁问题在北京天安门金水桥自焚（未遂）。[②] 这两起自焚"死谏"成为揭穿房地产业黑暗面的标志性事件而震惊中外。

严重而恶劣的事件仍然不断发生。2003 年 9 月 19 日深夜，住在北京海淀区长春桥 32 号的居民王某一家三口，被一帮闯入者捆住手脚、蒙上眼睛、堵上嘴巴后扔到大门外，其家随即被铲为平地。在距离海淀区委、公安分局约 300 米之处发生这样带有黑社会性质的暴力事件，在北京的历史上实属罕见。[③] 原因仍然是拆迁补偿费用。给拆迁户的补偿金额为 4300 元 / 平方米，要想购买当地回迁楼为 6000 元 / 平方米，当地商品房价格则为 8000 元 / 平方米。后来，当地检察机关以涉嫌故意损坏公私财物罪批准逮捕了这家房地产公司拆迁部经理等 4 人。

每个城市都有一张漫长的被欺凌和被剥夺者的名单，列着拆迁户不被受理的起诉。层出不穷的悲惨事件对暴富的开发商和房地产业的公正性提出了强烈的质疑，对房地产开发中的政府行为亮出了红牌，它终于导致了国家拆迁政策的改变。这类事件凸显了在城市建设的伟大成就背后，普通老百姓付出的高昂代价。我们经常反思，对历史的缅怀之情是否会走向另一种片面，有意无意夸大了旧上海的繁华，而忽视了对劳苦大众痛苦的揭示和同情；那么对发生在我们身边的、被炫目的成就所遮蔽的公正，难道不

---

① 《新民周刊》，2003 年 8 月 31 日。

② 《外滩画报》，2003 年 9 月 24 日。

③ 《中国经济时报》，2003 年 9 月 24 日。

应该抱有足够的敏感和警惕吗？

在经济发展和产业规划上，凯歌行进的上海陷入了前所未有的困境。

2004 年 8 月，在上海"定居"20 年之久的全球 500 强企业美国 3M 公司，把它的第五家工厂建在了苏州，苏州市委副书记亲往苏州工业园区迎接它的到来。联合利华（中国）有限公司则将其生产基地从上海搬入合肥工业园，称此举可以减少 48％的生产成本。近年来，上海大众将赛欧的生产基地移至烟台，桑塔纳的生产基地也将迁出上海，以周边城市的成本优势来实现扩张。有消息说，一直以来在上海有巨大投资的德国大众决定削减在华投资。越来越多的跨国公司的迁出，成为上海挥之不去的噩梦，其直接的后果是上海吸引外资的水平明显下降，与长三角城市两位数的增长不可相比。

2002 年，上海的GDP增长 10.9％，落后华东地区大部分省份；出口增长 13.5％，实际利用外资增长 12.2％，均低于大陆地区平均水平；金融业增长值也十几年来首次出现负增长。2004 年前三季度，上海吸引外资增长率下降，与 2003 年同期相比仅增长 3％，达 92 亿美元。预计 2004 年全年上海市吸收外国直接投资的总量将增加 10％，远低于 2003 年的增幅。这对于 12 年经济增长率保持在两位数以上的上海，显然不是好消息。2004 年前三个季度，广东省的合同外资增加了 36.5％，达 130.4 亿美元。上海的外商投资增长率只有广东的十二分之一。[①]

历史又开始了新的轮回。曾经被称为"小苏州"的大上海，与曾经被称为"小上海"的苏州，开始面对面地激烈竞争，成为争夺外资的劲敌。2001 年苏州吸引外资数量就超过了上海，2002 年上海以微弱优势险胜苏州。2003 年，苏州利用外资的总量和增幅再度超越上海。为增加竞争力，

---

① 《国际先驱导报》，2004 年 11 月 30 日。

防止外资、外企为苏南地区低廉的成本所吸引，2003 年上海实行了著名的
"173 计划"，将降低成本试点园区的面积从 67 平方公里扩大到 173 平方公
里，将防线直接推到了苏州的大门口。然而，上海竞争对手的名单，还包
括了杭州、无锡、宁波等一长串名字。前有虎后有狼，都虎视眈眈，来者
不善。

　　上海的土地和办公楼租金、劳动力价格、城市生活费用、城市交通压
力等诸项成本呈刚性上涨，投资门槛和商务成本过高，在一定程度上迟滞
了上海吸引外资的步伐。据上海市政府发展研究中心的一项研究，在 20 个
中外大城市中，上海的商务成本排在 14 位，高于深圳、大连和重庆。研究
显示，近年来上海的投资率也已明显回落，投资对经济增长的拉动正在减
弱。高昂的商务成本令外资却步，劳动力成本的上升则使上海的制造业明
显缺乏优势。

　　2004 年度《福布斯》的中国内地最佳商业城市排行榜牵动人心。它并
非以城市经济发展水平为标尺，而突出民营经济、民营资本的活力和潜力，
评判指标包括私营创业活力、市场规模及潜力、人才素质、经营成本和交
通便利程度。前 10 名依次是杭州、宁波、大连、上海、温州、北京、苏州、
无锡、绍兴、深圳。它被称为浙江的一次全面胜利，颠覆了国人的城市印
象。人们最大的问题："为什么不是上海第一？"[1]

　　人们认识到上海经济面临一个拐点，上海需要一个新的产业，需要新
的经济增长点。这个新产业和增长点忽然势不可当地出现了，它就是房
地产。

　　复旦大学中国经济研究中心主任张军把上海的经济增长模式比喻成"起
吊机经济"和"脚手架经济"，即上海经济发展的两个主要支撑，一是外

---

[1] 《外滩画报》，2004 年 9 月 16 日。

资，二是房地产。房地产业 2000 年被纳入上海"十五"规划确定的六大支柱产业之一，其对上海 GDP 的贡献从 1995 年的 3.71% 猛增到 2005 年的 7% 以上。从 2003 年 1 月开始，上海房地产价格"井喷"般上涨，年涨幅超过 20%，再现了 1990 年代股市的疯狂。从 2004 年起，上海房屋销售价格上涨幅度始终列全国第一，超过了北京。温州的"炒房团"名声显赫，横扫房市，成为各地政府的座上客。上海的投资型购房逼近了 20% 的国际警戒线。

全国性的统计数据显示，自 1999 年以来的 5 年里，中国内地 35 个大城市的房地产开发逐渐形成了一股热潮，每年进入房地产业的投资额都以 1000 亿元以上的幅度递增，由 1999 年的 4103 亿元迅速攀升至 2003 年的 10323 亿元。2003 年，也就是中央和地方几个法令即将出台遏制土地协议转让的前夕，房地产业的投资额骤然比 2002 年猛增 2300 亿元。至 2006 年，年均 1 万亿元之多的房地产业已经与中国股市的投资规模旗鼓相当。①

关于房地产业是否存在泡沫，是否需要降温和调控，由一场经济论争而变为政治较量，成为中央和地方政府艰难的博弈。直至 2004 年国务院文件规定如房价失控要追究领导人责任时，地方政府才开始真正的调控。

大规模的旧区改造使上海居民的居住条件得到了很大的改善。据统计，1991 年市区人均居住面积仅为 6.7 平方米，2001 年上升到 12.1 平方米，住房成套率达到了 85.7%。② 然而，此后的房价飙升，立即达到了畸形的程度。据国家统计局的报告，2003 年，上海市商品房平均价格达到 5118 元，首次超过北京而成为全国房价最贵的城市。此外，上海房价还以 24.2% 的增长速度，成为全国房价增长最快的省份和地区之一。这一年，全国商品房平均价格为每平方米 2379 元，增长 3.8%。③

这场来势汹汹的房地产热，受损最大的是普通上海市民，他们为繁荣

①　仲志远：《中国房地产业现状堪忧》，《经济》，2004 年 5 月 22 日。

②　《城市导报》，2003 年 9 月 18 日。

③　《北京青年报》，2004 年 3 月 13 日。

的楼市付出了自己的代价。上海退休的审计人员王炼利公布的研究成果令许多人难以置信：2002 年，在全国 35 个大中城市中，上海的人均可支配收入最高，但最终消费率（最终消费包括住房消费，但不包括购房消费，购房消费不列入非消费性支出统计）却处于全国末位，远低于全国平均水平。据统计，2002 年上海城市居民家庭人均实际收入 14396 元（月实际收入 1200 元），人均实际支出 15247 元（月实际支出 1271 元），人均赤字是 851 元。由于上海市近些年的购房支出增幅居全国之首，事实上上海人已不敢消费。[①]

除了商务成本和投资拉动的瓶颈，产业创新能力不足也成为上海经济发展的主要掣肘。上海一直徘徊着，正在经历产业定位的轮回。

上海从 1980 年代开始讨论纺织业迁出，到 1990 年代确立以发展第三产业为主的思路，雄心勃勃地宣称以发展信息技术、金融业、服务产业等为主要追求；但事实上，上海服务业的发展也徘徊不前。2003 年，上海服务业增加值占 GDP 的比例为 48.4%，比 2002 年的 51% 下降了 2.6 个百分点，是 1990 年代以来出现的首次下降。1990 年代以来，上海服务业年均增长保持在 13.8% 左右，但在 2001—2003 年的 3 年中，上海服务业发展增速不断变慢。上海市社科院编撰的《2003 年上海经济发展蓝皮书》中披露，上海引以为傲的金融保险业在 2002 年已经出现了低迷不振的态势，甚至是负增长，是第二产业的提速增长有力地支持了整个经济增长。而在那些被上海引为"同伴"的国际化大都市，纽约、伦敦的服务业比重均超过 GDP 的 85%。

上海需要加快服务业的发展以取代工厂型的制造业，但亟待发展的金融业、服务业却步履缓慢，而将劳动密集型产业"推出去"的政策又喂大了环上海的"经济群狼"。在服务业发展并不顺畅的情况下，上海比较务

---

① 王炼利：《国民经济核算体系中的上海房地产业》，http://www.dajun.com.cn/111chengshi.htm.

实地重新把制造业捧上前台，2003 年，上海宣称要建成国际大都市中制造业最具竞争力的城市。虽然当时上海的制造业仍然号称全国第一，但主要是吃老本，而此时上海周边地区的格局已经发生变化。据张军 2002 年的一项研究，上海的劳动生产率已经落后于江浙，在制造业的竞争上已经没有优势。①

这一尴尬的发展处境的内涵，远比单纯的经济分析复杂、丰富得多。

一些学者意识到，上海在制定产业政策的时候本身就不是很科学。针对在市区发展第三产业，而在郊区发展制造业的流行说法，美国马里兰大学经济学博士李正道质疑道："这样实行以后，上海人住哪？你随便到纽约或者伦敦去看，郊区都是给人居住的，所以说政府不能过早地去确定一个城市的未来，否则它就只能在一次次转型中沉沦。"②张军认为，从长远来看，应该主要由市场而不是政府来决定上海未来经济的形态。因为如果由政府来定位，就需要有一套维持这个定位的政策和资源投入。长此以往，将来上海的经济结构就会面临又一次的转型。

另一方面，为什么繁荣发达的大上海，服务产业的发展却没有意想的顺利，决定服务业发展的关键，究竟是什么？奥尔森的新书《权力与繁荣》给我们提供了部分答案。他在此书中深刻地揭示了制度、信息与经济增长的关系。事实上存在着两种不同类型的市场。劳动密集型产业和大部分传统的制造业为第一种，即自我实施型的市场。在这类市场，交易是看得见摸得着的，相对较少依赖严格的保护私人权利的制度与提供透明信息的言论自由环境。因而，依靠这一类产业产生的经济增长，在缺乏民主的国家和地区也能产生。而资本密集型的金融、信用与服务行业，同时也是权利与契约密集型行业，由于需要昂贵的资本和远期计算，必须依靠严格的法

---

① 《经济观察报》，2004 年 8 月 16 日。

② 《国际先驱导报》，2004 年 11 月 30 日。

律与产权保护。这便是第二种市场"社会规划型市场"。这类市场只有在财产、个人权利、新闻自由等制度性安排成熟稳固时才会出现，而在缺乏法律与保护私人权利的国家难以发育。信息公开、透明的流动，对契约密集型经济活动中的个人和厂商提供较完善的信息以从事持久的交易极其重要。研究表明，在缺少新闻自由，媒体保护环境越差的国家，金融与证券市场的发育程度就越低。信息不能公开导致的信息浑浊，必然导致第二类市场的萎缩。①

我们看到了上海最薄弱的软肋。它也可以使我们真实地认识上海与香港的竞争关系。致力于成为金融中心的上海，在银行、金融、法律等方面与香港暂时还不具有可比性。例如，在香港开户、转账、开支票等金融活动可以通过电话或网上方便地完成，而上海面对个人账户的金融管理手段几乎还在起步阶段。上海的金融、法律人才也远不如香港。上海的律师数仅为 4000 名，香港是 6 万名，纽约是 9 万名。在一些香港商人的眼中，上海的优秀人才还是太少，而他们的眼界又很高，优越感太强，实际上反而竞争不过外地人。它也被视为是上海发展太快带来的后遗症。香港在亚洲金融危机中遭受重创，重要因素之一是 1990 年代中期形成的以房地产泡沫为标志的商务成本高涨及其带来的空心化影响，这倒是上海值得重视的前车之鉴。

黄亚生对于中国的经济发展过度依赖外资的研究，从另一个方面敲响警钟。1990 年代，中国的外国直接投资占到发展中国家的 50%，其对外资的依赖度超过美国和东亚各国。国人通常视其为改革开放的伟大成就而欢呼，但这一事实也显示了中国经济一些根本性的缺陷。国有企业的盈利能力较差、私人企业的产权不安全和对它的信用约束，造成对外国资本的强大需求。外资绝对规模和相对规模的惊人增加，意味着在市场竞争中国内

---

① 曼瑟·奥尔森:《权力与繁荣》，上海人民出版社 2005 年版。

企业的能力没有得以增强，并可能挤压了中国民营企业的空间。这是因为国内金融资源和商业机会的分配，并不是按照不同类型企业的经济效率，而是按照国有企业、集体企业、私人企业这样的政治性主从次序来安排的。[①]

四、失落的文化高地

诚如斯宾格勒所言："一切伟大的文化都是城市文化"，"但是真正的奇迹是一个城市的心灵的诞生"[②]。

上海由于其雄厚的经济资本、独特的文化传统、高素质的城市人群，一直是中国文化的"半壁江山"。在大上海经济振兴之际，"重振海派文化"不仅成为激励上海人的口号，也寄托着全国人民的厚望。的确，一个以纽约、伦敦、巴黎为追求和认同对象的伟大城市，中国现代思想、文化、艺术的发源地，怎么能没有能够走向世界的报纸和出版社，怎么能没有具有全国声誉的文学艺术产品，以及能够改变中国的思想？

上海作为文化中心的建设是相当努力的，不仅有大剧院、博物馆等光鲜照人的文化设施，还有频繁举办的国际电视电影节、国际艺术节、旅游节、服装节、上海书展、上海双年展等等，努力追寻发扬"海派文化"和"上海精神"。然而，这并不能改变这一事实：与美轮美奂的公共建筑相比，与 GDP 和经济成就相比，上海是一个经济巨人、文化矮人；除了硬件设施的建设外，上海的文化表现仍然大不如人意，不仅不可与北京相提并论，在地区间的竞争中，也乏善可陈。

作家、文学家、艺术家作为城市文化的当然代言人，是城市文化的人

---

① 黄亚生：《改革时期的外国直接投资》，新星出版社 2005 年版。
② 斯宾格勒：《城市的心灵》，世纪中国网 http：//www.cc.org.cn/，2001 年 8 月 13 日。

格化象征。上海最具代表性、仍然活跃的文化名人的阵容并不很大：余秋雨、陈逸飞、王安忆、陈丹燕等等。当我们写下这些名字时，明显地感到了他们的同质性：同样的聪明和温文尔雅，同样的主要将目光转向了过去，以真挚的情感和巨大的想象，追寻描摹已经飘零的旧日的"金枝玉叶"和"风花雪月"。杨文凯指出了上海文坛的"阴盛阳衰"，这不仅是指活跃的文化人的性别，也是指上海文化失去了"雄浑精神气魄和深刻文化力度"，"1980 年代先锋文学当道时掷地有声的主力作家和批评家，有的淡出有的离开。磅礴、锐利、深刻或极致已经远去，为琐碎、细腻、感伤和唠叨留出了空间"。

> 在那些阴柔缠绵、细密敏感的笔调里，隐藏着对十里洋场的缅怀和迷恋，对生活细节的幻想和渲染。相形之下，这一切都让普通大众无地自容，也挑拨着新兴中产阶级的追慕之心。于是，一个在十年内匆匆崛起的大都市不幸发现自己已被浸泡在怀旧的显影液里，在它的文化面具上逐渐呈现出过去的软性影像，而少有朗健的现时场景，更谈不上清晰的未来蓝图。①

2003 年 9 月，新加坡《联合早报》发表了一位马来西亚新山宽柔中学高三学生黄昭洁的文章《上海——失落的文化高地》。她从台湾作家王文华的《蛋白质女孩》在中国热销，尤其在上海的销售"气势如虹"，发出对上海的感慨和文化批评：

> 让我们回过头来认认真真地掂量上海，除了张爱玲、阮玲玉、胡蝶和周璇，你还记得什么吗？一个城市如果不能有创造性有突破地建

---

① 杨文凯：《闲话上海：怀旧的时尚》，http：//www.sina.com.cn 2002/01/28.

设自己的文化，那么它就只有永远沉浸在自己的美好回忆中了。就好比王安忆的作品，根本就是陷在回忆里写书。这种对上海旧日美好时光的深刻悼念，不应该荒谬地成为上海城市文化的主流，就像客厅不应该总是灵堂一样。

在《亚洲周刊》评选出的 20 世纪中文电影一百强中，前几十部本世纪早期的经典电影作品，几乎都是出自上海。而现在，上海除了一座座堆满虚荣和浮躁的摩天大楼之外，还能带给我们什么呢？

我们想起的就只有旧上海的风花雪月，新上海却只有带给我们一次又一次的遗憾。再回到前面提到的《蛋白质女孩》，笔者认为该书之所以能够在上海卖得如此红火，尤其备受上海女性的青睐，是因为她们在台湾作家的书里找到了上海的影子，有了共鸣。

这不仅因为两座城市一样的崇洋媚外，一样的经济繁荣，一样的多姿多彩与一样的丰富的夜生活与外国名牌，也因为上海人没有能力把这种文化格局创造出来，所以只能无奈地在台北的文化里照镜子。[①]

不能不说黄昭洁的眼光十分敏锐，分析颇有见地。但我首先感到的，却是两地中文教育的差距。试问内地的高中生，有多少人能写这样清爽犀利、具有独特见解和批判精神的文章？

对一个有着漫长历史和复杂文化的城市，对自己文化之根的清理永远是有价值的。问题在于，当代的都市文化无疑应该有对当下更强烈的参与和关怀。与鲜活而急剧变迁的社会生活相反，我们的银幕荧屏总体上是过去时的。从各种正说、戏说的帝王戏，到铺天盖地的武侠片，到所谓的"红色经典"，我们仍在回忆中写作。这不仅仅是上海一地的现象。正是在这种精神状态和文化姿态上，大陆与香港、台湾的导演、作家呈现出最大的

---

① 转自《参考消息》，2003 年 9 月 30 日。

反差。

当代港台的华人电影，正像 1930 年代直面社会人生的上海电影，真实地反映了不同时期的社会情状和心态，具有鲜活的生命体验和地域文化特征。《杀夫》《玉卿嫂》等台湾新电影均反映了与台湾经验同行的个人成长经验，呈现鲜明自然的本土意识。侯孝贤的《悲情城市》《好男好女》《戏梦人生》被称为台湾的"史诗电影三部曲"，更不必说白先勇等作家对台湾社会、人生的深刻揭示。无根的香港电影在短短数十年的时间里，创造出"东方好莱坞"的奇迹，上海 1930 年代电影的传统在香港得以传承和发扬光大。吴宇森、李安和成龙使华人电影成功地走向世界，来自上海的电影奇才王家卫所营造出的以香港为原型的"东方城市语境"，与香港社会的变迁同步，通过对大都市人性的幽暗和迷失、颓废和浪漫所进行的尖锐探索，并将其与大众文化形式巧妙结合，使他的《旺角卡门》《阿飞正传》《重庆森林》《堕落天使》等等成为动人心魄的都市传奇，记录并伴随着一代人的精神成长。

而且，从《上海滩》《红玫瑰与白玫瑰》《阮玲玉》到《花样年华》，即便是对老上海主题的发掘，也由香港影视占尽先声。时至今日，除了英年早逝的陈逸飞的电影《海上旧梦》颇得上海风华的神韵，其余表现上海的作品大多是拙劣的想象和附会。除了《孽债》等少数电视剧，上海的作家、导演对上海生活和上海人的关注是相当微弱的。人们有理由发问，今天文学中和银幕中的上海人在哪里？

以《申报》《大公报》等为标志，上海的报业曾创造了历史的光荣，它格外映衬出了当下上海报界的萎靡不振。与广东和南方报业集团的阳刚进取、锋芒锐利，甚至与成都、南京报市竞争的激烈火爆都不可同日而语。在 1990 年代激烈的报业竞争中，南方报业大显身手，声威显赫，不仅创造了极高的广告价位，而且造就了《南方周末》《南风窗》《南方都市报》《21

世纪经济报道》等一批深孚民意、在中国新闻史上留名的优秀媒体。上海
的报纸纵然品种增加，花色翻新，但它最大的问题，是已经没有一份具有
全国影响、能够在全国范围内发行的报纸！曾经走向全国的《文汇报》《新
民晚报》已经退守成为不咸不淡的地区性报纸，在全国的销路微不足道，
其言论和报道很少被人重视、转载。重新组合的两大报业集团，在抱负和
追求上却没有体量上那么大。如复旦大学新闻学院的童兵教授直言批评，
它们互相只瞄着对方，"几乎没有谁有过将哪一份报纸办成中国第一大报的
想法"。办报的格局因此不可避免地变得庸俗小气。一是报道面太窄，"不
说全国的语言，少报全国的新闻"；二是"只说好，不说坏，哪怕说好，也
是以自己为主，不说人家好，这样久而久之，就会束缚上海市民的眼光和
视野，满足于自己取得的一个比较好的成绩，养成上海人一种不知天高地
厚的心态"。①

　　同样由南方报业集团与上海合作的《东方早报》，曾被寄希望成为一条
有活力的"鲶鱼"，但它很快就被上海"同化"了。而与北京合作的《京华
时报》和《新京报》，无论在市场上还是在专业上都有声有色，相当成功。
有人评论"长不大的"上海媒体，既缺乏北京的思想库，又没有广州的市
场经。只有与境外合作的几本时尚杂志较为精彩。

　　当时电视界正在逐渐形成的中央台、湖南台与香港凤凰卫视竞争角逐、
"三分天下"的格局，同样没有上海的一席之地。之后，湖南卫视异军突起，
表现出极大的生命活力和创造力，不仅在娱乐节目上领导潮流，也策划出
许多优秀的社教类栏目。2005 年红极一时的《超级女声》，甚至成为影响中
国政治生活的社会事件。上海台既没有这样的雄心和抱负，也缺乏在市场
中竞争的操作能力。只要看看湖南卫视的制片人多为 30 岁上下，就明白这
种区别了。作为地方台，上海电视也缺乏广东、浙江那样具有特色，只有

----

①《社会科学报》，2004 年 6 月；转自世纪中国网，2004 年 6 月 24 日。

新组建的东方卫视似较有活力。

面对出版界的群雄争霸，广西师大、长江文艺、海南出版社等地方社以及大学出版社的异军突起，上海出版业仍保持着沉着稳重、不温不火的"大气"，它被形容为一摊"温吞水"。它的品牌仍然是能够拿国家奖的大型辞书，以及执着韧性的《咬文嚼字》。2004 年，上海的 45 家出版社规模占全国约 7%，各项指标大致也占 7%，被认为"刚刚及格"。[①]

这个永不犯错误、不许犯错误的"好学生"，由于"宁愿不出 99 本好书也不出一本坏书"的稳重，一再失去已经到手的畅销书，例如韩寒发行量达 86 万册的《三重门》、红遍全国的《谁动了我的奶酪》，以及王安忆获得茅盾文学奖的《长恨歌》。一位作者对上海图书的积压情况进行了调查，据对三家出版社积压 5000 万—9000 万码洋图书类别统计，其中应景作品占40%，包销图书占 30%，主旋律图书占 15%，对畅销、常销图书加印判断失误占 15%。[②] 于是，上海的作者"以特别的方式表达了他们对上海出版业的态度"：文化泰斗王元化的 8 部作品，只有一半在上海出版。余秋雨除第一本散文集在上海出版，此后与上海"绝缘"。沪上的畅销书作家及其作品，如王安忆的一些小长篇，陈丹燕的"上海系列"如《上海的风花雪月》《上海的红颜遗事》《上海的金枝玉叶》，以及秦文君的《男生贾里》《女生贾梅》等，都选择了北京和其他地方的出版社。对这些作者而言，仅有规范的操作是不够的，他们更看重的是发行量——市场推广能力。然而，上海却是这样一个独特的出版市场：只有"主渠道"，没有"二渠道"。

"文化北上"的进程仍在加速，文化生产在北京如发酵一样成熟起来，吸引着越来越多的人加入这个能量巨大的"磁场"。如果说在 1990 年代文化力量向北京的聚集和流动还是零散的、自发的，那么现在已经大成气候。以至于外地出版社"抢滩北京"的速度和规模，已经成为评价出版社的重

---

① 《出版人》，2005 年第 1 期，第 11 页。

② http：//www.whxf.net，2003 年 2 月 28 日。

要标准。与其他领域行政导向的"跑'部'进京"完全不同，外地出版社热衷于进京设立分支机构，既由于北京丰厚的文化资源，而且由于在北京已经形成完整的产业链，出版产业化和市场化的成熟度远远超过上海，无论美术设计、印刷、装订、发行，都更为质高价廉。在进驻北京方面，上海也明显"迟到"，落后于广西、陕西等地，它被归因为上海仍然以老大自居的故步自封的心态。

于是，上海唯一可以自慰的，就是成为中国首屈一指的演出市场了。世界顶级的交响乐、芭蕾舞、音乐剧轮番上演，吸引了整个华东地区富有的观众。而上海本地的文化生产，连有影响的流行音乐都很少了。仅有的本地节目仍然是《红楼梦》《梁祝》等传统经典，改为以豪华炫目的舞台美术为号召。2001年新版越剧《红楼梦》的上演，被媒体宣传为"豪华版"的大制作，据称黛玉葬花时，树上的花瓣由电动控制而纷纷掉落。

上海的"钢琴王子"孔祥东打算把他的艺术学校发展到北京，因为他更喜欢北京的"粗线条"。"上海在一些细节上比较唯美，北京则有种泥土的气息，在某种程度上代表着中国文化，而上海不能。如果一个外国人来到上海，就以为了解中国了，那是大错特错。"① 这种差异，体现在了文化的方方面面。

在酒吧文化中，上海循规蹈矩、富于心计的阴柔的文化与北京的粗犷强烈、丰富和野性形成强烈的对比。上海的酒吧与商业化的消费主义结合得既快又好，充满对消费者心理精确的权衡和揣摩，对新时尚的精心模仿和抄袭，装点成这样或那样的西方情调。活跃在北京酒吧形形色色的乐队，水准各异，丰富多彩，很多是率性而为的爱好者，近年来蒙古族、维吾尔族、彝族、朝鲜族等少数民族的摇滚乐队颇为活跃。另有一些自组的"草根"乐队，演出不乏粗口和黄段子，但他们共同的特点是粗糙但有活力，

---

① 《三联生活周刊》，2002年第12期。

而且是原创的。

咖啡馆同样如此。黄雯很敏感地评论：虽然没有哪一座城市的咖啡馆比上海更多，在北京你找不到一家有 50 年历史的咖啡馆，中国最有情调的咖啡馆非上海莫属，"尽管如此，我却依然对上海的所谓咖啡文化兴趣不大，觉得它太浅了，不深入，甚至觉得它虚华得有些模仿时髦。总而言之，觉得它还差点什么似的，这差点的东西，在我看来，是真正来自本土地域的自信。这东西要是没有，任何形式的外在模仿和聪明的建构都只能是空中楼阁"。[①]

五、大政府，小社会

由于上海显著的经济成就和城市建设成就，它的城市管理和管理文化也为人关注。与委派外省籍官员主政的模式不同，多年来上海市的领导层基本是由上海人组成的。尽管在追求 GDP 增长、建设"国际化大都市"这样强势的体制文化中，上海人谨慎、务实、精明的特质经常被遮蔽，上海市民文化的价值经常被权力和行政文化所腐蚀，但在许多地方性的、与民生相关的具体决策中，上海人的实用理性便占据了上风。

与许多城市相比，总体而言，上海的城市管理还是最体恤民意、关注民生的。其交通规划、路桥设计等，大多合理而实用，没有如北京的西直门立交桥、西客站这样负有骂名的公共设施。尽管盖了过多的高楼，但在 2003 年，通过修改《上海市城市规划条例》，提出"增加公共绿地和公共空间，控制建筑容量和高层建筑"，明智地限制超高层住宅的建设。在高架线沿线老式楼房的"平改坡"工程，在美化市容的同时，也实际地改善了居

[①] 《周末画报》，2005 年 8 月 6 日。

民的生活质量。这也体现在电动自行车的合法化、大力发展轨道交通、最早通过公积金制度启动房市等等使市民受益的决策上。

最为体现上海人的"实用理性"的，是春节期间烟花爆竹"限放"的政策。从1990年代初开始，由于烟尘污染和火灾隐患，禁止燃放烟花爆竹的呼声日高，它被视为是一种需要被改革的陋习。随后，包括北京在内的一百多个城市陆续通过禁放烟花爆竹的地方立法，改革了这一传统习俗。上海罕见地成为这一轮改革的例外。这一政策的决策过程可以成为公共管理的典型案例。有关部门进行了民意调查，赞成和反对者各半。决策者认为，禁放的执法成本很高，必须动员大量的财力警力，如果有令不行，禁而不止，则有损政府威信。但是，即便禁放成功，仍然有半数市民不满意。也就是说，无论做得好与不好，至少一半的市民是不满意的。既然如此，又非关乎改革开放、经济建设大局非做不可的事，何必多此一举？于是，春节期间，在周边城市的一片寂静之中，上海人得以独享其乐，整个城市火光冲天，硝烟弥漫，犹如战火中的萨拉热窝。

随着民族文化热的升温和对民俗的尊重，近年来公众要求开放禁令的呼声上升。2005年8月，北京市人大常委会以49：1的票比通过烟花爆竹由"禁止燃放"改为"限制燃放"，实行12年的春节禁放烟花爆竹的规定解除了。北京成为这一轮解禁的第107个城市。

另一个典型事例是上海市通过拍卖牌照限制小汽车数量的决策。它不仅招致上海买车族的抱怨——上海人买车为此要多花2万—3万元钱——而且遭到行业管理部门、宏观管理部门的批评，认为有违发展私人汽车的产业政策、妨碍公平竞争等等。在上海车市的发展中，无疑存在着地方利益和保护主义，但就这一政策而言，它坚持的却是常识和理性。

上海是全国工业化水平、消费水平最高的城市之一，也是当今中国最具竞争力的汽车生产基地，上海大众和上海通用两家轿车龙头企业的年产量达 70 多万辆。但截至 2004 年底,上海汽车拥有量 83.51 万辆,其中私人汽车拥有量 31.77 万辆①,平均每 100 人拥有 2.3 辆。作为一个比较,2004 年末,杭州市私人汽车拥有量达 23.3 万辆,每 100 人拥有 3.6 辆;北京的私人汽车保有量达 129.8 万辆,平均每 100 人拥有 11 辆,约为上海的 5 倍。上海市民家庭私家车拥有量仅占 9.9%,不但远远低于北京,也低于成都、广州、武汉、珠海等城市。②

在中国的大城市究竟应该鼓励发展私车,还是优先发展公共交通,尤其是轨道交通,绝不是发展汽车产业的狭隘思维可以涵盖的。它不仅涉及中国的能源供给和国家安全,涉及中国社会的可持续发展、新型工业化道路和生活方式的选择,也涉及城市规划和管理的基本理念。现代城市的结构、机理、面貌,很大程度是由交通方式决定的。北京市以汽车为本,到处拆房修路,导致空气污染、古城损毁,城市交通陷入越修越堵、越堵越修的恶性循环,已经付出了极其沉痛的代价,昭示了此路不通。事实上,世界上没有一个大城市不是以地铁作为主要交通方式的。上海的地铁交通后来居上,总里程数已经超过了北京。这两种不同的公共政策,造成了完全不同的效果:上海的交通出行状况远远好于北京,而北京已经成为中国堵车最严重、空气质量最恶劣的城市。

对许多市民而言,有一个强大、高效和开明的政府,是一种福气;但对于一个现代化大都市的建设而言,问题却要复杂得多。关于上海的多与少,除了汽车产量高而消费少之外,上海最多的是人口、高楼大厦、GDP 和经济总量、跨国公司总部、外国企业、台湾人、上市公司、观光客、世界级

---

① 上海市统计局:《2004 年上海市国民经济和社会发展统计公报》,中国统计信息网,2005 年 1 月 26 日。

② 《金融时报》,2005 年 4 月 13 日。

演出等等；而上海所缺少的，是如联想、海尔那样优秀的本地品牌，如娃哈哈那样著名的民营企业，如张瑞敏、王石那样著名的民营企业家，具有全国声誉的影视演员、艺术作品、流行音乐，如中关村那样活跃的电子信息市场，如"自然之友"那样活跃的 NGO（非政府组织）……

上海正在成为一个富丽堂皇、整齐干净、秩序井然的社会，没有街头乞讨，没有流浪的音乐演奏者，也没有摇滚乐队。无所不在的管理背后，是强势政府和高度集中的权力。这种大政府、小社会的生态给上海发展造成的负面影响之一，是"强政府，弱企业"的现实。一位上海工商界人士称：上海只有一家大企业集团，那就是上海市政府。网上流传的帖子，将上海与深圳进行比较："深圳有腾讯 QQ、中华网，上海什么也没有；深圳有华为、中兴通讯，上海什么也没有；深圳有长城、金蝶，上海什么也没有；深圳有康佳、创维，并缔造了中国彩电打败日本彩电的神话，上海什么也没有；深圳有万科，有金地，上海只有破烂的陆家嘴、浦东金桥、兴业房产；深圳有招行、深发展，上海只有扶不起的阿斗浦发展。"

近年来上海房地产价格飙升的背后，政府强势的介入和操控是重要原因。据了解，上海房地产企业 50 强中，半数以上为市区两级政府的国有企业，它们从各区政府的土地中心手中以低廉价格获得大量优质地块，并包揽从土地开发到住房动迁、从房产开发到销售的一系列产业环节，左右逢源，获取巨额垄断利润。由市政府直接投资管理的上海城开集团，拥有 600公顷的土地项目，其中 30 公顷在中心城区。上海土地储备中心控股的上市公司——中华企业，在上海的土地储备多达 930 公顷。2002 年组建的上海地产集团与上海市土地储备中心是"两块牌子，一套班子"，董事长曾任市建委副主任。《财经》杂志的调查称：政府行为的深度介入，直接影响了市场上的博弈均衡，未能形成市场主体之间公平有序的竞争局面。从早年政府竞相批地，到官办开发商以协议价低价获得大量土地，再到开发商依赖与政府的种种关系囤积土地，直接导致市场供需失衡和房价难以遏制地飙升。结论是明确的："政府行为的中止，政府利益的退出，将成为上海地产市场转向良性的起点。"①

尽管上海更喜欢与纽约、巴黎、伦敦、东京相提并论，但将它与亚洲发展中国家的大都市相比较，也许是更为妥帖的。一位印度学者写下他对上海与加尔各答的评价：

> 加尔各答是混乱、无秩序和无政府主义的象征，它充满了资本主义发展过程中的冲突和矛盾。然而，尽管混乱、无秩序，它却是个开放和宽容的社会。它是个贫穷的城市，死者的收容所——最终的福利城市！在这中间，冷漠和贫穷滋生着创造性、科学知识和感情。这个城市产生出印度三位诺贝尔奖奖金获得者。另一方面，上海是秩序与统一的象征，它在外表和气氛中渗透了谨小慎微的平均主义。它的工业生产率、科技中的领先地位，它的知识界、文化和艺术都是传奇性的。它的特征是高度的社会控制。与所有的中国城市一样，它并不向所有人开放，接近它的机会是有限的。对中国人来说，能够在上海生活是一种特权。②

对拉美国家城市化的研究显示，在复杂的城市社会中，存在着正式与非正式这样两个截然不同的社会关系领域。居民的非正式社会网络作为一种"社会资本"，能够使一个人得到产生于正规制度但又不能以正式手段得到的资源。"过去几十年盛行的乐观主义是基于一种信念：工业化能解决拉美人口过剩、贫困以及就业不足的问题，但这种观点骤然瓦解了。如今，

---

① 袁梅、张翔：《上海飙地内幕》，《财经》，2005年第4期。

② 特里第布·班纳古：《过渡性的都市化：加尔各答与上海后殖民化的发展》，世纪中国网，2002年9月2日。

正规的秩序还远未建立，但城市中不断增长的非正规现象却比比皆是。"①

这种非正式网络除了亲属和朋友关系，意味着丰富、活跃的 NGO（非政府组织）。在政府和企业之外，这些社会团体和组织被称为"第三部门"，成为国家和个人之间不可或缺的社会结构，承担了包括慈善、救济、扶贫、教育、公共卫生、文化、艺术、妇女工作、环境保护等多种多样的社会工作。第三部门的发育和壮大，是政府职能改变和转换的基础；是否有相当数量、活跃的 NGO，已经成为衡量一个社会和城市现代化程度的重要标志。这正是上海残缺的另一条腿。

政府独大，缺乏活跃的民间社会的状态，被称为社会生活的"新加坡化"。全能型政府和管制思路的扩大，将使社会生活的各个方面都被纳入统一的规范之中，从而影响和破坏城市社会的精神生态，削弱城市的有机性、丰富性和自组织能力，窒息了城市自我生长的内在活力。因而，上海既没有"浙江村"，也没有中关村。

这种管制影响最大的，就是作为城市"软环境"和"软实力"的城市文化。对体制外文化空间的抑制，是"海派文化"振兴乏力的一个重要原因。"水至清则无鱼。"曾经海纳百川、鱼龙混杂的上海滩，变为体制单一、清一色单位职工的文化阵地，至清至纯的代价便是没有鱼也没有龙。文化评论家张闳言明了一种管制的、人工的、规整的环境，与文化生态的不同：

> 文化好比植物，野生的生命力更强。管理者越是折腾，植物就越是容易枯萎。强势政府能够管理好街道居委会，并不意味着就能管理好艺术家；能卓有成效地造一百座大剧院，却未必能培养一位文化大师。园林化的管理，可以使街道清洁、车站有序，却不能产生真正有生命活力的文化，相反，这种精心的管理，只能加剧文化创造力的萎

---

① 拉里萨·龙尼茨:《隐形城市——拉丁美洲城市的家庭与社会网》，世纪中国网，2002 年 9 月 2 日。

缩。进而导致的是市民的精神品格趋向于精巧、琐碎和萎靡不振。过于清洁的文化生态，只能造成文化的荒芜。这也许正是上海文化荒芜现状的真正根源。[1]

全中国抱有艺术梦的文化青年、流浪艺术家、诗人、画家，曾经到上海滩寻找和成全了梦想，现在则义无反顾地"飘流北京"，构成著名的"北漂一族"。所谓"有容乃大"，"林子大了，什么鸟都有"。他们极大地丰富和活跃了北京的精神和文化生态，成为当代北京的文化活力和创造力最重要的来源。我们需要正视这一现实：正如在经济生活中一样，当代中国最活跃、最有价值的文化、艺术、思想成果，主要是在体制外的文化空间中生长的。真正的思想、艺术、文化和学术是不可能被计划、被规划出来的。历史和现实都已证明，计划经济行不通，计划学术、计划艺术也行不通。上海要恢复其文化活力，最需要的是解放思想，放松管制，发育体制外的社会空间，形成多元化、多样化、自主性的文化生态，让上海人的聪明才智能够像在经济领域那样得以施展。

上海的文化振兴，与其说是什么理论问题，也许更重要的是责任感和良知。让我们想想曾经才华横溢，却在上海沉寂下去的赵丹和巴金，想想赵丹沉痛的遗言和巴金说真话的渴望，想想我们在多大程度上实现了赵丹和巴金的遗愿，"文革博物馆"在哪里，我们还有什么更重要的话要说呢？

伴随建设和谐社会、政治文明的新要求，地方政府如何改变经济至上、全能主义的价值观和行为，如何改变传统的治理模式，转变成为依法行政的责任政府、服务政府、法治政府、有限政府，所谓政府的"善治"和"善政"，不仅是一个令人关注的话题，也是一个重大的挑战。在这方面，首先

---

① 张闳：《荒芜化的上海文化生态》，转自世纪中国网，2004 年 5 月 18 日。

需要的是解放思想，广开言路，需要自我改革的勇气和决心。

2002 年底，在民主党派召开的"上海发展新思路论坛"上，民革上海市委邱华云的发言引起了与会者的关注。他提出了上海未来发展的"十大忧患"：

（1）切勿高估举办世博会的效应。2000 年德国汉诺威博览会主办者给上海的建议是："不要过高估计观众的热情。"有关资料显示，发达国家举办世博会的观众人数在逐年下降。2000 年德国汉诺威世博会亏了十亿多美元。

（2）上海城市经济发展存在经济学家所描述的"灯下黑"现象。外来投资越过上海南翼的金山、奉贤直接进入浙江的嘉兴；西面的台资跨过青浦直入昆山、苏州；北边苏北、苏中已成为所在区域下一步发展重点，而长江口的崇明仍处比较自然的状况。

（3）由于基础设施建设在中心地区和边缘区的巨大差异，形成富人区和平民区的强烈反差，出现财富和新移民向城市中心集聚、"富人进城，穷人下乡"的倾向，导致原住市民与新移民在就业、教育资源上的竞争加剧。

（4）传统古镇和传统文化活动在经济发展中日趋萧条衰落。上海郊区百年古镇的发展水平与城市发展形成较大反差。

（5）过分夸大服务"富人"意识。上海许多城区频频出现"消灭某某以下房价"的"豪言壮语"，对富人（精英）导入城市网开一面，热情有加，而要求平民（穷人）迁出，为城市改造作出牺牲，政策导向上存在问题。

（6）上海市面临经济周期性波动的挑战。1990 年代以来上海 GDP 的年均增长率超过 10%，近年以房地产为主带动的增长模式能否继续？房地产业已出现对发展预期的透支。需要有应对房地产大势逆转的对策。

（7）如何在长江三角洲经济一体化中体现上海作为大都市的胸怀？在上海崇明发展和江苏南通的利益诉求中，能否采取主动沟通和大度妥协的姿态来达到双赢？

（8）如何在建立世界级大都市过程中避免"增长悖论"，使上海未来经济增长能够使大多数老百姓从中受益？

（9）单向人口导入政策对上海城市社会结构可能形成副作用。通过吸引外地精英提高上海的效率，但本地竞争失败者缺乏异地创业意识和外迁通道。

（10）面对市场经济如何实现科学化行政和民主化行政、如何增强公民对政府决策的监督、如何定期对政府管理方式与后果进行评估，已显得越来越重要。[①]

邱华云的直言、他的言论的传播和反响，都显示了上海市的胸怀和雅量。这样的意见和建议，我们还可以举出很多。例如2003年2月，《新周刊》的标题文章《上海不是榜样》，就列举了上海"城市病"的若干现象：外来企业多，本土品牌少；商务成本高；软件跟不上硬件；传媒长不大；市民阶层的傲慢与偏见[②]。

正如《经济》杂志文章指出的：上海下一轮竞争的对手不是伦敦、纽约、东京，而是上海自己。

---

① 纪硕鸣：《上海十大忧患》，《经济》，2003年7月。
② 侯虹斌：《上海示范了什么》，《新周刊》，2003年2月。

第一版后记

1986 年，我在上海的《青年一代》杂志上，发表了一篇短文《京沪青年：差异和互补》，引起未曾想到的反响。它便成为这本书的缘起。

但是，此后我便无暇再顾及这一主题，而主要从事教育研究。直到 1990 年底，才正式开始这本书的写作。这样一个似乎熟悉和成竹在胸的写作，对我不啻是一场磨难。这不仅是指在写作过程中，又经历了一系列人生的厄变，主要还是我的确不具备写这样一本书所应有的专门学养和训练，对其中涉及的诸多问题均未及进行深入的专门研究，只能浅尝辄止。以至于现在翻检书稿，不免脸红心跳。

唯一可以自慰的是，我终于做了自己想要做的事，了却了一桩夙愿。

衷心地期盼读者的批评、指正和补充。如果这本书真的能引出一些专门的研究，补充和丰富那些人人参与而又似乎鲜为人知的历史——例如 1970 年代的青年文化，我将感到真正的欣慰。

感谢唐继无、夏绍表、孔令琴、高百敏等同志自始至终的支持和帮助；还要感谢京沪两地许多关心我的朋友，如方鸣、王捷南、高建国、梁晓燕、王硕、赵宏、高晓岩等等，是他们的友谊给予我信心和勇气。

作　者

1992 年 12 月 9 日脱稿

1994 年 5 月 22 日三校毕

修订版后记

《城市季风：北京和上海的文化精神》的写作完成于1992年底，此后花了近两年时间，辗转于多家出版社，都不看好此书，我的自信也渐趋于无。直至遇到了东方出版社的优秀出版家方鸣，才结束了书稿的旅行。此书初版于1994年，方鸣是责编，他不仅为它起了一个十分响亮的书名，设计了一个比较"市场化"的花哨封面，而且十分得意地在扉页印上徐志摩的两行诗：

> 我不知道风
> 是在哪一个方向吹

应当说那时并无深意，小资而已。今天翻看，这两句诗却如预言、如箴言，格外令人惊异。正是从那时起，起于青蘋之末的城市化之风逐渐刮成了势不可当的狂风、飓风。在令人晕眩的超速发展中，今天，我们真正感到了失重和失去方向感的迷茫。

城市和地域文化研究也刮起了"季风"，带动了一类出版物的出版发行。在新的城市格局中，"双城记"的说法被迅速丰富了，鹤立鸡群的"京海对峙"已经陈旧。上海和北京仍然在各种城市排行榜上交替分享着第一或第二的荣耀，但已经失去了重要性。上海与北京的这种搭配曾经是唯一的。但是，今天无论上海还是北京，莫不以与纽约、巴黎、伦敦成为"姐妹"而荣耀，并且以曼哈顿和香港为主要的追捧对象。香港—上海的"双城记"变得更为令人关注和意味深长。老上海曾经是香港的蓝本，而今天的新上海却更像是香港的现代或者后现代的复制，重演了房地产业取消历史、改变城市的一页。人们意识到，或许在上海与加尔各答、与台北这样的比较中，蕴涵有更丰富的启示和意义。

中心的离散和趋同成为一个共时性的进程。CCTV新楼的设计者、建筑大师库哈斯敏锐地意识到这一现代性趋势：亚洲新兴城市在"铲平历史"的超速发展中，被打造成不具备"可识别性"的"广普城市"。城市竞争不仅在高度和速度上展开，也在美化、亮化、洋化、人工化上争先恐后，达至趋同。超级城市渐渐成为金光闪烁的美丽舞台，成为展示经济成就的窗口和样板间，从而剥夺了市民在弄堂口修自行车、在小餐馆吃馄饨的快乐。无论是北国冰城还是江南水乡，一律的欧陆风情、加州阳光，装点着深红、鲜黄的塑料椰树，营造着莫名其妙的异域情调。"权力美学"和"拆迁经济学"成为理解城市变迁的关键词。古老北京的大面积消失引起世界范围的不安。直至今日，贪婪的资本和私欲仍在继续不断地吞噬那些存在了几百年的胡同、四合院。以GDP为本、以高楼大厦为本、以私车为本的新北京，深陷于四环、五环、六环的自我围困之中，成为沙漠化边缘、冀北广阔的贫困地带之中一个美轮美奂的盆景。"失去记忆的城市""二手货的城市"的说法流行起来。影视和画册中精彩夺目的古都、古镇和古村落，记录着它们死亡的速度和当代人的伪善。

在另一个方向上，是中心的飘移和分解。城市成长为城市带。珠三角、长三角、环渤海不再仅仅是一个地理和经济区域的概念，而成为"野心勃勃"的新的中心。如同东部、中部和西部的分野，区分了诸多各不相同的利益诉求。不同利益的表达和博弈，成为新的政治。央视、湖南卫视、香港凤凰卫视正在形成的鼎足之势，成为一种全新的象征。在社会的层面上，曾经一无所有的居民在成为业主之后，奋力争取着市民地位，用业主维权吹响了"新市民运动"的号角。"社区"成为一个崭新的概念，超越了住宅和小区。新移民的不断增加，使上海人、北京人的定义日益困难。当"新上海人"是想象或真实还是个疑问，"保卫上海话"却已成为现实的问题。在"谁的城市"的提问背后，意味着一种前所未有的生长。当它的力量足够强大，就将唤醒那些"休克城市"，而走向"人性城市"——尊重历史和自然、以人为本、与人民和谐相处的宜居城市。

在初版《城市季风》的结尾，我曾写道：在世纪之交的风云变幻中，"京派和海派，依然是一个富有价值和魅力的文化主题吗？"今天看来，这的确已成挽歌。上海不是那个上海，北京也不是那个北京。这同样不再重要。生活仍在沸腾，新的一代正在新的城市创造属于他们的文化，在《站台》，在798厂，在超级女声，发出他们粗粝的青春冥想和尖锐的"海豚音"。

对北京、上海和中国城市近十年的急遽变化，要展开叙述，将是又一本大书的篇幅。值《城市季风》再版，我选择了几个片段续成二章，以表达对当代城市最紧迫的关注，并表达我的城市感情于万一。为保存原貌，对此书的前十章只作了除极个别的事实修订和错字订正。感谢严搏非、孔令琴和新星出版社，给了我一次梳理和表达的机会。与现实零距离的写作，无可避免地失去了应有的沉潜缜密。然而，与身体力行的抢救相比，文字也不再那么重要。我感激华新民、王军、方可和许多新老朋友为保卫北京古都所作的艰苦卓绝的努力。他们不仅用笔和相机，而且是用大量的时间、情感，用泣血之心甚至身家性命与推土机作战，与一些人的短见和贪欲作战。同梁思成、陈占祥一样，他们是北京的恩人，历史会记住他们。经常有人问我喜欢北京还是上海，我发自内心的感受是：因为有这些人的存在，无城的北京才稍微可爱。

作　者

2005年11月7日于北京海淀万柳小区

时值立冬，狂风吹出蓝天

再版后记

城市的终结？

　　1994年底，我讨论北京和上海两地城市文化的书《城市季风：北京和上海的文化精神》在北京出版。面世之后，意想不到地成为一本畅销书，带动了一个关于地域文化、城市文化、城市人之类书籍的出版热，还出版了台湾繁体字版和韩文版。

　　这几乎是一个意外的收获。很多人对我说，你研究的这个选题真好。然而，对这个主题，我并不是作为课题来研究的。诱使我动笔的，是对这两个城市、两种文化的强烈兴趣，以及把我对这两个城市的热爱、领悟和百般感慨表达出来的强烈愿望。我意识到是在做一件有些狂妄的、力所不及的事；同时我也意识到，如果现在不写或不敢写，那么随着年龄和阅历的增加，也许就再也不会写了。

　　从那时起，书中所描写的80年代的上海和上海人迅速过时，北京、上海和所有城市一样，进入了一个野蛮疯长的阶段。但这种记录仍然是有意义的，因为此前对这一段历史也并没有有价值的记载和研究。如果说这本书尚有可读之处，我想，一是在大文化的视野中，从政治、经济、文学艺术、生活方式、历史事件、风俗民情等诸多方面观察和考察当代社会生活，打破了以往比较单一的纵向比较。更为重要的，是它直面1949年以来两个城市的命运，直接描写我们的共同经历和身边的生活。这需要的主要不是学识，而是胆略和勇气。

知识界的反映比较谨慎。比较典型的意见是缺乏规范，基于个人的经验和观察较多，很多地方浅尝辄止，"了解多于理解"。这既是因为我的才识、学力有限，在一定程度上也是由于这本书的定位所致。开始写作时，我就确定了要写一本比较好看的书，其读者对象主要是专业人士之外的大多数人。无论城市文化还是教育研究，我都没有受过专门训练，基本是广泛涉猎、发散式、渗透式的自学。从好的方面说，是思想解放，活泼自由，没有条条框框束缚。缺点则是缺乏学术训练和规范，缺乏扎实的研究基础和研究深度。这两者都在我的写作中表现出来。令人欣慰的是，道路已经开辟，在城市研究和写作的道路上，已经有以王军为优秀代表的一大批后来人。

每一个时代的人都有一种自负，觉得自己所经历的时代才是最重要的。面对历史，我们显然是缺乏想象力的。记得90年代，对刚刚出现的立交桥，我曾写过一篇《丑陋的木樨地》加以"声讨"。其实，那时我们哪里知道什么叫丑陋。我们没有想到，城市竟然会如同舞台背景那样迅速地变更，来不及等待和商量。推土机开路，"把巨大当成伟大"，成为一种"政治正确"。城市的扩张和变形还在不断加速……讲北京话的老北京人，迁移到了四环和五环之外。今天的城市主题有两套话语，一是日新月异的发展成就，一是陌生感和怀旧。在上海，久负盛名的南京路、淮海路，已经失去了往日的气质和记忆。新上海人和新北京人，成为市民的主体。90后、00后的上海人，大多已不说上海话了。在这个意义上，持续的研究和记录仍然是必要的，应当每隔10年、20年，加以补充和更新。

2006年此书再版时，增加了最后两章，以记录90年代之后的城市变迁。这就是今天看到的此书的面貌。城市是个写之不尽的大话题。这次再版，本应再增写、补充近20年更为剧烈的城市变化，但时移境易，这种写作只能留待后人了。

　　感谢团结出版社和张阳女士，使《城市季风》得以在 2024 年又一次再版。它或许可以为新生代的读者，补充一些城市的知识和历史的记忆，也算是"发挥余热"吧。

作　者

2024 年 8 月 16 日